COFIANT ANEURIN BEVAN:
CAWR O GYMRO
A THAD Y GWASANAETH IECHYD

gan

D. Ben Rees

CYHOEDDIADAU CYMREIG CYF

COFIANT ANEURIN BEVAN

CAWR O GYMRO A THAD Y GWASANAETH IECHYD

Gan D Ben Rees

CYHOEDDIADAU MODERN CYMREIG ,

ALLERTON , LERPWL 18

Argraffiad cyntaf : Ionawr 2022

© Hawlfraint : D Ben Rees a Chyhoeddiadau Modern Cymreig

Cyflwynedig I Evan Rees , morwr am ddeugain mlynedd , o Landdewibrefi a fu yn farw yn 1961 yn 58 mlwydd oed. Edmygydd ar hyd y blynyddoedd o Aneurin Bevan

Dymuna'r cyhoeddwyr gydnabod Cymorth ariannol Cyngor Llyfrau Cymru

Cynllun y clawr: Cwmni Cinnamon

Llun y clawr: National Portrait Gallery

Prawf Ddarllenydd : Dr Pat Williams

Aneurin Bevan

Y dyn fo'n fawr ni fyn fod – Aneurin
Yn Erwin ei dafod
Gad i'r Chwith gadw'r chwithdod
A thro i lawr bob athrod

(Ni wyddom pwy yw'r awdur ond gwelodd yr awdur y pennill hwn ym mhapurau Clement Davies, Aelod Seneddol Maldwyn, D/7/4 yn y Llyfrgell Genedlaethol)

ISBN 978-1-9996898-6-5

Cyhoeddwyd ac argraffwyd yng Nghymru gan Gwasg Gomer, Llandysul

a chyhoeddwyd gan CyhoeddiadauModern Cymreig , Allerton, Lerpwl 18

E-bost : garthdriveben@gmail.com

CYNNWYS

Diolchiadau'r Awdur

Daw cysur a llawenydd mawr imi fy mod wedi cael nerth ac iechyd i ymchwilio i un o'r gwleidyddion pwysicaf a welodd Cymru yn ei holl hanes, sef Aneurin Bevan (1897–1960). Dyma'r bumed gyfrol o'm heiddo ar bedwar gwleidydd Cymreig o'r ugeinfed ganrif, dwy gyfrol ar James Griffiths, un ar Cledwyn Hughes, un ar Gwilym Prys Davies ac yn awr un ar Aneurin Bevan. Yn ôl traddodiad y gweisg Cymreig sef Gwasg Y Lolfa, Cyhoeddiadau Modern Cymreig, Gwasg y Bwthyn a Gwasg Gomer daeth y cyhoeddiadau hyn allan mewn diwyg hardd. Braf ydyw cael bodio dau argraffiad o bob cyfrol, argraffiad clawr papur a chlawr caled. Dotiaf at safon yr argraffu a chydweithrediad bonheddig a theg y cyfarwyddwyr, y staff a'r cysodwyr a'r argraffwyr gofalus. Defnyddiais luniau sydd yn dweud y cyfan am yr areithiwr a'r gwleidydd a anfarwolodd ei hun gyda'i Wasanaeth Iechyd Cenedlaethol. Golygai Aneurin Bevan gymaint imi yn fy arddegau yn Llanddewi Brefi a bu fy ewythr Evan Rees, morwr ar hyd ei oes, yn sôn wrthyf byth a beunydd am y cylchgrawn y *Tribune* a hefyd huodledd y Cymro o Flaenau Gwent. Iddo ef y cyflwynaf y gyfrol am iddo ddweud cymaint wrthyf am Aneurin Bevan yn ein sgyrsiau a hynny yn yr 1950au. Yn y Brifysgol yn Aberystwyth y deuthum i blith myfyrwyr oedd fel finnau yn sôn amdano yn edmygus er i lawer ohonom gael siom tua 1957 yn ei benderfyniad i adael y gwersyll gwrth-imperialaidd a'r mudiad heddwch byd-eang oedd am ddileu arfau di-werth, am wersyll cadw'r bomiau a'r arfau peryglus. Roeddem ni yr adeg honno yn y mudiad o blaid dileu arfau niwclear. Ond ni allem beidio â'i edmygu a'i goffáu a'i anwylo fel y gwleidydd mwyaf ysbrydoledig yn hanes y Mudiad Llafur ym Mhrydain. Diwrnod erchyll oedd 6 Gorffennaf 1960, pan ddaeth y newydd trist hwnnw fod y Cawr o Gymro wedi marw. Wedyn cawsom gyfle i'w gofio ar hyd a lled Cymru. Gwelsom gofadail deilwng yn cael ei gosod er cof amdano ynghanol dinas Caerdydd, prifddinas Cymru. Gwefr oedd cael darllen y gyfrol gyntaf o gofiant Michael Foot iddo yn 1962 ond yn sylweddoli hefyd na lwyddodd ef, y llenor coeth, fel y dywedodd Saunders Lewis yn ei adolygiad nodedig o'r ymgais honno. Ni ddeallodd Michael Foot, ei olynydd fel Aelod Seneddol yn etholaeth Glynebwy, yn llwyr y dimensiwn Cymreig i gymeriad Aneurin. Sut y medrai heb wybodaeth o'r iaith Gymraeg? Mae'n amhosibl. Enillodd Bevan sylw'r byd, edmygedd arweinwyr y cenhedloedd a gwefr pawb ohonom sydd yn tosturio wrth y gwan ac a'i clywodd yn llefaru ar lwyfan yr Eisteddfod Genedlaethol gyda hwyl cewri'r pulpud Cymraeg yn ei lefaru hudolus. Ceisiais edrych arno fel Cymro o sosialydd, radical ymneilltuol, a yfodd yn helaeth o syniadaeth synhwyrol, a mawr obeithiaf y byddwch yn hoff o'r dehongliad ohono a gyflwynir i chwi fel Cymro penna'r canrifoedd. Dyma farn y Gymru gyfoes yn ôl y pol piniwn ers ugain mlynedd bellach er y byddwn yn bersonol yn rhoddi lle amlwg i gynifer o rai eraill fel yr Esgob William Morgan a David Lloyd George a sylw hefyd i fywyd James Griffiths, Cledwyn Hughes, Gwilym Prys Davies, Gwynfor Evans, Bobi Jones a Dr Owen Thomas. Bu nifer yn garedig yn astudio'r gwaith hwn ar ôl iddo ddod yn barod i'w ddarllen ond cyn ei olygu a'i anfon i'r wasg. Diolchaf iddynt: yn gyntaf fy meibion Dafydd a Hefin Rees, dau a glywodd eu rhieni yn llefaru'n edmygus am arwr Tredegar, y darlledwr enwog, Dr Huw Edwards, a Robert Griffiths, cofiannydd yr anfarwol S. O. Davies, Merthyr, a hefyd yr ysgolhaig, Dr John Graham Jones, a fu mor gynhyrchiol yn ei erthyglau gwerthfawr am wleidyddiaeth Gymreig, yn arbennig am David Lloyd George, ers deugain mlynedd. Gwleidydd cyfoes a ddarllenodd y gyfrol mewn teipysgrif yn ofalus oedd Alun Davies, Tredegar , Aelod Seneddol Blaenau Gwent yn y Senedd yng Nghaedydd , ac ef a luniodd y cyflwyniad godidog , sydd yn fonws. Dyledus wyf i Iona Bailey ac Einir Wyn a'r Parchedig Robert Parry gweinidog Gofalaeth

Cylch Merswy am deipio fy ysgrifennu gwasgarog yn ddigonol fel y medrwn ddileu ac ychwanegu yn ôl y galw. Paratôdd y Dr Pat Williams, cymdoges imi yn Lerpwl, y gwaith yn drwyadl ddwywaith fel ei fod yn barod i'w ystyried gan y cyhoeddwr. Gwelaf hi fel prawf ddarllenydd o'r radd flaenaf. Dyledus ydwyf i staff y Llyfrgelloedd dros y chwe deg mlynedd diwethaf y bûm yn mwynhau ysgolheictod ac yn arbennig iawn Adran Llyfrau a Llawysgrifau Llyfrgell Genedlaethol Cymru am fod mor feddylgar garedig ac i Rob Phillips o'r Adran Wleidyddol bwysig honno sydd yn llawn diddordeb yn y maes toreithiog hwn. Parhaed felly. Pleser ydyw defnyddio lluniau o Aneurin Bevan a Jennie Lee a braint oedd rhannu llwyfan â hi yng Nghwm Gwendraeth adeg Is-Etholiad Caerfyrddin ym mis Gorffennaf 1966. Da bellach ydyw diolch i'r lliaws cyfeillion a'm calonogodd i fynd ati i gyflawni camp arall, a bu fy mhriod Meinwen bob amser wrth law i'm cysuro, cynorthwy gyda gair caredig a gofal beunyddiol yn y cartref. Yn fy llyfrgell bersonol mae gennyf gannoedd lawer o lyfrau, cofiannau a hunangofiannau o bobl rymus o fewn y mudiad Llafur, sydd yn golygu nad oes rhaid gwastraffu amser prin i fenthyca cyfrolau o lyfrgelloedd, gan fod yr hen ffrindiau wrth law i'm hysgogi o ddifrif i ymchwilio yn gyntaf ac yna mynd ati wedyn mor ymroddedig ag sydd bosib i lenydda. Gwych yw cael edrych ar y tudalennau wedi eu teipio yn ofalus a chael cyfle i newid ambell air a ffaith, ychwanegu deunydd ddwywaith neu deirgwaith at y penodau gwreiddiol cyn y gwêl y gyfrol ei hunan mewn proflenni o'r wasg a chyn y caiff olau dydd mewn diwyg hardd ar gyfer y siop, y llyfrgell ac aelwydydd diwylliedig ar hyd a lled Cymru ac yn wir dros y byd i gyd. Dyna'r diolchiadau diffuant gan gredu y bydd Aneurin Bevin mewn cefndir Cymreig ac yn iaith ei dad yn taro deuddeg bellach.

Cyflwyniad

Ysgrifennaf y geiriau hyn yn fy nghartref yn Charles Street Tredegar, ychydig fetrau yn unig o'r tŷ lle cafodd Nye ei eni a'i fagu. Fel sawl un arall roedd fy hen dad-cu wedi symud o gefn gwlad y canolbarth i chwilio am waith ym mhyllau'r cymoedd. Heb unrhyw le i fyw fe adeiladodd y tŷ rydyn ni'n dal i fyw ynddo heddiw.

Ar y pryd roedd y Bevans yn byw gyferbyn, ac mewn stryd deras fach byddent hwy wedi bod i mewn a mas o dai ei gilydd. Cefais fy magu ar straeon am Nye ond hefyd am Billy ac Ariannwen, yr unig un o frodyr a chwiorydd Nye y gwnes i gyfarfod â hi. Roedd Nye yn rhan fythol-bresennol o fy mhlentyndod. Cymharwyd pob gwleidydd a ymddangosodd ar y sgrîn deledu (yn anffafriol) â Nye. Pryd bynnag yr oedd Llafur mewn trafferth (ac yn y saithdegau, roedd hynny'n digwydd o hyd) Nye oedd yr un a allai fod wedi adfer ffawd y blaid ac achub y dydd.

Ond nid oedd hwn yn ymlyniad sentimental. Ganwyd fy rhieni o dan Gymdeithas Cymorth Meddygol Tredegar. Trwyddynt hwy dysgais sut roedd y Gymdeithas Cymorth Meddygol wedi trawsnewid gofal iechyd yn y dref. Mae'r ddau adeilad llawfeddygol mawreddog yn dal i sefyll yn y dref ac roeddent yn dal i weithredu fel meddygfeydd pan ymwelais â'r meddyg fel plentyn. Roedd fy rhieni yn gwybod beth yr oedd yn ei gyflwyno pan aeth ati i "Dredegareiddio" gweddill Prydain. Iddyn nhw nid cymeriad dadleuol gwasg y Torïaid oedd Nye; roedd ei genhadaeth gydol oes a'i frwydr dros gyfiawnder, ac am ymrymuso cymdeithasol ac economaidd, yn rhan o hunaniaeth Tredegar ei hun.

Fe'i ganed mewn cymuned a chymdeithas ar adeg o gythrwfl a gwrthdaro. Dechreuodd weithio o dan y ddaear ychydig fisoedd ar ôl y terfysgoedd gwrth-Iddewig ym 1911. Effeithiodd anghydfodau glo'r cyfnod hwnnw ar ei deulu fel y gwnaethant effeithio ar fy nheulu innau. Roedd y streiciau hynny yn dal y gymuned gyfan yn eu gafael. Nid oedd Nye yn sefyll o'r neilltu mewn unrhyw aflonyddwch a effeithiai ar y dref. Roedd yn rhan o'r gymdeithas a daeth yn arweinydd yn gyflym, gan herio nid yn unig rheolwyr y pwll glo ond Cwmni Haearn a Glo Tredegar hefyd. Mewn blynyddoedd wedyn byddai Churchill a'r meddygon yn dioddef canlyniadau'r gwersi a ddysgodd wrth redeg "Sofiet Tredegar" ym mlwyddyn hir 1926.

Efallai mai'r hyn a wahaniaethodd Nye oddi wrth eraill oedd ei fod nid yn unig yn drefnydd ond hefyd yn arweinydd a frwydrai dros newid gwleidyddol gyda gweledigaeth radical a'i gyrrodd ac a yrrodd eraill i'w gefnogi. Roedd yn deall na fyddai anghydfod neu streic yn ennill ond yn hytrach yn peri newid dros dro a hynny yn lleol. Dim ond trwy ennill grym gwleidyddol y gellid sicrhau newid parhaol go iawn. Fel cadeirydd ifanc ei undeb roedd eisoes wedi cychwyn ar ei daith i chwilio am y grym hwnnw a ddisgrifiodd yn ei lyfr, *In Place of Fear*.

Ac aeth y daith honno ag ef nid yn unig i'r llefydd hynny lle roedd grym ar gael. Fe aeth ag ef at galon gwleidyddiaeth yr ugeinfed ganrif ac wedyn fe'i helpodd i'w siapio. Roedd ei benderfyniad ym 1945 i adeiladu nid yn unig dai ond cartrefi o ansawdd uchel a'i waddol aruthrol, sef y Gwasanaeth Iechyd Gwladol, yn dyst parhaus i'w argyhoeddiadau dwfn a'i sosialaeth ond hefyd i'w sgiliau fel arweinydd gwleidyddol a'i ddealltwriaeth ddofn o natur grym. Wrth i'r Bevanites frwydro am reolaeth ar y blaid trwy'r 1950au roedd eu harwr a'u harweinydd efallai ychydig yn fwy amwys ynglŷn â'u hachos. Fel Ysgrifennydd Tramor

Cysgodol Llafur ac wedyn fel Dirprwy Arweinydd y Blaid chwaraeodd ran ganolog yn y brwydrau dros ddad-wladychu, Suez, polisi niwclear ond hefyd dros gyfeiriad ehangach a mwy sylfaenol y blaid. Ond mae ei gytundeb gyda Gaitskell tua diwedd ei oes yn taflu goleuni ar bragmatiaeth na chysylltir â Bevan yn aml. Er nad oedd yn Bevanite ei hun hyd yn oed roedd ei areithiau a'i bresenoldeb yn ganolog i wleidyddiaeth Lafur. Wrth iddo dorri calon Michael Foot yn Brighton ym 1957 dangosodd Nye y gallai'r gwron hwn weld y tu hwnt i ddewisiadau uniongyrchol a hawdd gan ddefnyddio grym llawn ei allu i areithio i lunio'r cyfaddawd yr oedd yn credu oedd yn angenrheidiol er mwyn i Lafur ennill grym eto.

Erbyn hyn mae cartref Nye wedi cael ei ddymchwel. Mae tai newydd bellach yn sefyll gyferbyn â ni ac mae tai i'r henoed bellach yn sefyll lle rwy'n cofio'r tŷ teras y cafodd ei fagu ynddo. Mae'r lleisiau a ddywedodd wrthyf straeon plentyndod am Nye hefyd wedi ein gadael. Mae dros ddegawd ers i mi glywed fy nhad yn dweud wrthyf i am y cyffro o ddilyn Nye yn cerdded i fyny Sirhywi i Waun y Pound i'w glywed yn siarad.

Ond mae Nye yn parhau i fod yn bresenoldeb yn ein bywydau. Mae pobl yn parhau i ddyfalu beth fyddai Nye wedi'i wneud o wleidyddiaeth heddiw. Rwy'n hoffi meddwl iddo ddod i delerau gyda'i berthynas â Chymru a'r iaith yn ei flynyddoedd olaf. Mae'r ffotograffau ohono a Jennie Lee yn mwynhau Eisteddfod 1958 yng Nglyn Ebwy yn hyfryd. Roedd Nye wastad wedi gweld fod y celfyddydau yn rhan ganolog o'n gwareiddiad ac wrth siarad am Gymru byddai bob amser yn pwysleisio ein hetifeddiaeth ddiwylliannol yn hytrach na hunaniaeth wleidyddol. Yn eistedd ochr yn ochr â Paul Robson mae fel pe bai'n symboleiddio gwlad gyda gwreiddiau diwylliannol dwfn sy'n edrych allan ar fyd lle rydyn ni'n sefyll mewn undod a chariad ag eraill mewn brwydr. Mae ei falchder a'i gyffro yn amlwg. Byddai ei dad, David Bevan, wedi bod yn falch.

Ond efallai mai'r wers bwysicaf i ni heddiw yw bod Nye yn cael ei gofio nid yn unig oherwydd ei areithiau a'i rethreg ond oherwydd yr hyn a gyflawnodd. Nid rhan yn unig o lywodraeth a drawsnewidiodd Brydain oedd y *"projectile from the Welsh valleys"*. Arweiniodd ei diwygiadau mwyaf radical, pellgyrhaeddol a pharhaus. Mewn sawl ffordd ef oedd sylfaen ddeallusol, athronyddol a gwleidyddol y llywodraeth honno. Mae'r ffaith fod ei greadigaeth yn parhau i fod yng nghanol ein bywyd cenedlaethol heddiw yn gyflawniad hanesyddol. Daeth Nye â dynoliaeth a gwareiddiad i galon ein gwleidyddiaeth a heddiw mae angen dynoliaeth ac argyhoeddiad Nye mwy nag erioed o'r blaen.

Y mae arnom fel cenedl ddyled enfawr i'm cyfaill y Dr D Ben Rees, hanesydd clodwiw y Mudiad Llafur a llawer mudiad arall, a welodd ac a glywodd Nye yn y cnawd, am ei gofiant hynod o dderbyniol. Mwynheais yn fawr ei ymdriniaeth ddifyr, oleuedig ar gefndir, cyfraniad a chymeriad y gwleidydd carismatig. Mawr obeithiaf y bydd derbyniad teilwng I'r Cofiant hwn yn 2021, y Cofiant cyntaf I Aneurin Bevan yn yr Iaith Gymraeg.

Alun

Davies,AS, Tredegar

(Aelod Seneddol Blaenau Gwent), 6 Ionawr 2021)

Rhagymadrodd

Ers fy llencyndod bu Aneurin Bevan yn arwr i mi a hynny'n bennaf am fod fy ewythr Evan Rees, morwr a hen lanc, yn sôn amdano bob tro y deuai adref o'i deithiau pell. Byddai'n aros gyda fy modryb ym mhentref Llanddewi Brefi ac yr oedd wedi colli ei ben yn lân ar yr areithydd huawdl. Bu ewythr Evan farw o'r un clefyd ag Aneurin yn 1958, ddwy flynedd o'i flaen. A phan fu farw Aneurin yr oeddwn i yn fyfyriwr yn y Coleg Diwinyddol yn Aberystwyth, a dyna'r adeg i mi, gyda fy ffrind Arfon Jones, gyhoeddi cylchgrawn sosialaidd oedd yn cofleidio hefyd genedlaetholdeb Cymreig a'i enwi ar ôl Aneurin.[1]

Cyhoeddi cylchgrawn er cof

Bu'r cylchgrawn fel chwa o wynt o fewn y Blaid Lafur yng Nghymru a chawsom gefnogaeth wych o blith Undebau Llafur a llawer o Lafurwyr Cymraeg fel Tom Jones, Shotton a Ron Mathias, Caerdydd, heb anghofio Cliff Prothero yn y swyddfa yng Nghaerdydd. Un arall i'w gofio oedd Dr Huw T. Edwards, ffrind cywir i Aneurin Bevan, a lluniodd ef ysgrif goffa hyfryd yn Saesneg i'r cylchgrawn.[2]

Hanes Aneurin ac adolygiad Saunders Lewis

Daeth Aneurin Bevan yn rhan o'm bywyd a mwynhad pur ar ddechrau fy ngweinidogaeth yn Abercynon yn 1962 oedd darllen cyfrol gyntaf cofiant Aneurin Bevan gan ei olynydd yng Nglynebwy, Michael Foot. Cyfrol anghyffredin o 510 o ddudalennau, a Bevan yn cael ei bortreadu yn ganmoliaethus gan ei edmygydd. Cofiaf hefyd ddarllen adolygiad teg Saunders Lewis ar y Cofiant i'r cylchgrawn newydd *Barn*, Rhagfyr 1962. Gwnaeth argraff fawr arnaf a chedwais fy nghopi gan fod Saunders Lewis yn ei ddadansoddiad manwl yn dweud hyn:

> Trueni na chawsed cofiant iddo gan Gymro. Yr oedd gan Aneurin Bevan ddawn athrylith … Ond nid edwyn ef gefndir Aneurin Bevan. Truenus o ddi-help a phrin yw'r hanes yn y cofiant hwn am ei dad a'i fam. Ni wŷr yr awdur ddim am fywyd y capeli anghydffurfiol Cymreig yn ardaloedd diwydiannol y Deau.[3]

Ac aiff Saunders ymlaen i roddi inni enghraifft ar ôl enghraifft o'r methiant i osod y gwleidydd o athrylith yn ei gefndir yn Nhredegar ac ym maes glo y De. Cyfeiria at Goleg Llafur yn Llundain, a dywed:

> Dyna'r genhedlaeth a droes oddi wrth Undebaeth Gymreig Mabon at Farcsiaeth. Gwrthodwyd pwyslais Mabon ar werth annibyniaeth y cymdeithasau lleol yn yr undebau Llafur. Buasai hynny'n rhan o Gymreictod Mabon, o'i ymlyniad wrth y diwylliant Gymraeg a'r Eisteddfodau, ac yr oedd hynny'n anathema i'r Marcsiaid. Dyna ran bwysig o'r esboniad ar gasineb Aneurin Bevan tuag at yr iaith Gymraeg a'i diwylliant.[4]

Ond y mae llawer o wirionedd yn yr hyn a ddywed Saunders Lewis gan iddo yntau anghofio crybwyll bod Aneurin Bevan yn gynnyrch y mudiad eisteddfodol ac nid oedd y Gymraeg yn iaith ddieithr iddo.[5] Yn fachgen ifanc yr oedd ef yng nghanol bywyd eisteddfodol Dyffryn Sirhywi, a Chymry Cymraeg yn byw o'i amgylch yn Charles Street, Tredegar. O blith rhieni y stryd yn 1901 ceid 94 oedd yn ddwyieithog, 70 oedd yn Saesneg yn unig a 5 oedd yn uniaith Gymraeg. Cofier fod 101 o'r plant a'r ieuenctid yn ddwyieithog, fel Elfed a Brychan, plant cymdogion teulu Aneurin, a 133 yn siarad Saesneg yn unig a 4 yn Gymry uniaith. Dyn ysgolheigaidd oedd ei dad, David Bevan, a chyfeithodd yr holl Feibl o'r Gymraeg i'r Saesneg.[6] Dysgodd i'w fab y grefft o gyfieithu. Byddai'r mab yn cyfieithu o'r Gymraeg i'r Saesneg ac o'r Saesneg i'r Gymraeg.[7] Byddai'n ysgrifennu erthyglau yn Saesneg, yn cyfieithu o'r Saesneg i'r Gymraeg ac o'r Gymraeg i'r Saesneg, ac yn cystadlu ar aml i gystadleuaeth.[8]

Mae'n amlwg i mi iddo ei gael ei hun yn gynnar iawn ymysg plant digon afreolus, ac erbyn hyn gwyddom pwy oedd ei ffrindiau yn Ysgol Elfennol Sirhywi lle y cafodd ei hun mewn rhyfel cartrefol gyda'r Prifathro a gredai mewn nerth braich a grym y dwrn. Byddai Aneurin ynghyd â Morgan Lewis yn gadael iard yr ysgol yn aml heb ganiatâd ac yn tresbasu ar dir preifat a dwyn anfri a chwynion i'r ysgol. Roedd o leiaf chwech o blant drygionus eraill yn ei gyfnod yn ddi-lywodraeth ar hyd a lled strydoedd Tredegar yn mynychu yr un ysgol ag ef.[9] Nid rhyfedd ei fod yn cael y wialen fedw yn gyson ac oherwydd hynny amddifadwyd ef o addysg ffurfiol.[10] Bu'n rhaid iddo ei addysgu ei hun gartref gyda help comics a llyfrau'r Llyfrgell Gyhoeddus leol; a dyna a wnaeth, yn eithriadol o lwyddiannus.

Yn niwedd ei adolygiad dywed Saunders Lewis hyn:

> Trueni arall nid oes neb yn Gymry gwleidyddiaeth Cymreig ddigon o ddifri i astudio gyrfa Aneurin Bevan o safbwynt Gymreig.[11]

Ni lefarwyd mwy o wirionedd. Af gam ymhellach na Saunders Lewis a dweud nad oes neb mewn cyfnod o 59 mlynedd wedi llunio cofiant yn Gymraeg iddo. Dyna gymhelliad arall. Ac am flynyddoedd ni chafwyd haneswyr Cymreig yn mynd ati i'w osod yn y glorian. Ffolineb o'r mwyaf yw pardduo Aneurin am ansicrwydd ei Gymreictod ar brydiau, a'r ffordd orau i'w arbed rhag y cam hwnnw yw ei gymharu gydag un o wleidyddion pwysicaf Sir Fynwy yn y cyfnod ar ei ôl ef. Ar fater Cymreictod yr oedd Aneurin Bevan yn llawer mwy ymwybodol o hynny nag yr oedd Roy Jenkins, dyweder, a anwyd yn Abersychan yn 1920, yn fab i un o arweinwyr y glowyr ym maes glo Sir Fynwy.[12] Gadawodd ei dad, Arthur Jenkins, y lofa gan ganolbwyntio ar y mudiad Llafur, fel swyddog llawn amser, fel cynghorydd ar Gyngor Sir Mynwy (ef a Bevan yn y dauddegau), a daeth yn Aelod Seneddol Pont-y-pŵl yn 1935. Ac o'i gymharu â Bevan gellir gweld nad oedd gan Roy Jenkins yr un adnabyddiaeth na'r dyhead i ddeall diwylliant naturiol Cymreig y cymoedd. Nid oedd Roy Jenkins i'w gymharu gydag Aneurin Bevan fel Cymro na Sosialydd. Roedd Bevan yn gwerthfawrogi ei wreiddiau Cymreig tra oedd Jenkins yn barod iawn i ddiarddel yr enedigaeth fraint a'i thaflu o'r neilltu. Sosialydd o ddifrif oedd Bevan, ac er bod Roy ar y dechrau yn ddisgybl iddo, yn fuan iawn newidiodd fyd am snobyddiaeth graddedigion Prifysgol Rhydychen ar ei salaf. Roedd diwylliant gwerinol cymoedd Mynwy yn ddieithr iddo, ond nid felly i Aneurin Bevan. Byd arall hollol i Roy Jenkins oedd y clybiau yfed, y timau rygbi a phêl droed, y gwibdeithiau blynyddol i Ynys y Barri a Phorthcawl, y cwmnïau drama, y canolfannau snwcer a biliards, y tafarnau, y gymdeithas Gydweithredol, yr Ysgolion Sul a'r capeli Ymneilltuol, a'r Eglwysi hardd a'i tyrau i'w gweld filltiroedd i ffwrdd. Dyma ddedfryd ei gofiannydd:

He had no traumatic reason to turn his back on the scenes of a singularly happy childhood; but if the introverted Welsh culture of pub, rugby club and chapel had meant anything to him – why should it?[13]

I Bevan yr oedd y sefydliadau a nodwyd yn gyfarwydd iawn ac 'nid anghofiodd y graig y naddwyd ef ohoni'.

Cymharu dau wleidydd o'r un dalgyrch

Rhydychen a Choleg Balliol a snobyddiaeth ei fam Harriet (née Harris) Jenkins, a newidiodd fywyd Roy Jenkins, cyfleusterau addysgol na chafodd y llanc o Dredegar obaith i'w mwynhau. Yr oedd prifysgolion Rhydychen a Chaergrawnt yn agor drysau di-ri i unrhyw lanc ifanc yn cefnogi Llafur, a gadawodd Roy Jenkins y cymoedd ymhell ar ei ôl. Er iddo ymhyfrydu mai un o blant cartref Llafur ydoedd, ni weithiodd dros y cartref hwnnw fel y gwnaeth Bevan.[14] Bu ef yn arloeswr o'r radd flaenaf yn Nhredegar, gosododd y Blaid Lafur yn flaenoriaeth i'w gymrodyr. Ni allai Roy Jenkins wneud unrhyw fath o waith dros y Blaid Lafur yn ei flynyddoedd ysgol yn Abersychan.

Perthynai Jenkins i'r to hwnnw o wleidyddion a ddaeth i fynwes y Blaid Lafur oherwydd eu cyfnodau ym mhrifysgolion Caergrawnt a Rhydychen. Dyma'r bobl a ddaeth yn 'fwystfilod rheibus' i Bevan. Yr un a godai ei wrychyn yn fwy na neb oedd Hugh Gaitskell, a ddaeth o dan ddylanwad deallusion Llafur yn Rhydychen. Nid oedd ganddo ddim byd i'w ddweud wrth Douglas Jay, Patrick Gordon Walker na Roy Jenkins. Daeth rhai o'r lleill a fu yn yr un colegau, fel Harold Wilson a Richard Crossman yn ddilynwyr iddo yn y pedwar a'r pum degau. I Bevan nid oedd fawr o wahaniaeth rhwng elît llywodraethol Llafur a'r Torïaid. Un o'r ychydig arweinwyr Torïaidd na fu yn Rhydychen na Chaergrawnt oedd Winston Churchill.[15] Pan geisiodd Roy Jenkins am yr eildro yn 1941 sefyll fel Llywydd yr Undeb, daeth Aneurin a'r Indiad a drechodd Jenkins y flwyddyn gynt, I. J. Bahadoor Singh, i'w gynorthwyo, a hynny ar destun wrth fodd Bevan: '*That this House does not want to hear of the Conservatives again*'. Enillwyd y ddadl ond collodd y llanc o Abersychan y Llywyddiaeth o 94 pleidlais i 85.[16] Yn lle dod yn ddisgybl i Aneurin aeth Roy Jenkins yn ffrind a disgybl i Gaitskell ac yn etifedd ei wleidyddiaeth. Ni allai Bevan ddioddef yr adain dde o fewn y Blaid Lafur hyd tro'r bedol yn 1957. I dalu am y rhyfela yng Nghorea, mynnodd Gaitskell fel Canghellor dorri i lawr ar y gwario cyhoeddus yn 1951, a gwelodd Bevan ei gyfle gan fod y Gwasanaeth Iechyd yn cael ei amddifadu o'r cyfalaf a ddisgwylid. Gosododd y Canghellor lyffethair ar gyflwyno dannedd gosod a sbectolau am ddim, er bod y Gwasanaeth Iechyd yn gwarchod yr egwyddor fod gofal a gwellhad i'w cynnig i bob person am ddim. Ymddiswyddodd Bevan.[17] Dilynwyd ef gan Harold Wilson, Llywydd y Bwrdd Masnach a John Freeman, Dirprwy Ysgrifennydd y Swyddfa Ryfel. Dyma'r ymddiswyddiad a ddylanwadodd ar weddill y pumdegau yn hanes y Blaid Lafur. Mynnodd Jenkins edrych ar ei opsiynau yn ofalus. Credai Bevan, gan ei fod yn llunio erthyglau i *Tribune*, papur y chwith oedd yn bwysig i'r Cymro o Dredegar, y byddai Jenkins yn ei ddilyn, ond ofnai hwnnw bechu ei dad a Clement Attlee, a hefyd ei arwr deallusol Gaitskell.

Anfawroldeb Aneurin

Anfarwolodd Bevan ei hun fel Gweinidog Iechyd a Thai, iechyd yn fwy na thai. Ystyrir y Gwasanaeth Iechyd Cenedlaethol a sefydlwyd yn 1948 yn gofeb am byth iddo. Gwir y dywedodd un Cymro llengar:

> O edrych yn ôl fe'i gwelir fel y dehonglwr disgleiriaf o Sosialaeth ddemocrataidd a gynhyrchodd Cymru erioed.[18]

I rai ohonom gosododd Bevan ei holl fryd ar frwydrau yn ymwneud â phob rhan o Brydain, diweithdra, tlodi, anghyfiawnder. Bu yn amddifad o'r byd Cymraeg. Gwnaeth Cledwyn Hughes ei atgoffa o'r hanfodion, ond credaf fod May Harris, nith i Jim Griffiths, wedi gosod yn glir iawn drafferth cymaint o wleidyddion Llafur fel Bevan yn ei gefndir priodol. Dadleuodd hi yn 1943 fod eisiau dysgu'r Sosialwyr hyn, yn benodol Aneurin Bevan a'i ewythr Jim Griffiths, am Gymru, ei hanes, ei llenyddiaeth, ei diwylliant, ei phroblemau. Yna dywed:

> Ni chawn farn na chydweithrediad ganddynt nes iddynt wybod rhagor. Sut? O diar! Cyfarfodydd, erthyglau, propaganda – a'r cyfan yn taro yn erbyn rhagfarnau ofnadwy ar eu hochr hwy, am iddynt ymborthi ar Marx a syniadau annelwig cysurus am gyd-genedlaetholdeb.[19]

Yn yr un adeg bu Dr Ceinwen Thomas a Dr D. J. Davies, Pantybeiliau, Gilwern, a'r papur wythnosol *Y Faner*, yn gofyn i Aneurin weithio dros y Ddeiseb Gymraeg ac yn sôn am yr anghyfiawnder a wnaed â Gwyn Jones, Wrecsam a'r efrydwyr o Goleg Prifysgol Cymru, Aberystwyth, fel esiamplau o'r hyn yr esgeuluswyd ei gyflawni yn y llysoedd barn. Gofynnwyd iddo weld bod ffermwyr a ddymunai gael ffurflenni Cymraeg yn eu derbyn, a bod llyfrau dogn bwyd i'w paratoi yn y ddwy iaith. Dadleuwyd am fwy o Gymraeg ar y radio, ac i Gymry Cymraeg yn y Fyddin gael eu gosod mewn catrodau gyda'i gilydd ac nid ymhlith y Saeson.[20] Ni chafodd Aneurin Bevan fwy o apeliadau na hyn ac nid oes tystiolaeth iddo ei daflu ei hun i'r frwydr honno er iddo bledio achos Iorwerth Cyfeiliog Peate, fel y cawn weld, pan y'i diswyddwyd o Amgueddfa Cymru am ei heddychiaeth.

Atebodd Aneurin yr ysgolhaig Ceinwen Thomas ar 6 Mawrth 1941 gan ddiolch iddi am gysylltu ag ef. Y mae ei ateb yn arwyddocaol ac yn awgrymu bod Bevan fel llawer un arall yn gweld cenedlaetholdeb Plaid Cymru yn yr un goleuni ag a welai genedlaetholdeb ar gyfandir Ewrop. Gresynu pa mor gyfeiliornus oedd hynny oedd un o'r rhesymau am fodolaeth y cylchgrawn *Aneurin* ugain mlynedd yn ddiweddarach. Dyma'i ateb yn llawn:

> I fully appreciate what you say, but I would like to point out that although the utmost cultural autonomy and encouragement should be given to Wales, I am anxious as I am sure you are, that we should not stress those aspects of Welsh nationalism which would tend to create an irrational resurgence of National feeling which has already proved so disastrous in Europe.[21]

Hawdd deall yr agwedd a gymerodd, ac un o drasiedïau Cymru'r ugeinfed ganrif yw iddo anwybyddu'r angen mawr oedd ar ei genedl am arweinydd ar yr hyn roedd Dr Ceinwen

Thomas ac eraill yn ymboeni amdano. Roedd ganddo gryn lawer i'w ddweud am ei etifeddiaeth. Ymhyfrydai yn 1947 fod y Gymraeg yn dal yn iaith fyw a phobl y tu allan i Gymru yn synnu at y llewyrch a berthynai i un o ieithoedd hynaf Ewrop. Dyma'i eiriau wrth y Cymry a sgrifennai trwy gyfrwng y Saesneg:

> People from other parts of the country are surprised when they visit Wales to find how many Welsh people still speak Welsh, and how strong and even passionate, is the love of the Welsh for their country, their culture, and their unique institutions.[22]

Wedi'r cyfan yr oedd yn wleidydd o allu anhygoel, y Gweinidog Iechyd mwyaf a welodd Prydain yn yr ugeinfed ganrif. Meddai ar ddigon o syniadau a gweledigaeth am wella byd a bywyd y werin bobl. Fel y dywedodd Charles Webster :

> Bevan's reputation therefore amply stands the test of time.[23]

Y mae ei areithiau a'i ddywediadau yn gofiadwy, ac uwchlaw pob dim gwelwn fod ei athroniaeth sosialaidd yn llywio ei fywyd o'r crud i'r bedd. Dywedodd yn ddigon clir ym Manceinion yn 1956 nad oedd am fod yn arweinydd y Blaid Lafur os nad oedd y blaid honno yn sosialaidd ei hagwedd. Gwyddai fod arweinwyr yr Undebau Llafur yn wrthwynebus i'r safbwynt hwnnw a bu'n rhaid iddo frwydro oddi mewn a thu allan dros ei syniadau blaengar, ac yn y diwedd orfod cymrodeddu. Ond trwy'r cwbl i gyd daeth Aneurin Bevan yn symbol o beth yw bod yn Gymro o argyhoeddiadau ac egwyddorion ymneilltuaeth Gymreig ar ei gorau. Y mae pob arweinydd Llafur a ddaeth ar ôl Hugh Gaitskell, sef Harold Wilson, James Callaghan, Michael Foot, Neil Kinnock, John Smith, Tony Blair, Gordon Brown, Ed Miliband a Jeremy Corbyn, yn sôn amdano gydag edmygedd. Michael Foot oedd ei gofiannydd, ganwyd Neil Kinnock yn yr un dref ag ef, a byddai Blair a Brown yn falch o'i arddel. Y mae tebygrwydd rhwng Bevan a Corbyn, er bod Bevan yn fwy o wleidydd a'i alluoedd yn dangos nad yw'r arweinydd presennol yn yr un byd ag ef. Ni fyddai gobaith gyda Theresa May pe bai hi yn gorfod dod wyneb yn wyneb bob wythnos â pherson fel Aneurin Bevan, a byddai David Cameron yn yr un sefyllfa. Cymerodd Bevan le yr arwr David Lloyd George yn nadleuon y Senedd, a byddai Aelod Seneddol Glynebwy yn swyno gwleidyddion o bob plaid. Byddai Aelodau Seneddol o bob plaid yn gofalu mynychu'r siambr pan oedd Bevan yn annerch, ac yn dotio at ei iaith goeth, ei rethreg anhygoel a'i acen Gymreig swynol a soniarus.

Medrai fod yn ddiamynedd o'i blentyndod. Yn ei ddicter byddai'n gwylltio. Syrthiodd allan â'i deulu un noson. Dywedodd wrth ei rieni ei fod yn gadael cartref yn Nhredegar. Paciodd ei fag. Aeth at y drws a'i agor a wynebu awel oer, rynllyd ar Charles Street. Arhosodd am foment wedi ei barlysu. A'r funud nesaf teimlodd law ei dad ar ei ysgwydd yn gorchymyn iddo yn annwyl a thyner: 'Tyrd yn ôl i'r ystafell, Aneurin, mae 'na gadair wrth y tân yn dy ddisgwyl'.[24]

Mae'r stori yn symbol o'i yrfa gythryblus, er bod amheuaeth ai yn Gymraeg y llefarodd ei dad y frawddeg ingol. Aeth Aneurin i ddrws y Blaid Lafur fwy nag unwaith, a thaflwyd ef allan o leiaf ddwywaith, a bu ar fin cael ei ddiswyddo o leiaf ddwywaith arall. Ond yr oedd y Blaid Lafur yn golygu cymaint iddo. Ei bobl ef oedd y glowyr, asgwrn cefn y Blaid Lafur yn Nhredegar ei lencyndod. Ni allai droi ei gefn ar ei bobl ei hun, na gadael am unrhyw blaid arall. Gwyddai arweinwyr y Blaid Lafur hynny, ac oherwydd hynny yr oedd cadair gyfforddus iddo bob amser. Yr oedd cadair ar gael, ond yn anffodus nid cadair yr Arweinydd ydoedd. Gofalwyd na châi'r gadair honno. Yr oedd wedi dweud gormod o wirionedd, wedi datgelu ffeithiau oedd yn sobri'r sefydliad Llafur am dlodi, dallineb, difaterwch, ac am gyflwr y werin bobl

Cymharu Bevan gyda gwleidyddion eraill

Ond er y gwelid ef fel ffigwr lliwgar, carismatig, yr oedd yn fwy na hynny. Daeth yn rhan annatod o wleidyddiaeth Prydain. I'r genedl Gymreig cymerodd le Lloyd George, ac yng ngwleidyddiaeth Prydain cymerodd le Keir Hardie, er na soniai lawer amdano. Yr oeddynt yn debyg o ran yr arloesi, ond fod Bevan yn llawer mwy o seneddwr na Hardie. Meddai ar sgiliau pwysig fel gwleidydd. Un o'i ddisgyblion yn y pum degau, Desmond Donnelly, Aelod Seneddol Llafur etholaeth Penfro, a'i cymharodd gyda Charles James Fox. Yr oeddynt yn ddigon tebyg o ran pryd a gwedd ond yr oedd tebygrwydd mawr hefyd o ran y gallu i ddadlau o fewn y Tŷ Cyffredin. Dyma a ddywed Donnelly:

> If you read Fox's speeches and compare them with Bevan's, there is a striking similarity of style. There is the same curious sentence construction, with the point at the end. The same persecution mania was possessed by both men. Bevan, like Fox was also a natural aristocrat. Although the miner's cottage with its earth floor in Tredegar was a different starting point from the gracious rooms of Holland House.[25]

Soniodd eraill heblaw Donnelly ei fod yn olyniaeth Charles James Fox. Y mae yn resyn na chyhoeddodd fwy o lyfrau gan fod ei unig gyfrol, *In Place of Fear*, ar brydiau yn fendigedig. Ond gwelwn yn y gyfrol hon nad meddyliwr Marcsaidd mohono. Yn ei gyfrol cawn gyfuniad o feddyliwr sydd yn medru cyflwyno ei syniadau yn glir, ond y mae cryn dipyn o'i athroniaeth ar chwâl neu yn annelwig ac yn anodd ei deall. Radical anghydffurfiol ydyw heb amheuaeth, a chafodd ef a Jim Griffiths gyfle i lunio'r Wladwriaeth Les rhwng 1945 a 1951. Derbyniaf yr hyn a ddywed Emyr Humphreys amdano:

> In this sense the Welfare State is the most enduring contribution of the reforming aspirations of Welsh nonconformity to the British nation state. Indeed, Bevan's state of open rebellion and unstinting honesty, made him a more sympathetic product of the Welsh nonconformist conscience than Lloyd George.[26]

Trawodd y nofelydd a'r Cymro cadarn yr hoelen ar ei phen. Yr oedd Bevan yn fwy o gynnyrch cydwybod ymneilltuol na Lloyd George, a phan fethai byddai'n barod iawn i gydnabod hynny. Dyna pam iddo deimlo ar hyd ei yrfa yn San Steffan yn wleidydd unig. Cydnabu hynny wrth rai o'i ffrindiau cynnar fel John Strachey a gwyddai Jennie Lee hynny. Sylwodd erbyn diwedd ei oes gythryblus fod yn rhaid derbyn disgyblaeth a chydweithio gyda phobl nad oedd ganddo lawer i'w ddweud wrthynt. Erbyn hynny yr oedd Meseia'r Adain Chwith wedi dod i ben ei dennyn. Dyna farn Keith Laybourn yr hanesydd. Credai ef fod Bevan wedi newid ei agwedd yn gyfan gwbl erbyn Cynhadledd Flynyddol y Blaid Lafur Brydeinig yn 1957 wrth feirniadu'r syniad derbyniol o ddileu arfau niwclear. Sylweddolodd ef na allai unrhyw Weinidog Tramor yn enw Llywodraeth y Deyrnas Unedig gerdded yn noethlymun i neuadd fawr y Cenhedloedd Unedig i geisio dod â threfn i'r byd. Rhaid oedd bod yn feddiannol ar yr arfau er mwyn gwneud bargen yn y pen draw.[27] Yr oedd ei iaith mor gyhyrog ag y bu erioed ond roedd yr anerchiad yn destun galar i'w gefnogwyr. Yr oedd Aneurin Bevan o bawb yn barod i daflu dros y bwrdd yr holl areithiau a'r ralïau lle y bu yn pledio egwyddorion digymrodedd y Chwith a'r mantra fod angen dileu'r bomiau dieflig o fyd y tywyllwch.

Ei fethiant i ddeall Gaitskell

I'w edmygwyr pennaf yr oedd y cyfan yn peri diflastod a chwithdod, ac yn gwbl anghredadwy. Lleihaodd ei boblogrwydd gyda gweithwyr plaid y werin ar lawr gwlad a'i ddylanwad ef yn bersonol a dylanwad y Chwith o fewn y Blaid Lafur. Yr oedd Hugh Gaitskell, cynnyrch dosbarth canol cyfoethog, wedi profi i fab y glöwr o'r tŷ teras yn Nhredegar, fod ei gefndir a'i addysg mewn ysgol fonedd ac ym Mhrifysgol Rhydychen yn rhoddi iddo fanteision dros wleidydd heb fanteision addysg; gwleidydd oedd yn llawer mwy deallus, gwybodus ac atyniadol yn ei areithiau na'r gŵr gradd o'r Coleg Newydd. Cafodd Gaitskell yn y coleg hwnnw athro o Sosialydd yn G. D. H. Cole, a'i sbardunodd i ystyried y mudiad Llafur fel mudiad y medrai ef wneud ei farc ynddo. Bu G. D. H. Cole yn fentor iddo tra cafodd Aneurin y wialen fedw ar ei law a'i goesau a'i gefn gan y Prifathro gwallgof yn Ysgol Gynradd Sirhywi. Ni fu cymaint o agendor erioed rhwng dau Wleidydd yn yr ugeinfed ganrif. Ac eto cerfiodd Bevan ei enw ar hanes Prydain gymaint ag a wnaeth Gaitskell a mwy na neb arall o'r gwleidyddion wedi'r Ail Ryfel Byd yng Nghymru. Erbyn iddo ef a'i gymrodyr gwblhau eu gwaith, a hynny mewn cyfnod anodd ym mhob rhyw ystyr, fe gafwyd ym Mhrydain y Wladwriaeth Les fwyaf datblygedig yn y byd i gyd. Dilynodd Sosialwyr Sweden y model a Denmarc a Norwy, flynyddoedd lawer ar ôl hynny.[28] Cymeradwyodd Aneurin gymorth Cynllun Marshall er mwyn ailadeiladu Gorllewin Ewrop yn dilyn y rhyfel, a bu ef ei hun yn weithgar iawn o fewn y cyfyngiadau anorfod a brofwyd wedi'r Ail Ryfel Byd. Ni allai gefnogi un o'r pwerau mawr yn fwy na'r llall. Ei ddymuniad oedd gweld gwleidyddiaeth y byd 'yn symud oddi wrth y rhaniad i ddau 'floc' o gwmpas yr UDA a'r Undeb Sofietaidd'.[29] Iddo ef, yr oedd yna 'Drydydd Bloc' yn cofleidio'r gwledydd niwtral, a bu ef yn symbylydd i lawer o'r rhain o'r tri degau i'r pum degau.

Cofio ei weld ar lwyfan y Brifwyl

Yn ei orchest gyda'r Gwasanaeth Iechyd Cenedlaethol mynnodd fod Cymru yn uned ar wahân i Loegr fel yr oedd yr Alban. Ceisiodd y gweision sifil glymu Gogledd Cymru gyda Lerpwl a De Cymru gyda Bryste.[30] Ond yr oedd Bevan yn erbyn y cam hwnnw, a dyna pam y sefydlodd Fwrdd Iechyd i Gymru yn 1946. Ac yn ystod ymweliad yr Eisteddfod Genedlaethol â Glynebwy yn Awst 1958, gwelwyd ef yn ymhyfrydu yn ei dras a'i ddiwylliant Cymraeg a Chymreig.

Nid anghofiaf ei araith ar nos Sul, 3 Awst 1958 yn y Gymanfa Ganu, ynghyd â chyfraniad Paul Robeson. Soniodd fod nodweddion Sir Fynwy yn Gymreig, ceid chwedlau Cymraeg yn rhan o ddiwylliant y bröydd, a'i fod yn croesawu'r ail lunio rhwng Mynwy a Chymru. Bellach yr oedd awdurdodau lleol Mynwy am y tro cyntaf yn medru cyfrannu i'r Gronfa tuag at gynhaliaeth Prifysgol y genedl trwy'r dreth. Daeth hynny fel y soniodd oherwydd partneriaeth ei ffrind Cledwyn Hughes a Peter Thomas, a fu'n ddiweddarch yn Ysgrifennydd Gwladol dros Gymru.[31] Ymffrostiodd ei fod ef yn gefnogol i'r syniad.

Dyhead am roddi darlun cyflawn ohono

Gobeithiaf yn fawr wneud cyfiawnder â'r gwleidydd anghyffredin a bortreadir am y tro cyntaf mewn cyfrol swmpus yn yr iaith Gymraeg. Wedi marw Aneurin Bevan yn ei gartref, Fferm Asheridge, Chesham, Swydd Buckingham ar Orffennaf 6, 1960, fe gynhaliwyd y gwasanaeth angladdol yn Amlosgfa Croes-y-ceiliog ar Orffennaf 8 a gwasanaeth coffa awyr agored ar y mynydd uwchben Tredegar. Daeth i ben yrfa'r rebel, y dyn dewr, yr areithydd anghymharol y byddai ei enw yn byw byth. Dywedodd gwraig y dafarn ar y mynydd ym Mlaenau Gwent y byddai Aneurin a Jennie yn ei mynychu ar ôl oriau o gerdded ar fore Sadwrn, iddo gadw ei ysbryd gwerinol dros y blynyddoedd. 'Un o'r bechgyn ydoedd. Byddent yn barod i farw drosto yn y cylchoedd hyn. Yr oedd rhedeg lawr Nye yn waeth na rhedeg i lawr un o'r teulu.'[32]

Gwelid llun ohono ar y mur. Ef oedd yr enwocaf o'r cwsmeriaid. Yn y dafarn byddai'n well ganddo drafod ffermio gyda thyddynwyr yr ucheldiroedd na'r wleidyddiaeth arwynebol a geid mor gyson ar dudalennau papurau'r Wasg oedd wedi ei 'phuteinio', yn ei iaith liwgar ef. Ar ddiwedd ei yrfa gythryblus, yr oedd ei syniadaeth yn cyfuno hanfod safbwynt y Dde (fel cadw arfau niwclear) ac un o flaenoriaethau'r Chwith, sef gwladoli. Ond Aneurin Bevan ydoedd o hyd, rebel a berchid gan y Cymry hyd heddiw. Yr oedd yr ymgeisydd seneddol a'r athronydd Bryan Magee yn barod i ddweud ar ddiwedd ei oes mai ef oedd yr unig aelod yn holl hanes y Blaid Lafur a fendithiwyd gan athrylith. Talodd y deyrnged hon iddo :

> The only politician in the party's history to possess a streak of genius, its biggest personality and best orator, and now its Deputy Leader, there was little room for doubt that if only he had been there when Gaitskell left the scene he would have become its leader. His left-wing past was a bonus, given that he was demonstrating a capacity to learn from experience and go on growing and developing in middle life. His ability to look at things freshly, and to think for himself, was a rare one, and was the basis of his radical instincts.[33]

Gwleidydd a gafodd gyfle i sylwi arno o'r diwrnod cyntaf y troediodd i'r Senedd yn 1929 hyd ddydd ei farw oedd Clement Attlee. Hoffai ef Aneurin am ei ddewrder, ei ddoniau, ei dosturi, ei ddicter ac yn fwy na'r cyfan i gyd am ei gydymdeimlad gyda'r werin gyffredin ym mhob gwlad yn eu gofidiau a'u trybini a'u hamheuon. Ni welai Attlee lawer iawn o Karl Marx na Noah Ablett ynddo; gwelai lawer mwy o Keir Hardie, Bruce Glasier a William Morris. Dywedodd Attlee yn annwyl amdano (yng nghyfieithiad awdur y gyfrol hon):

> Anwylodd y farddoniaeth, yr artist, y cydymaith, gwelid yr uchelwr naturiol yn Nye; yr oedd wedi gweld digon o ddrygioni cyfalafiaeth yn ystod ei ieuenctid i ddeall paham yr oedd Bevan yn ei gasáu.[34]

A dyna fel yr ydym ni am ei weld yn y cofiant hwn, yn ei holl ysblander, fel Cymro cadarn, sosialydd a heriodd y Sefydliadau gwleidyddol a gwladol, a Thad y Gwasanaeth Iechyd Cenedlaethol.

Nodiadau a Chyfeiriadau

1. Ceir astudiaeth academaidd ar y cylchgrawn gan Andrew Edwards, 'Aneurin: reinventing Labour: the voices of a new generation', *Llafur,* Cyfrol 9, Rhif 1 (2004), 71–84.
2. Huw T. Edwards, 'A pen portrait of the late Aneurin Bevan', *Aneurin*, Cyfrol 1, Rhif 2, 2, 4.
3. Saunders Lewis, 'Aneurin Bevan', *Barn*, Rhif 2, Rhagfyr 1962, 35.
4. *Ibid.*
5. Llyfrgell Genedlaethol Cymru, Papurau John Lloyd Williams. Bocs 1/4. John Lloyd Williams (1888–1982) oedd Aelod Seneddol Llafur Kelvingrove, Glasgow (1945–1950). Cyfarfu Williams (genedigol o Pantperthog, ger Corris) ag Aneurin Bevan yng Nghaerdydd yn 1917. Yr oedd y ddau yn lowyr. Sonia J. Lloyd Williams fod Aneurin fel eraill o rebeliaid y cymoedd (er enghraifft, Noah Ablett) yn medru dyfynnu pob llinell o gyfieithiad John Morris Jones o Omar Khayyam. Bu Aneurin a John Lloyd Williams yn fyfyrwyr yn y Coleg Llafur Canolog yn Llundain. Yno y gwelodd ei allu, yn medru darllen clasuron llenyddiaeth Marcsaidd yn Ffrangeg ac Almaeneg.
6. Edith Passey, 'Memories of Aneurin Bevan: My Uncle'*, Blaenau Gwent Forum Journal*, Rhif 6, Rhagfyr 2009, 30.
7. *Ibid.*
8. Di-enw, 'Nye the Man they Idolised', *Western Mail*, Gorffennaf 7, 1960, 4.
9. Peter Morgan Jones, 'An Unruly Pupil', *Blaenau Gwent Forum Journal*, Rhif 6, Rhagfyr 2009, 26. Plant eraill drygionus fel yntau oedd Rees Price, Daniel Reed, Godfrey Edwards, Absalom Price, John Medlicott, Thomas Saunders (a redodd ar ôl rhai merched gyda chyllell – niweidiodd Rose Peter yn ei gwddf). Yr unig ferch a enwir oedd Mary Gwenlan. Yr oedd hi fel y bechgyn yn ymddwyn yn ddigon afreolus.
10. *Ibid.,* 27. Sonnir am un arall o genhedlaeth Aneurin, sef David Parker, oedd yn hoff o daflu cerrig a thyweirch at y merched.
11. Saunders Lewis, 'Aneurin Bevan', *Ibid.,* 35.
12. Ar ddechrau ei yrfa yn y Senedd daeth Roy Jenkins yn edmygydd o Bevan. Dywed: 'But although I was given an Attlee label, the two senior ministers who attracted me were Stafford Cripps and Aneurin Bevan.' Gw. Roy Jenkins, *A Life at the Centre* London,1991), 83.
13. John Campbell, *Roy Jenkins: A Biography* (London, 1983), 9.
14. *Ibid.,* 8. 'He did not as a boy, help with Arthur's constituency work, or go canvassing any more than Hattie did. He was deliberately distanced from that. As soon as he was old enough to form an ambition, he knew that he too should go into politics, which meant without question Labour politics.'
15. *Ibid.,* 10.
16. *Ibid.,* 15–16.
17. Yn ôl Woodrow Wyatt, nid oedd dim yn Hydref 1950 a allai atal Bevan rhag dilyn Attlee fel arweinydd y Blaid Lafur. Yr hyn a'i hataliodd oedd ei ymddiswyddiad, gan ei fod ar y naill law yn wleidydd oedd yn caru Prydain ac yn hynod o wladgarol Brydeinig, ac ar y llaw arall yn barod i gicio dros y tresi ac ymddiheuro. Gw. Woodrow Wyatt, 'A Magic Personality', *Sunday Times*, 10 Gorffennaf 1960, 4.
18. 'Aneurin Bevan (1897–1960)' [yn] *Cydymaith i Lenyddiaeth Cymru*, gol. Meic Stephens (Caerdydd, 1986), 42.
19. Ll.G.C., Papurau Gwynfor Evans. C1/3. Bocs 1 (Mai–Rhagfyr 1943). Llythyr Mrs May Harris, 12 New Road, Rhydaman at Gwynfor Evans, Llangadog, dim dyddiad, ond yn 1943.
20. Ll.G.C., Papurau Kate Roberts, 4179 a 4180.
21. Ll.G.C., Ibid . Llythyr Aneurin Bevan at Dr Ceinwen Thomas, dyddiedig 6 Mawrth 1941.
22. Aneurin Bevan, 'The Claims of Wales: A Statement', Wales, no. 25, Spring 1947, 151.

23. Charles Webster, *Birth of the Dream: Bevan and the Architecture of the Nation: the Political Legacy of Aneurin Bevan*, gol. Geoffrey Goodman (London, 1997), 127.

24 Ll.G.C., Papurau Desmond Donnelly. B15, 1960. Dyna'r lle y cefais y stori hon.

25 *Ibid.*

26 Emyr Humphreys, *The Taliesin Tradition: A Quest for the Welsh Identity* (London, 1983), 213.

27 Keith Laybourn, *A Century of Labour: A History of the Labour Party* (Stroud, 2001), 104.

28 Donald Sassoon, *One Hundred Years of Socialism: The West European Left in the Twentieth Century* (London, 1996), 142.

29 Nicklaus Thomas-Symonds, 'Golwg ar Aneurin Bevan', *Maniffesto: Cylchlythyr Yr Archif Wleidyddol Gymreig (*Llyfrgell Genedlaethol Cymru*)* ,48, 16.

30 Ll.G.C.. Papurau Gwilym Prys-Davies, Bocs 1.

31 D. Ben Rees, *Cofiant Cledwyn Hughes: Un o Wŷr Mawr Môn a Chymru* (Talybont, 2017), 59–60.

32 Martin Johnes, *Wales Since 1939* (Manchester and New York, 2012), 121.

33 Bryan Magee, *Confessions of a Philosopher: A Journey through Western Philosophy* (London, 1997), 277.

34 Kenneth Harris, *Attlee* (London, 1983), 149.

Pennod 1

Tredegar a'r Teulu

Ganwyd Aneurin Bevan yn nhref lofaol Tredegar, tref sydd yn gyforiog o hanes cythryblus ac yn enghraifft o ardal a seisnigeiddiwyd mewn cyfnod byr o hanner can mlynedd. Perthyn y dref i Ddyffryn Sirhywi, y dyffryn nesaf i Ddyffryn Rhymni lle y daliodd y Gymraeg ei thir yn llawer gwell. Ceir ffordd o ben isaf tref Rhymni dros y mynydd i lawr i Dredegar, ac o hyfrydwch yr ucheldiroedd gwêl y cerddwr ddarn helaeth o orllewin Gwent. Gellir edrych i lawr y dyffryn, dros Abertyswg i Gwmsyfîog ac Aberbargoed. Hefyd y mae dalgylch Blaenau Gwent yn gyfoethog o afonydd, rhai ohonynt a anfarwolwyd gan Dylan Thomas yn ei gampwaith *Under Milk Wood*, fel Ebwy Fach ac Ebwy Fawr yn ogystal ag afonydd Rhymni a Sirhywi.

Adnabod Tredegar

Mae'n hawdd adnabod Tredegar gyda'i chloc haearn a saif yn solet yng nghanol y dref. Codwyd y cloc i gofio'r milwr Dug Wellington, ac o'r cloc y mae strydoedd y dref yn arwain allan i bedwar cyfeiriad. Y mae'r dref ryw fil o droedfeddi uwchlaw'r môr, ac y mae cymaint o hanes y dref ynghlwm â theulu arall o filwyr hynod o gyfoethog, sef teulu Arglwydd Tredegar. Bu dau o'r teulu hwnnw yn amlwg yn Rhyfel Crimea. Yr oedd y teulu yn berchen ar filoedd a miloedd o erwau yn siroedd Mynwy, Morgannwg a Brycheiniog, erwau lawer yn dir diffaith ac erwau eraill yn cynnwys y meysydd glo. Bu'r teulu hwn yn haelionus i'r dref. Cyflwynwyd darn helaeth o dir i greu parc ar ddechrau'r ugeinfed ganrif, ac yno y cafodd Aneurin Bevan a'i gyfoedion fwynhau nofio a chwarae criced, gêm oedd wrth fodd calon y llanc bywiog. Yr oedd teulu Tredegar yn berchen ar gannoedd o dai mewn 65 o strydoedd, yn arbennig y strydoedd a elwid yn Queen, Morgan, Temple a Castle, a therasau Islwyn, Penuel, Pencoed, Harcourt, Heathfield ac Arnold Place. [1]

Ni allwn ond cyfeirio yn fyr at bwysigrwydd Tredegar ym myd crefyddol Cymru a llenyddiaeth Gymraeg. Yn hanner can mlynedd cyntaf y bedwaredd ganrif ar bymtheg tyrrodd y Cymry Cymraeg i gymoedd Mynwy wrth y miloedd. Rhwng 1801 a 1841 cynyddodd poblogaeth Sir Fynwy yn fwy na phoblogaeth unrhyw sir arall yng Nghymru a Lloegr. Cymry Cymraeg oedd y mwyafrif, o siroedd Brycheiniog, Caerfyrddin, Ceredigion, gogledd Penfro, Trefaldwyn a Morgannwg. A byddai'r ymfudwyr hyn yn dod â'u sêl enwadol gyda hwy. Os o Sir Benfro yr heidiai'r ymfudwyr, gofalent adeiladu capeli i enwad y Bedyddwyr; os o ardal Llanidloes a Llanbryn-mair ym Maldwyn y deuent, cefnogent yr Eglwys Fethodistaidd; os o Geredigion ac o Sir Gaerfyrddin, capeli yr Annibynwyr Cymraeg neu gapeli y Methodistiaid Calfinaidd fyddai'r opsiwn cyntaf. Agorwyd Capel Saron, Tredegar, lle y bu y diwygiwr Evan Jones (Ieuan Gwynedd) yn gweinidogaethu am gyfnod byr, a chodwyd yr adeiladau gan fewnfudwyr o Sir Gaerfyrddin. Hyn oedd yn digwydd o ddegawd i ddegawd.

Dylanwad Brad y Llyfrau Gleision

Gwnaeth yr Ymneilltuwyr hyn sefyll fel un gŵr adeg cyhoeddi *Y Llyfrau Gleision* (tair cyfrol), a hynny yn 1847. Yn Nhŷ'r Cyffredin gofynnodd William Williams, Aelod Seneddol

Cofentri, ond Cymro glân gloyw yn wreiddiol o Lanpumsaint, am archwiliad i gyflwr addysg elfennol yng Nghymru ac i'r ddarpariaeth ar gyfer dysgu Saesneg i blant y dosbarth gweithiol. Penodwyd tri bargyfreithiwr, sef Lingen, Symons a Johnson i wneud yr archwiliad. Gwnaeth y tri waith trylwyr, manwl, ond yr oeddynt o dan anfantais fawr am eu bod yn uniaith Saesneg, ac yn eglwyswyr. Yr oedd y Cymry a'r plant a fynychai'r capeli Ymneilltuol yn gwybod llawer mwy o Gymraeg na Saesneg, ac o ganlyniad i'r dystiolaeth ddiffygiol a gafwyd, adroddodd y comisiynwyr fod y Cymry yn anghyfrifol, anwybodus, ofergoelus, twyllodrus, yn gwbl lygredig a meddw. Mae'n sicr fod peth gwir yn y cyhuddiadau, ond gosodwyd y bai am y sefyllfa bron yn gyfan gwbl ar Anghydffurfiaeth a'r iaith Gymraeg.[2] O Dredegar y cafwyd dau o'r ymgyrchwyr pennaf yn erbyn yr adroddiad.[3] Y cyntaf oedd y Parchedig David Rhys Stephen ('Gwyddonwyson'; 1807–52) a fagwyd yn Nhredegar gyda'r Bedyddwyr. Gweinidogaethai ym Manceinion fel alltud adeg yr adroddiad, ond ar ôl ei gyhoeddi teithiodd ledled Cymru gan ddadlau'n rymus yn erbyn casgliadau y dirprwywyr. Yr oedd Gwyddonwyson yn areithiwr huawdl. Y llall oedd y Parchedig Evan Jones ('Ieuan Gwynedd'), gweinidog Saron, Tredegar ers Gorffennaf 1845.[4] Clywodd Tredegar a'r cymoedd ei lais yntau. Cynrychiolodd Ieuan Gwynedd yr Ymneilltuwyr ar eu gorau. Byr fu ei holl fywyd, ond y mae ei gyfraniad yn cael ei werthfawrogi yn fawr bellach.

Cafodd tref Tredegar lu o arweinwyr Ymneilltuol grymus, gydag eraill oedd yn gweinidogaethu yn yr ardaloedd cyfagos fel Rhymni, Tafarnau bach, Hengoed a Bedwellte. Gwasanaethodd Robert Ellis ('Cynddelw'; 1810–75) yn Sirhywi am bymtheng mlynedd, o 1847 i 1862. Yr oedd ef yn ŵr amryddawn dros ben.[5] Meddai ar gof cryf, ffraethineb, gweledigaeth gymdeithasol gref, a chyfoeth o wybodaeth. Ymylai ar fod yn athrylith. Yr oedd ef a William Williams ('Caledfryn'), Samuel Roberts ('SR') a William Roberts ('Nefydd') yn Rhyddfrydwyr blaengar, ac yn flaenllaw mewn cymdeithasau radical, dyngarol fel y Gymdeithas yn erbyn y Deddfau Ŷd, y Gymdeithas Heddwch, a'r Gymdeithas Rhyddhad Crefydd. Ni welodd Tredegar gymeriadau grymusach na'r rhain cyn geni Aneurin Bevan. Ofnai pawb dafod ffraeth Caledfryn.[6]

Daeth gwarchod y diwylliant Cymraeg yn hynod o bwysig i arweinwyr y capeli Ymneilltuol yn Nhredegar fel yng ngweddill Cymru. Daeth cerddoriaeth yn bwysig i'r glowyr yn y cymoedd ynghyd â llenyddiaeth, yn arbennig barddoniaeth. Un o'r llenorion hyn a anwyd yn Nhredegar oedd William Williams ('Myfyr Wyn'; 1849–1900). Gof ydoedd o ran ei alwedigaeth, a hynny yng ngwaith haearn Sirhowy. Cyhoeddwyd cyfrol o'i farddoniaeth, *Gwreichion yr Eingion*, yn Nhredegar yn 1877.[7] Gwelwyd nythaid o feirdd yn Nhredegar a Sirhywi a fyddai'n cyfarfod â'i gilydd, fel Joseph Bevan 'Gwentydd', Ezechiel Davies, 'Gwentwyson', Evan Powell, 'ap Hywel Llyfyr Wyn' a John Davies, 'Ossian Gwent': rhoddodd William Thomas, 'Islwyn', un o feirdd pwysicaf Gwent, gyflwyniad i'w gyfrol o farddoniaeth, *Caniadau*, a gyhoeddwyd yn 1873. Ymddangosodd ei ail gyfrol, *Blodau Gwent*, yn 1898. Telynegwr ardderchog ydoedd.

Ffrae rhwng y Cymry a'r Gwyddelod yn Nhredegar

Ond yn ail hanner y bedwaredd ganrif ar bymtheg cafwyd ymfudo pellach, a'r tro hwn daeth Saeson a Gwyddelod i ymgartrefu yn Nhredegar. Fel yr âi'r blynyddoedd heibio bu ymrafael cyson rhwng y Cymry a'r Gwyddelod. Yr oedd 1882 yn flwyddyn o derfysg yn y dref.[8] Ar nos Sadwrn 8 Gorffennaf a phrynhawn a nos Sul 10 Gorffennaf 1882 y digwyddodd y gwrthdaro. Aeth rhai o'r Cymry ati i daflu cerrig at gartrefi'r Gwyddelod, ac fe lwyddodd rhai ohonynt i dorri ffenestri a hyd yn oed ddrysau.[9] Ar ôl dinistrio'r drysau aethpwyd i mewn i'r cartrefi gan daflu'r dodrefn allan i'r stryd lle yr oedd eraill yn barod i falu pob cadair a bwrdd a phob celficyn. Bu'n rhaid i'r awdurdodau alw ar y Ffiwsilwyr Brenhinol Cymreig i ddod ar frys o Gasnewydd, Caerdydd a Doc Penfro i gadw trefn yn Nhredegar. Ond erbyn i'r milwyr cyntaf gyrraedd yr oedd o leiaf chwe deg tŷ wedi cael cryn lawer o ddifrod, a thros gant o dai eraill wedi derbyn ymosodiadau llai arswydus. Gadawodd y mwyafrif o'r teuluoedd Gwyddelig am Gaerdydd lle y lletywyd hwy yn y wyrcws.[10] Un rheswm, yn ôl yr awdurdodau, fod y Gwyddelod wedi cael y fath sylw a derbyn trais oedd eu bod yn mynd â gwaith y Cymry yng ngwaith haearn a phyllau glo y cylch. Gwelwyd yr adeg honno fod y Cymry yn medru bod mor rhagfarnllyd ag unrhyw genedl arall. Cenid yn gyson yn Nhredegar ac yn wir ar hyd a lled De a Gorllewin Cymru, y gân ryfelgar, ragfarnllyd:

> O claddwch y Gwyddelod
> Naw troedfedd yn y baw,
> Ac arnynt rhowch yn helaeth
> O ffrwyth y gaib a'r rhaw,
> Ac arnynt rhoddwch feini
> A rheiny o dan sêl,
> Rhag ofn i'r diawled godi
> A phoeni'r oes a ddel.[11]

Yr oedd amodau byw yn anodd i Gymry, y Saeson a'r Gwyddelod a weithiai yn y pyllau glo a'r gwaith haearn. Temtiwyd llawer o'r Cymry i ymfudo i geisio gwell byd.[12] Ymhlith y rhai a adawodd Dredegar oedd James D. Davis a ddaeth yn wleidydd pwysig yn yr Unol Daleithiau, un arall yn oriel gwleidyddol y dref. Nid oedd James Davies (dyna oedd ei syrnâm yr adeg honno) ond yn saith oed pan fu'n rhaid iddo adael Tredegar am wlad na wyddai ef ddim amdani, sef Unol Daleithiau'r Amerig.[13] Nid oedd am adael ei hoff dref. Ceisiodd felly guddio o dan ei wely ond ni chafodd aros yno'n hir, ond ei lusgo allan gerfydd ei bigwrn. Yr oedd ei dad a'i dad-cu wedi blino ar waith haearn Tredegar. Gweithient yn galed, a byddai'r ddau fel ei gilydd yn dweud: 'Peidiwch disgwyl rhodd o fywyd yn y fath le. Beth a gewch, mae'n rhaid i chwi ei ennill gyda'ch dwylo chwi eich hunain.'

Anturiaeth un o blant y dref yn yr Amerig

Ganwyd y bychan ar 27 Hydref 1873, a phan oedd yn tyfu i fyny yn Nhredegar gyda'i frodyr, yr oedd bywyd yn felys. Teimlai fel aderyn mewn nyth a byddai yn cael ei ddihuno gan gân y fam. Ei llais hi oedd ei wir fwynhad. Chwaraeai gyda'i ffrindiau o fore tan nos. Ond torrwyd ar y byd Cymreig, pan berswadiodd y tad-cu y teulu i ymfudo i fywyd gwell. Ac yn Ebrill 1881, flwyddyn cyn y reiat, cyrhaeddodd y teulu Efrog Newydd. Gan na allai'r tad ddarllen nac ysgrifennu, sbeliwyd ei syrnâm gan swyddog mewnfudo fel Davis. Dyna sut y cafodd James J. Davis ei adnabod o'r diwrnod hwnnw hyd ddiwedd ei oes.[14] Collodd ei fam y cyfan o'i heiddo ar ôl gadael y llong. Llwyddodd giang o ladron ei hamharchu, gan ei hysbeilio o'i thrysorau personol. Bu iddi y diwrnod hwnnw wylo dagrau'n hidl am Dredegar a Sirhywi, ond addunedodd y bachgen bach y byddai'n llwyddo yn y byd newydd er budd ac er cof am ei fam. Gadawodd yr ysgol yn un ar ddeg oed ac aeth i weithio fel *iron puddler* yn Sharon,

Pennsylvania. Llwyddodd fel y gwnâi cymaint o Gymry yn alltudion. Daeth i amlygrwydd gwleidyddol a dewisodd yr Arlywydd Harding ef yn Ysgrifennydd dros y Weinyddiaeth Lafur, a bu'n cyflawni'r swydd yn ystod Arlywyddiaeth Coolidge a Hoover. Etholwyd ef yn Senator Pennsylvania, a phan fu farw ar 22 Tachwedd 1947 gwelwyd y Ddraig Goch yn cyhwfan mewn aml i le yn yr Unol Daleithiau. Fel yr oedd deunydd Prif Weinidog yn Aneurin Bevan, yr oedd hi'n bosibl i lawer un weld James J. Davis, un arall o blant Tredegar, yn Arlywydd. Ei feddargraff oedd:

> I have been a puddler of iron and I would be a puddler of men. Out of the best part of the iron, I helped build a stronger world.[15]

Tra oedd teuluoedd fel y Dafisiaid yn gadael Tredegar, yr oedd teuluoedd eraill yn symud i fyw i'r dref, a dyna a ddigwyddodd i deulu Aneurin Bevan ar ochr ei dad. Yr oedd tad-cu Aneurin yn hanu o Sir Frycheiniog a'i fam-gu o Sir Gaerfyrddin, ac yn ôl cyfrifiad 1861, yr oedd ef yn gweithio yn y gwaith haearn.[16] Deuai ei briod Margaret, a anwyd yn 1822, o Sir Gaerfyrddin. Yr oedd ganddynt bedwar o blant, William a anwyd yn 1847 ym Merthyr Tudful, yn gweithio fel ei dad fel *Iron Miner*. Rywdro rhwng 1847 a 1853 symudwyd o Ferthyr i Dredegar. Ganwyd y mab John yn Nhredegar yn 1853; yr oedd ef yn wyth oed yn 1861 ac yn mynychu un o'r ysgolion.[17] Pump oed oedd Ann a anwyd yn 1856 a David ei brawd ond yn un oed. Ganwyd ef felly yn 1859/1860. Yr oedd teulu ei fam wedi symud hefyd, ac yno y ganwyd Phoebe Prothero yn 1864. Priododd â David Bevan, glöwr, yn 1889 a ganwyd 10 o blant ar yr aelwyd yn 7 Charles Street a 32 Charles Street, Tredegar. Rhoddwyd enwau Cymraeg swynol ar y mwyafrif o'r plant, er enghraifft, Blodwen, Myfanwy, Aneurin, Iorwerth, Idris ac Arianwen. Enwau Saesneg oedd ar y gweddill, David John, William George, Margaret May, Herbert Luther. Bu David John farw yn wyth mlwydd oed, a Herbert Luther yn ei blentyndod. Efeilliaid oedd Iorwerth ac Idris, ond bu Idris farw ar ei enedigaeth.[18]

Genedigaeth Aneurin Bevan

Ganwyd Aneurin Bevan, y pedwerydd plentyn, yn 32 Charles Street, a bellach nid oes dim carreg ar ôl o'r tŷ hwnnw. Galwyd Aneurin ar ôl y digymar Aneurin Fardd (Aneurin Jones) a fu'n brysur ryfeddol tra bu'n byw yn Sir Fynwy.[19] Golygodd y cylchgrawn *Bedyddiwr* a'i argraffu yn seler yr Half Way Inn ym Mhontllanffraith. Teithiai trwy Gymru i ddilyn eisteddfodau fel bardd a beirniad, ac yn y diwedd ymfudodd i'r Unol Daleithiau a threulio amser yn Efrog Newydd a marw yn Los Angeles.

Go brin fod David a Phoebe Bevan wedi cyfarfod ag Aneurin Fardd, ond gwyddent amdano, a hynny trwy ei gylch llenyddol, ei berthynas gyda chapeli'r Bedyddwyr, a'i aelodaeth o Gymdeithas y Cymmrodorion. Yr oedd David Bevan yr Ymneilltuwr yn Gymro i'r carn, yn ôl safonau dechrau'r ugeinfed ganrif. Pwysai ei briod Phoebe arno i ddysgu'r plant i siarad Cymraeg ar yr aelwyd, ond fel cymaint o'i gyfoeswyr, ni chyflawnodd y cyfrifoldeb naturiol hwnnw.[20] Cydnabu yng Nghyfrifiad 1911 mai dim ond ef ar yr aelwyd oedd yn medru Cymraeg, cydnabyddiaeth hynod o drist o gofio ei ymlyniad i'r diwylliant Cymraeg a'i hoffter mawr o delynegion y bardd Ceiriog. Agorodd lygaid ei blant i fyd llenyddiaeth a cherddoriaeth. Dysgodd ei ddylwyth i ganu ac i chwarae'r piano, ond ni lwyddodd, fel y dymunai, gydag Aneurin, er iddo hau yn ei galon gariad at fiwsig a cherddoriaeth glasurol a diddordeb mawr. Byddai'r tad yn canmol y mab a'r plant eraill fel ei gilydd, ac yn gwasgu'n garedig chwe cheiniog i'w dwylo ar ôl iddynt gystadlu ar lwyfan yn y *penny readings* yng nghapel y Bedyddwyr, Carmel, a chapeli eraill y dref lle y cynhelid yr eisteddfodau bychain hyn.

Portread o David Bevan, y dyn diwylliedig

Yr oedd David Bevan yn eisteddfodwr brwd, a byddai'n cystadlu ei hun yn yr adran lenyddol. Yr oedd y dref yn agos i'r bryniau a'r ffermydd cyfagos, ac enillai wobrau am lunio telynegion yn clodfori'r greadigaeth. Pan anwyd Aneurin yn 1897 yr oedd caeau ym mhen draw Charles Street a'r afon ger llaw yn loyw lân ac yn llawn pysgod.[21] Gwyngalchid tai'r glowyr bob gwanwyn neu eu lliwio'n binc.[22] Yr oedd Tredegar yn nechrau'r ugeinfed ganrif yn lle delfrydol i fachgen nwyfus, anturus fel Aneurin. A buan y daeth y tirlun yn bwysig iddo a hynny am weddill ei oes. Arweiniodd ei dad ef i'r uchelderau ac erbyn iddo ddechrau'r ysgol gynradd byddai mentro gyda'i ffrindiau i ddringo Mynydd Bedwellte a Chefn Man-moel ac heibio'r ffermydd gyda'u henwau Cymraeg yn ei atgoffa o'r dyddiau pan oedd y Gymraeg yn ei gogoniant. Pan deithiodd yr offeiriad Anglicanaidd y Parchedig William Coxe i Dredegar a Blaenau Gwent yn nechrau'r bedwaredd ganrif ar bymtheg bu'n rhaid iddo gael cymorth Cymro er mwyn iddo gyfathrebu â'r trigolion, gan mai Cymraeg oedd eu hiaith gyntaf.[23] A magwyd Aneurin Bevan mewn talaith lle yr oedd ef yn ymwybodol mai Cymry Cymraeg oedd mwyafrif y boblogaeth ar un adeg. Ni chafodd erioed drafferth i yngan enwau persain cyffiniau Tredegar, megis Troed-y-rhiw-gwair, Pen-rhiw-ffawyddog, Pen-yr-heol-las, Croes-pen-maen, Argoed, Pond-y-Coedcau. Sylweddolodd fel yr oedd oedolion yn barod iawn i roi enw Saesneg, fel Blackwood, ar rai o'r pentrefi gydag enwau Cymraeg, fel y Coed Duon, ond nid aeth neb ati i newid enwau'r tyddynnod a'r ffermydd oedd yn y cyffiniau.

Treuliai David Bevan gryn lawer o amser ym myd diwylliant a gwybodaeth gan ei fod yn ddarllenwr mawr. Dyn y llyfr ydoedd yn gyntaf er ei fod, fel y gwelwn, yn medru bod yn hynod o ymarferol â'i ddwylo. Ond byddai'n ymgolli yn gyson ym marddoniaeth Aneurin Fardd, Ceiriog, Islwyn a Dyfed.[24] Sylweddolodd yn fuan fod ganddo blant oedd yn barod i'w ddilyn, yn arbennig Aneurin ac yn ddiweddarach Arianwen. Nid oedd gweithio yn y lofa yn waith hawdd ond byddai'n derbyn cysur cyson yn y canu cynulleidfaol a chanu yn y cartref, yn y cerddi a luniai, rhai ohonynt yn gerddi serch i'w briod Phoebe, ac yn y cyfrolau Cymraeg a Saesneg a brynai, cynnyrch beirdd lleol yn arbennig. Pan gyhoeddwyd *Tannau Twynog* yn 1904, cerddi Thomas Twynog Jeffreys (1844–1911) o Rymni, fe ofalodd David Bevan brynu'r gyfrol. Byddai'r ddau yn cymdeithasu â'i gilydd, a phrynai David Bevan ei esgidiau yn 97 High Street, Rhymni, siop 'sgidiau Twynog. Byddai'n dyfynnu'r pennill:

> Pawb sydd am eu traed yn sych
> Yma cewch esgidiau gwych.
> Rhai i blant, ac i bob oed,
> Fel bo hyd a lled y troed.[25]

Yr oedd gan David Bevan gylch eang o ffrindiau yn y byd Cymraeg yn Nhredegar a Sirhywi. Un o'r rhain oedd yr Henadur Ben Phillips (1848–1908). Un o Hen-dŷ-gwyn-ar-daf ydoedd yn wreiddiol.[26] Daeth yn ŵr pwysig ym Mynwy, yn gadeirydd cyntaf Cyngor Dosbarth Tredegar ac yn aelod dros Sirhywi ar Gyngor y Sir, a bu'n Gadeirydd Cyngor Sir Fynwy.

Rhoddodd gefnogaeth fawr i addysg ac i'r Blaid Ryddfrydol. O ran crefydd bu'n amlwg ymysg yr Annibynwyr Cymraeg, yn Ysgrifennydd Capel Ebeneser, Sirhywi.[27] Un o enwau pwysig maes glo Mynwy oedd William Thomas, Sirhywi. Ef oedd Ysgrifennydd Dosbarth Tredegar o Undeb y Glowyr a bu am ddeng mlynedd ar hugain yn atalbwyswr yng nglofa Bedwellte. Cefnogodd Ysgol Sul Capel y Wesleaid a bu'n arolygwr am chwarter canrif. Rhyddfrydwr ydoedd yntau ond erbyn diwedd ei oes pleidiai glymblaid Llafur-Rhyddfrydwyr y *Lib-Lab* fel y'i gelwid.[28]

Cymeriad lliwgar arall oedd Henry Bowen (1842–1917), a'i gefndir Cymraeg yn golygu cryn lawer iddo. Y gwir oedd na lwyddodd erioed i feistroli'r iaith Saesneg. Bu yn Rhyddfrydwr ar hyd ei oes a medrai fod yn adweithiol iawn ei syniadau ar adegau.[29] Glöwr ydoedd ac yn y byd hwnnw a'r cylch Cymraeg y daeth David Bevan i'w adnabod. Yr oedd yn ddiffuant a selog yn ei grefydd Ymneilltuol, ac nid oedd ganddo ddim byd i'w ddweud wrth undebaeth filwriaethus. Ni cheisiodd chwaith fod yn y garfan *Lib-Lab*. Ond yr oedd ganddo ddiddordeb anghyffredin yng Nghymdeithas Cymmrodorion Tredegar ac fel diacon yng nghapel Adulam. Cymro arall a fu'n flaenllaw yn y Cymmrodorion oedd David Aggex, diacon yng Nghapel Penuel, Tredegar.[30]

Yr oedd David Bevan, Henry Bowen, David Aggex ac eraill lawer yn codi'n fore, rhai fel David Bevan yn dal y trên am 5.30 o'r gloch i bwll glo Tŷ Trist, y lofa gyntaf i'w suddo yn ymyl y ffarm a elwid Tŷ Trist. Erbyn 1891 yr oedd poblogaeth Tredegar yn 18,497. Llyncodd Tredegar y ddau bentref bychan, Troed-rhiw-gwair a Georgetown. Arhosodd Trefil fel yr ydoedd, yn bentref a ddibynnai ar y chwarel. Erbyn diwedd y bedwaredd ganrif ar bymtheg yr oedd Tredegar yn lle prysur, ac yn meddu ar lu o sefydliadau llewyrchus. Yr oedd gan yr Eglwys Anglicanaidd ei strwythur, ond ni allai gystadlu â'r capeli anferth a adeiladwyd gan bob enwad. Yr oedd deg ar hugain o gapeli Ymneilltuol, a dau ohonynt yn adeiladau mawr: Penuel y Methodistiaid Calfinaidd oedd un a Siloh yr Annibynwyr oedd y llall. Gallai dros fil o bobl gael lle ymhob un o'r ddau adeilad hyn. Yr oedd Tredegar wedi datblygu yn dref lofol yn hytrach na thref y diwydiant haearn fel y bu am ddegawdau. Dirywiodd y diwydiant haearn ar ôl 1857 a chymerodd glo ei le ym mywyd y trigolion. Erbyn diwedd y ganrif yr oedd Tredegar yn dilyn Casnewydd fel un o drefi mwyaf y sir.

Llewyrch economaidd

Yr oedd 1897, blwyddyn geni Aneurin Bevan, yn flwyddyn dda i Dredegar.[31] Llwyddodd Cwmni Haearn a Glo Tredegar i gael cytundeb gyda chwmni rheilffordd Gogledd Iwerddon am 600,000 o dunelli o'r glo stêm gorau, ac ar ben hynny suddwyd pwll glo Abertyswg yng Nghwm Rhymni.[32] Yr oedd Cwmni Haearn a Glo Tredegar yn meddu ar bedwar pwll glo proffidiol, Tŷ Trist, Whitworth, Bedwellte a Pochin. Erbyn 1906 yr oedd pob un ohonynt yn gwneud elw da i'r cwmni. Yn y cyfnod hwn (1904–06) y cafwyd y Diwygiad crefyddol a gysylltir â'r glöwr ifanc Evan Roberts.[33] Ef oedd Efengylwr pennaf y Diwygiad a ymledodd dros Gymru a thros y ffin i lannau Mersi. Ar ôl gweithio mewn glofa yn ardal Casllwchwr, dechreuodd astudio ar gyfer y Weinidogaeth gyda'r Methodistiaid Calfinaidd yng Nghastellnewydd Emlyn. Cafodd dröedigaeth emosiynol yng nghapel Blaenannerch yn 1904 ac o fewn deufis yr oedd 'y fflam dân ddwyfol', fel y'i gelwid, yn treiddio i'r cymunedau glofaol.[34] Gŵr ifanc ansicr ohono'i hun ydoedd, ond anwylid ef gan lowyr cyffredin y pyllau glo, ac yr oedd David Bevan yn meddwl y byd ohono ac yn siomedig na ddaeth y cyfrinydd i un o gapeli Tredegar. Mynnai David Bevan fynd â rhai o'r plant, yn arbennig Aneurin, gydag ef i'r cyfarfodydd a gynhelid ym Mhenuel a'r capeli eraill, lle y ceid gweddïo dwys a chanu gorfoleddus. Yr oedd y Diwygiad yn ffenomenon y soniai Bevan amdani o dro i dro, ond ni chafodd ef ei ddylanwadu, o leiaf ni soniai am hynny, fel y gwnâi James Griffiths o'i brofiad ef a'i frawd Amanwy yn Rhydaman. Yn ystod y Diwygiad cynhaliwyd is-etholiad yn etholaeth Gorllewin Mynwy. Sedd Ryddfrydol ydoedd a chafodd un o wleidyddion amlwg y Blaid honno, William Harcourt, ei ethol yn Aelod Seneddol yn 1895.[35] Nid oedd ganddo lawer iawn o ddiddordeb yn yr etholaeth, ac mewn cyfnod o ddeunaw mis dim ond tair gwaith y bu ymhlith ei gefnogwyr! Etholaeth Seisnig ydoedd. Dim ond 30% y cant o'r etholaeth oedd yn siarad Cymraeg, ond ceid ambell i ardal Gymraeg. Siaradai 70% o bobl y Gymraeg yn Rhymni. Dim ond 28.1% y cant a siaradai Gymraeg yn Nhredegar yn 1901, a syrthiodd hyn i 19.7% erbyn cyfrifiad 1911. Pan ymwelodd un o sêr y Blaid Ryddfrydol, David Lloyd George, â'r etholaeth yn 1895 mynegodd ei ofid am sefyllfa'r Gymraeg. Cyfeiriodd ei sylwadau miniocaf at dref Tredegar. Iddo ef, tref hanner Seisnig ydoedd a'i thrigolion yn brin o frwdfrydedd dros achosion Cymraeg a'r delfrydau Cymreig. Ysgrifennodd at ei briod yng Nghricieth, 'Here the people have sunk into a morbid footballism.'

Yr oedd eithriadau fel David Bevan, ond yn y lleiafrif yr oedd ef. Cyfrifid Sir Fynwy fel rhan o Loegr yn hytrach na Chymru, a siom fawr i Lloyd George oedd y methiant i sefydlu cangen o Gymru Fydd yno, mudiad a sefydlwyd gan Gymry Llundain yn 1886 ar lun 'Young Ireland'. Ond yr oedd Lloyd George yn disgwyl gormod gan Gymry blaenllaw Tredegar, am eu bod hwy yn rhan o'r cyfarfod cythryblus hwnnw yng Nghasnewydd yn Ionawr 1896 pan amlygwyd ymraniadau rhwng cynrychiolwyr yr ardaloedd Eingl-Saesneg fel Tredegar, Caerdydd, Casnewydd, y Barri ac Abertawe, a gweddill Cymru.[37] Ond yn 1904 cafodd y glowyr fwy o lais yng nghynrychiolydd y Blaid Ryddfrydol.[38] Tom Richards (1859–1931) oedd yn fuddugol fel olynydd Syr William Harcourt, glöwr ac asiant y glowyr dros Ddosbarth Cyffredinol Undeb Glowyr De Cymru o adeg ei sefydlu yn 1898. Dangosai ef nifer dda o'r nodweddion oedd yn apelio at y rhelyw o Ryddfrydwyr Tredegar, gan ei fod yn rhugl yn y Gymraeg, yn barod i hyrwyddo Dirwest, yn aelod o Gyngor Sir Fynwy, ac yn un o brif arweinwyr Undeb y Glowyr.[39]

Mam Aneurin

Bu David Bevan yn ffodus yn ei briod, Phoebe Prothero. Hi oedd yn trefnu, yn disgyblu, ac yn uchelgeisiol dros ei phlant er gwaethaf prinder adnoddau ar yr aelwyd. John Prothero oedd tad Phoebe, a ganwyd ef yn Glasbury, Sir Frycheiniog, yn y flwyddyn 1818.[40] Priododd â Margaret, hithau yn hanu o Sir Frycheiniog ac wedi ei geni yn 1826. Ganwyd iddynt bedair merch, Mary Ann yn 1849, ac Alma yn 1855, y ddwy hyn yn hanu o Sir Frycheiniog. Symudwyd o Sir Frycheiniog i Dredegar rhwng 1855 a 1860 gan i Elizabeth gael ei geni yn y dref yn 1860. Yna yn 1864 ganwyd Phoebe. Trigai'r teulu yn rhif 8 Stryd New Pits. Yn 1871 yr oedd y ferch hynaf, Mary Ann Prothero, yn gweithio yn y lofa a'r ail ferch Alma yn gwneud gwaith labrwr ac Elizabeth a Phoebe yn yr ysgol.[41] Gwelir mai gof oedd y tad ac fel tad James Griffiths yr oedd digon o waith i bedoli ceffylau a rhoddi hoelion yn esgidiau'r glowyr. Yr oedd gan Phoebe Prothero gefndir digon Cymreig, er bod ei hynafiaid wedi hanu yn wreiddiol o Swydd Henffordd. Bu ei hen-dadcu yn gwasanaethu fel Sirydd Henffordd. Fel mam a gwraig edmygid Phoebe. Yr oedd yn berson penderfynol a chryf ei meddwl a'i hagwedd. Llywodraethai ar y teulu oll gyda disgyblaeth dros bawb ohonynt. Cadwai'r cartref yn lân gan fod yn esiampl o wraig tŷ y cymoedd. Gallai baratoi bwyd maethlon, golchi dillad budr y lofa a'i smwddio gyda graen. Nid aeth un o'i phlant heb ddigon i'w fwyta, hyd yn oed yn y dyddiau mwyaf enbyd. Codai i gyflawni ei gorchwylion oddeutu pump o'r gloch y bore. Nid cadw tŷ oedd ei hunig gyfrifoldeb pan oedd y plant yn tyfu. Llwyddai i gynhyrchu dillad fel teilwres, *seamstress* yw'r gair a ddefnyddid amdani.[42] Byddai'n gryn feistres ar y dasg honno, ac yn cyflogi merched ifanc fel prentisiaid ym mlynyddoedd cynnar ei bywyd priodasol. Gwelid hanner dwsin o brentisiaid yn yr ystafell orau yn dysgu'r grefft ac yn gwneud patrymau a chynlluniau uchelgeisiol, a sgertiau y bu prynu mawr arnynt. Fel y cynyddai'r teulu bu'n rhaid iddi gwtogi ar y gwaith a rhoddi'r gorau i'r busnes gan ganolbwyntio'n gyfan gwbl ar waith mam a gwraig tŷ. Ei huchelgais mawr oedd gofalu bod pob plentyn wedi ei wisgo mewn dillad dydd Sul a gosod safon i bob mam arall yn y stryd.

Prynai fwyd yn ddoeth gan fuddsoddi mewn darn mawr o gig mochyn a thwb o fenyn yn pwyso ugain pwys, er mwyn arbed arian.[43] Yr oedd ganddi ystafell gysurus lawn o ddillad a brynwyd pan fyddai'n mynd yn achlysurol i siopa, naill ai i Fryste neu i Gasnewydd, neu i Gaerdydd. Yn 1906 penderfynwyd symud o rif 32 i rif 7 Charles Street. Roedd rhif 32 yn annigonol i deulu mor fawr, ac erbyn 1906 llwyddodd David a Phoebe Bevan i gasglu digon o arian i brynu rhif 7 Charles Street. Talwyd £130 amdano. Yr oedd yn meddu ar saith ystafell. Llwyddodd David Bevan i adeiladu ystafell ychwanegol ar gyfer George Prothero, brawd Phoebe, hen lanc 52 mlwydd oed.[44] Gweithiai yntau yn y pwll glo, a byddai ef yn medru helpu ychydig trwy dalu am ei lety.

Yr oedd David Bevan wrth ei fodd yn y cartref newydd gan ei fod yn hoff o arddio, o gadw ieir a threulio amser hamdden yn cyflawni gwaith crydd ar sgidiau'r plant, ei frawd yng nghyfraith, ei briod ac yntau. Llwyddodd i wella'r tŷ newydd trwy osod ystafell ymolchi a thoiled o fewn rhif 7 Charles Street. Adeiladodd organ fechan er mwyn cynnal caniadaeth y cysegr ar nos Sul. Byddai'n galw pawb o'r teulu o amgylch yr organ i ganu emynau Seion, yn Gymraeg a Saesneg. Bob bore a nos Sul cerddai i Gapel Carmel y Bedyddwyr yn Dukestown ac yr oedd wrth ei fodd yn cerdded adref yng nghwmni rhai o'r diaconiaid yn trafod, gyda deall, neges y gennad. Dyna fagwraeth Aneurin Bevan yn grefyddol.

Gofalodd y fam fod gan bob plentyn ei ddyletswydd a chafodd Aneurin y dasg o dorri'r bara a gosod menyn ar bob sleisen. Pwysleisiai yn ychwanegol fod yna gyfrifoldeb ar bob plentyn i fod yn brydlon wrth y bwrdd bwyd ac i beidio â rhannu clecs y stryd wrth fwyta. Meddai Mrs Phoebe Bevan ar y ddawn i hulio bwrdd a phobi a pharatoi danteithion. Edrychai rhai o'r gweinidogion, diaconiaid ac arweinwyr y dref ymlaen am gael gwahoddiad i ginio neu de yn 7 Charles Street. Gwisgai hi bob amser yn drwsiadus, ac ni fedrai un o'r plant, hyd yn oed Aneurin, ddadlau â hi. Llywodraethai ei theulu, fel y sonia *Llyfr y Diarhebion*, yn ddoeth, a phwysleisiai fel Martin Luther fod glanweithdra yn nesaf at dduwioldeb. Gofid iddi oedd bod rhai o'r plant ieuengaf, ac Aneurin yn eu plith, yn gorfod cysgu o leiaf dri, ac weithiau pedwar, ohonynt yn yr un gwely. Tlodi oedd yn gyfrifol am y sefyllfa honno.

Cefndir Phoebe Bevan

Gadawodd hi yr ysgol yn naw mlwydd oed ac felly nid oedd yn llythrennog iawn.[45] Yr oedd darllen, hyd yn oed y Beibl a olygai gymaint iddi, yn dasg anodd, ac ar brydiau, yn amhosibl. Ond yr oedd yn meddwl y byd o Air Duw, yr Ysgrythurau, a byddai'n troi tudalennau Beibl y teulu â pharchedig ofn. Dymuniad mawr ei bywyd oedd bod ei phlant hi yn cael llawer gwell manteision addysgol nag a gafodd hi a'i phriod. Ond yn hynny o beth, fel y cawn weld, fe'i siomwyd hwy fel rhieni yn fawr iawn. A mwy na hynny, gellir dweud bod y bachgen Aneurin Bevan wedi derbyn cam aruthrol gan y gyfundrefn addysg. Gan gofio ei allu anhygoel fel gwleidydd a gweinidog gwladol, mae'n drasiedi o'r mwyaf nad cynnyrch y byd addysgol mo'r athrylithgar Aneurin ond cynnyrch addysg yr Ysgol Sul a'i lyfrgell leol a'i dad. Fel y gwelwn yn y bennod nesaf, dilynodd esiampl ei dad o fod yn ddarllenwr mawr. Breuddwydiwr oedd David Bevan ar brydiau, yn meddu er hynny ar ddigon o hiwmor ac o ddywediadau bachog, pert, ac nid oedd ei fab yn amddifad o'r nodweddion hynny. Ond yn fwy na dim, gofalodd y tad fod Aneurin Bevan yn cael ei fagu yn awyrgylch y capel a'r Ysgol Sul a'r eisteddfod, a ffoliineb o'r mwyaf yw anghofio'r cefndir hwnnw, y Gymraeg a'i diwylliant.[46] Gellir dweud yr un peth am Aneurin Bevan, y bachgen, ag a ddywedwyd am wleidydd mawr arall o blith y Cymry , David Lloyd George:

> Religion was the chief intellectual interest among the villagers at large. They were nearly all Nonconformist-Methodists, Baptist or Independents. The extempore sermons of their local preachers were their weekly treat and subsequent theme of discussion and analysis. Their most familiar songs – and singing has from prehistoric times been the favourite art and pastime of the Welsh – were their Welsh hymns, set to poignant, nerve-tightening tunes, plaintive or exultant, but never stale or prosaic, and sung in parts with adventurous harmonies.[47]

Dyna waddol Aneurin Bevan, a daeth ef yn symbol yn yr ugeinfed ganrif o beth yw bod yn Gymro o Sosialydd.[48] Rhoddodd y bachgen hwn, pan ddaeth yn ddyn, Dredegar ar y map. Gofynnodd un o ddirprwywyr y Llyfrau Gleision yn 1846 i fachgen ysgol ble oedd prifddinas Prydain Fawr, ac atebodd yntau ar ei union – Tredegar.[49] Yr oedd yn bell ohoni yn 1846 ond yn 1946 byddai'r ateb wedi bod yn ddigon cymeradwy a dealladwy o gofio cyfraniad gwŷr dawnus y dref honno, ac uwchlaw pawb ohonynt, y bachgen a anwyd yn 32 Charles Street ar Dachwedd 15, 1897.

Nodiadau a Chyfeiriadau

1. *Western Mail*, 29 Rhagfyr, 1915, 1.
2. Er siom fawr i Aneurin Bevan cafodd ei dref enedigol ei henwi ar ôl Tredegar, cartref teulu Morgan a greodd stad anferth o gwmpas Coedcernyw ar gyrion tref Casnewydd. Cafodd tref Tredegar, deg milltir ar hugain i'r gogledd, ei henwi ar ôl gwaith dur Tredegar a sefydlwyd yn 1799 ar dir a roddwyd ar les gan stad Tredegar.
3. Ben G. Owens, 'David Rhys Stevens ('Gwyddonwyson'; 1807–52)' yn *Y Bywgraffiadur Cymreig hyd 1940* (Llundain, 1953), 866–7.
4. Geraint H. Jenkins, 'Ieuan Gwynedd: Eilun y Genedl' yn *Brad y Llyfrau Gleision*. (gol. Prys Morgan) (Llandysul, 1991), 101–24; S. J. Jones, 'Ieuan Gwynedd: Ei Fywyd a'i Waith' (Traethawd MA anghyhoeddedig Prifysgol Cymru, 1931); Llyfrgell Genedlaethol Cymru, Papurau Ieuan Gwynedd; Brinley Rees, *Ieuan Gwynedd: detholiad o'i ryddiaith* (Caerdydd, 1957) (Llyfrau Deunaw); C. Tawelfryn Thomas, *Cofiant Darluniadol mewn Rhyddiaith a Chân, i'r Diweddar Barch Evan Jones (Ieuan Gwynedd)* (Dolgellau, 1909).
5. J. T. Jones, 'Robert Ellis ('Cynddelw'; 1810–75), *Y Bywgraffiadur Cymreig hyd 1940*, 196–7.
6. Gwilym Rees Hughes, *Astudiaeth o Feirniadaeth Newydd a Glasurol Caledfryn* (Traethawd PhD Prifysgol Cymru, Caerdydd, 1975); Gwynne Jarvis, *Cysylltiadau Llenyddol Caledfryn a'i Waith fel Bardd a Beirniad* (Traethawd MA Prifysgol Cymru, Aberystwyth, 1976).
7. D. Myrddin Lloyd, 'William Williams ('Myfyr Wyn'; 1849-1900)', *Y Bywgraffiadur Cymreig hyd 1940*, 1019.
8. Jon Parry, 'The Tredegar Anti-Irish Riots of 1882', *Llafur*, Cyfrol 3, Rhif 4, 20-23.
9. H. O. 144/100/A18568. Llythyr Prif Cwnstabl Sir Fynwy i'r Swyddfa Gartref.
10. Rhoddir sylw i'r digwyddiad gan un o haneswyr cynnar y Gwyddelod ym Mhrydain. Gweler John Denvir, *The Irish in Britain* (Lerpwl, 1891), yn arbennig pennod XXLV.
11. Dyfynnir yn J. Geraint Jenkins, *Drefach Felindre and the Woollen Industry* (Llandysul, 1976,) 25.
12. Brodor o Dredegar oedd tad Charles Evans Hughes a safodd am Arlywyddiaeth yr Unol Daleithiau yn 1916. Trechwyd ef o 4,000 o bleidleisiau.
13. Suzanne Twiston-Davies, 'James J. Davis – Iron Puddler and Senator of Pennsylvania', *Trafodion. Anrhydeddus Gymdeithas y Cymmrodorion* 1983, 184-86.
14. W. Arvon Roberts, 'Cyfunydd Archdderwydd America', *Y Casglwr*, Rhif 121, Rhifyn y Gaeaf, 2017, 17.
15. Gw. James J. Davis, *Secretary of Labor, The Iron Puddler, My Life in the Rolling Mills and what became of it* (Pennsylvania, 1922).
16. Ymchwil i Gyfrifiad 1861.
17. *Ibid.*
18. Michael Foot, *Aneurin Bevan: A Biography, Volume One: 1897–1945* (Llundain, 1962), 19
19. Saunders Lewis, 'Aneurin Bevan', *Barn*, Rhif 2, Rhagfyr, 1962, 35.
20. Dywedodd Thomas Jones, un o feibion disgleiriaf Rhymni, am ei deulu: 'Deallaf ein bod wedi siarad Cymraeg gartref nes i mi fod yn chwe oed, ond wrth i'r plant fynd i'r ysgol troes y teulu i siarad Saesneg gan gadw'r Cymraeg at ddibenion crefydd'. Patrwm ym mhob teulu bron ym Mlaenau Gwent. Gw. Mary Wiliam, 'Myfyr Wyn, Aneurin Bevan a fi: atgofion plentyndod ac astudio, tafodiaith yn Sirhywi, Sir Fynwy', *Llafar Gwlad*, Rhif 135, Chwefror 2017, 18–21. Daw dyfyniad Thomas Jones o dudalennau 19–20.
21. T. I. Ellis, *Crwydro Mynwy* (Llandybïe, 1958), 32.
22. *Ibid.*
23. *Ibid.*, 43. Gwisgai'r trigolion grysau cochion fel milwyr Garibaldi o'r Eidal nid o ran edmygedd ohono ond am fod y crysau yn gynnes ac yn gyfforddus, ac yn cadw'r oerfel ac unrhyw arwydd o annwyd draw. Gellid gwisgo'r crysau am flwyddyn gyfan heb eu golchi.

Crysau ar gyfer gwynt oer y mynyddoedd ac yn arbennig i'r rhai a dyrchai yn ddyddiol yng nghrombil y ddaear, y 'Tir Du', fel y'i gelwid.

24. Edgar Phillips, 'Aneurin Fardd'; 1822–1904' yn *Y Bywgraffiadur Cymreig hyd 1940*; Meurig Walters, *Islwyn – Man of the Mountain* (The Islwyn Memorial Society, 1983), 80 ff; Hugh Bevan, 'Islwyn, bardd y Ffin' yn *Beirniadaeth Lenyddol: erthyglau wedi'u dethol a'u golygu gan Brynley F. Roberts* (Caernarfon, 1982), 100–10; R. L. Griffiths, 'Coffáu Islwyn ac adnewyddu'r ddelw ohono', *Barn* 185 (1978), 337–8; Beti Rhys, *Dyfed: bywyd a gwaith Evan Rees, 1850–1923* (Dinbych, 1984), 116 ff.

25. Sgwrs gyda'i wyres Mrs Jeffreys Joncs yn ei chartref yn Ystrad Mynach yn y flwyddyn 1964.

26. 'Alderman Ben Phillips (1853–1908), Hawthorne House, Sirhowy', *Pontypool Free Press*, 7 Chwefror 1908, 5. Adwaenai Aneurin Bevan ei feibion, Dr Nat Phillips, Ysbyty'r Meddwl, y Fenni a T. W. E. Phillips, cyfreithiwr yn Nhredegar.

27. *Ibid.*

28. 'Death of W. Thomas, Sirhowy', *Monmouth Guardian and Bargoed and Caerphilly Observer*, 15 Medi 1916.

29. Susan E. Demont, *Tredegar and Aneurin Bevan: A Society and its Political Articulation, 1890–1924*, PhD Anghyhoeddedig, Prifysgol Cymru, Caerdydd, 1990, 66.

30. *Ibid,* 80.

31. *Merthyr Express*, 3 Ebrill 1897.

32. *Ibid*, 19 Mehefin 1897.

33. Ceir manylion pwysig am Evan Roberts gan D. M. Phillips, *Evan Roberts, the Great Welsh Revivalist, and his work* (Dolgellau, 1923).

34. D. Ben Rees, *Chapels in the Valley: A Study in the Sociology of Welsh Nonconformity* (Upton, 1975), 151–73; *idem, The Revival of 1904–5: The Visit of Evan Roberts to Anglesey in 1905* (Llangoed, 2005), 107; C. R. Williams, 'The Welsh Religious Revival, 1904–5', *The British Journal of Sociology*, iii, 1952, 242 ff.; Basil Hall, 'The Welsh Revival of 1904–5, a Critique' (in) *Popular Belief and Practice, Studies in Church History* (Editors: C. J. Cumming and Derek Baker), Vol 8 (Cambridge, 1972), 291–301; David Jenkins, *The Agricultural Community in south west Wales at the turn of the Twentieth Century* (Cardiff, 1971), 219–44.

35. Ian Machin, 'Sir William Harcourt, 1827–1904' yn *Dictionary of Liberal Biography* (Prif Olygydd Duncan Brack) (Llundain, 1998), 164-67. 'Harcourt was defeated at Derby General Election, (July 1895), but once again a Liberal was ready to stand down in his favour, and West Monmouthshire became his new constituency'.

36. Kenneth O. Morgan, *Lloyd George Family Letters* (Cardiff, 1996), 91.

37. Gweler 'Cymru Fydd' yn *Cydymaith i Lenyddiaeth Cymru* (gol. Meic Stephens) (Caerdydd, 1986), 117–18. Ceir manylion pellach yn William George, *Cymru Fydd: Hanes y Mudiad Cenedlaethol Cyntaf* (Lerpwl, 1945) a Kenneth O. Morgan, *Rebirth of a Nation: Wales 1880–1980* (Oxford, 1981).

38. Erthygl bwysig ar gyfer y cefndir a'r cyfnod yw David Smith, 'Leaders and Led' yn *Rhondda Past and Future* (Rhondda, 1975), 37–65.

39. J. H. Morris a L. J. Williams, *The South Wales Coal Industry 1841–1875* (Caerdydd, 1958); Philip N. Jones, *Colliery Settlement in the South Wales Coalfield, 1850 to 1926* (Hull, 1969).

40. Ymchwil i Gyfrifiad 1871.

41. *Ibid.*

42. Michael Foot, *Aneurin Bevan: A Biography*, Volume One 1897–1945; *ibid.,* 18

43. *Ibid.*

44. Cyfrifiad 1911, defnyddia Michael Foot y gair wncwl amdano, ond gellir priodoli hynny i'r ffaith ei fod ef yn sôn am y plant yn y paragraff a nodir ar dudalen 19.

45. Michael Foot, *Ibid.,* 19.

46. Dyma frawddeg o'r cofnod am Aneurin Bevan yn *Cydymaith i Lenyddiaeth Cymru*, (1986), t. 41: 'Yn Nhredegar y cafodd ei fagu, yn awyrgylch y capel a'r eisteddfod; a chafodd ei enwi ar

ôl Aneurin Fardd (Aneurin Jones; 1822–1904), ond yr oedd yn ŵr a ddatblygodd berthynas ddeublyg â'i wlad enedigol'.

47. Malcolm Thompson with the collaboration of Frances, Countess Lloyd-George of Dwyfor, *David Lloyd George* (London, 1948), 52.

48. Kevin Williams, 'The End is not Mine', *Planet*, 127 Chwefror/Mawrth, 1998, 38.

49. Siân Rhiannon Williams, 'Y Brad yn y Tir Du: Ardal Ddiwydiannol Sir Fynwy a'r Llyfrau Gleision' yn *Brad y Llyfrau Gleision*, 125–45. Gwelir y cyfeiriad ar dudalen 135.

Pennod 2

Anturiaeth Aneurin Bevan o'r Ysgol Gynradd i fyd y Lofa

Dymuniad mawr David a Phoebe Bevan, Charles Street, Tredegar oedd fod eu plant yn derbyn llawer gwell manteision nag a gawsant hwy ar ddechrau'r daith. Yr oedd wyth o ysgolion ar gael yn Nhredegar a Sirhywi yn nechrau'r ugeinfed ganrif, er mwyn i Aneurin, y bachgen chwimwth a anwyd ar 15 Tachwedd 1897, gael cyfle i wneud cyfrif da ohono ei hun.[1] Yr oedd y dewis ar gyfer eu plant yn llai iddynt hwy gan eu bod yn Ymneilltuwyr, gan fod yr Ysgol Gatholig yn Earl Street ymysg y nifer a nodwyd. Mae'n debyg fod y dewis yn y pen draw rhwng Ysgol y Bwrdd Earl Street ac Ysgol y Bwrdd Sirhywi. Gofelid am Adran y Babanod gan Lilah Lewis, a'r Prifathro ar yr Ysgol Gynradd oedd William E. Orchard.[2] Adeiladwyd yr ysgol yn 1877 a phan aeth Aneurin Bevan yn ddisgybl yno yr oedd hi'n ysgol fawr o 291 o fechgyn a 276 o ferched, cyfanswm o 528 o blant. Ceid 325 yn Ysgol y Babanod.[3]

Aeth Aneurin i'r ysgol hon am fod ei frawd William, a anwyd yn 1891, a'i chwaer Blodwen wedi mynd yno o'i flaen. Cerddai'r plant i fyny'r rhiw o Charles Street, ac ni fu llwyddiant mawr i neb o deulu David Bevan yn yr ysgol arbennig hon, ar wahân i Myfanwy. Yr oedd hi yn ennill gwobrau yn yr ysgol a chipiodd ysgoloriaeth i'r Ysgol Ramadeg. Gadawodd William yr ysgol yn un ar ddeg oed i ddilyn ei dad i'r lofa, tra cafodd Blodwen waith gyda'i dwylo yn ei chartref i wau a gwnïo. Bu profiad Aneurin yn Ysgol Gynradd Sirhywi yn gwbl anffodus. Ni welodd neb o'r athrawon y gallu oedd yn amlwg yn ei gyfansoddiad a'i etifeddeg. O'r funud gyntaf y gwelodd y Prifathro William Orchard ef, ni chymerodd ddim diddordeb ynddo ond yn hytrach ei ddwrdio a'i dreisio.

Yr oedd y bachgen bach â'r llygaid glas tanbaid a'i wallt du fel y frân yn destun gwawd i'r teyrn a lywodraethai'r ysgol. Fel yr âi'r blynyddoedd heibio gwelwyd y ddau elyn yn barod i dreisio ei gilydd. Un prynhawn gosododd Orchard ei ddwrn ar ên Aneurin ac o fewn eiliadau cafodd ymateb digon ffyrnig gan y bachgen. Dododd Aneurin ei glocsen ar droed y Prifathro lle'r oedd ganddo gyrn dolurus.[4] Sgrechiodd yn uchel yn ei boen. Ffodd Aneurin allan o'r ysgol at ddiogelwch ei gartref yn Charles Street.

Anghydfod rhwng y Prifathro a'r bachgen bach

Un diwrnod yn y dosbarth cythruddwyd Aneurin yn fawr iawn gan ymddygiad Orchard. Pwyntiodd y Prifathro ei fys at fachgen bach tlawd ei fyd, gan ofyn iddo yn swrth pam na fu iddo fynychu'r ysgol y diwrnod cynt. Atebodd y bychan yn ddigon swil a gostyngedig mai tro ei frawd oedd hi i wisgo'r sgidiau, gan mai dim ond pâr oedd ar gael rhwng y ddau ohonynt. Pan glywodd Mr Orchard yr eglurhad, ysgyrnygodd ei ddannedd a'i wawdio yn ddi-drugaredd nes gwneud i fwyafrif y plant chwerthin. Ond yr oedd un ohonynt heb wên ar ei wyneb. Aneurin Bevan oedd hwnnw. Cydiodd yn y gwydryn inc (*inkwell*) oedd ar ei ddesg a'i daflu â'i holl nerth at ddesg y Prifathro. Methodd gyrraedd ei nod ond yr oedd y weithred wedi cynddeiriogi William Orchard.[5] Archwyd Aneurin i fynd i ystafell y Prifathro i dderbyn ei rethreg ac i ddioddef y gansen. Gwylltiodd Aneurin gan fod ganddo dymer wyllt yn blentyn, a rhybuddiodd y Prifathro i beidio â chymryd llwybr dial arno neu mi fyddai ef a'i ffrindiau yn talu'r pwyth yn ôl iddo.

Sobrodd William Orchard a chaniatáu i Aneurin fynd adref unwaith yn rhagor. Nid oedd cyfathrach wâr athro a disgybl rhyngddynt, nac unrhyw barch o gwbl rhyngddynt, a dyna fu'r sefyllfa tra bu Aneurin yn ddisgybl yn Ysgol Sirhywi. Gobeithiai'r prifathro y byddai'n gadael mor fuan ag yr oedd modd. Teimlai Aneurin yn gwbl rhwystredig. Yr oedd yr ysgol yn fwgan beunyddiol iddo.[6] Edrychai ar yr adeilad a'i athrawon, ac yn arbennig y prifathro, fel gelynion yn hytrach na ffrindiau i'w ysbrydoli.

Aneurin yn gweld angen addysg arno

Daeth i sylweddoli fod angen addysg arno a daeth i gredu mae'r unig ffordd allan o'i drybini a'i ddiflastod addysgol oedd ei addysgu ei hun trwy ddarllen yn helaeth. Trwy esiampl ac ymroddiad ei dad ac athrawon yr Ysgol Sul yr oedd wedi dysgu darllen, a buan y gwelodd fod y ddawn honno yn hynod o werthfawr. Dysgodd ysgrifennu hefyd ond nid fel ei chwiorydd. Ysgrifennai'r geiriau ar bapur fel brawd i fwgan brain a'i linellau yn hollol anniben a'i frawddegau ar hyd a lled y dudalen fel pe bai person meddw yn creu ysgrif. Yr oedd y drydedd elfen a bwysleisiwyd mewn ysgol gynradd, sef rhifyddeg, yn syml, yn amherthnasol iddo. Ni fu yn feistr ar fathemateg ar hyd ei oes.

Cyfeillgarwch gyda'i dad

Arwraddolai ei dad a byddai'r ddau yn mynd am dro yn gyson ar hyd y bryniau o amgylch Tredegar. Yn y cyfnod hwn y dechreuodd ei dad anesmwytho gyda'r hyn a alwai yn 'Drindod Annuwiol', sef yr Eglwys sefydledig a'i hesgobion, y bragwyr oedd yn ymgyfoethogi ar gefn y werin dlawd, anwybodus a'r sgweier neu'r cyfalafwr a ymgyfoethogai ar gynnyrch y pyllau glo a'r diwydiannau trwm. Tueddai David Bevan i weld fod ei angen ar ei gydweithwyr, yn y lofa. Daeth i feddwl yn uchel iawn o Undeb y Glowyr, y 'Fed' fel y'i gelwid. Derbyniodd swydd Trysorydd y Gyfrinfa, a'r gelyn oedd Cwmni Haearn a Glo Tredegar. Am flynyddoedd fel Ymneilltuwr bu yn gefnogol, fel y rhelyw o lowyr o'i gefndir ef, i'r Blaid Ryddfrydol. Cefnogodd Syr William Harcourt a phleidleisio drosto yn etholaeth Gorllewin Mynwy, ond yn 1906 cyflwynodd ei deyrngarwch i Tom Richards, un o arweinwyr y glowyr ac un a gyfunai athroniaeth y Blaid Lafur a'r Rhyddfrydwyr.[7] Trodd hefyd i gymdeithasu gyda'r Sosialwyr cynnar, er mai bregus oedd y dystiolaeth yn y dref ei hun am rai blynyddoedd. Ond ym mhlentyndod Aneurin daeth o dan ddylanwad ymgyrchoedd mudiad y Clarion. Byddent yn ymweld â threfi a phentrefi glofaol a dyna sut y daeth ef i archebu yn wythnosol y papur bywiog, y *Clarion*. Cafodd fudd mawr o'i ddarllen, yn arbennig ysgrifau Robert Blatchford, â'u pwyslais ar frawdgarwch, y ddynoliaeth a'r drefn newydd trwy goleddu sosialaeth, a dadleuon y dydd. Yr oedd y *Clarion* yn llawn o ysbryd optimistaidd. Agorwyd ei lygaid a bu'n gyfrwng i wneud yr un gymwynas gyda'i fab.

Erbyn bod Aneurin yn wyth a naw oed yr oedd yn feddiannol ar gorff cryf a meddwl miniog, ond i'r Prifathro methiant llwyr ydoedd. Cyfrifid ef yn yr ysgol yn fachgen diog a chadwodd y prifathro ef yn ôl am flwyddyn arall yn yr un dosbarth, gan ei frifo ymhellach yn feddyliol ac yn emosiynol wrth iddo weld ei gyfoedion yn symud ymlaen i ddosbarth uwch. Siom fawr iddo felly oedd gorfod eistedd yn yr un dosbarth am ddwy flynedd yn olynol. Tra oedd ei ffrindiau wedi symud i'r dosbarth uwch, arhosodd ef gyda'r plant oedd flwyddyn yn ieuengach nag ef. Nid oedd y rebel o blentyn yn croesawu hynny o gwbl, ac i droi'r sefyllfa yn waeth, yr oedd mab David Bevan yn dioddef yn enbyd o atal dweud. Ni wyddom i sicrwydd pam na allai'r bachgen cyhyrog, grymus ei gerddediad, gael ei eiriau allan o'i enau,[8] ac yntau yn wyth mlwydd oed. Yr oedd llunio unrhyw frawddeg yn drafferth iddo. Y mae aml i ddamcaniaeth wedi cael ei chyflwyno gan y rhai a fu'n astudio ei flynyddoedd cynnar. Yn ôl ei gofiannydd enwocaf, Michael Foot, mae'n bosibl fod y driniaeth a dderbyniodd yn yr ysgol ar law y Prifathro, a'r bwlian cyson, wedi meithrin yr atal dweud ynddo.[9] Ond yn ôl ei fam, ei brawd John oedd yn gyfrifol, gan fod arno yntau atal dweud. Byddai Aneurin a'i frawd William yn mynd i aros ato, ac ar ôl dod adref byddent yn ei ddynwared yn siarad hyd syrffed, yn arbennig ei atal dweud. Ac ym mherson Aneurin daeth y dynwared yn rhan o'i ynganiad cyson, beunyddiol. I'w chwaer Myfanwy yr oedd Aneurin yn fachgen eithriadol o unig, heb lawer iawn o ffrindiau agos, ac yr oedd y cam-drin creulon yn yr ysgol, a'r ysbryd gwrthryfelgar a berthynai iddo, yn esgor ar rwystredigaeth bellach, a hynny yn arwain at atal dweud wrth lefaru.[10] Yr oedd yn baglu dros ei eiriau yn ei dymer wyllt a'i gynddaredd ffrwydrol ar brydiau.

Dechrau gwaith

Daeth ychydig o ymwared iddo yn un ar ddeg oed, pan drodd ei gefn ar yr ysgol ddiflas a dechrau ennill bywoliaeth. Ond er hynny ni allwn beidio â rhyfeddu iddo brofi blynyddoedd pwysig fel blynyddoedd coll yn ei fywyd. Y mae ei gofianwyr yn nodi'r ffeithiau ond neb ohonynt yn rhyfeddu at y golled a gafodd ac am fethiant William Orchard ac eraill i ddod â'r gorau allan ohono. Y mae bron yn eithriad ymhlith plant dawnus a galluog ei gyfnod yn Sir Fynwy. Cafodd Ness Edwards, a ddaeth yn Aelod Seneddol Caerffili, ei eni yr un flwyddyn ag Aneurin, a hynny ar 5 Ebrill 1897 mewn tŷ teras yn Castle Street, Abertyleri, yn fab i löwr. Aeth yntau i ysgol gynradd a gadael yn dair ar ddeg oed i weithio ym mhwll glo Vivian yn Abertyleri. Ac ni sonnir o gwbl iddo gael ei drin mor ddialgar ag Aneurin yn Sirhywi, ychydig filltiroedd o Abertyleri.[11] Ond pan edrychwn ar wleidydd arall a berthynai i genhedlaeth arall, sef Morgan Jones, Aelod Seneddol Caerffili o 1921 hyd 1939, gwelwn wahaniaeth dybryd.[12] Ganwyd ef dair blynedd ar ddeg o flaen Aneurin ym Margoed, yn un o saith o blant, ac ef oedd y pumed. Derbyniodd Morgan Jones ei addysg yn ysgolion cynradd Gelli-gaer a Hengoed, ac ennill ysgoloriaeth i Ysgol Lewis, Pengam, un o ysgolion gorau y de-ddwyrain. Ac yno ar 3 Awst 1897, ychydig fisoedd cyn geni Aneurin, derbyniwyd Morgan Jones i'r un ysgol ag y bu Neil Kinnock yn ddisgybl ynddi flynyddoedd yn ddiweddarach. Mae'n amlwg iawn fod William Orchard wedi llesteirio addysg Aneurin. Yr oedd prifathro ysgol gynradd Hengoed yn cymryd llawer mwy o ddiddordeb ym Morgan Jones nag a wnaeth Orchard yn Aneurin Bevan. Y prifathro yn Hengoed a gynghorodd Morgan Jones i ystyried fod yn ddisgybl-athro yn Ysgol Gilfach, Bargoed, ac a'i perswadiodd ar ôl hynny i ymgeisio am le yng Ngholeg Prifysgol Reading yn 1905. Mewn llythyr o gyflwyniad dywedodd prifathro'r ysgol gynradd ei fod yn ei gymeradwyo fel un a ddangosodd sgiliau angenrheidiol a'r hyn a eilw yn 'aptitude and fondness of his work'.[13] Y mae'r gymhariaeth gyda Morgan Jones yn dangos yn ddigon eglur fod Aneurin Bevan wedi ei gosbi yn eithriadol gan Ysgol Sirhywi. Ni welodd neb ohonynt y galluoedd oedd yn ei gymeriad, galluoedd a ddygodd ffrwyth pan gyrhaeddodd San Steffan yn Aelod Seneddol ifanc. Ond beth a allai fod wedi ei gyflawni pe bai wedi cael y cyfleon a gafodd Morgan Jones o'r Bargoed a'i ffrind agos o Dredegar, Archibald Lush?

Felly yn ddeg oed yr oedd Aneurin Bevan wedi gadael yr ysgol ac wedi derbyn gwaith yn siop bwtsiar Davies yn Commercial Street am gyflog o ddau swllt a chwe cheiniog yr wythnos. Golygai hyn oriau hir, ac ar nos Sadwrn disgwylid iddo weithio hyd hanner nos pan gaeid drws y siop. Ni fyddai ef yn medru gadael am adref am awr arall.[14]

Gwelid ef yn ystod yr wythnos yn cerdded strydoedd Tredegar yn cario basged yn llawn o gig i'r cwsmeriaid. Byddai'n galw â'r negeseuon i'r cartrefi, a daeth i adnabod y dref fel cledr ei law. Yr oedd y gyflog o ddau swllt a chwe cheiniog o fudd mawr iddo gan y medrai fforddio am y tro cyntaf yn ei fywyd brynu comics. Yr oedd yn mynnu prynu *Magnet* a *Gem* a *Popular* bob wythnos, ac weithiau byddai'n prynu ambell i gomic arall a fyddai'n apelio ato.[15] Cyn hir blinodd ei dad ar weld y mab yn darllen yr hyn a alwai ef yn 'sothach', a dyfeisiodd Aneurin ffordd gyfrwys o guddio'r comics o dan bont Sirhywi. Blinodd ar hyn ac yn arbennig pan ddaeth eraill i wybod am ei gynllun a dwyn y comics o'r guddfan. Cyfeiriodd ei dad ef at Lyfrgell wych Neuadd y Gweithwyr, lle y daeth i ddarllen gwaith awduron amrywiol. Plesiodd cyfrolau Rider Haggard, Nat Gould, Hall Caine a Seton Merriman ef yn fawr iawn. Nid oedd neb o'i gyfoedion na'i gyn-athrawon na'i deulu yn gweld dim byd anghyffredin yn y bwtsiwr bach, ac ni feddyliodd ei rieni, mwy na neb arall, ei berswadio i sefyll arholiad am ysgoloriaeth i Ysgol Ramadeg. Nid oedd David na Phoebe Bevan yn credu o gwbl y medrai sefyll arholiad 11+ nac yn meddu ar ddigon o arian sbâr iddo wneud hynny, ac felly nid oedd dim amdani ond newid gwaith a gorchwyl. Penderfynodd ddilyn llwybr ei dad a'i frawd hynaf a'i ewythr a gadawodd siop y bwtsiwr i fynd i weithio ym mhwll glo Tŷ Tryst, sydd yn enw rhyfedd ar y naw! Tŷ tristwch oedd ei ystyr ac ar fore tywyll, bygythiol ar 15 Tachwedd 1911 cerddodd allan o'i gartref yn nillad y colier gyda'i frawd William i gychwyn ar waith llawer caletach na dosbarthu cig o'i fasged, a thu ôl i'r cownter pan fyddai'r siop yn brysur iawn.

Dechrau fel glowr

Dihunid y glowyr gan y *Knocker-up*, fel y'i gelwid, am hanner awr wedi pedwar yn y bore, ac yna disgwylid iddynt wisgo, bwyta eu brecwast, ac yn ei hanes ef adael rhif 7 Charles Street am y lofa.[16] Nid ef a'i frawd yn unig a welid ar y strydoedd, ond cannoedd o lowyr eraill ar yr un perwyl o gyrraedd pen y pwll mewn pryd. Dewisodd waith caled, budr , annifyr a olygai hefyd wythnos hir o dan ddaear iddo. Pan gychwynnodd ei dad yn y lofa, disgwylid iddo weithio 60 o oriau yr wythnos, gan gynnwys pnawn Sadwrn. Gwelwyd newid yn 1890 pan gafwyd wythnos o 53 o oriau. Dyna oedd ar gyfer Aneurin. Bu'r newid nesaf yn 1919 pan ostyngwyd yr wythnos waith i 47 awr a rhoi gwell amodau wrth weithio mwy o oriau. Yr oedd ei gyflog dipyn yn well nag yn siop y bwtsiar, ond y gwaith yn llawer anoddach. Wynebai ar lu o beryglon, fel ceffylau yn cicio, dŵr yn llifo i fewn i'r ffas, tram yn mynd allan o afael y glowyr ac yn hyrddio yn ddi-lywodraeth am bawb oedd ar y ffordd. Ar ôl wythnos lawn deuai adref gyda balchder â swm o ddeg swllt, a byddai'n cyflwyno'r cyfan i'w fam, oedd yn wraig hynod o benderfynol. Derbyniai yn ôl i'w law chwe cheiniog, dwy geiniog am gomics, dwy geiniog am siocled, a dwy geiniog am ddarn o deisen oedd yn dderbyniol iddo.[17]

Yr oedd yn dal i fynychu'r Ysgol Sul ond clywai ei rieni ambell i stori am ymddygiad dadleuol Aneurin yn y dosbarth. Byddai'n mynnu cael trafodaeth ar esblygiad, beth bynnag fyddai'r wers. A chan fod Capel y Bedyddwyr yn gapel efengylaidd, yr oedd gwrthwynebiad i'w ddadleuon fod dyn wedi esblygu o fwnci. Awgrymodd ei rieni y byddai'n well iddo symud i Gapel yr Annibynwyr Saesneg yn Commercial Street gan eu bod hwy yn fwy parod i dderbyn dysgeidiaeth gwyddoniaeth. Ond yn fuan iawn yr oedd Aneurin yn tarfu eto ar yr athro a'r wers fel edmygydd mawr o Charles Darwin, a bu aml i brotest amdano.[18] Dywedodd un athro y byddai ef yn gadael yr Ysgol Sul os oeddynt yn caniatáu i Aneurin gael gymaint o ryddid i fynegi ei syniadau annerbyniol, er ei fod yn meddu ar atal dweud enbyd.

Sosialwyr cynnar Tredegar

Ym mhwll glo Tŷ Tryst daeth Aneurin i berthynas gyfeillgar gyda Lewis Halloway (1853–1915), undebwr ymroddedig, a thrwyddo ef y daeth i wybod am yr ymdrech i sefydlu'r Blaid Lafur Annibynnol yn y dref.[19] Yr oedd hyn yn chwyldroadol, ac yr oedd yna sosialwyr o argyhoeddiad yn tarfu ar y drefn wleidyddol a gyfunai Ryddfrydiaeth a Cheidwadaeth. O amgylch y bwrdd bwyd byddai Aneurin a'i frawd a'i dad yn trafod y datblygiadau newydd hyn, ac yn arbennig ymroddiad Walter Conway (1875–1933), glöwr fel hwythau, ond un a fagwyd yn y wyrcws. Mae'n debyg ei fod ef yn un o arloeswyr pennaf y Mudiad Llafur, ac erbyn 1915 ef oedd Ysgrifennydd Cymdeithas Cymorth Meddygol Tredegar. Bu ef gyda'r Gymdeithas hon am flynyddoedd; cymdeithas a ddylanwadodd yn fawr ar Aneurin yn y blynyddoedd oedd i ddod.[20]

Gweld difrod yn y maes glo

Yr oedd Aneurin yn ymfalchïo ym mywyd a brwydrau'r glowyr a hyn fyddai'r sgwrs o amgylch y bwrdd bwyd yn Charles Street. Bu cynnwrf ym maes glo De Cymru y blynyddoedd hynny yn arbennig yn Rhondda Fawr. Asgwrn y gynnen oedd tâl y glowyr a gwrthwynebiad i gadeirydd cwmni'r Cambrian oedd yn berchennog ar byllau'r Naval, sef yr Arglwydd D. A. Thomas, a drigai ym Mhlas Llan-wern ac a adnabyddid fel Barwn Rhondda.[21] Etholwyd ef yn 1888 yn aelod dros Ferthyr, ac er ei holl gyfoeth, digon diflas oedd ei gartref yn ôl ei ferch dalentog. Dywedodd hi:

> Yr oedd y tŷ yn un llawen, ond nid oedd ynddo fawr o gysur… Nid oedd ond un gadair wir gyfforddus yn y tŷ y tu allan i'r stydi… [22]

Sylweddolodd Aneurin fod holl nerth y Wladwriaeth am ddysgu gwers i'r glowyr, a daeth i wybod am yr arweinwyr adweithiol fel Arglwydd Rhondda, y Barnwr Bryn Roberts, gelyn mawr i'r Undebau Llafur, Winston Churchill, yr Ysgrifennydd Cartref, a Phrif Gwnstabl Morgannwg, sef y Capten Lionel Lindsay. Galwodd Churchill am filwyr i'w lleoli yn Rhondda Fawr er mwyn cadw trefn ar weithwyr y lofa. Anfonwyd wyth gant o blismyn o Heddlu Metropolitan Llundain a chaniatawyd nifer fawr o filwyr i ddod i Donypandy i roddi cweir i'r glowyr. Dyn drwg oedd y Prif Gwnstabl Lionel Lindsay, cyfuniad o Dori rhonc ac imperialydd blin. Treuliodd ei brentisiaeth allan yn yr Aifft yn y Lluoedd Arfog. Cymerai yr un agwedd at y glowyr ac a gymerai at yr Eifftwyr cyffredin. 'Wogiaid' oedd glowyr De Cymru yn ei olwg, a dylid eu trin felly a'u gosod yn eu lle fel gwehilion cymdeithas. Cynhesodd yr Aneurin ifanc at arweinwyr answyddogol y glowyr, pobl o faintioli Noah

Ablett a Noah Rees, a chymerodd ddiddordeb pan ddaeth y Pwyllgor Diwygio Answyddogol (*Unofficial Reform Committee*) i fodolaeth, er mwyn ysgogi arweinwyr digon cymedrol y glowyr yn y Fed i fod yn llawer mwy milwriaethus. Yr oedd y pwyllgor answyddogol o blaid diwygio'r Fed wedi ei ysbrydoli gan Farcsiaeth. Dyma'r cyfnod yr ymddangosodd y pamffledyn *The Miners' Next Step.* Noah Ablett (1883–1935) oedd un o'r prif awduron.[23] Ef a fu'n meddwl ar un adeg ymgeisio am y weinidogaeth Ymneilltuol, a roddodd fod i'r ffenomenon arbennig honno, Syndicaliaeth, a ystyriai Ablett yn 'undebaeth lafur wyddonol'. O Ffrainc y tarddodd y gair syndicet am undeb llafur, ond bu'r gred yn atyniadol am gyfnod o ddeng mlynedd ar hugain yn Ne Cymru. Dylanwadodd yr athroniaeth ar Aneurin Bevan fel llanc deallus a darllenodd lyfrau syndicaliaid a gyhoeddwyd yn yr Unol Daleithiau. Gwelai Bevan werth yn y ddamcaniaeth oedd yn pregethu y dylai'r gweithiwr gael gwared â chyflogwyr, a defnyddio streic er mwyn sicrhau buddugoliaeth i'r gweithwyr, ac hyd y medrid, anwybyddu'r wladwriaeth. Daeth Aneurin Bevan ac Arthur Horner a llu o lowyr ifanc De Cymru i edmygu Noah Ablett. Ef oedd y dylanwad deallusol pennaf arno ar ddechrau ei fywyd yn y lofa. Yr oedd ei ddamcaniaethau yn argyhoeddi gŵr deallus ifanc fel Bevan mewn cyfnod pan oedd Noah Ablett yn llawer mwy derbyniol na hyd yn oed yr Aelod Seneddol y drws nesaf iddo ym Merthyr Tydfil, Keir Hardie (1856–1915).[24]

Meddwl mwy o Noah Ablett na Keir Hardie

Hardie oedd sylfaenydd y Blaid Lafur Annibynnol (ILP) yn 1893 ac yn 1900 cafodd fod yn ymgeisydd yn enw Llafur ar gyfer etholaeth Merthyr Tydfil ac Aberdâr. Daeth felly yn Aelod Seneddol, y cyntaf i bledio sosialaeth ym maes glo y De, ac yn hyn o beth yr oedd yn llawer mwy argyhoeddiedig nag oedd Mabon yn etholaeth Rhondda. Yr oedd gan Hardie, y Sgotyn, ymroddiad i Gristnogaeth, i Gymru, i'r angen am ymreolaeth, ac i Sosialaeth y chwith. Am gyfnod bu'n arweinydd y Blaid Lafur Annibynnol.[25] Yn rhyfedd iawn ni soniodd Aneurin Bevan lawer amdano ac nid oes ar gael unrhyw dystiolaeth o gwbl iddo wneud ymdrech i fynd i wrando arno fel y gwnaeth Jim Griffiths yng Ngwaun-cae-gurwen. Noah Ablett oedd arwr Bevan. Y gwir yw mai nid Noah Ablett a enillodd lowyr De Cymru i rengoedd Llafur, ond y cyn-löwr ym maes glo Swydd Aeron (Ayrshire). Keir Hardie yn fwy na neb o'i gyfoeswyr ar wahân i Arthur Henderson a Ramsay MacDonald, a fu'n efengylwr effeithiol yn y dyddiau cynnar i'r Blaid Lafur. Ond o'r tri, Hardie a enillodd i'r Blaid Lafur, yn hytrach nag i'r Blaid Lafur Annibynnol, gefnogaeth a gynyddai yn gyson ym maes glo'r de o 1900 hyd y Rhyfel Byd Cyntaf.[26] Ond nid oedd pob arweinydd glowyr a'r Aelodau Seneddol a safai fel Rhyddfrydwyr-Llafur yn cefnogi Keir Hardie fel y disgwylid. Un o'r rheiny oedd Tom Richards a gynrychiolai Orllewin Mynwy yn San Steffan. Y gwir ydoedd ei fod ef yn llawer mwy o Ryddfrydwr nag ydoedd o Lafurwr. Cefnogai Lloyd George ar bob cyfle a ddeuai iddo ond anwybyddai yn gyfan gwbl neges Keir Hardie yn nadleuon y Tŷ Cyffredin. Byddai ganddo ddigon o wyneb i gondemnio ei gyd-aelodau o'r Blaid Lafur am wrthwynebu Lloyd George.

Y blaid Lafur yn stryglan i gael bodoli

Yr oedd y Blaid Lafur yn ei phlentyndod yn gweld y sefyllfa yn anodd dros ben. Ceid dwsinau o etholaethau lle yr oedd y dosbarth gweithiol yn y mwyafrif yn gwrthod rhoddi cyfle i'r Blaid Lafur; gwell ganddynt ddangos teyrngarwch i'r Blaid Ryddfrydol. Ceid wardiau yn gwneud yr un peth, gydag ymgeiswyr yn sefyll fel Rhyddfrydwyr neu yn annibynnol dros y trethdalwyr ond nid yn barod i arddel lliwiau'r Blaid Lafur. Watkin Lewis, a anwyd yn 1876, yn enedigol o Sirhywi ac yn siarad Cymraeg, oedd un o'r Llafurwyr cynharaf i ennill sedd ar Gyngor Dosbarth Tredegar.[27] Gweithiai fel glöwr ym mhwll glo Navigation, ac ysgwyddai gyfrifoldeb fel ysgrifennydd y gyfrinfa.

Yr oedd Walter Conway, Sosialydd arall y cyfeiriwyd ato eisoes, yn rhan annatod o ddiwylliant cymoedd glo Mynwy fel yr oedd Aneurin ei hun, a bu yn ddylanwad mawr iawn ar y glöwr ifanc.[28] Ceid yng nghymoedd Rhymni, Sirhywi a thref Abertyleri ddiwylliant y dosbarth gweithiol ar ei orau, sef dosbarthiadau yr ysgolion Sul i astudio'r Beibl i blant ac oedolion. Pan waethygodd y berthynas rhwng Aneurin ac athrawon Ysgol Sul Capel y Bedyddwyr, penderfynodd Aneurin sefydlu ei ddosbarth Ysgol Sul ei hun a fyddai'n cyfarfod yn Neuadd y Gweithwyr i drafod 'dyfnion bethau'r Ffydd' yng ngoleuni Marcsiaeth a syndicaliaeth. Cynhelid cymdeithasau llenyddol a dadleuon ar bnawn Sul yn ogystal, rhan o'r mudiad *Pleasant Sunday Afternoon*. Deuai cannoedd o bobl ynghyd a cheid siaradwyr o safon i annerch.

Y pwrpas oedd goleuo'r disgyblion a'u haddysgu, ac ynghyd â hyn ceid gweithgarwch y Mudiad Cydweithredol. Hwy a roddodd help llaw i fudiad Addysg y Gweithwyr (WEA). Yr oedd cangen y Blaid Lafur Annibynnol a sefydlwyd yn 1911 yn Nhredegar yn allweddol fel canolbwynt diwylliant gwleidyddol y dadleuon grymus a geid, y trafod dwys a phropaganda a baratowyd gan Keir Hardie, Bruce a Katherine Glasier ac eraill.[29]

Traddodiad radicalaidd y cyfnod

Adlewyrchai hyn y traddodiad radicalaidd Rhyddfrydol a hybai Lloyd George ac a arfogodd nifer dda o arweinwyr Undeb Glowyr De Cymru, yn arbennig y rhai a weithredai ym maes glo Mynwy, fel William Brace, Tom Richards, Alfred Onions, Ted Gill a Frank Hodges. Diwylliant y meddwl agored ydoedd gydag unigolion o wahanol safbwyntiau yn ymuno mewn trafodaethau emosiynol. Cododd ffrae o fewn Ymneilltuaeth, sef yn yr Eglwysi Rhyddion ym Mynwy rhwng y gweinidogion a bwysleisiai iachawdwriaeth bersonol a'r gweinidogion oedd o blaid yr efengyl gymdeithasol. Yr oedd David Bevan wedi ei lwyr gyfareddu yn bersonol gan y proffwyd R. J. Campbell a fu yn annerch yn Abertyleri yn 1908. A bu ef a'i fab yn y cyfarfod. Canlyniad yr ymweliad pwysig hwn o eiddo y Parchedig R. J. Campbell oedd gorfodi Ymneilltuaeth cymoedd Mynwy i drafod natur ei gweinidogaeth. Cafwyd dadl gyhoeddus yn Abertyleri rhwng dau o weinidogion y Bedyddwyr, J. T. Evans a J. Morris Evans. Dadleuai Towy Evans, a fu'n ddylanwad mawr ar Ness Edwards, o blaid efengylu personol a J. Morris Evans o blaid efengyl gymdeithasol.[30] Yr oedd J. Morris Evans wedi treulio blynyddoedd ei lencyndod yn yr Unol Daleithiau a chredai ef fod iachawdwriaeth bersonol yn bosib o fewn trefn ddiwygiedig economaidd a chymdeithasol yn rhydd o dlodi a llymder, neges oedd yn amlwg yn wrth-gyfalafol ac ar lwybr Sosialaeth Gristnogol. Yn eu bychander capelyddol ceisiodd diaconiaid Capel Bedyddwyr Heol y Brenin, Abertyleri, ddiswyddo eu gweinidog, ond daeth y mudiad Llafur a sosialaidd i'r adwy. Ni fu'n rhaid iddo adael ei ofalaeth gan fod cymaint o bobl ryddfrydig a sosialaidd yn ei gefnogi yn gyhoeddus.

Sefydlwyd Undeb y Cyfnod Newydd (*New Era Union*) yng nghymoedd Mynwy ym mis Gorffennaf 1909 gyda chefnogaeth cant o lowyr yn cyflwyno swllt y mis i'r cyllid ac yn bleidiol i waith addysgol, a hefyd i waith cymdeithasol ac arweiniad ysbrydol. Yr oedd yr Undeb yn bleidiol iawn i drafodaethau o ddadleuon a mynegodd David Bevan ac Aneurin eu diddordeb yn yr hyn a ddigwyddodd. Yr oedd gwahaniaeth sylfaenol rhwng mudiad *Plebs League* oedd o blaid Marcsiaeth ac Undeb y Cyfnod Newydd yn Nhredegar. Ac yr oedd croeso i gynrychiolwyr rannu yr un llwyfan ac i fynegi eu safbwyntiau. Yr oedd Frank Hodges yn barod i draddodi ei ddarlith nodedig ar "Grefydd Democratiaeth Gymdeithasol" a pharhaodd yr Undeb hyd y Rhyfel Byd Cyntaf. Yr oedd Sosialaeth Gristnogol yn llawer mwy pwerus na Marcsiaeth yng nghymoedd glo Mynwy o 1909 i 1914. Yn y cyfnod hwn bu Frank Hodges a Sydney Jones, un a fu'n ddylanwad mawr ar Aneurin, yn diwtoriaid Sirhywi a'r cylchoedd o amgylch. Ond daeth y *Plebs League* i Dredegar yn ystod y Rhyfel Byd Cyntaf o dan nawdd y Cyngor Llafur Canolog. Gafaelodd Walter Conway yn y cyfle i drefnu dosbarth i oedolion ar bwnc Marcsiaeth ac ymunodd y glöwr Aneurin â'r dosbarth a dysgu cryn lawer oddi wrth y tiwtor, i atgyfnerthu ei ddarllen a'i fyfyrdod personol.

Glowr gweithgar a wrthodai faldod

Ond nid glöwr ifanc cymedrol mohono o'r diwrnod cyntaf y cychwynnodd ar ei alwedigaeth. Gweithiai, yn ôl Michael Foot, fel teigr, ac er i rai fynnu dweud ei fod yn ddiog, nid oedd hynny yn wir o gwbl.[31] Ond fe enillodd yr enw o fod yn llencyn trafferthus. Dywedid amdano gan swyddog pwll glo Tŷ Tryst, 'that bloody nuisance, Bevan'.[32] Symudodd o bwll glo i bwll glo. Derbyniai feirniadaeth yr *overmen* ac edmygedd ei frawd William. Ar ôl ychydig flynyddoedd symudodd y ddau ar ôl cweryl i Bedwellty New Pits. Cawsant waith yn ymyl ei gilydd gan weithio yn ddiarbed, gan ennill y cyflogau mwyaf o'r holl lowyr. Ond ni fu hi yn haf o hyd yno. Un diwrnod penderfynodd Aneurin gymryd bore i ffwrdd er mwyn cyflwyno dadl Farcsaidd gymhleth i'r swyddogion eu bod fel glowyr wedi ennill eu cyflog ar ôl hyn a hyn o oriau a bod y cyfan ar ôl hynny yn elw llwyr i'r cwmni. Cafodd aml i ffrae gyda'r dirprwy reolwr. Un diwrnod cyfarfu'r ddau ar ben y pwll, ac Aneurin yn benderfynol o fynd adref fel protest yn erbyn y rhai a weinyddai bwll glo Bedwellty New Pits.

Nid oedd dim amdani ond iddo ef, a'i frawd ffyddlon William i'w ddilyn, symud i bwll glo Whitworth. Ond buan y gwnaeth Aneurin brotestio ar drothwy un Nadolig. Gwrthododd roddi pren ail law i ddal y to yn hytrach na phren newydd heb ei ddefnyddio o'r blaen. Ffromodd y dirprwy reolwr ond arhosodd ei gyfle. Anfonwyd Aneurin allan o'r lofa am wrthod dadlwytho tram yn llawn rwbel. Cyflwynodd Aneurin ei broblemau i'r gyfrinfa pan y'i diswyddwyd. Cafodd gefnogaeth yr Undeb gan ofyn i gwmni Haearn a Glo Tredegar ffeindio gwaith iddo mewn pwll glo arall. Penderfynodd y cwmni ei anfon i lofa Pochin a gyfrifid fel y pwll glo mwyaf anodd ohonynt i gyd. Ac ni fu ei dymor yno chwaith heb aml i ysgarmes gyda'r rheolwr Thomas Reynolds. Pan gyfarfu ef â'r llanc ifanc, fe'i cyfarchwyd:

> 'So this is the great Aneurin Bevan. The son of David Bevan, I believe. I used to know him well.'

> 'In that case', atebodd Aneurin, 'you knew a better man than yourself.'[33]

Gwelodd y diwydiant glo ar ei waethaf yn ystod y saith mlynedd y bu yn löwr. Gofidiai o weld y berthynas wael rhwng y perchenogion a'r glowyr a gofidiai am y gwastraff adnoddau a welodd o'i amgylch. Nid oedd yn hapus o gwbl gyda'r modd y telid y gweithwyr, y cystadlu hunanol oedd rhyngddynt am y cyflog gorau. A gwyddai pa mor galed y byddai'n rhaid gweithio i ennill y cyflog hwnnw.

Gwerthfawrogi Undeb y Glowyr

Daeth yn fwy argyhoeddedig nag erioed o werth Undeb y Glowyr a gwerthfawrogai'r cyfeillgarwch mawr rhwng glowyr a'i gilydd. Er gwaethaf ei atal dweud, clywyd ei lais gymaint â neb arall yng nghyfarfodydd y gyfrinfa, a'i brotestiadau beunyddiol bron pan oedd arweinwyr yr Undeb yn ddigyffro ac yn barod i dderbyn y sefyllfa. Erbyn canol y Rhyfel Byd Cyntaf yr oedd ef yn undebwr na ellid mo'i anwybyddu, a daeth yn Gadeirydd Cyfrinfa Pochin Rhif 1. Yn ei oriau hamdden darllenai yn eang a châi ei gyfareddu gan lyfrau H. G. Wells, Jack London, James Connolly, Daniel De Leon ac Eugene V. Debs; cerddai'r mynyddoedd gyda'i ffrindiau, a disgleiriai yn nosbarthiadau Plebs League Sydney Jones a Walter Conway yn Nhredegar a dosbarth Sydney Jones ym Mhontllanffraith. Un o'i gyd-ddisgyblion yno oedd Harold Finch (a ddaeth yn ddiweddarach yn Aelod Seneddol Bedwellte) a byddai ef bob amser yn dweud mai Bevan oedd seren y dosbarth. Yn y dosbarth hwn y daeth i gwestiynu ei gred fel Cristion a fagwyd yn y capel a'i chael hi'n hynod o anodd i amgyffred yr athrawiaethau Calfinaidd, fel etholedigaeth, y magwyd ef ynddynt.

Yn y dosbarth yn Nhredegar yn 1916 llwyddodd i berswadio ei frawd William i ddyfod gydag ef, ac yn ddiweddarach bu ef yn Gynghorydd am flynyddoedd ar y Cyngor Dosbarth. Gwyddom fod un arall a ddeisyfai fod yn Gynghorydd, Fred Francis, wedi mynychu'r dosbarth ynghyd â J. J. Caldicott a ddaeth yn Is-ysgrifennydd Cyngor Llafur a Masnach Tredegar.[34] Yr oedd y dosbarthiadau hyn yn hyfforddi glowyr a ddaeth, maes o law, yn arweinwyr yn y Mudiad Llafur yn etholaeth Glynebwy, ac yn barod i sefyll y straen o gynrychioli plaid mewn etholiad llywodraeth leol.

Cadeirydd y gyfrinfa

Fel Cadeirydd y Gyfrinfa dangosodd Aneurin allu i arwain, i drafod ac i sefyll dros iawnderau'r glowyr a hefyd i argyhoeddi'r mwyafrif i'w gefnogi. Pan fyddai'n gweld anghyfiawnder amlwg yn y lofa, arferai drafod y mater y noson honno gyda Walter Conway. Teimlai yn fwy ffyddiog wedyn i frwydro a gweithredu, ond byddai'r atal dweud yn fwrn arno yn gyson. Un diwrnod gofynnodd am gyngor Walter Conway ar sut y medrai ddod dros yr atal dweud. Atebodd Conway: 'Os na fedri di ei ddweud e, rwyt ti ddim yn ei wybod e.'[35]

Flynyddoedd lawer yn ddiweddarach cydnabu mai dyna'r cyngor gorau a gafodd erioed. Yr oedd Walter Conway fel brenin yn ei olwg. Yn wahanol i lawer un arall, penderfynodd gefnogi Conway ar fater y Rhyfel Byd Cyntaf. Yr oedd hwnnw o blaid y rhyfel ac am weld Prydain yn gorchfygu'r Almaen.[36] Dyna safbwynt Bevan ei hun mewn byr eiriau. Nid oedd yn heddychwr fel yr oedd ei gyfaill o Abertyleri, Ness Edwards. Dioddefodd ef dros ei ddaliadau, fel y gwnaeth llawer o selogion y Blaid Lafur Annibynnol. Nid oedd gan Bevan lawer i'w ddweud o blaid safbwynt heddychiaeth y Blaid Lafur Annibynnol. Fel glöwr ac undebwr aeth Aneurin ati i drefnu cyfrinfeydd pyllau glo Cwmni Tredegar yn un gyfrinfa fawr. Ei syniad oedd canoli'r grym oedd yn perthyn i gyfrinfeydd Whitworth, Pochin (pyllau 1 a 2), Tŷ Tryst (pyllau 1 a 2), Bedwellty New Pits, Oakdale a Markham, McLaren ac Abertyswg yng nghwm Rhymni. Fel y dywedodd Oliver Powell, 'y dyn a wnaeth y gyfrinfa yn ddylanwadol oedd Aneurin Bevan.'[37]

Adeiladu y Gyfrinfa

Gwnaeth y gyfrinfa yn un nerthol. Yr oedd Aneurin wedi mynychu'r Gynhadledd answyddogol lle y cafodd arweinwyr swyddogol y Fed eu beirniadu'n llym am eu bod mor llywaeth a difywyd. Yr oedd bodolaeth Cyfrinfa yn gwneud synnwyr yn erbyn cwmni aruthrol o bwerus a gynrychiolai gyfalafiaeth ar ei gorau neu ar ei gwaethaf. Bu pyllau glo Tredegar yn hollol deyrngar ac yn barod i gydweithredu, ac yn derbyn pob penderfyniad o eiddo'r perchenogion heb lawer o brotest. Dyna oedd y sefyllfa hyd nes i Aneurin Bevan benderfynu gweithredu yn 1917–18. Dysgodd gymaint am realiti y berthynas rhwng cyflogwr a gweithiwr yn nosbarth Sydney Jones yn y Coed Duon, ac ef oedd yr unig löwr o Dredegar a fynychai'r dosbarth nos.[38] Etholwyd Aneurin Bevan yn Is-gadeirydd y Gyfrinfa. Dymunai'r Gyfrinfa newydd gael cyfle i weld A. S. Tallis, prif ddyn y cwmni, a dewiswyd dirprwyaeth. Gwrthododd ef y cyfle i gyfarfod â'r ddirprwyaeth. Galwyd felly ar wyth mil o lowyr i fynd ar streic. Ni allai'r hen Lafurwr Alfred Onions, arloesydd y mudiad yn Sir Fynwy, gytuno o gwbl gydag arweiniad Bevan.[39] Gofalodd Bevan fod y Gyfrinfa yn trefnu'n drwyadl gan gysylltu â phwyllgorau yn y cymoedd glo eraill er mwyn ennill cefnogaeth. Anfonwyd Aneurin i genhadu yng nghymoedd Ogwr a Garw yn Sir Forgannwg, a mentrodd yn hyderus ar ei grwsâd. Ei safbwynt oedd hyn: gadewch i'r glowyr benderfynu un ffordd neu'r llall, a ddylid cynnal cynhadledd i drafod y sefyllfa. Hwy a ddylai benderfynu. Teimlai'r gwleidydd Clem Edwards yn flin fod Bevan wedi mynd mor bell.[40] Nid oedd ef o blaid gweithredu answyddogol a dyna pam na fu ef o blaid agwedd *The Miners' Next Step*. Ond nid oedd Bevan yn poeni am farn Clem Edwards, ac erbyn i'r glowyr ym Morgannwg a Mynwy ddeall stori'r arweinydd, yr oedd hi'n ddigon amlwg y ceid cefnogaeth a chryn dipyn o gydymdeimlad â safiad glowyr Tredegar. Yr oedd deugain mil o lowyr yn barod i gefnogi'r streic.[41] A phan gafwyd y streic, a barhaodd am dair wythnos, yr oedd hanner can mil o lowyr wedi ymuno.[42]

Ni fu hi yn hawdd ar neb. Yr oedd y glowyr wedi anwybyddu arweiniad y Fed ac yr oedd Cyfrinfa y Combine o dan lach y meistri gwaith, yr undebwyr cymedrol a'r gwleidyddion ofnus. Ni ddylid er hynny roddi gormod o sylw i Aneurin Bevan, er ei fod ef yn llawn ynni, ac yn barod i grwydro i'r pyllau. Cofier na chafodd ei ddewis yn un o'r ddirprwyaeth i Gynhadledd y Fed yng Nghaerdydd. Wedi'r cyfan, llanc ifanc ydoedd. Disgrifiwyd ef gan Harold Finch, cymrodydd iddo ac un a fu ei hun yn cydymgyrchu ym Medwellte, fel llencyn amrwd iawn, 'stuttering and spluttering about the place'.[43] Ond gwyddom ei fod yn barhaus o dan lach pobl canol y ffordd. Dyna oedd rhan o weithgarwch dyddiol yr undebwyr ym mywyd Bevan.

Hanes anodd Aneurin yn y Rhyfel Mawr

Y mae hanes Aneurin Bevan a'r Rhyfel Byd Cyntaf yn gorfodi trafodaeth gan fod gwahanol fersiynau iddo. Yn ei gartref yr oedd ei rieni yn amheus iawn a'i fam yn gwrthod prynu tystysgrifau rhyfel. Galwai'r rhain yn 'arian wedi ei lygru â gwaed'.[44] Yn y lofa clywai am yr anghytuno rhwng y glowyr a gweithredoedd y Llywodraeth a drosglwyddwyd yn aml yn y wasg ddyddiol drwy rethreg David Lloyd George, ac yn y Blaid Lafur Annibynnol clywai bropaganda am dwyll y sefydliad oedd yn dal pwrs y wlad. Erbyn 1917 yr oedd ef ymhlith y lleiafrif o'r glowyr a welai'r Rhyfel fel rhyfel y cyfalafwyr ac nid ei ryfel ef fel Cymro ac yn sicr nid fel sosialydd. Gofidiai fod y rhyfel yn llusgo ymlaen a Phrydain a'i Chynghreiriaid yn methu cael y llaw drechaf ar yr Almaen a'r pwerau canolog. Ond erbyn 7 Rhagfyr 1916, yr oedd David Lloyd George yn Brif Weinidog, y Cymro Cymraeg cyntaf i ddal y swydd. Cyrhaeddodd y gwleidydd o Ddwyfor y brif swydd gyda chymorth dau Gymro amlwg arall, sef yn gyntaf David Davies, Aelod Seneddol Maldwyn. Ef a berswadiodd Ryddfrydwyr y meinciau cefn i gefnogi Lloyd George.[45] Y llall oedd Thomas Jones o Rymni, pentref oedd yn agos i Dredegar, a gwas sifil a hybodd fuddiannau Lloyd George ymysg arweinwyr y Mudiad Llafur.[46] Ond credai nifer o Gymry amlwg fod 'Rhyfel Lloyd George' wedi negyddu holl werthoedd crefyddol cyfundrefol a Rhyddfrydiaeth.[47] Yn hyn o beth nid oedd Aneurin Bevan ymhell ohoni, a ffromodd ef fel y gwnaeth Aelod Seneddol Bwrdeistrefi Caerfyrddin, W. Llewelyn Williams, yn erbyn y Mesur Consgripsiwn oedd mor bwysig i Lloyd George. Tristwch i'r ddau oedd gweld y Senedd yn cytuno ar y mesur yn 1916.

Dangosodd Susan Demont yn ei thraethawd doethuriaeth fod adroddiad Michael Foot o'r ymrafael rhwng y Swyddfa Rhyfel ac Aneurin Bevan yn anghyflawn.[48] Defnyddiodd hi yr hanes fel y'i gwelir yn y papur lleol *Merthyr Express* a'r papur cenedlaethol *Western Mail* ym Mehefin a Gorffennaf 1918.[49] Y mae'n amlwg i Aneurin orfod ymddangos gerbron Bwrdd Meddygol yn Neuadd Tref Tredegar ar 22 Ebrill. A dedfryd y bwrdd hwnnw oedd ei fod o ran iechyd yn abl i ymrestru ar gyfer rhyfela. Derbyniodd Aneurin ar ôl y cyfarfyddiad hwnnw dri rhybudd. Anfonodd David Griffiths, swyddog Pwyllgor y Combine, gerdyn ato ar ran y tribiwnlys meddygol, ond yr oedd amheuaeth. Ni wyddai neb a oedd pwll glo Pochin wedi cyflawni ei gwota, ac felly gohiriwyd anfon rhagor o lythyron am y tro, y *call-up notices* fel y'u gelwid. Ond yn ôl ei gofiannydd fe'i harestiwyd yr adeg honno. Yr oedd ei chwaer, Blodwen, wedi taflu'r rhybudd cyntaf a gyrhaeddodd i'r tân. Nid oedd Aneurin yn malio dim, gan iddo gael gwybod gan swyddog recriwtio mai cwota'r lofa oedd tri deg a'i fod ef yn rhif tri deg un.

Yr oedd Aneurin ar daith efengylu sosialaidd yng Ngorllewin Cymru a phan gyrhaeddodd adref yr oedd ei chwaer Margaret May, a garai yn fawr, yn ddifrifol wael. Y noson honno galwodd dau heddgeidwad i'w arestio. Bodlonodd Aneurin i fynd gyda hwy i swyddfa'r heddlu yn Nhredegar. Yr oedd hi'n noson stormus i'w rieni, y ferch ar ei gwely angau, a'r mab yng nghell swyddfa'r heddlu. Ond yn ôl y wasg wynebodd y llys ar 7 Mehefin, wythnos ar ôl i'r streic orffen. Bu am ddwy noson yn y gell, ac yna mewn llys yng Nglynebwy, pryd y trefnwyd iddo sefyll ei brawf yn Nhredegar ar 18 Mehefin.

Cysylltodd Aneurin â chyfreithiwr o Gasnewydd, Gordon Edwards, a siaradwyd o'i blaid hefyd gan ddau aelod o Gwmni'r Combine. Yr oedd yr achos yn troi o amgylch cwestiwn cwota pwll glo Pochin. A oedd y cwota wedi'i lenwi cyn i'r awdurdodau anfon y drydedd wŷs ato, y papur glas fel y'i gelwid? Fel swyddog o gyfrinfa'r Fed, yr oedd ef yn cael ei eithrio o wasanaethu, ond nid oedd pawb yn gweld hynny yn amddiffyniad. Yr oedd yr ail reswm yn fwy dilys, sef ei fod ef bellach yn dioddef o *nystagmus* yn ei lygaid, a bod hynny yn ei ryddhau. Siaradodd Bevan yn bennaf ar gwestiwn y cwota. Cadeirydd yr Ynadon oedd yr Henadur T. J. Price, a phenderfynodd ef ohirio'r llys am fis arall er mwyn dod o hyd i'r ffeithiau.

Gwynebu ar lysoedd

Felly ar 15 Gorffennaf galwyd y llys i drafod yr achos a mynegodd y cyfreithiwr Gordon Edwards ei ofid am absenoldeb Aneurin. Yr oedd ef bellach o dan warchodaeth y Fyddin ac yn atebol, os yn iach, i wasanaeth milwrol. Ei dynged oedd ei gael ei hun yn nwylo'r sefydliad milwrol.[50] Ond nid ymunodd â'r Fyddin. Cafodd ei ryddhau a chael cyfle i fod yn gysur i'w chwaer Margaret May oedd yn marw o glefyd angheuol. Dangosodd yr awdurdodau gryn gydymdeimlad a hefyd gallineb, gan eu bod yn gweld y byddai'n medru bod yn rebel peryglus pe gorfodid ef i fod yn rhan o unrhyw wersyll milwrol. Wedi'r cyfan yr oedd Aneurin yn mwynhau'r cyfle a ddaeth iddo i gael astudio a darllen yn helaeth yn ystod y Rhyfel Byd Cyntaf, a phan gyfarfu â glöwr arall, John Lloyd Williams (a fu yn Llywodraeth Attlee, 1945–50, fel Aelod Seneddol Llafur dros etholaeth Kelvingrove, Glasgow), ac ef yng Nghaerdydd yn 1917, synnodd yn fawr o glywed y glöwr o Dredegar yn adrodd air am air yn yr iaith Gymraeg gyfieithiad caboledig Syr John Morris-Jones o gerdd Omar Khayaam. Medrai Noah Ablett wneud hynny hefyd. Ffiloreg anghywir ydyw dweud felly nad oedd Aneurin Bevan yn deall dim o'r Gymraeg pan ocdd cf ei hun wedi meistroli'r gerdd hir hon ar ei gof a'i dafod leferydd. Bu'r ddau löwr ifanc gyda'i gilydd yn y Coleg Llafur Canolog yn ddiweddarach, ac yno, yn ôl John Lloyd Williams, yr aeth Bevan ati i ddysgu Ffrangeg ac Almaeneg.[51]

Wedi blino ar ryfela ar gyfandir Ewrob

Yr oedd Bevan erbyn 1918 yn casáu'r brwydro ffyrnig a gwaedlyd ar gyfandir Ewrop. Mwynhad mawr iddo oedd dysgu ar ei gof gerddi gwrth-ryfel y bardd-filwr Siegfried Sassoon, a threulio aml i sesiwn gyda'i ffrind Bill Hopkins yn olrhain teithiau'r Siartwyr dros fynyddoedd Mynwy i Gasnewydd yn 1839, pwysigrwydd planhigion a'r bywyd gwyllt, a chreadigaeth wyrthiol y byd. Nid oedd yn ei gof na'i galon ddymuniad i godi dryll na dwrn i ymladd mewn rhyfel gyfalafol, ond awydd i ddrachtio'n ddwfn o gyfrol *Roget's Thesaurus* a fenthyciai o Lyfrgell y Glowyr. Yn y gyfrol honno y cafodd yr eirfa a'i gwnaeth yn siaradwr mor ddifyr ac mor eneiniedig yn nyddiau San Steffan.

Yr oedd ei dymer a'i agwedd yn gwbl wrthwynebus i'r rhyfel. Gwnaeth yn gwbl glir i bawb na fyddai'n mynd o'i wirfodd i wisgo dillad milwr, a'i bod hi'n well i bawb ei adael lle yr oedd, yn creu cyffro dros yr anghenus yn ei dref enedigol. Bu'n glyfar dros ben i gymharu ei hun â llawer o'i gymrodyr o'r un cefndir a syniadaeth wleidyddol. Bu'n rhaid i Bryn Roberts fynd i garchar a felly hefyd Ness Edwards, oherwydd iddynt gerdded ffordd y gwrthwynebydd cydwybodol. Ond yr oedd Bevan yn debycach i Arthur Horner yn ei safbwynt.[52] Y peth mawr i Aneurin oedd cael gallu i'w ddwylo ac i'w ddosbarth o bobl trwy'r Blaid Lafur a gobeithiai gael cyfle i sefyll yn lliwiau'r Blaid honno yn y dyfodol agos.

Croesawu y Cadoediad .

Croesawodd ddiwedd y Rhyfel Mawr am un ar ddeg o'r gloch ar yr unfed dydd ar ddeg o'r unfed mis ar ddeg, Tachwedd 1918. Iddo ef yr oedd y Cynghreiriaid wedi ennill y dydd am fod mwy ohonynt o ddifrif i ennill, fod Cymro carismatig yn arwain, a bod ganddynt fwy o adnoddau. Dim ond tair gwlad a frwydrai gyda'r Almaen, ond erbyn 1918 roedd 32 o genhedloedd gwahanol yn ymladd dros Brydain.[53] Er na fu dathlu'r Chwyldro yn Rwsia ar strydoedd Tredegar, gwyddai fod presenoldeb Rwsia a'i byddin hyd 1917 wedi bod yn ffactor bwysig yn y dasg o orchfygu'r Almaen. Ni pheidiodd ag atgoffa ei gyd-drefwyr fod rhwng naw ac un ar ddeg o filiynau wedi marw o ganlyniad i'r brwydro a 30 i 40 miliwn wedi eu hanafu, cyfran uchel ohonynt yn ddifrifol iawn o ran eu cyrff a'u meddyliau. Un peth oedd yn amlwg ddigon iddo ef, i'w rieni a'i deulu, oedd ei fod ef wedi bod yn hynod o ffodus i gael ei arbed rhag maes y gad.[54] Bu'r brwydro yn anghredadwy o greulon ar gyfandir Ewrop oherwydd grym aruthrol y tanciau, peli angheuol y gynnau mawr, y magnelau ffrwydrol a'r nwy gwenwynig. Ni allai ddeall yr awch a welwyd ymhlith cymaint o lowyr am gael ymrestru yn y lladd a'r llaid, a chlywodd mai mab yr Aelod Seneddol Tom Richards oedd arwr brwydr Pilkem Ridge ar 31 Gorffennaf 1917, pan laddwyd y bardd-fugail Hedd Wyn.[55] Nid rhyfedd fod Tom Richards wedi ei ethol yn ddiwrthwynebiad pan alwyd Etholiad Cyffredinol ym mis Rhagfyr 1918, ryw fis ar ôl terfyn y Rhyfel Mawr. Trefnodd un cyfarfod yn Nhredegar lle y bu wrthi yn clodfori buddugoliaeth y Rhyfel ac yn ymosod yn ddiangen ar Lywydd Undeb Glowyr Prydain Fawr am ei ymosodiad ar David Lloyd George. Cythruddwyd Aneurin wrth wrando arno a phenderfynodd yn y fan a'r lle fod yn rhaid iddo ef a'i ffrindiau sosialaidd newid y sefyllfa yn llwyr yn yr etholaeth ac yn Nhredegar ei hun. Yr oedd yn meddu ar ddigon o ysbryd herfeiddiol i wireddu'r newid angenrheidiol, fel y sylwai sosialwyr ifanc yng nghyffiniau Tredegar.[56] Byddai'n rhaid iddo arfogi ei hun yn well nag a wnaeth hyd yn hyn ar gyfer brwydr fawr dros sosialaeth yn erbyn cyfalafiaeth.

Nodiadau a Chyfeiriadau

1. Kelly's *Directory of Monmouthshire* (1901) ar wefan ancestry.com.
2. *Ibid.*
3. *Ibid.*
4. Michael Foot, *Aneurin Bevan, Volume 1, 1897-1945*, Llundain, 1962, 20.
5. *Ibid.* Dywed y cofiannydd stori arall yn y frawddeg hon: 'later again he is said to have thrown a snowball with a stone in it at the monstrous, red-faced Orchard, even after lamenting to his friends that he had again missed the target'. Gweler hefyd Tessa Blackstone, 'The Boy who threw an Inkwell: Bevan and Education' yn *The State of the Nation: The Political Legacy of Aneurin* Bevan (gol. Geoffrey Goodman), Llundain, 1997, 156–78.
6. Michael Foot, *Ibid.*, 20: 'Aneurin hated school with an abiding hatred'.
7. David Martin, 'Ideology and Composition' yn K. D. Brown (gol.) *The First Labour Party* 1906–14, Caint, 1985, 17–20.
8. Michael Foot, *Ibid.*, 21.' Some of his schoolmates would jeer at him and Orchard had a wretched excuse for his impatience. The point becomes stronger still if the stutter was bred at school either by Orchard's bullying or his teaching methods or a combination of the two.'
9. *Ibid.*
10. *Ibid.* 21–2.
11. Wayne David, *Remaining True: Biography of Ness Edwards,* (Llanbradach, 2006), 2. Fel Aneurin aeth Ness Edwards i weithio gyda'i dad a'i frawd hynaf i'r lofa.
12. Dylan Rees, Morgan Jones, 'Educationalist and Labour Politician', *Morgannwg,* Cyfrol XXXI, 1987, 66–83.
13. *Ibid.*, 66.
14. Michael Foot, *Ibid.*, 22.
15. *Ibid.*
16. *Ibid.*, 24.
17. *Ibid.*, 25.
18. *Ibid.*, 25-6.
19. Susan E. Demont, *Tredegar and Aneurin Bevan: A Society and its Political Articulation 1890–1924*, PhD, Prifysgol Cymru Caerdydd, 1990, 82.
20. *Ibid.*, 90.
21. Bu ef a Lloyd George yn dadlau ar fater mudiad Cymru Fydd; ond rhaid cydnabod fod D. A. Thomas yn 'Cymru Fyddiwr' selog. Ond newidiodd ei safbwynt ac ar 16 Ionawr 1896 yng Nghasnewydd cynhaliwyd un o'r cyfarfodydd gwleidyddol mwyaf stormus a di-drefn yn hanes gwleidyddiaeth Gymreig. Dyma'r dydd yr aeth y mudiad i'r gwyll. Aeth y 'Gorchfygwyr' i giniawa gyda D. A. Thomas mewn gwesty a'r 'Gorchfygedig' i glywed Lloyd George yn tystio mewn cwrdd gwrthdystiol mai 'rhyfel hyd y carn' oedd hi i fod. Ceir y stori yn gyflawn yn William George, *Cymru Fydd: Hanes y Mudiad Cenedlaethol Cyntaf* (Lerpwl, 1945), tt. 39–47; T. I. Ellis, *Crwydro Mynwy* (Llandybïe), 1958, 126.
22. T. I. Ellis, *Crwydro Mynwy* (Llandybïe, 1958), 126.
23. 'Fe'i hysgrifenwyd yn bennaf gan Noah Ablett, gyda chymorth criw bychan oedd yn rhan o'r *Plebs League* a streic y Cambrian Combine yn 1910–11, ac a oedd yn weithredol yn y Pwyllgor Diwygio Answyddogol'. Gweler 'The Miners' Next Step' yn *Gwyddionadur Cymru* (gol. John Davies, Menna Baines, Nigel Jenkins a Peredur Lynch) (Caerdydd, 2008), 672–3; Alun Page, *Arwyddion ac Amserau* (Llandysul, 1979), t. 171. Ceir hanes streic y Cambrian 1910 ar dudalennau 33–6.
24. Yr oedd Keir Hardie, y Sgotyn, wedi ymladd am y tro cyntaf dros Lafur yn Mid Lanark yn 1888 pan gafodd 617 o bleidleisiau yn unig. Gw. Roy Gregory, *The Miners and British Politics 1906–1914* (Rhydychen, 1968), 91.

25. Gweler Kenneth O. Morgan, *Keir Hardie: Radical and Socialist* (Llundain, 1997), pennod VIII, 'Leader of the Party', 153–77; R. Silyn Roberts, 'James Keir Hardie', *Y Geninen*, Ionawr 1916, 11: sonnir am Hardie yn dysgu Hen Wlad fy Nhadau.

26. Aiff yr hanesydd Kenneth O. Morgan mor bell â dweud fod Aneurin Bevan wedi mynegi dyheadau Keir Hardie ar ddiarfogi yn y pumdegau, *ibid.,* 287.

27. Susan E. Demont, *ibid.,* 89. Annibynnwr brwdfrydig o ran crefydd oedd Lewis a byddai'n gwrthod mynychu cyfarfodydd yr Undeb ar y Sul am ei fod am gadw Dydd yr Arglwydd 'yn sanctaidd'.

28. *Ibid.,* 93. Waltcr Conway (1875–1933) oedd un o sylfaenwyr y Blaid Lafur Annibynnol yn Nhredegar.

29. *Ibid.* Conway a gadeiriodd cyfarfod Katherine Glasier yn 1912 yn Nhredegar a gwelwyd Aneurin yn y cyfarfod.

30. Cymerodd y Parchedig Towy Evans ddiddordeb mawr yn y sosialydd ifanc Ness Edwards. Gw. Wayne David, *Remaining True: Biography of Ness Edwards*, (Llanbradach, 2006), 2.

31. Michael Foot, *ibid.,* 29.

32. *Ibid..*

33. *Ibid*, 30.

34. S. E. Demont, *ibid.,* 175.

35. Aneurin Bevan, 'The Best Advice I Ever Had', *Reader's Digest*, November 1953.

36. Gwirfoddolodd o leiaf fil o fechgyn a dynion Tredegar i'r Rhyfel Byd Cyntaf, deg y cant o'r boblogaeth. Yr oedd Walter Conway yn frwd dros y Rhyfel fel ag yr oedd yr Aelod Seneddol Tom Richards. Galwodd ef yr Almaen yn genedl o 'sneaks and assassins' o lwyfan recriwtio. Gydag ef ar y llwyfan yr oedd rheolwr y pwll a W. Stephen Davies, rheolwr pwysicaf cwmni TIC. Gw. S. E. Demont, 137.

37. *Ibid.,* 221. Nid yw Foot yn cyfeirio o gwbl at Oliver Powell.

38. 'Bevan became a regular delegate to the district meetings from his own Combine Lodge Executive and a frequent attender at the lectures given by Sidney Jones, Noah Ablett and other resident or visiting Marxist scholars'. Gw. Michael Foot, *ibid.,* 36.

39. Yr oedd Alfred Onions wedi dal swydd fel Trysorydd Undeb y Glowyr, wedi ymladd yn enw'r glowyr fel ymgeisydd seneddol, ac yn ffrind cywir i Thomas Richards. Ond i'r sosialwyr cadarn bradwr ydoedd fel y noda un o syndicalwyr y Rhondda, W. F. Hay yn y geiriau hyn : *'A bitter day of reckoning is coming for those who like Hartshorn, Brace, Richards, Onions etc. have seized upon, misled, and betrayed the most important industrial movement of modern times'.* Gw. *The Rhondda Socialist*, Tonypandy Ebrill 1912, dyfynnir yn Roy Gregory, *The Miners and British Politics* (Rhydychen, 1968), 135.

40. Clem Edwards oedd yr ymgeisydd a ddilynodd Syr Alfred Thomas fel cynrychiolydd y Rhyddfrydwyr yn Nwyrain Morgannwg. Yr oedd Clem Edwards wedi llwyddo i ddod yn fargyfreithiwr yn 1889, ac wedi cydweithio gyda Ben Tillett adeg streic enwog y docwyr yn Llundain yn yr un flwyddyn. Bu yn ymgyrchydd dros yr angen i gael gweithio am wyth awr y dydd yn y lofa. Gw. Roy Gregory, *ibid*, 132.

41. Susan E. Demont, *Tredegar and Aneurin Bevan, ibid.,* 206.

42. *Ibid.,* 213.

43. *Ibid.,* 214.

44. Michael Foot, *ibid.,* 32.

45. David Davies a gyflwynodd adroddiad i'r Prif Weinidog yn rhagweld cwymp teyrnasiad y Tsar, fel y tystia Thomas Jones. Gw. Thomas Jones, *Lloyd George* (London, 1951), 104.

46. *Ibid.,* 164–88.

47. K. O. Morgan, *Rebirth of a Nation: Wales 1880–1980* (Rhydychen, 1981), 165.

48. Gw. Michael Foot, *Aneurin Bevan, ibid*, 32–3.

49. Dyma'r deunydd a ddefnyddiodd Susan Demont, *Merthyr Express*, 22 Mehefin, 20 Gorffennaf 1918 a *Western Mail*, 19 Mehefin a 16 Gorffennaf 1918.

50. Susan E. Demont, *Tredegar and Aneurin Bevan, ibid.,* 219.

51. Ll.G.C. Papurau John Lloyd Williams (1888–1982), Aelod Seneddol Llafur Kelvingrove, Glasgow, 1945–1950. Bocs 1/4. Ganwyd John Lloyd Williams yn Pantperthog, ger Corris yn 1888 a bu farw yn Bow Street, Ceredigion ar 31 Rhagfyr, 1982. Braint oedd cael galw i'w weld yng nghartre'r henoed yn ei henaint.

52. Arthur Horner, *Incorrigible Rebel* (London, 1961), 21–2.

53. Gwledydd y Cynghreiriaid oedd Prydain, Ffrainc, Gwlad Belg, Rwsia (hyd at 1917), Yr Eidal, America (ar ôl 1917), Serbia, Rwmania, Gwlad Groeg, Dominiynau a Threfedigaethau Prydain, yr Arabiaid, Siapan, Tsieina, Gwledydd newydd De America yn erbyn y pwerau canolog sef yr Almaen, Awstria, Hwngari, Twrci a Bwlgaria. Gw., Emyr Price, *Cymru a'r Byd Modern ers 1918* (Caerdydd, 1979), 1.

54. Michael Foot, *Aneurin Bevan, ibid.,* 34. Credaf fod Oliver Powell, cyfaill iddo, wedi dweud y cyfan yn y geiriau hyn: 'I believe there was a terrific lot of wire-pulling, you see 'let him go, get him out of the way, he will be less trouble outside the bloody tent than in''. Gw. Susan E. Demont, *Tredegar and Aneurin Bevan, ibid.,* 222..

55. D. Ben Rees, 'Hedd Wyn (1887–1917) and the First World War' yn D. Ben Rees (gol.), *Hanes Gŵyl Hedd Wyn and the Black Chair, Bardd Fugail y Rhyfel Mawr/ Poet–Shepherd of the Great War* (Talybont, 2018), 1–6.

56. Dyma eiriau Lewis Lewis amdano: ' 'His impudence, his cheek, his brass was colossal,' says Lewis Lewis, one of the leaders of the Blackwood Socialists who marvelled at the spectacle.' Gw. Michael Foot, *Aneurin Bevan, Cyfrol 1, 1897-1945* (Llundain, 1962),56.

Pennod 3

Addysg yn Llundain a neidio i'r adwy yn Nhredegar (1919–1929)

Erbyn 1918 yr oedd anfodlonrwydd i'w ganfod ym mhob rhan o Brydain ac annheyrngarwch i'r sefydliad i'w ganfod ar adegau.[1] Yr oedd hi'n amlwg fod plaid Lloyd George, y Rhyddfrydwyr, yn colli'r dydd i Lafur, a gwelid llawer o ddeallusion Cymreig a Seisnig a radicaliaid o bob rhan o Brydain yn heidio i ymuno â'r Blaid Lafur. Yn y cymunedau glofaol sylweddolodd sosialwyr fel Aneurin Bevan fod yn rhaid gweithredu o fewn y filltir sgwâr a hynny ymhlith pobl ifanc, fel ef ei hun, oedd yn byw yn y cymunedau. Yr oedd newid yn digwydd yn y cymunedau hyn o fewn strwythur y cartref a'r teulu. Cyn y Rhyfel Byd Cyntaf yr oedd y gŵr o fewn y teulu yn gadael holl ddyletswyddau'r cartref i'w wraig. Hi oedd yn darparu, gofalu, cynnal, ond yn ystod y Rhyfel aeth miloedd o ferched i wasanaethu y tu allan i'r cartref a'r cylch.[2] Roedd y rhain yn barod iawn i gefnogi'r Blaid Lafur, gan fod y rhyfel wedi eu hargyhoeddi fod gan y sosialwyr neges fwy perthnasol i'w bywydau nag oedd gan y Rhyddfrydwyr.

Newid gwleidyddol yn digwydd

Yr oedd y Blaid Lafur yn golygu mwy i Aneurin Bevan nag ennill Etholiad Cyffredinol. Pan sefydlwyd y gangen o'r blaid yn Nhredegar daeth ef yn aelod gweithgar. Cyn hynny bu'n ddylanwadol o fewn y Cyngor Masnach a Llafur, ac yn Ebrill 1918 fe'i gwahoddwyd i fod yn un o bedwar ymgeisydd y Blaid Lafur yn Nhredegar. Ymladdodd Ward y Gorllewin yn etholiad Cyngor Dosbarth Tredegar. Daeth ar waelod y pôl ond gwelodd aml un ei botensial. Ei ddymuniad mawr oedd gwneud y Blaid Lafur yn rhan hanfodol o fywyd pob dydd yr aelodau. Dyna oedd y capeli Ymneilltuol wedi ei gyflawni: creu cymdeithas lle yr oedd gweithgarwch cyson yn hanes yr aelodau. Credai Bevan hefyd y dylai'r Blaid Lafur a'i haelodau fod ar dân dros degwch, hawliau dynol, parch i'r gweithiwr a chyflog deilwng. Y ddelfryd oedd bod yn bobl filwriaethus a gwybodus. Addysg oedd y feddyginiaeth a dyna oedd ei ddiffyg pennaf ef. Gwelodd yn Llyfrgell y Gweithwyr a'r Glowyr yr arfogaeth angenrheidiol, ond prin ac annigonol dros ben oedd yr addysg a dderbyniasai yn Ysgol Sirhywi. Dehonglodd aml i hanesydd y chwith Lafuriaeth cyn ac ar ôl y Rhyfel Byd Cyntaf fel ideoleg oedd yn edrych ar Senedd San Steffan i ddadwneud y gofidiau parhaus. Pwrpas arall y Senedd oedd dadwneud yr hyn oedd yn mygu ac yn bychanu cymunedau, ac i fod yn sefydliad a fyddai'n rhoddi lle o'r diwedd i gynrychiolwyr o'r dosbarth gweithiol fel Aelodau Seneddol. Ac o fewn y Mudiad Llafur credai'r glowyr yn arbennig fod angen mwy o'u plith fel Aelodau Seneddol.

Ennill ysgoloriaeth i Goleg Llafur Canolog

Daeth ymwared addysgol i Bevan pan ail-agorwyd y Coleg Llafur Canolog yn Hydref 1919, gyda'i arwr Noah Ablett wrth y llyw fel Cadeirydd y llywodraethwyr. Undeb Glowyr De Cymru, y Fed, oedd prif gynheiliaid y Coleg yn ariannol, hwy ac Undeb Gweithwyr y Rheilffordd (NUR). Yr oedd y Fed yn barod i dalu am wyth i ddeuddeg ysgoloriaeth ar gyfer glowyr maes glo y De. Disgwylid i'r ymgeiswyr sefyll arholiad, ac os oeddynt yn llwyddiannus, disgwylid iddynt wneud addewid i gyflwyno eu gwasanaeth i'r Mudiad Llafur ar ôl cwblhau dwy flynedd o hyfforddiant. Yn y flwyddyn 1919 cafwyd dau gant o geisiadau am wyth ysgoloriaeth Undeb Glowyr De Cymru. Ac ymhlith yr wyth a fu'n llwyddiannus yr oedd Aneurin Bevan o Dredegar, James Griffiths o'r Betws, Rhydaman, Ness Edwards o Abertyleri a Bryn Roberts, Rhymni.[4] Yr oedd y myfyrwyr yn amrywio mewn oedran a chefndir. Cymro Cymraeg oedd James Griffiths, yn briod ac yn hen gyfarwydd ag astudio mewn dosbarthiadau nos yn y Tŷ Gwyn yn Rhydaman.[5] Yr oedd Ness Edwards ac Aneurin yn ffrindiau, yn rhannu cryn lawer o'r un syniadau. Treulient oriau lawer yn trafod y sefyllfa enbyd yn ystafell orau Castle Street, Abertyleri, cartref Ness Edwards, a magwyd y ddau o fewn capeli enwad y Bedyddwyr. Cymerodd aelodau'r *Plebs League* lw i wrthod ymuno â'r Rhyfel. Gwrthododd Aneurin weithredu'r llw, ond fe wnaeth Ness. Ymunodd ef hefyd â'r mudiad *Non-Conscription Fellowship*, ond fe'i carcharwyd, a threuliodd gyfnod yn Dartmoor. Dihangodd o'r carchar. Bu'n cuddio yn ogofeydd Llangynidr am fisoedd. Gorchfygwyd ef gan erwinedd y tywydd a bu'n rhaid ildio, a threulio gweddill y rhyfel yng ngharchar Wormwood Scrubs.[6]

Aeth Aneurin i'r Coleg Llafur ym Medi 1919 yn llawn disgwyliadau. Yn y Coleg yr oedd ganddo gnewyllyn o ffrindiau, ac yn wir deuai o leiaf hanner y myfyrwyr o gymoedd glo de Cymru, yn fechgyn o'r un cefndir ag yntau. Lleolid y Coleg yn Rhif 11 a 13 Penywern Road, dau dŷ a addaswyd yn goleg yn ardal Earl's Court. Y Prifathro yn sesiwn 1919 oedd W. W. Craik, a ddilynodd Denis Hird a oedd erbyn hynny mewn gwth o oedran. Athro dawnus yn y coleg oedd Alec Robertson, ysgolfeistr o Glasgow, fel y sylweddolodd Jim Griffiths. Darlithiai Robertson ar Gymdeithaseg, Hanes Diwydiannol a Gwleidyddol ac Economeg. Athro arall yno o'r Rhondda oedd W. H. Mainwaring, a ddaeth yn Aelod Seneddol Dwyrain Rhondda. Derbyniodd myfyrwyr cyfnod Bevan gymdeithas a dysg Alfred J. Hacking, ysgolhaig a addysgwyd yng Ngholeg Exeter, Rhydychen. Hwy oedd athrawon sefydlog y coleg.[7]

Staff y Coleg a gwyrth Clara Dunn ar ei atal dweud

Derbyniai'r myfyrwyr ddarlithiau ychwanegol gan ddarlithwyr gwadd. Roedd J. F. Horrabin yn galw yn gyson. Lluniai ef yn ddyddiol fapiau i'r papur dyddiol *Daily News*, ac yr oedd yn ddarlithydd poblogaidd dros ben. Un arall a fyddai'n cynorthwyo'r coleg oedd yr athrawes llais, Miss Clara Dunn.[8] Byddai hi wrth ei bodd yn cynorthwyo'r myfyrwyr i daflu llais fel y gallai'r holl gynulleidfa eu clywed. Gwnaeth gamp anhygoel ar broblem Aneurin Bevan, ei atal dweud difrifol. Oni bai iddo gyfarfod â Clara Dunn ni fyddai wedi datblygu fel y gwnaeth yn un o areithwyr huotlaf y mudiad Llafur. Diolchai Aneurin Bevan iddi am ei chyfarwyddyd a'i chymorth amhrisiadwy, ac er na ddiflannodd yr aflwydd yn llwyr, fe lwyddodd Clara Dunn i ryddhau Aneurin i raddau helaeth o'i drafferthion amlwg. Llwyddodd i oresgyn yr aflwydd am ei bod hi mor amyneddgar tuag ato. Daeth i gyfareddu ei gyd-fyfyrwyr gyda'i huodledd. "Y Bolshies yw y Gorrah!" oedd slogan y Coleg Llafur Canolog, yn ôl un o ddynion pwysicaf Cymdeithas y Gweithwyr yng ngorllewin Cymru, John Thomas.[9] Cynhesodd ei galon pan glywodd hyn gan ei fod e'n gobeithio fod dyddiau gwell wrth law, a'i fod yn meddwl y byd o ddarpariaeth y Coleg i bobl ddawnus fel Aneurin Bevan.

Esgeuluso y darlithiau

Yn ôl ei gofiannydd yr oedd Aneurin Bevan yn esgeulus o'r darlithiau ac yn feirniadol iawn o ddisgyblaeth y coleg, gan ei bod yn perthyn i'r hen oruchwyliaeth. Nid oedd hi'n hawdd i lawer o'r myfyrwyr hŷn ddioddef y rheolau a geid yn y coleg. Ymgyrchodd James Griffiths a Bryn Roberts am allwedd ar eu cyfer, fel y medrent agor y drws yn hwyr y nos heb ddarfu ar neb. Wedi'r cyfan yr oedd James Griffiths yn ŵr priod. Ysgrifennodd y ddau at y Prifathro ar y mater.[10] Yr hyn a wnâi Aneurin oedd anwybyddu'r rheolau, a mentro allan i ddarganfod Llundain neu i annerch ar focs sebon yn Hyde Park neu yn Marble Arch.[11] Ond yr oedd hiraeth mawr arno am Dredegar a bryniau gogledd Sir Fynwy.[12]

Llyfr gosod y sylabws oedd clasur Karl Marx, *Das Kapital*. Byddai W. H. Mainwaring yn cyflwyno 35 o ddarlithiau ar Marx ond yn anfynych y mynychai Aneurin y ddarpariaeth. Yn ddiweddarach bu cwyno am safon yr addysgu a gyflwynai Mainwaring ar Marx.[13] Derbyniai Aneurin agwedd Ablett fod y deg pennod gyntaf o *Das Kapital* yn alffa ac omega addysg darpar arweinyddion y pyllau glo, ac eithriad ymhlith glowyr Tredegar oedd cael neb wedi medru darllen mwy na hanner can tudalen o *Das Kapital*.

Cawsom bortread o Aneurin yn y coleg gan ei gyfaill Ness Edwards. Dymuniad mawr Aneurin oedd dadlau hyd oriau mân y bore ar syndicaliaeth a sosialaeth, a byddai'n gyson yn cysgu hyd amser cinio gan golli llawer iawn o'r darlithiau.[14] Disgrifiodd Ness Edwards ef fel gwenynen yn dawnsio o flodyn i flodyn.[15] Ei ddyhead oedd profi bywyd yn ei holl gyflawnder, a dyna a wnaeth yn y coleg. Yn 1921 anfonodd ysgrif i *Plebs* ar faniffesto Comiwnyddol Marx ac Engels, ei gyfraniad cyntaf i'w gyhoeddi. Disgrifiodd y maniffesto fel y datganiad disgleiriaf yn llenyddiaeth sosialaidd y byd. A chredai mai'r rheswm gorau dros astudio'r ddogfen oedd i'r darllenydd ddal ychydig o'r tân sydd i'w deimlo yn y tudalennau.[16] Gwerthfawr yw sylw Michael Foot, 'Bevan had caught it, and all the events he saw around him enflamed him the more.'[17]

Dim croeso iddo gan awdurdodau y pyllau

Yr oedd yn barod i adael y coleg am ei hoff Dredegar, ond ni chafodd groeso o gwbl gan y rhai oedd mewn awdurdod yn y pyllau glo lleol. Dyma un o'r penodau tristaf yn hanes maes glo de Cymru. Bu'n rhaid i lawer bachgen ifanc ymfudo o'r cymoedd am fod perchenogion a swyddogion y lofa yn dial ar fechgyn talentog a fu am addysg yn y Coleg Llafur yn Llundain. Pan aeth Frank Phippen yn ôl i'r Rhondda yn 1920, gwrthododd perchenogion y lofa, lle y bu'n gweithio, ei ail-gyflogi.[18] Yr oedd hi'n sefyllfa adfydus, oherwydd nid oeddynt yn medru derbyn budd-dâl y di-waith. Gwaethygodd y sefyllfa. Cyfarchwyd D. J. Davies pan aeth ef yn ôl i'w lofa yn y Rhondda gyda'r geiriau hyn o enau y rheolwr, 'Cer i ofyn i Lenin am swydd.'[19] Yr un driniaeth a gafodd Aneurin Bevan gan Gwmni Glo a Haearn Tredegar.[20] Yn ôl Glyn Evans o'r Garnant, erbyn 1923, yr oedd hanner y myfyrwyr galluog a ddeuai allan o'r Coleg Llafur Canolog yn methu cael gwaith, a bod swyddogion Undeb y Glowyr yn anfodlon i'w cefnogi gan fod cymaint o lowyr yn ddi-waith.[21] Hyd yn oed pe bai Undeb y Glowyr yn sicrhau swyddi i'r myfyrwyr galluog hyn yn y lofa ar ddiwedd eu cwrs, gofalai gweinyddwyr y lofa i wthio'r bechgyn a gafodd eu hyfforddi mewn Marcsiaeth mor bell ag y medrent oddi wrth y glowyr eraill. Yr unig ffordd i sicrhau gwaith i'r bechgyn talentog hyn oedd fel atalbwyswyr yn y lofa, gan mai'r glowyr eu hunain oedd yn dewis yr unigolyn i'r cyfrifoldeb hwnnw. Rhydd rhai haneswyr yr argraff fod yr annhegwch a'r erledigaeth yn llai yn y lofa nag ar y rheilffyrdd, ond nid oedd hynny'n wir.[22] Y swydd o atalbwyswr oedd yn gwneud byd o wahaniaeth i'r myfyrwyr o'r Coleg Llafur. Erbyn 1923, yr oedd swyddi yr atalbwyswyr wedi eu llenwi, ac er gwaethaf yr addewid o gynorthwyo'r lofa, bu'n rhaid i ddyrnaid dawnus o Gymry adael maes glo y de am feysydd glo eraill y mudiad Llafur. Gyda'r erledigaeth hyn gwelwyd aml i fachgen talentog yn ymfudo i'r Canoldir a de-ddwyrain Lloegr.[23] Gosodwyd hoelen yn arch y Coleg Llafur, gan beri tristwch mawr i Noah Ablett, cyn diwedd y degawd. Anghofiwyd ei gyfraniad pwysig a'i weledigaeth eirias ef a methwyd, oherwydd diffyg arian, â chadw'r Coleg ar agor erbyn 1929.

Derbyn mwy nag yr oedd yn barod i gydnabod

Yng ngyrfa Aneurin Bevan yr wyf yn barod i awgrymu bod y Coleg Llafur wedi bod yn brofiad ac hyfforddiant pwysig, er ei fod ef ei hun a'i gofiannydd yn tueddu i amau a gwadu hynny. Gallaf dderbyn yr hyn a ysgrifennodd Richard Lewis:

> It is difficult to believe that Nye Bevan's career would have been seriously derailed if he had missed the chance of a sojourn at Penywern Road, and Arthur Horner's development was little impaired by his decision not to seek a scholarship.[24]

Gwir yw hynny i raddau. Ond cofier ar y llaw arall iddo ennill ysgoloriaeth – cryn gamp – a bod y Coleg yn disgwyl iddynt baratoi traethodau, ac i annerch tyrfaoedd a chymryd rhan mewn is-etholiadau. Gosodwyd ef ar lwyfan cyhoeddus a'i wahodd i annerch ar gornel stryd yn nwyrain Llundain, pan oedd y docwyr ar streic. Disgwylid iddo fynychu'r Tŷ Cyffredin i wrando ar y dadleuon a bu'r pwyslais ar gydwladoldeb yn ddylanwad aruthrol arno.[25] A chofier hefyd, fel y dywedodd aml i hanesydd, fod gwerth y coleg unigryw hwn yn dibynnu nid ar y darlithiau yn unig, ond yn fwy fyth yn y profiad o'r byd mawr, y bywyd gwleidyddol, artistig, diwylliannol yn y ddinas fawr, y dadlau cyffrous hyd oriau mân y bore, y gallu i ddarllen cyfrol y Marcsydd o'r Almaen, Joseph Dietzgen, *Positive Outcome of Philosophy* (1906), a hefyd ddehongliad sosialaidd Karl Kautsky o gyfrol enwog Thomas More, *Utopia*. Darllenodd Aneurin hefyd waith sosialwyr o'r Unol Daleithiau a dod i ddeall y Chwyldro Comiwnyddol yn Rwsia a pharhad cyfalafiaeth. Nid oedd angen iddo yr adeg honno ennill ei fara beunyddiol; yr oedd ganddo ryddid ar hyd y dydd ac yn oriau'r nos i weld a chlywed, a'i fynegi ei hun i'w gydfyfyrwyr, oedd yr un mor frwd ag yntau dros y Mudiad Llafur. Darllenodd ei ffrind Ness Edwards dair cyfrol *Das Kapital* drwyddynt deirgwaith, camp na chyflawnodd Aneurin mohoni yn ei yrfa.

Dylanwad y Coleg yn parhau ar hyd ei oes

Gadawodd y Coleg Llafur Canolog farc arno na ellid ei ddileu, ac ar ei gyd-fyfyrwyr a fu'n amlwg ar ôl hynny ymhlith glowyr de Cymru, ym myd llywodraeth leol ac yn Senedd San Steffan. Bu'r bechgyn hyn yn arweinwyr glew, pobl oedd wedi rhannu'r un aelwyd ac yn dod o'r un Coleg, yn rhannu'r un delfrydau a gwerthoedd. Yr oeddynt wedi derbyn hyfforddiant Marcsaidd, a daeth Aneurin, fel Jim Griffiths, i dderbyn dadansoddiad economaidd yr athroniaeth honno, ond nid yr agweddau gwleidyddol. Cydnabu Jim Griffiths mewn cyfweliad mai ei gefndir Cymraeg, capelyddol oedd y rheswm am hynny.[26] Yr un cefndir a gafodd Aneurin Bevan ond heb rym y Gymraeg, ac yr oedd y ddau ohonynt yn ddyledus i'r Ysgol Sul. Yno y cawsant y fagwrfa fel siaradwyr cyhoeddus cymeradwy. Bu'r hyfforddiant yn y Coleg Llafur Canolog yn hynod o werthfawr. Erbyn 1927 yr oedd un ar ddeg o gyn-fyfyrwyr y Coleg Llafur Canolog yn eistedd gyda'i gilydd o amgylch y bwrdd ar Bwyllgor Gwaith Glowyr De Cymru, y Fed, a daeth yr etholiadau rhwng y bechgyn hyn yn fater rheolaidd.[27] Yn y tridegau gwelid chwech o'r cyn-fyfyrwyr o dde Cymru yn y Tŷ Cyffredin, sef Aneurin Bevan, George Dagger (Abertyleri), Ness Edwards (Caerffili), Jim Griffiths (Llanelli), Arthur Jenkins (Pont-y-pŵl), E. J. Williams (Ogwr), ac un o'r darlithwyr, W. H. Mainwaring yn cynrychioli glowyr ac etholwyr Dwyrain Rhondda. Yr oedd gweledigaeth Noah Ablett am arweinwyr ac athrawon i'r glowyr wedi ei wireddu.[28] Dywedodd Bevan amdano: 'A leader of great intellectual power and immense influence.'[29]

Cyflwr a sialens y meysydd glo

Perthynai Aneurin Bevan i ddiwydiant oedd yn allweddol ym mywyd Cymru. Yn 1920 cyflogid 271,000 ym maes glo'r de. Roeddynt yn anterth eu nerth gwleidyddol. Nid oedd y glowyr am laesu dwylo yn y frwydr barhaus am well amodau o dan ddaear, codi'r cyflog a gostwng oriau gwaith, a hefyd bod ar gael i holl drigolion y cymunedau. Pan lusgodd y perchenogion eu traed, rhybuddiodd y glowyr fod streic ar y gorwel. Ymateb Lloyd George yn 1919 oedd sefydlu Comisiwn Brenhinol i baratoi adroddiad ar fater cyflog ac oriau ac i roddi ystyriaeth bellach i'r achos o blaid gwladoli'r diwydiant glo. Argymhellodd y cadeirydd, John Sankey, a'i Gomisiwn y dylid gwladoli'r diwydiant mewn egwyddor, ond methwyd â chynnig un farn glir ar sut i wneud hynny.[30] Bu hyn yn gyfle da i Lloyd George wrthod y polisi o wladoli'r diwydiant. Bu'r methiant i wireddu un o brif argymhellion Comisiwn Sankey yn faen tramgwydd am y chwarter canrif nesaf. Dychwelodd Aneurin Bevan a'i gyd-efrydwyr o'r Coleg Llafur i'w hardaloedd yn fwy argyhoeddedig nag erioed ei bod yn rhaid gwladoli'r diwydiant glo.

Gwinidogaeth rymus y 'Gweinidog Coch'

Gwyddai Aneurin gystal â neb fod yna ysbryd milwriaethus yn Nhredegar yn y ddwy flynedd y bu ef yn y Coleg. Yr oedd y gymuned yn deyrngar i'r diwydiant glo a'r glowyr, a cheid mudiad pwysig o dan yr enw *Tredegar Vigilance Committee*. Cyfrifid Cadeirydd y Pwyllgor, y Parchedig J. J. Harrison, yn un o weinidogion milwriaethus Ymneilltuaeth yn Nhredegar.[31] Yr enw arferol arno oedd y 'Gweinidog Coch' (*Red Minister*).[32] Llwyddodd y Pwyllgor o dan ei arweiniad i godi'r swm aruthrol o fil o bunnoedd ar drothwy Nadolig 1920. Yr oedd Aneurin wedi dychwelyd o'r Coleg ac yn llawn edmygedd o'r 'gweinidog coch' a'i arweiniad clir dros y glowyr. Gofalai ymddangos ar lwyfan y Blaid Lafur yn ei dei goch ysblennydd a llachar i ddangos ei deyrngarwch i'r Faner Goch. Cafodd Harrison ei wahodd i annerch y glowyr ar ddydd cyntaf mis Mai yn y Rali Flynyddol, ef a'r Aelod Seneddol lleol Evan Davies a Morgan Jones, a etholwyd yn fuan ar ôl hynny yn Aelod Seneddol Caerffili.

O dan arweiniad y Parchedig J. J. Harrison cafwyd cydweithrediad rhwng y capeli a'r eglwysi, dosbarthiadau'r Coleg Llafur a charedigion eraill i gyfrannu i Gronfa'r *Daily Herald* er mwyn gofalu am blant a ddioddefai yn y dref. Casglwyd y swm anhygoel o £2,878 trwy amrywiaeth o gyfarfodydd, cyngherddau, carnifal a chasgliadau eraill.[33] Yr oedd rhai plant yn gorfod dibynnu ar y nesaf peth i ddim o fwyd; croen tatw oedd cinio llu ohonynt.

Penderfynodd rhai o gapeli Tredegar brynu sgidiau i'r plant oedd ar lyfrau'r capeli er mwyn iddynt allu mynychu'r Ysgolion Sul a'r orymdaith flynyddol trwy'r dref. Er ei fod ef yn fyfyriwr yn Llundain, gwyddai Aneurin yn dda am arweiniad y capeli a'r Parchedig J. J. Harrison. Ym mis Ebrill 1921, cadeiriodd Aneurin gyfarfod o lowyr Tredegar, pan ddaeth George Barker i annerch ar y posibilrwydd o streic arall. Un o lowyr Sir Fynwy a enillodd ysgoloriaeth i'r Coleg Llafur oedd Sam Fisher o bwll glo Nine Mile Point, a phenderfynodd yntau ddod yn gwmni i Bevan. Nid oedd rhai o arweinwyr y glowyr yn Nhredegar a Sirhywi yn hapus fod y ddau yn y cyfarfod yn lle bod yn astudio yn y Coleg. Anfonwyd llythyr at W. W. Craik a chael yr ateb eu bod wedi derbyn caniatâd i fod yno. Ond nid oedd y cyfrinfeydd yn gwbl gysurus gyda Bevan. Yr oedd yna berthynas anodd rhyngddo ef a nifer o'r glowyr a gyfrifid yn bobl gymedrol. Arweinydd y rhain oedd yr Ysgrifennydd, David Griffiths, ac nid oedd ef yn llawenhau bod Aneurin Bevan yr eithafwr, fel y galwai ef, wedi dychwelyd o'r Coleg Llafur.[34] Ac felly ni ddychwelodd Bevan i blith pobl oedd o angenrheidrwydd yn llawenhau o'i weld. Ni chafodd groeso'r arwr yn Nhredegar mwy nag y cafodd Jim Griffiths yn y Betws.

Aneurin yn dioddef aml i heclwr

Mewn cyfarfodydd gwleidyddol a glofaol bu'n rhaid i Aneurin ddioddef cryn lawer o lysnafedd. Ceid rhai yn gweiddi'n uchel, 'eistedd i lawr y Bolshevik!' Byddai'r glowyr a fu yn y Rhyfel Byd Cyntaf yn hwtian yn gyson pan agorai Aneurin ei geg. Ceisiodd dau o swyddogion y Gyfrinfa, John Yandell a William Allen, ostegu'r stormydd, yn arbennig pan oedd gwres y cyfarfodydd wedi codi'n uchel. Er y diflastod amlwg hyn etholwyd Bevan yn ŵr ifanc yn Gadeirydd y Gyfrinfa Combine; ond cyn mynd i'r Coleg, nid oedd rhyw lawer o groeso iddo yn un o'r cyfarfodydd hyn. Collodd Bevan ei dymer:

> Well, now, I will rule. I rule that the meeting is out of order. It is not a Combine Lodge meeting as there are many outsiders present, and you must look for another chairman.[35]

A gadawodd y llwyfan fel cath i gythraul. Iddo ef y gelyn oedd Cwmni Glo a Haearn Tredegar, ond gwyddai fod yna wrthwynebiad mawr iddo ymhlith llawer iawn o undebau ac undebwyr a fu yn gefnogol tu hwnt i'r Rhyfel Mawr, gan gynnwys aelodau o'i Undeb ei hun.

Llanc tri ar hugain oed ydoedd pan ddychwelodd o'r Coleg i dref ei febyd. Cyfrifid ef yn eithafwr o sosialydd, ac nid oedd gwaith ar ei gyfer, fel y gwelwyd. I gymhlethu'r sefyllfa yr oedd ei dad yn ddigon symol ei iechyd. Cerddodd Aneurin o un pwll glo i'r llall i chwilio am waith. Credai ei fam fod yr aflwydd ar ei lygaid, y *nystagmus*, yn arwydd amlwg iddo y dylai fynd ati i chwilio am waith gwahanol. Ond y gwir oedd nad oedd y cwmni holl bwerus am ei gael yn ôl ar ei restr o lowyr. Yr oedd ei Undeb ei hun yn amharod i ymladd ei achos am fod ei aelodaeth bersonol wedi cael ei gohirio tra oedd ef yn derbyn ei addysg yn Llundain. Bu allan o waith am dair blynedd ar wahân i chwe wythnos yn torri ffosydd wrth ochrau'r ffyrdd. Bu ar y dôl am dair blynedd. Yr oedd diweithdra ac agwedd y perchenogion yn golygu segurdod.

Cofio y blynyddoedd llwm yn nechrau y dau-ddegau

Derbyniai yn ystod y tair blynedd 1921–1924 oddeutu deuswllt yr wythnos mewn taliad di-waith. Gofalai ei fam yn dyner amdano. Hwy fel teulu a'i cariodd ac a'i cofleidiodd. Pan ddaeth ei chwaer Arianwen adref o'r Coleg yng Nghasnewydd a chael swydd am gyflog o ddwy bunt yr wythnos, peidiodd ei arian ef, a gorfu iddo un noson ddweud wrth ei fam y byddent yn y dyfodol yn gorfod byw ar gyflog Arianwen. Yr oedd Arianwen yn gwbl hapus gyda'r trefniant, ond bu'r profiad hwnnw yn fwrn arno ef weddill ei ddyddiau. Nid oedd y wladwriaeth yn fodlon heb ei niweidio a'i glwyfo fel personoliaeth trwy warafun gwaith iddo, ond yn barod ar yr un pryd i ddarfu ar fywyd ei deulu gan ddisgwyl i'w chwaer, ar ei henillion prin, ei gadw ef a'r cartref mewn bodolaeth. Mae'n amlwg fod yr awdurdodau gwladwriaethol yn ddigon clustfyddar i gri yr anghenus ac yn barod iawn i'w cosbi i'r eithaf yn ariannol. Os gwelid hwy yn anwybyddu'r trefniadau a'r gofynion fe'u ceryddid yn ddiymdroi. Nid anghofiodd Aneurin y graith a gerfiwyd ar ei gorff ac yn ei feddwl, a phan gafodd gyfle i annerch arweinwyr y Wladwriaeth Brydeinig yn y tridegau, ni laesodd ddwylo, ond defnyddio pob arf i'w cyhuddo o fychanu'r dosbarth gweithiol a'u condemnio i fywyd llwm, gofidus a thorcalonnus.

Gwrthod ymfudo gyda'i gyfeillion

Daeth y Marcsydd ifanc yn gryn awdurdod ar fyd insiwrans a chymorthdal.[36] Deuai pobl dlawd Tredegar i rif 7 Charles Street i ymorol am gymorth. Daeth Aneurin i'r adwy i eiriol drostynt gan ddadlau'n effeithiol gyda'r awdurdodau. Gwnaeth hynny yn ddeheuig yn achos ei dad pan drawyd ef yn wael. Y peth cyntaf a wnaeth y clercod dideimlad oedd gwrthod budd-dâl afiechyd iddo. Cariodd Aneurin y dydd arnynt. Yr oedd ei fam uwchben ei digon, a chynghorodd ei mab i ystyried gyrfa fel bargyfreithiwr. Addawodd grynhoi holl adnoddau'r teulu i'w gefnogi. Yr oedd hi yn sylweddoli gystal â neb y byddai ef yn amddiffynnydd gwych o fewn llys barn.[37] Ond ni wrandawodd am nad oedd yn uchelgeisiol. Ni chlywyd ef byth yn sôn am yrfa a galwedigaeth; ei ddymuniad pennaf oedd dod i'r adwy a helpu pobl ar eu cythlwng. Bu'n ystyried ymfudo i Awstralia neu Ganada fel llawer o lowyr eraill. Collwyd gwasanaeth James Williams o Charles Street ym mis Ebrill 1927, gydag ef a'i wraig a chwech o blant yn ymfudo i Seland Newydd. Cafodd Williams oriawr aur gan y Pwyllgor Rheoli gan mai ef oedd Cadeirydd Sefydliad Gweithwyr Tredegar o 1919 i 1926. Ceisiodd ffrind Aneurin, David Minton o'r Blaenau, ei berswadio i godi ei bac a dod gydag ef i'r cyfandir pell. Yr oedd y ddau wedi bod yn protestio tu allan i wyrcws Bedwellte, a hynny ar ddiwrnod bendigedig:

> 'Aneurin,' he said to me, and to this day I can hear the sad undertones of his voice, 'this country is finished. Come with me to Australia. I've sold my house and I can just manage to pay my debts and make the passage money. My house cost me six hundred pounds. They gave me one hundred and fifty for it. You and I can do better for ourselves in a new country than here, where all that seems left to us is to rot in idleness.'[38]

Roedd Aneurin yn hoff o'i ffrind, roedd yn enghraifft wych o'r dosbarth gweithiol ar ei orau, gyda'i egwyddorion a'i alluoedd a'i wybodaeth. Un o oreuon ei genhedlaeth oedd David Minton, fel James Williams. Wylodd Aneurin pan glywodd apêl Minton. Methai ddweud gair, ac nid oedd am ddweud dim a fyddai'n tarfu a dolurio ei ffrind. Yna cafodd ddigon o nerth i ateb:

> 'David,' he said, 'I hate to see you leave us, but if this is how you feel about it then you must go, and I wish you all the luck in the world. For myself, I am going to stay here and fight it out. You're an older man than I am and you've lost your home, and it must be difficult to go on living here with old memories. But if all young men were to leave, who is to continue the fight? And I can't bear the thought of seeing them win over us.'[39]

Ni lefarodd Aneurin y geiriau dirdynnol hyn mewn ysbryd difeddwl, gan fod ei holl reddf yn dweud wrtho am fynd. Pan ddychwelodd adref adroddodd y stori wrth ei dad. Ar ôl ychydig funudau atebodd ei dad: 'I think you've made the right decision, but it will be a long fight.'[40] Clywodd eiriau ei dad weddill ei ddyddiau. 'Rwy'n meddwl dy fod wedi gwneud y dewis cywir, ond mi fydd hi yn ornest hir.' Aeth ati i'w arfogi ei hun a'i gyfoeswyr. Felly yn y flwyddyn 1921–22 penderfynodd dwsin o Sosialwyr ifainc yn Nhredegar, o dan gyfarwyddyd Aneurin, sefydlu Clwb ar batrwm Cyngor Colegau Llafur. Gwyddom fod y Colegau Llafur lleol yn gwneud gwaith ardderchog a gwelir tystiolaeth gan aml i Aelod Seneddol o'r hyn a drosglwyddwyd iddynt yn y sefydliad hwn.[41] Yr oedd symudiad tebyg bron ym mhob tref lofaol. Ar ôl cyfarfyddiad y Gyfrinfa byddai nifer o Farcsiaid a Sosialwyr y chwith yn cyfarfod gyda'u hathro, a hwnnw ran amlaf wedi cael ei addysgu yn y Coleg Llafur yn Llundain. Byddai'r dosbarth hwn weithiau yn troi yn gangen o'r Blaid Lafur Annibynnol, neu Blaid Lafur Sosialaidd Connolly neu'r Blaid Gomiwnyddol. Ceisiodd rhai o'i gyfeillion yn y Gyfrinfa ei berswadio i droi'r dosbarth yn gangen o'r Blaid Gomiwnyddol, ond er ei wybodaeth o Farcsiaeth, gwrthododd yr awgrym, fel y tystiodd ei gyfaill Oliver Jones. Geiriau Bevan wrth Oliver Jones oedd: 'You will cut yourself off from the main stream of the Labour Movement.'[42]

Sefydlu cylchoedd i arfogi ef a'i gyfeillion i'r frwydr

Cylch trafod oedd ei ddymuniad, gyda phob aelod yn cymryd rhan ac yn sôn am anerchiad a'i plesiodd, neu erthygl y dylid craffu arni, neu gyfrol sylweddol i'w darllen. Deuai gwaith G. D. H. Cole, a'i fersiwn ef o Sosialaeth, yr hyn a elwid yn *Guild Socialism*, i'w drafod, dro arall gyfrol William Miller yn trafod y posibilrwydd o gymryd gweithred ymosodol ym mywyd y sosialwyr.[43] O'r cylch trafod hwn yr esgorwyd ar yr hyn a elwid yn Glwb Cwestiynau (*Quest Club*). Aethpwyd ati i lunio bathodyn gyda marc cwestiwn arno a chreu cyfansoddiad. Disgwylid i bob un dalu tanysgrifiad wythnosol erbyn y dydd blin pan fyddai un o'r aelodau mewn angen am gymorth ariannol. Byddent yn cyfarfod bob pnawn Sul mewn lle bwyta i ddechrau ac yna ar ôl hynny yn Sefydliad y Gweithwyr. Ar y dechrau glowyr ifanc yn eu dauddegau oedd yr aelodau, ar wahân i Oliver Jones oedd yn trwsio wagenni. Bechgyn ymosodol oeddynt mewn brwydr gyda pherchenogion y pyllau glo, yr arweinwyr o'r Undebau, y pregethwyr lleyg llawn rhagrith, y *Band of Hope* a'i bwyslais ar lwyr ymwrthod, y Cyngor Lleol, a'r Senedd a Duw ei hun, a phob sefydliad parchus elitaidd a gormesol.[44] Eu slogan oedd geiriau Karl Marx: 'The philosophers have only interpreted the world differently; the point is to change it.'[45] Daeth ei eiriau yn fwy na slogan iddynt: daeth mewn gwirionedd yn ffordd o fyw. Ar aml i noson hwyliog, a hwythau yn trafod o ddifrif athroniaeth y Marcsiaid, byddai'r cyfarfod yn dod i uchafbwynt yn y dicter a glywid o enau Bevan a'i ffrindiau tuag at Gwmni Glo a Haearn Tredegar. Hwy oedd yn rheoli'r dref, ac yn tra-arglwyddiaethu dros bawb a phob un. Hwy oedd perchenogion y tir a'r tai, ac yn llawenhau bod eu cynrychiolwyr yn rheoli'r Cyngor lleol, y Gymdeithas Cymorth Meddygol, Pwyllgor yr Ysbyty, Sefydliad y Gweithwyr. Swyddogion y Cwmni a'u gwragedd a'u teuluoedd oedd hefyd yn tra-arglwyddiaethu yn Siambr Fasnach Tredegar. Ni fedrai neb wneud dim byd hebddynt ar wahân i ambell un fel y 'gweinidog coch', ac yr oedd y cwmni yn ei gyfrif ef beth bynnag yn 'glown crefyddol'. Sylweddolodd y Clwb Cwestiynu fod ganddynt faes llafur ardderchog, a chrwsâd i'w wireddu, sef torri crib y Cwmni ac ennill tir ac awdurdod i gystadlu yn Nhredegar. Y cynllun oedd troi eu golygon at y cyfrinfeydd glofaol, yna cyfarfodydd y Blaid Lafur yn y wardiau a'r etholaeth, a'r Cyngor Masnach a Llafur, lle yr oedd ganddynt o leiaf ddau gynrychiolwr. Pwysleisiodd Bevan, yr arweinydd, mai ei ddyletswydd ef ac eraill oedd mynychu'r cyfarfodydd, ennill cefnogaeth, a chymryd y gyfrinfa a'r gangen drosodd yn enw Llafur ymosodol a digyfaddawd. Y prif beth oedd cael mwyafrif o aelodau Llafur ar y Cyngor lleol, ond nid aelodau cymedrol, di-argyhoeddiad oedd y ddelfryd. Yr angen oedd cael aelodau oedd yn coleddu sosialaeth o ddifri, gan fod gan Gyngor Dosbarth Tredegar ei rym, ond yn nwylo'r aelodau Annibynnol a Rhyddfrydol ni cheid dim byd o werth i'r werin bobl. Mwynhaodd Bevan ei ornest i fod yn Gynghorydd yn 1919 er iddo fethu ennill y sedd.[46] Cynghorai rhai ef i anghofio'r Cyngor lleol ac ystyried sefyll ar gyfer y Cyngor Sir, ond gwrthododd yr awgrym. Gwell oedd cychwyn yn Nhredegar ymhlith ei bobl ei hun cyn troedio am Gasnewydd a Chyngor y Sir. A daeth y cyfle hwnnw ac fe'i hetholwyd yn y pedwerydd safle ar restr yr ymgeiswyr, a hynny ar 8 Ebrill 1922. Etholwyd tri Llafurwr arall o'r to hŷn, ac felly yr oedd gan y Blaid Lafur bedwar cynghorydd allan o un deg chwech. Gwelwyd yn syth fod y 'cyn-fyfyriwr', fel y'i disgrifiwyd gan y wasg leol, yn barod i godi stêm a chwestiynu'n galed y Clerc a'r Cadeirydd, ac awgrymu gwelliannau ar gyfer bywyd y trigolion, gwelliannau oedd yn annerbyniol i fwyafrif mawr y cynghorwyr.

Gwrthwynebwyr Bevan a'i ragfarnau ef

Un o'i wrthwynebwyr pennaf ar y Cyngor fel yn y Gyfrinfa oedd David Griffiths.[47] Daeth hi yn frwydr bersonol rhwng y ddau ohonynt, ac yr oedd gan y ddau fel ei gilydd eu cefnogwyr. Mewn cyfarfyddiad o'r Gyfrinfa Combine rhoddwyd cyfle i'r ddau annerch y cyfarfod gyda'r glowyr yn pleidleisio pwy oedd wedi cario'r dydd. Methodd Bevan ei drechu. Enillodd David Griffiths y ddadl a'r bleidlais. Yr oedd gan Bevan ei ragfarnau. Un ohonynt oedd Cymdeithas Addysg y Gweithwyr, y WEA. Teimlai ei fod wedi cael llawer iawn yn addysgol a phersonol gan Gyngor y Coleg Llafur a bod arno ddyled iddynt. Mor bell yn ôl â 1918 bu'n wrthwynebus i gynnal Dosbarth WEA yn Nhredegar.[48] Ar ôl dod allan o'r Coleg, aeth ef a Sydney Jones ati i drefnu cwrs o ddarlithiau yn y Coed Duon. Bu hyn am saith wythnos ar bwnc Cymdeithaseg. Cymerodd Aneurin ei le fel tiwtor ar y cwrs, ef a Sydney Jones, ond llafur cariad oedd yn disgwyl pob un a weithiai dros Gyngor Colegau Llafur.[49]

Yr oedd y Bevan ifanc yn medru bod yn hyderus, a thueddai'n aml i fod yn rhodresgar yn ei ymwneud â phobl. Dywedodd ei gyfaill a'i gyfoeswr Oliver Powell y geiriau hyn:

> He [Bevan] was throwing his weight about and the people didn't like it at all. He was interfering and he had no standing with the union actually, but he was always on the

platform, he was always on about the officials, he wouldn't let go. No, he was distinctly unpopular.[50]

Byddai rhai o swyddogion y Fed, yn lleol ac yn genedlaethol, yn edrych ar bobl a fu yn y Coleg Llafur Canolog fel eithafwyr. Cydnabu un o'r myfyrwyr hyn mewn cyfarfyddiad o Gyngor Llafur a Masnach Tredegar eu bod yn 'wrthodedig' gan bobl y dref. Ni wyddom beth a obeithiai Aneurin ei gyflawni wrth fod mor ffyrnig. Ei obaith oedd cael trechu David Griffiths ond yr oedd ei ymddygiad yn codi gwrychyn llawer un a fyddai fel arall yn ei gefnogi. Pan ymgeisiodd y tro cyntaf am swydd atalbwyswr yng nglofa Tŷ Trist, fe gollodd am ei fod yn cael ei gyfrif fel un oedd wrth ei fodd yn creu cynnwrf. Beirniadodd arweinwyr adain dde y gyfrinfa lawer o'r eithafwyr a ddaeth â'r lofa i'r sefyllfa enbyd lle na allai neb weithio. Nid oedd Bevan ei hun wedi cymryd rhan yn nyddiau'r anghytuno o fewn y lofa am ei fod yn rhoi ei amser i'r di-waith. Ond edrychai asiant lleol y glowyr, George Davies, arno gydag edmygedd ar y naill law ac ofn ar y llaw arall. Oherwydd yn y cyngor lleol yr oedd rhaglen waith Aneurin yn un uchelgeisiol ac eang. Cymerai ddiddordeb manwl yng nghyflwr tai, dŵr, iechyd a phob agwedd o fywyd y dref. Credai fod cyflwr llawer o dai y dref yn gywilyddus. Dywedodd, yn ôl y papur lleol, *Weekly Argus*:

> People were living in conditions not fit for criminals. No doubt horses, especially race horses, were housed much better than some of our citizens are being reared.[51]

Ymladdodd dros sefydlu Pwyllgor Tai o dan oruchwyliaeth y Cyngor Dosbarth, gan alw am gymaint a fedrai o gymhorthdal Llywodraeth, yn arbennig fel canlyniad i Ddeddf Wheatley yn 1923. Bu Deddf Tai John Wheatley yn gaffaeliad mawr i lywodraeth gyntaf Llafur o dan ofal Ramsay MacDonald.[53] Daeth David Bevan yn dra hoff o'r gŵr hynod o grefyddol o'r Alban, sef John Wheatley, a gysylltid â radicaliaeth ynghyd ag ysbryd defosiynol yr Eglwys Babyddol ar ei gorau.

Cyflwr y tlodion yn ei flino

Yr oedd cyflwr y tlodion ym mro ei febyd yn blino Aneurin Bevan yn feunyddiol. Ym mis Ionawr 1923 aeth dros fil o lowyr di-waith a'u teuluoedd i brotestio yn erbyn safbwynt Wyrcws Bedwellte a llwyddo i garcharu am ddau ddiwrnod a dwy noson y gwarcheidwaid, er mwyn argyhoeddi'r wlad o'r anghyfiawnderau. Yr oedd Wyrcws Bedwellte yn un o'r Undebau a weithiai o dan nawdd Deddf y Tlodion. Erbyn diwedd y Rhyfel Byd Cyntaf ac yn sgil dirwasgiad y dauddegau ceid tlodi ar ei waethaf o fewn ei furiau. Dyma oedd un o gymunedau tlotaf Cymru a hyd yn oed Prydain. Yr oedd trwch aelodau bwrdd gwarcheidwaid Bedwellte yn cydymdeimlo â sefyllfa'r tlodion yn y wyrcws a chyhuddid hwy gan y Llywodraeth Geidwadol o wneud taliadau llawer rhy haelionus i'r di-waith. Ar 5 Chwefror 1927 penderfynodd y Llywodraeth Geidwadol trwy Neville Chamberlain, y Gweinidog Iechyd, i basio'r hyn a alwyd yn *Board of Guardians Default Act*.[54] Yr oedd Bwrdd Gwarcheidwaid Bedwellte wedi derbyn y swm o £1,024,000 mewn benthyciadau, gyda £976,520 yn ddyledus. Lluniodd Neville Chamberlain lythyr yn dweud eu bod hwy yn llawer rhy dosturiol ac yn gofalu am ormod o bobl dlawd. Golygai hyn eu bod yn gwario yn afradlon ac yn ddiangen. Brwydr rhwng cynrychiolwyr y Blaid Lafur a'r Blaid Dorïaidd oedd y frwydr yn hanes y gwarcheidwaid a wasanaethai ar y Bwrdd. Yr oedd 30 o'r llywodraethwyr allan o'r 54 yn aelodau o'r Blaid Lafur. Apwyntiodd y Gweinidog Iechyd dri

Chomisiynydd i reoli'r Bwrdd yn lle'r Gwarcheidwaid etholedig, a thorrwyd i lawr ar y cymhorthdal a dderbyniai Wyrcws Bedwellte.

Yr oedd hi'n gyfnod anodd arnynt yn Nhredegar a'r cyffiniau a llwyddai Neville Chamberlain i gael ei ffordd ei hun yn gyson yn y Senedd. Nid oedd neb o faintioli Aneurin Bevan i'w herio. Bwrdd Bedwellte oedd y trydydd Bwrdd i dderbyn ei gerydd. Cyffrowyd aml i sosialwr a daeth Chamberlain yn gocyn hitio. Nid anghofiodd Aneurin Bevan y cyfnod hwn, dioddefaint y di-waith. Byd anghyfiawn ydoedd, ac fel y dywedodd un o arweinwyr cymedrol y glowyr, Oliver Harris o'r Fed, am Dredegar a Bedwellte:

> The Bedwellty poor are asked to live on less than one third of what it actually costs to feed, clothe and shelter of the inmates of our workhouses.[55]

Taflodd Bevan ei hun i'r frwydr dros gyfiawnder dynol ac i godi ymwybyddiaeth ymysg ei gyd-Lafurwyr. Gwelodd y Gweinidog Iechyd yn gwneud ei orau glas i orthrymu'r anghenus o'r dosbarth gweithiol. Daeth ef yn arweinydd ei ddosbarth a'i dref a'i genhedlaeth. Llawenydd mawr iddo oedd cael ei le o fewn Pwyllgor Gwaith etholaeth Glynebwy a chael y fraint fawr o'i ethol yn Gadeirydd yn 1923. Un arall o'r sylfaenwyr oedd Eugene Cross, glöwr yr adeg honno, a ddaeth yn ddiweddarach yn swyddog uchel ei barch yng ngwaith dur Glynebwy. Nid oedd ganddo ef na Bevan lawer o edmygedd o Evan Davies, yr Aelod Seneddol, na ffydd y byddai'n sefyll yn gadarn dros ei etholwyr. Dim ond un aelod o lywodraeth Lafur 1923 oedd yn cael ei ganmol gan ei dad ac yntau, y Sgotyn John Wheatley. Gwelai Ramsay MacDonald, er ei huodledd, yn greadur digon di-werth, ac ar ôl diwedd llywodraeth gyntaf Lafur, hyfrydwch iddo oedd cael teithio i Gynhadledd y Blaid Lafur yn Lerpwl yn 1925.[56] Teithiodd ef a Harold Finch fel cynrychiolwyr y glowyr lleol i'r Gynhadledd, ond ni lwyddodd i gael cyfle i annerch y Gynhadledd. Ond cafodd ddigon o gyfle i fynegi ei farn y tu mewn i gylch cynrychiolwyr y glowyr. Nid oedd taw ar ei barabl, cymaint felly nes i Lywydd y Glowyr, Stephen Walsh, ofyn pwy oedd ef ac o ble y deuai. Dyma eiriau Walsh: 'Who is that loquacious youth? Where's he from?' Atebodd Harold Finch y cwestiwn: 'That's Aneurin Bevan from Tredegar'. 'Wel,' meddai Walsh, 'my God, he's a smart boy.' Ac yr oedd yn agos ati, ond yn gynharach y flwyddyn honno, daeth profedigaeth fawr i ran teulu 7 Castle Street.

Colli ei dad yn yr angau

Un noson ym mis Chwefror 1925 gwelwyd fod David Bevan yn brwydro am ei anadl, a chyn diwedd y noson bu farw ym mreichiau ei fab Aneurin.[57] Yn ôl y wasg leol, yr oedd David Bevan yn enwog 'am ei fod e'n dad i Aneurin Bevan, cadeirydd Pwyllgor Gwaith Cyfrinfa Combine, Tredegar, arweinydd y mudiad Llafur yn etholaeth Glynebwy, ac aelod o Gyngor Tredegar'.[58] Yna soniwyd am ei Gymreictod, gallu David Bevan fel llenor a chyfieithydd a chefnogydd y diwylliant gwerin, y diwylliant a oedd yn gyfrifol am y ffordd Gymreig o fyw a welid ar ei aelwyd. Nid proletariad di-wreiddiau oedd David Bevan, eithr un o grŵp o bobl a addysgwyd yn ei gapel, ac a ddiwylliwyd ar lwybr yr eisteddfodau, ac a drafododd ddydd ar ôl dydd, gwestiynau'r dydd yng nghwmni ei fab Aneurin.[59] Ni fynegwyd hyn yn well na chan y gwleidydd Gwynfor Evans:

Rhan fawr o guddiad nerth ei hymneilltuaeth oedd ei defnydd hi o elfennau hanfodol yn y traddodiad Cymreig; yn ei phregeth a'i hemyn a'i hanthem, yn ei hapêl at y meddwl a'r teimlad, ac yn ei defnydd o'r iaith Gymraeg. Heb gymorth na llywodraeth na dosbarth breiniol, lluniodd y werin batrwm gwâr o fywyd cymdeithasol.[60]

Dyna grynodeb o fyd a bywyd David Bevan, a hebryngwyd gan ei deulu, ei gydweithwyr, a Bedyddwyr y fro, i dŷ ei hir gartref. Cerddodd Aneurin gyda'r diaconiaid, yn ôl Michael Foot, i'r fynwent ar ben y bryn, gan gredu na fyddai gobaith o gwbl i gael ffrind tebyg i'r hwn a fu farw yn ei freichiau. Yr oedd David Bevan yn ddylanwad mawr ar ei fab, a dyna pam i Aneurin fod yn garedig tuag at ei werthoedd a'r gwareiddiad Cymreig a drosglwyddwyd iddo mewn cyfnod mor ddigalon yn hanes y werin bobl. Yr oedd hi'n gyfnod yr ymfudo. Bu'n rhaid i hanner miliwn gefnu ar eu gwlad rhwng 1921 a 1939. Gorfu i 259,000 fynd o'r cymoedd diwydiannol.[61] Cyfnod o newid a thlodi, lle ceid yn festrïoedd y capeli y ceginau cawl. Danfonid hen ddillad i'r gwerinwyr, a gwelid minteioedd o Gymry yn canu am gardod ar strydoedd lle ceid siopau crand Llundain. Yr oedd hi'n gyfnod pan nad oedd Cymru y wlad a Chymry'r bobl yn golygu y nesaf peth i ddim i'r imperialwyr oedd yn llywodraethu. Ysgrifennodd golygydd y cylchgrawn Saesneg ei iaith, *Welsh Outlook*, ar ôl etholiad Hydref 1924, fod y cyfan wedi bod bron yn anobeithiol am fod y sylw a roddwyd i wlad y gân a'r glowyr yn gwbl ar goll.[62] Ond yn Nhredegar yr oedd gŵr oedd yn barod i frwydro yn enw cenhedlaeth ei dad a'i genhedlaeth yntau, a hefyd y genhedlaeth oedd yn ei dilyn. Aneurin Bevan oedd hwnnw, ac yr oedd ganddo gefnogwyr brwd mewn aml i gylch ond yn bennaf yng Nghlwb y Cwestiynu. Yn eu plith hwy y gwelai gyfle i ennill goruchafiaeth fel sosialydd o wleidydd.

Symud aelwyd ond ond swydd Newydd

Bu 1926 yn flwyddyn i'w chofio. Symudodd ei fam a'r teulu o Charles Street i Beaufort House yn Commercial Street lle y neilltuwyd ystafell ffrynt ar y llawr cyntaf i Aneurin fel y medrai gael rhyddid swyddfa.[63] Erbyn hyn yr oedd ef yn llythrennol wedi neidio i'r adwy ac yn gwneud cryn lawer o waith yn ddi-dâl dros y Fed. Creodd y glowyr lleol swydd newydd, Asiant Anghydfod (*Disputes Agent*). Nid oedd yr Undeb yn barod i gydnabod y swydd ond trefnwyd bod glowyr glofeydd y Combine yn pleidleisio o blaid neu yn erbyn. Pleidleisiodd 1,953 o blaid iddo fod yn asiant a 621 yn erbyn. Cafwyd mwyafrif mawr o blaid y swydd newydd sbon. Rhoddodd y swydd dasg iddo ei chyflawni ac adnoddau y tu ôl iddo. Disgwylid i bob glöwr a berthynai i gyfrinfa Combine dalu ceiniog yr wythnos tuag at ei gyflog o bum punt. Yr oedd ei gyflog yn dda gan nad oedd dim un glöwr yn ennill y swm hwnnw am wythnos o waith. Gosodwyd ffôn yn ei ystafell yn Beaufort House ac yr oedd pob glöwr oedd yn cael ei boeni gan broblem yn gwybod bellach at bwy i droi. Byddai Aneurin yn ei elfen yn dadlau gyda swyddogion y lofa neu'r Undeb neu unrhyw sefydliad perthnasol. Bodlonodd ei chwaer Arianwen fod yn ysgrifennydd iddo ac i gadw golwg a gofal am y swyddfa. Yr oedd Aneurin Bevan bellach yn berson amlwg yng Nghymdeithas Cymorth Meddygol y Glowyr yn Nhredegar. Gweledigaeth y glowyr yn niwedd y bedwaredd ganrif ar bymtheg oedd ffurfio clybiau er mwyn gallu cyflogi meddyg, a bu Sir Fynwy ar flaen y gad. Erbyn y dauddegau yr oedd y ddarpariaeth yn Nhredegar wedi datblygu'n hynod o effeithiol a cheid ysbyty lleol oddi ar 1904. Yn y dauddegau y daeth y Sgotyn A. J. Cronin, a fu yn llenor poblogaidd, yn feddyg i'r Gymdeithas Feddygol a chawn yn ei nofel *The Citadel* bortread o'r dref a'i hanghenion.[64] Talai y mwyafrif o aelodau'r gymdeithas yn wythnosol, a gwyddai Aneurin fod hwn yn gynllun a haeddai ei sefydlu ym mhob tref ac ardal. Medrai'r aelodau dderbyn yn rhad ac am ddim wasanaeth meddyg ymroddedig fel Dr Cronin a'i briod, meddyg arall, a chyfle i weld arbenigwr a fynychai'r ysbyty lleol pan oedd gwir angen. Roedd yr aelodau yn derbyn sbectol am ddim, moddion, wig i bobl foel, ac unrhyw dechnoleg fel coes artiffisial oedd ar gael. Os oedd cyflwr y claf yn gofyn am fwy o arbenigedd, ceid archwiliad am ddim o fewn ychydig ddyddiau mewn ysbytai y tu allan i Dredegar. Byddai'r claf yn derbyn pres gan y gymdeithas am deithio i'r ysbyty arbennig honno ym Mryste, Casnewydd neu Gaerdydd, neu fe ofelid am gludiant iddynt. O ganlyniad i weithgarwch y glowyr mewn ardaloedd fel Tredegar, crëwyd egin o wasanaeth iechyd nad oedd yn bodoli mewn rhannau mawr o Gymru. Gellir dweud mai y sustem yn Nhredegar a ysbrydolodd Aneurin Bevan uwchlaw pob dim arall i greu yn 1948 Wasanaeth Iechyd Gwladol.

Streic Fawr 1926

Cofir mai yn 1926 y digwyddodd y Streic Fawr a hynny ar ôl cyhoeddi adroddiad Syr Herbert Samuel a'i gymrodyr.[65] Y tro hwn nid oedd yr adroddiad yn argymell gwladoli'r diwydiant ond yn hytrach yn awgrymu y dylai'r glowyr ostwng eu safon byw ac aberthu ymhellach. Nid oedd y perchenogion am symud modfedd o dan arweiniad y Cymro o Bontarddulais, Evan Williams, llywydd y *Mining Association of Great Britain*. Felly y teimlai arweinwyr y glowyr. Nid oedd cymrodeddu yng ngeirfa A. J. Cook o'r Porth, Ysgrifennydd Ffederasiwn Glowyr Prydain Fawr.[66] Ef biau'r slogan: 'Not a minute on the Day, not a Penny on the Pay'.[67] Yr oedd Aneurin Bevan yn un o'i edmygwyr pennaf. Cyfrifai Cook yn arwr fel yr oedd i lowyr holl feysydd glo Prydain ar wahân i nifer o lowyr yn Swydd Nottingham. Yr oedd y glowyr yn hawlio gwladoli a chael cynhorthwy ariannol i'r diwydiant.

Credai'r glowyr y gellid dibynnu ar undebau eraill a berthynai i Gyngres yr Undebau Llafur i'w cefnogi a dilyn eu harweiniad. Methodd y Llywodraeth roddi arweiniad clir fel y disgwylid a daeth yr holl drafodaethau i ben ar 2 Mai. Nid oedd dewis ond streic, a honno yn Streic Gyffredinol. Parhaodd y Streic o 3 i 12 Mai; naw niwrnod o erthyglau helaeth yn y wasg, dadansoddi a bwrw bai ar y ddwy ochr. Ond dyma bennod unigryw yn hanes y Mudiad Llafur, a magwyd areithwyr ar hyd a lled y wlad yn y meysydd glo.[68] Cysur i Aneurin adeg y streic, a syndod i weinidogion y Goron, oedd fod gweithwyr Cymru wedi sefyll fel un gŵr i atal eu gwasanaeth.

Er bod yna fudiadau dyngarol a chrefyddol yn weithgar o blaid y glowyr a'u teuluoedd yn Nhredegar, eto y sefydliad mwyaf nerthol a dylanwadol oedd Cyfrinfa pyllau glo y Combine a'i swyddogion, heb anghofio'r Swyddog Anghydfod. Wedi'r cyfan roedd 236,000 o lowyr yng Nghymru yn 1926, a daliodd y glowyr eu tir; ond yn fuan fe welwyd llaesu dwylo gan yr Undebau eraill. Penderfynodd y Llywodraeth wasgu'r glowyr trwy ddiddymu Mesur Saith Awr 1919 ac adnewyddu'r Ddeddf Pwerau Arbennig (*Special Powers Act*). Teithiai Aneurin Bevan yn gyson i Gaerdydd gan ymuno gydag eraill i wneud glowyr de Cymru yn esiampl i holl lowyr Prydain. Yr oedd Cyngor Gweithredu Tredegar yn cyfarfod bob dydd yn Sefydliad y Gweithwyr ac Aneurin oedd wrth y llyw. Bu ffrae rhyngddo ac Arolygydd yr Heddlu, Robert Edwards, am fod hwnnw yn darogan trais ar y strydoedd.[69] Wedi'r cyfan yr oedd Tredegar yn enwog am hynny: oni bu reiat yn erbyn Gwyddelod ac un arall yn 1911 yn erbyn yr Iddewon? Iaith Bevan oedd, os gwnaiff yr heddlu ymddwyn fel y dylent, ni fydd trais ar strydoedd Tredegar. Gwireddwyd ei eiriau, ac ni chafodd yr Arolygydd Robert Edwards ddim i gwyno amdano.[70]

Llosgi y Western Mail yn gyhoeddus

Yr unig elyn a wnaeth Aneurin yn ystod y streic oedd y papur cenedlaethol fel y galwai ei hun, y *Western Mail*. Yr oedd y papur hwnnw yn amddiffyn perchenogion y pyllau bob cam o'r ffordd, ac yn barod iawn i faeddu enw da A. J. Cook. Cythruddwyd Bevan gymaint fel iddo arwain gorymdaith i Waunpound, a saif rhwng Glynebwy a Thredegar, gan losgi dau ddwsin o gopïau o'r *Western Mail* fel protest yn erbyn y propaganda a geid ynddo.[71] Traddodwyd y bregeth angladdol gan Bevan ei hun, ffrind y glöwr ond nid edmygydd o'r *Western Mail*. Gwnaeth elyn am oes, er iddynt hwythau ar ddiwedd ei oes roddi gwahoddiad i David Llewellyn, Tori cymedrol a anwyd yn Aberdâr, i lunio llyfryn o dan y teitl *Beloved Patrician*. Gofalodd Aneurin yn y dauddegau nad oedd llyfrgell Tredegar yn archebu copi o'r papur adweithiol, gwrth-Lafur, o ddydd Llun i ddydd Sadwrn.

Rhoddodd streic 1926 a sylwadau'r Wasg hwb sylweddol i'r ysbryd milwriaethus yn y maes glo. Yr oedd yr amgylchiadau yn medru bod yn anodd ac yn ddigalon. Ni châi'r glowyr di-waith fudd-dâl y di-waith na chymorth gan warcheidwaid y tlodion. Ond fe allai'r gwarcheidwaid gynorthwyo gwragedd a phlant gyda thaliadau o ddeuddeg swllt yr wythnos i wraig a phedwar swllt i bob plentyn. Gallai'r Awdurdod Addysg roddi cinio ysgol am ddim i'r plant.

Tasgau pwysig Aneurin Bevan

Yn Nhredegar yr oedd gan Aneurin ddwy dasg i'w cyflawni. Fel cadeirydd Cyfrinfa'r Combine, ef oedd yn bennaf gyfrifol am ddosbarthu arian i'r rhai oedd ar streic.[72] Gofalodd hefyd fod pob person o amgylch y pyllau, boed undebwyr neu ddim, yn derbyn cymorth. Yr oedd pawb i'w gynorthwyo. Yn ail, trodd y Cyngor Gweithredu yn bwyllgor i gynorthwyo'r trigolion oedd mewn enbydrwydd. Agorwyd dwy gegin gawl. Trefnwyd i anfon dau gôr i godi arian ar hyd a lled y wlad, trefnodd gyngherddau am ddim yn Sefydliad y Gweithwyr, a bu'n trefnu dyddiau o chwaraeon, o wahodd bandiau pres fel Band Pres y Blaenau a bandiau jazz o Gaerdydd a Chasnewydd i ddiddanu'r gymuned. Gresynai rhai o farsiandwyr Tredegar at y gallu oedd yn nwylo Aneurin a'i bwyllgor. Codwyd y mater yn siambr Cyngor Dosbarth Tredegar gan feirniadu yr hyn a wnaeth y Cynghorydd Aneurin Bevan ar ei liwt ei hun, heb ymgynghori â hwy, oedd yn gyfrifol am y gymuned. Amddiffynnodd Aneurin ei hun trwy osod allan y rhaglen uchelgeisiol oedd ganddo, ac fel yr oedd y ceginau yn paratoi prydau bwyd wedi eu coginio i bymtheg cant o ddynion bob dydd.[73] Yr oeddynt trwy lafur cariad wedi codi'r arian i dalu am y prydau bwyd. Gofidiai rhai fod y Blaid Lafur yn ennill y dydd ar y Cyngor, mai Cadeirydd y Cyngor a ddylai fod yn Gadeirydd y Pwyllgor oedd yn nwylo Aneurin, a bod pob rheol wedi ei thorri'n deilchion. Ac yn waeth na hynny meddai un cynghorydd:'Aneurin Bevan has been too smart for us; we are absolutely whacked.'[74]

Chwarddodd aml un a chafwyd araith ddeifiol gan arweinydd answyddogol Tredegar a'r cyffiniau. Nid oedd amser i golli. Pe baent wedi llusgo traed ni fyddai ganddynt £160 yn y cyllid. Yr oedd ei bwyllgor ef yn cael ei gefnogi gan wyth deg y cant o'r boblogaeth, a gwahoddodd y Cyngor i feiddio ymyrryd gyda'r trefniadau oedd yn boblogaidd a derbyniol gan y trigolion. Mynnodd y Cyngor, er mwyn cadw ei awdurdod, fod dau o'i gynghorwyr yn cael eu cyfethol i'r pwyllgor lles. Ond meddai Bevan, faint tybed o '*shekels*' y mae'r ddau newydd yn barod i'w casglu? Gweithredwyr oedd yr angen ac nid pobl yn eistedd yn llipa a diweledigaeth.

Bevan yn magu profiad fel gweinyddwr a siaradwr

Yr oedd Bevan yn feistr ar y sefyllfa. Dangosodd ei fedr fel gweinyddwr, fel person a fedrai gyfuno siarad a gweithredu. Yn ôl Michael Foot:

> Tredegar survived the ordeal better than many towns, thanks to his energy in organising a whole series of activities, apart from the kitchen meals. He was not afraid to show his authority to others beside the police.[75]

Ond nid yn Nhredegar yn unig yr oedd Bevan yn magu statws ac yn barod i ddadlau ac arwain. Gwnaeth hynny o fewn cynadleddau arbennig Undeb Glowyr Prydain Fawr. Yn y Gynhadledd ar 16 Awst 1926, unodd Bevan gydag Arthur Horner am y tro cyntaf, ond nid y tro olaf, i geisio argyhoeddi'r glowyr o'u gweledigaeth sosialaidd. Ni phryderai Aneurin Bevan fel y gwnâi Jim Griffiths o weld y Blaid Gomiwnyddol yn dyblu ei haelodaeth yn ne Cymru yn 1926. Sefydlwyd a datblygwyd Mudiad Lleiafrifol y Glowyr (*Miners' Minority Movement*), mudiad answyddogol a roddodd gyfle i nifer o lowyr galluog fel Aneurin Bevan, Will Paynter ac Arthur Horner, y ddau olaf yn amlwg fel Comiwnyddion Cymraeg y cyfnod, i roddi arweiniad cadarnhaol.[76] Cyfle oedd hyn iddynt gael llwyfan i'w syniadau syndicalaidd. Er hynny, fel y gellid disgwyl, y digymar Arthur Cook a gafodd y gair olaf yng Nghynhadledd Awst.

Dangos ei allu mewen Cynhadledd y Glowyr

Ond cynhaliwyd cynhadledd arall ar 7 Hydref 1926 lle y gwnaeth Aneurin Bevan enw iddo'i hun.[77] Ef a enillodd y ddadl y dylid cario ymlaen y streic, gan geryddu'r rhai oedd wedi mynd yn ôl i weithio. Ymhlith nifer o awgrymiadau eraill, galwodd ar y dynion oedd yn diogelu'r pyllau i dynnu eu llafur yn ôl. Teimlai y dylai'r glowyr ganolbwyntio ar waith propaganda o fewn y mudiad Llafur. Er bod A. J. Cook yn erbyn galw y dynion diogelwch o'u gwaith nid oedd dewis ganddo ond derbyn y ffaith fod Bevan wedi cael y gair olaf. Yr oedd 589 o'r cynrychiolwyr o blaid dadl Bevan a dim ond 199 yn erbyn.[78]

Yr oedd mabwysiadu cynigiad y Fed yn dangos yn glir pa mor filwriaethus oedd y Cymry, ond yn ôl Ysgrifennydd Undeb y Dynion Diogelwch (*Safetymen's Union*) nid oedd hawl gan MFGB i'w galw allan ar streic. Yr oedd Mudiad Lleiafrifol y Glowyr yn galw'n daer arno, 'Ymladd, Arthur, ymladd fel uffern, mae'r dynion gyda thi.'[79] Ond a bod yn deg, nid oedd angen i Bevan na neb arall ddweud dim byd wrth A. J. Cook. Ni welodd y mudiad Llafur yn ei holl hanes neb oedd yn fwy ymroddedig i'r gweithiwr nag ef. Crwydrodd Gymru, Lloegr a'r Alban, lle bynnag y ceid maes glo, gan bwyso ar y glowyr i gadw gyda'i gilydd. Yn ei boen a'i flinder ni laesodd ddwylo. Bu ei goes yn ei flino (ar ôl i rywun ei gicio) o 1926 ymlaen, ac nid oedd amser ganddo i'w ymgeleddu ei hun. Bu'n rhaid yn y diwedd dorri ei goes i ffwrdd uwchben y pen-glin.[80] Ac o fewn chwe wythnos, wrth y ddesg yn ei swyddfa, bu farw ar 2 Tachwedd 1931. Yr oedd ganddo ei wendidau amlwg, a chrynhodd ei gofiannydd, Paul Davies, ei gyfraniad yn deg:

> Compared with Ablett, Horner and Bevan – the most intellectually gifted Labour leaders to emerge from the South Wales coalfield – Cook appears unsophisticated, a man of instinct rather than ideology. His thoughts and energy were absorbed by day-to-day actions.[81]

Yr oedd Bevan yn cadw llygad barcud ar bob symudiad o eiddo arweinwyr y glowyr a'r Blaid Lafur. Cadwodd gysylltiad gyda Mudiad Lleiafrifol y Glowyr, er nad oedd cangen yn Nhredegar. Mynychodd Gynhadledd Genedlaethol y Mudiad Lleiafrifol pan ddaeth 883 o gynrychiolwyr ynghyd i wrando ar un o eiconau'r chwith, Tom Mann. Ond ar ôl iddo dderbyn y swydd o atalbwyswr yng nglofa Pochin, yr oedd yn holl bresennol yn Nhredegar. Cydnabu un o ohebwyr y *Western Mail* hynny yn Hydref 1926, gan ddweud, 'that even Napoleon had no greater influence with the guards than plain Aneurin Bevan has with sections of the Tredegar proletariat'.[82] Ef oedd yn tynnu'r rhaffau, yn gysylltydd gweithgarwch Cyngor Gweithredu cyfrinfa y Combine, yn aelod o'r Cyngor Dosbarth ac yn amlwg iawn yng ngweithgareddau'r Blaid Lafur. Ysgrifennodd glöwr ar streic at y papur lleol ym mis Tachwedd 1926, nad oedd hi'n rhyfedd yn y byd fod pobl fel Aneurin Bevan yn eu cymell i ddal ati. Dyma ei frawddeg ddeifiol: 'Mr Bevan goes to London and I go to the soup kitchen.' Ac roedd yn credu ei fod wedi talu pedair gwaith y swm a dalodd Bevan i gyllid y Fed yn ystod y deng mlynedd cyn hynny.[83]

Eiddigedd tuag ato gan Oliver Powell ag eraill

Ac nid yn unig y glöwr dienw oedd yn cwyno bod Aneurin Bevan yn mynychu'r cynadleddau a'r cyfarfodydd ac yn derbyn y treuliau o haelioni y gweithwyr llai breintiedig eu byd. Yr oedd Oliver Powell yn barod i feirniadu Aneurin: 'Yr oedd y gobaith o fynd i'r cynadleddau yn bell ar y gorwel, os nad oeddem yn barod i dalu'r costau o'n poced ein hunain, a chael y gyfrinfa i dalu amdanom.' Ond yn y gyfrinfa yn Nhredegar a Bedwellte i gritig fel Powell yr oedd Aneurin Bevan neu Dai Griffiths neu un o'r swyddogion eraill yn monopoleiddio'r cyfan.[84] I Oliver Powell yr oedd Aneurin Bevan wastad mewn cynhadledd neu'i gilydd. Ei uchelgais oedd bod ar Bwyllgor Gwaith Undeb Glowyr De Cymru, ond erbyn y Gynhadledd Arbennig ar 4 a 5 Tachwedd yr oedd Aneurin yn dechrau blino ar y gwrthdaro ac yn flin tuag at safbwynt Arthur Horner. Galwodd Bevan am drafodaeth a chytundeb. Yr oedd yn argyhoeddedig fod y perchenogion yn elynion a bod gan yr Undeb 'fyddin o sosialwyr' yn y glowyr oedd yn barod i sefyll fel un gŵr.

Erbyn 1926 yr oedd gan Bevan broffil amlwg yn y maes glo oherwydd ei allu fel siaradwr ac yn lleol fel gŵr y gymwynas barod a'r cymorth gwerthfawr. Ac erbyn diwedd 1926 yr oedd yn ffigwr pwysig yn lleol ac yn Undeb y Glowyr. Cymerai ei ddyletswyddau ym mhob cylch o ddifri. A chan ei fod yn wleidydd craff, gofalai i ddarllen y cofnodion yn fanwl. Realydd ydoedd, ac ni chlywid amdano yn cynnig gwelliant ar unrhyw fater heb fod gobaith ei wireddu. Y cymhelliad pennaf oedd ei gariad at ei gyfeillion a'i gyfoeswyr yn Nhredegar. Dyna pam y gwelid ef yn cerdded yn gyson i weld tirlun, cyflwr y ffordd, galw i mewn i'r lladd-dy lleol i weld a oedd y perchenogion yn gofalu am lendid. Byddai hefyd yn cerdded i'r argae lleol, i'r gwaith nwy, a gofalai fynychu pob cyfarfod, pwyllgor, cynhadledd oedd yn ymwneud â thai, diweithdra, cyflwr yr henoed, angen llyfrau i'r llyfrgell. Yr oedd yn boen yn enaid aml un o'r cynghorwyr am ei fod mor fanwl ac yn barod i ddilyn pob mater oedd yn ymwneud â'i hoff dref.

Yr oedd yn gwneud amser i bob achos, yr oedd yn frwdfrydig, ac yn barod i fynegi ei farn ac yn paratoi adroddiad i'w ddarllen ar ôl pob ymweliad a chyfarfyddiad. Llanwodd bob adwy bosibl am fod ganddo gymaint o falchder o'i dref enedigol. Ef a feddyliodd ac a gynigiodd y dylid cynllunio cofeb urddasol ym Mharc Bedwellte i goffáu'r milwyr o Dredegar a dalodd y pris uchaf yn y Rhyfel Byd Cyntaf. Llwyddodd i berswadio'r Cyngor i ofalu am Barc Bedwellte, ond ni chafodd hi'n hawdd. Wedi'r cyfan yr oedd ef yn y lleiafrif yn y Cyngor y dwthwn hwnnw; nid oedd y Blaid Lafur wedi cael y llaw drechaf.[85]

Rhoddi tref ei febyd ar y map

Yr oedd Aneurin Bevan yn gynghorydd ymarferol, ymroddedig ac yn amddiffynnydd unigryw i anghenion y dosbarth gweithiol. Ond yr oedd hefyd am roddi Tredegar ar y map fel tref oedd yn mawrygu'r cewri a fagwyd ynddi neu a oedd yn gysylltiedig â hi mewn unrhyw ffordd. Nid oedd yn bleidiol i adael i'r Fyddin osod posteri yn ceisio denu llanciau ifanc i ymuno â'r Lluoedd Arfog. Nid dyna draddodiad Tredegar yn ei olwg ef. Ni allai gytuno yn enw'r Cyngor i ddathlu bywyd a gwaith y gwleidydd James Davies neu Davis. Dadleuodd Aneurin fod y gwron wedi dal swydd Ysgrifennydd Llafur mewn gweinyddiaeth adweithiol yn yr Unol Daleithiau.[86] Iddo ef yr oedd y ffaith honno yn ddigon o reswm i wrthod y dathliad. Dywedodd un Cynghorydd, 'Can't we forget politics for a while?' Atebodd Bevan ef yn syth : 'Our task here is to make people remember politics, not forget them.[87] Cytunodd un deg pump o gynghorwyr ag ef a chariodd y dydd.

Un o'r cynghorwyr Llafur pwerus

Cyhuddid ef gan gynghorwyr y pleidiau eraill o siarad gormod, o fod mor awyddus i gael ei enw yn y papurau lleol, o fod yn aml yn niwsans pan oedd yn dadlau gyda Chadeirydd y Cyngor, a beirniadent y duedd ddiflas a feddai o anwybyddu awdurdod y Gadair. O'i blentyndod yn yr ysgol, fel myfyriwr yn y Coleg, ac fel Cynghorydd ar y Cyngor Lleol yr oedd Aneurin wrth ei fodd yn herio confensiwn, disgyblaeth, rheolau ac awdurdod y bobl oedd yng ngofal y gweithrediadau. Ar brydiau byddai ei iaith yn medru bod yn ymfflamychol, yn barod i ffraeo, ac yn tueddu i ofalu am ei deulu ei hun yn ormodol. Beirniadwyd ef am fod yn nepotydd, yn arbennig pan lwyddodd i gael swydd gofalwr yn yr ysbyty lleol i'w frawd a swydd clerc y Cyngor i'w chwaer.[88] Teimlodd i'r byw am hyn gan ei fod ef yn greadur cryf, yn cefnogi ei dylwyth ei hun, gan fod pob swydd yn cael ei llenwi gan bobl oedd wedi argyhoeddi y panel dewis. Mentrodd y Cynghorydd W. W. Wakefield ei feirniadu ar hyn, a galwodd Bevan ef 'an impudent old swine'.[89] Ond yr oedd y brwydro a fu rhyngddo ef a'r Cynghorydd Bowen yn gwerthu'r papurau lleol, gan fod y ddau ohonynt yn dadlau yn gwbl ffyrnig. Bob tro y codai Bowen byddai Bevan amdano a phan fyddai Bevan yn llefaru a chynnig cynllun byddai Bowen ar ei sodlau ac am ei wddf. Oherwydd yr holl alwadau arno ym mlwyddyn fawr y Streic collodd Aneurin aml i gyfarfyddiad o'r Cyngor, ac er bod aml i gynghorydd yn falch nad oedd yno, nid felly yr edrychai y Cynghorydd Bowen ar y sefyllfa. Dyma gyfle euraid i'w feirniadu am ei absenoldeb! Ond bu ei fewnbwn i'r Undeb yn bwysig, a balch ydoedd o gael ei ddewis yn un o gynrychiolwyr y Fed, ef ac Arthur Jenkins, Pont-y- pŵl, i fynd i'r Almaen a gwledydd eraill i ymchwilio i amgylchiadau y diwydiant glo. Daeth hynny yn newydd da a werthfawrogodd yn 1927.[90]

Ei Safbwynt mewn syndicaliaeth

Y mae cofianwyr Bevan yn tueddu i'w gyfrif fel cefnogydd syndicaliaeth oddi ar ei lencyndod. Dywed Len Jeffreys o Cross Keys fod Aneurin Bevan wedi torri ei gysylltiad â Mudiad Lleiafrifol y Glowyr yn niwedd 1926 a bod ei ddyddiau fel syndicalydd wedi dod i ben.[91] Gofynna E. S. Demont y cwestiwn: 'A fu ef yn Syndicalydd o ddifri?' Daw hi i'r casgliad nac ydoedd, o leiaf nid yn nhermau syndicaliaeth fel y deallwyd yr ideoleg gan Noah Ablett. I Ablett nid oedd plaid wleidyddol yn werth perthyn iddi, a throdd ef ei gefn ar wleidyddiaeth etholiadol. Nid felly Aneurin Bevan. Ymladdodd ef yn gyson am le fel Cynghorydd Dosbarth, yn ddiweddarach am Gyngor Sir, ac erbyn 1926 yr oedd yn sylweddoli bod gyrfa fel Aelod Seneddol yn atyniadol. I John Lloyd Williams, a gofiai ef yn dda yn y Coleg Canol Llafur, er ei feirniadaeth ar aml i arweinydd yn y Blaid Lafur, cafodd pennaeth y Coleg, W. W. Craik, gryn ddylanwad arno o du'r blaid.[92] Daeth yn ôl i Dredegar yn gwbl grediniol mai o fewn y Blaid honno yr oedd ei ddyfodol fel gwleidydd. Dadleuodd Will Coldrick o Abersychan fod y mwyafrif helaeth o fyfyrwyr y Coleg Llafur yn credu bod posibilrwydd i'r Blaid Lafur ennill Etholiad Cyffredinol. A bu trafod mawr ar y cwestiwn a'r athroniaeth y dylid ei gwarchod.

Cofiai Coldrick Aneurin y nosweithiau hynny fel dadleuydd naturiol oedd yn sefyll allan am ei athrylith. Dywedodd J. L. Williams mai'r gwahaniaeth rhwng dau fyfyriwr mwyaf arbennig y Coleg oedd fel hyn: 'Yr oedd James Griffiths yn 'ŵr cyflawn' ond Aneurin Bevan yn ddyn 'llachar'.[93] Ac felly yr edrychai cymaint arno erbyn 1926, y 'gŵr ifanc llachar' – a chawn weld yn y bennod nesaf fel yr aeth ati i ddisodli'r Aelod Seneddol lleol a chymryd ei le fel llefarydd etholaeth Glynebwy yn San Steffan.

Nodiadau a Chyfeiriadau

1   Yn Lerpwl aeth yr heddlu ar streic yn 1919 a bu'n rhaid anfon y fyddin a heddgeidwaid o ddinasoedd eraill i gadw trefn. Gw. Herman Mannheim, *Social Aspects of Crime in England between the Wars* (London, 1940), 156.

2   H. A. Mess, *The Message of the COPEC* (London, 1924), 39..

3   John Saville, 'Notes on Ideology and the Miners before World War 1', *Bulletin of the Society for the Study of Labour History*, No. 23, 1971, 25-7.

4   Yr oedd Aneurin Bevan wrth ei fodd. Soniodd Harold Finch amdano yn cnocio ar ddrws ei gartref yn y Coed Duon i weld a oedd y canlyniadau wedi dod trwodd. Pan glywodd y newydd da, ymlwybrodd yn ôl i Dredegar fel pe bai wedi ennill ffortiwn. Gw, Michael Foot, *Aneurin Bevan, Cyfrol 1, 1897–1945* (London, 1962), 37.

5   James Griffiths, *Pages From Memory* (London, 1968), 20–6.

6   Ceir y manylion am Ness Edwards a'i gyfeillgarwch gydag Aneurin Bevan yn Wayne David, *Remaining True: A Biography of Ness Edwards* (Llanbradach, 2006), 4, 6, 45–7, 62–7, 69, 73, 79, 83–4, 86, 93 a 102.

7   D. Ben Rees, *Cofiant Jim Griffiths: Arwr Glew y Werin* (Talybont, 2014), 75.

8   Michael Foot, *Ibid.*, 38. I'r cwestiwn 'how did you cure the stutter, Nye?' byddai'n ateb gyda hiwmor, 'by torturing my audiences'.

9   John Thomas, 'The present and future prospects for the South Wales miners', *Communist Review*, Ionawr 1922, 8; Richard Lewis, *Leaders and Teachers: Adult Education and the Challenge of Labour in South Wales 1906-1940*, Cardiff, 1993), 152.

10 Llyfrgell Genedlaethol yr Alban, Acc 5120, Bocs 2, 1920, llythyr Jim Griffiths a Bryn Roberts at W. W. Craik, dyddiedig 2 Hydref 1920.

11 Michael Foot, *ibid.*, 38.

12 'but even the London parks were poor substitutes for Welsh mountains'. Gw. Michael Foot, *ibid.*, 37.

13 Cwynodd D. J. Williams (a ddaeth yn Aelod Seneddol Castell Nedd, 1945–1964) am y sylabws ac ymosododd ar y Coleg ac Ablett yn y cylchgrawn *Plebs*, Rhagfyr 1926.

14 Rhoddodd Ness Edwards syniad o'r pwysau gwaith yn ei lythyr at ei ffrind yn Abertyleri, dyddiedig 15 Tachwedd 1919: 'The week before last, essays on 'Forms of Value' and 'Error and Truth'. Last week, essays on 'Money and its Functions' which with me occupies only 20 pages. This week so far we have to criticise 'the hope of another world with its eternal happiness for disembodied spirits, brought about (in the Roman Empire) an indifference to the world and its material needs'. This will require a sketch of economic development in Rome and then ideological development. It will require about 6,000 words. In addition to this we have 2 and sometimes 3 lectures per day. On the 3rd Thursday in the month we have 4 lectures. This is intensive culture with vengeance'. Dyfynnir yn Wayne David, *ibid.*, 6–7.

15 *Ibid.,* 62–3.

16 Michael Foot, *ibid.*, 39.

17 *Ibid.*

18 Richard Lewis, *Leaders and Teachers, ibid.*, 163.

19 *Ibid.*

20 Michael Foot, *ibid.*, 16–7.

21 Erthygl Glyn Evans o'r Coleg Llafur i *Plebs,* Hydref 1923.

22 Brian Simon (gol.), 'The Labour College between the Wars' yn *The Search for Enlightenment: The Working Class and Adult Education in the Twentieth Century* (London, 1990), 108. Brian Simon yw awdur yr ysgrif.

23 Richard Lewis, *Leaders and Teachers, ibid.*, 165.

24 *Ibid.*, 166.

25 Gwilym Prys Davies, *Cynhaeaf Hanner Canrif: Gwleidyddiaeth Gymreig 1945–2005* (Llandysul, 2008), 38.

26 Mrs James Griffiths, *One Woman's* Story (Ferndale, 1979), 82; D. Ben Rees, *Cofiant Jim Griffiths: Arwr Glew y Werin* (Talybont, 2014), 76.

27 Aelodau o Bwyllgor Gwaith y Glowyr a fu yn y Coleg yn 1927 oedd W. Coldrick (a ddaeth yn Aelod Seneddol Bryste), George Dagger, Jim Griffiths, D. J. Davies (un o arweinwyr Cyngor Llafur Cymru), S. Jones, W. H. Mainwaring, Bryn Roberts, W. J. Saddler ac E. J. Williams.

28 Nid yw Noah Ablett wedi cael y clod a haeddai, a Bevan oedd y cyntaf i gydnabod ei fawredd. Gw. Aneurin Bevan, *Place of Fear*, Llundain, 1952, 39–40. Gweler hefyd am Ablett, D. Ben Rees, *Cofiant Jim Griffiths, ibid.*, 55, 59, 61, 64–5, 75–8, 89, 161 a 291; Michael Foot, *Aneurin Bevan, ibid.*, 26–9; John Campbell, *Nye Bevan: A Biography*, Llundain, 11; Dai Smith, *Wales! Wales!* (London, 1984), 130–32.

29 Aneurin Bevan, *In Place of Fear* (London, 1952), 246.

30 Ceir esboniad gwerthfawr ar Gomisiwn Sankey yn Henry Pelling, *A History of British Trade Unionism* (London, 1971), 159–66.

31 *Merthyr Express*, 10 Rhagfyr a 21 Rhagfyr 1920.

32 *Ibid.*, rhifyn 7 Mai 1921.

33 Ni cheir sôn am y Parchedig J. J. Harrison gan Michael Foot, ond fe'i hachubwyd o ebargofiant yn nhraethawd ymchwil Susan E. Demont, *Tredegar and Aneurin Bevan: A Society and its Political Articulation 1890–1924*, PhD, Prifysgol Cymru Caerdydd, 1990, o dan adran 'Experience of the Labour Movement 1919–1926; a 'Strikes and lock out 1919–1921'.

34 *Merthyr Express,* 6 Awst 1921.

35 Ibid., rhifyn 31 Mai 1919.

36 Michael Foot, *Aneurin Bevan, Cyfrol 1, 1897–1945* (London, 1963), 45.

37 *Ibid.*

38 *Ibid.*, 46–7.

39   *Ibid.*

40 *Ibid.*, 45.

41 *Ibid.*, 48. Un o'r Aelodau Seneddol hyn oedd Bernard Taylor, a fu yn Aelod Seneddol Llafur Mansfield, ac yn diwtor yn ei ddyddiau cynnar fel glöwr yn y Coleg Llafur lleol. Dyma'i dystiolaeth flynyddoedd yn ddiweddarach: 'The National Council of Labour College has every reason to be proud of the work it did in the field of working-class education – it made knowledgeable socialists and equipped them with information that has stood them in good stead and made them more effective in their work for the Labour Movement.' Gw. Lord Taylor of Mansfield, Uphill all the Way: A Miner's Struggle (London, 1972), 102.

42 Michael Foot, *Aneurin Bevan, Cyfrol 1, ibid*, 48

43 *Ibid.*, 49.

44 Y canlyniad:
Reg Jones, Annibynnol 726
Dai Morgan, Annibynnol   630
W. Powell, Annibynnol 620
A. Bevan, Llafur   590
Gw. Michael Foot, *ibid.*, 51.

45 Bryan Magee, *Confessions of a Philosopher: A Journey Through Western Philosophy* (London, 1998), 211.

46 *Merthyr Express,* 22 Mehefin 1918.

47 *Ibid.*, 22 Hydref 1921.

48 Susan E. Demont, 'Tredegar and Aneurin Bevan', 295.

49 Michael Foot, *Aneurin Bevan, Cyfrol 1,* 52.

50 Ian Wood, *John Wheatley* (Manchester and New York, 1990), 119–52.

51 Ceir yr un stori ag a welir yn y *Weekly Argus* gan Swyddog Meddygol Tredegar yn ei Adroddiad Blynyddol am 1928 pan ddywed: 'Suffice it to say that nearly all housing evils, such as over-crowding, cellar dwellings, tent and van dwellings, and old dilapidated houses, are still with us.'

52 Canmolir o hyd weithred Llywodraeth Llafur 1924 yn gosod ar waith Ddeddf 1924. Gw. Nicklaus Thomas-Symonds, *Nye: The Political Life of Aneurin Bevan* (London, 2015), 42.

53 Bedwellte, *Gwyddoniadur Cymru yr Academi Gymreig,* 71.

54 Dywed Michael Foot, Aneurin Bevan, ibid., t.107 – 'to the people of Ebbw Vale and Tredegar the most hated and vindictive measure ever placed on the Statute Book'.

55 Ibid., 81.

56 Ibid., 67.

57 Ibid.

58 Ibid.

59 Ibid., 67–8.

60 Gwynfor Evans, Aros Mae (Abertawe, 1971), 273.

61 Michael Foot, Aneurin Bevan, ibid., 68.; D. Ben Rees, Cofiant Jim Griffiths, 94.

62 Golygyddol, Welsh Outlook, Hydref 1924, 6.

63 Michael Foot, Aneurin Bevan, 69–74.

64 Y nofel The Citadel oedd y gyfrol a werthodd fwyaf i'r cyhoeddwr Victor Gollancz yn ei holl hanes. Bu priod Dr A. J. Cronin, sef Mrs (Dr) Agnes Mary Cronin (née Gibson) (1898–1981), yn ffisegwraig yn Ysbyty Tredegar ynghanol y dauddegau. Nicklaus Thomas-Symonds, Nye, ibid, 39.

65 Michael Foot, ibid, 69–74.

66 Gofalodd Bevan fod ganddo ddigon o gefnogwyr i fedru llosgi'r Western Mail, sef rhifyn 1 Tachwedd 1926. Gw. Nicklaus Thomas-Symonds, Nye, 44.

67 Ibid, 46; John Davies, Hanes Cymru (London, 1990), 531. Meddai'r hanesydd: 'Roedd Cook yn gwbl ddigymrodedd ac yn athrylith o gynhyrfwr.'

68 Ll.G.C., Papurau James Griffiths, Nodiadau ar Arthur Cook. Dyfynna James Griffiths yn ei nodiadau eiriau Philip Snowden am A. J. Cook: 'He did not know what he was going to say when he began to speak and did not know what he had said when he had finished speaking.'

69 Hugh Bevan, Morwr Cefn Gwlad (Llandybïe, 1971), 29.

70 Western Mail, 1 November 1926; Nicklaus Thomas Symonds, Nye, 44; Michael Foot, Aneurin Bevan, 72; Dyfynnir gan Foot o'r Weekly Argus, 72; Merthyr Express, 13 Tachweded 1926; Foot, Aneurin Bevan, 72; Ibid., 77.

71 Western Mail, 28 Hydref 1926.

72 Robin Page Arnot, *South Wales Miners: Glowyr De Cymru: A History of the South Wales Miners Federation 1914–1926* (Caerdydd, 1967), 69.

73 Cyfweliad Len Jeffreys (Cross Keys) sydd ar gadw ym Mhrifysgol Abertawe. Archif Richard Burton SWCC/AUD/ 272.

74 Robin Page Arnot, *South Wales Miners*, 69.

75 Paul Davies, *A. J. Cook* (Manchester and New York), 1987, 119–20.

76 *Ibid.,* 128.

77 *Western Mail,* 28 Hydref 1926.

78 *Merthyr Express*, 12 Tachwedd 1926.

79 *Bevan's Tredegar: The Man and His Town (HTV, 1965).*

80 S. E. Demont, 'Tredegar and Aneurin Bevan', 334–5.

81 *Merthyr Express*, 7 Mehefin 1923.

82 Michael Foot, *Aneurin Bevan*, 87.

83 *Merthyr Express*, 28 Mawrth 1924.

84 *Ibid*., 29 Mawrth 1926.

85 *Ibid.*, 24 Medi 1927.

86 Michael Foot, *Aneurin Bevan*, 91–2.

87 S. E. Demont, 'Tredegar and Aneurin Bevan', 316. Gweler am Bevan a'r myfyrwyr, W. W. Craik, The Central Labour College 1909–29: a chapter in the history of adult working-class education (London, 1964) a Richard Lewis, 'The Central Labour College: its Decline and Fall 1919–29', Welsh History Review, Vol. 12, 225–45.

88 Llyfrgell Genedlaethol Cymru, Papurau J. Lloyd Williams, Bocs 1/4.

Pennod 4

Hel ei bac am San Steffan

Dylanwadodd y Streic Fawr a'r hyn a gymerodd le yn 1926 yn fawr ar Aneurin Bevan. Gwelodd fod protestio, streic, gwrthryfel yn angenrheidiol yn hanes y dosbarth gweithiol ac eto sylweddolodd fod angen glowyr fel ef ei hun yn San Steffan i frwydro drostynt. Yr oedd yn sylweddoli bod ennill y Blaid Lafur i'w ffordd ef o edrych ar bethau yn dasg aruthrol o fawr. Hyd yn oed o fewn Tredegar yr oedd hi'n frwydr galed i gael ymgeiswyr y chwith yn dderbyniol i'r glowyr a'u gwragedd fel y medrent ennill seddau ar y Cyngor Dosbarth lleol. Gwyddai o brofiad pa mor anodd oedd cael cefnogaeth y dosbarth gweithiol yn yr etholiadau lleol.

Anodd ennill sedd yn enw Llafur yn Nhredegar

Y gwir oedd fod Tredegar yn barod iawn i gefnogi Llafurwyr canol oed a chanol y ffordd, o galibr David Griffiths a Sam Filer. Ond methu yn gyson a wnâi ymgeiswyr Llafur ifanc a deiliaid y chwith. Y tu allan i'r Cyngor hwy oedd yn weithgar, ac yn cyfarfod yn gyson, ond i'r etholwyr yr oeddynt yn rhy eithafol. Cymerer un o aelodau dosbarth Cyngor Coleg Llafur, Fred Francis, un o gefnogwyr Bevan. Safodd ef am sedd ar Gyngor Dosbarth Tredegar yn 1922, 1925 a 1928 a cholli bob tro. Ymysg y merched ceid Kathleen Vaughan, Gwyddeles o ran cefndir ac yn amlwg o'r dosbarth canol, ac un a ddaeth yn arweinydd Adran y Merched o'r Blaid Lafur yn Nhredegar. Yr oedd ganddi egni a syniadau, ac o fewn deufis trwy ei harweiniad yr oedd gan y Blaid Lafur chwe deg o wragedd a merched yn aelodau gweithgar.[1] Medrai drefnu ralïau a denu arweinwyr amlwg fel Philip Snowden a Charles Edwards a'r Cymro alltud Rhys J. Davies ac eraill i rali y diwrnod cyntaf ym mis Mai i godi stêm yn Neuadd Dirwest Tredegar. Safodd hi am y Cyngor, ond nid oedd gobaith ganddi am ei bod hi'n ferch, yn nhraddodiad y chwith ac yn hawlio gormod o sylw yng ngolwg llawer o'r gwragedd yr oedd hi am eu cynrychioli. Safodd Kathleen Vaughan fel ymgeisydd am sedd y Cyngor yn 1928 ond methodd eto. Hyn oedd yn digwydd yn gyson.

Bevan yn cael yr un drafferth

Yr un oedd stori Aneurin Bevan. Diolchai er hynny fod ei boblogrwydd yn graddol dyfu o ran ei ymwneud â'i Undeb. Gwyddai ergyd y ddihareb: 'Dyfal donc a dyr y garreg'. Ei uchelgais mawr oedd dod yn aelod o Bwyllgor Gwaith y Fed. Ceisiodd yn 1924 ond yr oedd ei athro Sydney Jones ac undebwr amlwg arall, Sam Garland o bwll glo Oakdale, yn yr ornest yn ei erbyn.[2] Dyma'r canlyniad:

Sydney Jones (Coed Duon)	4,724
Aneurin Bevan (Tredegar)	3,445
Sam Garland (Oakdale)	2,014

Yr oedd Sydney Jones yn arweinydd y chwith ond yn fwy derbyniol na Bevan ac yn hynod o boblogaidd ymhlith glowyr Sirhywi. Safodd Aneurin Bevan eto yn 1927, ef a Sydney Jones y tro hwn, a chollodd gydag 896 o bleidleisiau.[3] Yr oedd yn flin dros ben o golli yr eildro, gan ei fod yn sylweddoli pwysigrwydd y glowyr o fewn y Blaid Lafur. Hwy oedd asgwrn cefn y blaid wleidyddol ond nid oedd hi'n hawdd eu hargyhoeddi o raglen radicalaidd a sosialaidd. Ac eto bu'n rhaid iddo blygu i'r drefn ddemocrataidd a'r bleidlais a sylweddoli nad oedd ef, er ei allu, ei ymgysegriad a'i holl weithgarwch, yn mynd i ddisodli arweinydd derbyniol a dysgedig fel Sydney Jones.

Araf donc a dyr y garreg

O fewn Tredegar yr oedd ef a'i gefnogwyr yn llwyddo yn araf bach i weddnewid bywyd cymdeithasol y dref. Yn y cyfnod ar ôl streic 1926 hyd at ei ddewis yn Aelod Seneddol yn 1929 bu'n hynod o lwyddiannus. Ysgogodd ddigon o gantorion lleol i greu Côr y Blaid Lafur ac erbyn 1928 gwelid bodolaeth Cerddorfa'r Blaid Lafur, a'r ddau yn cydweithio i gynnal cyngherddau poblogaidd. Daeth Cyngor Llafur a Masnach y dref i noddi cwmni drama a elwid Labour Players a pherfformiwyd dramâu derbyniol gan lenwi'r neuadd o drigolion lleol. Erbyn 1928 yr oedd Bevan yn dra bodlon ar ei arweiniad, ei weledigaeth, a chyda'r ganmoliaeth a ddeuai o ardaloedd eraill. Yr oedd Tredegar o ran y Blaid Lafur gystal ag unrhyw dref o'i maint yn Ne Cymru. Yr oedd pob agwedd o fywyd y trigolion yn dod i gyffyrddiad â'r Blaid. Yr oedd y papur lleol *Merthyr Express* yn clodfori Tredegar fel tref Lafur mor gynnar â'r flwyddyn 1924.[4] Ac yn y pedair blynedd a ddilynodd cryfhawyd y cwlwm. Ceid cyfarfodydd bob nos Sul ym misoedd y gaeaf, gyda siaradwyr yn hyrwyddo Sosialaeth, ac yn yr haf trefnwyd chwaraeon, partïon te, carnifal, dawnsfeydd a gorymdaith bandiau trwy'r strydoedd. Byddai llawer o hyn yn cael ei drefnu, nid ar nos Sul, ond ar bnawn a nos Sadwrn.

Llwyddo o'r diwedd i ennill sedd

Llwyddodd Bevan yn yr etholiadau lleol yn 1927 er i'r Cynghorydd Henry Bowen ymosod arno yn ddidrugaredd yn y Cyngor cyn dydd y pleidleisio, gan obeithio y byddai'n colli. Ond yr oedd gan Bevan ei gell, Clwb y Cwestiynu, ac erbyn hyn yr oeddynt hwythau yn cynllunio a gweithredu o fewn y Blaid Lafur a thref Tredegar. O fewn y Clwb hwn ceid cymrodyr didwyll a gweithgar fel Archie Lush, y glowyr Oliver Powell ac Eddie Howells, Len Brain, Oliver Jones a J. B. McPherson.[5]

Canlyniad y gweithgarwch anhygoel hwn oedd fod Aneurin Bevan a'i gydweithwyr yn llwyddo i ennill mynediad i bwyllgorau pwysig a hyd yn oed i'r cyngor lleol. Erbyn 1928 yr oedd pump allan o'r deg ymgeisydd am seddau ar y cyngor yn aelodau o Glwb y Cwestiynu. Erbyn 1929 yr oedd Aneurin Bevan yn Gadeirydd Pwyllgor Lles y Glowyr, Clwb y Gweithwyr, Pwyllgor y Di-waith, ac yn Is-Gadeirydd Pwyllgor yr Ysbyty cyn ei ddyrchafu yn Gadeirydd. Byddai'n cynrychioli Tredegar ar lu o gyrff fel Pwyllgor Canolog Cyfarfodydd Dosbarth Sir Fynwy (Monmouthshire Association o UDC) a Western Valleys Sewerage Board. Yr oedd yn llywodraethwr ysgolion cynradd ac uwchradd Tredegar ac yn llywodraethwr Coleg Prifysgol Cymru Caerdydd.[6]

Ond yr oedd un swydd bwysig yn ei olwg ef ac eraill heb ei chynrychioli yn deilwng, a'r swydd honno oedd Aelod Seneddol Llafur Glynebwy. Yn 1918 y crëwyd yr etholaeth a fyddai'n gyfrifol am dri chwm diwydiannol Glynebwy, Tredegar a Rhymni. Gwyddom yn

1921 fod 55.6% o'r gweithwyr dros ddeuddeg oed yn derbyn cynhaliaeth o'r diwydiant glo. Ymddeolodd Tom Richards fel Aelod Seneddol yn 1920 a'i olynydd oedd Evan Davies.[7] Fel Tom Richards deuai yntau o Cendl (Beaufort) a bu'n löwr o 1887 hyd 1904. Deuddeg oed ydoedd yn dechrau yn y pwll glo a derbyniodd ei swydd gyntaf fel is-asiant yn 1904. Erbyn 1913 gwnaed ef yn asiant y glowyr yn ardal Glynebwy, ac ymdaflodd ei hun i wleidyddiaeth, a dod yn aelod o Gyngor Dosbarth Glynebwy, yn Gadeirydd y Cyngor yn 1914–1915, ac yn Ynad Heddwch flwyddyn yn ddiweddarach. Ysgwyddodd lawer o swyddi a chyfrifoldebau: bu'n Arolygydd yr Ysgol Sul yng nghapel y Methodistiaid Calfinaidd, yn aelod o'r Cyngor Dirwest ac o Bwyllgor Addysg Glynebwy, ac yn Ysgrifennydd Cyffredinol Cymdeithasau Cyfeillgar Sir Fynwy (Monmouthshire Association Friendly Society).

Yr oedd ef a Tom Richards yn bennaf ffrindiau. Ac ar ôl yr holl wasanaeth haeddai ei ystyried fel olynydd ac enillodd yr enwebiad a'i ethol yn ddiwrthwynebiad yn Etholiad Cyffredinol 1920. Teimlai Tom Richards ei fod wedi camu i'r cyfrifoldeb yn naturiol gan ei fod yn asiant y glowyr.[8]

Anfodlonrwydd am ymroddiad yr Aelod Seneddol lleol

Yn anffodus nid oedd Evan Davies yn meddu ar y gallu na'r angerdd i gynrychioli etholaeth lle y ceid cymaint o dlodi ac anawsterau ac anghyfiawnder. Pan alwyd Etholiad Cyffredinol yn 1923 gydag ymgeisydd Rhyddfrydol yn sefyll yn ei erbyn yn yr ymgiprys teimlai aml un yn ofnus y byddai Evan Davies mewn trafferthion. Sosialydd amlwg iawn oedd y Parchedig Gordon Lang, ac mewn llythyr at y Cymro brwd a'r datganolwr E. T. John ar 28 Tachwedd ofnai y collid y sedd am fod Evan Davies wedi bod yn esgeulus o'r etholwyr ac mor ddistaw o fewn San Steffan.[9] Peryglai ef golli sedd a ddylai fod yn ddiogel i Lafur am ei esgeulustod echrydus. Ond nid oedd angen poeni, cafodd fwyafrif o wyth mil.

Dathlodd Llafurwyr yr etholaeth trwy gynnal te parti lle ceid digon o ddanteithion a lle clywyd Evan Davies yn siarad yn raenus. Ond yr oedd un o'r siaradwyr yn llawer mwy huawdl na'r Aelod Seneddol, a hwnnw oedd glöwr di-waith oedd newydd ei ethol i Gyngor Dosbarth Tredegar, yr anghymharol Aneurin Bevan.[10] Ef oedd un o Sosialwyr pennaf y dref, nid yr unig un, ond gŵr ar dân a'i air grymus yn cynhesu calonnau teuluoedd oedd yn llusgo byw. Onid oedd pob cymuned o fewn etholaeth Glynebwy mewn trybini ac argyfwng? Fel y cydnabu John Davies:

> Erbyn dechrau gaeaf 1926, beichid bron bob teulu glofaol â dyledion enbyd; a llawer
> o blant y cymoedd yn droednoeth, fe'u cludid i'r ysgol ar gefnau eu tadau, roedd y
> gwragedd – a roddai'r cwbl o'r enllyn i'w plant a'u gwŷr – yn llewygu o ddiffyg
> maeth. Roedd y gyfradd marw ymhlith babanod yn cynyddu ar garlam.[11]

Ac ar ben y cyfan, daeth trasiedi o'r mwyaf i lofa'r Marine ym mhentref Cwm ger Glynebwy ar ddydd Gŵyl Dewi 1927. Collodd 52 o lowyr eu bywydau a phan ddaeth y Prif Weinidog, Stanley Baldwin, i Gwm i gydymdeimlo â'r teuluoedd galarus a gofidus, mynnodd rhai o'r glowyr yn eu dagrau ei watwar a'i alw yn 'fwrdrwr'. Cytunodd Pwyllgor Gwaith Undeb y Glowyr, y Fed, gyda'r glowyr a fu'n heclan y sefydliad gan fod presenoldeb Stanley Baldwin ar ben pwll lle y digwyddodd y drasiedi yn eu cythruddo'n fawr.[12] Onid ef a'i Lywodraeth annynol oedd yn gyfrifol yn y lle cyntaf am sefyllfa arswydus y meysydd glo?

Anghytunodd y parchus Evan Davies gyda'r distyrbans. Er ei fod ef wedi treulio ei oes yn y diwydiant glo ac yn Aelod Seneddol yr etholaeth, lle y ceid cyfartaledd uchel o lowyr, ymddiheurodd ef yn gyhoeddus i'r Torïaid a ddaeth i'r Cwm a chyflawni trosedd anfaddeuol. Wedi'r cyfan dyma enghraifft berffaith o 'weithredu gan ychydig o lanciau anghyfrifol'.[13] Yr oeddynt wedi staenio enw da yr etholaeth yng ngolwg y byd.

Bu'n rhaid i Aneurin Bevan lefaru ar ran y 'llanciau anghyfrifol', a gwnaeth hynny mewn geiriau a hir gofiwyd yn y cymunedau glofaol:

> Yr wyf i yn un o'r llanciau anghyfrifol a wnaeth ychydig o waith achub … Ni wyddom ddim am ymweliad Baldwin hyd nes i'r heddlu geisio ein hatal i ddringo i'r lori a oedd am ein cario adref am ein bod rhwng Stanley Baldwin a'r camerâu. Yr oeddem wedi ein ffieiddio gan y rhagrith ac yn methu atal ein hunain rhag rhoddi mynegiant i'n teimladau.[14]

Oddeutu yr adeg honno fel y gwelsom, etholwyd pobl yn aelodau o Fwrdd Gwarcheidwaid Bedwellte gan y Llywodraeth Dorïaidd. Yr oedd y Bwrdd hwn yn gofalu am drigolion tlawd chwech o blwyfi poblog, sef Nantyglo a'r Blaenau, Rhymni, Tredegar, Pontllanffraith, Glynebwy ac Abertyleri. Golygai hyn fod yna nifer fawr o etholwyr Glynebwy o fewn dalgylch Bwrdd Gwarcheidwaid Bedwellte.[15]

Aneurin Bevan oedd yn arwain yr ymgyrch leol am decach amodau i'r tlodion a'r anghofiedig a'r di-waith. Yn 1927 a 1928 gwelwyd y Comisiynwyr a ddewiswyd gan Neville Chamberlain yn ymddwyn yn greulon a biwrocrataidd i'r eithaf, ond nid yr Aelod Seneddol oedd yn ei herio wyneb yn wyneb fel y dylai ac yn arwain gorymdeithiau. Mae'n wir iddo lunio llythyron i'r wasg yn gofidio am eu hymddygiad ac yn eu cyhuddo o fod 'yn annynol a brwnt' ac yn creu 'stad o feddwl oedd yn amhosibl i ddygymod ag ef mewn cymuned wareiddiedig'.

Methiant Evan Davies i ddod i fyny i'r safon a ddisgwlid

Yr oedd methiant yr Aelod Seneddol Evan Davies i gymryd rhan amlwg yn y Senedd a galw am i'r Comisiynwyr gael eu diswyddo yn ofid i drigolion cymunedau Blaenau Gwent. Teimlai cefnogwyr Bevan erbyn 1927 fod gwir angen disodli'r Aelod Seneddol cyn yr etholiad nesaf. Cychwynnodd yr ymgyrch i'w ddiswyddo yn 1927. Yr oedd ei record yn y Senedd yn gywilyddus. Rhwng Chwefror ac Awst 1922 Evan Davies oedd un o'r tawelaf o'r holl Aelodau Seneddol. Yn y cyfnod o Hydref 1921 hyd Rhagfyr 1925 ni lefarodd mewn unrhyw ddadl. Erbyn Tachwedd 1927 cyfrifid ef fel yr Aelod Seneddol Mud.[16] Mewn cyfnod o saith mlynedd ni lefarodd ond saith o weithiau. Pan heriodd rhai o gefnogwyr Bevan ef am ei record warthus fe'i hamddiffynnodd ei hun ar dir blinder corfforol a'r ffaith ei fod yn dioddef o *neurasthenia*.

Yr oedd Evan Davies mewn dyfroedd dyfnion erbyn hyn gan fod dau swyddog pwysig yn yr etholaeth yn wrthwynebus iddo. Cadeirydd Plaid Lafur yr etholaeth wedi'r cyfan oedd Aneurin Bevan a'r Ysgrifennydd oedd ei gyfaill pennaf, Archie Lush. Ac yr oedd yr amgylchiadau yn yr etholaeth yn galw allan am arweiniad ac amddiffyn eofn. Ni allai'r bobl gyffredin ond dyheu am weld Bevan yn lle Evan Davies fel eu cynrychiolydd Seneddol. Byddai Aneurin ar gornel stryd ac yn siambr y Cyngor yn amlinellu'r sefyllfa argyfyngus. Yr oedd y werin bobl ar ben eu tennyn.[17] Rhaid oedd iddynt fel cynghorwyr a Llafurwyr apelio yn daerach ac yn gryfach at y Comisiynwyr i leddfu'r boen a'r blinderau.

Yr oedd Evan Davies nid yn unig yn anobeithiol fel cynrychiolydd etholaeth Glynebwy yn San Steffan ond yn waeth na dim yr oedd yn gwbl esgeulus o'i etholwyr a hwythau yn brwydro am fwyd a chysur a chynhaliaeth.[18] Ni thrafferthai i ateb llythyron ei etholwyr na chadw ei addewid i fynychu cyfarfodydd pwysig. Clywid gan Archie Lush ac Aneurin Bevan ymysg eraill ei fod yn poeni am ei gyllid ac yn gofidio am fodd i dalu ei ddyledion.

Dywedodd Archie Lush mewn cyfweliad fod y cyfrifoldeb am yr Aelod Seneddol esgeulus yn gorwedd ar ei ysgwyddau ef, gan na fyddai ei gyfaill Aneurin Bevan fyth wedi gwneud dim byd yn ymarferol i newid y sefyllfa.[19] Cafodd Archie Lush lond bol ar yr Aelod Seneddol oedd yn gohirio cyfarfodydd a drefnwyd rhyngddynt, a byddai'r ysgrifennydd yn clywed yn gyson gŵynion am ddifaterwch Evan Davies. Ysgrifennai ef yn ddiymdroi i'r Aelod Seneddol am y pwnc o dan sylw ond ni ddeuai ateb yn ôl iddo. Weithiai anfonai Lush lythyron ar yr un pwnc ato bedair gwaith, ond ni ddeuai ateb o gwbl.

Ni allai Archie Lush wneud dim ar ei ben ei hun. Yr oedd rhaid gosod y cyfan gerbron Pwyllgor Gwaith Ffederasiwn Undeb Glowyr De Cymru. Yr Undeb oedd yn ei noddi ac nid y Blaid Lafur yn etholaeth Glynebwy. A dyna fel y bu hi hyd farwolaeth Aneurin Bevan. Dyna oedd y sefyllfa mewn cymaint o etholaethau. Nid oedd y Blaid Lafur mor rymus â hynny heb yr Undebau ac yn arbennig Undeb y Glowyr. Gallai'r Undebau Llafur fyw heb y Blaid Lafur ond ni allai'r Blaid Lafur fyw nac ennill brwydrau etholiadol heb yr Undebau Llafur. Bu cryn ymrafael rhwng Lush a Phwyllgor Gwaith y Ffederasiwn yn ei swyddfa yng Nghaerdydd, am fod y swyddogion at ei gilydd yn ddigon bodlon gyda'r cynrychiolydd oedd ganddynt, Evan Davies.

Llwyddo i gael cyfle i drafod yr ymgeisydd seneddol nesaf

Yr oedd Evan Davies wedi'r cyfan yn wleidydd derbyniol a pharchus gan lawer o'i gyd-aelodau Llafur a ddeuai o gefndir glofaol. Ar ôl hir drafod derbyniwyd y ddadl fod angen rhoddi cyfle i'r aelodau gefnogi Evan Davies neu gynrychiolydd newydd yn ei le. Pennwyd Dydd Gŵyl Dewi fel dyddiad derbyn enwau'r ymgeiswyr, ac yna 16 a 30 Mawrth 1929 fel dyddiadau'r bleidlais gan arweinwyr Pwyllgor Gwaith y Fed. Gosodwyd enw Evan Davies ar y rhestr fer o ymgeiswyr ar gyfer yr enwebiad. Byddai hyn yn golygu bod aelodau Undeb y Glowyr o fewn etholaeth Glynebwy yn cael cyfle i bleidleisio ar chwech o enwau.[20] A chafwyd y bleidlais felly yn ystod mis Mawrth 1929.

Enwau'r Ymgeiswyr	Pleidlais Gyntaf 1 Mawrth 1929	Ail Bleidlais 16 Mawrth 1929	Trydedd Bleidlais 30 Mawrth 1929
Aneurin Bevan	3066	3809	5097
Bryn Roberts	1816	2208	2626
Evan Davies	1533	1859	1710
George Davies	1060	730	-
T. Rowley Jones	328	-	-
W. C. W. Ball	225	-	-

Dyna'r modd yr enwebwyd Aneurin Bevan fel Ymgeisydd Llafur etholaeth Glynebwy. Pan gyhoeddwyd canlyniad pleidlais y glowyr ar 30 Mawrth yr oedd Archie Lush yn sicr fod ei gyfaill mynwesol ar ei ffordd i'r Tŷ Cyffredin. Yr oedd rhai pethau yng nghefndir Aneurin oedd yn taro tant yng nghefndir Evan Davies. Deuai'r ddau o'r un dalgylch, Evan Davies o dref fechan Cendl ac yn byw bellach yng Nglynebwy ac Aneurin Bevan yn byw ac yn enedigol o Dredegar. Gadawodd y ddau yr ysgol yn llanciau ifanc i weithio yn y pyllau glo. Ond yr oedd byd o wahaniaeth hefyd rhyngddynt. Manteisiodd Aneurin Bevan ar ddwy flynedd o addysg Farcsaidd o fewn y Coleg Llafur Canolog, a chrëwyd yn ei galon agwedd gosmopolitan. Diflannodd y plwyfoldeb oedd yn amlwg iawn ym mywyd Evan Davies, byd y glo bron yn unig oedd ei fyd ef, ac nid oedd materion tramor yn ganolog o gwbl i'w athroniaeth wleidyddol. Yr oedd Aneurin Bevan yn ddyn ifanc, brwdfrydig ac yn fwy na bodlon i godi stŵr dros y difreintiedig. Dyn parchus, pwysig ac yn ofni gwrthryfela ar unrhyw fater anodd a chymhleth oedd Evan Davies. Yr oedd Bevan yn ffodus fod Archie Lush wedi cael syrffed o wasanaethu Evan Davies, a hwnnw mor anniolchgar am ei lafur.

Evan Davies yn gwrthod derbyn y ddedfryd

Fel y gellid disgwyl ni dderbyniodd Evan Davies y ddedfryd. Dangosodd ei fychander trwy lyncu mul a mynd ati i lunio erthyglau i'r wasg Dorïaidd yn ystod Etholiad Cyffredinol 1929, yn beirniadu'r Blaid Lafur ac yn mynegi cefnogaeth i bolisi'r Ceidwadwyr ar sustem amddiffyn codi toll yn yr hyn a elwid yn amddiffyniad. Ymosododd y cyn-Aelod Seneddol ar safbwynt y Blaid Lafur ar gyfalafiaeth, gan fynegi nad oedd am wrando na llyncu propaganda yr 'Wtopia Sosialaidd'.[20] Gwnaeth ei waethaf i'w olynydd adeg yr etholiad.

Ymgyrch Aneurin Bevan yn Etholiad Cyffredinol 1929

Cynhaliwyd cyfarfod cyntaf ymgyrch Anuerin Bevan yng Nghendl, bro mebyd Evan Davies, a chafodd Aneurin ac Archie Lush syndod a chryn loes o weld yr ymateb disgwyliedig. Pan gerddodd Aneurin Bevan i'r llwyfan a llefaru i'r gynulleidfa, ni roddodd neb groeso o gwbl iddo ac nid oedd neb chwaith yn curo dwylo.[21] Daeth ei anerchiad i ben yn y distawrwydd mwyaf llethol, fel pe bai pawb yn cysgu. Yn ôl Archie Lush yr oedd ei araith yn syml dros ben a'r atal dweud yn torri calon pawb a ddaeth ynghyd. O leiaf medrai Evan Davies siarad yn well na'r ymgeisydd a ddaeth yn ei le ar y noson honno. Ar ôl y cyfarfod digalon penderfynodd y ddau gyfaill, Archie ac Aneurin, fynd am dro i fynydd Llangynidr am sgwrs dda. Yr oedd yr ymgeisydd mewn gwewyr meddwl. A oedd ef wedi gwneud y penderfyniad iawn? Oni fyddai'n well iddo dynnu allan? Ac eto fe wyddai ar y llaw arall fod hynny yn rhy hwyr. Y person agosaf ato oedd Bryn Roberts, o'r un cefndir glofaol ag yntau, ac un a brofodd lawer iawn o dlodi ar ôl marwolaeth ei dad. Bu'r ddau gyda'i gilydd yn y Coleg Llafur Canolog yn Llundain. Llwyddodd Bryn i gael ei apwyntio yn Asiant glowyr Cwm Rhymni. Byddai ef yn Aelod Seneddol delfrydol.

Awgrymodd Archie iddo fynd i weld un o gewri'r Mudiad Llafur yn y cylch, yr Henadur Mike Murphy, gan ofyn iddo lywyddu pan fyddai'n siarad ym mhentref glofaol Cwm.[22] Bodlonodd y gŵr cydnerth â'i fwstash amlwg. Yn y cyfarfod hwnnw meddiannwyd yr ymgeisydd Llafur â dicter am y sefyllfa enbydus y gosodwyd hwy ynddi fel gwerin gwlad gan y Torïaid. Cafodd gyfarfodydd emosiynol a'r glowyr a'u teuluoedd yn llenwi pob neuadd y siaradai ynddi. Gwelwyd Aneurin Bevan yn meddiannu'r sôn amdano fel yr areithiwr ar ei orau. Datblygodd dros nos yn areithydd tanbaid gyda'r hwyl Gymreig i'w chanfod. Mynnai'r cyfarfod iddo ef ei hun ar wahân i gael cadeirydd a berchid i'w gyflwyno. Siaradai am awr gyfan, weithiau am awr a hanner, a hynny heb bapur, dim ond y llais a'r llefaru clir, didwyll. Gofalai atgoffa ei gynulleidfa o'r cefndir gwerinol gan eu hatgoffa hwy yn gyson o'i gefndir ef ei hun ac fel y bu cymoedd Mynwy yn fagwrfa i'r Siartwyr yn y bedwaredd ganrif ar bymtheg ac i bobl ddewr a safodd dros egwyddorion Sosialaidd yn nechrau'r ugeinfed ganrif.

Sylweddolai fod yn rhaid iddo ehangu ei droedle ymhellach na Thredegar. Yr oedd angen i drigolion Glynebwy a Rhymni ddod i'w adnabod a chlywed ei neges eirias. Yn ystod y misoedd o ymgyrchu clywodd trigolion yr etholaeth lais gwahanol i'r arfer, ac un oedd yn gofalu addysgu'r bobl am hanfodion Sosialaeth, democratiaeth a gweriniaeth. Mater o addysg wleidyddol oedd hi yn ei olwg. Yr oedd Aneurin Bevan yn sylweddoli fod yr hyn a gyflawnodd ef a'i gymrodyr yn Nhredegar wedi ffrwytho ar ei ganfed. Pan ddaeth hi yn fater o sefyll dros Lafur yn 1928 am sedd ar Gyngor Sir Fynwy yr oedd ganddo dîm da i'w gefnogi ac i rannu llenyddiaeth o ddrws i ddrws. Enillodd y tro hwnnw a blwyddyn yn ddiweddarach yr oedd yn sefyll am y cyfle i fynd i San Steffan. Ond gwyddai fod yna arweinwyr ymysg y to hŷn, yn arbennig yn swyddfeydd Undeb Glowyr Prydain Fawr yn Llundain a'r Fed yng Nghaerdydd nad oeddynt yn ei gefnogi. Ond anghofiai'r rhain mai Evan Davies ei hun oedd yn gyfan gwbl gyfrifol am yr hyn a ddigwyddodd iddo. Fel y dywedodd Harold Finch, yr oedd storïau di-ri' am Evan Davies yn fflyrtian gyda merched ac yn gor-yfed, ac ar fin fod yn fethdalwr, ac yn waeth na dim, wedi amharchu'r etholwyr yn ei ddifrawder a'i ddiffyg arweiniad. Ni allai Aneurin fel un o swyddogion yr etholaeth ganiatáu iddo aros fel cynrychiolydd etholaeth oedd yn galw allan am gynrychiolydd oedd yn barod i wrthwynebu'r *status quo*.[23]

Siaradodd Aneurin mewn cyfarfodydd etholiadol yng Nghwm, Glynebwy, Cendl, Waunlwyd, Victoria, Rhymni, Sirhywi a thu allan i'r gwaith haearn yng Nglynebwy. Rhoddodd le dyladwy i'r maniffesto a baratowyd gan R. H. Tawney o dan y teitl *Labour and the Nation*. Ni lwyddodd arweinydd y Torïaid, Stanley Baldwin, i ysbrydoli'r etholwyr gyda'i slogan 'Diogelwch yn Gyntaf' na chyda'r gyllideb i'w swcro. Teimlai'r etholwyr am y tro cyntaf yn eu holl hanes fod yr addewidion a'r teimlad o anturiaeth o du Llafur yn haeddu cefnogaeth. Dyna a ddigwyddodd yn lleol a chenedlaethol. Cyhoeddwyd y canlyniad ar 1 Mehefin 1929 yng Nglynebwy:

Aneurin Bevan (Llafur)	20,088
William Griffiths (Rhyddfrydwyr)	8,924
Mark Brace (Ceidwadwyr)	4,287
Mwyafrif	11,164[24]

Enillodd Bevan yn hawdd, yr oedd mwyafrif llethol o'r etholwyr wedi pleidleisio iddo, ac o hyn allan dyna fyddai'r patrwm, sef ennill tua 80% y cant o'r bleidlais yn gyson. Collodd Evan Davies am lawer rheswm ond yn bennaf am iddo anghofio pwysigrwydd yr asiant a'r ysgrifennydd Archie Lush.[25] Pe bai wedi bod dipyn yn fwy gofalus o Lush fel person ifanc, galluog a mwy sensitif nag ef ei hun fe allai fod wedi cadw'r sedd am oes, gan ei fod yn areithydd o'r safon orau ac yn ŵr clyfar, ond un a aeth ar ddisberod yn ei ddifaterwch. Yr oedd, ac y mae, teyrngarwch i wleidydd yn mynd yn bell o fewn rhengoedd etholaethau diogel y Blaid Lafur. Ond yr oedd pawb yn gytûn fod ei olynydd yn ŵr llawer mwy galluog, llawer mwy carismatig, a llawer mwy gweithgar yn San Steffan nag Evan Davies.

Pwysigrwydd Etholiad Cyffredinol 1929

Yr oedd Etholiad 1929 yn bwysig gan mai dyma'r tro cyntaf i bawb dros un ar hugain oed dderbyn y bleidlais. Bu'n rhaid i'r ferch dros un ar hugain aros hyd 1928 cyn cael y bleidlais ar yr un telerau â'r dynion. Nid Aneurin Bevan oedd yr unig Lafurwr o Gymru i'w ethol am y tro cyntaf. Etholwyd yr athro gweithgar a brodor o Dreherbert yn y Rhondda, W. G. Cove, yn Aelod Seneddol yn sedd ddiogel Aberafan, sedd y bu Ramsay MacDonald yn ei chynrychioli o 1923 i 1929.[26] Gwelwyd merch am y tro cyntaf erioed yn cynrychioli'r Blaid Ryddfrydol mewn sedd Gymreig, sef Megan Lloyd George, a hynny dros etholaeth Môn. Mentrodd y Parchedig Lewis Valentine yn enw'r Blaid Genedlaethol (a sefydlwyd yn 1925) yn etholaeth Arfon, ond dim ond 609 o bleidleisiau a gafodd y cyn-filwr ac un o weinidogion galluocaf y Bedyddwyr Cymraeg.[27] Cipiodd Llafur 288 o seddau yn San Steffan, tra enillwyd 261 gan y Ceidwadwyr a 57 gan y Rhyddfrydwyr. Cafodd y Blaid Lafur ei hail gyfle i lywodraethu gyda Ramsay MacDonald yn Brif Weinidog. Y tro hwn cafodd y Blaid Lafur fwy o fwyafrif na'r Torïaid. Gwendid mawr MacDonald, fel y sylweddolodd Bevan, oedd ei fod ef yn ormod o geidwadwr, ond yn ôl y sylwebydd diddorol o'r Almaen, Egon Wertheimer, yr oedd ymhlith arweinwyr pwysicaf y dauddegau.[27] Y tri a safai allan am sylw oedd David Lloyd George gyda'r Blaid Ryddfrydol, Stanley Baldwin gyda'r Blaid Geidwadol a Ramsay MacDonald, prif ddyn y Blaid Lafur. Ond yn ôl yr ymwelydd o'r Almaen, yr oedd hi'n sefyllfa chwithig, gyda'r Ceidwadwr yn arwain y sosialwyr, arweinydd y Ceidwadwyr yn Rhyddfrydwr, ac arweinydd y Rhyddfrydwyr yn ymdebygu i fod yn Sosialydd.[28]

Dyma'r deyrnged a roddodd Egon Wertheimer i'r Prif Weinidog MacDonald yn 1929:

> However little else he may resemble Lenin, this he has in common with the great Russian revolutionary – in the slums of the manufacturing towns and in the hovels of the countryside he has become a legendary being – the personification of all that thousands of down trodden men and women hope and dream and desire.[29]

Ond byddai Aneurin yn anghytuno yn ddybryd gyda'r fath glodfori, a buan y bu'n dinoethi'r Prif Weinidog am ei geidwadaeth a'i ofnusrwydd fel arweinydd y Deyrnas Unedig.

Gadael cartref am Lundain a chroeso Guy Eden iddo yn San Steffan

Diwrnod mawr i Aneurin Bevan oedd diwrnod gadael ei gartref yn Nhredegar am Lundain ar gyfer agoriad y Senedd yn haf 1929. Treuliodd 32 o flynyddoedd ar aelwyd ei fam ond yn awr yr oedd hi'n fater o adael cartref am y byd mawr. Mae'n wir iddo, ddeng mlynedd ynghynt, fentro i Lundain i dderbyn addysg ar gyfer bod yn arweinydd y dosbarth gweithiol, ond ni freuddwydiodd y diwrnod hwnnw y byddai mewn deng mlynedd yn teithio fel Aelod Seneddol.

Hebryngodd ei gyfaill Harold Finch ef i orsaf rheilffordd Casnewydd a chofiai Aneurin yn dweud wrtho:

> 'Who are those people up there? What's the matter with you? We are as good or better than they are.'[30] Bu hynny yn gysur mawr iddo, ond buan y deallodd fod nerth y Blaid Geidwadol yn y Wasg ddyddiol a gwasg y Sul, ym myd busnes a masnach, amaethyddiaeth a chefn gwlad, yn Lloegr yn bennaf ac yn stadau mawr yr Alban.[31]

Dywedodd gohebydd o'r *Daily Herald* gryn lawer o wir yn ei ysgrif ar y gwleidydd ifanc:

> 'There are about fifty miners' Members in the new Parliament, but I do not think Mr Aneurin Bevan will be exactly lost in the crowd. He has a reputation for exceptional platform ability.'[32]

Er gwaethaf geiriau'r gohebydd, cyrhaeddodd San Steffan yn aelod unig a bu'n ffodus dros ben o'r cyfeillgarwch a estynnodd Guy Eden iddo. Cafodd fynd i aros i'w gartref, ac ar yr aelwyd byddai Aneurin yn siarad fel pwll y môr. Dotiai Guy Eden at ei acen Gymreig, ei syniadau sosialaidd, ei hunanfeirniadaeth. Yr oedd yn fwy dynol ac emosiynol nag y byddai'r mwyafrif a wyddai amdano yn tybio. Yn y sgyrsiau hyn mynegodd ei uchelgais o fod yn Brif Weinidog a dyma ei berorasiwn, fel y cofiai Guy Eden:

> I don't want money – Guy, or titles, or rich living. But power – ah that is something different. Yes I certainly want power. With enough power, you can do things, you can make your mark, you can leave your name in history, you can help those who need it most!'[33]

Dyna'i faniffesto personol ar ddechrau ei yrfa fel gwleidydd ar lwyfan ei genedl, Prydain a'r byd, a diddorol fydd gweld pa mor anodd fu hi yn ei hanes i ddod o hyd i'r grym gwleidyddol y crefai amdano.

Nodiadau a Chyfeiriadau

1. Y mae traethawd PhD Susan E. Demont yn bwysig iawn, a gwneuthum ddefnydd helaeth o'r ymchwil. Gweler Susan E. Demont, Tredegar and Aneurin Bevan: A Society and its Political Articulation 1890-1924, Traethawd PhD Prifysgol Cymru, Caerdydd, 1990, 348.
2. *Western Mail*, 4 Hydref 1924.
3. *Merthyr Express*, 25 Mehefin 1927.
4. Gallai'r papur lleol groniclo llwyddiant ymgyrch Bevan a'i gymrodyr. Dyma'r dystiolaeth: '… that in Tredegar they could congratulate themselves upon organising a Labour movement second to none in South Wales, and they had every phase of the movement provided for, even to an orchestra, which was promising to become a very fine one'. Gw. *Merthyr Express*, 22 Mawrth 1924.
5. Susan E. Demont, *ibid.*, 355.
6. *Ibid.,* 356.
7. Gweler astudiaeth werthfawr J. Graham Jones, 'Evan Davies and Ebbw Vale: A Note', *Llafur*, Cyfrol 3, Rhif 3, 93–9.
8. S. V. Bracher, *The Herald Book of Labour Members*, Llundain, 1923, 33.
9. Yr oedd y Parchedig Gordon Lang yn sylfaenydd Urdd y Sosialwyr Ifanc ac yn aelod amlwg o'r Blaid Lafur Annibynnol yn Nhredegar. Gweler Llyfrgell Genedlaethol Cymru, Papurau E. T. John, 4049, llythyr Gordon Lang at E. T. John, dyddiedig 28 Tachwedd 1923. Dyma'i eiriau: 'We may lose Ebbw Vale owing to Evan Davies's shameful neglect of duties both at the House and in the constituency. It is a pity as the seat should be unassailable.'
10. *South Wales Weekly Argus,* 22 Mawrth 1924, a ddyfynnir gan J. Graham Jones.
11. John Davies, *Hanes Cymru* (Llundain, 1990)*,* 534.
12. Ness Edwards, *History of the South Wales Miners Federation*, Cyfrol 1 (Llundain, 1938), 141. Gellir deall ergyd y gwleidydd Eric Heffer pan ddywedodd: 'Labour is nothing without the Trade Unions but the Trade Unions can survive without the Labour Party.' Gw. Eric S. Heffer, *The Class Struggle in Parliament* (Llundain, 1973), 246.
13. Hywel Francis a David Smith, *The South Wales Miners in the Twentieth Century* (Llundain, 1980), 79–81.
14. *Sunday* Worker, 6 Mawrth 1927.
15. Sian Rhiannon Williams, 'The Bedwellty Board of Guardians and the Default Act of 1927', *Llafur,* Cyfrol 11, Rhif 4, Gwanwyn 1979, 65–77.
16. Gweler *Hansard,* cyfrol 139, 17 Mawrth 1921; cyfrol 147, 28 Hydref 1921; cyfrol 189, 16 Rhagfyr 1925; cyfrol 194, 4 Mawrth 1926; cyfrol 1917, 30 Mehefin 1926; cyfrol 25, 27 Ebrill 1927, cyfrol 211, 20 Tachwedd 1927.
17. Dyma'r sefyllfa yn Nhredegar yn 1928: 'But there was in the town literal starvation … They had reached a point – when they had to be grateful for charity in order to keep away hunger from the people.' Derbyniodd trigolion Tredegar gymorth o gynghorau Aberystwyth, Cheltenham, Rhydychen a Torquay yn ystod 1928 a 1929. Gweler *Merthyr Express*, 8 Rhagfyr 1928.
18. 'Occasionally he cancelled meetings in the constituency at the last moment.' Gweler Michael Foot, *Aneurin Bevan 1897–1945*, Cyfrol 1 (Llundain, 1962), 92.
19. Prifysgol Abertawe, Llyfrgell Glowyr De Cymru, tâp rhif 73, Sgwrs rhwng Syr Archie Lush a Dr Hywel Francis, 11 Mai 1973, 25.
20. Ysgrifennodd Evan Davies at y *Western Mail*, 8 Mai 1929 a 23 Mai 1929 ac at y *Merthyr Express*, 18 Mai 1929.
21. Michael Foot, *ibid.*, 95.
22. *Ibid.*

23. Prifysgol Abertawe, Llyfrgell Glowyr De Cymru, tâp rhif 48, cyfweliad Harold Finch gan Dr Hywel Francis, 28 Chwefror 1973, 21.

24. Vincent Brome, *Aneurin Bevan* (Llundain, Efrog Newydd, Toronto, 1953), 72; Andy Misell, 'Wynebau Newydd yn y Tŷ, 1929' yn *Llyfr y Ganrif* (golygyddion Gwyn Jenkins a Tegwyn Jones), Talybont, 1999, 127.

25. J. Graham Jones, 'Evan Davies and Ebbw Vale: A Note', *ibid.* 99.

26. Cyfrifid Ramsay MacDonald yn un o'r Sosialwyr carismatig. Edrychid arno fel 'un o'r duwiau'. Gweler Christopher Howard, 'Expectations born to death: local Labour Party expansion in the 1920s' yn Jay Winter (gol.), *The Working Class in Modern British History: Essays in Honour of Henry Pelling*, Caergrawnt, 1983, 73, 273.

27. Dedfryd Egon Wertheimer arno oedd hyn: 'Since the deaths of Bebel, the pre-war leader of German Social-Democracy, of Jean Jaurès, the French Leader, of Victor Adler, the Austrian Socialist, and the Swedish Hjalmar Branting, he is beyond question the outstanding figure of International Socialism.' Gweler Egon Wertheimer, *Portrait of the Labour Party*, Llundain ac Efrog Newydd, 1929, 174.

28. *Ibid.,* 176.

29. *Ibid.*

30. Michael Foot, *ibid.*, 96.

31. A. J. Davies, *We, The Nation: The Conservative Party and the Pursuit of Power*, Llundain, 1995, 3.

32. Michael Foot, *ibid.*, 96.

33. Guy Eden, 'So Near to No 10', *Daily Sketch*, Gorffennaf 7, 1960, 6.

Pennod 5

Gweledigaeth yr Aelod Seneddol Ifanc 1929–1935

Aeth Aneurin Bevan o Gyngor Sir Mynwy yn 1929 i Dŷ'r Cyffredin i chwilio am ffordd ymlaen yn y Dirwasgiad parlysol a welodd yn Ne Cymru. Clywodd David Jenkins, cynrychiolydd Plaid Lafur etholaeth Dosbarth Castell-nedd, yng Nghynhadledd Flynyddol y Blaid Lafur Brydeinig yn 1929 yn dweud:

> Comrades, I come from South Wales, the place which is to-day an economic hell. The people there are degraded, demoralised, they have no hope.[1]

Credai Bevan, ar ôl yr holl streiciau aflwyddiannus (1921, 1925 a Streic Gyffredinol 1926), nad trwy ymosod benben ar y drefn y deuai ymwared, ond yn hytrach trwy ddadlau cadarn a goleuedig ar lawr Senedd San Steffan. Bod yn actifydd yn Nhredegar oedd hynt a helynt Aneurin o 1910 i 1929, yn barod i ddweud y drefn wrth bawb oedd yn gwrthod gwrando ar Undeb y Glowyr, y Fed fel y'i gelwid, ac arno ef a'i neges eirias. Yr oedd y tlodi mawr a brofai ei bobl yn haeddu ei gondemnio, ond bellach yr oedd Llywodraeth Lafur wedi ei hethol. Ceid 288 o Aelodau Seneddol yn enw'r Blaid Lafur a'r Blaid Lafur Annibynnol, yr oedd gan y Torïaid 261 yn eu cynrychioli a 59 o Ryddfrydwyr. Am y tro cyntaf yn ei hanes yr oedd y Blaid Lafur yn amlwg wedi cael y llaw drechaf ar y Torïaid. Nid ar chwarae bach y byddai Llafur yn cael ei hethol, gyda'r canlyniad amlwg i wleidyddion o allu anhygoel Bevan gael eu hatal rhag defnyddio eu doniau cynhenid er budd y Deyrnas Unedig.

Cael mynediad i'r Senedd i gyflawni ei farc

Ymunodd Aneurin â'r Tŷ Cyffredin yn ŵr cymharol ifanc o blith yr Aelodau Llafur, llawer ohonynt o'r meysydd glo fel yntau, ond yn llawer hŷn nag ef: pobl y gellid dibynnu arnynt am gefnogaeth i'r arweinwyr swyddogol beth bynnag y byddent yn dymuno ei gyflawni, ond y mwyafrif ohonynt yn barod iawn i gefnogi'r asgell dde. Nid oedd Aelod Seneddol newydd Glynebwy yn gymedrol nac yn ganol oed, nac yn barod i gefnogi'r asgell dde. Un o wŷr gwyllt a gweithgar Undeb y Glowyr ydoedd, yn nhraddodiad A. J. Cook, yn llawn dicter at y Torïaid snobyddlyd, ac allan o reolaeth ar brydiau pan oedd ar lwyfan, ac yn defnyddio rhethreg a gwatwareg a hiwmor i ennill y dydd ar ei wrthwynebwyr.[4] Ac heb amheuaeth pan gyrhaeddodd San Steffan yr oedd yn wleidydd digon ansicr ohono'i hun ac yn hynod o emosiynol, yn arbennig pan ddeuai plwc o atal dweud arno. Yn y Senedd felly yr oedd Bevan yn unig iawn, gan yr ofnai ei gydaelodau Llafur ei gefnogi yn ei feirniadaeth hyd yn oed ar y gwleidydd uchelgeisiol Winston Churchill.[2] Ni ellid ei anwybyddu o fewn y Senedd o ran ei ddadleuon, ei bersonoliaeth, na'i wisg. Y tro cyntaf y gwelodd Aneurin y ferch wallt tywyll o'r Alban Jennie Lee, un o gymeriadau bywiog y Senedd, ac un a ddaeth yn ffrind ac yn bartner oes iddo, oedd ar deras y Tŷ Cyffredin. Eisteddai hi yno a chafodd sioc ei bywyd pan welodd yr Aelod Seneddol ifanc o Lynebwy. Yr oedd yn amlwg iddi hi fod ei fam yn Nhredegar wedi ei wisgo fel gweinidog Ymneilltuol parchus yn ei wisg ddu, gan obeithio ryw ddydd y byddai yn y Trysorlys neu yn creu arian sylweddol fel 'stockbroker'.[3] Mae'n debyg iddi brynu'r siwt yn Siop Gydweithredol Tredegar! Fel yna y daeth Jennie Lee i'w adnabod a cheisiodd yn syth ei berswadio i ymuno â'r Blaid Lafur Annibynnol yr oedd hi yn un o'i sêr. Roedd y BLA yn ei hystyried yn 'chwyldroadwr y gadair esmwyth'.[4] Gwrthododd Aneurin ymuno â'r BLA er ei hoffter mawr o Jennie Lee.[5] Roedd yna ddau reswm am hynny. Ni allai ddioddef gwrando ar areithiau nac acen arweinydd y Blaid Lafur Annibynnol, James Maxton, ac yn ail yr oedd ef wedi gweithio'n rhy galed i sefydlu'r Blaid Lafur yn Nhredegar i ymwadu â hi er mwyn perthyn i blaid na fyddai byth yn ffurfio Llywodraeth nac yn meddu ar rym, hoff air yng ngeirfa'r gwleidydd.

Llywoddraeth Llafur yn nwylo llond dwrn o wleidyddion hynod o geidwadol

Yr oedd Llywodraeth Lafur yn 1929 yn llythrennol yn nwylo pum gwleidydd a fu'n arloeswyr yn y Blaid Lafur Annibynnol ac yna yn y Blaid Lafur, sef Ramsay MacDonald, y Canghellor Philip Snowden, y Cymro o Gasnewydd Jimmy Thomas, Arthur Henderson a fu yn angor yn Llywodraeth Asquith a Lloyd George, yr Undebwr J. R. Clynes. Fodd bynnag, Ramsay MacDonald oedd y prif ddyn a disgrifiwyd ef fel yr arwr, y plentyn angyfreithlon o'r Alban a ddaeth yn eilun y mudiad Llafur. Meddai ar allu deallusol ac ar ddawn lefaru anghyffredin. Yn ôl un hanesydd: 'As an orator, though no film exists of his great days, he was clearly spellbinding.'[6]

Galwyd ef, pan oedd yn Brif Weinidog yn Llywodraeth Lafur 1923, ac yn Aelod Seneddol Aberafan, yn 'Feseia y Mudiad Llafur.'[7] Ond yn anffodus ni lwyddodd i wireddu'r hyn a ddisgwylid oddi wrtho. Bu Llafur yn anffodus yn yr amgylchiadau economaidd a'i goddiweddodd trwy ddymchweliad cyfalaf a gysylltid gyda 'Wall Street' yn Efrog Newydd. Daeth y Dirwasgiad Mawr i beri mwy o boen nag yn y blynyddoedd cynt, a diflastod i gymaint o gartrefi mewn ardaloedd llwm, difreintiedig fel Glynebwy, lle y ceid y diwydiannau trwm, glo, haearn a dur, yn dioddef o'r dirwasgiad. Yr oedd Cymru, yr Alban a Gogledd Lloegr, lle y ceid y diwydiannau trwm yn gwegian a lle'r oedd gwae i'w glywed o gartrefi, tafarndai a strydoedd mwll, o bentrefi digon hagr a dinasoedd lle'r oedd y dosbarth gweithiol yn y mwyafrif ond yn methu goresgyn eu cyflwr.

Araith forwynol Aneurin

Nid oedd gobaith gwell byd ar y gorwel, a rhaid felly oedd dal ati i drefnu ceginau cawl a'r hyn a gadwai'r plant a'u rhieni rhag darfod amdanynt. Yr oedd Aneurin Bevan yn fwy na pharod i godi ei lais yn nirwasgiad mawr 1929. Yr oedd wedi dod i amlygrwydd cyn 1929 yn Ne Cymru fel llefarydd huawdl dros y glowyr. Yn ei araith forwynol ymosododd ar Neville Chamberlain a fu'n fwch dihangol adeg protest Bwrdd Gwarcheidwaid Bedwellte.[7] Ymosododd hefyd ar David Lloyd George yn ystod y ddadl ar Fesur Glo 1929 â'i slogan 'gwell glo drutach na glowyr rhatach'. Teimlai'r cyn Brif-Weinidog yn anghysurus o dan lach y gweledydd ifanc o gymoedd y de. Wrth godi i'w ateb talodd Lloyd George deyrnged iddo fel aelod o'r un genedl ac un yr oedd ganddo edmygedd mawr o'i ddawn lefaru.

Ond yr oedd y Llywodraeth Lafur yn ogystal yn haeddu beirniadaeth Bevan, er ei bod yn weinyddiaeth ddigon talentog.[8] Yr oedd merch o'r enw Margaret Bondfield yn Weinidog Llafur (y ferch gyntaf erioed o blith deiliaid y Blaid Lafur i fod yn Aelod o'r Cabinet). Tu allan i'r Cabinet ceid gwleidyddion dawnus fel Herbert Morrison yn Weinidog Trafnidiaeth a Syr Oswald Mosley yn Ganghellor Dugiaeth Lancastr. Yn anffodus anwybyddodd MacDonald yn bwrpasol yr Aelodau Seneddol hynny, fel y Bevan ifanc, a gynrychiolai'r Undebau Llafur.

Gweld gwerth mewn rhai o'r arweinwyr Llafur

Yr oedd rhai o'r gwleidyddion yn gwneud diwrnod da o waith, er gwaethaf yr amgylchiadau dyrys ym myd banciau a chyfalaf. Un o'r rheiny oedd Arthur Henderson a brofodd ei hun yn Weinidog grymus o'r radd flaenaf yn ystod Llywodraeth y Glymblaid ac yn ddiweddarach yn hynod o dderbyniol fel Gweinidog Tramor.[9] Gofidiai Aneurin Bevan mai ychydig o sosialaeth a welid yn y cynlluniau, ac eto croesawodd y Ddeddf Gweddwon a Phensiwn yr Henoed a gafodd ei chryfhau. Croesawodd y cymhorthdal tuag at adeiladu tai, a llwyddwyd i osod Deddf Newydd Yswiriant y Di-Waith ar lyfr statud y Llywodraeth. Cyflwynodd Arthur Greenwood fel Gweinidog Iechyd ddeddfwriaeth i ddelio â'r cynllun i glirio slymiau amlwg y dinasoedd a chodwyd oedran gadael ysgol i bymtheg oed. Yn yr Etholiad ym mis Mai 1929 yr oedd y Blaid Lafur wedi rhoddi diweithdra fel pwnc i weithredu arno, ond yn anffodus methodd Llywodraeth Lafur Ramsay MacDonald ddatrys y broblem honno. Gosodwyd y cyfrifoldeb yn enw'r Llywodraeth ar J. H. Thomas, George Lansbury ac Oswald Mosley i wyntyllu polisïau i ddelio â diweithdra, a daeth hi'n amlwg yn fuan nad oedd un o'r tri yn mynd i gytuno â'i gilydd na chwaith yn mynd i ddatrys yr aflwydd. Pan ddaeth y Llywodraeth i rym ym Mehefin 1929 yr oedd 1,163,000 o weithwyr ar y clwt, ond erbyn Rhagfyr y flwyddyn honno yr oedd y rhif wedi codi i 2,500,000, sef o 9.6% i 20%.[10] Yr oedd cynlluniau da ar y gweill, ond o achos cyflwr truenus economi'r byd ni lwyddodd y Llafurwyr i helpu'r dosbarth gweithiol o bawb.

Oswald Mosley yn denu Aneurin am gyfnod byr

Bu ffrwgwd rhwng J. H. Thomas ac Oswald Mosley. Gosododd Oswald Mosley gynlluniau uchelgeisiol ger bron. Ceisiodd hefyd ddenu Aelodau Seneddol mwyaf radicalaidd Llafur, fel yr Aneurin Bevan ifanc, i'w gefnogi.[11] Bu Aneurin yn ei gefnogi ar y dechrau ond fe wrthododd yn fuan am na allai weld lle yr oedd yr aristocrat cysurus ei fyd yn mynd i ddod o hyd i'r cyfalaf yr oedd ei angen i wireddu ei gynlluniau uchelgeisiol.[12] Llwyddodd Mosley i gael cefnogaeth ddistaw Tywysog Cymru, yna William Morris, gwneuthurwr moduron ar gyrion Rhydychen, a phennaeth y BBC, y Sgotyn sych-dduwiol, John Reith. Ond gwelodd Bevan ymhellach nag un o'r tri. Proffwydodd yn gywir y byddai Mosley yn dirywio i fod yn arweinydd y Ffasgiaid ym Mhrydain.[13] Gwell oedd gan Aneurin Bevan gefnogi'r Gynghrair Sosialaidd a ddaeth i fodolaeth trwy ymdrechion gwleidydd cyfoethog arall, Stafford Cripps. Yr oedd Stafford Cripps yn meddwl y byd o'r Aelod Seneddol ifanc a bu'r ddau yn gefnogol iawn i'w gilydd trwy'r tridegau, fel y cawn weld.[14]

Taith i Rwsia yn 1930 gyda Jennie Lee yn cael ei themtio i weld Wise

Yn haf 1930 ymunodd Aneurin â Jennie Lee a'i gyfeillion ar y chwith, John Strachey a George Strauss, ar daith i Rwsia.[15] Gwyddai'r tri y byddai Jennie yn eu gadael ym Moscow er mwyn mynd gyda'i chariad, gŵr priod o'r enw Frank Wise, i odre mynyddoedd y Cawcasws. Ni chollodd Aneurin ei ben gyda Rwsia fel y gwnaeth Stanley a Beatrice Webb, a gyhoeddodd gyfrol drwchus ar wyrthiau'r Comiwnyddion. Yr oedd agwedd feirniadol o Rwsia yn rhan ohono ac yn wir i'w chanfod yn ei hanes ar hyd ei yrfa. Ni allai ddioddef totalitariaeth, creulondeb i deuluoedd o gefn gwlad yr Undeb Sofietaidd, ac amarch tuag at hawliau dynol. Erbyn 1931 roedd Prydain yn gwingo'n druenus ac yn wynebu problemau ariannol dybryd. Y gwir oedd fod y wlad mewn dyled i fancwyr rhyngwladol, ac yr oedd y Llywodraeth Lafur, oherwydd llwfrdra a methiant moesol echrydus Ramsay MacDonald, Philip Snowden a J. H. Thomas, yn bennaf, mewn dyfroedd dyfnion. Yr oedd y Llywodraeth Lafur yn anffodus yn ei harweinwyr a phenderfynodd y Prif Weinidog, yn groes i ddymuniad yr adain chwith, ufuddhau i arweiniad y bancwyr. Cytunodd â hwy y dylid gostwng tâl y di-waith o bawb a chodi trethi'n uwch. Nid rhyfedd fod y gweithredu hyn wedi codi gwrychyn ymgyrchwr mor gydwybodol ag Aneurin Bevan.

Bevan yn gofidio am fethiant ei blaid

Sylweddolodd y byddai llai o arian yn cael ei wario ar nwyddau ac y byddai'r economi yn dioddef. Trefnodd Montagu Norman, llywodraethwr Banc Lloegr, gael benthyciadau o Fanc Ffederal Efrog Newydd a Banc Ffrainc er mwyn dod o hyd i gronfeydd i wynebu'r dirwasgiad. Trefnwyd benthyciadau o £50,000,000. Nid oeddynt yn ddigonol ac fe'u defnyddiwyd mewn amser byr.[16] Bu'n rhaid i Fanc Lloegr gyda chaniatâd Snowden fynd ati i drefnu benthyciad arall, y tro hwn o £80,000,000. Rhybuddiwyd Snowden nad oedd rhagor o fenthyciadau ar gael, ac yr oedd hi'n ddydd o brysur bwyso i'r Cabinet. Achosodd hyn rwyg oddi mewn i'r Blaid Lafur Seneddol a hefyd y Cabinet. O'r dau ddeg un aelod o'r Cabinet, gwrthododd deg gytuno gyda'r polisi y bwriadwyd ei weithredu.

Ni allai'r Llywodraeth Lafur barhau mewn grym bellach. Gofynnodd y Prif Weinidog am ymddiswyddiadau pob un o'r Cabinet. Gyda'r wybodaeth hynny trefnodd i weld y Brenin, gan ddychwelyd mewn hanner awr i hysbysu'r rhai a fu'n rhedeg y wlad y byddai yna gyfarfyddiad fore trannoeth yng nghwmni Stanley Baldwin, arweinydd y Ceidwadwyr a Syr Herbert Samuel, arweinydd y Rhyddfrydwyr. Am hanner dydd drannoeth cyfarfu Gweinidogion Llafur yn Downing Street i glywed newydd syfrdanol. Yr oedd ef, Ramsay MacDonald, wedi bodloni aros ymlaen fel Prif Weinidog ar Lywodraeth Genedlaethol gyda Baldwin a Samuel yn aelodau o'r Cabinet newydd. Ni fynegodd MacDonald unrhyw reswm am y penderfyniad, na rhoi dim arlliw o wybodaeth a oedd ef wedi cael sgyrsiau dirgel cyn cael y gwahoddiad. Mae'n amlwg ei fod yn falch o gael gwared â'i gymrodyr Llafurol, llawer ohonynt y bu ef yn cydweithio â hwy ers degawdau. Ond ef bellach oedd yr Arweinydd Cenedlaethol, a hynny yng ngolwg y ddwy blaid arall. Cafodd ei gymrodyr gymaint o siom fel na allent fynegi gair o ganmoliaeth na beirniadaeth. Mewn distawrwydd ymlwybrodd un ar ôl y llall allan, ond gofynnodd MacDonald i Snowden, Thomas a'r Arglwydd Sankey aros ar ôl. Estynnodd wahoddiad i'r tri i ymuno ag ef yn y Llywodraeth newydd. Cytunodd y tri, a'r Arglwydd Sankey oedd yr unig un a fynychodd gyfarfod o'r Blaid Lafur Seneddol y noson honno i egluro pam y derbyniodd y gwahoddiad. Yr oedd aelodau'r Blaid yn ei edmygu am ddod ond yn flin gyda'r arweinydd. Iddynt hwy a mwyafrif mawr y Blaid Lafur, bradwr oedd MacDonald o hyn allan. Y cwestiwn y dylid ei ofyn yw, a oedd Ramsay MacDonald yn fradwr i sosialaeth, neu a oedd ar hyd ei yrfa yn ŵr anodd ei ddeall ac yn wleidydd anghyfrifol dros ben? Ac os oedd hynny'n wir, sut y medrodd dwyllo pobl dda fel George Lansbury a Clement Attlee? Daeth y Llywodraeth Lafur i ben, a hynny mewn argyfwng; a byddai argyfwng mwy yn ei wynebu yn fuan, sef Etholiad Cyffredinol arall.

Brad Mcdonald a Snowden

Yr oedd MacDonald a Snowden yn barod iawn i fychanu'r Blaid y bu'r ddau yn gweithio iddi yn yr etholiad yn 1931. Galwodd Philip Snowden raglen ddof Llafur yn 'bolshevism gone mad', ac aeth y Rhyddfrydwr Walter Runciman mor bell â dweud bod y Blaid Lafur wedi cymryd arian y Llythyrdy, sef 'arian y tlodion', i dalu'r di-waith. Yn erbyn y fath bropaganda ffiaidd, yr oedd gan y Blaid Lafur fynydd uchel i'w ddringo i ennill ymddiriedaeth y mwyafrif o'r etholwyr.[17] Pan ddaeth y canlyniad gwelwyd fod MacDonald a Snowden a'r Torïaid a'r Rhyddfrydwyr bron â dinistrio'r Blaid Lafur. Yr oedd hi mor wan ag yr oedd hi yn 1910. Dim ond 46 o aelodau Llafur a gafodd eu hethol, ac yr oedd Aneurin Bevan yn ddiogel yn eu plith, gan iddo gael ei ddychwelyd yng Nglynebwy yn ddiwrthwynebiad. Collwyd y mwyafrif llethol o'r arweinwyr, gan gynnwys Arthur Henderson, gyda thri eithriad, sef George Lansbury, Clement Attlee a Stafford Cripps. Yr oedd Llafur wedi colli 243 o Aelodau Seneddol, ac o hyn allan byddai'r Llywodraeth Genedlaethol yn meddu ar fwyafrif o 471 o seddau. Diwrnod du oedd diwrnod y canlyniadau ond o leiaf i Aneurin Bevan nid oedd gorffwys i fod yn y frwydr fawr.

Gwrthod dilyn twyll Mosley

Yr oedd Aneurin wedi ei siomi yn fawr yn Ramsay MacDonald.[18] Ar awr wan daeth, fel y gwelsom, o dan gyfaredd Syr Oswald Mosley. Roedd ganddo ef ddigon o driciau i'w cyflawni, a llwyddodd i gael un ar bymtheg o Aelodau Seneddol Llafur ynghyd ag Arthur Cook, arweinydd y glowyr, i'w gefnogi. Cyhoeddodd yr hyn a elwid yn Maniffesto Mosley. Daeth un memorandwm ar ôl y llall nes drysu'r Sosialwyr, yna ym mis Chwefror 1931 cyhoeddwyd pamffledyn o dan y teitl *A National Policy*, lle y cyflwynodd ei safbwyntiau i'r cyhoedd. Rhoddodd y syniad ar led fod y pamffledyn yn mynegi safbwynt gwleidyddion fel W. J. Brown, John Strachey ac Aneurin Bevan. Twyllodd Mosley bron bob un o'i gefnogwyr, gan ei fod yn sicr am adael y Blaid Lafur yn fuan, a dyna a wnaeth. Gwrthododd Aneurin Bevan ei ddilyn, felly hefyd y mwyafrif o Aelodau Seneddol: dim ond pedwar a'i dilynodd. Taflwyd Mosley allan o'r blaid i'r diffeithwch gwleidyddol a bu y 'New Party' yn hollol ddi-rym. Gofidiodd Bevan yn fawr o weld Syr Oswald Mosley yn mynd ati i ffurfio'r 'British Union of Fascists' (BUF) yn 1932, ac o weld hefyd fod Adolf Hitler yn yr Almaen wedi ennill 12 miliwn o bleidleisiau wrth ymgiprys am yr Arlywyddiaeth yn erbyn Hindenburg. Nid oedd yn fuddugol, ond yr oedd ei bleidlais yn dweud y cwbl. Cynyddodd y Natsïaid eu pleidlais eto y flwyddyn honno a nifer eu seddau yn y *Reichstag*, a dod y blaid gryfaf yn senedd yr Almaen. Yr oedd gan Hitler a'i blaid 230 o seddau. Yr oedd ar fin dod yn unben llwyr, ac yn meddu ar bolisïau blaengar ac uchelgeisiol, fel y sylwai Aneurin Bevan. Darparodd waith i'r miloedd, wrth adeiladu traffyrdd newydd, yr *Autobahnen*, a sefydlu ffatrïoedd arfau newydd a gwaith dur enfawr Krupps yn Essen.[19] Nid oedd Prydain yn yr un gynghrair ag ef.

Difrod Ffasgiaeth

Dinistriwyd y 'German Social Democratic Party' (SDP), plaid oedd mewn perthynas dda a chytgord gyda'r Blaid Lafur Brydeinig, gan y ffasgwyr.[20] Aeth ias o anobaith trwy feddwl Aneurin pan welodd fod yr SDP mor fregus, a gwyddai fod y Blaid Lafur a wasanaethai ef yr un mor wan. Pe bai ffasgiaeth yn ymosod o ddifri ar y Blaid Lafur byddai honno yn diflannu fel niwl y bore o'r tir. Yr oedd hi bron wedi diflannu o dan arweiniad annerbyniol Ramsay MacDonald. Cyn 1932 nid oedd y Blaid Lafur wedi rhoddi llawer o sylw i broblem ffasgiaeth, mwy nag un o'r pleidiau eraill. Llwyddodd buddugoliaeth Adolf Hitler i chwalu'r ysbryd hunanfodlon. Gwelodd Aneurin Bevan, ynghyd ag eraill o wŷr blaenllaw Llafur, beryglon ffasgiaeth a chomiwnyddiaeth o dan y pennawd cofiadwy, 'Unbennaeth Dotalitariaeth'. Hawdd cymharu hyn â nodweddion da democratiaeth Sosialaidd, ond araf oedd pobl Ewrop i weld gwerth yn y dewis hwnnw. Yr oedd Ysgrifennydd Cyngor Undebau Llafur, Walter Citrine, yn wybodus dros ben yn hanes ffasgiaeth yr Almaen ac Awstria o ddechrau'r dauddegau.

Clement Attlee yn fwy optimistaidd na rhelyw o'r llafurwyr

Credai'r Llafurwyr cymedrol, fel Clement Attlee, fod gan Brydain hanes godidog o ran democratiaeth, ond gorfu i'r rhain sylweddoli yn ddistaw bach fod y sefyllfa economaidd a diweithdra yn gymorth i'r dystiolaeth ffasgaidd. Ond gwaeth na'r cyfan i Bevan oedd gweld y Llywodraeth Genedlaethol yn ceisio dod allan o'i hargyfwng drwy ostwng cyflogau o ddeg y cant a thorri'r dôl. Yr oedd hyn i'w weithredu trwy'r prawf moddion ('means test'). Trefn annynol ac annymunol a dweud y lleiaf oedd y prawf moddion.[18] Cwtogid tâl y di-waith pe bai mab neu ferch yn dod ag arian i'r tŷ, neu pe bai'r teulu cyffredin yn meddu ar ryw ychydig o arian wrth gefn yn y banc. Polisi i greu cynnwrf a dagrau, siom a thensiwn teuluol oedd hwn, a'r canlyniad anorfod oedd mwy eto o ddiweithdra.

Sylweddolodd yr Aelod Seneddol ifanc, yn arbennig ar ôl 1931, fod holl agwedd y Sefydliad Prydeinig yn erbyn Llafur, a bod angen ymgyrchu yn barhaus o fewn y Blaid Lafur ar ran yr asgell chwith yn erbyn cefnogwyr yr asgell dde.[19] I'r rhain yr oedd eithafiaeth y dde a'r chwith i'w chondemnio, a chredent fod comiwnyddiaeth fel ffasgiaeth i'w gwrthwyncbu. Ac felly yr oedd unrhyw fflyrtian gyda'r Blaid Gomiwnyddol yn haeddu condemniad llwyr.

Cythruddo Undebwyr Llafur a gweld methiant y Gwasanaeth Iechyd

Dyna pam fod Aneurin wedi cythruddo cynifer o Undebwyr o faintioli Ernest Bevin pan gefnogodd ei gyfaill Stafford Cripps i ffurfio Cynghrair Sosialaidd (corff o ryw dair mil o aelodau), oedd yn credu y dylid cydweithio gyda'r Comiwnyddion yn wyneb y 'Dirwasgiad Mawr' a ffasgaeth. Sefydlwyd yr hyn a elwid yn Ffrynt Poblogaidd a Ffrynt Unedig. Gallai un o arweinwyr y Comiwnyddion yng Nghymru, Harry Pollitt, ddweud, 'The stark reality is that in 1933, for the mass of the population, Britain is hungry, badly fed, clothed and housed.'[20]

Oddi ar y dauddegau bu'r awdurdodau yn casglu manylion am sefyllfa trigolion Prydain. Ceid adroddiad blynyddol o dan nawdd y Cyngor Ymchwil Meddygol.[21] Y prif awdur oedd Syr George Newman, Prif Swyddog Meddygol Prydain o 1919 hyd 1935. A'r hyn a gaed ganddo yn ei adroddiadau blynyddol oedd optimistiaeth wedi ei sylfaenu ar y ffaith fod llai a llai o blant yn marw o glefydau. Erbyn 1932 nid oedd un sir yng Nghymru na Lloegr yn nodi bod mwy na 100 o blant yn eu babandod yn marw o ddiffyg maeth. Byddai plant fel hyn yn hanner llwgu cyn y Rhyfel Byd Cyntaf ond gyda'r gwelliannau a gaed, fel cinio i blant yn yr ysgolion, yr oedd y sefyllfa wedi gwella yn ddirfawr. Dim ond un y cant o blant yr ysgolion oedd angen cymorth oherwydd diffyg maeth. Ni feiddiai unrhyw Swyddog Iechyd Meddygol y siroedd roddi stori wahanol. Yr oedd Aneurin Bevan yn flin gyda'r adroddiadau hyn, a galwodd sylw at yr angen i wella'r sefyllfa. Croesawodd gyfrol Fenner Brockway, *Hungry England*, yn 1932 a gwaith graenus y comiwnydd, Allen Hutt, ar y dosbarth gweithiol. Mynegodd un o edmygwyr Bevan, Syr John Orr, ei farn ar safbwynt gweision y Llywodraeth, a buan y cyfrifwyd ef yn niwsans gwleidyddol.[22] Y gwir oedd fod Syr George Newman yn barod iawn i anwybyddu cyflwr gwael y tai, y tlodi a'r diffyg glendid. Ni cheid cyfeiriad at farwolaeth y fam yn aml wrth esgor, ac am enedigaeth plentyn o anabledd, a hynny yn fynych oherwydd iechyd cyffredinol y fam a diffyg maeth yn y bwydydd. Gwelid llu o famau yng Nghymru yn dioddef o anaemia, sef diffyg celloedd coch yn y gwaed, ac weithiau o toxaemia, sef gwenwyn yn y gwaed. Yr oedd golwg welw, lwydaidd ar wyneb cymaint o wragedd etholaeth Glynebwy, a hynny yn dweud y stori. Cydnabu Dame Janet Campbell fod cymaint o afiechydon ac anabledd ymhlith gwragedd a bod llawer ohonynt wedi dod yn sgil geni plant. Galwai hi y rhain yn 'afiechydon dwl' neu afiechydon parhaol a wnâi bywyd cymaint o wragedd y dosbarth gweithiol yn faich.[23] Yn dawel fach, cytunai Newman gyda Campbell ond ni fyddai'n barod am eiliad i gytuno'n gyhoeddus, gan y gwyddai yr arweiniai unrhyw astudiaeth o fanylion anghyfforddus y gwasanaeth iechyd i ragor o enbydrwydd. Iddo ef yr oedd Adran y Weinyddiaeth Iechyd yn amharod i ymgymryd â rhagor o ymchwil.[24] Y mae sefyllfa ddifrodus bywyd yn y tridegau yn ffactor na all unrhyw hanesydd mo'i anwybyddu.

Dicter Bevan a'i weledigaeth

A gwelwyd yn y tridegau fod personoliaeth stormus Aneurin Bevan yn tynnu sylw sylwebwyr, newyddiaduron, a gwleidyddion o bob plaid. Meddai ar weledigaeth sosialaidd ryngwladol, llwyddai i ddadansoddi'r sefyllfa mewn ffordd oedd yn argyhoeddi, a chanmolid ei huodledd grymus, ei ddewrder fel llefarydd ar y meinciau cefn, a'i annibyniaeth ar bawb a phob un. Byddai ef yn cydnabod mai cynnyrch ei gefndir economaidd creulon a didostur ydoedd.[25] Ymfalchïai yn hynny. Glöwr oedd ef bob amser, ac wedi etifeddu'r balchder a ddaw i weithwyr caled y gaib a'r rhaw. Yr oedd yn llawn casineb a dicter tuag at berchnogion y pyllau glo a gofiai o Flaenau Gwent ei lencyndod, a'u hagwedd gyson ffiaidd at weithwyr fel ef oedd yn barod i herio'r seneddwyr.[26] Golygai wyth awr dan ddaear o waith caled, nes ei fod bron yn rhy flinedig i gerdded i ddal y trên adref. Dysgodd y lofa iddo bwysigrwydd cydweithio a chyd-ofalu wyneb yn wyneb â'r peryglon cyson o danchwa, tân, dŵr a nwy yn tagu a gwasgu'r anadl olaf o ffroenau'r dynion. Nid byd hunanol oedd byd y glöwr, nid pob un drosto'i hunan a Duw dros bawb ydoedd. Pan adawodd fywyd y lofa am fyd cyfforddus, breintiedig y Senedd, nid anghofiodd bwysigrwydd gweithwyr y diwydiant glo yn Sirhywi a Rhymni a'i hoff Dredegar. Gŵr cydnerth ydoedd ac yn Llundain daeth yn ffigwr o bwys i bobl tra chyfoethog fel perchennog y papurau poblogaidd, yr Arglwydd Max Beaverbrook.[27] Hoffai Beaverbrook ei glywed o amgylch y bwrdd bwyd yn dadlau â'r Torïaid a wahoddwyd i'w gythruddo. Gwelwyd bod gan Aneurin archwaeth am bethau na welodd na'u profi yn Nhredegar: bwyd da, costus, y gwin gorau, cerddoriaeth glasurol a barddoniaeth a'i hatgoffai o awen Idris Davies, Rhymni, ar ei orau. Bodlonwyd ef yn fawr, a medrwn ddeall pam, pan alwodd un o Aelodau Seneddol mwyaf deifiol y Torïaid, Brendan Bracken, ef yn 'Bollinger Bolshevik', er bod yn well gan arwr y chwith botel o win coch ar y bwrdd na photel o siampên.[28]

Pwyslais cyson Bevan a'i edmygedd o'i gyd-Gymry

Pwyslais mawr arall Aneurin Bevan yn y tridegau oedd fod yr unigolyn yn dirywio yn economaidd o flaen galluoedd cwmnïau a chorfforaethau ac unigolion fel Beaverbrook. Sylweddolodd fod crynhoi cymaint o gyfoeth a chyfalaf mewn dwylo preifat yn galluogi'r cyfoethogion hyn i brynu a rheoli bywyd pobl fel ef a'r dosbarth gweithiol. Gwyddai mae'r unig reswm yr oedd ef yn cael gwahoddiadau i gartrefi'r cyfalafwyr hyn oedd i greu cynnwrf a diddanwch a chyffro ymhlith y snobyddion braf eu bywyd. Llew mewn caets ydoedd yr adeg honno, a gwyddai yn dawel fach eu bod yn ei gasáu â chas perffaith. Gwyddai yntau mai'r ateb yn y pen draw oedd dysgu a threfnu'r gweithwyr i weld eu cyfle trwy ymuno â'r Undebau Llafur a sefyll eu tir. Yr undebau Llafur oedd yn eu hamddiffyn yn y pen draw ar y ddealltwriaeth mai'r adain chwith oedd yn arwain. Brwydrodd Aneurin yn galed gydag arweinwyr yr Undebau Llafur am eu bod yn esgeuluso eu cyfrifoldebau yn y frwydr fawr am well amodau byw i'w haelodau. Iddo ef yr oedd y Rhyddfrydwyr, ar wahân i Lloyd George, yn bathetig, ac yr oedd y mwyaf radicalaidd ohonynt eisoes wedi ymuno â rhengoedd y Blaid Lafur.[29] Edmygai safbwynt Lloyd George a'i ferch Megan. Yr oedd ef am weld y Llywodraeth Genedlaethol yn gwario'n helaeth ar gynlluniau buddiol, megis ffyrdd, cronfeydd dŵr a thrydan. Ond ni wrandawai MacDonald na Baldwin arno.

Yr hyn oedd yn bwysig i Bevan oedd gweld pobl gyffredin fel ef a'i frodyr a'i chwiorydd yn cael cyfrifoldeb dros eu bywydau. Gwnâi hyn ef yn gyfundodwr. Nid oedd hynny yn bodloni ei deulu yn Nhredegar na Bedwellte. Un drws oedd ar agor iddynt yno, y gwaith haearn neu'r pwll glo neu waith undonog mewn ffatri neu ffowndri. Ni allent brynu'r pwll glo ond medrai ei frawd William Bevan weithio yno fel caethwas. Dyna pam ei fod mor argyhoeddedig dros berchenogaeth gyhoeddus a gwladoli, ac yr oedd gan y Gynghrair Sosialaidd restr hir o ddiwydiannau oedd yn aeddfed i'w gwladoli er budd y gymdeithas gyfan.

Bevan y pragmatydd

Pragmatydd oedd Aneurin Bevan. Gallai uniaethu ei hun gyda'r dyhead o gael swydd yn un o'r diwydiannau, gael cartref ar rent, a chyflog digonol er mwyn talu'r biliau a magu teulu. Yr oedd yn rhaid yn ei olwg ef i'r ideoleg sosialaidd gael ei phrofi yng ngoleuni profiadau pwysig personol pobl ar bererindod bywyd. Hyn a'i gwnaeth yn ymgyrchwr yn San Stcffan ac ar lwyfannau niferus, yn ymgyrchwr i greu ysbryd o wrthwynebiad yn erbyn cyfundrefn oedd yn gwahardd bywyd gwell i filiynau o bobl. Egwyddorion sy'n bwysig: dyna safbwynt y rebel o Dredegar. Nid gŵr na gwleidydd haearnaidd mohono, fel y gwelwn yn ei gyfraniad enfawr fel Gweinidog Iechyd. Medrai addasu a chymrodeddu a gwrando. Ni welai fod y Senedd o dan bawen y Llywodraeth Genedlaethol yn rhoddi gobaith o gwbl i'r gweithwyr cyffredin. Yr hyn a welai oedd cyfoeth a pharchusrwydd ym mywydau y mwyafrif o'r Seneddwyr. Yr oedd ganddo lawer i'w ddweud wrth athroniaeth Farcsaidd a syndicaliaeth oddi ar y Rhyfel Byd Cyntaf. Astudiodd agweddau ar yr athroniaeth: fel y gwelai'r Gwyddel, James Connelly, y sefyllfa, yr IWW a Marcsiaid dinas Chicago, llenyddiaeth Jack London, a deallai fod pob un ohonynt yn ei ffordd ei hun yn dweud yr un stori. Byrdwn y stori honno oedd fod y llywodraeth yn gofalu'n dda am ei buddiannau ei hunan gan anghofio'r mwyafrif oedd yn creu cyfoeth yn y lle cyntaf.

Un o'r lleiafrif a gododd ei lef ar y meinciau cefn ac ymysg glowyr De Cymru

Nid oedd y Llywodraeth Genedlaethol yn awyddus o gwbl i helpu'r rhai oedd yn cario'r beichiau ac yn teimlo yn amharchus yn eu tlodi. Daliodd Aneurin yn realydd trwy'r cyfan i gyd, gan iddo weld pa mor ddi-fflach y medrai Undebau Llafur fod wrth weithredu a threfnu er budd eu pobl. Gwnaeth Llywodraeth Lafur 1929–1931 a Llywodraeth Genedlaethol 1931–1935 ef yn ddicllon, a'i gythruddo o ddydd i ddydd. Gwnaeth y dauddegau a'r tridegau ef yn gynddeiriog. Byddai'n mynd yn ynfyd grac gyda diweithdra'r cymoedd, ym Mrynmawr lle y sefydlodd y Crynwyr a'r Heddychwyr Cymraeg wersyll i hybu'r gymdeithas oedd dan warchae, ac ym Merthyr Tudful, tref lle'r oedd diweithdra o 63 y cant yn 1933.[30] Aeth Bevan i San Steffan fel bocsiwr, yn barod i ymladd gornest dros sosialaeth yn erbyn cyfalafiaeth. Cafodd ei syfrdanu gan Ramsay MacDonald a Philip Snowden, dau fradychwr i'r Blaid Lafur. Yr oedd Philip Snowden yn barod i groesawu difodiant y blaid y bu ef yn fawr ei gyfraniad iddi yn nau ddegawd cyntaf yr ugeinfed ganrif. Yn y senedd pan aeth yno y tro cyntaf, credai'r Bedyddiwr bach ei fod mewn Eglwys Gadeiriol, lle'r oedd Saeson pwysig, cyfoethog a braf eu byd yn dal i edrych i lawr yn ofalus o'u portreadau drudfawr. Nid hwy oedd ei ragflaenwyr ef, ac ni allai uniaethu ei hunan â neb ohonynt. Ni welid Keir Hardie na Robert Owen yn eu plith.[31] Ni allai etifeddu teyrnas y Cecils a'r Churchills. Ni allai deimlo yn gysurus o gwbl yn llyfu pawen y giwed oedd yn gyfrifol am ei ofid yn y lle cyntaf. Yn y blynyddoedd cynnar hyn o 1929 i 1935 yr oedd hi'n bererindod stormus, a digon di-gefn ar wahân i gymorth Syr Stafford Cripps. Cosbwyd arweinwyr ei blaid yn 1931. Dyma drasiedi wleidyddol o'r radd flaenaf, ac o'r prif arweinwyr yn 1931, dim ond tri oedd ar gael i godi stêm yn erbyn y Llywodraeth Genedlaethol oedd yn dal yn nwylo MacDonald. Y tri oedd Clement Attlee, George Lansbury a Syr Stafford Cripps. Ond nid oedd un ohonynt yn teimlo mor filain ag oedd Aneurin. I gymhlethu'r diflastod y cafodd ef ei hunan ynddo yr oedd y Pwyllgor Gwaith (NEC) yn nwylo arweinwyr rhai o'r prif Undebau, a hwy a fyddai'n penderfynu polisïau'r Gynhadledd Flynyddol a'r ffordd i ddisgyblu'r Aelodau Seneddol. Arweinwyr oedd y rhan fwyaf o'r rhain heb gydymdeimlad ag unrhyw Aelod Seneddol oedd yn anfodlon ar y sefyllfa gymdeithasol a gwleidyddol. Yr Undebau, gyda'u miloedd o aelodau, oedd yn ennill pob pleidlais yn y Gynhadledd Flynyddol. Gan fod Aneurin Bevan yn herio'r *status quo* ar bob cyfle a ddeuai iddo, fe'i beirniadwyd yn llym gan Ernest Bevin a Walter Citrine ac eraill. Gwelodd y Blaid Lafur mor aneffeithiol ond diolchai fod Undeb Glowyr De Cymru mor wahanol, ac yn Nhachwedd 1932 etholwyd ei gyd-fyfyriwr, James Griffiths, yn Is-Lywydd, yn un o'r ieuengaf i'w hethol.[32] Yr oedd James Griffiths yn gofidio yn 1933 fod Arthur Horner y comiwnydd o'r Maerdy wedi ei ethol i'w hen swydd ef fel Asiant y Glowyr yng Nghwm Gwendraeth. Clywodd fod ei hen gyfaill o'r coleg, Aneurin Bevan, wedi cysylltu ag Arthur Horner i greu ffrynt unedig ymhlith y glowyr yn erbyn Ffasgiaeth. Y bwriad oedd sefydlu mudiad lled filitaraidd a elwid yn 'Workers Freedom Group' i amddiffyn y cymunedau glofaol. Trefnodd y Fed gynhadledd yn Neuadd Cory, Caerdydd yn 1933 i brotestio yn erbyn Ffasgiaeth. Yr oedd Aneurin Bevan yn medru bod yn gymysglyd ei safbwynt, yn dadlau dros fudiad a fyddai'n cofleidio grym milwrol i wynebu'r Ffasgwyr. Yn y Gynhadledd anghytunai Jim Griffiths ag ef am ddau reswm: yn gyntaf fel heddychwr, ni allai gytuno i sefydlu grŵp militaraidd, ac yn ail, credai na ddylai Sosialwyr weithio y tu allan i rengoedd y Blaid Lafur a'r Undebau Llafur.[33] Ond yr oedd Aneurin wedi astudio'n drwyadl yrfaoedd y tri unben Ffasgaidd Benito Mussolini, arweinydd y Ffasgiaid yn yr Eidal (1922–43), Adolf Hitler, arweinydd y Natsïaid yn yr Almaen (1933–45) a'r Cadfridog Franco, arweinydd Sbaen (1939–76). Daeth y tri hyn yn hynod o gymeradwy am eu bod yn cyfuno tri pheth, arweinyddiaeth gref dros y gwledydd, *Der Fuehrer* yn yr Almaen, *Il Duce* yn yr Eidal; yn ail, yr oeddynt yn benderfynol o atal grym a nerth Comiwnyddiaeth, ac yn drydydd, gofalent ddatrys problemau diweithdra. Apeliai'r polisïau hyn at gefnogwyr y Blaid Lafur ac felly yr oedd hi'n ofynnol i fod yn wyliadwrus. Ond ni allai'r glowyr gefnogi Bevan ar linellau trais a chodi byddinoedd. Llefarodd W. H. May, Asiant y Glowyr yn rhanbarth Pontypridd, eiriau sobreiddiol yn y Gynhadledd: 'Force has never been any remedy.'[34]

Jim Griffiths yn anghytuno gyda Bevan a Arthur Horner

Nid Jim Griffiths oedd yr unig un oedd yn flin am ymddygiad Bevan a Horner. Disgrifiwyd Bevan mewn colofn yn y *Western Mail* fel 'the Cymric Hitler', gormodiaeth nodweddiadol o'r papur gwrth-Lafur. Ymddengys mai'r unig gylch a roddodd gefnogaeth i Bevan oedd bro ei febyd – tref Tredegar a phentrefi cyfagos fel Pontlotyn. Ni lwyddodd Bevan i ennill cefnogaeth y Gynhadledd oherwydd gwrthwynebiad Jim Griffiths yn bennaf, fel ceidwad cydwybod y Blaid Lafur yng Nghymru, a hwyrfrydigrwydd Horner i gefnogi'r syniad o sefydlu grŵp milwrol yn y maes glo. Roedd Jim Griffiths yn barod i gytuno gyda Bevan a Horner yn eu beirniadaeth gyson ar berchnogion y glofeydd, ond ni allai gefnogi'r alwad am streicio a fyddai'n parlysu de Cymru a chefnu ar yr hyn a ddysgwyd gan y dosbarth gweithiol yn 1926.

Yr oedd y Llywodraeth Genedlaethol yn llusgo'i thraed er gwaetha'r protestiadau a'r gwrthdystiadau. Ond yr oedd y sefyllfa economaidd ychydig yn well pan osodwyd trethi uwch ar fewnforion, a phan roddodd y Llywodraeth ragor o arian i gynghorau lleol i adeiladu tai cyngor, gyda'r canlyniad i 300,000 o dai gael eu codi yn 1934. Yr un flwyddyn rhoddwyd arian i gorff newydd, sef Ffederasiwn Haearn a Dur Prydain, i foderneiddio'r diwylliant dur. Wrth weld y sefyllfa yn gwella, penderfynodd y Llywodraeth ym mis Rhagfyr 1934 weithredu Deddf Diweithdra a'r Prawf Moddion a oedd yn oblygedig ynddi. O ganlyniad, am bob dau löwr a fu'n llafurio yn y lofa yn Rhagfyr 1934 aeth un yn ddi-waith. Cythruddwyd Aneurin Bevan, Jim Griffiths ac Aelodau Seneddol Llafur wrth feddwl am oblygiadau'r penderfyniad. Cytunodd y Fed, ar argymhelliad Jim Griffiths, i arwain ymgyrch gyhoeddus yn erbyn y Prawf Moddion. Ac ar Sul, 3 Chwefror 1935, daeth cymoedd y de yn llawn asbri, a gwelwyd gwrthdystiad unigryw. Cofnodwyd y cyfan yn nofel y Comiwnydd, Lewis Jones. Enw'r nofel yw *We Live*, wedi ei sylfaenu ar Cwmardy (enw gwneud am y Rhondda). Credai prif gymeriadau *We Live* fod y byd i gyd yn protestio. Ac nid oedd Lewis Jones yn gor-ddweud.[35] Yng Nghwmardy, ie y Rhondda, cerddodd hyd at 70,000 o bobl o bob haen o'r gymdeithas, fesul deuddeg i Barc De Winton, Tonypandy, gan atal trafnidiaeth y cwm yn gyfan gwbl. Yn Aberdâr cafwyd gorymdaith o 50,000 o'r trigolion, gwrandawodd 20,000 ar Ernest Bevin ym Mhont-y-pŵl a nifer cyffelyb yng Nghoed Duon ar huodledd a dicter Aneurin Bevan. Bu yna orymdeithiau ym Merthyr Tudful, Castell-ncdd, Llansawel (Briton Ferry) a hyd yn oed yn y Barri. Dywed yr hanesydd Gwyn A. Williams, a gofiai y cyfan yn llencyn deg oed, ei bod fel Cymanfa Ganu neu Rali yr Ysgol Sul.

Diwrnod a chyfnod hanesyddol bwysig yn hanes Cymru

Cerddodd tua 300,000 mil y diwrnod hanesyddol hwnnw, sef un allan o bob saith o holl boblogaeth Cymru. Dyma eiriau Gwyn A. Williams:

> It was the greatest demonstration Wales had ever known. There had been nothing like it in the history of the Welsh and there has been nothing like it since. A whole community stood up and said No.[36]

Yr oeddynt yn dweud 'Na' wrth Lywodraeth Genedlaethol, wrth Fwrdd Nawdd i'r Di-waith, ac wedi hen flino ar golli pobl ieuanc i Loegr, i ddinasoedd fel Rhydychen, Luton, Slough a Harrow. Yr oedd y Bwrdd Nawdd i'r Di-Waith yn gofalu bod rheolaeth lem ar bob taliad. Teimlai Bevan nad oedd dim amdani ond arwain y protestiadau na fu mo'u tebyg. Yr oedd taliadau'r Bwrdd yn chwerthinllyd, deg swllt ar hugain (£1.50) yr wythnos i deulu o bedwar. Canlyniad hyn oedd gofid personol a dirywiad mewn iechyd, yn arbennig iechyd y fam a gwraig y tŷ teras. Dioddefodd diwylliant Cymraeg yn ddirfawr, gostyngwyd cyflogau digon symol y gweinidogion Ymneilltuol yn llai fyth, a chleisiwyd yr iaith Gymraeg oherwydd yr ymfudo i Lerpwl, Birmingham a Llundain a'r dinasoedd o amgylch.

I lawer un fel Bevan yr esboniad ar y Dirwasgiad oedd methiant Llywodraeth Ramsay MacDonald ac argyfwng cyfalafiaeth, a bu hyn yn hwb sylweddol i'r adain chwith o fewn y Blaid Lafur a'r mudiadau eraill oedd yn beirniadu cyfalafiaeth, fel y Blaid Gomiwnyddol. Yr oedd Moscow Fach yn realiti ym mhen uchaf Rhondda ym mhentref Maerdy, ac yr oedd pob pentref glofaol yn debycach i'r Maerdy nag i Woodstock ger Rhydychen, cartref teulu Churchill.[37] Fel y dywed *Gwyddoniadur Cymru*, 'Yn ogystal, mabwysiadodd aelodau blaenllaw o'r Blaid Lafur – Aneurin Bevan yn bennaf oll – ddehongliad hanfodol Farcsaidd o'r Dirwasgiad.'[38]

Marcsydd ydoedd yn llencyn yn y Coleg yn Llundain, ond fe'i gorfodwyd gan brofiadau 1926 i 1935 i bledio llwybr democratiaeth sosialaidd; hynny yw, sosialaeth oedd yn barod i addasu i amgylchiadau'r dydd oedd hanfod ei athroniaeth. Iddo ef yr oedd y gred yn ddigyfnewid, ac ni ellid siglo ei sylfeini. Yn ei sosialaeth ceid cydraddoldeb o ran cyfleon, democratiaeth ar bob lefel, o'r gyfrinfa lofaol i'r Cabinet, a'r gallu i greu, i weithredu, i gynnal, i amddiffyn, i wareiddio'r natur ddynol fwystfilaidd. A bu Bevan yn y cyfnod hwn a phob cyfnod arall fel Aelod Seneddol ynghanol y frwydr wleidyddol ac yn arbennig yn y gwrthdaro o fewn ei blaid ei hun, rhwng yr asgell dde a'r asgell chwith. Dyn y weledigaeth ydoedd wedi'r cyfan, a gwelodd yn glir iawn ei bod yn gofyn ymroddiad cwbl arbennig i wireddu'r freuddwyd am well byd.

Gweld pwysigrwydd gwleidyddiaeth plaid

Gwelodd bwysigrwydd grym ar Gyngor Dosbarth Tredegar. Heb rym llywodraeth wleidyddol yr oedd gwleidydda bron yn wastraff amser. Dyna pam na fedrai ddeall pam yr oedd ei gariad Jennie Lee yn dal o fewn y Blaid Lafur Annibynnol, na fyddai fyth yn ennill grym llywodraethol, na'i gyfaill Harry Pollitt yn dal o fewn y Blaid Gomiwnyddol, pleidiau na fyddai'n debyg o ennill digon o seddau mewn Etholiad Cyffredinol i lywodraethu ym Mhrydain. Rhaid i sosialaeth gael ei derbyn yn y Blaid Lafur ac yna ennill digon o gefnogaeth ar lawr gwlad yn yr etholiadau cyffredinol. Felly rheidrwydd mawr oedd perswadio digon o etholwyr na ellid cael Llywodraeth i'r werin bobl ond trwy berswâd ac ymgyrchu. Gwelodd erbyn y tridegau ei bod hi'n hynod o anodd i argyhoeddi etholwyr, yn Lloegr yn arbennig, i bleidleisio dros y Blaid Lafur. Yr oedd canlyniad Etholiad 1931 yn llefaru drosto'i hun. Ond ni laesodd Aneurin ddwylo ar hyd y ffordd. Credai hyd y diwedd y medrai anghenion bywydau pobl a grym y wladwriaeth ddod i berthynas dda. Cydnabyddai nad oedd ideoleg Karl Marx yn ddigon. Trwythwyd ef mewn Marcsiaeth glasurol ac yn nhraddodiad meddylwyr sosialaidd oes Fictoria. Dywedodd yn ei gyfrol bwysig, *In Place of Fear*:

> From Jack London's 'Iron Heel' to the whole world of Marxist literature was an easy and fascinating step. The relevance of what we were reading [in the Tredegar Workmen's Library] to our own industrial and political experience had all the impact of divine revelation. Everything fell into place. The dark places were lighted up and the difficult ways made easy.[39]

Ni allodd ar hyd ei oes ymddihatru o'r profiadau hyn, yn wir yr hudoliaeth a ddaeth i'w fywyd a'i ymgyrchu, ond sylweddolodd erbyn 1935 nad oedd gwledydd Comiwnyddol y byd, fel yr Undeb Sofietaidd, yn mabwysiadu'r ideoleg yr oedd ef yn gyfarwydd â hi. Ni allai ymuno â Chomiwnyddiaeth oedd yn treisio pobl a'u hanfon i oerni a diflastod y *gulag* yn Siberia. Yr oedd Stalin yr un mor ddrwg yn ei olwg ag yr oedd Hitler a Mussolini. Nid oedd sosialaeth heb ryddid i fynegi barn a phrotestio a gwrthwynebu cyfalafiaeth mewn streic a dadl yn sosialaeth o gwbl iddo.

Cydnabyddai Bevan fod democratiaeth wedi ei orseddu ym Mhrydain yn 1928 pan gafodd pob oedolyn dros un ar hugain oed y bleidlais. Dywedai yn gyson nad oedd 'democratiaeth yn ddiogel yn unman yn y byd modern os na ddaw yn ddemocratiaeth sosialaidd.'

Haneswyr yn methu deall Aneurin Bevan fel John Campbell

Methodd llawer o gofianwyr Bevan ddeall ei gredo wleidyddol. Un ohonynt yw John Campbell. Iddo ef yr oedd Aneurin yn fethiant oherwydd fod ei alluoedd godidog wedi eu haberthu i ddogma gyfeiliornus fel sosialaeth. Cyhoeddwyd cofiant John Campbell ar Aneurin Bevan yn 1987 pan oedd Margaret Thatcher yng ngofal Llywodraeth Prydain. Ei huchelgais hi oedd claddu sosialaeth a'r mudiad Llafur, yn arbennig yr Undebau a'r pennaf ohonynt, Undeb Glowyr Prydain. I Campbell, deinosor gwleidyddol oedd Bevan, yr olaf o'r breuddwydwyr ffôl. Ar hyd yr ugeinfed ganrif lluchiwyd pob ffiloreg at sosialaeth, yn wir gellir dadlau bod y Cymry fel y Saeson a'r Albanwyr ac Unoliaethwyr Gogledd Iwerddon yn dawnsio ar fedd y gredo.

Fel y dywed ffrind mawr Bevan, y newyddiadurwr Geoffrey Goodman:

Rather, like Christianity, it is probable that socialism will take a long time dying.[40]

I Goodman, pe bai Bevan wedi byw yn hirach na 1960 byddai wedi addasu cryn lawer ar y syniadaeth a ddaliai mor gadarn yn y tridegau:

His concept of the commanding heights would certainly have shifted from a Ben Nevis perspective of the UK economy to an Everest-like vision across the globe.[41]

Ond ar ôl dweud hyn i gyd, yr oedd Bevan fel eraill o ddeallusion y Blaid Lafur wedi synied yn llawer rhy isel am alluoedd rhyfeddol cyfalafiaeth i oresgyn argyfyngau, fel a ddigwyddodd yn y tridegau. Dyna oedd gwendid Marx ei hun. Un o'r ychydig o blith newyddiadurwyr yr asgell dde a welodd ddaioni yn Bevan oedd Henry Fairlie a sgrifennai i'r *Daily Mail*. Bu yn ddigon amharchus o Jim Griffiths ond cynhesodd at y rebel, gan ei ddisgrifio yn ŵr mawr o gorff ac o feddwl, bob amser yn fywiog ac yn goleuo'r ddadl, ei emosiwn yn gryf a dynol, ac un a gredai yn fawr ym Mhrydain, ac yn anhygoel o unigryw, am ei fod yn credu mewn syniadau, ac na ofalodd fod gwleidyddiaeth yn cael y gair olaf ar economeg a seicoleg y tyrfaoedd. Teimlai Fairlie fod gennym fel Cymry, Saeson, Albanwyr a Gwyddelod ddyled enfawr iddo.[42] Ac ychwanega eiriau graenus i'w cerfio yn ofalus:[43]

A democracy cannot survive healthily without the example of individual leaders who dare all as individuals and leave, long after their families are forgotten, the imprint of a great human being.

Yr hyn sy'n crynhoi Bevan fel gwleidydd yn y tridegau cynnar ac yn wir yn y degawdau eraill yw dychymyg a dewrder. Dywedodd droeon mai dychymyg oedd yr arf cryfaf i'r bardd, y llenor, y pregethwr a'r gwleidydd sosialaidd. Defnyddiai ddychymyg yn gyson yn y Senedd ac yn ei anerchiadau, gan danio ei wrandawyr yng Nglynebwy a phobman arall y gwahoddid ef iddo, a bu'n ddewr yn mynegi ei farn wrth ei bobl ei hun a'i wrthwynebwyr. Gadawai'r gynulleidfa gref yn y neuaddau yn llawn disgwyliadau. Ar ôl cyrraedd a chael ei gyflwyno, byddai'n taranu am awr a hanner dda ac yn defnyddio ei eirfa i glensio ei ddadl. Byddai'n defnyddio ei lais yn gelfydd, yn cofio bod angen hiwmor a gormodiaeth o ddychymyg wrth gyflwyno anerchiad cofiadwy. Byddai carfan uchel o'i wrandawyr yn gadael wedi eu tanio, gan gredu y gellid gwireddu'r weledigaeth o'i eiddo. Rhoddodd i bobl gyffredin, a ddioddefai adfyd o law y Llywodraeth, hyder a chysur a gweledigaeth o beth y gellid ei gyflawni fel mudiad a phlaid yn yr anialwch. Dyna oedd yn bwysig yn ei olwg. Yr oedd fel Aelod Seneddol ifanc yn argyhoeddedig y medrai ef a Stafford Cripps ac eraill newid y sefyllfa pe enillid yr etholiad. Ni ellir gorbwysleisio ansawdd gweledigaeth Aneurin i'r byd gwleidyddol ac i athroniaeth sosialaeth Prydain. A dyna pam mai ef yw un o ffigyrau gwleidyddol pwysicaf Cymru a Phrydain, ac yn wir holl wledydd y Gorllewin yn yr ugeinfed ganrif.

Cyfraniad enfawr yn y blynyddoedd 1932 i 1935

O 1932 i 1935 ni fu Aneurin Bevan yn dawel am ddiwrnod yn ei awydd i fod yn llefarydd ar ran y di-waith. Gan eu bod fel Llafurwyr mor fach mewn nifer yn y senedd, gallai ef ac eraill siarad pryd bynnag y mynnent. Yr oedd yr arweinyddiaeth yn nwylo'r heddychwr George Lansbury, yn cael ei gefnogi gan Stafford Cripps a Clement Attlee. Yr oedd y tri yn barod iawn i ddewis eu pynciau, a chefnogai Bevan hwy yn y dadlau yn ôl ei allu, gydag argyhoeddiad ac awdurdod.Siaradai am amaethyddiaeth, gan ddisgrifio'r Gweinidog, Walter Elliot, a fu yn awdurdodol iawn yn ninas Glasgow, fel 'dyn yn cerdded wysg ei gefn â'i wyneb i'r dyfodol'. Haearn oedd pwnc arall, gan fod yr hen waith yng Nglynebwy yn dal yn segur. Yna rhoddai wers i'w gyd-wleidyddion ar economeg a democratiaeth. Nid anghofiai yr argyfwng ar gyfandir Ewrop a cheisiodd berswadio Ysgrifennydd ei Blaid, Arthur Henderson, a Walter Citrine o'r Undebau Llafur, i gymryd yr awenau a threfnu gorymdeithiau.[43] Ond yr oedd y ddau fel ei gilydd yn glustfyddar ac ni chafwyd yr hyn a obeithiai amdano. Teithiodd i'r Unol Daleithiau yn haf 1934 i gasglu arian ar ran Pwyllgor i gynorthwyo dioddefwyr Ffasgiaeth yr Almaen. Jennie Lee a'i perswadiodd i gyflawni'r dasg, ac er bod y Comiwnyddion yn rhy amlwg iddo ym mhwyllgorau'r Pwyllgor yn yr Amerig, llwyddodd i godi swm da o arian. Daeth yn ôl i Lundain yn fwy argyhoeddedig nag erioed fod y Blaid Lafur yn haeddu ei chondemnio, a'r Pwyllgor Gwaith yn arbennig, am fod mor llugoer tuag at yr hyn a ddigwyddai yn Ewrop. Mynegi a wnâi rwystredigaeth cymaint o sosialwyr cymoedd y de. Daeth y gwrthdaro i'r amlwg yng Nghynhadledd y Blaid Lafur yn Southport yn 1934, y Gynhadledd lle y bu'r Gynghrair Sosialaidd yn bytheirio, a Bevan ei hun yn dadlau yn rymus am fod yr arweinwyr am ddiswyddo Llafurwyr oedd yn perthyn i'r Ffrynt Unedig a'r Blaid Gomiwnyddol.[44] Ymosodwyd arno gan Ernest Bevin, Emanuel Shinwell a Herbert Morrison. Enillodd y Pwyllgor Gwaith y dydd gyda mwyafrif llethol o 1,820,000 o bleidleisiau i 89,000.[45]

Ond ni wrandawodd Bevan am eiliad ar Bevin. Aeth ar ei union o Southport i Fanceinion i annerch ac i rannu llwyfan gydag Arthur Greenwood, aelod o'r Pwyllgor Gwaith, a Willie Gallacher, arweinydd y comiwnyddion yn yr Alban. Ychydig ddyddiau yn ddiweddarach gwelwyd ef yn Sgwâr Trafalgar mewn gorymdaith yn erbyn un o ddeddfau'r Llywodraeth ar annog gwrthryfel.[46] Teithiai yn ddi-baid a gwelodd ffrwyth ei lafur yn y Ddeddf Gwelliant Ardaloedd Arbennig a basiwyd yn 1935. Yr oedd y ddeddf yn bwysig i gynorthwyo etholaethau fel Glynebwy. Codwyd ffatrïoedd newydd ar ystadau diwydiannol newydd a rhoddwyd grantiau hael i ddenu gweithwyr yno. Daeth iachawdwriaeth i Lynebwy trwy sefydlu'r gwaith dur newydd a agorwyd yn 1936. Yr oedd hyn yn gryn bluen yn ei het, a buddugoliaeth Aneurin Bevan ydoedd ar ddiwedd y dydd. Ni ddylid anghofio'r hyn a all un o wleidyddion y meinciau cefn ei gyflawni pan mae o ddifrif. Daeth hefyd i barchu Syr William Firth, y gŵr a brynodd y gwaith dur.[47]

Diarddel cewri ond Bevan yn ddiogel yn etholaeth Glynebwy

Dioddefodd Bevan a Cripps pan ddiarddelwyd hwy o'r Blaid Lafur, ond daeth y rebel yn ôl yn gyflymach na Cripps i'r rhengoedd. Gwyddai Aneurin Bevan fod dyddiau y Llywodraeth Genedlaethol yn dod i ben, ond gwyddai hefyd yn ei galon nad oedd gan Lafur obaith o ennill yr etholiad.[48] Er gwaethaf yr amgylchiadau dyrys nid oedd etholaethau cymoedd de Cymru yn derbyn y sylw a haeddent, yn ôl Bevan.[49] Ym mis Gorffennaf 1935 enillodd ymgeisydd Llafur mewn is-etholiad yn etholaeth Gorllewin Toxteth, Lerpwl, ond nid oedd y bleidlais gystal â'r un a gafwyd yn 1931. Nid oedd y blaid Lafur yn disgwyl ennill yr etholiad cyffredinol, a mynegodd golygydd gwleidyddol y *News Chronicle*, A. J. Cummings, ei ofid am yr ysbryd difater ymhlith yr arweinwyr:

> One must deplore the shameful spirit of political defeatism which has overtaken the Labour Party in this country. One day last week a group of Labour leaders in London were discussing with an air of patient resignation the prospect of returning 170 Labour Representatives to the next Parliament. That was the maximum calculation.[50]

Ni chafwyd mwy o frwdfrydedd yng Nghynadledd yr Undebau Llafur ym Margate ym mis Medi na Chynhadledd y Blaid Lafur Brydeinig yn Brighton ym mis Hydref. Ac felly nid oedd hi'n syndod yn y byd am ganlyniad Etholiad 1935.[51] Cynyddodd y Blaid Lafur nifer ei Haelodau Seneddol i 154, llawer llai nag a gafwyd yn 1923, ac eto pleidleisiodd dros wyth miliwn a hanner o'r etholwyr i Lafur. Yr oedd Stanley Baldwin a'r Torïaid i lywodraethu am gyfnod arall. Rhoddodd y Blaid Gomiwnyddol gefnogaeth i'r Blaid Lafur ym mhob man ond yn Nwyrain y Rhondda a Gorllewin Fife, lle yr enillodd William Gallacher.[52] Cafodd Aneurin Bevan ei ail-ethol i'r Senedd a dyma'r canlyniad:[53]

Aneurin Bevan (Llafur)	24,007	77.8%
Ethel Scarborough (Ceidwadwyr)	7,145	22.3%
Mwyafrif	17,862	56.6%[55]

I lawer Llafurwr fel Bevan y canlyniad mwyaf boddhaol oedd methiant Ramsay MacDonald i gadw ei sedd yn Seaham yn Swydd Durham.[54] Ond yr oedd hi'n amlwg ei bod bron yn amhosibl i'r Blaid Lafur fyth ennill digon o fwyafrif i gipio grym fel y dymunai Aneurin Bevan.

Nodiadau a Chyfeiriadau

1. Cofnodion Cynhadledd Flynyddol y Blaid Lafur, Birmingham (1929), 3 Hydref 1929, 241.
2. Andew Marr , *The Making of Modern Britain* (London, 2009), 414.
3. Dan O'Neill, 'Great Orator who would have changed our lives', *South Wales Echo*, 11 November 1997, 23.
4. Clare Beckett and Francis Beckett, *Bevan* (London, 2004), 17.
5. Roedd hi fel Fenner Brockway yn selog dros y Blaid Lafur Annibynnol yn y Senedd yn 1929. Gw. David Howell, 'Traditions, myths and legacies: the ILP and the Labour left' (yn) *The ILP on Clydeside 1893–1932: from foundation to disintegration*, goln. Alan McKinlay and R. J. Morris (Manceinion ac Efrog Newydd, 1991), 224 . Yr oedd Jennie Lee wedi ennill is-etholiad Gogledd Lanark ym mis Chwefror 1929 a chafodd ei hailethol gyda mwyafrif o 6,578 yn yr Etholiad Cyffredinol. Gw. Vincent Brome, *Aneurin Bevan: A Biography* (Llundain, Efrog Newydd, Toronto,1953), 71. Ysgrifennodd Jennie Lee yn helaeth am ei bywyd gwleidyddol a'i phartneriaeth gydag Aneurin Bevan. Cafodd Bevan le i aros ar ôl cyrraedd San Steffan yn fflat Frank Owen, Aelod Seneddol y Blaid Ryddfrydol yn Henffordd, uwchben garej yn Cromwell Road, Kensington. Daw'r manylion hyn o gyfrol Clare Beckett and Francis Beckett, *Bevan* (London, 2004), 17.
6. Andrew Marr, *The Making of Modern Britain* (Llundain, 2009), 261. Disgrifiwyd ef gan Gwilym Prys Davies fel un yn meddu ar 'ddychymyg creadigol a miniogrwydd anafus'. Ychwanegodd fod Jim Griffiths a Bevan yn meddu ar 'adnabyddiaeth bersonol o broblemau beunyddiol a dyheadau gwerin gwlad'. Gw. Gwilym Prys Davies, *Cynhaeaf Hanner Canrif: Gwleidyddiaeth Gymreig* 1945–2005 (Llandysul, 2008), 30–1. Ym marn Bessie Braddock o Lerpwl gwnaeth yr Aelod Seneddol ifanc lawer o ddrwg i'r Blaid Lafur yn y tridegau. 'He made it fashionable to be a dissident'. Gw. Jack and Bessie Braddock, The Braddocks (London, 1963), 203.
7. Nid anghofiodd Bevan agwedd Neville Chamberlain at dloty Bedwellte. Dyma yn ôl pob tystiolaeth un o gymunedau tlotaf Cymru a hyd yn oed Prydain. Codwyd gwrthwynebiad Bevan ar lafar ac ar droed, yn arwain y protestwyr, un o'r ffactorau a arweiniodd at ddiddymu Deddf y Tlodion yn 1929. Gw. 'Bedwellte', Gwyddoniadur Cymru (Caerdydd, 2008), 71.
8. Rhydd Francis William restr hir o'r bobl a berthynai i Lywodraeth Lafur 1929–31 gan ychwanegu: 'It was in many ways a brilliant team.' Gw. Fifty Years' March: The Rise of the Labour Party (London, 1936), 334.
9. Cofier i Ramsay MacDonald ei anwybyddu ef yng Nghabinet y Llywodraeth Lafur gyntaf yn 1924. 'In his first draft Cabinet, for example, he completely ignored Henderson, the prime architect of the new Labour Party, the only member of it with Cabinet experience, and the one man who could if he had wished have successfully challenged MacDonald for the leadership'. Gw. Francis Williams, *ibid.*, 303–4.
10. Emyr Price, *Cymru a'r Byd Modern ers 1918* (Caerdydd, 1979), 32.
11. Y gŵr galluocaf a'i cefnogodd oedd Aneurin Bevan, a pherswadiodd ef chwe deg o Aelodau Seneddol i lofnodi petisiwn yn mynnu bod y Llywodraeth yn cymryd camau o ddifri i ddelio â'r diweithdra arswydus. Cefnogai Ian Mikardo safbwynt Bevan a daeth hyn i'r amlwg yng Nghynhadledd Flynyddol y Blaid Lafur yn Llandudno, Hydref 1930. Cafwyd trafodaeth hir ar ddiweithdra gyda'r Prif Weinidog yn agor y drafodaeth, a chafodd Aneurin Bevan, ymysg eraill, gyfle i ddatgan ei farn. Ond pan siaradodd Oswald Mosley daeth y Gynhadledd yn fyw gan iddo draddodi darlith gynhwysfawr. Cafodd dderbyniad tywysogaidd a chymeradwyaeth fyddarol. Gw. Ian Mikardo, *Back-bencher* (London, 1988), 46.
12. Yr oedd Bevan wedi ei siomi pan aeth Syr Oswald Mosley ati yn 1932 i ffurfio'r 'British Union of Fascists'. Gw. Michael Newman, 'Democracy versus Dictatorship: Labour's role in the struggle against British Fascism 1933–36', *History Workshop* 5, Spring 1988, 69.
13. Michael Foot, Aneurin Bevan 1897–1945 (London, 1962), 136–145.
14. *Ibid.*, 125. Bythefnos cyn Cynhadledd Flynyddol y Blaid Lafur Brydeinig yn Llandudno aeth grŵp o wleidyddion i'r Undeb Sofietaidd. Yn eu plith yr oedd Jennie Lee, John Strachey, George Strauss ac Aneurin Bevan.

15. *Ibid.* Dywedodd Bevan ar ôl dod adref o Rwsia: 'On my return I was asked by a trade union leader of international repute what my impressions were. I said my visit had been too short to admit any final conclusions, but one impression I had gained: whereas in Britain we were slaves to the past, in Russia they were slaves to the future.'

16. Bu Montagu Norman yn Llywodraethwr Banc Lloegr am 24 mlynedd. Dedfryd Colin Cross arno yw: 'He was the high priest of a deflationary policy which in the 1920's lay as a dead weight on the British economy.' Gw. Colin Cross, *Philip Snowden* (London, 1966).

17. Neil Weir, *The Tragedy of Ramsay MacDonald* (London, 1933), 20–80. Daeth Bevan yn un o feirniaid pennaf Ramsay MacDonald o'r meinciau cefn, cymaint felly fel y cythruddodd Emanuel Shinwell o bawb. Dywedodd hwnnw: 'If Bevan or anyone else believes that the party is insipid or lacking courage … then in my judgement they ought to join the Party organisation which they believe has got the attributes that the Labour Party ought to have.' Gw. Harold Finch, *Memoirs of a Bedwellty M.P.* (Risca, 1972), 33; Colin Cross, *Philip Snowden* (London, 1966), 302–334. Teitl y cofiannydd ar ail bennod ar bymtheg y gyfrol yw 'Bolshevism Run Mad'.

18. Michael Foot, *Aneurin Bevan*, 127.

19. Y clasur yw cyfrol Richard J. Evans, *The Third Reich in History and*

20. *Memory* (London, 2015), yn arbennig y drydedd adran, 'The Nazi Economy', 167–206. Y mae fy nealltwriaeth o'r Almaen yng nghyfnod Hitler yn ddyledus iawn i'r hanesydd R. J. Evans o Brifysgol Caergrawnt, ac o'i gyfrol ef y cefais y manylion: 'Nazi violence was directed not just at the Communists but also at the Social Democrats, who had provided the most solid support for the democratic institutions of the Weimar Republic from the very beginning.' Gw. Richard J. Evans, *ibid.*, 168.

21. Yr oedd perthynas dda rhwng Harry Pollitt ac Aneurin. Gw. Nicklaus Thomas- Symonds, *Nye: The Political Life of Aneurin Bevan* (London, 2015), 51. Ni safodd ymgeisydd Seneddol yn enw'r Blaid Gomiwynyddol yn etholaeth Glynebwy gan fod ganddynt ormod o barch i Nye. Ceir y dyfyniad yn wreiddiol yn rhagymadrodd Harry Pollitt i gyfrol Allen Hutt, *The Creation of the Working Class in England* (London, 1933), xii.

22. Erbyn 1940 cyhoeddwyd o leiaf ddau gant o adroddiadau gan y Cyngor Ymchwil Meddygol. Gw. Charles Webster, 'Healthy or Hungry Thirties', *History Workshop*, 13, Spring 1982, 111.

23. Syr John Orr, *Food and the People* (London, 1943), 24.

24. Charles Webster, *ibid.*, 123.

25. *Ibid.*

26. Kenneth O. Morgan, *Labour People: Leaders and Lieutenants, Hardie to Kinnock* (Oxford, 1987), 69. Cadwodd Aneurin Bevan ac S. O. Davies y fflam filwriaethus heb ei diffodd trwy'r tridegau.

27. Y cyn-lowyr Bevan a Davies oedd y ddau fwyaf dibynadwy yn y Senedd am godi stêm. Cadarnheir hyn yng nghyfrol Robert Griffiths, *S. O. Davies – A Socialist Faith*, 80, 132, 136.

28. Edward Marjoribanks, Ceidwadwr o ran ei wleidyddiaeth, a gymerodd yr hyfdra i gyflwyno Bevan i Beaverbrook ar ôl ymosodiad yr Aelod Seneddol ar Lloyd George yn y Senedd yn 1930. Dywed Foot a'r Becketts mai yng nghartref moethus perchennog papurau newydd y cyfarfu Bevan â chymaint o bobl a edmygai yn fawr. Gw. Foot, *ibid.*, 182–4; Clare Beckett and Francis Beckett, *ibid.*, 17–18.

29. Michael Foot, *ibid.*, 183.

30. Galwodd Bevan Lloyd George 'y cymeriad mwyaf lliwgar yn hanes Prydain', ac un a adawyd allan o lywodraeth y Deyrnas Unedig ar ôl 1922, ond galwyd Bevan gan Brendan Bracken a Beaverbrook 'the most original and visionary politician ever produced by the British working-class movement'. Gw. Kenneth O. Morgan, *Michael Foot* (London, 2007), 97.

31. Yr oedd 90% y cant o weithwyr Brynmawr yn ddi-waith. Gwnaed astudiaeth gynhwysfawr o'r problemau gan Elizabeth Jennings, *Brynmawr: A study of a Distressed Area* (London, 1934).

32. Am Keir Hardie, gw. Kenneth O. Morgan, *Keir Hardie: Radical and Socialist* (London, 1975).

33. James Griffiths, *Pages From Memory* (London, 1969), 34.

34. D. Ben Rees, *Cofiant Jim Griffiths: Arwr Glew y Werin* (Talybont, 2014), 103.

35. *Ibid.*
36. Lewis Jones, *We Live: in Cwmardy* (London, 1936)*,* 47.
37. Gwyn A. Williams, *When Was Wales? A History of the Welsh* (London, 1985), 262.
38. Sonia Gwyn A. Williams am bentref arall a fu yn Foscow Fach, sef pentref Bedlinog: 'At the height of the battle against non-unionism, Bedlinog, one of those mining villages where you need magnets in your boots to stand upright, at one time elected a Communist Chamber of Commerce, a rather striking anticipation of Eurocommunism'. Gw. Gwyn A. Williams, *When Was Wales?*, 269.
39. *Gwyddoniadur Cymru*, 295.
40. Cefais arweiniad yn y rhan hon o'r bennod yn ysgrif odidog Geoffrey Goodman, 'The Soul of Socialism', yn *The State of the Nation: The Political Legacy of Aneurin Bevan*, gol. Geoffrey Goodman (London, 1997), 15–35. A daw'r dyfyniad o Aneurin Bevan, *In Place of Fear* (London, 1952), 35.
41. *Ibid.,* 18–19.
42. *Ibid.,* 27–28.
43. *Ibid.,* 29.
44. *Daily Mail,* 7 July 1960, a ddyfynnir gan Goodman, 33.
45. Geoffrey Goodman, *ibid.*, 34.
46. Michael Foot, *Aneurin Bevan*, 165.
47. *Ibid.,* 171–2.
48. *Ibid.,* 172.
49. *Ibid.,* 172–176.
50. Heddwch oedd thema fawr Etholiad Cyffredinol 1935, ac nid cyflwr adfydus y cymunedau diwydiannol, llafurol. Gw. Robert Griffiths*, S. O. Davies – A Socialist Faith*, 85.
51. Michael Foot*, ibid.* 216–18.
52. Allen Hutt, *The Post-War History of the British Working Class*, Left Book Club Edition (London, 1937), 272.
53. *Ibid.*, 274.
54. Frances Ethel Scarborough (1880–1956), pianydd adnabyddus a anwyd yn Crouch End, Llundain ac a fu farw yn Graffham, swydd Sussex. Bu'n weithgar gyda'r Ceidwadwyr.
55. Rhoddodd hyn foddhad mawr i lawer o wleidyddion y chwith ac y mae'n amlwg fod Bevan yn un ohonynt. Gw. Allen Hunt, *ibid.*, 274.

ANEURIN BEVAN

Aneurin Bevan wrth ei ddesg

ERNEST BEVIN

Meddygon pwysig y bu'n rhaid i Bevan drafod Gwasanaeth Iechyd gyda hwy

Syr Daniel Davies, meddyg Aneurin a theulu y gwleidydd

Aneurin gyda Jennie ar ddydd y briodas yn Holborn

Charles Street, Tredegar

Tai Tredegar

Pennod 6

Y Briodas Ryfeddol – Jennie Lee ac Aneurin Bevan

Yr oedd Jennie Lee yn llawer mwy adnabyddus yn 1929 nag yr oedd Aneurin Bevan. Amlygodd ei gallu trwy ennill is-etholiad yng Ngogledd Lanark ym mis Chwefror 1929 yn enw'r Blaid Lafur Annibynnol. Pan gyhoeddwyd portread o'r Blaid Lafur gan yr Almaenwr Egon Wertheimer ni ddywedodd air am Bevan, ond cafwyd paragraff cyfan ganddo yn ei chymeradwyo hi ac yn gweld dyfodol disglair iddi fel gwleidydd.[1]

Jennie ag Aneurin o'r un cefndir

Deuai Jennie Lee ac yntau o'r un cefndir glofaol, ond yr oedd hi wedi cael gwell cyfleon fel unig ferch ei thad a weithiai fel glöwr. Gwnaeth yn dda yn academaidd, mynychu ysgolion a choleg ac ennill gradd, tra oedd Aneurin wedi gadael ysgol ar ôl blynyddoedd o boenydio ac yn llawer rhy gynnar. Yr oedd Aneurin saith mlynedd yn hŷn na hi ac yn fuan iawn daeth y ddau yn ffrindiau da, cymaint felly fel i Jennie ddweud wrtho un noson pan oedd y ddau yn rhuthro i bleidleisio: 'Wyt ti'n gwybod, Nye, mi fedrem fod yn frawd a chwaer.'

Yr unig rwystr ar y ffordd oedd bod Jennie wedi syrthio mewn cariad, dros ei phen a'i chlustiau, gydag Aelod Seneddol y Blaid Lafur Annibynnol o Gaerlŷr, Frank Wise,[2] gŵr priod a thad i ddwy ferch, a oedd yn byw gyda'i deulu mewn fflat foethus yn Bloomsbury. Pan fyddai Frank i ffwrdd ar daith, deuai cyfle i Aneurin gael cwmni Jennie, ar daith gerdded neu am dro i'w gynefin yn Nhredegar. Ond nid oedd y teulu yn Nhredegar yn meddwl cymaint ohoni ag yr oedd Aneurin. Nid oedd ei chwaer Arianwen Bevan, Ysgrifennydd Aneurin, yn ei hedmygu.[3] Hi oedd yn delio â holl ohebiaeth ei brawd, yn teipio ei lythyron, ac yn delio gyda'i areithiau. Nid oedd gan Arianwen ddim byd da i ddweud amdani, a llai fyth ar ôl i'w brawd ei pherswadio hi i helpu Jennie trwy deipio ei llythyron hithau!

Jennie wedi syrthio mewn cariad gyda gŵr priod

Yr oedd yn amlwg na fedrai Aneurin gystadlu â Frank Wise o ran maldodi Jennie a deall ei hoffterau. Nid oedd Aneurin yn hen lanc di-nwydau yn ôl ei ffrind pennaf Archie Lush , oherwydd byddai'n cymysgu'n gyson gyda nyrsys yn y Fenni a merched a gyfarfyddai ef a'i ffrindiau ar nos Sadyrnau eraill ym Mhont-y-pŵl.[4] Ond sylwai Archie fod enw'r Albanes yn dod yn weddol gyson i'r sgwrs, er y gwyddai nad oedd gobaith ganddo i'w chael hi yn gariad iddo'i hun tra oedd Frank Wise ar dir y byw. Yr oedd y tri ohonynt yn coleddu sosialaeth ac yn dyheu am gyfle i'w throsglwyddo mewn cyfarfodydd a chynadleddau. Efengylwyr tanbaid y chwith oeddynt. A sylweddolodd y gwleidyddion a ddaeth i adnabod y ddau, fel George Strauss, Barbara Bett (Barbara Castle yn ddiweddarach), a'r cymwynaswr Charles Trevelyan, fod y ddau yn gariadon, ond bod Aneurin yn fwy mewn cariad gyda hi nag yr oedd hi gydag ef. Ar daith i Moscow fel rhan o ddirprwyaeth seneddol yn haf 1931 gadawodd Jennie Aneurin yn y ddinas er mwyn cael cwmni Frank Wise yn Tbilisi yn Georgia a mannau eraill.[5] Yn anffodus diflannodd llythyron caru Aneurin ati, ond yn Nhachwedd 1931 ceir llythyr o ddiolch i Charles Trevelyan am ei groeso i'r ddau ohonynt i'w gartref moethus ym mhlasty

Wallington yn swydd Cumberland. Yn y llythyr mae'n canmol Jennie i'r entrychion am nad yw hi byth yn colli golwg ar y pethau pwysig mewn bywyd, mwy nag yntau.[6]

Carwriaethau Seneddol

Yn Etholiad Cyffredinol 1931 bu Aneurin yn gweithio'n galed drosti, gan nad oedd y Torïaid am gefnogi ymgeisydd yng Nglynebwy. Ond ar ôl yr holl weithio dygn collodd hi ei sedd a chanolbwyntiodd ar ôl hynny ar deithiau i ddarlithio, yn arbennig yn yr Unol Daleithiau, gwlad oedd yn hynod atyniadol iddi. Erbyn 1932 yr oedd carwriaeth gudd Frank a Jennie yn hysbys i wleidyddion asgell chwith, a hyd yn oed i briod yr anffyddlon un. Bu Dorothy Wise yn gall yn y sefyllfa anodd hon. Nid oedd hi am gael ysgariad ac nid oedd Jennie yn barod o gwbl i briodi dyn a gafodd ysgariad. Nid hi oedd yr unig ferch o blith sêr y Senedd oedd yn ymserchu mewn gwŷr priod. Yr oedd Barbara Castle (née Betts), Ellen Wilkinson a Megan Lloyd George yn y sefyllfa honno am flynyddoedd lawer. Ond cyn i Frank Wise a Jennie Lee weithio allan eu sefyllfa anodd, daeth angau yn sydyn i dorri ar draws y garwriaeth. Digwyddodd hyn pan oedd Frank yn aros yn ysblander plas Wallington ger Morpeth. Y penwythnos cyntaf yn Nhachwedd 1933 oedd hi, ac yntau wedi mynd i Wallington i fwynhau cerdded yn y wlad. Bu farw o waedlif ar yr ymennydd. Derbyniodd ei gariad Jennie neges ffôn gan Frank Owen y noson honno, a theithiodd Charles Trevelyan i lawr i Lundain y bore trannoeth i'w chysuro.[7] Cyn gadael Llundain cysylltodd gydag Aneurin i roi gwybod iddo. Addawodd Aneurin ofalu amdani yn ei galar, a bu ef a Herbert Griffiths, y beirniad drama, yn ofalus ohoni ddydd a nos dros y misoedd dilynol.

Dal i alaru ar ol Frank Wise ond yn derbyn cynig Aneurin

Cyfaddefodd Jennie mewn llythyr nad Frank Wise oedd Aneurin Bevan.[8] Nid oedd ef mor ddibynadwy, a medrai fod yn flin, yn fyr ei dymer, ac yn llawn hunanoldeb, ond eto teimlai yn agos ato, fel pe bai yn frawd iddi. Wedi'r cyfan yr oedd cefndir glofaol a sosialaeth yn eu clymu, ac erbyn Nadolig 1933 yr oedd hi o ddifri yn ystyried rhannu aelwyd gyda Nye, fel y'i galwai.[9] Yr oedd ef yn byw bellach mewn fflat yn Guildford Street, ac yn ymwybodol iawn ei bod hi yn dal i alaru ar ôl Frank Wise. Ond yr oedd cyd-fyw ddim yn ddigon i ŵr o gefndir capelyddol fel Aneurin. Yr oedd ef am briodi, ac un noson aeth hi gydag ef i'w hoff le bwyta, y Café Royal, am ginio. Yn y tŷ bwyta drudfawr hwnnw y gofynnodd am ei llaw mewn priodas. Bu Aneurin yr haf hwnnw yn yr Amerig yn codi arian tuag at ffoaduriaid o'r Almaen, llawer ohonynt yn Iddewon. Ar ôl cyrraedd yn ôl ym mis Medi, cyhoeddwyd y dyweddïad, a'r gobaith oedd priodi ym mis Hydref. Yr oedd elfen o ystyfnigrwydd yn Jennie gan iddi wrthod ymuno gyda'r Blaid Lafur ar ei gais na chwaith arddel ei gyfenw a dod yn Jennie Bevan. Bu'n siom fawr i'w fam Phoebe Bevan, ac ni faddeuodd hi i Jennie am wrthod arddel y cyfenw.

Priodi yn Swyddfa Gofrestru Holborn yn Llundain

Ar 25 Hydref 1934 y bu'r briodas yn Swyddfa Gofrestru Holborn yn Llundain. Priodas dawel heb ffwdan oedd y ddelfryd, priodas debyg i briodas Jack a Bessie Braddock yn Lerpwl yn 1922. Gofynnodd Aneurin i'w ffrind Archie Lush fod yn was priodas a Marion Balderston, ffrind arall, yn forwyn briodas, a'r ddau yn dystion.[10] Gwthiodd brawd hynaf Aneurin, William o Dredegar, ei hun i'r seremoni gan edrych fel pysgodyn ar dir sych trwy gydol y seremoni fer, ddi-eneiniad.[11] Ni welwyd rhieni Jennie na mam Aneurin ar gyfyl y Gofrestrfa. Fel y gellid disgwyl nid priodas dawel mohoni. Heidiodd y newyddiadurwyr a'r ffotograffwyr i'r ystafell, a gwelwyd tyrfa yn dymuno'n dda i'r ddau eilun y tu allan i'r

Swyddfa. Gwrthododd Jennie wisgo het na menig na phrynu cot newydd ar gyfer y briodas. Ni welwyd modrwy briodas, nid am fod Aneurin wedi anghofio ei phrynu, ond am nad oedd Jennie yn dymuno cael y fath lyffethair (yn ei golwg hi) am ei bys a'i llaw. Dywedodd wrth y wasg: 'Nid wyf yn hoff o fodrwyau – dyna'r cyfan.'[12] Celwydd golau os bu un erioed, a gwendid arall o eiddo Jennie yng ngolwg Mrs Phoebe Bevan. Modrwy *briodas* oedd yn dramgwydd iddi. Ar ôl pryd o fwyd aeth Jennie ac Aneurin i barti gyda theulu Marion Balderston, sy'n diflannu o stori'r ddau ar ôl hyn. Ni chofiai Michael Foot ei henw hyd yn oed yn ei gofiant. Derbyniodd y ddau ddesg ysgrifennu a dodrefnyn i ffeilio gohebiaeth fel anrheg briodas trwy law George Lansbury ac Arthur Henderson ar ran y Blaid Lafur Seneddol.[13] Gohiriwyd y mis mêl tan wyliau'r Nadolig a phenderfynu ei dreulio yn Sbaen.

Aneurin mewn cariad

Yr oedd Aneurin wedi syrthio dros ei ben a'i glustiau mewn cariad gyda'r Albanes. Ym marn teulu Tredegar a ffrindiau agosaf Jennie Lee, nid oedd hi o bell ffordd wedi colli ei phen yr un fath. Deuai atgofion am yr annwyl Frank i lenwi ei meddwl yn gyson a dwyn dagrau i'w llygaid a hynny yn aml. Yr oedd yn colli ei bersonoliaeth gynnes, gariadus a chefnogol. Y mae'n wir ei bod hi yn edmygydd mawr o Aneurin am iddo fod mor amyneddgar am flynyddoedd ac yn gefn a chwmni iddi. Medrai ei gwneud hi i chwerthin yn ddilywodraeth ar adegau ac yr oeddynt yn naturiol yn bobl y chwith. Yr oedd y ddau yn amheus o awdurdod ers dyddiau ysgol, yn rhannu'r un dicter at ddioddefaint y dosbarth gweithiol, ac yn arbennig y di-waith, yn ddirmygedig gan y Torïaid oedd yn dal grym yn eu dwylo o flwyddyn i flwyddyn. Yr oedd gan Aneurin ddiddordeb yn y celfyddydau a cherddoriaeth, llyfrau a lluniau, a chyfoethogodd hyn fywyd Jennie hefyd. Gwyddai y byddai Aneurin yn ofalus ohoni a'i theulu heb ddisgwyl gormod ganddi, ac yn parchu yn fwy na dim y preifatrwydd a olygai gymaint iddi.

Symud i fyw i fwthyn gwyngalchog

Yr oedd enwogrwydd Aneurin a'i boblogrwydd gyda phobl y chwith ar gynnydd erbyn 1934. Daeth Jennie yn bartner iddo am ei bod yn ei amddiffyn fel llewes pan ddeuai beirniadaeth arno i'w chlustiau. Ond nid oedd Jennie yn gyfarwydd â rhedeg cartref ac roedd yn gwbl amddifad o sgiliau gwraig tŷ. Breuddwydiai ei phriod am gartref yn y wlad, tebyg i'r bythynnod ar fryniau de-ddwyrain Cymru. Daeth o hyd i fwthyn o'r enw Lane End Cottage ger dinas Reading, ryw hanner can milltir o Lundain. Tŷ hir ac isel ydoedd, â tho gwellt a'i waliau wedi eu gwyngalchu, ac edrychai'n ddelfrydol yn ffenestr asiant gwerthu tai anghyffredin.[14] Daeth y ddau o hyd i ferch bedair ar ddeg oed i ofalu amdanynt yn y bwthyn, cynnau'r tân ben bore, paratoi bwyd, golchi, smwddio a glanhau, tra cafodd ei brawd digon afradlon y dasg o ofalu am yr ardd helaeth o dair erw, a chath i gadw'r llygod bach a mawr yn eu lle. Gan fod Jennie Lee mor brysur gyda'r teithio a'r darlithio, a oedd yn ffordd dda o wneud arian, yr oedd gwir angen rhywun neu rywrai i edrych ar ôl y bwthyn.

Rhieni Jennie yn symud i fyw yn ymyl y bwthyn

Yr oedd mam Jennie wedi ymserchu yn ei mab yng nghyfraith ar ôl ei weld adeg Cynhadledd y Blaid Lafur Brydeinig yng Nghaeredin yn 1936. Arafach oedd ei thad i ddod yn gyfeillgar â'r Cymro grymus. Dioddefai ef yn enbyd o afiechyd, ac ni ddymunai ei ferch ei weld ef yn mynd yn ôl i weithio yn y lofa, am y byddai hynny yn prysuro angau i'r aelwyd. Yr oedd y fam yn dyheu am adael pentref Lochgelly ac aeth Jennie ati i ad-drefnu. Cynlluniodd fwthyn bach yng nghornel yr ardd gyda dwy ystafell wely. Buan yr adeiladwyd y bwthyn a daeth y rhieni i'w weld ac ildio i'r syniad o symud o'r Alban i Dde Lloegr. Gan fod Ma Lee fel y'i gelwid yn giamstar ar baratoi prydau bwyd chwaethus, daeth hi yn berson angenrheidiol i'r ddau wleidydd. Yr oedd Aneurin wrth ei fodd, a byddai ef a'i fam yng nghyfraith yn trafod, arbrofi, a defnyddio bwydlen wahanol i'r hyn a gofiai yn Nhredegar. A dyna fu'r patrwm hyd 1945 pan symudwyd i Cliveden Place ger Sloane Square, ac yna yn ddiweddarach i Fferm Asheridge ym mryniau Chiltern.

Ffrindiau artistig a chyfoethog y ddau

Yr oedd eu bywyd yn llawn cyffro, ond nodwedd arbennig y ddau oedd eu bod yn meddu ar gymaint o ffrindiau agos a feddyliai y byd ohonynt, ac a oedd yn croesawu'r cyfle i dreulio amser gyda nhw ar y penwythnosau. Yr oedd yr Iddewon diwylliedig a chysurus eu byd wrth eu bodd yng nghwmni'r ddau. Deuai Jacob Epstein, y cerflunydd byd-enwog atynt, a'r dramodydd Benn Levy, Aelod Seneddol Llafur a'i briod ddengar Constance Cummings. Edrychai Graham Sutherland, Feliks Topolski a Henry Moore, tri arall o fawrion y celfyddydau cain, ymlaen at dreulio penwythnosau gyda Jennie ac Aneurin. Ffrind arall oedd Alfred Hicht, cefnogydd artistiaid gweledol.[15] Gwelwyd gwaith rhai o'r artistiaid ar waliau'r cartref. Byddai Archie Lush, a ddaeth yn swyddog addysg ac yn asiant yn etholaeth Glynebwy, yn ymwelydd cyson.[16] Gwyddai ef yn well na neb sut oedd tynnu coes ei gyfaill. Deuai ffrindiau gwleidyddol atynt, fel George Russell Strauss, Barbara Castle a fu'n aros gyda hwy am wythnos ar ôl claddedigaeth ei chariad William Mellor yn 1942, a'r eglwyswr a ddaeth yn sosialydd o dan ddylanwad Syr Stafford Cripps ym Mryste, sef Mervyn Stockwood. Llwyddodd ef i berswadio'r ddau ohonynt i fynychu seremoni ei orseddu ef yn Esgob Southwark. O'r tridegau ymlaen deuai Michael Foot a'i wraig Jill Craigie yn gyson. Byddai'r pedwar yn treulio aml i benwythnos rhydd yn Stratford-on-Avon yn gwylio meistri'r theatr wrthi, yn arbennig Peggy Ashcroft, John Gielgud, Ralph Richardson a Laurence Olivier. Pan fyddent yn bwyta allan yn Stratford byddai llygaid y mwyafrif o'r bwytawyr ar Aneurin. Clywid chwerthin a mwynhad cymaint o'r bwytawyr am fod un o wroniaid y Senedd yn cydfwyta â hwy. Teimlai pawb a ddeuai i'w cartref nad oedd gwahoddwr mwy croesawus nag ef i'w gael yn unman.[17]

Trafferthion Tommy, brawd Jennie

Un o'r ymwelwyr anoddaf o bawb oedd Tommy Lee, brawd Jennie, a ymfudodd i Awstralia ac na wnaeth fawr ddim ohoni. Ni allai gadw swydd yn y byd am yn hir. Dirywiodd am iddo ddechrau yfed yn drwm, a byddai'n teithio am flynyddoedd, yn ôl ac ymlaen rhwng cartref Jennie ac Aneurin ac Awstralia, lle'r oedd ganddo wraig a phlant. Gwylltiai ei chwaer ato, gan ei alw yn 'llygoden y doc a wrthodwyd gan bob llong sy'n hwylio'.[18] Yr unig beth a ofynnai oddi wrthynt oedd arian, ac nid oedd y ddau yn brin ohono. Teimlai Jennie y medrai Tommy wneud niwed dybryd i yrfa wleidyddol Aneurin. Yr oedd eu dwylo wedi eu clymu am reswm digonol, sef cariad Ma Lee at Tommy. Yr oedd ei mam yn meddwl y byd o'r mab afradlon. Yr oedd Tommy yn annwyl iddi, a gwireddwyd yr hen ddywediad, 'Gwyn y gwêl y frân ei chyw.'

Anghytundeb gyda theulu Aneurin o Dredegar

Ymwelwyr eraill oedd bron yn yr un cwch â Tommy oedd teulu Aneurin o Dredegar. Yr oedd Phoebe Bevan a'i merch Arianwen yn ddrwgdybus o Jennie. Gallai'r mab talentog fod wedi dewis merch fwy confensiynol ac annwyl yn eu golwg hwy, gwraig gymwys a fyddai'n parchu confensiwn parchus ardaloedd gwaith glo Blaenau Gwent. Ar ben hyn oll yr oedd hi'n gwbl anfoesol. Anfonodd rhywun lythyr dienw at Mrs Bevan yn sôn am hoffter Jennie o Frank Wise, ac ar ymweliad cyntaf y fam â bwthyn Lane End aeth yn rhyfel cartref rhwng Phoebe Bevan a Jennie Lee. Methai â chredu ei bod yn byw mewn tŷ to gwellt: yr oedd ei chartref hi yn Nhredegar yn llawer mwy derbyniol na'r bwthyn gwyngalchog.[19] Gofidiai fod Jennie yn ddi-glem, nad oedd ganddi fwriad i brynu dodrefn addas. Yr oedd y bwthyn mor llwm o ddodrefn hardd, a dim un dodrefnyn yn newydd sbon. Cafodd Phoebe glywed y ddau gariad yn taflu ensyniadau ar ffurf brawddegau at ei gilydd mewn storm eiriol. Cerddai Jennie i lan a lawr ar y llwybr y tu allan i'r bwthyn yn dweud wrtho mewn llais hyglyw fod yn rhaid iddo ddewis naill ai ei fam neu hi. Yr oedd Aneurin mewn sefyllfa anobeithiol, nid oedd hi'n bosibl gwneud y dewis. Gwelodd Phoebe y sefyllfa a phaciodd ei bag a mynd yn ôl i'w thŷ solet yn Nhredegar; ond ni chadwodd draw er bod blas y cwffio cyntaf yn dal yn fyw iddi. Ceisiodd yr eildro ennill ei merch yng nghyfraith drosodd trwy feirniadu Aneurin am fod yn rhy amharchus o Ma Lee. Ond gwyddai Ma Lee a Jennie nad oedd y cyhuddiad yn wir o gwbl.[20]

Nid oedd croeso i fab hynaf y teulu, William, a elwid yn Billy. Yr oedd ef yn ŵr surbwch yn ôl ei chwaer yng nghyfraith ac nid oedd ganddi amynedd o gwbl tuag ato. Ni cheisiodd ei blesio am eiliad, gan obeithio na fyddai byth yn dod i'w gweld. Ond i Arianwen nid oedd Jennie yn deilwng o'i brawd. Merch wedi'i sbwylio ydoedd, heb ddysgu'r grefft o fyw, o goginio, nyrsio claf, defnyddio nodwydd a smwddio crys. Yr oedd ei mam, er yn wraig hyfryd, wedi ei difetha. Yr oedd Jennie yn mynnu dilyn ei gyrfa ac yn gwrthod bod yn 'Mrs Aneurin Bevan' fel yr adnabyddid y rhan fwyaf o wragedd o fewn capeli Tredegar a phob tref Gymreig arall. Nid oedd tref Tredegar yn golygu dim byd iddi, ac nid oedd ganddi awydd i fod yn fam ei hun a rhoddi wyrion a wyresau i Phoebe Bevan. Yn ôl Arianwen yr oedd yn 'wraig ddychrynllyd'.[21] Yn dawel fach gobeithiai'r teulu y byddai'r briodas yn methu'n fuan.

Yr oedd yna berthynas wenwynig hefyd rhwng Jennie ac Arianwen. Yr oedd Aneurin yn 36 mlwydd oed pan briododd, ac er yn hoff o gwmni merched, yr oedd ef i'w deulu yn fwy o hen lanc nag yn un a fyddai'n selio cyfamod priodas. Hyd 1934 yr oedd Arianwen yn gwbl gyfforddus, hi oedd ei *confidante*, ei ffrind pennaf yn Nhredegar, mwy felly nag Archie Lush na'r brawd William. Byddai'n barod bob amser i wneud unrhyw weithred drosto, ei gynrychioli a'i amddiffyn a chadw ei enw da fel ymgyrchydd dewr a di-ofn. Cofir hefyd fod ganddi gryn allu a gwybodaeth am y mudiad Llafur, a diddordeb yn yr hyn a ddigwyddai yn y maes glo. Hi wedi'r cyfan a gafodd yr anrhydedd o fod y ferch gyntaf i gadeirio Cyngor Llafur a Masnach Tredegar. Yr oedd Jennie Lee wedi cymryd ei lle ym mywyd Aneurin. Onid oedd Arianwen wedi rhoddi ei brawd yn gyntaf bob amser, ac wedi ei gadw yn ariannol am dair blynedd pan oedd yn ddi-waith? Rhoddodd anghenion ei brawd o flaen anghenion ei mam. Daliodd i gystadlu â Jennie am gyfeillgarwch a serch Aneurin gan gario ymlaen yn ddi-rwgnach i deipio ei holl lythyron, i brawf-ddarllen ei erthyglau i'r papurau a'i anerchiadau, a phob rhan o'i waith, yn arbennig y dyletswyddau nad oedd ei wraig ei hun yn barod i'w cyflawni.[22]

Diffyg cydweithio rhwng Jennie ag Arianwen

Nid oedd gan Jennie owns o amynedd tuag at Arianwen, ac yn arbennig pan fyddai wedi yfed gormod o win, byddai'n cael ei themtio i lefaru yn annoeth. A gwnâi bwynt o fod yn amrwd ac yn ddwl bob tro y byddai Arianwen wrth law. Un noson yn niwedd y pumdegau ar Fferm Asheridge, ar ôl i Arianwen goginio pryd o fwyd iddynt ac yna mynd ati i olchi'r holl lestri, daeth Jennie i'r gegin a dweud yn siarp wrthi am roddi'r platiau i gadw yn y cwpwrdd yn ymyl. Ffromodd Arianwen ac ysgwyd ei phen yn negyddol. Dyma Jennie yn codi ei llais ac yn dweud wrthi: 'Os na wnei di, mi dafla i'r cyfan i'r llawr.' Gwyddai Arianwen nad bygythiad na weithredai oedd hwn, ac ufuddhaodd ar unwaith i lais y bwli. Rhaid cydnabod bod Arianwen yn chwilio am bob bai ac wrth ei bodd yn gorfeirniadu tra oedd Jennie yn fwriadol drahaus. Cadwai Arianwen restr yn ei meddwl o arwyddion diffyg parch Jennie at ei gŵr ac roedd hynny yn ei chof flynyddoedd yn ddiweddarach pan ddaeth Patricia Hollis i'w chyfweld; a hyn sy'n rhoddi inni ddarlun manwl iawn o'r tyndra a'r berthynas rhyngddynt a'i gilydd fel teulu Jennie a theulu Aneurin.

Yr oedd Jennie yn amlwg yn cael ei ffordd ei hun gan amlaf, ac er mor gadarn a chyhyrog yr oedd Aneurin ar lwyfan ac yn y Senedd, yn ei gartref yr oedd yn gorfod plygu'n gyson i ddymuniadau Jennie. Pan oedd ei gŵr yn dyheu am gael ci mawr yn gwmni ac yn gyfaill wrth ymlacio o'i gyfrifoldebau, cafodd wybod yn ddiymdroi mai 'Na' oedd yr ateb. Byddai ci o'r fath yn gwneud ei rhieni yn nerfus. Ni chaniatâi Jennie chwaith i Aneurin gael ysgrifenyddes fel y medrai leihau cyfrifoldeb Arianwen. Pwy bynnag fyddai'r ysgrifennydd, meddai, byddai'n disgwyl iddi fod yn gwmni i'w mam ar ôl dyddiau ei thad, sefyllfa gwbl afreal ac amhosibl hyd yn oed yr adeg honno. A dyna pam na fyddai neb a dderbyniai'r swydd yn aros yn hir. Pan oedd Aneurin Bevan yn y Cabinet gorfu iddo wneud llawer mwy na neb arall oherwydd amharodrwydd Jennie Lee i gyflawni dim byd dros ben. Ond nid oedd Aneurin yn gofidio am hyn nac yn poeni chwaith am ei fod yn gwybod na fyddai Arianwen fyth yn ei siomi.

Pan ddeuai cyfnodau o afiechyd ar draws Aneurin yr oedd Jennie yn ei chael hi'n anodd i ddelio â'r sefyllfa, a gwyddai y byddai Arianwen yn sicr o'i chondemnio beth bynnag a wnâi. Dyna oedd yn digwydd. Yn ôl Arianwen byddai Jennie yn llusgo'i thraed yn ddigon pell o ystafell y claf. Ar ôl iddi ennill sedd Cannock yn enw'r Blaid Lafur i'r Senedd, byddai weithiau'n dianc o'i gwmni, ac yr oedd hynny yn ddealladwy gan fod ganddi gyfrifoldeb at ei hetholwyr. Dro arall wynebai ofid a phryder trwy oryfed. Geiriau Arianwen yn syml oedd pregethu'r un gân, nad oedd ei wraig yn medru gofalu am ei brawd ac yn gadael ei chyfrifoldeb i eraill. Nid hi oedd yr unig berson a fu'n llawdrwm ar y modd y gweithredodd Jennie dros y blynyddoedd a chawn drafod hyn mewn pennod a fydd yn croniclo blwyddyn olaf ei fywyd.

Anghytuno am y ty yn Sgwar y Frenhines, Tredegar

Bu Arianwen Bevan-Norris a Jennie Lee yn croesi cleddyfau ar fater y tŷ nobl â'i wyneb o gerrig yn Queen's Square, Tredegar, a bwrcaswyd yn 1938. Gofalodd Aneurin gyfrannu yn hael fel y medrai ei fam gael y tŷ yr hiraethai amdano. Ganrif ynghynt yr oedd yr adeilad wedi bod yn wyrcws y dref. Cyn prynu'r tŷ awgrymodd Jennie yn ddigon teg y byddai'n well rhentu tŷ cyngor modern, hwylus na gwario ar ddrychiolaeth o dŷ mawr. Gwylltiodd aelodau'r teulu. Fel pawb o'u cyfoedion yr oedd brodyr a chwiorydd Aneurin am wella'u byd a throi eu cefnau ar y tlodi a fu'n rhan amlwg o'u bywydau cynnar yn Charles Street. Ar ôl i Phoebe Bevan farw trosglwyddwyd y tŷ i Arianwen oedd yn byw gyda'i gŵr a'r mab. Defnyddiai Aneurin y tŷ fel ei gartref ar ei ymweliadau â'r etholaeth er mwyn cyfarfod â'r etholwyr. Ar ôl gwerthu'r tŷ to gwellt a symud i fflat foethus yn Llundain gobeithiai'r ddau wleidydd ddefnyddio Queen's Square fel eu 'bwthyn yn y wlad' fel petai! Nid oeddynt yn gweld diben yn y byd i brynu tŷ arall gan fod ganddynt le cysurus, moethus i aros am noswaith neu ddwy ar y tro yn Nhredegar. Gallai'r tŷ hwnnw roddi i'r ddau berson prysur dangnefedd, preifatrwydd, cysur a chyfle i ddod adref i'w hoff dref ef, ac i Gymru, gan arbed unrhyw waith tŷ i'w anwylyd. Gallai Arianwen ysgwyddo'r cyfrifoldeb hwnnw ar ôl iddynt droi yn ôl am Loegr. Syniad gwych oedd hyn gan fod y tŷ yn ei gynnig ei hunan gan fod pedair ystafell wely yno, a dymunai Aneurin a Jennie feddiannu tair o'r ystafelloedd hyn ar eu hymweliadau. Yr oedd dwy ystafell wely fawr at eu gwasanaeth, un a ddefnyddiwyd fel ystafell ymlacio a'r llall yn ystafell wely. Byddai'n rhaid i'r mab, Robert, ildio ei ystafell er mwyn iddynt gael ystafell ymolchi. Cysgai Arianwen a'i gŵr yn yr ystafell gefn a'r mab yn yr ystafell fyw. Gofalodd Jennie Lee gael dodrefn a charped o siop Heal yn Tottenham Court Road, Llundain i Dredegar, ond ar eu hymweliad cyntaf gwelid staen gwin ar y carped, ac ar eu hymweliad nesaf dwrdiodd Jennie ei chwaer yng nghyfraith am fethu glanhau'r staen. Cydiodd mewn gorchudd gobennydd a cheisio glanhau'r staen heb sylweddoli mai dyma un o'r goreuon oedd yn yr holl dŷ.

Yr oedd y ddwy ohonynt yn gwrthdaro yn gyson ond dyhead y ddau wleidydd oedd cael perffaith dawelwch. Dioddefai'r ddau o fod yn bobl adnabyddus. Eu dymuniad pennaf oedd cael dianc i'r ucheldiroedd o amgylch Tredegar, ac i gerdded llwybrau'r mynyddoedd lle nad oedd ond defaid i'w gweld. Treulid amser cinio yn un o dafarnau diddorol ac anghysbell Blaenau Gwent. Un tro yr oedd y ddau yn treulio ychydig amser yn Abaty Tyndyrn fel y bardd William Wordsworth gynt. Ond adnabuwyd Aneurin yn syth gan yr ymwelwyr. Gadawodd ar unwaith. Yr oedd yr ymweliad wedi cael ei ddifetha gan gywreinrwydd ei edmygwyr. Un tro cyn ymadael am Dredegar deallodd Aneurin fod nith iddo yno yr un adeg. Dywedodd wrth ei chwaer dros y ffôn na fyddai'r ddau ohonynt yn dod adref os dyna oedd y sefyllfa. Byddai'r nith yn tarfu ar eu heddwch ac ar yr ymweliad. Clwyfwyd Arianwen, ei chartref hi ydoedd wedi'r cyfan, ac yr oedd y ferch yn nith i'r ddau ohonynt. Dyma'r ddau yn codi eu lleisiau dros y ffôn, ond nid ildiodd Arianwen nac Aneurin chwaith. Aeth ef a Jennie nid i Dredegar y penwythnos hwnnw ond i Barc Buscot, cartref yr hen lanc a'u ffrind Llafurol, yr Arglwydd Faringdon. Cafodd y ddau ddirfawr bleser ym mhlasty Buscot.

Y ddau wleidydd yn dyheu am lonyddwch

Yr oedd y teulu yn Nhredegar yn barod i roddi'r bai ar Jennie Lee, a dyna fyddai'n digwydd bob tro, er mai Aneurin oedd ar fai yn aml. Ond ni allai'r ddau ohonynt ddygymod â'r holl gyhoeddusrwydd a dderbynient, a'r camerâu yn tynnu eu lluniau o ddydd i ddydd. Diddorol yw darllen y llythyron oddi wrth Jennie Lee at Arianwen lle y mae hi'n ceisio addysgu'r teulu i ddeall yn well yr obsesiwn oedd gan y ddau am ddinas noddfa yn Nhredegar. Yr oeddynt bellach o dan straen lle bynnag y byddent yn aros. Yr oedd hi'n annioddefol mewn gwesty a hyd yn oed ar aelwyd ffrindiau Iddewig mewn tai moethus. Byddai'n ofynnol i dalu pris am y croeso a'r lletygarwch gan y disgwylid iddynt siarad yn ddi-baid am gwestiynau'r dydd. Dyma eiriau Jennie at Arianwen:

> But again you have to pay for that hospitality in the nervous wear and tear of endlessly going over political issues till you scream and screech inside yourself like a blunt gramophone needle playing over and over again the same old records.[23]

Teimlai'r ddau fel ei gilydd mai cyfraniad pennaf Arianwen fyddai cynnig noddfa iddynt am ychydig ddyddiau yn achlysurol a'u rhyddhau o'r pwysau i gymdeithasu a chynnal sgwrs. Dyma'u teimladau cignoeth:

> It is not a matter of disliking the people we must sometimes run away from. We leave behind good friends and relatives in London. It is simply that there are times when we simply must have room to breathe freely without too many hands clutching at us. We need a tranquil, trusting and trusted atmosphere.[24]

Gwelir holl densiwn bywydau prysur dau berson lliwgar, talentog a phoblogaidd ar un llaw, ac ar y llaw arall ddisgwyliadau ffrindiau, edmygwyr a theulu nad oedd yn gwybod y nesaf peth i ddim am y straen corfforol, emosiynol, meddygol, yn wir ysbrydol ar adegau. Mae'n amlwg fod Tredegar yn Afallon i'r ddau ohonynt a bod y teulu heb lwyr sylweddoli'r ffaith honno. Yn ei gohebiaeth tanlinellodd Jennie nad oedd hi ac Aneurin yn disgwyl gormod, deg wythnos y flwyddyn ar y mwyaf, efallai dim mwy na saith, a byddent bob amser yn rhoddi gwybod ymlaen llaw eu bod yn dod.[25] Pan na fyddent yno yr oedd rhyddid i wahodd un o'r teulu neu ffrindiau i aros. Ond pan ddeuai Aneurin a hithau nid oedd croeso i neb arall ond hwy fel teulu aros yn y cartref.[26]

Yr oedd bai ar y ddwy ochr. Teimlai teulu Bevan-Norris fod Aneurin a Jennie yn afresymol a di-feddwl, a cheir digon o enghreifftiau i gyfiawnhau'r cyhuddiad hwnnw. Ond yr oedd un broblem yn distaw ferwi o dan yr wyneb, hynny yw o 1934 hyd 1960, sef 'nad oedd Jennie Lee yn wraig gymwys i Aneurin ni.' Yr oedd holl gonfensiwn bywyd priodasol pobl Tredegar wedi cael ei anghofio. Disgwylid yn Nhredegar y byddai gŵr a gwraig briod yn cysgu yn yr un gwely. Gwelodd Phoebe Bevan nad oedd hynny'n digwydd yn y bwthyn to gwellt. Yn Cliveden Place yr oedd Nye yn meddu ar ei ystafell wely ei hun. Yn Fferm Asheridge yr oedd y ddau yn cysgu mewn ystafelloedd gwahanol. Yr unig adeg lle y ceid sicrwydd eu bod yn cysgu yn yr un gwely oedd yn Nhredegar.

Esgus Jennie am hyn i gyd oedd ei bod hi yn hoffi codi'n gynnar a bod Aneurin yn dod i'w wely yn oriau mân y bore. Gallai ddod heb ei deffro hi. Y gwir oedd nad oedd y briodas yn un gonfensiynol. Piwritan o gefndir Ymneilltuol oedd Aneurin Charles Street, ac er iddo anghofio hynny ar brydiau yn y Café Royal, dyna ydoedd yn y bôn. Yr oedd hi fel arall, fel gwenynen yn mynd o flodyn i flodyn. Nid oedd llyffetheiriau yn ei pherthynas â phobl eraill, a daliai i hiraethu ar ôl Frank Wise hyd ei bedd. Ysgrifennodd Jennie:

> To Nye, I was friend and mistress – never wife. The word offended me as ugly. Nye would not have wanted or been content to accept a 'wife' in the conventional sense.[27]

Gwelai hi ef fel ffrind o sosialydd, cydymaith, y gair a anwesai oedd y gair o eirfa'r Marcsiaid, *comrade*. Meddyliai y byd ohono, ond nid oedd yn ei garu fel y carai Frank. Un cariad a gafodd, a bu farw ynghanol ei ddyddiau. Aneurin a fynnodd, er mwyn parchu confensiwn Blaenau Gwent a meddylfryd ei fam a theulu Bevan, iddi ei briodi. Hoffai hi'r arferiad a ddaeth yn boblogaidd yn ein dyddiau ni o fyw fel partneriaid heb orfod mynd trwy unrhyw seremoni. Rhyddid a ddymunai rhag hualau'r bywyd priodasol. Pan oedd yn byw yn y fflat yn Guildford Street byddai'n mynd allan gyda'r nos ar ei phen ei hun o dan straen gan ei bod hi'n colli'r hyn a gafwyd yn y bwthyn yn Lane End, digon o le i grwydro'r ardd enfawr.

Ymgyrchu enfawr y ddau yn y byd gwleidyddol

Yr hyn a'u cadwodd yn ddiddig, y ddau ohonynt, oedd yr ymgyrchu di-baid o blaid achosion dyngarol, a'r arweiniad a roddai Aneurin Bevan yn Senedd y tridegau ac yn ystod yr Ail Ryfel Byd. Bu Llywodraeth Lafur 1945–51 yn gyfle godidog ac fe welwyd hwy ar eu gorau. Ni fu plant ganddynt. Credai ei deulu yn Nhredegar y byddai Aneurin wrth ei fodd gyda phlant, ac yr oedd plant wrth eu bodd yn ei gwmni ef. Meddai ar ddigon o storïau, penillion, hwiangerddi oedd yn eu cadw yn gwbl ddiddig. Byddai'n barod i chwarae gyda phlant eu ffrindiau a'u cymdogion, criced yn arbennig. Bowliodd am awr gyfan i ddau fab i gymdogion iddynt. Ond ni ddymunai Jennie fod yn fam yn ôl ei chwaer yng nghyfraith. Ni wyddai Arianwen Bevan-Norris i Jennie gamesgor yn gynnar yn ei phriodas, ac yn ôl ei mam, cafodd wybod na allai gael plant ar ôl hynny. Pan oedd hi'n ddeugain oed mae'n debyg ei bod yn barod i ystyried plentyn yn y groth, ond cynghorwyd hi gan feddyg enwog, y Cymro o Bontcymer, Dr (Syr yn ddiweddarach) Dan Davies, i beidio â meddwl am hynny oherwydd ei hoedran.[28] Ni fu edifar ganddi na chafodd blant. Prin yw'r lluniau ohonynt gyda phlant a babanod ar eu cyfyl. Aneurin yw'r un oedd yn cofleidio'r plant, nid hi.

Cyfnod yn 23 Cliveden Place

Ar ddiwedd y Rhyfel fel y gwyddom, symudwyd i Lundain er mwyn i'r ddau wleidydd fod yn agos i San Steffan. Yr oedd 23 Cliveden Place yn ddigon mawr i bawb, yn dŷ pum llawr, a gwerthwyd y bwthyn a fu'n gartref am flynyddoedd am dair mil o bunnoedd i'w ffrind Israel Sieff. Ond ddau ddiwrnod cyn symud, disgynnodd bom Almaenig yn ymyl, a dinistriwyd ffrynt y tŷ a'r to, a chwythwyd pob ffenestr o'i seiliau, a llanwyd y selar â dŵr. Cymerodd dipyn o amser i gael y tŷ yn ôl fel yr oedd yn wreiddiol. Erbyn Awst 1945 daeth y *Daily Mirror* i dynnu lluniau o'r tŷ ar ei newydd wedd. Gwelir Aneurin yn gorwedd ar y soffa a Jennie yn cysgodi yn ei freichiau cadarn. Rhoddodd y *Daily Mirror* ganmoliaeth i Cliveden Place, pob modfedd sgwâr ohono yn wir gartref.[29] Cafwyd adroddiad hir am y ddau a'u gobeithion, a dysgwn lawer o'r cyfweliad. Yr oedd parch mawr i'r gath Siamaidd, a elwid yn

Smoky. Byddai Aneurin yn canu emynau a chaneuon poblogaidd yn gyson yn yr ardd. Gwelid ugeiniau o recordiau gramoffon yn yr ystafell fyw, a dau deipiadur a fyddai'n brysur. Gwelid ar wal y llyfrgell fapiau o wledydd y trefedigaethau, a phan ofynnwyd i Jennie am ei hobi y tu allan i wleidyddiaeth, atebodd 'Fy ngŵr yw fy hobi!' – atebiad na fyddai'n plesio rhai o'i deulu ym Mlaenau Gwent. Bu Cliveden Place yn noddfa ardderchog iddynt mewn cyfnod hynod o brysur. Ond ar ôl methiant Llafur i ennill Etholiad Cyffredinol 1951 nid oedd cymaint o angen byw yn Llundain. Gan nad oedd drws cefn i Cliveden Place yr oedd hi'n amhosibl i ddianc rhag pobl y camerâu. Gwelid hwy yn feunyddiol o amgylch y tŷ yn cofnodi pob symudiad. Pan oedd tad Jennie ar ei wely angau yn 1952 gosododd y *Daily Express* gamera yn ffenestr llofft y tŷ gyferbyn er mwyn croniclo holl symudiadau arweinwyr adain chwith Llafur.[30] Un noson ar ôl cyrraedd adref o'r Senedd gwelwyd fod un o elynion Aneurin wedi gwthio tân gwyllt trwy'r bocs llythyrau a gosod carped y neuadd ar dân. Gallai'r tŷ i gyd fod wedi llosgi'n ulw. Yr oeddynt wedi cael digon o fyw dan warchae ac amodau anghyffredin.

Cyfeillgarwch gyda sosialydd o ffermwr o'r Alban

Cafodd Aneurin y syniad o symud yn ôl i gefn gwlad, i waddol ei hynafiaid cyn iddynt symud i gwm y glo. Yn ystod etholiad 1951 daeth i nabod ffermwr o sosialydd, John Mackie, a daeth y ddau yn bennaf ffrindiau. Byddent yn rhannu gwyliau yn yr Alban, yn cerdded gyda'i gilydd yn yr Ucheldiroedd. Albanwr oedd Mackie, yn berchen dwy fil o erwau yn yr Alban, a mil o erwau yn Swydd Lincoln. Bu'n trafod y syniad gyda Mackie a chael cefnogaeth.[31] Aeth ati i chwilio'r papurau newydd am fferm. Ac er boddhad iddo darllenodd hysbyseb am dŷ fferm, rhyw dair milltir o orsaf Chesham, a dim ond deng milltir ar hugain o Lundain. Yr oedd ei freuddwyd ar fin cael ei gwireddu. Darllenodd yn fanwl yr hysbyseb a gweld fod yna 52 o erwau yn perthyn i'r fferm. Yr oedd dau fwthyn o'r pedwardegau ar y tir, a nifer dda o adeiladau o frics a choed, a sgubor wedi ei harddu gan waith coed cywrain. O fewn pum munud yr oedd wedi ymserchu yn y fferm a elwid Asheridge. Cysylltodd â John Mackie, a chyda help chwe mil o bunnoedd o forgais, prynodd y cyfan am naw mil o bunnoedd ym mis Gorffennaf 1954.[32] Bargen os bu un erioed.

Prynu fferm ger Chesham

Symudodd Jennie a'i mam ac Aneurin i'r fferm ac o fewn ychydig wythnosau sylwyd bod Euphemia Lee (née Pollock) wedi cael annwyd. Galwyd y meddyg lleol, Dr Wise, a chael y newydd bod cancr arni.[33] Ond nid oedd y canlyniadau mor anobeithiol ag y tybid, a hysbyswyd y fam mai cornwyd (abscess) ydoedd. Yn wir bu Ma Lee fyw am wyth mlynedd arall, a gweld Aneurin o bawb yn ei gadael, y gŵr bywiog, prysur yr addolai hi'r tir a gerddai arno. Dywedai yn feunyddiol pa mor ffodus y bu ei merch o gael cymar bywyd fel Aneurin.

Pan aeth Aneurin i'r Dwyrain Pell ar daith Seneddol aeth Jennie a'i mam ati i weddnewid a moderneiddio'r tŷ fferm gan osod gwres canolog ac ehangu rhai ystafelloedd a'u haddurno a'u dodrefnu. Dros y blynyddoedd prynwyd hen greiriau a dodrefn, a gwelwyd gwaith gwych eu ffrindiau, Henry Moore, Graham Sutherland a John Piper yn harddu'r ystafelloedd.

Yr oedd tŷ fferm Asheridge yn ddelfrydol, tŷ eang, golau a drws ffrynt yn agor ar ystafell fyw nobl a lle thân lle y llosgid yn y gaeaf goed a dyfai ar y fferm. Ceid ystafell fwyta lle y gallai dwsin yn hawdd eistedd i ginio o amgylch bwrdd a ddaeth iddynt adeg eu priodas; yna ceid cegin a stafell lai i eistedd (ystafell a fu yn cadw llaeth yn oer). Arweiniai y grisiau o dderw i bedair ystafell wely, yn ogystal ag ystafelloedd gwisgo ac ymolchi, ac uwchben yn y llawr nesaf ystafell yn y groglofft, lle y medrai Aneurin dreulio amser yn synfyfyrio ar y byd a'r betws heb neb i darfu arno.[34] Sefyllfa ddelfrydol. Gweddnewidiwyd yr ysgubor yn fwthyn i wahoddedigion. Un ffrind mynwesol a fu'n aros yno oedd Pierre Mendès France. Daeth â'r ffotograffydd enwog Henri Cartier-Bresson yn gydymaith. Tynnodd Cartier-Bresson luniau nodedig o ddau eicon y chwith.[35]

Gwrthodwyd gwerthu neu rentu dim o'r tŷ, gan eu bod bellach yn mwynhau'r hyn oedd fwyaf pwysig iddynt mewn bywyd, preifatrwydd rhag y llygaid busneslyd yn Nhredegar neu yn Llundain, yn wir pa le bynnag y gwelid Aneurin a Jennie. Yr oedd Aneurin yn un o'r wynebau mwyaf cyfarwydd ym Mhrydain, yn yr un sefyllfa â'r Prif Weinidog neu'r Brenin neu'r Frenhines.

Aneurin Bevan fel ffermwr

Ffansïodd Aneurin ei hun fel ffermwr fel y gwnaeth James Callaghan mewn dyddiau diweddarach. Yr oedd ar y fferm ŵr i redeg y cyfan a gŵr arall i ofalu am y pymtheg o wartheg Guernsey a'r trigain o ieir a etifeddodd. Gobeithiai y gallai dalu ei ffordd ond yn anffodus gwelid colled ariannol bob blwyddyn. Fel y dywedodd John Mackie wrtho droeon, yr oedd y fferm yn llawer rhy fach i wneud elw. Nid oedd diwedd ar y gwario, gwelid fod angen ffensio, prynu peiriannau, gwella'r beudy, adnewyddu rhai o'r adeiladau a pharatoi twlc helaeth, gan fod Aneurin yn reit hoff o foch. Sylwodd fod y gwartheg yn talu'u ffordd mewn modd gwahanol i'r moch a'r ieir. Mewn tair blynedd cynyddodd y nifer o wartheg Guernsey o bymtheg i chwe deg, ac yn y cyfamser prynodd rai cannoedd o ieir a dau gant a hanner o hychod magu a moch bach.

Bu'r ffermio yn brofiad rhyfedd i'r gwleidydd enwog.[36] Cafodd ddigon o anghytuno gyda'i weithwyr. Anodd oedd eu cadw yn ddiddig. Gadawodd y ddau was cyntaf o fewn ychydig fisoedd. Cafodd eu holynydd ei gicio gan fochyn a niweidiodd ei gefn. Bu i ffwrdd am sbel a phan ddaeth yn ôl daeth ag achos cyfreithiol yn erbyn Aneurin. Cysylltodd Aneurin gydag Undeb Cenedlaethol y Ffermwyr (NFU) a derbyniodd gyfarwyddyd a'i rhyddhaodd o'i boen meddwl. Ond y gwir oedd nad oedd y ddau ddim yn gallu cadw gweision. Gwelid un ar ôl y llall yn gadael. Credai Jennie eu bod yn cymryd mantais o'i gŵr am ei fod yn llawer rhy garedig ei ffordd. Yr oeddynt yn cymryd mantais arno gan wybod na fyddai ef o bawb yn dymuno cael cyhoeddusrwydd yn y wasg a awgrymai ei fod yn feistr cybyddlyd, anhylaw a di-glem.

Deuai treuliau'r fferm i mewn i'r ffurflen dreth. Wrth lenwi honno disgwylid iddo osod i lawr yr holl arian a wariwyd ar gyflogau, gwelliannau a gwasanaeth cwmnïau bwyd y gwartheg heb anghofio biliau'r ffarier. Cafwyd gwasanaeth beunyddiol staff y fferm yn y tŷ byw, ac yn y pen draw yr oedd eitemau'r gwariant yn dra uchel, ac ar ôl talu'r gweision, yr insiwrans, y trethi, morgais, biliau gwresogi, glanhau a thalu am y gwelliannau, yr oedd angen poced ddofn. Un flwyddyn gosodwyd bathrwm newydd yn y tŷ, y flwyddyn ddilynol prynwyd car newydd. Dyma'r treuliau oedd yn deillio o fferm weithredol, fel y gwyddai pobl y dreth incwm.[37]

Yr oedd enillion y ddau ohonynt yn benbleth i gyfrifydd siartredig. Nid cyflogau Aelodau Seneddol yn unig a ddeuai i'w dwylo. Yr oedd y ddau yn ennill cryn dipyn o arian o newyddiaduraeth, o fuddsoddiadau, o raglenni radio ac o 1954 ymlaen, o'r fferm. Nid oedd Aneurin a Jennie yn medru llenwi ffurflenni'r dreth incwm eu hunain. Dibynnai'r ddau, fel y gwnâi Cledwyn Hughes, AS Môn, ar gyfrifydd, a chwmni o gyfrifyddion, ac yn achos Aneurin cyflwynai ef, pan ddeuai bil am ragor o arian oddi wrth yr awdurdodau trethi, i'w gyfaill, y cyfreithiwr enwog Arnold Goodman, oedd yn enwog am ddatrys problemau'r pwysigion.

Ond yr oedd Jennie yn un anodd iawn delio â hi, gan ei bod yn gohirio talu am fisoedd lawer i'r crefftwyr a'u cwmnïau a fu'n cyflawni gwaith yn Asheridge. Gosododd un cwmni lawr newydd i'r beudy a gadawodd y gweision ac Aneurin i'r gwartheg gerdded drosto cyn i'r sement galedu. Yr oedd ôl eu carnau yn y concrid. Gwrthodai Jennie dalu am nad oedd y llawr yn wastad, a'i bod yn gweld ôl traed yr anifeiliaid. Yr oedd hi'n ddidoreth fel trysorydd y fferm.[38]

Hyfrydwch byd y fferm i'r ddau ohonynt

Rhoddodd y blynyddoedd ar y fferm bleser anhygoel i Aneurin. Treuliai oriau lawer i ofalu am yr anifeiliaid. Anwesai hwy. Arhosodd ar hyd y nos i ofalu am fuwch sâl. Cymysgai gyda'i gymdogion, a hoffai'r ddau gael seibiant yn y dafarn leol, y Blue Ball, lle yr anwylid hwy. Prynai'r ddau fwyd mewn dwy siop yn Chesham, gan synnu aml un gyda'r ugeiniau o boteli o win Rioja o wlad Sbaen a geid yn y bagiau. Yr oedd yn well gan Aneurin brynu buwch yn y farchnad na phrynu cot fawr iddo ef ei hun. Ychydig cyn ei farw bu'n trafod y posibilrwydd o brynu cae a ffiniai â hwy, er mwyn ehangu Asheridge.

Ond er hyn oll ni chafodd y ddau lonydd gan y wasg. Yr oeddynt fel pla yn defnyddio pob tric, yn cuddio y tu ôl i berthi'r ardd neu'r cloddiau, gan wrando ar y sgyrsiau rhwng Aneurin a'i ffrindiau a ddigwyddai ar yr aelwyd ac a ddangosai ddiddordeb yn y bywyd newydd o'i eiddo. Yr oedd eu byd yn gyfforddus. Syml oedd tâl Aelodau Seneddol. Derbyniai AS dâl o fil o bunnoedd yn 1946, £1,250 yn 1954 a £1,750 yn 1957. Y wasg oedd yn eu herlid oedd yn eu helpu hefyd. Enillasant ddwywaith fwy o gyflog o'r newyddiadura nag o'u gwleidydda. Felly deuai incwm o ryw bum mil y flwyddyn iddynt yn 1955/6 tra byddai Gweinidog yr Efengyl yn ei etholaeth yn derbyn deng waith yn llai o gyflog.[39] Ond colled i gyd oedd y fferm, o leiaf lleihad ar y dreth incwm, ac yr oedd yr wyau a'r llaeth a chynnyrch yr ardd yn lleihau eu costau byw. Ond derbyniai Aneurin haelioni oddi wrth ei edmygwyr. Un o'r goreuon oedd Syr Charles Trevelyan. Ef fyddai'n talu treuliau etholiad y ddau, yn cyflwyno car modur iddynt, yn talu am eu gwyliau a hefyd am insiwrans personol. Un arall caredig oedd yr Iddew, Howard Samuel, perchennog y wasg McGibbon & Kee, a gyhoeddodd gyfrol gyntaf o gofiant godidog Michael Foot i Aneurin yn 1962.[40] Byddai ef yn talu llawer iawn o dreuliau Aneurin ar ei ymgyrchoedd gwleidyddol ar hyd a lled Prydain. Gofalodd yn ogystal am lawer o filiau yr wythnosolyn *Tribune*.

Caredigrwydd pobl gyfoethog i Aneurin

Yn ystod yr Ail Ryfel Byd perthynai'r ddau i Glwb Pheasantry yn King's Road, Chelsea, lle y byddai eu cyfaill, yr Eidalwr, Rene de Meo yn haelionus iddynt. Byddai Aneurin yn cael pryd blasus o fwyd ddwywaith neu dair yr wythnos yn fflat y perchennog. Deuai Jennie gydag ef yn gyson i'r gwesty ac i'r ciniawa, a phob Sul gwag oedd ganddo byddent yn cael eu cinio yn y Clwb. Yng nghanol y pnawn byddai De Meo yn mynd gyda hwy i Cliveden Place gyda bag o boteli a bwyd drudfawr. Ar y Sadwrn byddai mam Jennie yn galw yn y gegin lle y derbyniai ffowlyn o law'r perchennog a bagaid o fwyd maethlon. Ac ym mis Awst 1948 bu Aneurin a Jennie yn aros gyda de Meo yn ei gartref yn Fomia ger Naples.[41] Gwerthfawrogai y tri ohonynt y caredigrwydd hwn, ac o du Howard Samuel yr oedd yr haelioni yn ddiddiwedd.

Un noson yn 1956 ar ôl i Samuel fod yn gamblo mewn casino, cyflwynodd i Aneurin amlen â'r swm o fil o bunnoedd o'i mewn.[42] Agorodd Jennie Lee gyfrif arbennig gyda'r swm hwn ar gyfer gwyliau ar y cyfandir pan fyddai gwir angen. Byddai Samuel yn rhoddi amlenni ag arian sychion o'u mewn ac yn ei gynghori sut i fuddsoddi er mwyn gwneud mwy o elw. Ffrind cyfoethog arall oedd yr arweinydd band enwog, Jack Hylton. Cyflwynodd ef yn 1959 y swm o £2,500 i Aneurin a defnyddiodd y gwleidydd gryn dipyn o'r arian i helpu ei ffrindiau ar yr adain chwith gyda'u treuliau etholiadol.

Meddyg teulu, y Cymro Syr Dan Davies

Ni ddefnyddiai Aneurin Bevan feddyg teulu. Byddai'n mynd at ei gyfaill o feddyg, Syr Daniel Thomas Davies, a benodwyd yn 1938 yn feddyg i'r teulu brenhinol. Cymro cadarn oedd Davies, a byddai'n cyfarch Aneurin bob amser yn yr iaith honno. Deuent o'r un cefndir. Mab i'r Parchedig D. Mardy Davies, Gweinidog gyda'r Methodistiaid Calfinaidd, oedd Dan Davies, a daeth i adnabod Aneurin yn nyddiau'r coleg yng Nghaerdydd. Bu'n ddylanwad da ar Aneurin ac yn ofalus ohono mewn cyfnodau o afiechyd ac yn arbennig ym mlwyddyn olaf ei oes. Y gwir oedd fod Aneurin fel David Lloyd George wedi cael ei barchu yn fawr gan ei ffrindiau am nad oedd angen iddynt bryderu am yfory. Ni ellir ei gyhuddo ef na'i briod o ragrith. Yr oedd sosialaeth i'r ddau yn golygu gwell amodau byw i bawb o blant dynion. Dyna oedd athroniaeth eu bywyd. Nid oedd Aneurin yn barod i dderbyn rhoddion ac arian sylweddol os oedd unrhyw berygl iddo orfod talu yn ôl, a dyna pam y gwrthododd dros y blynyddoedd dderbyn ceiniog goch gan berchennog papurau newydd fel yr Arglwydd Beaverbrook. Mwynhaodd groeso'r Arglwydd Beaverbrook a dod i adnabod, trwy hynny, aml un a edmygai Aneurin yn fawr o ddyddiau ei ieuenctid. Y pennaf o'r rhain oedd y llenor a'r awdur H. G. Wells.[44] Trwy garedigrwydd Beaverbrook, daeth Aneurin Bevan i gymdeithasu gydag H. G. Wells er difawr lawenydd iddo. Y Jerwsalem Newydd oedd gobaith y ddau, a bu ef ac H. G. Wells yn ffyddlon i'w gweledigaeth. Bodlonwyd Aneurin Bevan yn fawr yn ei gartref yn Nhredegar ac yn Lloegr, ond ar fferm Asheridge y profodd oriau o wir lawenydd na phrofodd yn unman arall. Gŵr y pridd ydoedd yn ei hanfod ac nid rhyfedd mai ei hoff gwpled oedd geiriau Eifion Wyn:

> Pam, Arglwydd, y gwnaethost Cwm Pennant mor dlws,
> A bywyd hen fugail mor fyr?[45]

Adroddai'r geiriau gydag arddeliad pan fyddai ef a Clough Williams Ellis (1883–1978) yn cerdded llwybrau cyfarwydd Gwynedd ac yn arbennig yn cael pnawn yng Nghwm Pennant. Roedd gwraig y pensaer a gynlluniodd Bortmeirion, Amabel Williams Ellis, yn chwaer i John Strachey ac yn meddwl y byd o Jennie ac Aneurin. Yn ei gyfrol ddifyr am y ddau o Bortmeirion dywed Jonah Jones:

Certainly Amabel had known intimately many of the Left's luminaries, like Aneurin Bevan and Jennie Lee, and she toured the Rhondda when it was at its poorest in the Thirties, trying to understand and to help where she could.[46]

Nodiadau a Chyfeiriadau

1. Dyma eiriau canmoladwy Egon Wertheimer yn 1929: 'Young Miss Jennie Lee can, in view of her promising beginning, be regarded as the woman with the biggest potential political future in Great Britain; but only if she succeeds in steering her barque between the Charybdis of the "left wing" which gave her political chance and the Scylla of social temptations.' Gw. Egon Wertheimer, *Portrait of the Labour Party* (London and New York, 1929), 190.
2. Michael Foot, *Aneurin Bevan, 1897–1945*, Vol. 1 (London, 1962), 102.
3. Patricia Hollis, *Jennie Lee: A Life* (Oxford 1997), 70.
4. *Ibid.*, 72.
5. Michael Foot, *ibid.*, y nodyn ar waelod tudalen 125.
6. Hollis, *ibid.*, 74.
7. Frank Owen, y newyddiadurwr a fu'n rhannu fflat gydag Aneurin Bevan, oedd yr un a ffoniodd Jennie o swyddfa'r *Daily Express*. Teithiodd Charles ar y trên o Newcastle ac aeth yn syth i fflat Frank i gasglu papurau yn perthyn i Jennie. Gweler Jennie Lee, *My Life with Nye* (London, 1980), 101–2.
8. *Ibid.*, 102. Dyma ran o'r llythyr dadlennol: 'Frank was solid gold. Nye is quick-silver. He is as unreliable as Frank was reliable. He is moody, self-indulgent, but in a curious way he is a brother to me. Our mining backgrounds outlooks and hopes and despairs are most similar.'
9. *Ibid.*
10. *Ibid.*, 107–8.
11. *Ibid.*, 108. Ar ben hynny bu'n drafferthus fel y sonia Jennie: 'Five of us instead of four went off to a private room in the Ivy restaurant, where the proprietor our friend Abel, had prepared lunch for us. Billy Bevan refused Abel's best champagne and best wines and insisted on a special brew of beer that the Ivy did not stock, causing so much fuss and bother that we wanted to strangle him.'
12. Hollis, *ibid.*, 83.
13. *Ibid.*
14. Jennie Lee, *My Life with Nye*, 113.
15. *Ibid.*, 161, 229, 250.
16. *Ibid.*, 167, 261. Ef oedd ffrind agosaf Aneurin ar hyd y blynyddoedd.
17. Hollis, *ibid.*, 205.
18. *Ibid.*
19. Dyma ochr Jennie Lee i'r stori: 'When she visited us and found we were living under a thatched roof with bare polished wooden or tiled floors and plain white walls, it seemed to her that her impossible son was bent on going backwards just when he ought to have been moving forwards. After a lifetime of selfless hard labour, bringing up a large family and supplementing her husband's wage by running a millinery business in her parlour, she was now living in a solid stone house in the centre of Tredegar. No more ancient cottages for her.' Gw. Jennie Lee, *My Life with Nye*, 112.
20. Hollis, *ibid.*, 206.
21. *Ibid.*, 207.
22. *Ibid.*
23. *Ibid.*, 209.
24. *Ibid.*
25. Papurau Jennie Lee. Llythyr Jennie Lee at Mrs Bevan-Norris, llythyron dyddiedig 16 a 21 Awst 1950 sydd i'w gweld yn Hollis, *Jennie Lee: A Life*, 209.
26. Dyma ddarn o lythyr yn egluro pam fod presenoldeb y nith yn tarfu arnynt: 'As it was a youngster with a good home, father, mother, all the prospects and opportunities in the world before her, who has to be to be humoured even at our psychological expense … So I repeat

again, our need to run away from people sometimes is not a mark of dislike or indifference. It is the reverse.' Gw. Hollis, *ibid.*, 210.

27. Hollis, *ibid.*, 211.
28. *Ibid.*, 217.
29. *Daily Mirror,* 14 Awst 1945.
30. Ond cofier i'r *Daily Express* wahodd Jennie Lee i deithio i Rwsia yng ngaeaf 1936 er mwyn llunio nifer o erthyglau ar sefyllfa pobl yn y wlad fawr honno. Gw. Jennie Lee, *My Life with Nye,* 119–20.
31. *Ibid.*, 208–9. 'John Mackie said he would see to things for us. Without his encouragement and help it would have been madness for us to embark on this kind of venture.'
32. *Ibid.*, 208.
33. *Ibid.*, 210.
34. Hollis, *ibid.*, 220.
35. *Ibid.*
36. *Ibid.*, 222. 'The farm gave Nye especially, huge pleasure. He immersed himself in it.' Gwelodd John Buchan ef yn sefyll ar ei draed trwy'r nos yn nyrsio buwch oedd yn sâl, ei phen ar ei gôl. Gw. John Buchan, 'Portrait of Aneurin Bevan', *BBC*, 21 Awst 1961.
37. Gwelodd Patricia Hollis ddrafft o gyfrifon 1957–8 a 1958–9. Gweler Hollis, *ibid.*, 422.
38. *Ibid.*, 222.
39. *Ibid.*, 223.
40. *Ibid.*
41. Daw yr holl wybodaeth am gyfeillgarwch Bevan a Rene de Meo o erthygl yn y *Western Mail,* 26 Medi 2006 o dan y teitl 'The incriminating statement of Miss Joan Parsons'. Hi oedd meistres Rene de Meo. Diolch i'r Parchedig Ivor Thomas Rees, Sgeti, Abertawe, am anfon y manylion ataf.
42. Hollis, *Jennie Lee: A* Life, 223.

43. Am Dan Davies, gw. E. D. Jones, 'Syr Daniel Thomas Davies (1899–1966)' [yn] *Y Bywgraffiadur Cymreig 1951–1970* (Llundain, 1997), 23.
44. 'But there Bevan met in the flesh some of the heroes of his youth, H. G. Wells, Arnold Bennett, and more, for Beaverbrook's company was the most catholic in the kingdom. Wells and Bevan got on like a house on fire; they were fellow crusaders in that foreign land, ever ready to lay their sacrilegious hands on Beaverbrook's sacred cause of splendid isolation or more agreeably for their host, to sound the trumpet of Covenanting Republicanism to the consternation of cavalier guests.' Gw. Michael Foot, *ibid.*, 183.
45. Awdur y delyneg 'Cwm Pennant' oedd Eliseus Williams (1867–1926) sydd yn fwy adnabyddus i garedigion yr iaith Gymraeg dan yr enw barddol Eifion Wyn, bardd telynegol hyfryd ac emynydd eneiniedig, fel y gwelwn yn *Caneuon Ffydd* (Aberystwyth, 2001), rhifau 164, 197, 213, 240, 503, 681 a 844, nifer ohonynt yn gofiadwy dros ben. Cysylltir Eifion Wyn â thref Porthmadog.
46. Jonah Jones, *Clough Williams-Ellis: The Architect of Portmeirion* (Bridgend, 1998), 197.

Pennod 7

Dal i Wrthwynebu'r Sefydliad Gwleidyddol (1935–1945)

Yn y tridegau cymysgai Aneurin Bevan yn Llundain gyda deallusion y chwith fel yr Athro Harold Laski, y bargyfreithiwr peniog D. N. Pritt, y meddyliwr sosialaidd a chynnyrch ysgol bonedd Eton, John Strachey a Stafford Cripps, gŵr cyfoethog a bargyfreithiwr llwyddiannus.[1] Ond nid anghofiodd ddosbarth gweithiol ei etholaeth yng Nglynebwy a byddai'n mynd yno i gyfarfod â hwy unwaith y mis. Ei gryfder mawr oedd ei ddealltwriaeth o deithi meddwl y glowyr a'r gweithwyr dur, y werin bobl a'u hofnau a'u rhagfarnau. Cymro gwerinol ydoedd ac nid anghofiodd o gwbl y graig y naddwyd ef ohoni.

Bevan yn mynegi ei feddwl miniog

Erbyn Etholiad Cyffredinol 1935 ef a Stafford Cripps oedd cynrychiolwyr y chwith lle bynnag y gwelid y ddau. Cafodd un o sosialwyr ifanc Llanelli, Elwyn Jones, ei gyfareddu o glywed huodledd a didwylledd Aneurin Bevan yn annerch dros bedair mil yn Neuadd y Farchnad ar drothwy Etholiad 1935.[2] I ŵr fel Max Aitken, Arglwydd Beaverbrook, Aneurin Bevan oedd y gorau a'r mwyaf galluog o bobl y chwith. Dyna pam y byddai ef wrth ei fodd yn cael noson o amgylch y bwrdd bwyd yng nghwmni Winston Churchill ac Aneurin Bevan.[3] Ni allai Beaverbrook ddioddef Stafford Cripps na chwaith Harold Laski. Galwai Bevan a Cripps am bolisi croesawgar i'r Comiwnyddion a ffordd wahanol o edrych ar faterion tramor yn wyneb y peryglon o du ffasgaeth. Yn lle rhoddi gormod o ymddiriedaeth yng Nghynghrair y Cenhedloedd, doethach o lawer i Lywodraeth Lafur, pe bai honno mewn grym, fyddai pontio'r gagendor a dod i ddealltwriaeth gyda'r Undeb Sofietaidd mewn ffrynt rhyngwladol. Ond yr oedd syniadau o'r fath yn anathema i arweinwyr Undebaeth Llafur fel Ernest Bevin a Charles Dukes. Cafodd Bevan ei feirniadu yng Nghynhadledd Southport yn 1934 am fflyrtian gyda mudiadau nad oeddynt yn perthyn i'r Blaid Lafur. Enillodd y Torïaid o dan Stanley Baldwin Etholiad 1935, ond i raddau helaeth enillodd Baldwin yr etholiad trwy dwyll. Llwyddodd y Llywodraeth i gael cefnogaeth yr arweinwyr canol y ffordd o fewn y Blaid Lafur am eu bod o blaid Cynghrair y Cenhedloedd ac o fewn amser byr datgelwyd mai cuddliwio a wnaed. Y polisi oedd ganddynt mewn golwg oedd ailarfogi. Yn 1934 a 1935 yr oedd heddychiaeth yn bwysicach nag a fu erioed gan fod Cynghrair y Cenhedloedd yn derbyn cefnogaeth ddi-ildio ym mhob rhan o'r Deyrnas Unedig. Sefydlwyd Cyngor Cymreig y *League of Nations* yn 1922 o dan nawdd Arglwydd David Davies, Llandinam, ac fe'i harweiniwyd gan weinidog o blith y Bedyddwyr Cymraeg, y Parchedig Gwilym Davies. Bu'n Gyfarwyddwr Anrhydeddus Undeb Cynghrair y Cenhedloedd yng Nghymru o 1923 hyd 1945.[4] O dan ei arweiniad bu'r Cyngor yn llwyddiannus iawn yn 1935 pan lwyddwyd i ddarbwyllo trigain a dwy o filoedd o boblogaeth Cymru i ymuno â'r bleidlais dros heddwch. Yr oedd Bevan yn falch o'i genedl, a ffurfiwyd y *Peace Pledge Union* yn 1936, ond ar yr un pryd penderfynodd y Llywodraeth wario £300,000,003 ar raglen arfogi, ac yn Chwefror 1937 cynyddwyd y swm i'r ffigwr anhygoel o £1,500,000,000.[5]

Ofn Ffasgaeth

Gwelid Ffasgaeth Oswald Mosley yn cerdded yn dalog a hyderus trwy strydoedd Ewrop, ond buan y gwrthwynebwyd hwy a'u gosod yn eu lle gan y dosbarth gweithiol. Yr oedd anniddigrwydd mawr yn y byd diwydiannol. Gwelid gwŷr y rheilffordd, gweision sifil, pobl y llythyrdy a gyrwyr bysiau i gyd yn ansefydlog ac yn anfodlon ar y modd y caent eu trin gan y cyflogwyr a'r gwleidyddion. Ceid llawer o streiciau answyddogol. Rhoddwyd y bai ar y Comiwnyddion, ond rhannol wir oedd hynny yn ne Cymru. Cofier i Gomiwnydd poblogaidd, Arthur Horner, a ffrind da i Bevan, ddod yn olynydd i Jim Griffiths fel Llywydd Undeb y Glowyr. Bu ymrafael ym mhyllau glo Taff Merthyr, Bedwas, Nine Mile Point, a Chwmfelinfach ym Mynwy.[6] Bu ysgarmes rhwng yr heddlu a'r glowyr. Arestiwyd 69 o lowyr a chwech o wragedd, a dedfrydwyd 33 i garchar, naill ai am dri neu bymtheg mis. Dadleuodd Bevan yn erbyn y ddedfryd hallt. Protestiwyd mewn aml i gymuned. O Ionawr 1935 a thrwy 1936 ceid ymgyrchu gan lawer un, yn cynnwys Aneurin, yn erbyn y Llywodraeth, am gyflwr ac anghenion y di-waith. Cafwyd gwrthwynebiad cryf i'r Prawf Moddion gan Aneurin a bu'n cynllunio Gorymdaith Newyn o Aberdeen yn yr Alban, o Sir Gaerfyrddin, o Jarrow ac o dde Cymru. Yr oedd y dewrion hyn i gyrraedd Hyde Park ar Sul, 8 Tachwedd 1936. Daeth rhwng 150,000 a 250,000 i Lundain, canolfan grym Prydain. Aeth Bevan i groesawu'r cerddwyr dewr, blinedig a phenderfynol a ddaeth o bob rhan o'r Deyrnas o dan faneri'r Blaid Lafur, yr Undebau Llafur, y Blaid Lafur Annibynnol, y mudiad cydweithredol, y Blaid Gomiwnyddol, mudiadau ieuenctid a myfyrwyr, a'r mudiad heddwch. Yr oedd unoliaeth a nifer y protestwyr a welwyd yn codi calon. Cafodd y dyrfa fawr weld a chlywed arweinydd yr wrthblaid, Clement Attlee, ynghyd â Wal Hannington, trefnydd diffuant y gorymdeithiau.[7] Ond seren y diwrnod hanesyddol hwn oedd areithiwr tanbeitiaf y mudiad Llafur, Aneurin Bevan. Canmolodd y cerddwyr fel cerddwr mawr ei hun. Yr oeddynt wedi cyflawni camp. Am y tro cyntaf erioed yn hanes y mudiad Llafur llwyddwyd i gael llwyfan unedig yn erbyn y cyfalafwyr barus a didostur. Dyma'i neges:

> Yr ydym wedi cydio yn nwylo ein gilydd ac nid ydym am adael i'r dwylo hyn ddiflannu. Y mae'r brotest hon yn llefaru wrth y wlad fod angen arweiniad unedig ar y mudiad Llafur.[8]

Gwrthododd y Llywodraeth ddiedifar weld dirprwyaeth o'r protestwyr, ond ar ôl dadl gref a gwresog yn Nhŷ'r Cyffredin, bu'n rhaid i Baldwin ildio. Croesawyd hwy i weld y Gweinidog Llafur. Yr oedd ergyd bwysig arall wedi ei tharo dros y di-waith. Teimlai Aneurin fod angen i'r Blaid Lafur fod yn llawer mwy ymosodol, yn llai difater a pharchus, ac yn barod i gefnogi'r rhai sydd ar flaen y gad, i adnewyddu'r gwrthwynebiad a dileu difrawder. Mynegodd y Blaid Gomiwnyddol ei dyhead, trwy Harry Pollitt, am fod yn rhan o'r Blaid Lafur. Fe'i gwrthodwyd, ac nid oedd Aneurin o blaid, er i 1,200 o gymdeithasau amrywiol ddangos cefnogaeth i'r cais.[9] Ymhlith y rhain ceid 765 o ganghennau Undebau Llafur a 360 o blith y Blaid Lafur.[10]

Aneurin yn cefnodi gorymdeithiau y di-waith

Yr oedd Aneurin wedi'i anwylo ei hun adeg y gorymdeithiau. Onid aeth allan i gyffiniau Llundain i groesawu ei ffrind, Ellen Wilkinson, a'i harwain i ganol y ddinas? Gofalodd fynd â Wal Hannington ac Arthur Horner ac eraill gydag ef i'w fflat fel y medrent gael cawod a phryd o fwyd.[11] Cawsant wy a bacwn a thomatos i'w llenwi gan eu bod ar eu cythlwng, gan fod y cyfan a ddymunodd Bevan fod yn hollol ddirybudd i'r forwyn a gynorthwyai'r teulu.[12] Ond yr oedd caredigrwydd a chyfeillgarwch gyda Chomiwnyddion yn peri trafferthion mawr i Bevan gan fod asgell dde y Blaid Lafur am ddileu pob mudiad oedd mewn perthynas â chefnogwyr yr Undeb Sofietaidd.[13]

Ymddangosiad cylchgrawn y Tribune yn 1937

Yr oedd Aneurin yn dra hoff o Gomiwnyddion gwareiddiedig ac yn arbennig Iddewon y chwith, yn benodol y cyhoeddwr Victor Gollancz, yr academydd Harold Laski a'r miliwnydd Howard Samuel, i enwi ond tri allan o dri deg o'i ffrindiau pennaf. Teithiodd i Sbaen yng nghwmni tri Iddew arall, pob un ohonynt y tro hwn yn wleidyddion yn San Steffan, George Strauss, Sydney Silverman ac Emanuel Shinwell. Cynhaliwyd cyfarfyddiad blynyddol y Gynghrair Sosialaidd ar 31 Hydref 1936 yn benodol i gondemnio Ffasgaeth a thrafod y ffordd orau i ddelio gyda Syr Oswald Mosley ac aelodau Undeb Ffasgiaid Prydain, oedd yn defnyddio'r Iddewon yn gocyn hitio. Bevan oedd prif siaradwr y Gynhadledd, ef a Syr Stafford Cripps a William Mellor o'r Blaid Lafur; Harry Pollitt a Palme Dutt o'r Blaid Gomiwnyddol; a James Maxton a Fenner Brockway o'r Blaid Lafur Annibynnol. Cyfalafiaeth oedd y bwgan i bob un ohonynt a dyna'r athroniaeth oedd yn gyfrifol am gyflwr adfydus y di-waith a'r dioddefaint a welid yn yr ardaloedd difreintiedig. Erbyn 1937 teimlai Aneurin Bevan fod angen papur wythnosol i hyrwyddo eu gweledigaeth ymhlith y chwith o fewn i'r Mudiad Llafur. Yr oedd angen papur i drafod yr argyfwng mawr a welid yn Ewrop, a methiant y Llywodraeth i ymateb, a'r holl esgusodion a ddeuai o'u genau. Yn y Gynhadledd Flynyddol yng Nghaeredin yn 1937 daeth nifer o arweinwyr y chwith at ei gilydd i ystyried camau. Yn y cyfarfyddiad pwysig hwnnw rhwng Cripps, Bevan, Laski, William Mellor, Ellen Wilkinson, George Strauss ac eraill, fe benderfynwyd symud ymlaen i gyhoeddi y *Tribune* bob wythnos.[14] Syr Stafford Cripps a benodwyd yn Gadeirydd y Pwyllgor Gwaith, dewis da oherwydd, er ei fod yn gallu bod yn ddiniweityn gwleidyddol, yr oedd yn meddu ar ddigon o gyfoeth i gynnal papur pe bai rhaid. Yr oedd hi'n argyfyngus yn Sbaen, ac erbyn hyn yr oedd Mussolini wedi cipio trefedigaeth iddo'i hun yn Affrica o'r enw Abyssinia (Ethiopia heddiw), tra oedd Hitler wedi adennill y Saar a'r Rheinland. Gwelai lladmeryddion y chwith fod cefnogaeth gref i'r *Left Book Club* a bod eu breuddwyd am weld y *Tribune* yn y siopau yn bosibilrwydd. Yn Ionawr daeth y rhifyn cyntaf o'r *Tribune* allan,[15] a chyflwynodd George Strauss a Cripps y cyfalaf i sefydlu papur o safon. Cyflwynodd y ddau y swm o ugain mil o bunnoedd a'r gobaith oedd eu bod yn cyrraedd cylchrediad o hanner can mil. Gwerthid y papur am ddwy geiniog y rhifyn a phenodwyd William Mellor yn olygydd gyda Bwrdd Rheoli i'w gynorthwyo. Ar y Bwrdd ceid George Strauss, Ellen Wilkinson, Stafford Cripps, Harold Laski, Noel Brailsford ac Aneurin Bevan, gyda Cripps wrth y llyw. Bevan oedd y cymeriad cryfaf o'r tîm golygyddol a gweithredol, ond gŵr anodd oedd William Mellor. Dywedodd Michael Foot amdano, 'Working with William Mellor was like living on the foothills of Vesuvius.'[16]

Bevan ac eraill yn ymroi i gynorthwyo Tribune a'r Left Book Club

Ni allai Mellor wneud dim byd gydag Aneurin. Ef oedd yn cael yr oruchafiaeth bob tro fel y tystia aml un oedd yn gweithio yn swyddfa'r *Tribune*. Yr oedd y *Tribune* yn arf effeithiol dros ben yn yr ymgyrch o blaid y Ffrynt Unedig a'r cyfarfodydd a gynhelid o un ddinas i'r llall. Lluniodd Bevan golofn wythnosol 'Inside Westminster' i rifynnau'r *Tribune*. Ond yr oedd arweinwyr y Blaid Lafur yn gwbl wrthwynebus i'r Ffrynt Unedig. Credai Attlee a Herbert Morrison fod cydweithio gyda'r Blaid Gomiwnyddol yn golygu na fyddai'r Blaid Lafur fyth yn ennill yr etholiad cyffredinol nesaf, a ddisgwylid yn 1939 neu 1940. Byddai'r Torïaid o dan Neville Chamberlain, a gymerodd yr awenau oddi wrth Baldwin yn 1937, yn sicr o wneud môr a mynydd o'r berthynas, gan ddychryn y dosbarth canol.[17] Nid oedd gobaith i'r Blaid Lafur ennill etholiad heb y dosbarth canol, ac yn hyn o beth yr oeddynt yn llygaid eu lle, fel y sylweddolwyd yn Etholiad 1945. Pwysleisiodd Pwyllgor Gwaith y Blaid Lafur nad oedd unrhyw aelod o'r Blaid yn cael cysylltu gyda phobl na phlaid oedd ddim yn credu mewn democratiaeth. Gwelai'r Pwyllgor Gwaith gysylltiad annatod rhwng comiwnyddiaeth a Ffasgaeth. Ym Mawrth 1937 cafwyd datganiad di-droi'n ôl gan y Pwyllgor Gwaith. O hyn allan ni châi aelodau y Gynghrair Sosialaidd fod yn aelodau o'r Blaid Lafur. Yr oedd y dewis yn ddigon clir, ond yr oedd Cripps a Bevan yn bobl glyfar. Dyma nhw yn penderfynu diddymu'r Gynghrair Sosialaidd yn gyfan gwbl ac felly barhau yn gyflawn aelodau o'r Blaid. Ond yn anffodus i'r ddau rebel, daliwyd i drefnu cyfarfodydd. Taflodd y *Left Book Club* eu hunain i'r ymgyrchu dros y Gynghrair Sosialaidd, gan ennill tir sylweddol a denu pobl o bob plaid. Bodlonodd Paul Robeson ganu mewn rali yn Llundain gyda thri areithydd difyr ar yr un llwyfan ag ef, sef David Lloyd George, Syr Norman Angell, a Deon Eglwys Gadeiriol Caergaint, Hewlett Johnson. Pan ddymunodd hwnnw deithio i'r Unol Daleithiau ar ôl ei ymweliad â Sbaen, cynhaliwyd cyfarfod i ddymuno'n dda iddo yn Neuadd y Frenhines, Llundain ar 17 Hydref 1938, pryd y siaradwyd gydag arddeliad gan Dr Edith Summerskill, Ellen Wilkinson, D.N. Pritt , Aneurin Bevan a'r Parchedig A.D.Belden.

Cydweithio gyda Syr Stafford Cripps

Yr oedd Aneurin Bevan a Stafford Cripps wedi cyffwrdd â gwythïen gref o fewn y chwith, y teimlad fod yr Undebau Llafur yn tra arglwyddiaethu, a bod pawb arall yn gorfod plygu glin iddynt. Hwy oedd â'r bleidlais fawr yn y Cynadleddau, a thrwy hynny yn gofalu bod arweinydd y dde yn cael cefnogaeth lawn. I lawer un yr oedd y Blaid Lafur yn nwylo clic bychan o bedwar o bobl, Clement Attlee a Herbert Morrison yn cael eu cefnogi gan Walter Citrine ac Ernest Bevin o Gynghrair yr Undebau Llafur. Yr oedd Cripps a Bevan yn dyheu am newid yr arweinyddiaeth. Deuai'r gefnogaeth iddynt hwy yn bennaf o'r etholiadau ac nid o'r Undebau Llafur.

I Cripps yr oedd yr arweiniad yn wan ac yn ddigyfeiriad, a chytunai Bevan ag ef. Yn ystod y gwrthdaro gwrthodwyd cais Cripps i drefnu cyfarfod mawr yn yr Albert Hall dros y Ffrynt Unedig. Anfonwyd llythyr at yr ymddiriedolwyr yn gwrthwynebu ac yn gofyn iddynt ystyried y cais. Atebodd Churchill:

> You are working in political association with the Communists at the present time.
> And it has always been the rule whenever they have the power, forcibly to suppress
> all opinions but their own.[18]

Atebodd Cripps yn ei ddull effeithiol, gan ei gyhuddo ef o ragfarn yn erbyn y Comiwnyddion, ac fel canlyniad o ddileu'r egwyddor o ryddid i fynegi barn. Yr oedd pobl adain y dde ym mhob plaid yn gweld perygl o ymgyrch y Ffrynt Unedig. Daeth yr adeg i weithredu. Ar 12 Ionawr 1937 cyhoeddodd y Pwyllgor Gwaith Apêl i'r Mudiad Llafur yn condemnio y Ffrynt Unedig, gan atgoffa'r aelodau fod dwy Gynhadledd Flynyddol wedi pleidleisio yn erbyn caniatáu i'r Blaid Gomiwnyddol berthyn ac yn erbyn propaganda'r Ffrynt Poblogaidd. Pwysodd y Pwyllgor Gwaith ar bob aelod i roddi ffyddlondeb i Lafur fel blaenoriaeth a llai nag wythnos yn ddiweddarach, ar 17 Ionawr 1937, ymatebodd y Ffrynt Poblogaidd gan gyhoeddi eu maniffesto.[19] Galwent am undeb ymhlith y gweithwyr yn erbyn Ffasgaeth, Adwaith a Rhyfel, a chan ddefnyddio geirfa'r Comiwnyddion condemniwyd y Llywodraeth fel cyfrwng Cyfalafiaeth ac Imperialaeth. Iddynt hwy yr unig ffordd i achub pobl y byd mawr oedd gweithio o blaid heddwch, i amddiffyn yr Undeb Sofietaidd, ac i frwydro am amodau gwell. I haneswyr mae'n amlwg ddigon fod y maniffesto wedi dod o law Harry Pollitt a William Gallacher yn hytrach nag o law Stafford Cripps ac Aneurin Bevan. Yr oedd Cripps yn wrthwynebydd mawr i Gynghrair y Cenhedloedd ond nid felly Bevan. Yr oedd ef yn gwbl grediniol fod angen gweithredu yn erbyn Hitler a Mussolini a Franco. Ond gwyddai gystal â neb fod Prydain a Ffrainc yn amharod iawn i wrthsefyll Hitler na gwrthwynebu Mussolini.

Pan gynhaliwyd Cynhadledd 1937 mynegwyd unwaith yn rhagor fod pob dadl o eiddo'r Ffrynt Poblogaidd i'w gwrthwynebu, a chefnogwyd y Pwyllgor Gwaith yn eu penderfyniad fod pob Llafurwr i'w ddiswyddo os gwelid ef yn rhannu llwyfan gyda'r Comiwnyddion.[20] Ond daeth peth cysur i'r Ffrynt pan gytunwyd y dylai'r etholaethau gael yr hawl i bleidleisio dros nifer fechan o arweinwyr i ymuno yn y Pwyllgor Gwaith.[21] Dyna sut yn 1938 y daeth Stafford Cripps a Harold Laski yn aelodau; deuai dydd Bevan cyn bo hir. O leiaf yr oedd eu dymuniad mawr o weld mwy o ddemocratiaeth yn cael ei wireddu.

Bevan yn ddeifiol yn y Senedd

Yn Nhŷ'r Cyffredin yr oedd Bevan yn ddeifiol yn ei ymosodiad ar bolisi tramor llywodraeth Chamberlain ac yn arbennig ar amharodrwydd Prydain i gynorthwyo yn y Rhyfel Cartref yn Sbaen. Yr oedd yna garfan fechan filwriaethus ym maes glo Sir Fynwy oedd yn edmygwyr mawr o Bevan. Mentrodd tri ohonynt, Bob Jones, Bob Cox o Dredegar a Jim Brewer o Abertyswg (a ymffrostiai fod ei hen, hen dad-cu yn Siartydd) i Sbaen i ymuno â'r Frigâd Ryngwladol.[22] Aneurin Bevan oedd un o'r gwleidyddion mwyaf cefnogol yn y Senedd i'r Frigâd Ryngwladol a dywedodd wrth Brewer y byddai ef wedi hoffi'n fawr fynd gydag ef i Sbaen i ymladd ond na chaniatâi yr awdurdodau na'r Senedd iddo wneud hyn. Ond y gwir oedd bod y Ffrynt Unedig mewn enbydrwydd gydag arweinwyr fel Bevan a Cripps yn ddigon unig a di-gefn, a hefyd bron yn ddauwynebog. Beirniadodd Bevan heddychiad (*appeasement*) Chamberlain, ond yr oedd ef ei hun yn y maniffesto wedi gwrthwynebu rhaglen y Llywodraeth Genedlaethol o blaid arfogi ar gyfer rhyfel. Sut yr oedd Bevan yn disgwyl i Chamberlain wrthwynebu Hitler heb arfau? Nid yw'n hawdd esbonio hyn. Rhaid gweld ymgyrch y Ffrynt Poblogaidd fel ymgyrch oedd yn meddu ar gryn dipyn o anghysonderau. Dro ar ôl tro daeth yn amlwg pa mor anghyson y medrai Aneurin fod yn ei ddadleuon. Yr oedd heddychiad, sef ceisio dod i ddealltwriaeth â Hitler, yn bolisi mileinig a chwbl gyfeiliornus. Ond ni welai Bevan na'i gefnogwyr ar brydiau pa mor ddifaol a diystyr o gynllun ydoedd.

Y Prif Weinidog aneffeithiol

Ym mis Medi 1938 aeth Neville Chamberlain mor bell â gweithredu heddychiad. Ar 6 Medi dychwelodd i Lundain o Munich yn chwifio darn o bapur a alwai yn ei ddiniweidrwydd gwleidyddol yn Gytundeb Munich.[23] Bodlonodd Chamberlain i Hitler herwgipio'r Sudetenland am fod nifer dda o'r trigolion o gefndir Almaenig ac ar y dealltwriaeth na fyddai'r unben yn hawlio mwy o dir yn Ewrop. Addawodd Hitler dderbyn amod Prif Weinidog Prydain. Credai Chamberlain yn ddigon naïf y cadwai'r unben at ei addewid. Brawddeg enwog Chamberlain oedd: 'Rwy'n credu mewn heddwch yn fy oes.' Ond yr oedd y gwleidydd wedi cymryd ei gamarwain: yn fuan wedyn ymosododd Hitler ar Czechoslovakia a chipio Memel a Danzig cyn ymosod ar Wlad Pwyl yn 1939.

Pleidiol I'r Ffrynt Unedig

Ar 9 Ionawr 1939 paratôdd Cripps femorandwm yn erfyn ar i'r Blaid Lafur wrthwynebu polisïau'r Llywodraeth Genedlaethol a mabwysiadu polisi o heddwch gyda Ffrainc, Rwsia a'r Unol Daleithiau.[24] Dadleuai'r memorandwm o blaid Ffrynt Unedig rhwng pleidiau'r wrthblaid, hynny yw y Blaid Lafur, y Blaid Ryddfrydol a'r Blaid Gomiwnyddol. Anfonwyd y memorandwm i'r wasg ac i bob etholaeth. Fe'i gwrthodwyd gan Bwyllgor Gwaith y Blaid Lafur o dair pleidlais ar ddeg i dri gyda'r rhybudd i aelodau fod yn rhaid ymwrthod ag unrhyw ymgyrchu neu wynebu cael eu hamddifadu o'u haelodaeth o'r Blaid Lafur. Gwrthododd Cripps gydweithredu, ac ar 31 Mawrth 1939 fe'i diswyddwyd. Cyhoeddodd Aneurin Bevan a G. R. Strauss eu cefnogaeth lwyr i Syr Stafford Cripps, ac fe'u diswyddwyd hwythau ynghyd â Robert Bruce, yr haelionus Charles Trevelyan ac E. P. Young.[25]

Anfodlonrwydd am y modd y cosbwyd Bevan a Cripps ac eraill

Yr oedd cefnogwyr Cripps a Bevan wedi eu cythruddo, ac yn edrych ar y rhai a ddiswyddwyd fel merthyron i unbennaeth Pwyllgor Gwaith Cenedlaethol y Blaid Lafur Brydeinig. Mynegodd y *New Statesman and Nation* ei wrthwynebiad, a phapur y chwith, y *Tribune*, fel y gellid disgwyl.[26] Ond gwelwyd yn y diswyddo hwn fod proffil Aneurin Bevan fel Cripps wedi cynyddu'n aruthrol o fewn Prydain a gwledydd eraill mewn deng mlynedd. Yr oedd gwleidydd fel Morrison yn ofni y byddai'r Ffrynt Unedig yn dinistrio'r Blaid Lafur, ac yr oedd ef yn elyn anghymodlon i Aneurin Bevan ar y hyd y tridegau. Yr hyn a welwyd oedd gwrthdaro mawr rhwng Undebwyr Llafur o fewn y Blaid Lafur a'r traddodiad anghydffurfiol, sosialaidd a gefnogai Bevan ar hyd ei fywyd. Ond yr oedd eithriadau. Cawsant ddod yn ôl ym mis Tachwedd (wyth mis yn ddiweddarach) ar ôl iddynt roddi addewid i beidio â chymryd rhan mewn ymgyrchoedd i wrthwynebu polisïau'r Blaid Lafur. Yr unig un a ddaliodd allan oedd Syr Stafford Cripps ond nid effeithiwyd ryw lawer arno ef. Yr oedd rhai undebau fel Undeb y Glowyr yn ffafriol iawn i'r traddodiad ymosodol, anghydffurfiol a gysylltid â Bevan. Yn ne Cymru yn arbennig yr oedd comiwnyddion fel unigolion yn cael parch aruthrol gan garfan fawr o'r trigolion am eu bod at ei gilydd yn bobl ddidwyll. Hyn sydd yn egluro i raddau helaeth y cefnogaeth fawr a roddwyd gan Gymru i'r Rhyfel Cartref yn Sbaen. Heidiodd pobl y chwith wleidyddol o bob rhan o Ewrop i Sbaen i ymladd yn erbyn Franco. Gwelwyd llenorion o fri o bob haen o gymdeithas yn mentro yno: George Orwell (a ddaeth yn edmygydd diffuant o Bevan), Ernest Hemingway, a'r bardd W.

H. Auden. Ymunodd llu o lowyr, fel Will Paynter o'r Rhondda, a Tom Jones (Twm Sbaen fel y'i gelwid) o Rosllannerchrugog: bu ef yn garcharor. Bu glowyr eraill fel Dai Francis, Onllwyn yn helpu achos y Frigâd Gydwladol trwy gasglu arian fel y gwnaeth Aneurin Bevan, a Jim Griffiths a'i briod Winifred yn etholaeth Llanelli, tuag at yr angen ac er mwyn gwarchod y plant a anfonwyd am noddfa i Gymru.[27] Byddin amaturaidd iawn a dibrofiad oedd y Frigâd, a methodd gwrthwynebwyr Franco fod yn unedig yn ei erbyn hyd yn oed ar faes y gad.

Y Rhyfel Gartref yn Sbaen

Yr oedd Franco ar ei ffordd i fuddugoliaeth o'r cychwyn. Onid oedd y Sefydliad o'i blaid, yr Eglwys Babyddol yn ei holl rwysg, y fyddin yn ei barbareiddiwch, y cyfoethogion yn eu plasau, ac yn fwy na dim y gefnogaeth ymarferol a dderbyniodd o ddwylo Hitler a Mussolini? Yr oedd y ddau uwchben eu digon. Defnyddiwyd y Rhyfel Cartref fel cyfle i ymarfer ar gyfer rhyfel mwy, ac nid oedd Hitler na Mussolini yn mynd i adael i Lywodraeth Sosialaidd-Gomiwnyddol reoli Sbaen yn oes ffasgaeth. Yr oedd gormod gan y cyfalafwyr yn Sbaen i'w golli, a phan groesodd Franco gyda'i fyddin o Forocco i Sbaen, fe wyddai pawb fod rhyfel gwaedlyd ar y gorwel. Ni fu'n ddi-boen iddo yntau. Bu'n dibynnu gryn lawer ar y ddau unben am ddynion i ymladd ac i gael arfau ac awyrennau, ond safodd y ddwy ddinas, Madrid a Barcelona, yn faen tramgwydd iddo. Derbyniodd y Llywodraeth help gan Josef Stalin. Anfonodd ef arfau, bwyd a dynion o Rwsia, ond pan welodd fod Franco yn sicr o ennill, tynnodd ei gefnogaeth yn ôl. Gwrthododd Llywodraeth Genedlaethol Prydain Estyn unrhyw gefnogaeth, er poen meddwl i Aneurin Bevan a'r Ffrynt Unedig. Pan ildiodd Barcelona yn Ionawr 1939, a Madrid ym Mawrth yr un flwyddyn, yr oedd Franco ar ei orsedd a Hitler a Mussolini yn dawnsio o lawenydd.

Fel y dadleuodd Bevan, enillodd Franco oherwydd i wledydd a bleidiai ddemocratiaeth wrthod amddiffyn llywodraeth a etholwyd gan drigolion Sbaen. Y bwgan oedd y Comiwnyddion, ac ofnai'r Ceidwadwyr hwy ym Mhrydain, fel y gwnâi y Blaid Lafur. Bu ymddygiad di-asgwrn-cefn Llywodraeth Prydain tuag at Ryfel Sbaen yn hwb sylweddol i Hitler, Franco a Mussolini. Yr oedd hi'n amlwg i'r tri fel ei gilydd na allai'r gwledydd democrataidd wneud dim byd ar faes y gad. 'Pathetig' fyddai'r gair a ddeuai o'u genau, gan i Hitler brofi gwendid Ffrainc a Phrydain yn ystod Rhyfel Cartref Sbaen. Gallai ei fyddin deithio yn dalog tuag at Brydain.

Dadansoddi athroniaeth Bevan yn 1939

Y mae ar gof a chadw safbwynt clir Aneurin Bevan fel arweinydd deallusol y Ffrynt Unedig, a hynny yn yr anerchiad a draddododd yn etholaeth Dwyrain y Rhondda ym mis Ebrill 1939.[28] Cadwyd yr anerchiad ymhlith papurau yr Aelod Seneddol, W. H. Mainwaring, a chan mai prin yw papurau o'r fath gwnaf ddefnydd o'r cyflwyniad campus hwn a draddodwyd yn y Neuadd Les, Tylorstown.[29] Yr oedd Aneurin yn falch o'i berthynas â'r Ffrynt Poblogaidd ac yn arbennig ei gyfeillgarwch â Stafford Cripps.[30] Yr oeddynt yn deall ei gilydd i'r dim a'r ddau yn parchu ei gilydd, er i Aneurin blygu'r drefn a gofyn am le yn ôl yn y Blaid Lafur cyn diwedd 1939. Arhosodd Cripps allan hyd ddiwedd yr Ail Ryfel Byd. Gwelai Aneurin ym mis Ebrill 1939 berygl o Ryfel Byd a fyddai'n niweidio gwareiddiad, ac yn arbennig y werin bobl. Gwelai ddosbarth gweithiol y Rhondda, fel Glynebwy, mewn perygl o gael eu diraddio a'u bychanu:

> We haven't got anything that Hitler wants. You the working classes of Great Britain are in no danger, directly because we possess nothing that the governing classes of Germany and Italy wants.[31]

Yn ôl dadl Aneurin yr oedd Hitler a Mussolini am feddiannu Prydain, Ffrainc, yr Iseldiroedd a gwlad Belg am fod ganddynt drefedigaethau. Credai fod y dosbarth gweithiol wedi derbyn breintiau trwy ddewrder y Siartiaid, glowyr de Cymru, merthyron Tolpuddle a phawb a safodd ar hyd y cenedlaethau dros hawliau dynol a bywyd gwell. Nid pobl yr iwnifform a ddaeth yn weithredwyr datblygiad a democratiaeth, ond y werin bobl a fu'n brwydro ac ymgyrchu.[32] Lle bynnag yr oedd Hitler wedi ennill yr oedd democratiaeth wedi marw yn gelain. Dyma ddyfyniad nodweddiadol a gyfieithais o'i araith rymus:

> Yr ydym ni y werin bobl yn barod i helpu y dosbarth sy'n llywodraethu ac i amddiffyn eu cyfalaf, os ydyn nhw yn barod i'n helpu ni i amddiffyn ein rhyddid.[33]

Cofiai Aneurin iddo wrthwynebu rhaglen ail arfogi yng Nghynhadledd y Blaid Lafur yn Bournemouth. Yr oedd yn erbyn yr adeg honno am nad oedd am roddi arfau dieflig yn nwylo ein gelynion.[34] Ond ar ôl hynny dadleuodd gyda'i gyd-Lafurwyr fod angen arfau i amddiffyn democratiaeth, yn arbennig wedi gweld yr hyn a welodd yn Sbaen. Credai mai'r gwleidydd a ddeallodd orau y gwahaniaeth rhwng cyfoeth a thlodi oedd un o arwyr Bevan, Oliver Cromwell.[35] Yn ôl Bevan, i ŵr cyfoethog y mae cyfoeth yn rhyddid. I ddyn tlawd rhyddid yw'r hawl i ymosod ar gyfoeth. Y mae iechyd, tlodi a democratiaeth yn cyd-fyw â'i gilydd. Ond lle bynnag y mae tlodi a democratiaeth wleidyddol gyda'i gilydd y mae cyfoeth o dan warchae. Ac y mae ffasgaeth wrth law pan yw'n amhosibl cymodi. Tasg y dosbarth llywodraethol yw cymodi yn y gwrthdaro er mwyn cadw grym yn eu dwylo am gyfnod pellach. Yn aml caiff y bobl dlawd eu siarsio i bleidleisio dros well byd a chyfoeth, dro arall eu perswadio i bleidleisio dros ddemocratiaeth. Mae'n anodd i bobl sydd heb weld y berthynas rhwng y tair elfen, weld a deall y broblem a'r gwahaniaethau sy'n deillio o hynny. Pan yw ffasgaeth yn ennill y dydd fel y digwyddodd yn Sbaen, y mae democratiaeth wedi ei gwthio bron i ebargofiant. Cyfoeth yw'r nod i'r cyfalafwr. Nid yw ef yn meddwl am bleidleisiau, yn wir nid ydyw'n hidio ffeuen, dim ond bod ei gyfalaf yn ddiogel.[36] Ond mae'r sefydliadau democrataidd o fudd ac yn werthfawr. Hwy sydd gennym i sefyll yn erbyn y wladwriaeth ormesol. Os dinistrir democratiaeth mae'n ddiwrnod dieflig ac yn dywyllwch dudew. A dyna'r adeg y daw barddoniaeth i'n cysuro. Dadl Bevan yn Bournemouth oedd bod angen amddiffyn Sudetenland. Dyna oedd hi yn 1938.[38] Heddiw yr ydym yn dal fel gwledydd NATO i gefnogi rhaglen arfau er mwyn amddiffyn gwledydd eraill rhag y bwli, ym mherson Putin.

Rhoddodd Aneurin yn ei anerchiad ganmoliaeth i ymdrechion y Mudiad Llafur oddi ar Streic Fawr 1926. Cafodd arweinwyr Llafur gefnogaeth dda yn arbennig gan y Ffrynt Poblogaidd a'r Ffrynt Unedig. Bu'r glowyr yn gefnogol. Cofir amdano yn gofyn i'r Blaid Lafur i gefnogi'r protestiadau a'r gwrthdystiadau, cynnig a wrthodwyd. Ond fe ofalodd y glowyr fod yna gerdded a gwrthdystio. Ef, yn un o ddau, oedd Trysorydd Cenedlaethol y Gorymdeithiau Newyn, ac ar ddiwedd y cerdded ceid £600 mewn llaw. Rhaid wynebu'r ffeithiau. Y mae gennym ddosbarth gweithiol pwerus sydd wedi cadw'n dawel a chydweithio, ond uwchlaw pob dim, angen arweinwyr sydd arnynt.

Croesawodd y cyfle i fod yn Nhŷ'r Cyffredin lle y ceid yr anerchiadau gorau o fewn y byd democrataidd.[39] Yr hyn sydd yn creu araith dda ydyw 'dagrau o galon gŵr sydd yn llawn cydymdeimlad' gyda'r isel rai. Ond teimlai nad oedd siarad da ddim yn ddigon, a bod angen gorfodi Llywodraeth i weithredu. Trafferth Aelodau Seneddol yw eu bod yn cefnogi'r Llywodraeth yn ufudd, ond rhaid cofio bod 'gwaed ein brodyr o Sbaen ar ein dwylo'.[40] A rhaid cofio mai'r gelyn bellach oedd Neville Chamberlain. Am flwyddyn gyfan bu'r Senedd y tu ôl iddo a'i bolisi o gymrodeddu gyda Hitler. Nid oedd gan y Blaid Lafur y dewrder i wrthod cytuno.[41] Yn yr Almaen yr oedd y dosbarth gweithiol yn fud. Rhoddai Hitler orchmynion ac fe ufuddheid iddo. Techneg Chamberlain oedd dilyn Hitler. Ni allai weld y Rhyddfrydwyr yn medru ein cynorthwyo o gwbl; mewn gwirionedd yr oedd mwy o angen i ni eu helpu hwy. Ond y peth pwysig oedd angen arweinyddiaeth. Yr oedd Aneurin yn barod i groesawu cymorth o ble bynnag y deuai. Ond yn ei farn ef bu'r werin Gymreig mor ffodus o arweiniad glowyr de Cymru. Hwy a neb arall a fu'n gwarchod purdeb sosialaeth, a fu'n coleddu ideoleg a delfrydiaeth bwysig yn y cyfnod o 1919 i 1939.[42] Ac fe wnaeth hynny trwy'r Ail Ryfel Byd fel un o feirniaid llymaf y Llywodraeth. Cafodd ddisgybl ffyddlon yn Michael Foot, un arall o sosialwyr y chwith a'r un a'i holynodd yn etholaeth Glynebwy. Yr oedd y ddau yn rhan o dîm y *Tribune*. Fel y dywedodd Kenneth O. Morgan am berthynas Foot a Bevan: 'He [Foot] would be his Boswell, his Engels, his John the Baptist, and of course his parliamentary heir.'[43]

Cyfeillgarwch Aneurin gyda Michael Foot

Yr oedd Bevan yn dra hoff o Michael am ei ddewrder, ei hoffter o lenyddiaeth, ac am ei fod mor gefnogol iddo. Byddai'r ddau wrth eu bodd yn dyfynnu o farddoniaeth John Keats a William Wordsworth. Pan safodd Michael Foot yn etholaeth Mynwy mewn is-etholiad yn 1935 cafwyd cyfarfod diwygiadol cyn dydd y pleidleisio gyda'r ddau Gymro, Aneurin Bevan a Jim Griffiths, yn ei morio hi fel dau bregethwr Cyrddau Mawr.[44] Ond yr oedd cryn wahaniaeth rhwng Bevan a Foot o'r cychwyn. Un o ddeallusion y dosbarth gweithiol oedd Bevan, tra oedd Foot yn hanu o deulu o Ryddfrydwyr cyffyrddus eu byd ac yn rhan o'r sefydliad Seisnig, er yn aml yn cicio yn erbyn y tresi. Ond y dosbarth canol ar ei orau oedd etifeddiaeth Foot. Safai ef yn wleidyddol fwy yn nhraddodiad y Crynwyr (addysgwyd ef yn un o'u hysgolion bonedd) a chadwodd yn fyw fflam Keir Hardie a George Lansbury tra oedd Bevan yn gwbl argyhoeddedig nad oedd protest ddim yn ddigon, bod yn rhaid cael gafael ar rym fel y gellid gweithredu o blaid y tlawd a'r di-waith.[45] Ennill etholiadau oedd y nod i Bevan, er ei fod yn aml braidd yn gignoeth yn ei ymosodiadau ar y Torïaid, gan ddieithrio llawer iawn o bobl rhag cefnogi Llafur.

Beirniadu trwy yr Ail Ryfel Byd

Bu'n Aelod Seneddol beirniadol trwy gydol yr Ail Ryfel Byd. Yr oedd mewn sefyllfa mor wahanol i'w gyfaill Jim Griffiths. O fewn tair blynedd o gael profi y Tŷ Cyffredin cyfrifid Griffiths yn rhengoedd y Blaid Lafur fel pâr o ddwylo diogel, ond nid oedd hyn yn wir am Bevan. Ar ôl deng mlynedd yn y Tŷ cyfrifid ef yn ŵr peryglus o hyd, yn anodd ei drin ac yn amhosibl i'w dawelu; un o'r meincwyr cefn mwyaf peryglus a fu'n perthyn i'r Blaid Lafur oddi ar 1906. Ond yr oedd Jim Griffiths ac Aneurin Bevan ar yr un trywydd ar ddechrau'r Ail Ryfel Byd: credai'r ddau y dylai'r Blaid Lafur osgoi llywodraeth glymblaid. Pan estynnodd Neville Chamberlain wahoddiad i Clement Attlee, Arweinydd y Blaid, i ymuno â'r Llywodraeth Genedlaethol, gwrthodwyd y gwahoddiad. Ond newidiodd y sefyllfa erbyn mis Mai 1940 pan ddaeth y Llafurwyr at ei gilydd i'r Gynhadledd flynyddol yn Bournemouth. Pan gyfarfu'r Pwyllgor Gwaith y noson cyn agor Cynhadledd Bournemouth, adroddodd Attlee fod Chamberlain wedi gwahodd Llafur eto i ymuno yn y Llywodraeth Genedlaethol o dan ei arweiniad ef. Yr oedd Attlee wedi ei gwneud hi'n hollol glir beth oedd agwedd Llafur ar y mater. Nid oedd am gydweithio â Neville Chamberlain, nac yn wir â'r Arglwydd Halifax, yr oedd darogan mai ef fyddai olynydd Chamberlain. Ond pan ddeallodd Pwyllgor Gwaith y Blaid Lafur fod Winston Churchill yn barod i ffurfio llywodraeth glymblaid i arwain y wlad yn erbyn Hitler, cytunodd pob un o aelodau'r Pwyllgor Gwaith (gan gynnwys Jim Griffiths a oedd newydd ei ethol) y dylid ymuno â Chlymblaid o dan ei arweiniad. Ar ddydd Llun y Sulgwyn 1940 argymhellwyd hyn i'w gadarnhau gan y gynhadledd.

Anghytuneb Aneurin gydag arweinwyr Llafur

Nid oedd Bevan, mwy na Cripps, yn cytuno. Iddynt hwy dylai arweinwyr Llafur osod amodau pendant cyn ymuno yn y Glymblaid.[46] Nid oedd lle i wŷr Munich, gan gynnwys Neville Chamberlain a Syr John Simon ac eraill. Nid oedd amynedd gan arweinwyr Llafur gan fod yr awr yn gofyn am undeb er mwyn amddiffyn Prydain: i Attlee ac Ernest Bevin nid oedd dewis, yr oedd rhaid derbyn y cyfle. Derbyniodd Attlee y cyfrifoldeb o fod yn Ddirprwy Brif Weinidog a chydweithio'n agos gyda Winston Churchill, a chafodd Ernest Bevin, Herbert Morrison, Arthur Greenwood a Hugh Dalton swyddi yn y cabinet. Ond i Aelodau Seneddol fel Aneurin Bevan nid oedd y penderfyniad yn un hawdd. Sylweddolai fod disgwyl iddo gefnogi'r arweinwyr a nodwyd a fyddai yn weinidogion yn y Llywodraeth, ynghyd â chynnal hunaniaeth ac undod y blaid. Pan gyfarfu'r Blaid Lafur Seneddol wedi'r Gynhadledd cytunwyd ar ddau beth: yn gyntaf i ganiatáu i Aelodau Seneddol nad oeddynt yn aelodau o'r llywodraeth i eistedd ar feinciau'r wrthblaid, ac yn ail i apwyntio trwy bleidlais nifer o Aelodau Seneddol ar bwyllgor gweinyddol i eistedd ar fainc flaen yr wrthblaid.

Cadw Bevan o'r fainc flaen

Yr oedd Aneurin Bevan mewn penbleth. Nid oedd lle iddo ar y fainc flaen. Cadwyd y gŵr deallus ar y meinciau cefn pan ddylai fod fel Jim Griffiths yn arwain yr wrthblaid.[47] Yr oedd yn rhaid iddo gael ei alw os oedd am siarad.[48] Penderfynid agenda'r Tŷ gan y Prif Weinidog a'r Dirprwy Brif Weinidog a'r chwipiaid. Yn wyneb y sefyllfa anodd, y dewis i Aneurin oedd cadw'n dawel, mynd ymlaen â'i waith dros *Tribune*, neu ddal ati yn 'ddraenen yn ystlys' y Prif Weinidog a'r Dirprwy. Dewisodd Bevan y ddau lwybr olaf. Rhoddodd ei amser i'r wythnosolyn *Tribune*, ac i herio arweinyddiaeth y Llywodraeth. Ef oedd y cymeriad cryfaf ble bynnag y gwelid ef, yn y senedd neu ar fwrdd golygyddol *Tribune*.[49] Ac am fod Attlee, Bevin a Morrison yn y Llywodraeth rhoddwyd cyfle na fu mo'i fath i arweinwyr y chwith, yn arbennig i Aneurin Bevan ac i eraill fel Emanuel Shinwell. Sefydlwyd pob math o grwpiau i gefnogi'r agwedd radicalaidd, adain chwith. Sefydlwyd *Radical Action* yn 1941 gan ŵr busnes o Ryddfrydwr, Lancelot Spicer; daeth Megan Lloyd George, Aelod Seneddol Môn, yn amlwg o fewn y grŵp ac yr oedd ganddi edmygedd di-ben-draw o Aneurin.[50] Ffurfiwyd *Forward March* gan Richard Acland a'r un flwyddyn Bwyllgor 1941 a sefydlwyd gan y llenor J. B. Priestley.[51] Gwaharddwyd ef, ar gais Churchill, rhag cymryd rhan mewn rhaglen radio BBC. Ni feiddiai'r BBC roddi llais o gwbl i Aneurin Bevan, er cryn ofid a syndod i George Orwell. Yr oedd hi'n sioc iddo ffeindio allan fod penaethiaid y BBC yn barotach i roddi cyfle i Gomiwnyddion amlwg yn yr Ail Ryfel Byd nag i'r Cymro o Dredegar.[52] Pen draw ffurfio *Forward March* a Phwyllgor 1941 oedd iddynt ddod at ei gilydd i ffurfio plaid a fu'n llwyddiannus adeg y Rhyfel mewn is-etholiadau, sef plaid y *Common Wealth*.

Bevan yn dod yn gydwybod effro

Trwy flynyddoedd yr Ail Ryfel Byd cynyddodd enwogrwydd Aneurin Bevan fel areithydd gorau'r Tŷ Cyffredin a gwrthwynebydd pennaf y Prif Weinidog. Caiff Churchill a Bevan eu trafod yn gyson fel dau o'r areithwyr a fedrai gyrraedd tir uchel. Yr oedd Winston Churchill yn medru ymateb gyda huodledd i ymosodiadau Aneurin ond ar yr un pryd methai. Un diwrnod collodd ei dymer gydag Aneurin, ac atebodd Aneurin fel pe bai yn crio gan ddweud fel hyn:

> Y mae'r Prif Weinidog wedi colli ei dymer, nid dros un o'i weinidogion: ond gyda meinciwr cefn tlawd, a syml o Aelod Seneddol.[53]

Nid oedd unrhyw Aelod Seneddol yn medru dianc rhag ymosodiad Aneurin. Pan dorrwyd ar rediad ei ddadl gan Aelod gweddol newydd i'r Tŷ, trawodd Aneurin ergyd iddo:

> Dyma un o'r bobl anghyfrifol sydd yn gwybod na chaiff ef byth ei ethol eto i'r Tŷ hwn ac nid yw'n hidio beth a ddywed.[54]

Un diwrnod pan oedd Aneurin yn annerch y Tŷ sylwodd fod Winston Churchill yn sibrwd rhyw neges i un o'i chwipiaid, a dyma'r Aelod Seneddol huawdl yn troi ato i'w gynghori y byddai'n dysgu llawer mwy o wrando arno ef nag a ddysgai o enau un o'i swyddogion.[55] Nid ofnai wneud hwyl am ben Churchill ac yn arbennig ei arfer fel Prif Weinidog o fynd i'w ddangos ei hun mewn iwnifform militaraidd. Byddai Bevan yn medru bychanu Attlee yn gyson, ac yn finiog ei dafod pan benderfynodd Herbert Morrison orfodi papur dyddiol y Blaid Gomiwnyddol, y *Daily Worker* i beidio ymddangos, a hynny am fisoedd. Arweiniodd Aneurin y brotest yn erbyn hyn. Condemniodd bropaganda annerbyniol y *Daily Worker* a hefyd weithred ffôl y Swyddfa Gartref. Lleiafrif bychan oedd y Comiwnyddion, nad oedd ganddo awydd i'w cefnogi, ond credai y dylent gael yr hawl i gyhoeddi eu propaganda. Yr oedd rhyddid y wasg yn anhepgorol hyd yn oed ynghanol Rhyfel enbyd fel yr Ail Ryfel Byd. Ond i Morrison yr oedd Aneurin wedi mynd yn rhy bell, a chafodd Bevan ei hunan yn y lleiafrif gyda Morrison yn ergydio yn ddidrugaredd. Cyrhaeddodd yr ergyd hwn galon Aneurin:

> My Hon Friend and I have had great experience of Labour Party democracy. If I wanted to find one distinguished member of the party, who more than any other, has set aside the democratic decisions of the majority of his colleagues, I think I should choose my Hon. Friend the Member for Ebbw Vale. Therefore, his democracy is

rather skin-deep. He speaks of democracy for himself and not so much for the other fellow.[56]

Dim ond chwech, a dau o'r rheiny yn Aelodau Seneddol y Blaid Gomiwnyddol, a'i cefnogodd. Pleidleisiodd 323 o aelodau yn ei erbyn. Yr oedd safbwynt Aneurin yn gwbl annerbyniol gan bron pob seneddwr yn y ddadl dros y *Daily Worker*. Mae'n bosibl i wleidydd fynd yn rhy eithafol a dyna enghraifft o hynny, a cheir aml i enghraifft debyg ar hyd y blynyddoedd. Daliodd i gerdded ffordd unig a charegog yn y Senedd. Meddai ar ddewrder moesol anghyffredin, ond y gwir yw iddo fod yn gocyn hitio trwy'r Ail Ryfel Byd gan iddo feiddio holi a herio Churchill ac arweinwyr Llafur o fewn y Glymblaid yn gyson. Yr oedd hefyd yn ddidrugaredd tuag at arweinydd ei Blaid ei hun. Pe ofynnid i Bevan ei farn am Attlee byddai'n sicr o ddweud am 'ei werthoedd swbwrbia dosbarth canol'.[57] Byddai'n barod iawn i sôn am ysgrif William Hazlitt ar y gwleidydd William Pitt a luniwyd ar ôl ei farwolaeth yn 1806.[58] Fel Pitt, nid oedd Attlee yn meddu ar deimladau cryf na gweledigaeth dreiddgar. Ar ôl dyfynnu Hazlitt byddai Bevan yn ychwanegu:

> Only the bovine English could have brought forth such a Mirabeau to guide the beginnings of their Revolution. Here was no Lenin leading the masses but rather Labour's Lord Liverpool, the Arch-Mediocrity. . .[59]

Ysgrifennodd Bevan i'r *Tribune* yn Ionawr 1940 fod arweinwyr y mudiad Llafur wedi methu tanlinellu gwendid amlwg llywodraeth Chamberlain. Beirniadodd hyd yn oed y *Daily Herald*, papur a gefnogai Lafur.[60] Yr oeddynt ar fai am fethu codi uwchlaw safon cylchgrawn plwyf. Ymatebodd Attlee ar unwaith, ond nid oedd hynny'n ddigon. Pennawd y *Tribune* ar 19 Ionawr 1940 oedd 'Speak Up, Mr Attlee'.[61] *Tribune* oedd y ffon neu'r morthwyl oedd yn nwylo Bevan o wythnos i wythnos i ddyrnu Attlee am ei fod yn cael ei dwyllo'n barhaus gan Churchill. Llafurwyr oedd yn rhoddi petrol yn y car cenedlaethol, ond y Toriaid oedd yng ngofal y dreifio. Trwy gydol yr Ail Ryfel Byd bu *Tribune* yn llawdrwm ar Attlee a hefyd ar Herbert Morrison ac Ernest Bevin. Ond lleihaodd y blagardio ar ôl i Ellen Wilkinson ddod yn aelod o'r Llywodraeth, gan ei bod hi yn cyfrannu i'r wythnosolyn.[62] Ac yn ddiweddarach ymunodd Stafford Cripps, y gŵr oedd yn sybsideiddio *Tribune*, â'r Llywodraeth. Byddai rhywun yn disgwyl i Bevan fod ychydig yn fwy parchus o Attlee, ond ni ddigwyddodd y wyrth honno. Y gwir oedd hyn, nad oedd Bevan yn gefnogwr cadarn o gwbl i Lywodraeth y Glymblaid, ond yn feirniad di-flewyn-ar-dafod. Beirniadodd y Llywodraeth, a Churchill yn benodol, am wahodd yr Arglwydd Beaverbrook i fod yn Weinidog Cynnyrch. I Bevan Gweinidog mewn enw yn unig ydoedd; Churchill oedd y gwir Weinidog. Yn y Senedd gofynnodd Bevan am sicrwydd y byddai Beaverbrook yn gwario mwy o amser ym Mhrydain, yn lle teithio i Washington byth a beunydd.[64] Erbyn Chwefror 1942 yr oedd Bevan yn ofni na allai Winston Churchill arwain Prydain i'r fuddugoliaeth yr oedd y wlad, gan gynnwys y teulu sosialaidd, yn dyheu amdano.[65]

Dal i gefnogi y glowyr a chyhoeddi ei glasur, Why Trust the Tories.

Yr oedd Aneurin Bevan yn dadlau'n gyson o blaid pwysigrwydd y diwydiant glo a chyfraniad amhrisiadwy y glowyr. Ni allai Prydain, yn ei farn, fyw heb y glowyr. Iddo ef yr ateb oedd gwladoli'r diwydiant glo: dyna'r feddyginiaeth.[66] Byddai'n sôn yn gyson am yr Undeb Sofietaidd. Nid oedd problem yn y fan honno fod y glöwr yn absennol o'r lofa.[67]

Gofalai fod yn bresennol am fod y pyllau glo yn eiddo i'r gweithwyr. Canmolwyd ei gyd-Lafurwr, Ness Edwards, am ei safiad dros y dosbarth gweithiol, a diolchwyd hefyd i George Buchanan a fu'n amddiffyn yr hen, y claf a'r di-waith.[68]

Dadleuai Bevan y dylai'r Mudiad Llafur fanteisio ar ei gyfle. Dylid fod yn fwy amlwg ac yn llawer mwy gwrthwynebus i'r Torïaid: cyhoeddodd ei gyfrol *Why Trust the Tories* yn 1944 a chafodd gylchrediad da.[69] Gwelai erbyn diwedd y Rhyfel fod y wlad yn aeddfed i gael newid llywodraeth, ac fe welid hynny yn yr is-etholiadau a gynhelid. Cymro diwylliedig a gefnogodd Bevan yn ei ymosodiadau ar y Blaid Lafur oedd Rhys Davies, AS Westhoughton, a gŵr a anwyd yn Llangennech.[70] Siaradai Gymraeg yn rhugl, roedd yn arloesydd y Mudiad Llafur yng Nghymru, a bu'n gryn rebel yn y Senedd. Credai Rhys Davies fod y Blaid Lafur yn gyson allan o gysylltiad â'r bobl gyffredin a'r cyhoedd. Tra oedd y Blaid Lafur yn camu i'r dde, yr oedd y gweithiwr cyffredin ac aelodau'r Lluoedd Arfog yn cerdded i'r chwith yn wleidyddol.[71] Erbyn Mai 1942 ceid 86 o streiciau yn y meysydd glo gyda 58,000 o lowyr yn cadw draw o'u gwaith.[72] Trafodwyd y diwydiant glo yn y Senedd yn Hydref 1942, a chymerwyd rhan gan bedwar gwleidydd o Gymru, D. O. Evans (Aberteifi), Lloyd George, Jim Griffiths ac Aneurin Bevan. Yr un a gafodd ei awr fawr oedd Aneurin, ac yn y ddadl hon ni chollodd ei gyfle i ergydio yn erbyn y Prif Weinidog. Condemniodd Churchill fel prif awdur trafferthion y diwydiant, y gwleidydd a gadwai lowyr yn y lluoedd arfog pan oedd eu gwir angen yn y pyllau glo.[73] Nid rhyfedd fod Bevan yn tarfu ar gymaint o wleidyddion. Ni chafodd y cyfrifoldebau a ddylai ddod iddo, ac yn hyn yr oedd mor wahanol i Jim Griffiths. Cafodd ef ei benodi yn un o gynrychiolwyr Llafur yn y Cynadleddau Adluniad (Reconstruction Conferences). Rhoddodd y cynadleddau ysbryd gobeithiol, cadarnhaol yn y Blaid Lafur. Teimlai mwyafrif y Llafurwyr (yr oedd Bevan yn eithriad), erbyn diwedd 1942 fod lluoedd arfog Prydain, y Gymanwlad a'r Unol Daleithiau ynghyd â byddinoedd yr Undeb Sofietaidd yn cael y llaw drechaf ar Hitler, yn arbennig ar fyddin yr Almaen. Yr oedd dyddiau gwell i ddod.

Adroddiad Beveridge yn dderbyniol

Bu cyhoeddi adroddiad William Beveridge yn 1942 fel 'manna yn disgyn o'r nefoedd' i wleidyddion y chwith ac i arweinwyr y Blaid Lafur. Cafodd yr adroddiad dderbyniad gwresog, a gwerthwyd yn ddiymdroi bob copi a argraffwyd, sef 6,350,000 ohonynt. Ond nid oedd y Blaid Geidwadol yn frwd o gwbl, ac roedd y wasg yn glaear. Mynegodd Bevan a nifer o Aelodau eraill eu hanfodlonrwydd fod y Llywodraeth wedi rhoddi copïau ymlaen llaw o'r adroddiad i olygyddion y papurau, a hynny cyn ei rannu i aelodau'r Tŷ Cyffredin.[74] Yr oedd y *Daily Mail*, y *Daily Express*, a'r *Daily Sketch* yn condemnio'r adroddiad, a'r *Tablet* yn ymosod ar ei egwyddorion totalitaraidd, ond cafwyd y *Daily Herald*, y *News Chronicle*, y *Daily Mirror*, y *Times* a'r *Manchester Guardian* yn ei groesawu.[75]

I Bevan yr oedd William Beveridge wedi paratoi dogfen oedd yn parchu bywydau rhai bregus yn y gymdeithas, yn arbennig yr henoed, y weddw, y di-waith, cleifion a'r plentyn sydd ar ei dyfiant. Gwelai yn yr adroddiad fod anghenion dynol i ddod yn gyntaf, gofalu am y gweithiwr a gafodd ddamwain, helpu'r glöwr a ddioddefai o scoliosis, y weddw a gollodd ei gŵr ym mlodau'i ddyddiau, a'r un a gollodd ei swydd gan ei osod mewn sefyllfa enbydus. Cofir am y rhieni sydd yn methu talu meddyg i ddod i weld eu plentyn yn ei salwch. Brwydr fyddai hi ond diolchai Bevan a *Tribune* am roddi ger bron y wlad yr anghenion a'r sialens. Neilltuwyd tri diwrnod yn y Senedd ym mis Chwefror 1943 i drafod cynllun William Beveridge. Ar ail ddiwrnod y ddadl penderfynodd yr wrthblaid ddwyn ger bron y Tŷ Cyffredin y cynnig o gefnogaeth lwyr i'r adroddiad a gwasgu am bleidlais ar y mater. Nid oedd gobaith ennill y bleidlais, ond hir gofir cyfraniad Jim Griffiths a gynigiodd y gwelliant. Trechwyd y cynnig o 325 pleidlais i 119, a gwelodd y wlad nad oedd y Blaid Geidwadol o ddifrif yn mynd i weithredu'r argymhellion ar ddiwedd y rhyfel.[76] O ganlyniad i'r ddadl gwahoddodd Cymdeithas y Fabiaid chwech o bobl i draddodi darlithiau ar ddyfodol Prydain wedi'r Ail Ryfel Byd. Yn y darlithiau hyn cafwyd braslun o'r Wladwriaeth Les hir ddisgwyliedig. Cyflwynwyd y darlithiau gan Aneurin Bevan a Jim Griffiths, a phedwar ysgolhaig, William Beveridge, C. H. D. Cole, R. H. Tawney a Harold Laski.[77] Yn y Senedd teimlai Aneurin Bevan fod personoliaeth y Prif Weinidog yn tra awdurdodi dros bawb a phopeth, a neb yn gallu cael y gair olaf ag ef. Geiriau lliwgar Bevan am Churchill yn niwedd 1942 oedd: 'Like a huge tree, nothing grows in his shadow.'[78]

Yr Adroddiad yn gyfle i adeiladu gwell byd

Ond bellach daeth Adroddiad Beveridge yn faes llafur i bobl y chwith, a chredai'r Aelod Seneddol dewr fod carfan uchel o'r etholwyr ym Mhrydain wedi cael eu cyffwrdd. Pwy a'u harweiniai? Ers dechrau'r gyflafan, anodd oedd gweld unrhyw ddelfrydau sosialaidd yn dygyfor ym mywydau a meddyliau gwŷr pwysig Llafur yn y Glymblaid. Efallai, meddai, nad yw'r amser yn aeddfed, ond credai'n grediniol ei fod ar fin dyfod. Dylai'r wrthblaid o leiaf drafod y dyfodol, y blynyddoedd o aildrefnu a chreu byd newydd, a'r dasg anorfod o ailadeiladu. I Bevan yr oedd Adroddiad Beveridge yn gyfle i weithredu, ond techneg y Torïaid bob amser oedd gohirio pob symudiad pwysig.[79] Cadwai Bevan ei lygaid ar yr anghenion sylfaenol. Gwelai gyfle godidog i sefydlu Gwladwriaeth Les ar derfyn y Rhyfel. Sylweddolai pobl mewn aml i alwedigaeth bwysig y byddai'n rhaid iddynt hwythau roddi sylw i Lafur mewn cymdeithas hynod o geidwadol. Darllenodd yn ofalus erthygl bwysig Hugh Ferguson yn y *Tribune* ar feddygon a'r bobl.[80] Yn ei ddadansoddiad dangosodd Ferguson fod cyfartaledd uchel o'r meddygon yn dod o deuluoedd cysurus gan fod ysgoloriaethau yn brin a'r hyfforddiant meddygol yn hir a chostus. Ni allai gredu mai dim ond saith gant o'r myfyrwyr meddygol yng Nghymru a Lloegr yn 1944 oedd o'r dosbarth gweithiol.[81] Daeth i'r casgliad fel awdur yr erthygl fod iechyd y bobl i fod yn gonsyrn i'r bobl eu hunain.

Cyfraniadau Cymry llengar i Tribune

Cafodd Attlee ei feirniadu yn llym yn *Tribune* yn nechrau mis Mawrth 1945, ac yn yr un mis bu Bevan yn herio llefarydd y Tŷ Cyffredin.[82] Yn swyddfa'r *Tribune* yr oedd Bevan yn hoff dros ben o gael cyfraniadau gan lenorion o Gymru, yn bennaf Alun Lewis o Gwm Cynon, Rhys Davies o Gwm Rhondda a Keidrych Rhys o Ddyffryn Tywi.[83] Lluniodd Keidrych Rhys nodiadau o faes y gad yn Ebrill 1945 gan gyfeirio at y ffaith fod y bardd Cymraeg Alun Llywelyn-Williams wedi ei glwyfo.[84] Sylw Keidrych oedd mai dyma'r pris yr oedd ei genhedlaeth ef yn gorfod ei dalu.[85] Nid oedd yn tybio bod yna gefnogwyr mawr i'r Torïaid ymhlith y milwyr oedd ynghanol y brwydro. Ac yr oedd Celtiaid ymhlith y milwyr yn dymuno gweld gwell byd ar ôl i'r gynnau ddistewi, tra oedd y Saeson yn ddigon di-ddweud. Dyma'i gasgliad fel pe bai, yn cynrychioli Kipling:

> And while the Celt is talking from Llanberis to Kirkwall,
> the English, ah the English, don't say anything at all.[86]

Creodd nodiadau Keidrych Rhys gryn sylw, a hyd yn oed lythyr oddi wrth Iddew o Gymro o Gaerdydd, Leo Abse, milwr ei hun.[87] Dywed yn ei ateb i Keidrych, 'gweithiwch am fyd gwell'. Yr oedd Aneurin wedi gwrthod erthygl gan Leo Abse flwyddyn yn gynharach pan oedd ef yng ngwersyll Skegness.[88] Meddyliai y gallai ei defnyddio, ond nid oedd lle iddi. Digwyddodd cymaint yn y cyfamser nes ei bod bellach yn amherthnasol. Anfonodd hi yn ôl iddo ar 30 Tachwedd 1944 gydag ymddiheuriadau.[89] Daeth y Leo Abse hwn yn gymydog i Bevan pan gafodd ei ethol yn Aelod Seneddol Pont-y-pŵl. Cynhesai Bevan yn fawr at genedl y Cymry yn y blynyddoedd hyn a llefarodd frawddegau yn y Tŷ Cyffredin a gofnodir yn Hansard ar 17 Hydref, 1944 a'i hanwylodd yn fawr i'w edmygwyr Cymraeg fel Huw T. Edwards, Cledwyn Hughes ac ugeiniau eraill, pan ddywedodd heb flewyn ar ei dafod:

> Wales has a special individuality, a special culture and special claims. There may be arguments – I think there is an argument – for considerable devolution of government.

Ni chafwyd dim byd gwell o'i enau yn y cyfnod hwn na'r datganiad ysbrydoledig yna.Wedi'r cyfan treuliodd Bevan y deng mlynedd o 1935 i 1945 yn ymladd dreigiau, a pha mor fawr a phwysig bynnag yr oeddynt, nid oedd yn eu hofni. Trwy'r Ail Ryfel Byd ni ddihangodd Winston Churchill na neb o Aelodau Cabinet y Glymblaid na'i genedl ef ei hun na'r dosbarth gweithiol. Un peth y gellid dweud am ei ymddygiad, ei fod bob amser yn ddidwyll ym mhob brwydr a ddaeth i'w ran. Dyna pam y cafodd edmygedd ei gyd-lowyr trwy'r cyfan a hefyd etholwyr Glynebwy.

Cynhadledd y Blaid Lafur yn Blackpool a'r Etholiad

Yng Nghynhadledd Flynyddol y Blaid Lafur Brydeinig yn Blackpool ym Mai 1945, dangosodd Bevan gryn ddoethineb trwy ymuno gydag arweinwyr yr Undebau i alw am undeb o fewn y Blaid Lafur, er mwyn ennill gyda mwyafrif digonol yn yr Etholiad Cyffredinol. Rhoddodd groeso i faniffesto'r Blaid, *Let Us Face the Future*, er mai dogfen canol y ffordd ydoedd. Yr oedd Bevan yn selog ac yn hyderus ac yn cydweithio'n dda gyda'r arweinwyr. Gofalodd fod *Tribune* yn mynegi'r un cefnogaeth.[90] Etholwyd Bevan i'r Pwyllgor Gwaith. Ni chafodd gymaint o bleidleisiau ag a gafodd Herbert Morrison na Harold Laski, ond yr oedd yn agos atynt. Yr oedd y rebel o Gymro yn ennill yr etholaethau i'w gefnogi. Yr haf hwnnw disgwylid i'r ymgeiswyr seneddol lafurio'n galed a gwleidydd o faintioli Aneurin yn arbennig, gan y byddai galw mawr amdano.

Cafodd ymateb gwych yng Nglynebwy.[91] Trodd 33,967 o'r etholwyr allan, 82.6% ohonynt, a dyma oedd y canlyniad:

Aneurin Bevan (Llafur)	27,209	80.1%
Charles Stanley Parker (Ceidwadwyr)	6,758	19.9%
Mwyafrif	20,451	60.2%

Yng Nghymru roedd gwaith cenhadol Aneurin Bevan a Jim Griffiths ac eraill yn dwyn cynhaeaf na welwyd mo'i debyg yn holl hanes Prydain hyd at 1997 a buddugoliaeth Tony Blair. Yr oedd Cymru, heb amheuaeth, yn Gymru goch. Enillodd Llafur saith sedd o'r newydd. Gwelwyd y gefnogaeth orau i Lafur yn y Deyrnas Unedig yng Nghymru. Cafwyd mwyafrif o dros 20,000 yn seddau'r glowyr, Caerffili, Castell-nedd, Ogwr, Pontypridd, Aberdâr, Abertyleri, Bedwellte a Glynebwy. Ond yn Llanelli cafwyd mwyafrif anhygoel o 34,117. At ei gilydd pleidleisiodd 58.5% o etholwyr Cymru dros ymgeiswyr Llafur, ac yng ngweddill y Deyrnas Unedig 48% a gefnogodd ymgeiswyr Llafur.[92]

Yr heddlu cudd yn dilyn y gwleidydd

Er bod cryn ysbryd cystadleuol rhwng Jim Griffiths ac Aneurin Bevan, cydnabu Jim finiogrwydd, huodledd a charisma'r cawr o Dredegar. Nid oes tystiolaeth fod yr heddlu cudd yn dilyn Jim Griffiths o le i le ond dyna fu tynged Bevan yn ystod yr Ail Ryfel Byd. Ceid asiant MI5 yn ei ddilyn a llwyddo yn y pen draw i gael mynediad i'w gartref. Dangosodd y ddau ddigon o radlonrwydd at ei gilydd nes dod yn ffrindiau da. Newidiodd y berthynas fodd bynnag pan ddarganfu Bevan fod y ffrind wedi ei fradychu trwy ddweud celwydd golau amdano wrth y newyddiadurwyr a'i frifo'n arw. Un noson pan alwodd y ffrind o MI5 a gofyn iddynt ei esgusodi ef ar ôl rhyw ddeng munud gan ei fod am fynd i'r ystafell ymolchi, dilynodd Bevan ef cyn iddo gloi y drws. Ar amrantiad rhoddodd ei ddwy law gyhyrog am wddf y sbïwr, gan ei orfodi i gyffesu pwy ydoedd mewn gwirionedd. Ni chafodd Bevan ddim byd tebyg i'r diflastod a gafodd Harold Wilson yn y chwe- a'r saithdegau, ond o leiaf darganfu fod yr heddlu cudd yn ei ddrwgdybio.[93] Magodd Bevan fodd bynnag berthynas dda gyda'r gwleidyddion o ddyddiau Coleg. Ef a Jim Griffiths oedd dau wleidydd pennaf y Coleg Llafur a Chymru, yn arbennig ar ôl marwolaeth Iarll Dwyfor yn gynharach yn y flwyddyn. Dynion dawnus oedd Aelodau Seneddol Llafur Cymru yn 1945, dynion i gyd, dim un ferch yn eu plith. Methodd Eirene L. Jones ennill sedd y Fflint er iddi ddod o fewn cyrraedd. Bu'n rhaid aros am rai blynyddoedd. Yr oedd Aneurin Bevan fel y gweddill ohonynt uwchben ei ddigon wedi clywed canlyniad etholiad 1945, a derbyniodd lythyr caredig gan Ada Lush, priod ei gyfaill mynwesol Archie, yn ei ganmol am ei ddewrder anghyffredin a'i ganllawiau moesol ac yn diolch ei fod heb yr uchelgais afiach a welir ymhlith cymaint o wleidyddion. Yr oedd yn berson o'r radd flaenaf, a'r unig ofid oedd ganddi oedd iddo 'spend so much time in frustration in the wilderness, when his powers were at their zenith'.[94] Roedd dyddiau gwahanol wedi dod i'w ran felly, ar ôl 'blynyddoedd y ceiliog rhedyn'.

Nodiadau a Chyfeiriadau

1. Aiff Dingle Foot gam ymhellach gan ddweud bod Aneurin Bevan yn seneddwr o'r funud y cyrhaeddodd, a thraddodi ei araith forwynol. Perthynai yn ôl Dingle Foot i draddodiad godidocaf y Senedd ac roedd i'w gymharu â'r mawrion hyn: Chatham, Charles Fox, William Pitt, W. E. Gladstone, Benjamin Disraeli, H. H. Asquith, David Lloyd George a Winston Churchill, pob un ohonynt yn wirioneddol wych o'r funud y cyraeddasant San Steffan. Gweler Dingle Foot, 'The Constant Rebel', *Observer*, 10 Gorffennaf 1960, 10.

2. Yr oedd llawer o Sosialwyr Cristnogol fel Stafford Cripps yn edmygwyr di-ben-draw o Aneurin Bevan. Gellid enwi hefyd yr Esgob Mervyn Stockwood, Dr Donald Soper, Tom Driberg, George Thomas, Hugh Delargy, Cledwyn Hughes a Tudor Watkins. Gw. Chris Bryant, *Possible Dreams: A Personal History of the British Christian Socialists* (London, 1996), 1–351. Ceir cyfeiriad at gyfarfod cofiadwy Llanelli yn Lord Elwyn-Jones, *In My Time: An Autobiography* (London, 1983), 48.

3. Yn y tridegau, a Churchill mewn trafferthion yn y Blaid Geidwadol am iddo ei beirniadu ar bolisi arfogi, a Bevan ar drothwy cael ei ddiarddel o'r Blaid Lafur, bu'r ddau yn ciniawa. Awgrymodd Churchill wrth Bevan eu bod yn uno gyda'i gilydd i ffurfio gwrthblaid i'r Llywodraeth. Yn ôl y stori trodd Bevan a dweud, 'What use would I have for a lieutenant who has turned on so many of his party leaders?'. Gw. Vincent Brome, 'Bevan and Churchill', *New York Times Magazine*, 21 Tachwedd 1948, 78.

4. Ll.G.C., Papurau Gwilym Davies. Gweler Cynghrair y Cenedloedd V/2/40;V/2/42;V/2/43;V/2/44: 'Pam y methodd Cynghrair y Cenhedloedd', 24 Hydref 1944.

5. Gwilym Davies, *Y Natsïaid a'r Cenhedloedd Bychain yn Ewrop* (Wrecsam, 1941) , 25–29 .

6. D. Ben Rees, *Cofiant Jim Griffiths: Arwr Glew y Werin* (Talybont, 2014), 105–7.

7. Allen Hutt, *The Post-war History of the British Working Class* (London, 1937), 282.

8. *Ibid.*

9. *Ibid.*, 283.

10. *Ibid.*, 288.

11. Jennie Lee, *My Life With Nye* (London, 1980), 115.

12. *Ibid.*

13. *Ibid.*, 116. 'Life would have been easy for Nye if he had joined the hunger marchers with the support of the official trade union movement. Instead he had to face the bitter hostility then shown towards any activity such as this that meant joining forces with Communists. The National Unemployed Workers Movement was Communist led.'

14. Michael Foot, *Aneurin Bevan, 1897–1960*, Vol. 1 (London, 1962), 235.

15. *Ibid.*, 241. O'r rhifyn cyntaf gweler gwaith Bevan yn yr wythnosolyn. Talodd John Campbell deyrnged uchel iddo fel newyddiadurwr o fewn y papur wythnosol *Tribune*: 'Bevan is not normally thought of as much of a writer; but these weekly articles reveal a surprisingly good journalist. Though strictly political, their variety expresses the richness of his mind, always able to focus a general argument on a telling detail or extrapolate an historical theory from a trivial episode. As well as major polemics there are a host of throwaway epigrams, satirical squibbs, some very accomplished, sketch writing and – undoubtedly most irritating to the leaders and loyalists of the Parliamentary Labour Party – a continuous commentary, usually critical, sometimes merely patronising, on Labour's parliamentary performance.' Gw. John Campbell, *Nye Bevan and the mirage of British Socialism* (London, 1987), 73.

16. Michael Foot, *Aneurin Bevan, 1897–1960,* 245.

17. *Ibid.*, 257. Sylw nodweddiadol o Bevan pan gymerodd Chamberlain yr awenau: 'In the funeral service of capitalism the honeyed and soothing platitudes of the clergymen are finished, and the cortege is now under the sombre and impressive guidance of the undertaker.'

18. Mark M. Krug, *Aneurin Bevan: Cautious Rebel* (New York and London, 1961), 51.

19. *Ibid.*, 50.

20. Yr oedd cryn anniddigrwydd yng nghadarnleoedd y Blaid Lafur yn ne Cymru, yn arbennig etholaethau'r Rhondda. Gwelid y Ffrynt Unedig yn ffordd gyfrwys y Comiwnyddion o danseilio cryfder y Blaid Lafur. Gellir dadlau fod sefydlu Cyngor Llafur Rhanbarth De Cymru yn 1937 yn weithred i wynebu ar ddylanwad y comiwnyddion ac i gydlynu gweithgarwch Llafurol. Gw. Chris Williams, *Democratic Rhondda* (Cardiff, 2003), 200–2.

21. Ond yr oedd Pwyllgor Gwaith y Blaid Lafur Brydeinig o dan y Cymro, Morgan Phillips, yn cadw golwg manwl ar yr etholiadau. Gwaharddwyd y Blaid Lafur yng Nghasnewydd rhag hyd yn oed groesawu Clwb Llyfrau'r Chwith i'w plith yn 1936. Gw. Matthew Worley, *Labour Inside the Gate: A History of the British Labour Party between the Wars* (London, 2008), 212.

22. Cafwyd yr hanes yn gyflawn yn Hywel Francis, *Miners Against Fascism: Wales and the Spanish Civil War* (London, 1984).

23. Emyr Price, *Cymru a'r Byd Modern ers 1918* (Caerdydd, 1979), 35.

24. Eric Estorick, *Stafford Cripps*, (New York, 1949), 143.

25. Mark M. Krug, *Aneurin Bevan: Cautious Rebel*, 55.

26. Golygyddol, *New Statesman and Nation,* 18 Mawrth 1933, 412.

27. D. Ben Rees, *Cofiant Jim Griffiths: Arwr Glew y Werin*, 121–3.

28. Llyfrgell Genedlaethol Cymru, Papurau W. H. Mainwaring. Anerchiad Aneurin Bevan ym mis Ebrill 1939, 'Y Ffrynt Poblogaidd', tudalennau 1–20.

29. Bu W. H. Mainwaring yn dysgu Aneurin Bevan yn y Coleg Llafur Canolog yn Llundain cyn ennill etholaeth Dwyrain Rhondda yn 1933. Ychydig iawn a ysgrifennwyd amdano. Gw. D. Ben Rees, *Cofiant Jim Griffiths*, 59, 61, 75, 108, 114, 148–9, 156.

30. Ll.G.C., Papurau W. H. Mainwaring, Anerchiad Aneurin Bevan, *ibid.*, 1.

31. *Ibid.*, 2.

32. *Ibid.*, 3.

33. *Ibid.*

34. *Ibid.*, 4.

35. 'Oliver Cromwell (1599–1658), Arglwydd Amddiffynydd' yn *Gwyddoniadur Cymru* (Caerdydd, 2008), 199.

36. Ll.G.C., Papurau W. H. Mainwaring, Anerchiad Aneurin Bevan, *ibid.*, 5.

37. *Ibid.*, 5.

38. *Ibid.*, 6.

39. *Ibid.*, 7.

40. *Ibid.*, 9.

41. *Ibid.*,15.

42. *Ibid.*, 16.

43. Kenneth O. Morgan, *Michael Foot* (London, 2007), 96.

44. *Ibid.*, 54.

45. *Ibid.*, 154. Galwodd yr Athro K. O. Morgan y digymar Foot yn 'agitator of protest' a Bevan yn 'politician of power'.

46. Estorick, *Stafford Cripps*, 212.

47. D. Ben Rees, *Cofiant Jim Griffiths*, 125–139.

48. Phillip Carr, *The English are like That* (London, 1941), 50.

49. Oherwydd ei anfodlonrwydd cymerodd Bevan yr olygyddiaeth iddo'i hunan ar adeg y Rhyfel, er nad oedd ganddo yr amser fel Aelod Seneddol na'r profiad broffesiynol i wybod sut i gynhyrchu papur wythnosol. Gadawodd i Jon Kimche symud i'r swyddfa fel golygydd gweithredol o dan oruchwyliaeth Aneurin. Oherwydd prysurdeb Bevan a Strauss, perswadiwyd gwragedd y ddau, Jennie Lee a Patricia Strauss, ynghyd â Michael Foot, i fod yn aelodau o'r Bwrdd Golygyddol. Ond yr oedd barn *Tribune* ar bobl fel Bevin ac Attlee yn

adlewyrchu'r hyn a ddywedai Aneurin o amgylch y bwrdd mewn lle bwyta neu ar un o'r teithiau cerdded. Gw. Mervyn Jones, *Michael Foot* (London, 1994), 103 a 141.

50. Mervyn Jones, *A Radical Life: The Biography of Megan Lloyd George* (London, 1991), 170.

51. *Ibid.*, 171.

52. Dyma'r dystiolaeth am Aneurin Bevan a'r BBC adeg yr Ail Ryfel Byd: 'Bevan was a director of *Tribune* and one of Orwell's keen supporters there both at the time of the People's Convention and later. Politically he was a controversial figure, but without the slightest suggestion that he was a communist. It is therefore particularly interesting that whereas Orwell succeeded with J. S. B. Haldane, he failed with Bevan. Although the subject is still shrouded in mystery, it is clear that Bevan was one of those who in the words of the controller, "would be better left alone – without any mention of a blacklist of course".' Gw. W. J. West, *The Larger Evils* (Edinburgh, 1992), 73.

53. *Hansard*, Cyfrol CCCLXXIV (1944), colofn 1980.

54. *Ibid.*, Cyfrol CCCXCVIII (1944), colofn 1483.

55. Mark M. Krug, *Aneurin Bevan*, 59.

56. *Hansard*, Cyfrol CCCLXVIII (1941), colofn 516.

57. John Bew, *Citizen Clem: A Biography of Attlee* (London, 2016), 19.

58. *Ibid.*

59. Michael Foot, *Aneurin Bevan*, 30.

60. John Bew, *Citizen Clem*, 235–6.

61. *Ibid.*

62. *Ibid.*, 236.

63. *Ibid.*, 254.

64. Aneurin Bevan, 'Labour Has Been Tricked', *Tribune,* Chwefror 13 (268), 1940, 1–2.

65. Aneurin Bevan, 'What Churchill Must Do', *Tribune,* Chwefror 20 (269), 1942, 2.

66. Aneurin Bevan, 'Consider Coal', *Tribune,* Mawrth 20 (273), 1942, 2.

67. *Ibid.*

68. Jack Wilkes, 'In Parliament', *Tribune*, Mawrth 20 (273), 1942,1.

69. Yr oedd y gyfrol *Why Not Trust The Tories?* yn bwysig iawn pan ddaeth allan yn 1945. Fe'i cyhoeddwyd gan Victor Gollancz a chafodd ei defnyddio gan glybiau trafod ledled y wlad ac ym mhlith milwyr, morwyr a'r llu awyr. Nid oedd yn rhan o gyfres y 'Left Book Club' ond penderfynodd gwasg Gollancz ar fin yr Etholiad Cyffredinol yn 1945 gyhoeddi tair cyfrol wrth-geidwadol, sef yn gyntaf *Guilty Men*, astudiaeth o'r gwleidyddion oedd yn gyfrifol am Munich. Paratowyd y gyfrol gan Michael Foot, Frank Owen a Peter Howard, tri ysgrifennwr adnabyddus oedd yn hanner-addoli Aneurin. Cyhoeddwyd *Why not Trust the Tories?* gan Celticus, sef Aneurin Bevan, ac yna *Can the Tories Win the Peace?* gan Diplomaticus, sef yr aelod Seneddol Konni Zilliacus. Cyhoeddwyd cyfrolau'r 'Left Book Club' o fis Mai 1936 hyd fis Hydref 1948, a gwelid ar ambell glawr ffugenw ac ar gloriau eraill enw bedydd a chyfenw y person .Yr oedd y gyfrol gyntaf, *Guilty Men*, yn llwyddiant, ond gwrthododd W. H. Smith ei gwerthu. Ceir yr holl hanes gan John Lewis, *The Left Book Club: an Historical Record* (London, 1970), 1–163. Ceir cyfeiriadau at Aneurin Bevan ar dudalennau 25, 38, 69, 88, 125 a 131.

70. Roedd Rhys John Davies yn heddychwr digymodredd ac yn Gymro Cymraeg o argyhoeddiad. Dyma wleidydd yn San Steffan oedd yn tynnu mor gryf ar dreftadaeth Anghydffurfiaeth Cymru. Mae ei gynnyrch yn yr iaith Gymraeg, *Y Seneddwyr ar Dramp* (1934), *Pobl a Phethau* (1937), a *Y Cristion a Rhyfel* (1941) yn hynod o ddifyr. Esgeuluswyd ef yn ddybryd gan olygyddion *Y Gwyddoniadur Cymreig*.

71. Aneurin Bevan, 'Labour Must Lead Now', *Tribune*, 22 Mai 1942 (282), 6–7. Cyfeiria at feirniadaeth Rhys J. Davies, AS.

72. Erthygl flaen *Tribune*, 5 Mehefin 1942 (284), 1–2.

73. Trafodwyd y diwydiant glo yn *Tribune* yn gyson: gweler rhifynnau mis Hydref 1942.

74. Gw. 'Beveridge Manifesto', *Tribune*, 4 Rhagfyr 1942 (310), 1–2 a Vernon Bartlett yn yr un rhifyn ar ymateb y wasg, 5.

75. *Ibid.*

76. D. Ben Rees, *Cofiant Jim Griffiths*, 135.

77. *Ibid.*

78. Aneurin Bevan, 'Labour and the Coalition', *Tribune*, 11 Rhagfyr 1942 (311), 7.

79. *Ibid.*

80. Hugh Ferguson, 'Doctors and the People', *Tribune*, 5 Ionawr 1945 (419), 7.

81. *Ibid.*

82. Dienw, 'Attlee's Crowning Blunder', *Tribune*, 2 Mawrth 1945, 1–2.

83. Yr oedd Alun Lewis yn cytuno â safbwynt Bevan, y rhan fwyaf o'r ffordd, er ei fod ef yn gofidio bod y gwleidydd o Lynebwy yn rhy unig yn wleidyddol. Yn swyddfa *Tribune* daeth y ddau yn bennaf ffrindiau. Un arall a fu'n garedig i'r bardd o Gwmaman, Aberdâr oedd Charles Humblett, newyddiadurwr, ac anfonodd Alun nifer o gerddi ato a ymddangosodd yn y gyfrol *Call Wind to Witness*. Gw. John Pikoulis, *Alun Lewis: A Life* (Bridgend, 1984), 156. Ceir ysgrif dreiddgar ar Rhys Davies (1903–78), un o'r Rhondda yn *Cydymaith i Lenyddiaeth Cymru*, gol. Meic Stephens (Caerdydd, 1986), 146–7, ac ar Keidrych Rhys yn yr un gyfrol, 527. Gw. erthygl Alun Lewis, 'Transition', yn *Tribune*, 29 Mai 1942 (283), 19.

84. Gw. Alan Llwyd, 'Barddoniaeth Alun Llywelyn-Williams', *Barn*, 206 (1980), 73–6, a Gwyn Thomas, 'Bardd y byd sydd ohoni – Alun Llywelyn-Williams', *Barn*, 253 (1984), 19–21.

85. Keidrych Rhys, 'A War Correspondent's Notes', *Tribune*, 13 Ebrill 1945, 9–10.

86. *Ibid.*

87. Llythyr Leo Abse yn *Tribune*, 20 Ebrill 1945, 13.

88. Ll.G.C., Papurau Leo Abse, C/9/1: llythyr Aneurin Bevan dyddiedig 30 Tachwedd 1944 at 1094858 ACL Abse, Skegness.

89. *Ibid.*

90. Mark M. Krug, *Aneurin Bevan*, 76.

91. Beti Jones, *Etholiadau'r Ganrif 1900–1975* (Talybont, 1977), 192.

92. D. Ben Rees, *Cofiant Jim Griffiths*, 148–9.

93. A. J. Davies, *We, the Nation: The Conservative Party and the Pursuit of Power* (London, 1995), 241.

94. Ll.G.C., Facs 881. Llythyr Ada (Lush), 5 Gladstone Place, Tredegar at Aneurin Bevan, dyddiedig 12 Medi 1945.

Pennod 8

Anawsterau Gwleidyddol ar ffordd y Gwasanaeth Iechyd

Gellir dadlau bod cydwybod Ymneilltuaeth Gymraeg wedi ysbrydoli tri gwleidydd a fu'n amlwg iawn yn y gwaith o sefydlu'r Wladwriaeth Les, sef David Lloyd George, Jim Griffiths ac Aneurin Bevan. Credodd y tri fod lle i'r Wladwriaeth Les. Lloyd George a fu'n gyfrifol am gyflwyno yswiriant ar gyfer iechyd a diweithdra, rhoddi pensiwn i'r henoed, a sefydlu gweinyddiaeth iechyd, codi tai cyngor a sicrhau'r Ddeddf Yswiriant Rhag Diweithdra, a hynny yn y cyfnod o 1908 i 1914. Y mae ei waddol ef yn un gwerthfawr.

Dewis Aneurin Bevan i ofalu am dri Adran pwysig yn y Llywodraeth

Ond bu hi'n dawel ar ôl iddo golli grym yn 1922, a bu'n rhaid aros hyd yr Ail Ryfel Byd, a'r Adroddiad o eiddo William Beveridge a'r Papurau Gwyn a gweithgarwch y pleidiau, cyn i ddim byd chwyldroadol ddigwydd. A phan ddaeth Etholiad Cyffredinol 1945 yr oedd maniffestos y pleidiau yn fwy radical nag a welwyd yn y gorffennol. Yr oedd cyfalafiaeth o dan gwmwl, a chyhoeddodd y Blaid Geidwadol faniffesto oedd o blaid gwasanaeth iechyd cyfun.[1] Yr oedd y Blaid Lafur fel y gwelsom yn sylweddoli bod yn rhaid gweithredu, ond yn rhanedig dros ben.[2] Ar ôl y fuddugoliaeth fawr ysgubol, fodd bynnag, cafodd y Blaid Lafur gyfle godidog. Gwelodd gwleidyddion amlwg y Blaid a'r mwyafrif o drigolion y wlad godiad haul ar ôl storom enbyd y Rhyfel. Agorodd y Tŷ Cyffredin ei ddrysau ar y dydd cyntaf o Awst i'r Aelodau hen a newydd. Yn araith y Brenin cafwyd addewid o wladoli'r diwydiant glo a Banc Lloegr, o ddiogelwch cymdeithasol gofalus a Gwasanaeth Iechyd Cenedlaethol. Ac ar 3 Awst 1945 aeth y Prif Weinidog newydd, Clement Attlee, ati am 6 o'r gloch y bore i gwblhau'r dasg o benodi aelodau'r Cabinet, gan ei fod am fynd i Balas Buckingham i gyflwyno enwau pedwar ar bymtheg o weinidogion awyddus i weithio;[3] saith o'r rhain yn gyn-lowyr, a'r mwyafrif o'r saith wedi dechrau yn y lofa yn ddeuddeg neu dair ar ddeg oed.[4] Y dewis mwyaf dyrys i'w amgyffred oedd fod Clement Attlee wedi gwahodd yn Weinidog Iechyd, Tai a Llywodraeth Leol yr un mwyaf anodd ohonynt i gyd, sef y glöwr o Dredegar, Aneurin Bevan.[5] Yr oedd hi'n amlwg i Attlee gael ei ysbrydoli. Er gwaethaf yr elfen wrthryfelgar oedd yn ei natur, mynnai Attlee y medrai Bevan fod yn gymodwr. Yr oedd ganddo gymaint i'w gynnig a chyfle i ddysgu.

Yr un diwrnod daeth yr Aelodau Seneddol i San Steffan i gymryd llw. Siaradodd Attlee â hwy yn fyr: nid dawn dweud Bevan oedd ei gryfder, ond ei ffordd fonheddig, gall o drin pobl heb eu byddaru na'u seboni gyda gwag eiriau.[6] Disgwyliai Bevan yn awchus am yr her fawr a osodwyd ar ei ysgwyddau, tasg bron yn amhosibl, sef y cyfrifoldeb am adeiladu tai, trafod awdurdodau lleol a fu drwy'r drin, a dod â gweledigaeth newydd i fyd iechyd cyhoeddus. Y farn gyffredinol erbyn hyn yw i Bevan lwyddo y tu hwnt i bob disgwyliad a dod, fel y dywed Marvin Rintala a David Widgery, yn bensaer y Gwasanaeth Iechyd.[7]

Y Ceidwadwyr

Gwrthwynebodd y Blaid Geidwadol yn y Senedd ddadleuon Bevan o blaid ei weledigaeth o 1945 i 1948. Ni chafwyd consensws o gwbl, hyd yn oed yn nhrydydd darlleniad y Ddeddf Iechyd. Mynnodd arweinydd yr wrthblaid, Winston Churchill, i'w Aelodau Seneddol wrthwynebu heb gymrodeddu. Gwelodd Aneurin wrthwynebiad ffyrnig, ond mae'n rhaid cyfaddef y gallai'r Ceidwadwyr yn y Tŷ Cyffredin fod wedi rhoddi gwaeth gwrthwynebiad, fel y gwnaed yn Nhŷ'r Arglwyddi. Yr oedd gan Churchill edmygedd mawr o allu Bevan fel dadleuwr o'i araith forwynol ymlaen. Ei eiriau oedd: 'It is so seldom that we hear a real debating speech nowadays.'[8] Ychydig o flynyddoedd yn ddiweddarach cyflwynodd gopi o'i gyfrol ar Marlborough iddo gyda'r cyfarchiad:

To Aneurin Bevan with every good wish for a lifetime's happiness.[9]

Bevan oedd yr unig Aelod Seneddol yn y Senedd a fedrai sefyll yn erbyn Churchill ac ar yr un pryd gyfathrebu y tu allan i'r Senedd.[10] Nid yn unig yr oedd yn medru cael y gorau ar Churchill weithiau, ond nid oedd neb arall a fedrai gystadlu ag ef. Ef oedd dadleuydd gorau'r Tŷ Cyffredin, er bod Goronwy Roberts, Aelod Seneddol newydd etholaeth Caernarfon, yn barnu mai Emanuel Shinwell oedd yn haeddu'r wrogaeth honno.[11]

Ynglŷn â'r Gwasanaeth Iechyd, ni siaradodd Churchill o blaid y cynllun a osododd Bevan ger bron ar wahân i ofalu bod syniad y Gweinidog Iechyd o wahardd cynhyrchu heroin ddim yn rhan o'r Ddeddf. Nid oedd gan Churchill lawer o egni a llai fyth o ddiddordeb mewn cleifion na'u meddyginiaeth. Gweinidog Iechyd y Glymblaid oedd Henry Willink, bargyfreithiwr a edrychai arno'i hun fel Ceidwadwr Cydwladol. Yn ei enw ef yn 1945 y cyhoeddwyd y Papur Gwyn, a ysgrifennwyd gan John Hawton, gwas sifil yr adran. Nid oedd Willink yn frwd o gwbl drosto. Aeth Bevan â Phapur Gwyn Willink-Hawton adref gydag ef un penwythnos a dychwelodd ar fore Llun gan ddweud nad oedd o unrhyw werth.[12] Taflodd ef yn ddiseremoni i'r fasged sbwriel yn ei ystafell. Ni wyddom a ddarllenodd Bevan ddogfen o waith Ernest Brown, a fu hefyd yn Wenidog Iechyd, ond, a gwybod y dicter a ddangosodd tuag at hwnnw yn y tridegau, go brin y byddai. Tra oedd yn protestio yn galed yn erbyn polisïau adweithiol Brown yn 1937 y cafodd Bevan ei amddifadu o freintiau'r Tŷ Cyffredin.[13]

Arthur Greenwood ac Ernest Bevin yn hytrach na'r Torïaid oedd yn bennaf gyfrifol yn llywodraeth y Glymblaid am ddewis William Beveridge yn Gadeirydd y Pwyllgor Yswiriant Cymdeithasol a gwasanaethau eraill. Pwyllgor oedd hwn yn cynnwys gweision sifil a oedd yn neu swyddi cyn i Beveridge ddod yn Gadeirydd. Cafodd Beveridge y gadeiryddiaeth am fod Ernest Bevin am gael gwared ohono fel ymgynghorydd busneslyd iddo. Ef oedd yr arbenigwr pennaf ar bolisïau cymdeithasol, a gallai gofio ei gyfraniad i'r Bwrdd Masnach yn nyddiau Lloyd George, a hynny yn 1908. Nid oedd Beveridge at ddant pawb am fod ganddo ffordd anffodus, ymosodol o siarad a hefyd ei fod yn tueddu i fod yn snobyddlyd.[14] Ni allai ddioddef Churchill: 'hen ŵr blin' oedd ei ddisgrifiad ohono yn Ionawr 1945. Ni hoffai chwaith Clement Attlee, Ernest Bevin na Hugh Dalton.[15] Nid oedd ganddo air caredig am Aneurin Bevan, er mai ef a Jim Griffiths oedd ei gefnogwyr pennaf pan ymddangosodd yr Adroddiad o'i eiddo.[16] Y gwir oedd hyn, nad oedd Attlee na Churchill yn frwd dros Adroddiad enwog Beveridge am na allent hwythau ddioddef yr awdur.[17]

Disgrifiodd Bevan Beveridge yn 1942 fel 'efengylydd cymdeithasol o'r hen ysgol Ryddfrydol'. Cefnogai'r Adroddiad am iddo ddisgrifio'n gampus 'lle y gellir cymryd dagrau allan o gyfalafiaeth'.[18] Gwelai'r Adroddiad fel beirniadaeth ar wendidau a phechodau cyfalafiaeth ym Mhrydain. Rhyddfrydwr i'r carn oedd yr awdur, ac ar ôl marwolaeth Lloyd

George, ef oedd yr enwocaf o'r criw bach a chwifiai faner y Blaid Ryddfrydol. Hanfod polisïau Lloyd George oedd trethu'r cyfoethog fel y medrai'r tlawd gael cymorth a threthu'r tirfeddiannwr i dalu am bensiwn yr henoed, a dyna fu'r ffordd yn y dau- a'r tridegau. Nid oedd Beveridge yn llwyr gytuno gyda Lloyd George. Ei syniad ef oedd y dylai'r gweithiwr a dderbyniai gyflog da gynorthwyo'r llai ffodus, gan gynnwys y di-waith. Nid oedd Beveridge yn barod o gwbl i gael ei alw yn grëwr y Gwasanaeth Iechyd. Nid ei blentyn ef mohono. Bu system yswiriant iechyd 1911 yn gam pwysig ymlaen ond dim byd mwy na hynny. Yr oedd yr hyn a sefydlodd Lloyd George yn 1911 yn dal mewn bodolaeth yn 1948, pan ddaeth y Ddeddf Gwasanaeth Iechyd Cenedlaethol i fod a dileu'r Ddeddf Yswiriant Cenedlaethol. Nid oedd ond un gwleidydd a fedrai lywio'r Ddeddf Yswiriant Cenedlaethol trwy'r Cabinet a'r Senedd yn 1911.[19] Lloyd George oedd y dewin hwnnw.[20] Bu Lloyd George yn ffodus o gefnogaeth Christopher Addison, Aelod Seneddol a ffisigwr galluog. Ef a ofalodd fod digon o feddygon yn cefnogi'r cynllun. Bu cefnogaeth Addison yn holl bwysig i Lloyd George yn ei wrthdaro gyda'r Gymdeithas Feddygol Brydeinig.[21] Yn 1919 gwnaeth y Prif Weinidog Addison yn Weinidog Iechyd (y cyntaf o'i fath), a dyma lle y cafwyd y cam gwag. Am fod Addison yn Llywydd y Bwrdd Llywodraeth Leol cyn cael ei symud i fod yn Weinidog Iechyd, gosododd Lloyd George gyfrifoldeb dros adeiladu tai a chynnal iechyd y cyhoedd o dan yr un to ac yn yr un Adran. Gwnaeth adeiladu tai i'r cyhoedd yn wasanaeth cymdeithasol.[22] Mewn amser newidiodd Addison ei gôt a choleddu'r Blaid Lafur fel y blaid oedd agosaf at ei gredo wleidyddol.[23] Y gwir oedd fod angen adeiladu tai yn mynd â sylw ac amser y gweinidogion Tai ac Iechyd yn y dau- a'r tridegau yn fwy nag anghenion iechyd. Ac ar derfyn yr Ail Ryfel Byd yr oedd dinasoedd mawr Prydain mewn sefyllfa adfydus, un o bob tri thŷ wedi'i ddinistrio a'i niweidio gan fomiau'r Almaenwyr, a dim tai newydd ar gael yn unman.[24]

Gwnaeth Clement Attlee gam dybryd â phoblogaeth Prydain trwy orlwytho Aneurin Bevan â chyfrifoldebau gwleidyddol a disgwyl yr amhosibl ganddo. Llwyddodd Bevan yn rhyfeddol ym mhob un o'r meysydd, yn well os rhywbeth ym myd iechyd. Ond i'r cyhoedd yn Cofentri, Llundain, Lerpwl, Abertawe a Southampton, a llu o ddinasoedd eraill, yr alwad fawr yn Awst 1945 oedd am gartrefi clyd ar gyfer teuluoedd a ddioddefodd adfyd mawr yn y bomio diderfyn. I Churchill nid oedd Bevan, er ei edmygedd ohono fel llefarydd, yn haeddu gwisgo mantell ei gyd-Gymro, Lloyd George. Nid oedd neb yn y wlad yn ei farn ef yn debyg i Iarll Dwyfor. Deallwn hynny ond gwnaeth Bevan gymwynas oedd yn haeddu gwrogaeth hyd yn oed gan Churchill.

Cymrodyr yn y Cabinet

Unigolyn eithriadol o ddeallus oedd Aneurin Bevan. Ef oedd y rebel o fewn y Blaid Lafur o 1929 hyd 1945. Dyma gydwybod yr adain chwith. Cafodd, fel y gwelsom, ei ddiarddel yn 1935 a 1939, ond daeth yn ôl i'r rhengoedd am na allai fyw heb ei Blaid. Bu'n fileinig ei feirniadaeth o Ernest Bevin, ac nid oedd hyn yn ei anwylo o gwbl i'r cawr o Undebwr.[25] Gosododd ei wrthwynebiad i Bevin adeg yr Ail Ryfel Byd ef yn llythrennol ar y dibyn o gael ei ddiarddel eto.

Nid Bevin oedd yr unig arweinydd pwysig yn rhengoedd Llafur i ddioddef gan siarprwydd tafod Bevan. Dyna'r Ysgrifennydd Cartref Herbert Morrison. Ni chafodd Morrison ddim parch o enau Aelod Seneddol Glynebwy am ei fod yn ymgorfforiad o adain dde y Blaid Lafur.[26] Defnyddiodd Bevan bob term a allai am Morrison, gan fynd mor bell â'i alw yn 'witch-finder of the Labour Party, the smeller out of evil spirits'.[27] Mewn dadl ar wladoli diwydiannau, galwodd un o fawrion ei blaid 'a fifth-rate Tammany Hall boss', gan atgoffa rhywun o lywodraeth budr a brofwyd yn Chicago ac Efrog Newydd trwy ymyrraeth gwleidyddion o gefndir Gwyddelig.[28] Yr oedd Bevan wedi bod yn gwbl amharchus; nid perthyn i'r pumed dosbarth oedd Morrison, ond i'r rheng flaen. Ef oedd un o'r arweinwyr mwyaf llwyddiannus yn holl hanes y Blaid Lafur Brydeinig yn Llundain. Morrison oedd personoliaeth fawr Cyngor Sir Llundain (London County Council, LCC), i'w gymharu â Joseph Chamberlain yn Birmingham ac Archibald Salvidge yn Lerpwl. Os rhywbeth yr oedd Morrison yn fwy pwerus yn Llundain nag a fu Chamberlain yn Birmingham a Salvidge yn Lerpwl. Ym myd meddygaeth yn 1940 yr oedd LCC yn berchen ar oddeutu deugain mil o welyau yn yr ysbytai a thua 35,000 o welyau i gleifion y meddwl, gan eu gwneud hwy yr awdurdod pennaf yn y byd ym maes meddygaeth i'r cyhoedd.[29] Yr oedd y cyfan hefyd yn llwyddiannus dros ben.[30] Gofalodd Morrison fod yna waith i gynifer o bobl mewn cyfnod o ddiweithdra torcalonnus, ac yn 1939 dyheai â'i holl galon am gyfle i gymryd ysbytai gwirfoddol y brifddinas o dan ei adain.[31] Yr oedd cynghorwyr Llafur ar hyd a lled y wlad yn llwyddo i gael mynediad iddynt hwy eu hunain a'u teuluoedd i ysbytai enwocaf yr awdurdodau lleol. Yr oedd gweld hyn yn pwyso ar gydwybod y meddyg-nofelydd A. J. Cronin, a fu yn feddyg yn Nhredegar, ac fe'i trafodir yn ei gyfrolau.[32] Gellir deall felly pam fod dyhead brwd Bevan i wladoli'r holl ysbytai yn codi gwrychyn Morrison. Yr oedd hi'n ornest fawr rhwng y ddau; gwir y galwodd Harold Wilson y gwrthdaro 'a classical confrontation.'[33]

Ychydig o fanteision a feddai Bevan yn y gwrthdaro. O fewn y Cabinet, newydd-ddyfodiad ydoedd; nid ef oedd y pwysicaf na'r doethaf, ac nid oedd ganddo brofiad o baratoi dogfennau'r Blaid Lafur, na chwaith erthyglau cofiadwy ar bwnc iechyd.[34] Syndod o'r mwyaf iddo ef a phawb arall oedd iddo gael ei wahodd gan y Prif Weinidog i fod yn Weinidog Iechyd a Thai a Llywodraeth Leol. Yr oedd aml un fel Hugh Dalton wedi eu llwyr syfrdanu ac yn meddwl bod Attlee yn dioddef o orffwylltra![35] A syndod fwy fyth oedd fod Attlee, oedd am drefnu Cabinet hylaw, yn barod i roddi lle o gwbl i'r rebel, rhywbeth nad oedd wedi digwydd erioed o'r blaen, ac nid i ddigwydd ar chwarae bach fyth eto.[36]

Yng Nghabinet Llywodraeth Lafur 1945–1950 yr oedd Bevan yn disgleirio, a hynny mewn Cabinet oedd yn un o'r rhai mwyaf profiadol yn holl hanes y Senedd. Yn ychwanegol at Bevin, Bevan a Morrison ceid Stafford Cripps a Hugh Dalton, pob un ohonynt yn meddu ar alluoedd deallusol anhygoel. Gallai pob un fod yn gwisgo sgidiau Attlee. Morrison oedd Arglwydd Lywydd y Cyngor ac yn Ddirprwy Brif Weinidog, ac ef fyddai'n eistedd nesaf at Attlee o amgylch bwrdd y cabinet. Ef hefyd fyddai'r cyntaf i siarad, ac ef oedd gelyn beunyddiol pennaf Bevan.[37] Geiriau Morrison am Bevan oedd y rhain:

> Grym, dyna'r cwbl y mae ef eisiau, grym iddo'i hun ac nid yw'n pryderu beth a ddigwydd i'r Blaid cyhyd ag y caiff ef y grym.[38]

Ni fyddai Bevan yn teimlo'n gwbl chwithig o glywed hyn, gan iddo sylweddoli'n gynnar iawn yn Nhredegar mai grym yw hanfod gwleidyddiaeth. Dyna pam ei bod hi'n well bob

143

amser gael bod yn y Llywodraeth yn meddu ar rym yn hytrach na bod yn wrthblaid ac yn hollol ddi-rym. Gwelodd Morrison fod gan Bevan ddicter tuag ato. 'A feeling of hatred for me' yw ei eiriau yn ei hunangofiant.[39] Ond yr oedd eraill o wleidyddion amlycaf y Senedd wedi sylwi ar ffaeleddau Morrison. Dywed y Ceidwadwr Harold Macmillan ei fod yn 'mean man', un o'r rhai gwaethaf y daeth ar ei draws, 'utterly incapable of magnanimity.'[40] Pan ddechreuodd Morrison ddilorni bwriadau Bevan o wladoli yn niwedd 1945, yr oedd Bevan mewn dyfroedd dyfnion.[41] Nid oedd neb o'r Cabinet yn awyddus i'w arbed rhag y cyhuddwr craff; cofient am ei agwedd ddilornus tuag at bron bob un ohonynt am gyhyd o amser. Yr oedd Ernest Bevin yn methu anghofio beirniadaeth y cegog wleidydd o Lynebwy arno trwy gydol cyfnod Llywodraeth y Glymblaid. Deallir fod Bevin yn hynod o groendenau er ei fod yn ŵr corfforol cryf ac yn meddu ar iaith bigog, cymaint felly fel iddo orfodi George Lansbury i ymddiswyddo fel arweinydd. Nid oedd gan Ernest Bevin barch o gwbl at ei gyd-wleidyddion, nid oedd yn malio amdanynt ar unrhyw adeg.[42] Ymffrostiai nad oedd yn hoff o ddarllen llyfrau a chyfrifai Aneurin Bevan, er ei gefndir gwerinol fel glöwr, yn un o ddeallusion pennaf y Senedd.[43] I Bevin yr oedd deallusion fel Bevan yn bobl na ellid dibynnu arnynt ac yn gwbl anghyfrifol. Dioddefodd Bevin lid y deallusion yn y tridegau ac ni allai anghofio'r anfri. Bu Aneurin Bevan yn ffodus nad ef oedd yr unig wleidydd oedd yn ysgymun beth i Ernest Bevin. Y gwleidydd oedd yn ei flino fwyaf oedd nid Bevan ond Morrison. Yr oedd y ddau yn casáu ei gilydd â chas perffaith. Yr oedd yngan yr enw 'Herbert' neu 'Morrison' yn ddigon i yrru Bevin yn gwbl wallgof. O 1931 ymlaen bu'r ddau fel dau deigr yn ysgyrnygu eu dannedd ar bob amgylchiad.[44] Gofalodd Bevin na fyddai'n cefnogi Morrison a daeth Bevin a Bevan i ddioddef ei gilydd, nid yn ffrindiau mynwesol o bell ffordd, ond yn medru o leiaf daro bargen a gwneud busnes. Ac yntau ar ei wely angau yn 1951, dymuniad Bevin oedd gweld Bevan fel ei olynydd yn y Swyddfa Dramor. Geiriau Bevin oedd, 'I'd sooner have had Nye than 'Erbert.'[45] Byddai Bevan wedi llwyddo yn well o lawer nag a wnaeth Morrison. Methiant fu Morrison fel Ysgrifennydd Tramor.

Yr oedd y Cabinet Llafur felly yng ngyddfau ei gilydd. Galwodd Harold Wilson y mawrion hyn, sef Bevan, Bevin, Cripps, Dalton a Morrison, yn 'five head-strong horses'.[46] Yr oedd Bevan a Cripps wedi bod yn gydweithwyr mawr, ond ni chafodd Bevan y gefnogaeth a haeddai oddi wrtho yntau chwaith.[47] Dyn cyfoethog, yn perthyn i Beatrice Webb, oedd Syr Stafford Cripps, a Morrison oedd yr un a'i hudodd i gynrychioli Cyngor Sir Llundain.[48] A phan fu'n rhaid iddo, oherwydd afiechyd, adael y Trysorlys fel Canghellor, siarsiodd Attlee i beidio â rhoddi'r swydd i'w hen gyfaill Bevan. Dyna sut y cafodd Hugh Gaitskell y swydd allweddol. Ac felly mae'n edrych yn debyg fod Aneurin Bevan heb ffrind o gwbl yn y Cabinet, ond cafodd gefnogaeth yn achlysurol gan ddwy ferch. Y ferch gyntaf oedd Ellen Wilkinson. Yr oedd hi a Jennie Lee wedi bod ar delerau da â'i gilydd, ond pan ddaeth Ellen yn ffrindiau mawr gyda Morrison, yn wir yn feistres iddo, oerodd y berthynas.[49] Gweithiodd yn ddiarbed i gael gwared o Attlee, er mwyn i Morrison ddod yn Brif Weinidog. Gan ei bod hi yn canfasio ar y pwnc hwnnw cyn Etholiad Cyffredinol 1945 mae'n syndod o'r mwyaf i Attlee ei chynnwys yn y Cabinet.[50] Yr oedd y feistres, yr Ellen Goch fel y'i gelwid, yn benderfynol. Synnai Bevan o'i gweld hi yn y Cabinet, ac yntau yn gwybod am ei chynlluniau, ei hiselder ysbryd a'i difrifoldeb fel aelod o'r Eglwys Fethodistaidd. Bu farw ym mis Chwefror 1947.[51]

Cefnogydd arall Bevan oedd aelod hynaf y Cabinet, yr Arglwydd Christopher Addison, a roddodd gymorth amhrisiadwy iddo.[52] A Lloyd George wedi marw, Churchill yn dawedog a Beveridge ddim am estyn cymorth, Addison oedd y linc hanesyddol. Llwyddodd i gefnogi cynlluniau Bevan fel bod y freuddwyd o ofal meddygol i bawb yn cael ei gwireddu, nid yn unig ar gyfer y rhai oedd wedi eu hyswirio ond i bob person a drigai o fewn y Deyrnas Unedig. Rhoddodd cefnogaeth ddi-ildio Addison hwb i Bevan ac annog y rhai oedd yn eistedd ar y ffens i ymateb yn bositif. Addison oedd *confidant* Attlee yn y Cabinet, ei unig ffrind dibynadwy.[53]

Gyda phersonoliaethau mor gymhleth, oedd yn ddigon parod i daflu brawdgarwch dros y dibyn ac yn gwbl eiddigeddus o'i gilydd, y canolwr a'r cymodwr oedd y Prif Weinidog Clement Attlee. Nid oedd ganddo ef argyhoeddiadau cryf ar y cynllun, a gellir deall pam na cheir cyfeiriad o gwbl yng nghofiannau Burridge a Harris i Attlee at y Gwasanaeth Iechyd Cenedlaethol. Mae'r anghofrwydd yn ddealladwy gan nad oedd Attlee yn amlwg o gwbl yn yr hanes, a theimlai mai ei gyfrifoldeb ef oedd cadw'r ddysgl yn wastad yn y Cabinet. Ni welai fod llawer o wahaniaeth yn y pen draw rhwng y gwahanol safbwyntiau. Byddai'r gost yn disgyn ar y Drysorlys.[54] Nid oedd Dalton, y Canghellor, am fod yn faen tramgwydd gan ei fod wedi datblygu'n edmygydd o Bevan. Newidiodd ei feddwl, ac nid oedd ganddo bellach ddim byd da i ddweud am Morrison.

Deallai Attlee safbwyntiau Morrison a Bevan, er ei fod bob amser yn rhoddi'r argraff nad oedd ef yn ffafrio'r un ohonynt yn fwy na'r llall. Dyna pam iddo lwyddo i aros yn arweinydd am ugain mlynedd: ni lwyddodd neb arall i wneud yn well nag ef. Cyn 1945 nid oedd Attlee wedi cymysgu llawer gyda Bevan, er ei fod yn cofio dyfodiad yr Aelod Seneddol ifanc i'r Senedd ar ôl Etholiad 1929. Yn wir, pleidleisiodd Attlee a Herbert Morrison dros ei ddiswyddo o'r Blaid Lafur yn 1939. Yn ôl ei ddull arferol, ymosododd Bevan yn emosiynol arno yng nghylchoedd y Blaid Lafur ac yn arbennig ar dudalennau *Tribune*. Byddai Morrison wrth ei fodd yn taflu Bevan allan o'r Cabinet a'r Blaid Seneddol, ond nid oedd gobaith bellach gan fod y Prif Weinidog wedi rhoddi sêl ei fendith arno a'i ddwyn i'r cylch mewnol, ac yn edmygu'n fawr ei gyfraniad sylweddol i'r Llywodraeth Lafur. Yn ei hunangofiant, dywed Attlee:

> For Health I chose Aneurin Bevan whose abilities had up to now been displayed only in opposition, but I felt that he had it in him to do good service.[55]

Diddorol yw dadansoddi'r frawddeg gan ei bod yn awgrymu llawer o bethau. Ar y darlleniad cyntaf fe gawn yr awgrym fod galluoedd aruthrol Bevan heb eu defnyddio'n greadigol o 1929 i 1945. Yr oedd bai ar Ramsay MacDonald fel yr oedd bai ar Attlee. Rhoddodd Attlee gyfle i James Griffiths adeg y Rhyfel, ond anwybyddwyd Bevan.[56] Gellir dadansoddi geiriau Attlee ymhellach trwy ddweud bod cyfraniad Bevan i wleidyddiaeth y Blaid Lafur wedi bod yn gwbl negyddol a bod y Prif Weinidog yn rhoddi cyfle arall iddo wneud defnydd o'i ddoniau. Mae'r ddau ddehongliad yn pwysleisio'n ddigon cywir bwysigrwydd y dewis a wnaeth Attlee. Fel y dywed Marvin Rintala, yr ysgolhaig o'r Unol Daleithiau:

> Without Attlee's initiative, Bevan would not have been appointed minister of health, let alone with Cabinet rank.[57]

Yn sicr ni fyddai Herbert Morrison na bron neb arall o'r Cabinet wedi rhoddi cyfle mawr ei fywyd iddo. Dyma un o ddewisiadau mwyaf ysbrydoledig hanes Prydain a gyfleir yn y cymal, 'I chose Aneurin Bevan'. Ffordd arall o edrych ar y dewis ydyw atgoffa'n gilydd o eiriau'r pregethwr tanllyd John Elias o Fôn pan ofynnodd rhai o arweinwyr capel Cymraeg Pall Mall, Lerpwl iddo beth ddylent ei wneud gydag un o'r aelodau oedd byth a beunydd yn beirniadu, anghytuno a dweud y drefn. Yr ateb oedd, 'Gwnewch ef yn flaenor. Rhowch awdurdod arweinydd iddo.' Dyna a wnaed, a newidiodd y brawd er gwell dros nos. Bu Bevan bron cystal â hynny o fewn y Cabinet.

Ni ellir ond rhyfeddu at uchelgais Morrison a'i record o gynllunio a cheisio cael gwared ar hyd yn oed Attlee ar fwy nag un achlysur. Ond yr oedd Attlee yn rhy glyfar iddo, a daliodd ymlaen yn ddigon hir i sicrhau na fyddai Morrison yn ei olynu. Yn y cyfarfodydd pwysig o fewn y Cabinet, crynhodd Attlee y drafodaeth o blaid cynllun Aneurin. Enillodd Bevan felly frwydr y Cabinet.[58] Dyna'r foment bwysig o ran creu Gwasanaeth Iechyd Cenedlaethol. Yr oedd holl ysbytai Prydain i'w gwladoli.[59] Hyd yn oed wedyn ni laesodd Morrison ei ddwylo. Yr oedd yn wrthwynebydd diatal a diymollwng. Ni theimlai gywilydd yn y byd, gan ei fod yn arfer cael ei ffordd o fewn y Blaid Lafur yn Llundain. Yno yr oedd ei gryfder. Aeth ati i ddarbwyllo ei gefnogwyr i anfon llythyron i'r wasg, yn arbennig at y *Times*, i drefnu dirprwyaethau i weld swyddogion y Weinyddiaeth Iechyd a phrotestio yn erbyn y bwriad o wladoli ysbytai'r dinasoedd.[60] Ond ni adawodd Aneurin iddynt gael eu ffordd yn hawdd. Aeth i annerch Pwyllgor Gwaith y Blaid Lafur yn Llundain a'u hennill drosodd. Ac yn fuan ar ôl hynny daeth cefnogaeth o Gyngor Sirol Llundain (LCC), er gwaethaf gwrthwynebiad Morrison a'u harweinydd.[61] Daliodd Morrison i wrthwynebu, a byddai'n gweld bai ar y cynllun yn wastadol. Hyd yn oed yn ei gyfrol ddefnyddiol ar Lywodraeth a Senedd a ymddangosodd yn y chwedegau, ysgrifennodd Morrison nad oedd yn hapus iawn gyda'r cynllun. Yn ei farn ef dylai'r awdurdodau lleol fod yn gyfrifol am weinyddu'r ysbytai. Da y dywedodd Bevan yn *In Place of Fear* ar ôl y frwydr hir:

> Local authorities are notoriously unwilling to delegate any of their functions or responsibilities to others. [62]

Ond ni chollodd Morrison ei frwydr yn llwyr gan i'r awdurdodau lleol gael yr hawl i weithredu llu o gynlluniau iechyd cyhoeddus.[63] Cyflogid bron bum mil o bobl gan yr LCC i weithredu'r cynlluniau hyn, ond rhaid cofio i'r Gorfforaeth golli 32,000 o weithwyr mewn 98 o sefydliadau.[64] Gwladoli'r holl ysbytai oedd un o'r penderfyniadau mwyaf blaengar a gymerwyd erioed gan un o wledydd Ewrop yn yr ugeinfed ganrif.[65]

O fewn y Cabinet, dadleuai Morrison nad oedd gwladoli'r ysbytai wedi ei grybwyll ym maniffesto'r Blaid Lafur ar gyfer Etholiad 1945, ond i Aneurin yr oedd yr hyn a gyflawnwyd yn unol ag ysbryd y maniffesto. Pan ail-ddarllenir y maniffesto heddiw gwelir mai addewidion penagored iawn a geir a phwyslais ar fwriadau na wireddwyd beth bynnag, fel y canolfannau iechyd. Yr addewid fawr oedd gofalu am y fam a'i phlant, yr uned deuluol, er nad yw'r dynion yn cael eu henwi! Ond y frawddeg allweddol, mae'n amlwg, oedd hon: 'Money must no longer be the passport to the best treatment.'[66]

Pwysleisiwyd yn y maniffesto fod bwyd da a thai cynnes heb wlybaniaeth yn un ffordd o atal afiechyd; pwysleisiwyd hefyd yr angen am fwy o ymchwil, er mwyn gorchfygu pob haint. Ac felly yn 1945 nid oedd gan y Blaid Lafur gynllun o gwbl am wasanaeth iechyd i bawb, a hynny heb ddisgwyl ceiniog goch am y ddarpariaeth.[67] Dadleuodd y Gymdeithas Feddygol Sosialaidd yng Nghynhadledd y Blaid Lafur Brydeinig yn 1945 fod meddygon yr ysbytai i'w talu gyda chyflog, ond y cyfan i gael ei weithredu fel y dymunai Morrison, gan yr awdurdodau lleol. Chwarddodd Bevan pan glywodd ef y cynllun:

> Fedrwch chwi ddim gwneud hyn i mi. Ewch i ffwrdd a rhoddwch eich meddwl ar
> waith unwaith eto.

Nid oedd Bevan o blaid gwasanaeth meddygol o dan yr awdurdodau lleol. Byddai sosialwyr ymhlith y meddygon a geid yn y Senedd a thu allan yn ddigalon gydag ef. A chofier na fu'r Blaid Lafur yn y tridegau yn flaengar o gwbl ar fater gwasanaeth iechyd cenedlaethol. Nid oedd yn un o'r blaenoriaethau yn Etholiad Cyffredinol 1935 nac yn y llyfrynnau a gyhoeddwyd. Ni feddyliodd deallusion y Ffabiaid a ysgrifennodd mor helaeth am Brydain a'r Byd Newydd nodi'r angen am wasanaeth iechyd i bawb. Hyd yn oed yn y gyfrol arloesol *The State and the Doctor* o waith Sidney a Beatrice Webb a gyhoeddwyd yn 1910, ni chafwyd sgerbwd o gnewyllyn. Iddyn nhw yr unig bobl oedd i dderbyn meddygaeth o law y Llywodraeth oedd y tlodion, a hynny gan feddygon nad oeddynt yn nodedig am eu gallu. Ni chafwyd dim byd mawr i'w ddweud gan George Bernard Shaw.[68] Y Ffabiad agosaf at Bevan oedd G. D. H. Cole, hanesydd gwych a gŵr mawr ei ddylanwad.[69] Dadleuai ef am i'r driniaeth feddygol fod ar gyfer pawb yn y gymuned heb unrhyw dâl. Rhestrodd y sefydliadau y dylid eu gwladoli ond nid oedd yr ysbytai yn y rhestr. Ond yn 1942 clywyd llais cadarn Cymreig Jim Griffiths yng Nghynhadledd Flynyddol y Blaid Lafur Brydeinig yn cyflwyno penderfyniad yn galw am wasanaeth iechyd cenedlaethol. Paratowyd fel canlyniad adroddiad, *National Service for Health*, a gyhoeddwyd yn 1943. Yn wahanol i Adroddiad Beveridge yr oedd yr adroddiad yn trafod polisïau iechyd o ddifri ac mewn manylder. Dyma'r datganiad gorau gan y Blaid Lafur cyn 1945. Ond yn eithriadol o drist fe'i hanwybyddwyd, hyd yn oed gan Bevan ei hun. Pwysigrwydd yr adroddiad yw iddo bwysleisio'r angen i gael gwasanaeth a fyddai'n atal afiechyd a hefyd yn iacháu.[70] Yr idiom Gymraeg gywir am hyn ydyw 'gwell rhwystro'r clwy na'i wella'.

Yr oedd y cynllun yn ddadansoddol, yn pwysleisio iacháu ond heb ddweud dim am atal afiechyd, ac yn rhoddi lle i'r awdurdodau lleol. Cafodd gwleidyddion o bob plaid, a phobl Llafur yn arbennig, syndod o'r mwyaf fod Bevan am wladoli'r ysbytai.[71] Y rhai a gafodd y sioc fwyaf oedd y Gymdeithas Feddygol Brydeinig (British Medical Association, BMA). Yr oeddynt hwy yn pesgi ar y ddarpariaeth oedd yn bodoli, yn medru gwerthu eu practis ac yn cystadlu â'i gilydd am gwsmeriaid. Nid galwedigaeth dlawd mohoni; disgwylid i'r darpar feddyg dalu am ei hyfforddiant ac felly deuai'r rhan fwyaf ohonynt o gartrefi eithaf cyfforddus eu byd. Gwelodd Bevan fod yr alwedigaeth yn fusnes broffidiol ac yn amlwg yn wrthun i'w ddelfrydau sosialaidd. Iddo ef yr oedd unrhyw wasanaeth iechyd cenedlaethol o unrhyw werth yn gwrthwynebu 'pleserydd iaeth y gymdeithas gyfalafol'.[72] Ni allai ddioddef y system feddygol. Teimlai fod y cleifion, fel y meddygon, yn cael eu bychanu fel bodau dynol. Nid oedd yr arferion yn gydnaws o gwbl â chymdeithas wâr. Mae'n debyg mai Bevan oedd yr unig un o'r *élite* Llafurol oedd wedi ei gythruddo gymaint fel na allai ddioddef y gwerthu a'r prynu ar bractis y meddyg, fel pe bai'n ocsiwn gwartheg yn y Fenni.

Cythruddwyd y cyn-löwr fwyfwy o weld y BMA yn amddiffyn yr arferiad. Pleidleisiodd y gymdeithas honno o 229 o bleidleisiau i 13 i gadw'r fusnes hyll mewn bodolaeth.[73] Nid ildiodd y rebel fodfedd iddynt. Soniodd Deddf Iechyd Cenedlaethol 1946 na allai unrhyw feddyg werthu ewyllys da, neu unrhyw 'ran o ewyllys da y practis meddygol' i unrhyw berson arall.[74] Dyna Bevan ar ei orau neu ar ei waethaf, yn dibynnu ar agwedd yr unigolyn. Ac ni ddiflannodd yr arferiad o brynu a gwerthu practis breifat meddygon teulu hyd yn oed yn 1948. Bu'n rhaid rhygnu ymlaen hyd 1976 i weld yr arferiad yn darfod o'r tir.[75] Er hynny mynnodd Bevan, fel y dywed Peter Hennessy, gael ei werthoedd personol ef yn y cynllun.[76]

Cyfraniad y Gweinidog

Yr oedd cyfraniad Aneurin Bevan yn aruthrol.[77] Ni ellid meddwl am unrhyw Weinidog Iechyd o'r Blaid Geidwadol yn mentro gwladoli ysbytai gwirfoddol nac ysbytai llywodraeth leol. Yr oedd ef ar ei ben ei hun yn y Blaid Lafur Brydeinig. Gallai gŵr fel Christopher Addison wneud y gwaith; yn wir fe fu yn Weinidog, ond ni feddai ar sgiliau Bevan. Ef oedd y pensaer, ef oedd y damcaniaethwr, ef oedd y gweithredwr, ac iddo ef dyma'r flaenoriaeth bwysicaf yn Llywodraeth Attlee, hyd yn oed yn bwysicach na chwblhau ei gynlluniau i adeiladu tai ac adnewyddu'r dinasoedd a fomiwyd. Yn ei gyfraniad o 1945 i 1951 yr oedd Bevan ar ei uchelfannau, yn eithriadol o ddiwyd a gweithgar. Ac ef oedd siaradwr mwyaf carismatig yr holl Senedd o bell ffordd.

Gosododd Attlee faich anhygoel o drwm ar ei ysgwyddau cadarn. Tai, iechyd a llywodraeth leol i'r cyhoedd ar ôl Rhyfel enbydus; tai oedd y flaenoriaeth, ond i Bevan o'r gymuned lofaol, iechyd ac ysbytai oedd yr angen.[78] Nid oedd y Prif Weinidog swil yn poeni dim. Rhoddai benrhyddid i'w weinidogion, fel y gwnâi H. H. Asquith pan oedd ef yn Brif Weinidog. Yr oedd Bevan yn cyfuno'r gweinyddwr gofalus a'r ysgogydd ysbrydoledig. Dyna gyfuniad oedd yn synnu ei wrthwynebwyr fel ei gyfeillion. Llwyddodd i feistroli'r holl faes, pob dogfen, pob Deddf, er na fu erioed mewn unrhyw swydd o fewn Llywodraeth gwlad na hyd yn oed yn rheng flaen yr wrthblaid. Beirniadu'n hallt a dweud y drefn heb ymddiheuro oedd ei rôl cyn 1945, ond yn awr derbyniai ef feirniadaeth hyll, a dioddefodd anwiredd heb falio dim, er mwyn cael y cynllun i weithio. Medrai gyda'i radlonrwydd a'i ymresymu gofalus berswadio'r Trysorlys am unwaith i fod yn fwy haelionus. Creodd ei gynllun twll diwaelod i'r Trysorlys, fel y gwêl llywodraethau heddiw yng Nghymru a'r Alban a Lloegr. Gosododd ei gynllun gerbron y Cabinet, yr Undebau Llafur, mudiadau a sefydliadau a chymdeithasau oedd o fewn byd iechyd. Cafodd newyddiadurwyr oedd yn ei boenydio yn feunyddiol syndod o'r mwyaf i weld Bevan yn llwyddo o fis i fis, a hynny mor eithriadol. Gwelid ynddo botensial arweinydd ei blaid, a mwy na hynny, un a fedrai lenwi swydd Prif Weinidog i'r ymylon. Er ei holl elynion a gwrthwynebwyr, ef a gafodd y gair olaf. Erbyn Mawrth 1948 yr oedd pôl piniwn yn adrodd bod hyd yn oed y Torïaid mwyaf eithafol yn barod i gefnogi'r Gweinidog Iechyd gyda mwyafrif helaeth.[79] Bu'n dalcen caled, anodd ar y naw, i gael y BMA i gymrodeddu o'i safbwynt haearnaidd. Ceid i'r diwedd bwysigion yn ei gasáu, ond llwyddodd i gael y mwyafrif o'i elynion i ddod i'w gefnogi erbyn haf 1948. Atebai gwestiynau'r meddygon yn onest heb ddibynnu ar ei staff a'i gynghorwyr.

Ysgrifennodd Dr Charles Hall mewn erthygl yn 1973, 'the real Bevan was a man of distinction, even greatness'.[80] Gwelodd cylchgronau'r meddygon ei fawredd a'i athrylith, yn arbennig y *British Medical Journal* a fu mor wrthwynebus ar y dechrau.[81]

Oherwydd buddugoliaethau Bevan cafodd aml i Weinidog Iechyd ar ei ôl gefnogaeth y cyhoedd wrth sefyll i fyny i grwpiau pwerus.[82] Ond heb amheuaeth gwelwyd Bevan ar ei orau yn y blynyddoedd o 1945 i 1950. O 1929 i 1945 bu'n cynhyrfu'r dyfroedd yn y Senedd, yn dweud y drefn wrth arweinwyr y pleidiau, gan gynnwys ei Blaid ei hun, yn cythryblu a fflangellu ei wrthwynebwyr hyd at syrffed. O 1951 hyd ei farw yn 1960 daliodd i wrthwynebu, colli cyfeillion, creu casineb gydag ambell frawddeg y byddai'n well pe bai heb ei hynganu. Ond o 1945 i 1950 cafodd bum mlynedd o frwydro creadigol, o gymrodeddu ar adegau, o godi pontydd a chreu cyfeillion ymhlith y meddygon er mwyn creu gwasanaeth gwerthfawr i'r holl drigolion. Daeth y Gweinidog Iechyd a Thai yn ŵr uchelgeisiol a radical ac yn wleidydd poblogaidd yng ngolwg y dosbarth gweithiol a'r dosbarth canol. Ceir tystiolaeth pob hanesydd y gellir dod o hyd iddynt i'w gamp anhygoel, fel y gwelir yn nodiadau'r bennod hon. Am weddill yr ugeinfed ganrif yr oedd rhywun byth a beunydd yn clywed ei enw, am iddo lunio'r Gwasanaeth Iechyd Cenedlaethol.[83] Ar ôl i'r Ceidwadwyr adennill grym yn 1951 nid oedd awydd gan neb ohonynt i newid ei gynllun yn sylfaenol.[84] Cafodd Aneurin Bevan syndod mwyaf ei fywyd fel y cydnabu yn ei gyfrol *In Place of Fear*.[85] Gwyddom, pan fu Mrs Thatcher yn bygwth y Gwasanaeth Iechyd yn yr wythdegau, mai'r amddiffynwyr pennaf oedd y meddygon teulu o fewn y BMA. Mewn pôl piniwn yn 1990 pleidleisiodd 85% y cant o feddygon teulu i wrthod y syniad o eithrio allan o'r Gwasanaeth Iechyd Cenedlaethol.[86] Ac eto, er yr edmygedd mawr ohono trwy'r byd, mae'r gwledydd i gyd yn amharod i fabwysiadu cynllun Bevan. Ni allai'r Arlywydd Barack Obama wneud yn yr Unol Daleithiau yr hyn a lwyddodd Bevan i'w gyflawni ym Mhrydain. Edmygid ei gynllun yn holl wledydd y Gorllewin. Gwrandawn ar yr hyn a ddywed Martin Rintala:

> Perhaps no other nation has replicated the National Health Service because no other nation has had Aneurin Bevan making health policy decisions. [87]

Ei gamp ef yw'r Gwasanaeth Iechyd Cenedlaethol, a daeth yr amser bellach i gydnabod y ffaith fod ei Gymreictod, ei gefndir a'i brofiad ym Mlaenau Gwent wedi llywio ei ymateb i'r dasg fawr. Cofier bod y gwrthdaro a brofodd am flynyddoedd yn wrthdaro rhwng sefydliad oedd yn llawn o bobl geidwadol, o'r dosbarth canol ac uwch, ac yn Eingl-Sacsoniaid, yn erbyn sosialydd di-addysg o Gymro cyffredin. Esboniodd Jan Morris y gwrthdaro hwn yn ei dull dihafal ei hun:

> To Englishmen he was in many ways everything they most detested about the Welsh
> – the high insistent voice infuriated them, his lordly style bewildered them, his loyalty
> to Britain seemed to them dubious – was it not Bevan that Churchill himself, in the
> middle of the Second World War, called a squalid nuisance?[88]

Daliodd ati gyda phendantrwydd Cymro a wyddai ei feddwl ei hun, a meddwl ydoedd oedd yn adlewyrchu ysbryd cymdogol y cymoedd adeg y Dirwasgiad, yr elfen o helpu ei gilydd. Glowyr De Cymru oedd asgwrn cefn ei blaid wleidyddol yng nghymoedd Morgannwg a Mynwy a Sir Gaerfyrddin, a chafodd Aneurin ei drwytho yn y traddodiad milwriaethus hwn. Magwyd ef ar aelwyd y glöwr:

Caner a rhodder iddo – glod dibrin
y werin a'i caro.[89]

Cynrychiolai un o etholaethau tlotaf y Deyrnas Gyfunol a bu'n rhan o'i brwydrau. Ei bobl ef oeddynt. Siaradai ar eu rhan ar bob cyfle heb ofni colli'r frwydr, er iddo brofi'r wermod yn gyson. Ei werthoedd cynhenid ef oedd eu gwerthoedd hwy. Y gyfrol a ddarllenwyd amlaf yn y dauddegau gan lowyr De Cymru oedd cyfrol Dietzen, *The Positive Outcome of Philosophy*. Dadleuai hwnnw:

A new religion is needed – the religion of social democracy.[90]

A dyna'r grefydd a ddaeth iddynt, ond yr oedd hi hefyd yn cynnwys brawdgarwch, sosialaeth, cydweithio a chyd-ddyheu. Gellid dweud mai yn Nhredegar y cafodd ei argyhoeddiadau personol a gwleidyddol eu ffurfio. Treuliodd ddeng mlynedd ar hugain, hanner ei oes, yn byw gyda'i deulu ac yn derbyn yn helaeth gan yr aelwyd honno, a chan bobl Rhymni, Tredegar a Glynebwy. Meddyliai'r byd o'r athronydd José Enrique Rodo, a fu yn fwy o ddylanwad arno na Karl Marx a Friedrich Engels. Yr oedd sosialaeth ddemocrataidd Rodo yn cyfuno cynllunio gyda gwleidyddiaeth, yr union beth a ddigwyddodd yn y Gwasanaeth Iechyd Cenedlaethol.[91] Dilynodd alwad Rodo i 'gysegru rhan o'r enaid i ddyfodol anhysbys'. Mentrodd ar sosialaeth oedd yn anwesu bywyd, yn fywiog ac yn cyfannu holl agweddau ei bersonoliaeth liwgar, fel y tystia ei briod â llawenydd cyson. Nid oedd ganddo amynedd gyda darbodaeth sychlyd a diaddurn mewn cymdeithas. Byddai wedi ffieiddio oes y llymder a ddaeth trwy lywodraethau David Cameron, George Osborne, Nick Clegg a Theresa May o 2010 i 2018 ac a wthiwyd ar bob awdurdod lleol, pa beth bynnag ei liw, ac a dderbyniwyd ganddynt heb lawer o wrthwynebiad. Pe bai Aneurin Bevan yn sefyllfa Jeremy Corbyn yn y cyfnod hwnnw byddai pob rali yn ddigwyddiad i'w drysori.

Ond y digwyddiad a lywiodd ei fywyd oedd marwolaeth ei dad yn ei freichiau, o glefyd cyffredin y glowyr. Dyna ddigwyddiad a arhosodd gydag ef weddill ei oes, digwyddiad a lywiodd bob dydd o'i ddyddiau fel Gweinidog Iechyd a hefyd fel gwleidydd sicr o'i safbwynt. Dysgodd gryn lawer gan ei dad David Bevan, y Rhyddfrydwr a drodd yn Sosialydd.[92] Onid oedd David Bevan yn un o sylfaenwyr y 'Tredegar Working Men's Medical Aid Society'?[93] Gosodwyd ef ar Bwyllgor Ysbyty Cyngor Dosbarth Tredegar lle y dysgodd am y gofal meddygol a ddarparwyd y tu hwnt i ofal meddygon teulu. Sylwodd ar y diffyg affwysol o ysbytai gyda'r dechnoleg angenrheidiol oedd yn nhiriogaeth Blaenau Gwent. Agorwyd ei lygaid ac fe gofiodd fel Gweinidog am yr angen a welodd yr adeg honno, yr angen i roddi mynediad i bob claf i driniaeth feddygol o'r safon uchaf.

Y gamp fawr o'i eiddo oedd cyrraedd y nod a osododd iddo'i hun. Gwelodd wendidau Deddf 1911. Cynyddodd ei edmygedd o Lloyd George er iddo ei feirniadu yn llym pan aeth i'r Senedd am fethu dangos digon o barch i'r glowyr. Sylwodd hefyd nad oedd unrhyw blaid wleidyddol, gan gynnwys ei blaid ei hun, yn meddu ar unrhyw syniad chwyldroadol, nac unrhyw uchelgais chwaith i wireddu'r weledigaeth o gael Gwasanaeth Iechyd Cenedlaethol. Nid oedd Adroddiad Beveridge yn anffodus wedi dangos y ffordd hawsaf y gellid dod â gofal meddygol i fywyd pob teulu ac unigolyn. Nid oedd neb o'r gweision sifil o fewn Adran y Weinyddiaeth Iechyd yn gyfarwydd â gofyn cwestiynau dyrys, pwysig. Yr hyn a wnaeth Syr George Newman, prif ddyn yr Adran, yn ei adroddiadau blynyddol, oedd taro nodyn optimistaidd, gan guddio'r realiti oddi wrth y gwleidyddion. Y realiti oedd fod angen gwell tai a chartrefi ond hefyd well darpariaeth iechyd. Yr oedd y gweision sifil yn fud ar y mater, ac yr oedd angen arweiniad ymarferol, a barn yr arbenigwyr yn Harley Street. Nid oedd y gymdeithas a gynrychiolai'r meddygon, y BMA, yn debygol o helpu o gwbl, yn wir yr oeddent hwy wedi gwrthwynebu pob symudiad a chynllun oddi ar ddyddiau Lloyd George. Cofier bod Aneurin Bevan yn berson llawer mwy annibynnol, heb gael y cyfle o fewn y Senedd i fod yn Weinidog y Goron nac yn Weinidog yr Wrthblaid. Gwelodd yn gynnar mai'r dewis oedd ganddo oedd dod o hyd i arbenigwyr meddygol y medrai ef ddibynu ar eu cyngor. Nid oedd y dewis yn fawr. Arglwydd Addison oedd un enw, ond nid oes tystiolaeth i Bevan fynd ar ei ôl ef. Bu farw Arglwydd Bertrand Dawson, a fu'n ddylanwadol dros ben, ychydig fisoedd cyn iddo gael y swydd. Yr oedd dau feddyg arall enwog y medrai dderbyn arweiniad ganddynt ar y ddarpariaeth ar gyfer y Gwasanaeth Iechyd Cenedlaethol. Ei arwr ef oedd Charles Wilson, sef yr Arglwydd Moran, Llywydd Coleg Brenhinol y Ffisigwyr.[95] Yr enw arall oedd Arglwydd Thomas Horder, ac nid oedd gobaith gan Bevan i'w ddarbwyllo ef. Yr oedd Horder yn wrthwynebydd, ef oedd yr un a arweiniodd y meddygon oedd yn erbyn yr holl gynllun o eiddo'r Cymro.[96] Yr oedd dilynwyr Horder bron i gyd yn feddygon teulu, nid yn ymgynghorwyr, ond fe ddaeth yn arweinydd yr wrthblaid megis, ac ef oedd ffefryn pawb o fyd meddygaeth a wrthwynebai'r cynllun. Yr Arglwydd Horder oedd y mwyaf adnabyddus o'r ddau.[97] Ac felly yr oedd yr anghytuno dybryd rhwng Horder a Moran ynglŷn â chreu Gwasanaeth Iechyd yn frwydr rhwng dau o feddygon pwysicaf Prydain. Dau gawr meddygol oedd y rhain, ac nid brwydr o dair blynedd mohoni mewn gwirionedd, ond rhyfel a barodd am 35 mlynedd. Horder oedd yr hynaf o'r ddau, ac ef oedd y llais cryfaf a dylanwadol am gyfnod hir.[98] Ond yn y diwedd Moran ynghyd â Bevan a fu'n fuddugol. Horder oedd meddyg personol aelodau pennaf y Sefydliad, y teulu brenhinol a'r Prif Weinidogion Bonar Law, Ramsay MacDonald a Neville Chamberlain. Yr oedd y Cymro David Thomas, Iarll Rhondda, yn meddwl cymaint ohono nes iddo adael £10,000 yn ei ewyllys i'r meddyg.[99] Ond nid oedd Moran heb y mawrion chwaith i ofalu amdanynt, gan mai ef oedd meddyg personol Winston Churchill.

Galwodd Bevan y meddygon pwysig, yr *élite*, at ei gilydd i drafod yn anffurfiol ei gynllun, a hynny ym mis Hydref 1945 yn y Café Royal. Rhoddodd y cyfrifoldeb ar Dr Charles Hill, Ysgrifennydd y BMA, i wahodd y pwysigion fel Dr Guy Dain, meddyg teulu yn nhref Birmingham a Chadeirydd y Gymdeithas, Syr Henry Souttar, Llywydd y Gymdeithas, Syr Alfred Webb-Johnson a'r Arglwydd Moran. Dynion yn unig a wahoddwyd: nid oedd Bevan, mae'n ymddangos, yn credu mewn cydraddoldeb i ferched, ond byddai'n ofalus i beidio â dweud dim byd o'r fath yng nghlyw ei gymar afieithus Jennie Lee. Mae enghreifftiau ar gael o Bevan yn methu yn fawr yn ei berthynas â gwleidyddion ymosodol o blith y merched fel Jean Mann a Bessie Braddock. Yr oedd Moran yn credu mewn cydweithio rhwng dynion a merched, ac yn fwy cefnogol nag a fu Bevan erioed. Yr oedd Jennie Lee trwy drugaredd yn cytuno gyda'i gŵr.[100] Ac felly yn anffodus ni chafodd merched o feddygon na gweinyddesau le o gwbl yn y trafodaethau pwysig ac allweddol hyn. Yn yr holl drafodaeth yr oedd Coleg Brenhinol y Nyrsys, Coleg y Bydwragedd a Chymdeithas Frenhinol Nyrsys Prydain heb gynrychiolaeth o gwbl ar y Pwyllgor Trafod, ac ni chafwyd merch i siarad nac i fynegi barn y gweinyddesau. Nid oedd yr ymgynghorwyr at ei gilydd am i'r nyrsys gael cyfle o gwbl i ddweud eu barn. Er i Bevan wella amodau gwaith nyrsys, ni wrthwynebodd gyfarfod â Phwyllgor y Trafodaethau (fel y dylai fod wedi gwneud) heb fatron neu swyddog uchel o blith y nyrsys yn rhan o'r drafodaeth. Ofnai y BMA gynnwys Llywydd Coleg Brenhinol y Nyrsys neu berson o'r un statws am fod ganddynt eu barn eu hunain.[101]

O blith y rhai a ddaeth i gyfarfyddiad cyntaf y Café Royal daeth rhai yn amlwg iawn, ac eraill yn cilio yn fuan i'r cysgodion. Collodd Syr Henry Souttar ei swydd o Lywydd y BMA am ei fod ef yn gefnogol i'r Gweinidog Iechyd, a daeth Dr Dain a Dr Hill yn amlwg iawn. Ni allai'r Arglwydd Moran ddioddef gweld na chlywed Syr Alfred Webb-Johnson. Galwodd ef yn asyn a rhybuddiodd Aneurin i beidio â dweud dim byd cyfrinachol wrtho gan y byddai'n sicr o ddatgelu'r cyfan i'r BMA.[102] Ni allai'r Arglwydd Moran na Dr Charles Hill ddioddef ei gilydd.[103] Cydnabu Bevan nad oedd parch i'w ganfod rhwng y ddau. Yr unig beth oedd yn gyffredin rhyngddynt oedd eu bod yn gytûn i gadw'r Arglwydd Horder allan o'r trafodaethau. Nid oedd yr Arglwydd Horder hyd yn oed yn aelod o'r tîm i drafod y cynllun er ei holl ddoniau a'i gymwysterau. Gofalodd Dr Hill mai felly y byddai hi. Dymunai'r Arglwydd Horder gael y cyfle ond gofalodd Dr Hill a'r Arglwydd Moran gau'r drws yn glep, gan fod y ddau wedi bod ar delerau drwg â'i gilydd oddi ar y dauddegau. Gwyddai Bevan eu bod yn eiddigeddus o'i gilydd, yn wir yn byw yn agos at ei gilydd mewn ysblander, ond yn teyrnasu ar ysbytai gwahanol, yr Arglwydd Horder yn Bart's a Moran yn St Mary's. Daeth Moran a Bevan yn bennaf ffrindiau, yn gydweithwyr, a dibynnai Aneurin yn fawr ar y meddyg enwog wrth iddo greu'r Gwasanaeth Iechyd Cenedlaethol. Dywedodd y Gweinidog Iechyd wrth y meddygon nad oedd am drafod mwy gyda hwy ond addawodd y byddai'n cysylltu o dro i dro. Credai mai nid i'r meddygon ond i aelodau'r Tŷ Cyffredin y dylai ateb. Ond hyd yn oed wedyn nid oedd mor agored ag y disgwylid iddo fod. Cwynai Aelodau Seneddol o'i blaid ef ei hun am ei amharodrwydd i drafod manylion y ddeddfwriaeth oedd i'w chyflwyno ger bron y Senedd.

Yr oedd Moran ar bedestal gyda Bevan. Byddai'r ddau yn trefnu'n gyson i gyfarfod â'i gilydd mewn tai bwyta o safon uchel, lle'r oedd y bwyd a'r ddiod yn ddrud.[104] Dyna sut y tadogodd Brendan Bracken, pwdl i Churchill, y geiriad 'The Bollinger Bolshevik' ar Bevan. Y gwir oedd fod Aneurin Bevan yn enwog am fwynhau'r gwin gorau a bwyd drudfawr. Byddai'n mynychu tai bwyta drutaf Soho a'r cyffiniau. Dylanwad Arglwydd Beaverbrook, yn ôl rhai o'i gyfeillion capelyddol a gynrychiolai faes glo y de, oedd yn gyfrifol am yr obsesiwn amhoblogaidd hwn yng ngolwg sosialwyr ymneilltuol piwritanaidd.

Yr oedd Bevan yn awyddus dros ben i ddysgu ac i feistroli cymaint ag y medrai am feddygaeth. Ei uchelgais oedd cael gwasanaeth cenedlaethol safonol, ond ni wyddai sut y gellid gwireddu hynny mewn un llywodraeth. Dyna gyfle yr Arglwydd Moran i'w gadarnhau a gosod ger ei fron nifer fawr o ffeithiau, damcaniaethau a chanllawiau. Dysgodd Bevan yn drwyadl yn ei gwmni. Dywedodd Moran amdano ei fod yn haeddu'r marciau uchaf fel disgybl: 'He would come to the heart of my case almost before I had put it to him.'[105] Yr oedd Ernest Bevin wedi taro'r hoelen ar ei phen ymhell cyn hynny trwy alw Aneurin Bevan yn ddeallusyn.[106] Deallodd Moran fod hynny'n hollol wir, a daeth i werthfawrogi gweledigaeth Bevan. Y pwnc pwysicaf a'r cyntaf i'r ddau ei drafod mewn manylder oedd presenoldeb a nifer yr ysbytai a'r penderfyniad i'w gwladoli. Yr oedd meddwl am wladoli'r holl ysbytai heb grybwyll y syniad chwyldroadol wrth Attlee na neb arall yn gryn fenter. Metha'r haneswyr ddarganfod lle y trafodwyd y syniad gyntaf gan na thrafododd Bevan wladoli gyda neb o wleidyddion pwysig y Mudiad Llafur. Moran oedd yr unig un i glywed y bwriad, ac yn ôl rhai a adwaenai Bevan yn dda, gall mai Moran oedd biau'r awgrym yn y lle cyntaf.[107] Awgrym arall yw fod Bevan wedi dod i'r casgliad y dylid gwladoli'r ysbytai gyda chefnogaeth yr Arglwydd Moran.[108] Gwelai Moran yn glir fod gwladoli'r ysbytai yn ffordd berffaith o oresgyn problem y gwahaniaethau rhanbarthol a welid yn safon yr ysbytai ledled y wlad.[109] Rhoddodd arweiniad hefyd i Bevan ar fater statws a phwysigrwydd meddygon. O dan gynllun Bevan byddai'r llawfeddygon a'r ffisigwyr yn derbyn cyflogau da, ond yn ôl yr Arglwydd Moran byddai'n ofynnol i roddi digon o ryddid iddynt i dderbyn tâl ychwanegol am drin cleifion preifat cyfforddus eu byd. Yn ei gyfrol *In Place of Fear*, cydnabu Bevan fod caniatáu hyn yn wendid a 'welodd o'r cychwyn', ac nid oedd ganddo ddigon o asgwrn cefn i ddweud yn syml, 'Na!'.[110] Mae'n amlwg fel golau dydd iddo gael ei hudo gan Moran i gyflawni camgymeriad amlwg yng ngolwg sosialwyr meddygol. Caniatâodd Bevan i'r meddyg enwog ei ddarbwyllo ar sail ei adnabyddiaeth bersonol o'r llawfeddygon a'r ffisigwyr pwysig. Edrychai Moran ar feddygon teulu fel pobl oedd wedi methu bod yn llawfeddygon a ffisigwyr: perthynai meddygon teulu i'r trydydd dosbarth. Gan nad oeddynt wedi derbyn hyfforddiant trwyadl yng ngolwg Moran, a chan eu bod yn brin o brofiad, dylai'r meddygon hyn gael eu gwahardd o wardiau a fyddai'n talu am eu gofal. Beirniadwyd Bevan gan aml i hanesydd, a hynny'n ddigon teg, am iddo fynd allan o'i ffordd i blesio'r *élite* meddygol, y bobl a ddrwgdybid gan selogion y Blaid Lafur, ond y gwir oedd nad oedd dewis ganddo, a daliwn i gofio ei ymadrodd lliwgar ond cywir, 'Bu'n rhaid i mi stwffio eu cegau gydag aur.'[111] Ac nid aur oedd ei unig gymwynas: byddent yn derbyn clod y cleifion a chymeradwyaeth gweinyddwyr y gwasanaeth am y triniaethau. Hwy oedd i lywodraethu'r ysbytai.[112] Y canlyniad oedd creu gagendor amlwg rhwng yr arbenigwyr a'r meddygon teulu. Ni flodeuodd y syniad yr adeg honno o grŵp o feddygon teulu, yn rhannol am nad oedd Bevan am iddynt gystadlu am gleifion. O fewn yr ysbytai roedd yn anorfod y byddai rhai meddygon yn bwysicach nag eraill, yn bennaf y meddygon a geid yn yr ysbytai hyfforddi, deg ar hugain ohonynt yn y wlad i gyd. Ar wahân i'r Alban byddai'r ysbytai hyn yn meddu ar gryn lawer o annibyniaeth ar Fyrddau Rhanbarthol yr ysbytai. Delfryd Moran oedd cael tri dosbarth o feddygon, yn y trydydd dosbarth meddygon teulu, yn yr ail ddosbarth y rhan fwyaf o feddygon a llawfeddygon yr ysbytai, ac ar ben y rhestr ychydig o feddygon a elwid yn athrawon yn yr ysgolion hyfforddi meddygol yn gysylltiedig â phrifysgolion. Credai Moran yn y system o gyflwyno anrhydeddau a thalu arian da i'r meddygon galluocaf, gwell na chyflog unrhyw was sifil nac ysgrifennydd parhaol Adran o'r Llywodraeth. Yr oedd y meddygon dawnus, galluog hyn yn haeddu cyflog cystal â'r Barnwyr a hyd yn oed Weinidogion y Cabinet.[113] A gofalodd Moran amdano'i hun, gan awgrymu i Bevan mai ef a ddylai fod yn Gadeirydd y Pwyllgor Dyfarnu Anrhydeddau (Standing Awards Committee) ar gwestiynau o deilyngdod a chydnabod gwaith arbennig. Arhosodd yn y swydd hyd 1962, y meddyg mwyaf pwerus ym Mhrydain. Deallodd y ffordd o lwyddo trwy fod yn *confidant* Aneurin Bevan ac yn feddyg personol Winston Churchill.

Brwydr galed i greu y Gwasanaeth Iechyd Cenedlaethol

Ond bu'n frwydr galed am dair blynedd, o haf 1945 i haf 1948, rhwng Aneurin Bevan a'i wrthwynebwyr niferus. Pan soniodd y Gweinidog Iechyd am ei gynllun i wladoli ym mis Mawrth 1946, dywedodd Syr Bernard Docker, Llywydd Cymdeithas Ysbytai Prydain, fod Bevan yn cyflawni anfadwaith torfol gan fygwth lladd llawer un.[114] Daeth yr Arglwydd Horder i lefaru dros Gymdeithas Ysbytai Prydain. Geiriau Aneurin am yr Arglwydd Horder oedd fod 'ganddo galon o aur, ond meddwl o ddur, ac yn anffodus gyda'r dur y mae'n rhaid i'r Llywodraeth ddelio.'[115] Ond am Moran ni fyddai Bevan yn meiddio ei feirniadu. Cydweithiai'r ddau fel maneg am law. Gofalai Bevan roi i Moran gopi o'r anerchiad i'r Senedd, fel y medrai ef eilio'r cynnwys yn Nhŷ'r Arglwyddi. I'r Arglwydd Horder yr oedd Aneurin Bevan yn wleidydd clyfar, yn sicr ei feddwl, yn meddu ar ffydd y ffanatig mewn dogma ac yn gwbl ddigydwybod. Unben pwerus ydoedd yn arwain gwerin gwlad i dotalitariaeth.[116] Ond yn waeth na'r cyfan oedd y berthynas glos rhwng y Gweinidog a'r Arglwydd Moran. Bradwr oedd Moran ym mhob ystyr, yn nhyb Horder. Methodd Horder roddi'r gorau i'w wrthwynebiad, ac ar ôl i'r gwasanaeth gael ei sefydlu, beirniadodd arweinwyr y BMA a pharhau i gynrychioli'r meddygon oedd yn anfodlon gyda'r cynllun.

Galwodd hwy i gyfarfod mawr, a daeth o leiaf saith cant ynghyd. Dyna sut y sefydlwyd y Gymdeithas dros Ryddid mewn Meddygaeth (Fellowship for Freedom in Medicine, FFM). Bu'n Llywydd y gymdeithas hon hyd ei farwolaeth yn 1955. Dyma oedd prif ddiddordeb ei fywyd o 1948 hyd 1955 ac ef oedd y prif lais o fewn y FFM. Hyd ei anadl olaf ni laesodd ddwylo. Daeth i wrthwynebu Gwasanaeth Iechyd Cenedlaethol yn bennaf am fod Moran o'i blaid. Bu blynyddoedd olaf ei oes yn flynyddoedd digon diflas a phrysur. Ymwadodd ag enwad ei lencyndod, y Cynulleidfawyr, a choleddu Dyneiddiaeth, gan ddod yn gefnogydd cadarn i'r amlosgfeydd ym mywyd Prydain. Yn hynny o beth, yr oedd ef a Bevan yn gytûn. Cytunai gyda Bevan y dylid adeiladu mwy o amlosgfeydd a bu'n ymwneud â Phwyllgor Amlosgfeydd, o dan y Cabinet, o 1947 hyd 1951. Yn 1951 mynychodd Aneurin wasanaeth angladdol i Ernest Bevin mewn amlosgfa.

Gweledigaeth y gwleidydd o fro ei febyd

I Bevan ei gefndir yn Nhredegar oedd yn llywio'r frwydr dyngedfennol. Nid oedd ofn arno drafod gyda'i gyd-Lafurwyr yn y Cabinet gan y gwyddai fod aml un ohonynt, fel yntau, o gefndiroedd tebyg, yn Anghydffurfwyr naturiol a chrefyddol. Yn drist iawn gwyddai fod y cefndir hwnnw yn prysur ddadfeilio, y Bedyddwyr, yr Annibynwyr, y Wesleaid a'r Presbyteriaid yn gwanhau ac wedi colli'r dylanwad aruthrol a fu ganddynt yn nyddiau ei blentyndod.[117] Erbyn y tridegau yr oedd Anghydffurfiaeth wedi magu cenhedlaeth o Aelodau Seneddol nodedig o Gymru, Lloegr a'r Alban. Yr oedd Jim Griffiths, Gweinidog Yswiriant Gwladol, yn Ymneilltuwr cadarn ac yn gyfrifol am y Ddeddf Lwfans Teuluol a ddaeth i fod ar ddydd Mawrth ar ôl dydd Llun Gŵyl Banc Awst 1945, ac fe dalwyd y lwfans i ddwy filiwn hanner o deuluoedd. Gweithiodd Jim Griffiths o blaid y Ddeddf Yswiriant Gwladol a hefyd y Ddeddf Anafiadau Diwydiannol, a ddaeth i rym yn 1948, a rhoddi boddhad mawr i Aneurin Bevan. Ymneilltuwr arall yn y Cabinet oedd Ellen Wilkinson, un o ddeiliaid yr Eglwys Fethodistaidd, a chefndir tebyg oedd gan Ernest Bevin yntau. Bu'n athro Ysgol Sul gyda'r Bedyddwyr, ac fel Jim Griffiths bu'n ystyried gyrfa fel Gweinidog yr Efengyl. Yr oedd Ernest Bevin yn bwerus fel efengylydd Cristnogol awyr agored yn ei lencyndod. Ac ni allodd Aneurin ymddihatru o'i wreiddiau crefyddol; ef a draddododd yr anerchiad wrth gychwyn y Mudiad Cristnogol Sosialaidd yn 1960.[118] Er ei waeledd ni allai wrthod cais ei gyfaill mawr, y Parchedig Ddr Donald Soper o Kingsway Hall, Holborn, i ddod i fywhau traddodiad pwysig o fewn y Mudiad Llafur. Rhoddodd Bevan hyder i gymaint o'i gyd-Sosialwyr trwy'r weithred honno ac yn wir trwy ei bwyslais fod y Gwasanaeth Iechyd yn cynrychioli'r ethig Gristnogol fel rhan o bolisi'r Wladwriaeth Les. Dywedodd George Orwell mewn llythyr at gyfaill iddo yr adeg hon : 'If only I could become Nye's *éminence grise* we'd soon have this country on its feet.'[119]

Cyfraniad mawr Aneurin Bevan oedd goresgyn yr anawsterau, yr ofnau a'r gwrthwynebiad gwleidyddol a gosod seiliau Cristnogol i'r Gwasanaeth Iechyd. Yr oedd ganddo anferth o dasg ond llwyddodd yn rhyfeddol, fel y soniodd yr hanesydd John Davies yn ei hunangofiant:

> Gorchest fwyaf oedd sefydlu Gwasanaeth Iechyd, antur feiddgar o gofio bod dyledion Prydain fel canran o'i hincwm yn llawer uwch yn 1948 nag ydyw heddiw [yn 2014].[120]

Nid oedd Huw T. Edwards, yr Undebwr Llafur a chyfaill twymgalon i'r gwleidydd, ymhell ohoni pan ddywedodd mai Cristnogaeth ar waith oedd Gwasanaeth Iechyd Cenedlaethol Aneurin Bevan, 'teyrnas Dduw ar y ddaear'. [121]

Nodiadau a Chyfeiriadau

1. Donald Sassoon, *One Hundred Years of Socialism: The West European Left in the Twentieth Century* (London, 1996), 140.

2. *Ibid.*, 139. Yr oedd yr etholwyr yn dyheu am well gofal iechyd a diogelwch gwaith, er nad oeddynt am i'r Wladwriaeth chwaith ymyrryd yn ormodol yn eu bywydau preifat.

3. John Bew, *Citizen Clem: A Biography of Attlee* (London, 2016), 355.

4. *Ibid.*, 350. O'r 26 o weinidogion y goron, yr oedd 15 wedi bod i ysgolion y Wladwriaeth a dim ond deg i Brifysgol. Dim ond dau a fu yn Ysgol Fonedd Eton, a galwodd Bevan un o'r ddau, sef Frederick W. Pethick-Lawrence, yr Ysgrifennydd Gwladol dros India yn 'crusted old Tory'. A. J. P. Taylor, *English History 1914–1945* (Harmondsworth, 1970), 724.

5. Lord Attlee, 'Bevan as Hero', *Observer*, 21 Hydref 1962.

6. Dywedodd Attlee wrthynt: 'I am a very diffident man. I find it very hard to carry on conversation. But if any of you come to see me, I will welcome you'. Gw. Francis Williams, 'The Prime Ministers', *Spectator*, 10 Awst 1945.

7. David Widgery, *Health in Danger: The Crisis in the National Health Service* (London, 1979), 25.

8. Michael Foot, *Aneurin Bevan 1897–1945*, cyf. 1 (London, 1962), 108.

9. *Ibid.*, 242.

10. C. King, *With Malice Towards None: A War Diary* (London, 1970), 306.

11. Patricia Hollis, *Jennie Lee: A Life* (Oxford, 1997), 111: 'Yet Nye ended the war as one of the few men who had the measure of Churchill and the mastery of Parliament'. Michael Foot, 'Bevan's Message to the World', yn *The State of the Nation: The Political Legacy of Aneurin Bevan*, gol. Geoffrey Goodman (Weidenfeld & Nicolson, 1997), 189; Marvin Rintala , Creating the National Health Service : Aneurin Bevan and the Medical Lords (London,2003) , 10 ; Lord Hill of Luton, *Both Sides of the Hill* (London, 1964), 92.

12. N. Goodman, *Wilson Jameson: Architect of National Health* (London, 1970), 122.

13. Foot, *Aneurin Bevan*, cyf. 1 (London, 1962), 241, 256–7, 284.

14. R. Lowe, *The Welfare State in Britain Since 1945* (second edition) (London, 1999), 134.

15. C. King, *With Malice Towards None: A War Diary* (London, 1970), 287.

16. Rintala, *Creating the National Health* Service, 16.

17. T. Burridge, *Clement Attlee: A Political Biography* (London, 1985), 150; Francis Williams, *A Prime Minister Remembers: The War and Post-War Memoirs of Rt. Hon. Earl Attlee* (London, 1961), 57.

18. D. Hill (gol.), *Tribune 40: The First Forty Years of a Socialist Newspaper* (London, 1977), 4 a 46.

19. F. Honigsbaum, *The Division of British Medicine: A History of the Separation of General Practice from Hospital Care 1911–1968* (London, 1979), 332.

20. Nid rhyfedd i Wilmot Herringham, meddyg o ysgolhaig, ddweud yn 1919, 'What has been accomplished we owe to the insight of a single individual'. Gw. W. Herringham, *A Physician in France* (London, 1919), 149.

21. J. Grigg, *Lloyd George from Peace to War 1912–1916* (Berkeley, California, 1985), 258.

22. Alan Taylor (gol.), *Lloyd George: Twelve Essays* (New York, 1971), 240.

23. Clement Attlee, *As It Happened* (New York, 1954), 215, 297–8.

24. Henry Pelling, 'The 1945 General Election Reconsidered', *Historical Journal*, 23 (1980), 413.

25. Alan Bullock, *Ernest Bevin: Foreign Secretary* (New York, 1993), 77; Roy Jenkins, *Nine Men of Power* (London, 1974), 92; K. O. Morgan, *The Red Dragon and the Red Flag: The Cases of James Griffiths and Aneurin Bevan* (Aberystwyth,1989), 6.

26. King, *With Malice Towards None*, 211–13.

27. Foot, *ibid.*, cyf. 1, 355.

28. *Ibid.*, 356; Vera Brittain, *Great War Diary, 1913–1917* (London, 2002), 140.

29. L. C. Rivett, *The Development of the London Hospital System 1823–1982* (London, 1986), 268.

30. S. Inwood, *A History of London* (London, 1998), 308.

31. C. Webster, 'Conflict and Consensus: Explaining the British Health Service', *Twentieth Century Political History*, 8 (3), 1990, 144.

32. Rintala, *Creating the National Health Service*, 38.

33. Harold Wilson, *The Labour Government 1964–1970: A Personal Record* (London, 1971), 765.

34. C. Forsyth, *Doctors and State Medicine: A Study of the British Health Service* (London, 1966), 119; J. Campbell, *Aneurin Bevan and the Mirage of British Socialism* (London, 1987), 169; Hollis, *Jennie Lee*, 112; K. O. Morgan, *Labour in Power 1945–1951* (Oxford, 1985), 151; W. Rodgers a B. Donoughue, *The People into Parliament: A Concise History of the Labour Movement of Britain* (London, 1966), 145.

35. Hugh Dalton, *The Fateful Years: Memoirs 1931–1945* (London, 1957), 470; Morgan, *Labour in Power*, 151.

36. Burridge, *Clement Attlee,* 1987; Lowe, *Welfare State*, 183 a 376.

37. R. Rhodes James, *Anthony Eden* (London, 1987), 336; R. Pearce, *Attlee* (London, 1997), 154.

38. B. Donoughue a G. W. Jones, *Herbert Morrison: Portrait of a Politician* (London, 1973) 465. Dyma'r astudiaeth orau o yrfa Morrison.

39. Herbert Morrison, *Herbert Morrison: An Autobiography* (London, 1960), 263.

40. Horner, *Macmillan* (London , 1974) , 339.

41. Charles Webster, 'Birth of the Dream: Bevan and the Architecture of the National Health Service' yn *The State of the Nation*, 106–127. Ysgrif dreiddgar a gwerthfawr.

42. Alan Bullock, *The Life and Times of Ernest Bevin*, vol. 1 (London, 1960), 571; Hollis, *Jennie Lee*, 79; R. Jenkins, *Nine Men of Power*, 72.

43. M. Cole, *The Life of G. D. H. Cole* (London, 1971), 193; Bullock, *Ernest Bevin*, vol. 1, 531 a 553.

44. K. O. Morgan, *Labour People: Leaders and Lieutenants, Hardie to Kinnock*, (Oxford, 1987), 152, 177; K. Harris, *Attlee*, 228.

45. Bullock, *Ernest Bevin*, 834.

46. Harold Wilson, *A Prime Minister on Prime Ministers* (London, 1977), 291.

47. C. Cooke, *The Life of Richard Stafford Cripps* (London, 1957), 189–93, 236–7.

48. P. Strauss, *Cripps, Advocate Extraordinary* (New York, 1942), 59.

49. P. Brooks, *Women at Westminster: An Account of Women in the British Parliament 1918-1966* (London, 1967), 118–19; Morgan, *Labour People*, 179.

50. *Ibid.*, 125, 142–3, 165.

51. Bu Ellen Wilkinson farw ar 6 Chwefror 1947 am 7.15 o'r gloch y bore. Dwy awr a hanner yn ddiweddarach cyfarfu Aneurin Bevan, Wilson James a John Maud er mwyn cyhoeddi i'r cyfryngau farwolaeth un o Weinidogion y Llywodraeth. Yn ôl Leah Manning, bu farw heb y cymorth a ddylai fod wedi ei gael, a beiwyd ei meddyg am wrthod ei chais, a hithau yn pledio arno am ryddhad oherwydd cyflwr ei hanadlu. Gw. Leah Manning, *A Life for Education* (London, 1970), 90–1 a 204. Meddyliai hi yn uchel o Bevan yn y tridegau ar sail ei allu a'i argyhoeddiadau arbennig a sylfaenwyd ar brofiadau bywyd. Mynegodd hynny yn ei herthygl yn *Time and Tide*, 9 Ebrill 1932. Yn y Cabinet byddai yn achlysurol yn cefnogi Bevan. Cefnogodd ef ar fater gwladoli'r ysbytai yn Rhagfyr 1945, ond gan amlaf i blesio Morrison, cefnogai yr 'Elen Goch', ysbrydolydd gorymdaith Jarrow, yr adain dde yn

y Llywodraeth Lafur ran amlaf. Gw. Matt Perry, *'Red Ellen' Wilkinson: Her Ideas, Movement and World* (Manchester and New York, 2018), 368.

52.   K. O. Morgan, *The People's Peace*, 38; K. O. Morgan, *Labour People*, 191.

53.   Burridge, *Clement Attlee*, 189; Morgan, *Labour People,* 138, 146–7, 191; Harris, *Attlee*, 87.

54.   Burridge, *Clement Attlee*, 355, nodyn 87.

55.   Attlee, *As It Happened*, 215.

56.   D. Ben Rees, *Cofiant Jim Griffiths*, 128.

57.   Marvin Rintala, *Creating the National Health Service*, 45.

58.   K. O. Morgan, *Labour People*, 208.

59.   P. Addison, *Now the War is Over: A Social History of Britain 1945–51* (London, 1985), 99; G. Godber, *The Health Service: Past, Present and Future* (London, 1975), 16.

60.   Honigsbaum, *Division in British Medicine*, 212, 290.

61.   John Parker, *Father of the House: Fifty Years in Politics* (London, 1982), 84.

62.   Aneurin Bevan, *In Place of Fear* (London, 1952), 199.

63.   R. Brain, *Medicine and Government* (London, 1967), 4.

64.   D. Fox, *Health Policies, Health Politics: The British and American Experience* (Princeton, 1986), 139.

65.   P. Porter, *The Greatest Benefit to Mankind: A Medical History of Humanity* (New York, 1998), 653.

66.   Gw. y darn 'Health of the Nation and its Children' yn F. W. S. Craig (editor .), *British General Election Manifestos 1900–1974* (London, 1975), 129.

67.   J. Jewkes a S. Jewkes, *The Genesis of British National Service,* second edition (Oxford, 1962), 2.

68.   George Bernard Shaw, *The Doctor's Dilemma: A Tragedy* (London, 1987), 86.

69.   Gweler G. D. H. Cole, *Great Britain in the Post –War World* (London, 1942), 82–91 a 141.

70.   *Anhysbys, Labour Party National Service for Health* (London, 1943), 13. Paratowyd gan y Blaid Lafur Brydeinig.

71.   S. Grimes, *British National Health Service: State Intervention in the Medical Market Place, 1911–1948* (London, 1991), 136.

72.   Bevan, *In Place of Fear*, 86.

73.   F. Gray, 'How GPs Came to Heel in the NHS', *Pulse*, 41, 48 (1981), 14.

74.   Elizabeth and Ian Gemmill *Britain's Search for Health, (London, 1972),* 117.

75.   *Ibid.*

76.   Peter Hennessy, *Never Again: Britain 1945–1951* (London, 1993), 132.

77.   B. Griffiths, S. Illife and C. Rayne, *Banking in Sickness: Commercial Medicine in Britain and the USA* (London, 1987), 26.

78.   Martin Pugh, *State and Society: British Political and Social History 1870–1992* (London, 1994), 240; Morgan, *Red Dragon*, 9.

79.   Grimes, *British National Health Service*, 192.

80.   Lord Hill of Luton, 'Aneurin Bevan among the Doctors', *British Medical Journal*, 24 Tachwedd 1973, 469.

81.   Geiriau'r cylchgrawn yn 1960 ar farwolaeth Bevan oedd: 'The medical profession may hope to find in future Ministers of Health, men with the imagination and flexibility of mind of Aneurin Bevan'. Gw. *British Medical Journal*, 26 Gorffennaf 1960, 204.

82.   H. Daalder, 'Cabinet Reform since 1914' yn V. Herman a J. Alt (goln.), *Cabinet Studies: A Reader* (London, 1975), 258.

83.   K. Layburn, *The Rise of Labour: The British Labour Party 1890–1979* (London, 1988), 116; Burridge, *Clement Attlee,* 190; Hollis, *Jennie Lee*, 123.

84.   K. Robbins, *Churchill* (London, 1992), 161.

85.   Bevan, *In Place of Fear*, 87.

86.   *The Guardian,* 10 Hydref 1990, 2.

87. Rintala, *Creating the National Health Service*, 61.

88. Jan Morris, *Wales: Epic Views of a Small Country* (London,. 1998), 441.

89. 'Awdl y Glŵr' o waith Gwilym R. Tilsley a enillodd iddo Gadair Eisteddfod Genedlaethol Cymru, Caerffili, 1950.

90. Cyril E. Gwyther, 'Sidelights on Religion and Politics in the Rhondda Valley 1906–26', *Llafur*, Cyf. 3, Rhif 1, Gwanwyn 1980, 42.

91. Ymdriniodd Michael Foot yn ddifyr ag athroniaeth José Enrique Rodo, gw. M. Foot, *Aneurin Bevan,* cyf. 1, 47–8, 179–181, 192–4, 466–7.

92. Bevan, *In Place of Fear*, 26; Foot, cyf. 1, 48.

93. Widgery, *Health in Danger,* 25.

94. H. Morris-Jones, *Doctor in the Whips' Room* (London, 1955), 160.

95. Gw. R. Lovell, *Churchill's Doctor: A Biography of Lord Moran* (London, 1992), 154.

96. F. Honigsbaum, *The Division of British Medicine*, 296.

97. Gw. Lord Horder, *Fifty Years of Medicine* (London, 1953), 72.

98. B. Watkin, *The National Health Service: The First Phase 1948–1974 and After* (London, 1978), 3; L. Witts, 'Thomas Jeeves Horder', yn E. Williams a H. Palmer (goln.) *The Dictionary of National Biography 1951–1960* (London, 1971), 502; Earl of Woolton, *The Memoirs of the Rt. Hon. The Earl of Woolton* (London, 1959), 279.

99. Ysgrifennodd Peter Stead ysgrif safonol am D. A. Thomas. Gw. Peter Stead, 'The Language of Edwardian Politics' yn *A People and a Proletariat: Essays in the History of Wales 1780–1980* (gol. David Smith) (London, 1980), 148–165. Fel y dywed un glŵr am berchennog y lofa a'r Aelod Seneddol, 'We all know that all through his career D. A. Thomas's chief delight has been to put cats among pigeons', 159.

100. Hollis, *Jennie Lee*, 140, 149–50, 158.

101. Grey-Turner a F. Sutherland, *History of the British Medical Association*, Vol. 2 (London, 1982), 54.

102. Lovell, *Churchill's Doctor*, 255, 299, 301.

103. *Ibid.,* 291.

104. Honigsbaum, *Health*, 174, 216.

105. *British Medical Journal*, 16 Gorffennaf 1960, 236.

106. H. Nicholson, *Diaries and Letters 1939–1945* (London, 1967), 192.

107. Michael Foot, *Aneurin Bevan*, cyf. 2 (London, 1973), 132; Hennessy, *Never Again*, 137.

108. Grimes, *British National Health Service*, 136.

109. J. Peter, *The Making of the National Health Service* (London, 1981), 175.

110. Bevan, *In Place of Fear*, 96; Campbell, *Aneurin Bevan,*169.

111. Campbell, *Aneurin Bevan*, 168.

112. Hollis, *Jennie Lee*, 130.

113. A. Clegg a T. Chester, *Wage Policy and the Health Service* (Oxford, 1957), 60–1.

114. Grimes, *British National Health Service*, 135.

115. M. Horder *The Little Genius: A Memoir of the First Lord Horder* (London, 1966), 98.

116. Lord Horder, *Fifty Years of Medicine*, 43.

117. Ceir cipolwg ar ddylanwad y capel yn y ffaith fod glowyr o'r ail genhedlaeth o Sbaenwyr a ddaeth i weithio i'r lofa yn Abercraf yn mynegi eu hunain fel hyn:'The Sermon on the Mount, can you beat it? He used to tell me … it was pure socialism. But organised religion was quite a different thing altogether. So what he said was this, "if you don't learn anything bad by going to Sunday School or going to Church or to Chapel, all right, fair enough, you can go".' Gw. Hywel Francis, 'The Secret World of the South Wales Miner: The Relevance of Oral History' yn *A People and a Proletariat*, 166–186. Ceir y dyfyniad ar dudalennau 172–3.

118. Ceir hanes y dystiolaeth Sosialaidd Gristnogol gan Chris Bryant, *Possible Dreams: A Personal History of the British Christian Socialists* (London, 1996), 1–351.

119. Peter Davison (gol.), *George Orwell: A Patriot After All, 1940–1941* (London, 2000), 189.
120. John Davies, *Fy Hanes I: Hunangofiant John Davies* (Talybont, 2014), 46.
121. Gwyn Jenkins, *Prif Weinidog Answyddogol Cymru: Cofiant Huw T. Edwards:* (Talybont, 2007), 22.

Pennod 9

Cyrraedd y Nod: Creu Gwasanaeth Iechyd Cenedlaethol

Y ffaith syfrdanol am Lywodraeth 1945–1950, a sefydlodd y Wladwriaeth Les, oedd gweithred y Prif Weinidog newydd yn estyn deheulaw cymdeithas i'w feirniad pennaf, Aneurin Bevan. Gosododd John Bew, cofiannydd diweddaraf Attlee, y sefyllfa yn gofiadwy ac yn deg:

> The underlying reality was that Attlee's political instincts were far subtler and more attuned to the mood of the country, than those of the main critics, Bevan and Laski … Bevan was a hero for a portion of the Labour Party, but was widely regarded as hysterical, disloyal and unpatriotic by those outside it.[1]

Dyma a welwyd o ddechrau'r Ail Ryfel Byd i'w derfyn. Methodd Bevan yn aml fod yn deyrngar ac yn deg ac yn gefnogol. Anghofiodd yn fuan weithred Rwsia yn goresgyn y Ffindir yn 1939. Byddai Bevan wedi arwain Llafur allan o Lywodraeth y Glymblaid nifer o weithiau, ac yr oedd byth a beunydd yn galw am ymddiswyddiad Winston Churchill.[2] Attlee oedd y dyn doeth a dawelai'r stormydd geiriol gan anwybyddu Bevan a Laski, ac a oedd yn gwrthod ystyried am eiliad y gofyniadau afreal. Methai Attlee gredu fod y ddau ddeallusyn mor bell ohoni, Laski a ddaliai swydd fel Athro Gwleidyddiaeth, a Bevan a gyfrifid yn un o ddeallusion pennaf y chwith. Defnyddiodd Attlee linell gofiadwy mewn llythyr at Bevin ar ddiwedd y Rhyfel: 'In serving the country you have also served the Labour Movement.'[3]

Yr Her Fawr o flaen Aneurin Bevan

Ond yr oedd her arbennig o flaen Bevan yn ei swydd newydd. Ym mhob rhan o Brydain yr oedd yr ysbytai yn galw allan am lywodraeth flaengar a gweinidog craff. Un o awdurdodau pennaf Cymru a Lloegr yn myd iechyd oedd Lerpwl, a thrwy atgofion y gwleidydd Bessie Braddock, gallwn wybod am gyflwr yr ysbytai yno. Yr oedd ganddi ddiddordeb anghyffredin yn yr ysbytai, a disgrifia'n fanwl Ysbyty Sefton yn Wavertree gyda miloedd ar filoedd o forgrug a phryfed stêm (*steam flies*) yn adeilad y boiler yn creu gofid dyddiol. Yr oedd sŵn y pryfed tân (*crickets*) yn fyddarol fel na allai'r cleifion gysgu yn y nos gyda'u clindarddach.[4] Gwelodd gegin fwyd Ysbyty Alder Hey lle ceid 950 o welyau ar gyfer plant, a siaradodd gyda Chadeirydd Pwyllgor Ysbytai'r ddinas, Syr Thomas White, er mwyn iddo ddod gyda hi.[5] Ni wyddai ef ddim byd am yr ysbyty a dychrynodd, ond gwelodd â'i lygaid ei hun fod yna blant wedi bod yn yr ysbyty hwnnw ers ugain mlynedd. Ceisiwyd gwella'r sefyllfa a bu Deddf Bydwragedd 1936 yn gam pwysig ymlaen. Oherwydd diffyg cyfalaf, yr oedd ysbytai gwirfoddol dan fygythiad yn gyson, yn fwy felly nag ysbytai awdurdodau lleol. Dyna sut y daeth i fodolaeth yn Sheffield a dinasoedd eraill fel Lerpwl yr hyn a elwid yn Gronfa Ceiniog yn y Bunt. Argyhoeddwyd pobl oedd mewn swyddi cyfrifol i gyfrannu ceiniog ar gyfer pob punt a enillent yn yr wythnos i gronfa a fyddai'n sybsideiddio'r ysbytai gwirfoddol.[6] Daliodd Lerpwl gyda'r cynllun hwn ar ôl dyfodiad y Gwasanaeth Iechyd Cenedlaethol, gan iddynt ddod yn gyfrifol am bedwar cartref, ar lan Llyn Windermere, yn Birkdale ger Southport, ym Mae Colwyn ac yn Llandrillo yn Rhos. Byddai'r cleifion, ar ôl cyfnod yn ysbyty'r wladwriaeth yn Lerpwl, yn cael aros am gyfnod byr yn y Cartrefi Ceiniog yn y Bunt er mwyn ymgryfhau cyn mynd adref.[7]

Yr oedd afiechydon yn anodd eu gwella cyn i'r Gwasanaeth Iechyd Cenedlaethol ddod i rym. Nid oedd geni plentyn yn hawdd a cheid enghreifftiau mynych o famau ym mlodau eu dyddiau yn colli'u bywydau ar enedigaeth. Ceid digon yn marw o'r ddarfodedigaeth, a byddai 50% oedd wedi dal annwyd a drodd yn niwmonia yn colli'r frwydr am eu bywyd. Byddai'r werin bobl yn derbyn poen a pheswch a phoeri gwaed fel rhan o'u byw bob dydd. Edrychid ar feddygon teulu fel arwyr. Nid oedd y dosbarth gweithiol yn disgwyl llawer o gysur, ac yn hyn o beth yr oedd Aneurin Bevan mor wahanol i'w gyfoeswyr, yn dyheu am y gorau ar eu cyfer. Yr oedd oriau meddyg teulu yn hir, ac ni fyddai cartrefi yn poeni meddygon os nad oedd gwir angen, gan fod dros hanner y boblogaeth yn gorfod talu am ymweliad y meddygon ac am y moddion y byddai ef yn ei baratoi. Trinnid y dosbarth gweithiol yn ddigon dideimlad, ond ceid ychydig mwy o barch i deuluoedd y dosbarth canol. Gofelid bod pum swllt yn barod at ymweliad y meddyg ar y silff ben tân bron ymhob tŷ lle nad oedd cynllun Lloyd George fel y'i gelwid yn weithredol, ond tri swllt a chwe cheiniog os nad oedd y fam yn meddu ar adnoddau ariannol a'r cartref heb lawer o arian.[8]

Cyflwr difrifol y gwasanaeth iechyd cyn Llywodraeth 1945-1950

Gellid dweud bod y gwasanaeth iechyd cyn dyddiau Bevan fel profiad y Brenin Canute yn wynebu ar y tonnau blin, ond yr oedd newid chwyldroadol ar fin digwydd.[9] Gwir dweud hefyd fod y mwyafrif o feddygon teulu Prydain wedi blino yn 1945 ar ôl chwe blynedd o ymladd didostur. Yr oedd llawer o'r meddygon ieuengaf wedi ymrestru yn y Lluoedd Arfog. Felly yr ocdd y gofal meddygol adeg y Rhyfel ar ysgwyddau meddygon canol oed a hŷn, gan gynnwys gwragedd a dderbyniodd hyfforddiant adeg y Rhyfel Byd Cyntaf. Yr oedd Deddf Addysg 1944 yn bwysig, yn addysgol ac yn feddygol. Sefydlwyd Gwasanaeth Iechyd i'r ysgolion a rhoddid sylw arbennig i ddannedd plant. Ysgwyddid y cyfrifoldeb am ysbytai gan awdurdodau lleol a chyrff gwirfoddol. Yr awdurdod lleol oedd yng ngofal ysbytai diciáu. Ceid 32,600 o welyau yn Lloegr a Chymru. Bu farw 23,000 o bobl o'r ddarfodedigaeth yn 1947 a gwelwyd 52,000 o achosion newydd. Gyda diphtheria yr oedd hanner miliwn o blant yn mlwyddyn y gaeaf caled yn dioddef, cafwyd saith mil o achosion polio a 500 o farwolaethau.[10]

Problemau iddo fel Gweinidog Tai ar ol difrod y Rhyfel

Problem arall i'r Gweinidog Iechyd a Thai oedd difrod yr Ail Ryfel Byd. Ni ddihangodd un ysbyty yn ninas Llundain rhag bomiau'r Almaenwyr.[11] Yr oedd dwy ran o dair o'r ysbytai wedi cael eu hadeiladu cyn 1891 a chyfran dda ohonynt cyn 1861. Yr oeddynt yn brin o theatrau i gyflawni llawdriniaethau, patholeg a radioleg. Yr oedd cyfrifoldeb cyson ar ysgwyddau'r nyrsys, a bu dyfodiad penisilin yn gymorth amhrisiadwy a hefyd digocsin at glefyd y galon. Yr oedd oddeutu 16,000 o bobl ar gyfartaledd yn marw yn y cyfnod hwn o glefyd rhiwmatig y galon. Yr oedd hi'n gyfyng am dri rheswm. Yn gyntaf, byddai'r cleifion, nid fel heddiw yn heidio'n syth am ymwared, ond yn cyrraedd yr ysbyty pan oedd hi'n rhy hwyr yn y dydd arnynt, a'u gwedd a'u cyflwr yn dweud y stori drist. Yn ail, nid oedd y dechnoleg na'r cyffuriau wedi'u datblygu fel y gwelir heddiw. Er enghraifft, nid oedd anesthetig wedi'i ddatblygu yn effeithiol. Yn drydydd, ychydig o arbenigwyr a geid yn yr

162

ysbytai. Gelwid y prif arbenigwr yn Bennaeth, y *Chief.* Byddai meddygon ifanc a ddaeth yn ôl o'r meysydd gwaed neu oedd wedi gorffen eu cyrsiau meddygol yn gwasanaethu dan arbenigwr. Disgwylid y meddygon ifanc i fod yn ddibriod, i fyw ar gyrion yr ysbyty, ac i fod ar gael yn ôl y galw ddydd a nos.[12]

Sefyllfa'r Ysbytai

Yr oedd yr ysbytai gwirfoddol yn ddibynnol am gynhaliaeth ariannol ar fudiadau, cymdeithasau, cwmnïau, capeli ac eglwysi ac yn arbennig, unigolion haelfrydig. Yr oedd yr ysbytai hyn yn brolio eu bod yn annibynnol. Ceid ysbytai hyfforddi, deuddeg yn Llundain, er enghraifft, a cheid ysbytai bach a elwid yn *cottage hospitals*, yn bennaf mewn trefi marchnad ac ar gyrion pentrefi cefn gwlad. Byddai meddygon teulu lleol yn cadw llygad ar y ddarpariaeth ond byddai'r rhain yn dibynnu llawer ar y Metron. Yr oedd y cyfan ar raddfa fechan, ac ni fyddid yn croesawu'r henoed na phobl yn dioddef o glefydau parhaol. Cyn y Rhyfel yr oedd yr ysbytai hyn mewn trafferthion ariannol, a chan fod dros fil ohonynt, yr oedd hi'n dasg aruthrol i lwyddo i godi'r arian angenrheidiol. Dyna pam fod cynifer o'r ysbytai mewn dyled dros eu pen a'u clustiau. Ceid oddi ar Ddeddf Llywodraeth Leol 1929 siroedd a bwrdeistrefi sirol yn cymryd drosodd gyfrifoldeb am Fwrdd Gwarcheidwaid Ysbytai a elwid yn Wyrcws. O 1830 bu'r ysbytai hyn yn darparu ar gyfer henoed tlawd, crwydriaid, puteiniaid claf a phobl anabl neu yn meddu ar gyrff gwanllyd. Deuai'r arian i'w cynnal o'r trethi a grant sylweddol, deugain y cant o'r costau, gan y Llywodraeth Ganolog.[13] Ond ychydig o gydweithrediad a geid rhwng ysbytai, gan eu bod mor aml yn eiddigeddus o'i gilydd. Ac eto fe gafwyd datblygiadau rhyfeddol yn y tridegau ac yn ystod yr Ail Ryfel Byd mewn aml i ardal. Daeth llawfeddygon o'r radd flaenaf i'r amlwg a rhoddi enw da i'r ysbytai, fel Ysbyty Damweiniau Birmingham, Ysbyty Royal Marsden, Llundain, ac Ysbyty Brenhinol Lerpwl.[14]

Ysbytai'r meddwl

Rhaid cofio am ysbytai'r meddwl neu'r seilam, fel y'u gelwid. Anfarwolwyd Ysbyty Meddwl Dinbych yn llenyddiaeth Gymraeg gan ddisgrifiad Caradog Prichard o'i fam yn gorfod mynd yno am ymgeledd ar ôl iddi ddrysu yn ei meddwl. Nid oedd byth ddigon o leoedd i ofalu am bobl yn dioddef afiechyd meddwl. A chyn 1948 ni fyddai neb yn dychmygu y byddai ysbytai meddwl yn dod yn rhan o'r Gwasanaeth Iechyd Cenedlaethol. Yr oedd yr ysbytai hyn hefyd yn hen ac heb lawer o ddarpariaeth, a rhai ohonynt gyda mwy na dwy fil o welyau. Gosodwyd yr ysbytai gan amlaf ynghanol tir a gerddi, a cheid cryn ofal am bobl fregus ac anodd eu trin. Ond er y gofal, buan iawn y byddai'r cleifion yn colli gobaith ar ôl treulio deg a mwy o flynyddoedd yno heb addewid o ddod allan i'r gymuned.

Arbenigo mewn Ysbytai

Erbyn yr Ail Ryfel Byd yr oedd unedau o fewn ysbytai yn cael sylw haeddiannol, megis Uned Archibald McIndoe ar losgfeydd a llawdriniaeth plastig yn East Grinstead. Canolfan bwysig arall oedd Uned Ludwig Guttman i ddamweiniau i'r cefn yn Stoke Mandeville ac Uned Niwrolegol Wylie McKissock yn Ysbyty Atkinson Morley yn Wimbledon. Ceid arbenigwyr orthopedig yng Nghroesoswallt ac yn Lerpwl, ynghyd ag arbenigwyr y glust, y trwyn a'r gwddf. Gwelid y meddygon clinigol yn dechrau ar eu rhawd. Yr oedd gwaith meddygon iechyd siroedd a dinasoedd yn bwysig a chafwyd Gwasanaeth Iechyd Cyhoeddus Labordai (Emergency Public Health Laboratory Service, EPHLS) ei sefydlu o dan ofal y Cyngor Ymchwil Meddygol (Medical Research Council, MRC). Daeth hyn i gyd yn rhan o'r Ddeddf Gwasanaeth Iechyd. Sefydlwyd Gwasanaeth Trallwyso Gwaed yn 1939 a bu o fudd mawr adeg yr encilio o Dunkirk.[15] Trefnwyd ef yn wasanaeth cenedlaethol, ac oherwydd ei bwysigrwydd gofalodd Aneurin Bevan fod gwasanaeth trallwyso gwaed ar gyfer y rhanbarthau yn cael ei sefydlu yn 1946.

Datblygiadau mewn sefyllfa dorcalonnus

Peth arall a wnaeth yr Ail Ryfel Byd oedd sbarduno datblygiadau gwyddonol ac ymchwil trwyadl o fewn labordai yn yr ysbytai. Yr oedd rhai ysbytai yn brin o beiriannau, ac yr oedd Prydain ymhell ar ei hôl hi mewn ymchwil feddygol o'i chymharu â'r Almaen ac Unol Daleithiau America. Mor bell yn ôl â Chomisiwn Haldane (1907–1913) bu galw am hyn, ond llusgo traed fu'r stori. Yn 1939 dim ond chwech o'r deuddeg ysgol feddygol yn ninas Llundain oedd yn meddu ar athro clinigol mewn unrhyw bwnc neu ddisgyblaeth. Gwrthododd pob ysbyty hyfforddi yn Llundain yn y tridegau fod yn ganolfan addysgu i raddedigion uwch. Ond daeth un i'r adwy, y 'British Postgraduate Medical School', mewn cydweithrediad ag Ysbyty Hammersmith.[16] Erbyn 1942 yr oedd addysg feddygol yn destun astudiaeth, a sefydlwyd pwyllgor i ystyried yr anghenion. Cadeiriwyd ef gan William Goodenough, Cyfarwyddwr a Chadeirydd Banc Barclays. Un o aelodau pwysicaf y pwyllgor oedd Janet Vaughan, Pennaeth Coleg Somerville ym Mhrifysgol Rhydychen. Yr oedd hi yn meddu argyhoeddiadau cryf am yr angen i ferched ymroi fel meddygon. Ni chafodd yr adroddiad lawer o sylw pan gyhoeddwyd ef yn 1944 ond nid anghofiodd Bevan mohono, gan y sylweddolai bwysigrwydd ysgol feddygol yn gysylltiedig â phrifysgolion. Yr oedd athrawon arbennig iawn i'w canfod; pwysleisiai'r adroddiad yr angen am ehangu'r ddarpariaeth, a dweud y dylid sefydlu ysgol feddygol yng Nghymru. Yn anffodus ni chydiodd Bevan yn yr awgrym hwn, ac yn y Ddeddf Gwasanaeth Iechyd Cenedlaethol bu'n rhaid iddo wrthod mewnbwn yr ysgolheigion er siom i lawer un. Ond gofalwyd bod cyfrifoldeb ar y Llywodraeth i ofalu bod darpariaeth glinigol ar gael ar gyfer y rhai a hyfforddwyd a chyfle i gyflawni ymchwil feddygol

Gofal gweinyddesau

Yr oedd gofal y gweinyddesau yn yr ysbytai yn agwedd arall oedd yn bwysig i Bevan. Sylweddolai fod yr alwedigaeth wedi newid yn ddirfawr ers y dauddegau pan oedd ef yn ymwneud ag Ysbyty Tredegar. Sylweddolodd hefyd fod ganddo ddigon o ddeunydd i'w feistroli, fel Adroddiad Wood a Phwyllgor Coleg Brenhinol y Nyrsys o dan gadeiryddiaeth yr Arglwydd Horder o 1942 hyd 1952. Rhoddodd Deddf Nyrsys 1943 statws i nyrsys cynorthwyol am y tro cyntaf, gan sefydlu rhestr o'r rhai oedd yn gweinyddu a threfnu arholiadau ar eu cyfer, fel bod yn 1948 ugain mil o nyrsys wedi eu cofrestru gan y wladwriaeth ac yn cael eu dynodi â'r llythrennau SEN (State Enrolled Nurses).[17]

Sylweddolodd Aneurin Bevan fod y Gwasanaeth Iechyd yn mynd i ddibynnu nid ar y meddygon yn unig ond ar y nyrsys yn ogystal. Yn 1945 sefydlodd grŵp o arbenigwyr o blith y nyrsys, cymdeithasegwyr a meddygon o dan gadeiryddiaeth Syr Robert Wood. Tasg y Pwyllgor oedd edrych ar ffyrdd o recriwtio rhagor o weinyddesau, trafod faint oedd yr angen, y gwaith y disgwylid iddynt ei gyflawni, a sut y gellid eu denu i aros o fewn yr alwedigaeth. Daeth yr adroddiad allan yn 1947 a nodwyd yn glir fod gormod o lawer o'r nyrsys yn ymadael oherwydd fod y ddisgyblaeth arnynt yn dra gormesol. Estynnodd Bevan wahoddiad i'r cyhoedd a'r arbenigwyr i ateb. Yr oeddynt yn feirniadol o Goleg Brenhinol y Nyrsys yn ei ddiffiniad o waith y nyrs a ofalai am y cleifion. Hwy oedd agosaf at y claf ac yn ferched ymroddedig. Disgwylid iddynt fyw yn hostelau'r nyrsys yn y cyfnod hwn, ac yr oedd y ddisgyblaeth yn sawru o oes wedi mynd heibio. Yr oedd y nyrs i fod fel milwr, hynny yw, yn gwisgo iwnifform, ei hesgidiau yn sgleinio, ei gwallt yn ei le ac yn gwisgo cap bychan a dim lle i bowdwr a minlliw. Y Metron oedd y person pwerus. Croesawodd y gweinidog y datblygiadau a gafwyd ar ddechrau ei dymor. Ffurfiwyd Undeb o'r enw COHSE (Confederation of Health Service Employees) i gynrychioli nyrsys ysbytai'r meddwl (gweinyddesau nad oeddynt erioed wedi eu derbyn gan Goleg Brenhinol y Nyrsys) a'r nyrsys oedd heb gymwysterau. Undeb pwysig arall oedd NUPE (National Union of Public Employees), gyda ffrind Bevan yn ei lywio.[18] Gwelwyd pwysigrwydd gwaith byd wragedd yng ngoleuni Deddf Bydwragedd 1936. Yr oedd hanner babanod Prydain yn cael eu geni gartref, a cheid gwasanaeth arbennig iawn gan y fydwraig a fyddai'n gofalu am o leiaf 50 o mamau a weithiau 100 ohonynt o fewn deuddeg mis. Gwaith unig, caled, a phwysig ryfeddol oedd hwn.

Cuddio'r gwir gyflwr am ddau ddegawd

O 1920 hyd ddyddiau Bevan cafwyd trafodaethau ar ddyfodol y gwasanaeth iechyd, ond cleddid yr adroddiadau mor fuan ag y medrid. Cadeiriodd Bertrand Dawson Gyngor Ymgynghorol, gan gynnig system o Ysbytai Dosbarth a Chanolfannau Rhanbarthol gydag Ysbytai Hyfforddi mewn cysylltiad â phrifysgolion. Daeth y syniad o ranbarth o Adroddiad Sankey ac yn ystod yr Ail Ryfel Byd cyhoeddwyd deg o astudiaethau ar ddinasoedd fel Sheffield a Llundain. Gwnaeth George Goodber astudiaeth drwyadl ar Sheffield, a fu'n sail i'r astudiaethau eraill. Yr oedd pob adroddiad yn peri gofid am eu bod yn tanlinellu'r maint y dasg oedd yn wynebu llywodraeth y wlad. Sonnid am brinder gwelyau, adeiladau hen a diffygiol, dim peiriannau addas a dim digon o arbenigwyr, heblaw am ddiffyg ystwythder a cheidwadaeth angheuol. Yr oedd y staff meddygol eu hunain yn cefnogi eistedd ar y ffens. Gofid cyson oedd prinder arbenigwyr. Ceid dim ond un gynecolegwr yn swydd Lincoln i gyd, a dim radiolegydd amser llawn yn ninas Nottingham.[19]

Deallusion radical yn poeni

Yr oedd gan y Blaid Lafur bobl oedd yn poeni, nid pobl oedd yn y Tŷ Cyffredin yn unig, ond pobl o'r tu allan fel pennaeth Coleg Somerville, Janet Vaughan, na allai ddioddef yn ei Choleg fyfyrwraig o Grantham o'r enw Margaret Roberts (Thatcher wedi hynny). Byddai Janet Vaughan yn holi'n aml sut y gallai neb fod yn feddyg heb fod yn sosialydd hefyd. Dyna oedd safbwynt y meddyg o Lyncorrwg, Julian Tudor Hart, ac eraill tebyg iddo yng nghymoedd De Cymru.[20] Yr oedd Bevan yn arwr i'r rhain a phob un yn disgwyl i'r wawr dorri ar ôl iddo gymryd drosodd. Soniai Bevan am gael 'awyrgylch o ddiogelwch a serenedd trwy'r wlad, i deuluoedd yng nghanol eu gofidiau ac o dan helbul afiechyd.'[21]

Yr oedd y gost yn aruthrol, ac yn cynyddu os oedd aelod o'r teulu am gael y llaw drechaf ar y diciáu. Pe byddai rhaid iddo gael triniaeth byddai'n gorfod talu mil o bunnoedd o'r amser y câi fynediad i'r ysbyty i'r adeg y byddai'n dychwelyd adref rai misoedd yn ddiweddarach. Cwynai rhai o'r athrawon prifysgolion mai gwasanaeth ydoedd i'r bobl gyfoethog a gafodd fyw yn dda oherwydd haelioni un Canghellor y Trysorlys ar ôl y llall. Ond fe ddaeth Bevan, a benthyg cymhariaeth o'r Ysgrythur, fel 'cawr i redeg gyrfa'. Ei genhadaeth fawr ef oedd newid y sefyllfa yn gyfan gwbl. Sylweddolai'r gwleidydd dynamig fod pob awgrym a wnaed wedi ei ddifa gan y garfan oedd yn gofalu am ran bwysicaf y gwasanaeth: arweinwyr yr awdurdodau lleol, yr ysbytai, a'r meddygon. Nid oedd dewis ond cymryd y cam mwyaf amhoblogaidd, sef gwladoli'r ysbytai, a'r gwasanaeth cyfan i fod am ddim i bawb, o'r crud i'r bedd.[22] Gwelai Bevan hefyd, er ei fod wedi treulio blynyddoedd fel cynghorydd, fod rhaid rhyddhau'r ysbytai o afael yr awdurdodau lleol ac o afael syniadaeth byw ar gardod, a hefyd o ddibyniaeth ar elusengarwch capeli, eglwysi a chymwynaswyr cyfoethog. Nid rhyfedd i gymaint o haneswyr y stori hon ddefnyddio'r ymadrodd amdano, 'dyma waith athrylith'.[23] Dyma i Bevan oedd yr agoriad, yr allwedd yr oedd yn rhaid iddo ei chael yn ei ddwylo megis, oherwydd heb yr agoriad hwn nid oedd modd trechu'r ysbytai gwirfoddol na dinesig, yr ysbytai oedd am ddal eu gafael ac yn amharod i ildio dim o'u statws. Diddorol a phwysig yw dweud bod safbwynt Bevan yn chwa o awyr iach i weision sifil y Weinyddiaeth Iechyd, yn arbennig i Syr Wilson Jameson, George Godber, John Horton a John Patiez. Gwelodd pob un o'r rhain fod y Gweinidog newydd yn ŵr clyfar ym mhob ffordd, yn wleidydd o'i gorun i fys bawd ei droed chwith. Nid aeth Bevan i drafod y manylion nes ar ôl darlleniad cyntaf y Ddeddf. Yr oedd y nyrsys a'r meddygon ifanc gant y cant dros ei gynllun. Y gwrthwynebwyr croch oedd yr hen stejars oedd yng ngofal y cymdeithasau a'r awdurdodau lleol, ac yn tra-arglwyddiaethu ar yr ysbytai gwirfoddol. Ond yr oedd y Rhyfel wedi gwneud i lawer o feddygon ar lawr gwlad sylweddoli bod angen cydweithio a byw fel cymdogion ac nid fel unigolion hunanol, hyderus. Creu gwell gwlad oedd athroniaeth Aneurin ac yr oedd am ddangos y medrai Sosialydd balch fel ef lwyddo yn well na'i ragflaenwyr Torïaidd. I Bevan yr oedd y gwasanaeth iechyd yn sosialaeth bur, a chredai y dylai meddygon, gweinyddesau a'r cleifion fod yn flaenoriaeth. Dyma oes aur y Blaid Lafur, ond nid heb frwydr galed, galed.[24]

Swydd anodd oedd Gweinidog Iechyd

Yng ngolwg y meddygon mawr, pwysig, byddai gweithio o dan oruchwyliaeth y Gwasanaeth Iechyd Cenedlaethol yn fater poenus. Daeth y rhain i weld y Gwasanaeth Iechyd arfaethedig yn elyn a byddent yn sgrifennu amdano gyda dirmyg a gwawd. Ceid llu o lythyron bob wythnos yn y *British Medical Journal* yn darogan y byddai'r Gwasanaeth Iechyd Cenedlaethol yn fethiant llwyr. Pe deuai'r gwasanaeth yn wyrthiol i fodolaeth, anghenfil fyddai. Un o'r rhai oedd fwyaf ffyrnig ei wrthwynebiad oedd Dr Ffrangcon Roberts o Gaergrawnt. Cymdeithas Feddygol Prydain oedd yr wrthblaid i lywodraeth y dydd, ac fe ellir dweud bod llu o Weinidogion Iechyd ar ôl Bevan, ac o bob lliw, wedi cael eu dirmygu gan y BMA. O leiaf dyna fu tynged Enoch Powell, Barbara Castle, Kenneth Robinson, Richard Crossman a Kenneth Clarke. Derbyniai'r Llywodraeth a'r Gweinidog Iechyd y bai am bopeth, ac yr oedd y wladwriaeth wrth reswm yn dibynnu ar ymgynghorwyr arbennig o'r cychwyn cyntaf, fel yn wir cyn hynny. I Bevan yr oedd cyfrifoldeb y Gweinidog yn ddigon eglur. Nid ef oedd yn gyfrifol am drin na thrafod cyflwr y claf, yr hyn a byddai ef yn ei wneud oedd sefydlu gwasanaeth y gellid ymddiried ynddo a'i edmygu; gwasanaeth a fyddai'n trin cyflwr y claf, yn dadansoddi'r anghenion ac yn cyflawni'r hyn oedd yn angenrheidiol, fel y medrai ailgydio yn ei fywyd. Yr oedd byd o wahaniaeth rhwng y Gweinidog oedd yn gosod y fframwaith a'r meddyg oedd yn dilyn ei alwedigaeth o fewn y fframwaith; wrth drafod y claf a'r cleifion nid oedd y Gweinidog Iechyd yn rhan o'r broses. Ni wyddai ef ddim byd am y pwnc, am yr afiechyd, am y feddyginiaeth. Ei unig ddyhead ef oedd fod y dasg yn cael ei chyflawni mor broffesiynol ag y gellid. Llwyddodd Bevan i oresgyn anawsterau, a chreu system o ymgynghori proffesiynol, diogel a fyddai'n cyflawni gwyrthiau ar y cleifion.

Tasg enfawr y Cymro galluog

Tasg enfawr Aneurin Bevan oedd dod â phawb at ei gilydd oedd wedi bod yn byw eu bywydau eu hunain, eu cadw hwy i weithio a datblygu gwasanaeth iechyd o safon uchel. Yr oedd y gofal am ddim i bawb, yn parchu'r claf ac yn awyddus i ddelio â'i broblemau. Y Gwasanaeth Iechyd Gwladol oedd yn gyfrifol am ariannu'r cyfan, ac yr oedd rhaid delio â'r wasg ymchwilgar oedd yn ymosod yn feunyddiol am eu bod yn amharod i dderbyn safbwynt Bevan mai 'sosialaeth mewn grym' oedd y cynllun. Creai hynny gasineb ac eiddigedd yng nghalonnau perchenogion y wasg Saesneg. Byddai Bevan ar y llaw arall yn sôn am obaith ac ysbrydoliaeth i'r dyfodol, yn sôn amdano'i hun fel Cymro oedd o dan y lach fel pob un a fu o'i flaen:

> I am a Welshman, a Socialist, representing a Welsh constituency, and they find me even more impossible.[25]

Yr oedd pedwar mater yn poeni meddygon y gymdeithas filwriaethus Yn gyntaf ni allent dderbyn y bwriad i ddileu'r hawl i brynu a gwerthu'r practis oedd yn eiddo i'r meddyg teulu. Hwy oedd yn buddsoddi cyfalaf yn y lle cyntaf ac yr oedd y trefniant yn bwysig i'w cynhaliaeth economaidd. Ni allai Aneurin Bevan ddeall yr arferiad yn y lle cyntaf. Methai ddeall bod olynydd y meddyg a brynodd yr ewyllys da yn cymryd yn ganiataol fod pob person oedd ar y gofrestr yn cytuno â hynny. Ni allai gydnabod bod y trefniant yn cael ei gyflawni a'i selio heb gyswllt o gwbl â rhestr y meddyg teulu. Yr ail wrthwynebiad oedd fod y meddygon yn amharod i gytuno â'r bwriad o drefnu cyflog penodol fel rhan o gyflogaeth meddyg. Y tro cyntaf i gynllun gwasanaeth a chyflogaeth amser llawn gael ei gyflwyno i'r meddygon oedd yn 1943, yn nyddiau Llywodraeth y Glymblaid. Dadleuodd Aneurin nad o enau'r Gweinidog Iechyd Sosialaidd y daeth y syniad yn y lle cyntaf, ond gan lywodraeth oedd yn cynnwys Rhyddfrydwyr, Ceidwadwyr a Llafurwyr. Gwrthododd y cynllun fel yr oedd am fod meddygon ifanc, o bedwar ar hugain oed i ddeg ar hugain oed, gyda gwraig a phlant, yn gorfod cario baich ariannol, a gallai hyn beri gofid yn aml. Credai'r Gweinidog fod cyflog o £300 yn ogystal â'r hyn a gâi meddyg o ffi lwfans y pen yn fwy derbyniol. Clywodd hefyd y ddadl y byddai cytundeb partneriaeth mewn practis yn broblem, ac i ateb hyn cysylltodd â'r Arglwydd Ganghellor a'r Twrnai Cyffredinol i apwyntio pwyllgor cyfreithiol i edrych ar yr holl fater a chyflwyno argymhellion derbyniol.[26]

Dadl arall o blith y meddygon milwriaethus

Dadl arall gan y meddygon milwriaethus oedd fod y cynllun newydd yn symud ymaith hawliau cyfreithiol meddygon. Amddiffynnodd Aneurin ei hun gan nodi'r holl gamsyniadau a gafodd eu cyflwyno, er enghraifft, y byddai'r meddygon yn colli'r hawl i apelio i'r llysoedd yn erbyn cael eu diswyddo. Celwydd noeth oedd hynny. Gofalodd y Gweinidog fod y meddyg yn cael yr un hawl â phob dinesydd arall i apelio i lys am gael ei ddiswyddo yn anghyfreithlon. Gofidiai fod rhai meddygon yn gofyn am hawl i apelio i'r llysoedd am eu diswyddo o'r gwasanaeth iechyd ar dir camymddwyn ac esgeulustod. Yr oedd y gofyniad hyn yn ymylu ar yr amhosibl o du cyfraith a llywodraeth. Ond gofalodd Aneurin Bevan fod y meddyg yn cael pob chwarae teg. O dan y Ddeddf Insiwrans yr oedd y meddyg oedd i'w amddifadu i wneud apêl i'r Gweinidog. Byddai pwyllgor insiwrans yn adrodd am y meddyg i'r Gweinidog, y Gweinidog yn gwneud yr ymchwilad trwy ei weision sifil, a'r meddyg yn cael aros yn ei swydd nes clywed y ddedfryd o gael ei gadw neu ei ddiswyddo. Dyna oedd y drefn gan ragflaenwyr Bevan. Ond penderfynodd ef nad oedd yr amddiffyn dros y meddyg ddim yn ddigon trylwyr gan fod y gwasanaeth yn un cyffredinol a bod colli swydd o dan y cynllun newydd yn cario cosb galetach na cholli gwaith o dan Ddeddf Insiwrans y Gwasanaeth Iechyd. Cyflwynodd Aneurin y tribiwnlys fel corff i drafod y gŵyn a'r achos rhwng y cyngor gweithredu lleol a'r Gwasanaeth Iechyd. Deuai'r meddyg teulu o dan gytundeb cyngor gweithredu lleol. Byddai saith cynrychiolydd ar y pwyllgor i ystyried y mater a phob un wedi ei ethol gan y meddygon yn lleol neu yn genedlaethol. Ar ôl iddynt hwy drafod yr achos yn drylwyr a chasglu y dylai achos y meddyg gael ei drosglwyddo o afael yr alwedigaeth, byddai'r pwyllgor yn mynegi hynny wrth y Gweinidog. Y cwbl a wnâi'r Gweinidog fyddai trosglwyddo'r achos yn ci grynswth i'r Tribiwnlys. Apwyntid Cadeirydd y Tribiwnlys gan yr Arglwydd Ganghellor. Byddai tri pherson ar y Tribiwnlys, sef y Cadeirydd, meddyg a lleygwr.[27] Os penderfynai'r Tribiwnlys fod y meddyg i aros o fewn y Gwasanaeth Iechyd, ni allai'r Gweinidog newid y ddedfryd. Ond fe ddeuai'r meddyg i'r darlun os penderfynai ofyn i'r Gweinidog ystyried dyfarniad y Tribiwnlys os nad oedd yn fodlon arno. Gallai'r Gweinidog wedyn drefnu ymchwiliad arall, cyhoeddus neu breifat, fel y dymunai, gyda thystion os oedd angen, gan roddi holl strwythur y Tribiwnlys ar waith. Gallai'r Gweinidog wedyn benderfynu a oedd asgwrn cynnen y meddyg yn cael ei ategu a'i gynnal. Pan soniodd Bevan am hyn yn y Senedd cododd un o Aelodau Seneddol mwyaf lliwgar meinciau cefn y Blaid Lafur, Reginald Paget (Northampton), i ddweud bod y Gweinidog yn rhoddi mwy o ddiogelwch i'r meddygon nag i unrhyw garfan arall o weithwyr galwedigaethol mewn cymdeithas. Bu'n rhaid i Bevan gytuno a dweud:

> In fact, the doctor can go to the courts, as I understand it … on the ground that this tribunal, or the Minister has carried out the statute, or has prejudiced the case by the way in which it has been handled by the tribunal, or otherwise. There is adequate protection at every stage.[28]

Ni chafodd y meddygon well cyfaill na'r Gweinidog Iechyd a bu'n hynod o barod i gymrodeddu. Yr oedd ysbryd milwriaethus y tridegau wedi ei wareiddio, a gwelid ysbryd cymdeithasgar ar hyd y ffordd. Er enghraifft, er bod ysbytai gwirfoddol yn cael eu gwladoli, nid oedd bwriad i wladoli cartrefi gofal henoed, lle y ceid elfen gref o nyrsio. Ni fynnai Bevan chwaith fod cyflog y meddygon yr un fath i bawb. Yr oedd hi'n bosibl ennill gwell cyflog trwy waith preifat. Cyflwynodd bedwar math o ofal mewn ysbytai, wardiau oedd yn gwbl ddi-dâl, wardiau lle y byddai cleifion yn talu am fwynderau ychwanegol, wardiau lle yr oedd y llawfeddygon, patholegwyr, radiolegwyr yn medru gofyn am dâl teg, a wardiau lle nad oedd rhwystr ar godi tâl. O ran tâl, ceid y swm o £300 ac ar ben hynny lwfans y pen a fyddai'n dibynnu ar y nifer o bobl ar restr y meddyg. Byddai'n barod i ailystyried y cyflogau a'r taliadau o fewn dwy flynedd a cheid taliadau teithio, ac weithiau delerau da. Byddai meddyg yn gofalu am fil o bobl yn derbyn £300 a £758 i wneud cyfanswm o £1,058; os ceid mil arall, ychwanegwyd £788 arall. Apeliodd Bevan yn daer ar Gymdeithas y Meddygon i roddi siawns i'r cynllun weithio.[29]

Dal i orfod brwydro am ei gynllun mentrus

Ofnai Bevan y Gymdeithas hon yn fwy na neb arall. Sylweddolai nad oedd ganddynt ewyllys i gydweithio: yr oedd yn well ganddynt osod pob math o rwystrau sylweddol ar y ffordd. Yr oeddynt yn barod bob amser i fwydo'r wasg elyniaethus gan bwysleisio mai Bevan oedd yn ystyfnig. Ef oedd y bwgan bwystfilaidd. Erbyn dechrau'r flwyddyn 1948 yr oedd hi'n edrych yn ddigon anffafriol arno. Yn wir ar 8 Ionawr 1948 mynegodd y Gymdeithas ei hanfodlonrwydd llethol gyda chanlyniad y trafodaethau gyda'r Gweinidog, ei agwedd a'i ddiffyg dealltwriaeth o ddadleuon y proffesiwn. Mynegwyd hefyd eu diffyg hyder yn y Gweinidog Iechyd. Ond gwyddai Bevan ddau beth, yn gyntaf nad oedd y BMA yn cynrychioli pob meddyg o bell ffordd, ac yn ail nad oedd llawer o'r arweinwyr pwysig oedd yn ymffrostio yn eu datganiadau ddim mewn cysylltiad gyda'r meddygon oedd yn cynhesu at y cynllun.[30]

Cyflwyno ei fwriadau i'r Cabinet

Gofynnodd y Prif Weinidog i Bevan baratoi adroddiad i'r Cabinet ar y sefyllfa. Gwnaeth hynny, gan ddelio â thri mater anodd, sef sefyllfa'r partneriaethau, hawl y meddygon i apelio i'r llysoedd am ddedfryd tribiwnlys ar fater diswyddiad neu beidio, a thalu cyflogau. Cynigiodd fod problem y partneriaethau yn cael ei thrafod gan bwyllgor o arbenigwyr yn y gyfraith ond nid oedd yn barod i gymrodeddu ar y ddau fater arall. Yr oedd Bevan yn sylweddoli wedi dwy flynedd a hanner fod y meddygon yn sicr o bleidleisio yn enw eu cymdeithas yn erbyn y Ddeddf. Derbyniai hynny, ond yn ei dyb ef ni olygai hynny y byddai mwyafrif yr unigolion yn amharod i ddod yn rhan o'r cynllun. Yr oedd Bevan yn barod i fentro, gan na chredai fod agwedd filwriaethus y BMA yn cyfleu agwedd pob meddyg yn y wlad. Cytunodd y Cabinet gyda'i arweiniad ar 22 Ionawr 1948. Nid oedd cymrodeddu pellach i fod ac fe ddeuai'r weledigaeth fawr yn ffaith ac i fodolaeth ar 5 Gorffennaf 1948.[31]

Dal i ddadlau gyda'r Gymdeithas Frenhinol Brydeinig

Yn Nhŷ'r Cyffredin ar 29 Ionawr ymosododd Bevan gyda'i huodledd arferol ar y BMA a'u pleidlais negyddol. Nid pleidlais ddirgel mohoni, ond rhaid cofio bod dydd y fuddugoliaeth yn ymyl. Galwodd ar Attlee i lefaru ar y mater, ond yr oedd y Prif Weinidog yn ymgorfforiad o ofnusrwydd. I Bevan y Gymdeithas Feddygol Brydeinig oedd y 'bobl wleidyddol wenwynig'. Hwy oedd y broblem ac nid y meddygon a weithiai'n galed ar hyd a lled y wlad. Nid mater rhyngddo ef a hwy oedd hi, oherwydd ni chafodd unrhyw Weinidog Iechyd o 1911 gefnogaeth y Gymdeithas Feddygol Brydeinig. Nid oeddynt â chariad at feddygaeth yn ei olwg ef a gwelai hwy fel gwleidyddion meddygol a oedd yn cuddio o dan gochl meddygaeth.[32] Cynhaliwyd y bleidlais ar 17 Mawrth 1948. Trodd 84% o feddygon i bleidleisio a phleidleisiodd 4,735 dros y Gwasanaeth Iechyd Cenedlaethol. Yr oedd felly nifer fawr o feddygon teulu, sef 17,037, yn erbyn y cynllun.[33]

Methu cael y gefnogaeth a ddymunai

Siaradodd Bevan unwaith yn rhagor gyda llywyddion y colegau Brenhinol a gwnaeth ddatganiad pwysig ar 7 Ebrill 1948. Ac er ei fod yn y cabinet wedi dweud nad oedd rhagor o gymrodeddu i fod, erbyn Ebrill yr oedd yn barod i gydnabod nad oedd y cynllun delfrydol ganddo ond bod y weledigaeth yn dal i ysbrydoli am ddyddiau gwell. Cafwyd pleidlais arall ym mis Mai. Bu ymateb da, gyda 74% yn mynegi barn. Y bleidlais yn erbyn y Ddeddf Gwasanaeth Iechyd Cenedlaethol oedd 25,842 gyda 14,620 o blaid. Gwelodd Aneurin fod meddygon teulu a staff llawn amser yr ysbytai gwirfoddol a llawer o'r arbenigwyr yn ystyfnig o wrthwynebus, o leiaf 13,981 ohonynt. Yr unig lygedyn o oleuni oedd fod Bevan wedi cael digon o feddygon o'i blaid iddo gyrraedd y nod ar 5 Gorffennaf. Erbyn Mehefin 1948 yr oedd 26% y cant o feddygon teulu Lloegr wedi ymuno â'r Gwasanaeth Iechyd, 36% yn yr Alban, a'r ganran uchaf, sef 37%, yng Nghymru. Yr oedd blas chwerw yng ngheg Bevan fod Attlee heb gymryd rhan yn y ddadl yn Chwefror 1948.[34] Bu'n ffodus ei fod ef ei hun mor gryf a phendant yn y cabinet, ond siom enbyd iddo oedd gorfod cymrodeddu gymaint ag y bu'n rhaid iddo: caniatáu gwelyau preifat mewn ysbytai ar gyfer yr arbenigwyr, a gadael i feddygon teulu wneud gwaith preifat y tu allan i gytundeb y Gwasanaeth Iechyd. Ond ar y cyfan symudiad i lawenhau a dathlu ydoedd, yn arbennig ym mis Mai 1948, pan aeth y mesur drwodd ar ei ail ddarlleniad.[35] Mynegodd Bevan ei farn:

> Yn y gwrthdaro rhwng y meddygon a'r cyhoedd, y mae'r cyhoedd am ennill bob tro os cânt eu harwain mewn ffordd ddewr. Y mae hawliau (honedig) meddygon fel grŵp cymdeithasol arbennig yn codi gwrychyn y rhan fwyaf o'r boblogaeth.[36]

Yr oedd Bevan yn feistr ar gyfathrebu a hawdd oedd rhoddi aml i gernod i arweinwyr y meddygon. Galwai ef hwy yn 'gorff bach o lefarwyr sydd wedi camarwain y proffesiwn mawr y maent yn perthyn iddo yn gyson.' Canmolai'r meddygon oedd yn llafurio'n galed ac yn cadw draw o'r trafodaethau, ac yn ymbellhau o'r 'corff bach, di-werth ac aflafar hwnnw sydd yn credu eu bod yn cynrychioli galwedigaeth gyfan.'

Dyddiau dathlu a phechu y Ceidwadwyr wrth sefydlu y Gwasanaeth Iechyd Cenedlaethol

Iddo ef yr oedd y BMA yn wleidyddol ryfelgar ac wrth eu bodd yn gwenwyno'r awyrgylch. Tegwch oedd ei air pwysig, a'r angen am ofal meddygol. Llawenydd oedd sylweddoli bod 93.1% y cant o'r boblogaeth wedi cofrestru o dan amodau'r gwasanaeth. Teithiodd Aneurin Bevan i Fanceinion gan mai yno yr oedd am lansio'r Gwasanaeth Iechyd Cenedlaethol. Cynhaliwyd cyfarfod mawr ar 4 Gorffennaf 1948 lle y temtiwyd Bevan i adael profiadau ei lencyndod i lywio darn o'i araith, sef effaith polisïau'r Blaid Geidwadol arno ef a'i genhedlaeth. Cofiai fel y bu'n rhaid iddo fyw ar enillion ei chwaer Arianwen a'r cyngor a gafodd gan ffrind i ymfudo o'i hoff Dredegar. Dyma'r paragraff ysgytwol:

Ni all unrhyw faint o berswâd ddileu o'm calon atgasedd dwfn, tanbaid tuag at y Blaid Geidwadol am wthio'r profiadau hynny arnaf. Cyn belled ag yr wyf yn bod, y maent yn is na bawiach. Condemniasant filiynau o bobl o'r radd flaenaf i [fywyd] o hanner newyn.[37]

Araith a greodd gyffro ar un llaw a siom ar y llaw arall.[38] I Attlee yr oedd y Gweinidog llwyddiannus wedi mynd dros ben llestri er ei les ei hun, ond i'w gyfaill bore oes, Archie Lush, yr oedd Bevan wedi llefaru'r gwir fel y gwnaeth yn ei gyfrol *Why Not Trust the Tories?* Un Ceidwadwr a enwodd, Neville Chamberlain, a fu'n Weinidog Iechyd deirgwaith. Manteisiodd y Ceidwadwyr ar yr araith a'r gair *vermin*, gan sefydlu clybiau *vermin* a thaflu dŵr oer ar y dathlu y diwrnod canlynol. Galwodd Churchill am ymddiheuriad. Cyhuddodd Bevan o greu diflastod. Trodd ei rethreg ar Attlee gan ddweud wrtho am gael gwared ar y Gweinidog trafferthus, trwblus.[39] Yn breifat yr oedd Attlee wedi ceryddu Bevan am golli rheolaeth ar ei dafod. Atebodd Bevan gyda'i hyder arferol: 'I love being the bugbear of the Tories'. Ond meddai Attlee: 'You can't be the bugbear of the Tories, and be regarded as a statesman.[40]

Aeth Attlee ymlaen i ddysgu gwers elfennol i'r Gweinidog.

> It had been agreed that we wished to give the new social security scheme as good a send-off as possible and to this end I made a non-polemical broadcast. Your speech cut across this … You had won a victory … but these unfortunate remarks enable the doctors to stage a come-back and have given the general public the impression that there was more in their case than they had supposed.[41]

Yr oedd Attlee am unwaith wedi cael ei glwyfo gan ffolineb geiriol Bevan, ond ni allai am foment wrando ar Churchill na neb arall. Er i Bevan ddweud ryw dro mai ef a ofynnodd am gael bod yn Weinidog Iechyd yn 1945, yr ydym yn gwybod na fyddai wedi cael y swydd oni bai am Attlee. Ac at ei gilydd yr oedd y Prif Weinidog yn edmygydd mawr o'r Gweinidog Iechyd a Thai a Llywodraeth Leol. Ni fedrai feddwl am neb arall o'r Cabinet a fyddai wedi llwyddo fel y gwnaeth Aneurin. Ef oedd y pencampwr, a'i ddawn o gymodi'r gwrthwynebwyr yn dangos ei ddoniau. Daliodd Attlee ar hyd ei oes i ganmol Bevan y Gweinidog, hyd yn oed ar ôl darllen y gyfrol gyntaf o gofiant ysblennydd Michael Foot, sy'n gwneud môr a mynydd o'r dirmyg oedd gan Bevan tuag at Attlee. Dedfryd Attlee yn ei erthygl ar ôl ei farwolaeth oedd:

> Yr oeddwn yn ei edmygu yn fawr, i'r graddau y credwn y medrai fod yn arweinydd naturiol y Blaid Lafur pe bai rhywun yn siŵr y dysgai gadw ei dymer.[42]

Ond roedd cryfderau a gwendidau yr un mor amlwg yn perthyn i Bevan, fel y nododd Attlee.

Cryfderau a gwendidau y Gweinidog Iechyd gorau a gafwyd

Meddai ar weledigaeth eirias a delfrydau nodedig, ond roedd yn ddiamynedd. Credai, yn gwbl gyfeiliornus, nad oedd pobl yn barod i ymladd mewn unrhyw frwydr ond rhyfel dosbarth, heb sylweddoli bod y Torïaid yn caru eu gwlad yn ogystal â'u dosbarth.[43] Golygai hyn ddieithrio pobl a fyddai fel arall o'i blaid. Y gwendid arall o eiddo Aneurin oedd ei duedd i siarad gyda dirmyg am arloeswyr y Mudiad Llafur, pobl oedd wedi bod ar y maes ers cenedlaethau yn siarad ar gornel strydoedd ac yn arwain yn y diwydiannau trwm, cyn iddo ef erioed ymuno â'r Blaid Lafur Annibynnol ac yna adeiladu'r Blaid Lafur yn Nhredegar. Ymhlith yr arloeswyr hyn yr oedd Clement Attlee, Ernest Bevin, Arthur Greenwood a Herbert Morrison, pob un wedi eu trin yn gignoeth gan y rebel o Dredegar. Anghofiodd fod pob un o'r rhain wedi gwasanaethu'r mudiad a'r Blaid Lafur hyd eithaf eu gallu. Yr oedd dicter Aneurin Bevan tuag atynt ar brydiau yn eithafol ac yn annheg.

Wrth gyflwyno'r Gwasanaeth Iechyd Cenedlaethol yn 1948 yr oedd Aneurin Bevan wedi rhoddi pwyslais cyson ar werth y gwasanaeth oedd yn cael ei gynllunio. Soniodd fod pobl yn mynd i gael eu boddhau, yr oedd am eu helpu i weld yn well, gan fod sbectol ar gyfer y rhai oedd yn dioddef gyda'u golwg, darpariaeth ar gyfer y rhai oedd yn drwm eu clyw, a byddai gwell blas ar eu bwyd trwy'r dannedd gosod, a'r cyfan am ddim. Mynegodd yn y Senedd fod cyflwr dannedd y werin Brydeinig yn peri diflastod iddo.[44] Ond ofnai Bevan y medrai'r Trysorlys wyrdroi yr holl deithi meddwl oedd y tu ôl i'r Gwasanaeth Iechyd. Yr oedd y cyfan am ddim, ond clywodd y ffeithiau caled yn fuan: roedd y Gwasanaeth yn gorwario 23 miliwn o bunnoedd ac yr oedd rheidrwydd i arbed hyn. Gellid arbed 10 miliwn yng ngweinyddiad yr ysbytai a deuai 13 miliwn fel tâl am y sbectol a'r dannedd gosod. Yn lle gwneud Aneurin yn Ganghellor y Drysorlys gofalodd Cripps ac Attlee mai Hugh Gaitskell fyddai'r Canghellor newydd. Rhoddwyd swydd newydd i Bevan i fod yn Weinidog Llafur a Gwasanaeth Cenedlaethol (Minister of Labour and National Service), ond yr oedd ei galon o hyd gyda'r Gwasanaeth Iechyd.

Diwrnod i'r Brenin oedd 5 Gorffennaf 1948

Ni allai Bevan anghofio'r dydd mawr, y diwrnod apwyntiedig fel y gelwid 5 Gorffennaf 1948. Yr oedd y cyn-löwr cyffredin o Dredegar wedi tyfu yn Weinidog Iechyd digymar. Creodd wasanaeth anferthol: gweithiai hanner miliwn o bobl yn y cynllun newydd yn uniongyrchol ac fel contractwyr. Dim ond y Bwrdd Glo a'r Comisiwn Trafnidiaeth oedd yn cyflogi mwy. Ceid 360,000 ar staff yr ysbytai, ac o'r rhain yr oedd 150,000 yn weinyddesau a bydwragedd. Gwasanaethai 200,000 yn y gwasanaeth iechyd meddwl. Gwladolwyd 3,100 o ysbytai gyda 550,000 o welyau. Trwy arweiniad Bevan cafwyd chwyldroad mawr. Yr oedd hi'n deyrnged haeddiannol i'r miliynau oedd wedi colli eu bywydau mewn dau Ryfel Byd. Yr oedd Prydain yn galw allan am y cynllun, a gorwariwyd yn y ddwy flynedd gyntaf. Blinid y Trysorlys gan y gorwario ond un o'r gogoniannau mawr oedd bod trefn gydag arbenigwyr, ymgynghorwyr, ffisigwyr, a llawfeddygon ym mhob maes – calon, esgyrn, ysgyfaint.[45] Dedfryd yr hanesydd Charles Webster yn 2002 oedd:

> Indeed it is arguable the early NHS succeeded better than any of the market-oriented models introduced under later governments in meeting basic healthcare objectives.[46]

Yr oedd Aneurin Bevan a Jim Griffiths yn fwy na neb o'u cyfoeswyr wedi llwyddo erbyn 1950 i greu'r Wladwriaeth Les fwyaf datblygedig yn y byd.[47] Roedd y ddau Gymro eithriadol hyn, dau gyn-löwr a chydfyfyrwyr yn Llundain, wedi cyflawni gorchest na ellir fyth ei hanghofio. Dilynodd Sosialwyr Sweden eu hesiampl a Denmarc a Norwy flynyddoedd ar ôl hynny, ond mae'r byd heddiw yn galw allan am Wladwriaeth Les ar gyfandir Affrig, Asia a chyfandiroedd eraill gan gynnwys yr Unol Daleithiau a gwledydd eraill yn Ewrop.[48]

172

I Bevan yr oedd egwyddor fawr yn y fantol, ac ni allai ar unrhyw adeg fradychu'r ddelfryd o wasanaeth iechyd i bawb o bobl Prydain.

Amddiffyn ei gynllun a bygwth ymddiswyddo

Teimlai mor gryf ar y mater nes ei fod yn ddigon parod i adael y swydd o Weinidog am y mcinciau cefn. Ceisiwyd cymodi Gaitskell a Bevan, ond nid oedd un o'r ddau yn bobl hawdd eu trin, y cyntaf yn gynnyrch ysgol fonedd a Phrifysgol Rhydychen, y llall yn gynnyrch Ysgol Gynradd Sirhywi a Choleg Canolog Llafur. Ar ddiwrnod cyfarfyddiad y Cabinet yn Ebrill 1951 yr oedd y Prif Weinidog yn glaf yn Ysbyty St Mary's, Twickenham.[49] Yr oedd Bevan a Gaitskell yn methu dygymod â'r ddisgyblaeth o barchu ei gilydd. Daliai Bevan ar dir sosialaeth gan wawdio bod arian yn mynd i fradychu egwyddor. Dywedodd Morrison fod y Prif Weinidog yn awyddus i'r Cabinet geisio cymrodeddu ond os na ellid, gadewid y gair olaf i'r Canghellor. Dadleuwyd pe bai'r llywodraeth yn dod i ben ei thennyn, y perygl mawr fyddai buddugoliaeth i'r Torïaid. Mewn sefyllfa felly ni fyddai gan Aneurin Bevan, mwy na Hugh Gaitskell, ddylanwad o gwbl. Siaradodd Bevan gan ddweud nad oedd ef yn synnu o gwbl i glywed am agwedd y Prif Weinidog a'i fod yn dechrau meddwl y byddai'n cael mwy o ddylanwad y tu allan i'r Cabinet nag o'r tu fewn.[50] Ei fwriad yn awr oedd gadael y Llywodraeth mewn ychydig ddyddiau gan fod y Prif Weinidog yn yr ysbyty. Ynghanol yr anghydfod amhleserus daeth y newydd ar 14 Ebrill 1951 fod Ernest Bevin wedi marw.[51] Ar 20 Ebrill aeth Hugh Dalton i weld Attlee a phwy a welodd o amgylch ei wely ond Herbert Morrison, Hugh Gaitskell a Chuter Ede yn trafod marwolaeth Bevin ac ymddiswyddiad tebygol Aneurin Bevan.

Ymddiswyddo yng nghwmni Harold Wilson a Peter Freeman

Ar ôl i'r tri fynd, trodd Attlee at Dalton a dweud ei fod wedi anfon neges derfynol at Bevan yn rhoddi'r dewis iddo naill ai i gytuno â'r gyllideb neu gynnig ei ymddiswyddiad. Galwodd y Prif Weinidog Bevan yn 'green-eyed monster', geiriau annodweddiadol o'r cadeirydd a'r cymodwr.[52] Yr oedd hi'n amlwg ei fod wedi colli ei amynedd yn llwyr â Bevan. Disgwyliai iddo ymddiswyddo, gan anghofio'r gallu a'r grym oedd yn ei gymeriad carismatig; a daeth yr ymddiswyddiad ar 22 Ebrill. Fe'i dilynwyd gan ymddiswyddiad dau o'i gefnogwyr, sef Harold Wilson, gweinidog yn y Bwrdd Masnach, a Peter Freeman, AS Watford. Yr oedd Attlee yn flin gyda'r tri ond fe gafodd ddigon o egni i ffonio o'i wely cystudd i ofyn i Alfred Robens gymryd cyfrifoldeb yr Adran Gweinyddiaeth Llafur fel olynydd Bevan.[53]

Croeso mawr iddo ym Mlaenau Gwent

Yn ôl yn ei etholaeth yng Nglynebwy croesawyd Aneurin Bevan yng ngeiriau'r emyn 'Guide Me, O Thou Great Jehovah', arwydd nad oedd Ymneilltuaeth Gymreig wedi chwythu'i phlwc ym Mlaenau Gwent. Atgyfnerthwyd hyder Bevan gan y croeso ac aeth ati i ddilorni ei feirniaid Llafurol: ni chredai y byddai Attlee wedi bod mor ddwl â derbyn ei ymddiswyddiad. Rhoddodd y bai ar y Prif Weinidog, gan ei gyhuddo o ddiffyg ffydd ac o ddatgelu trafodaeth y Cabinet i bobl y wasg. Er nad oedd wedi sôn am hynny yn y Cabinet, dechreuodd gyhuddo Attlee o roddi addewid helaeth i wario'n afradlon ar arfau rhyfel ar ôl ei gyfarfyddiad gydag

Arlywydd yr Unol Daleithiau, Harry Truman. Atebodd Attlee fod Bevan yn ceisio talu'r pwyth yn ôl a'i fod wedi ymhelaethu ar fanylion ei anghytundeb gyda'i gymrodyr dipyn yn fwy na'r mater o dan sylw, sef codi tâl am bresgripsiwn meddyg am ddwy eitem.

Attlee wedi ei gythruddo

Nid oedd gan Aneurin Bevan ddigon o gefnogaeth i herio Attlee am yr arweinyddiaeth. Yn y Senedd, digon cyffredin oedd ei araith o ymddiswyddiad: ni welwyd y wefr nodweddiadol na'r emosiwn a ddisgwylid. Yr oedd wynebau ei gyd-aelodau Llafur ar 23 Ebrill 1951 yn dweud y stori yn llawn.[54] Ond yr oedd ymddiswyddiad Bevan yn mynd i gael effaith bellgyrhaeddol ac ni allai Attlee deimlo'n hapus wrth iddo adennill ei nerth. Cwynodd wrth ei frawd Tom Attlee yn niwedd Ebrill fod 'busnes Bevan yn troi allan yn niwsans o'r mwyaf: y wyrth ydyw ein bod ni yn y Cabinet wedi ei gadw ar y llwybr syth mor hir.'[55] Yr oedd wedi gobeithio cael cyfle i ymlacio a gorffwys yn Chequers dros y Pasg, ond yr oedd 'busnes Bevan' yn ei amddifadu o'i holl egni, er ei fod yn rhoddi'r argraff i'w Weinidogion ei fod ar wella. Ond cyffesodd i'w frawd fod ei stumog yn dal i'w boeni ddydd a nos.[56]

Edmygedd Winston Churchill o Aneurin

Un gwleidydd oedd yn edmygu Attlee yn y cyfnod hwn oedd Churchill. Gyda dilynwyr Bevan yn rhuo fel bleiddiaid rheibus nid oedd y llywodraeth yn gallu gwneud llawer ond llusgo'u traed a thaflu llwch i lygaid y cyhoedd. Ceisiodd Attlee dawelu Bevan trwy bwysleisio na fyddai toriadau'r Gwasanaeth Iechyd Cenedlaethol ond am ddwy flynedd. Gellid ailedrych ar y cyfan yr adeg honno. Ymddangosai'r sefyllfa yn dywyll, ond yn wyrthiol daliodd y Llywodraeth mewn grym gyda mwyafrif bychan. Yr oedd y Cabinet a'r Llywodraeth yn gwbl ddibynnol ar yr Unol Daleithiau yn y rhyfela yn Corea. Gwelent broblemau tramor anodd, yn arbennig yn y Dwyrain Canol. Yno yr oedd llywodraeth genedlaetholgar yr Aifft yn bygwth gwladoli camlas Suez, a llwyddodd llywodraeth Iran i wladoli cwmni o olew Eingl-Iran. Yr oedd hi'n anodd heb Bevin wrth y llyw yn y Swyddfa Dramor, gan fod ei olynydd Morrison mor aneffeithiol. Yr oedd Bevan fel llew mawr o'r tu allan yn disgwyl ei gyfle. Gwelid Stafford Cripps yn dirywio o glefyd cancr ac felly yn ddiymadferth i gynghori Attlee. Yr oedd Bevan yn flin wrth ei hen ffrind am iddo ofalu bod Gaitskell yn olynydd iddo yn hytrach na'i gydweithiwr am bron i ugain mlynedd.

Clement Attlee yn methu cymodi gyda seren ei blaid

Yr oedd Llywodraeth Lafur 1950–1 heb y ddau arwr – Bevin yn ei fedd a Bevan yn gwrthryfela. Attlee oedd yr unig un ar ôl, ac yntau yn sicr yn ffigwr gwleidyddol unig. Ni allai gredu bod neb yn ei gyfrif yn arwr ond ym mis Gorffennaf ymhlith 30,000 o lowyr maes glo Durham a'u teuluoedd cafodd groeso tywysogaidd.[57] Erbyn Medi teimlai Attlee yn ddihwyl, gyda phoenau yn ei gefn ar ben yr holl drafferthion corfforol eraill. Yn ôl ei gofiannydd diweddaraf:

> He was still sulking at Bevan and refused to be the one to initiate a reconciliation.[58]

Dywedodd wrth Dalton:

He walked out on me; it's up to him to come and see me if he wants to.[59]

Yr oedd y gŵr doeth a fu mor bwysig yn awr fel plentyn a surodd. Hyn sy'n esbonio pam y gwnaeth y dewis annoeth o fentro ar etholiad arall ym mis Hydref 1951. Y gwir oedd fod Attlee wedi hen flino ar wleidydda a dal swydd y Prif Weinidog ac eto yn rhy benstiff i ildio'r arweinyddiaeth i rywun iau fel Aneurin Bevan. Yr oedd Attlee yn ffafrio Bevan yn llawer mwy na Gaitskell. Ond fel y dywedodd am Bevan:

> Yr oedd yr arweinyddiaeth i Nye ar blât. Yr oeddwn bob amser am iddo gael yr arweinyddiaeth. Ond fel y gwyddoch, y mae ef am ddau beth yr un pryd, i fod yn rebel ac yn arweinydd yr un pryd, ac ni allwch gael y ddau.[60]

Yn anffodus daliodd yr arweinydd Attlee ati am flynyddoedd eto ar ôl colli Etholiad 1951 am fod pobl fel Dalton yn ei berswadio i wneud hynny, fel y medrai ei ddisgybl ef, Hugh Gaitskell, dderbyn coron yr arweinydd. Yn y wlad, ymhlith selogion Llafur, yr oedd Aneurin Bevan yn ffefryn digamsyniol er nad oedd yr Undebau grymus mor gefnogol. [61] Ond nid oedd Bevan â digon o uchelgais na chwaith ddigon o ysbryd llednais i ganmol a magu perthynas dda gyda 'mawrion y mudiad'. Daeth Attlee i'r casgliad fod Bevan fel ceffyl sy'n gweithio orau mewn harnais

Trafod y ffrae rhwng Attlee ag Aneurin gyda'r cymodi angenrheidiol

Rhaid i arweinydd plaid wleidyddol ddioddef ffyliaid. Dyna un peth na fedrai Bevan ei wneud. Darllenodd Attlee gymeriad Bevan yn ofalus a dod i'r casgliad fod ei flynyddoedd cynnar o dan feistri gwaith Torïaidd wedi ei frifo gymaint yn emosiynol fel na allai ei arbed ei hun rhag ergydio yn gyson yn eu herbyn. Ni ddatblygodd Aneurin Bevan 'y synnwyr o gyfrifoldeb' sydd yn angenrheidiol i fod yn arweinydd. [62] Rhoddodd Clement Attlee gyfle godidog iddo yn 1945 a gwnaeth wyrthiau ond nid elwodd ar y cyfle fel y dylai o ran ei uchelgais i fod yn arweinydd y Blaid Lafur Brydeinig. Eto rhaid pwysleisio i Bevan wneud yn gampus am bedair blynedd, er gwaethaf gwrthwynebiad a'r holl anawsterau a wynebodd yn ddewr. Beirniadwyd ef yn llym nid am iddo fethu ond am iddo lwyddo yn eithriadol. Llwyddodd i greu chwyldro cymdeithasol meddygol heb drais, ac adeiladu cymunedau gwareiddiedig ynghanol dinasoedd a faluriwyd gan awyrennau'r Almaen. Ef oedd arwr y Llywodraeth Lafur gan y disgwylid iddo fod yn gyfrifol am dri o'r blaenoriaethau, iechyd, tai a chynhaliaeth bywyd llawn o dan yr awdurdodau lleol. Adeiladodd dai sydd i'w gweld o hyd ac yn destun syndod o ran eu gwneuthuriad, a phrysurodd i fapio cynllun Gwasanaeth Iechyd y gellid adeiladu arno, ei ddatblygu a bod yn falch o'r newidiadau. Y dasg i Bevan oedd trawsnewid cymdeithas geidwadol oedd bob amser yn amharod i ymateb i ofynion y sefydliadau seneddol. Yr oedd ef yn barod i ddatrys problemau sydd yn dal i lethu cymaint o wledydd y byd er gwaethaf yr adnoddau crai gwerthfawr a geir yn y gwledydd hynny. Safodd fel diwygiwr a phroffwyd ac arweinydd na ellid mo'i ddistewi na'i lwgrwobrwyo. Daeth grym i'w ddwylo o'r diwedd ac ni wastraffodd y cyfle godidog yr oedd wedi dyheu amdano er ei lencyndod. Defnyddiodd rymusterau economaidd digon prin er lles y boblogaeth gyfan. Nid oedd am ofalu am un dosbarth mewn cymdeithas ond pawb, hen ac ifanc, cyfoethog a thlawd. Er gwaethaf bwriad y Torïaid i breifateiddio'r Gwasanaeth Iechyd, fe sicrhaodd y ffigur cwbl ymroddedig hwn y gwasanaeth iechyd gorau ar gyfer pawb, a'r mwyaf effeithiol yn yr holl fyd y dwthwn hwnnw. Er i aml feddyg gwleidyddol fel Somerville Hastings gael ei siomi iddo ildio a chymrodeddu er mwyn ennill y dydd, ef oedd y realydd yn y sefyllfa honno.[63] Cytunai â Hastings ond sylweddolai mai colli'r dydd fyddai'r hanes, gan ei fod yn gwybod nad oedd mwyafrif llethol y meddygon yn coleddu sosialaeth ac yn sicr ddim am weld gwasanaeth amser llawn ar eu cyfer. Yr oedd gan Aneurin bersonoliaeth lawn tosturi a bu'n hynod o garedig a chariadus yn ei ymateb i'r dioddefwyr. Safai yn gadarn dros y dyn ar y llawr, ac am iddo ddweud y gwir yn erbyn y byd a'r Sefydliad Prydeinig, ymosodwyd arno yn ddidrugaredd gan olygyddion y papurau newydd a gwleidyddion y dde. Bu'n llym ei feirniadaeth ar y Torïaid yn y cyfarfodydd etholiadol ym Mehefin a Gorffennaf 1945. Ef a ddywedodd yn Devonport am Dŷ'r Arglwyddi ar 26 Mehefin : 'Why should we have to put up with this antediluvian chamber of pampered parasites?'[64] Er hyn i gyd, dyn rhadlon ydoedd mewn sgwrs ar aelwyd neu o amgylch y bwrdd bwyd, ac yn meddu ar haen o hiwmor iach, fel y dywedodd Cledwyn Hughes wrthyf droeon.[65] Clywais yr arweinydd Cristnogol Donald Soper yn dweud yn ei eglwys yn Llundain mai'r digwyddiad Cristnogol gwleidyddol godidocaf yn ei oes ef oedd sefydlu'r Gwasanaeth Iechyd Cenedlaethol, ac mai dyma un o'r gweithredoedd Cristnogol mwyaf pwerus yn hanes Prydain.[66]

Nodiadau a Chyfeiriadau

1. John Bew, *Citizen Clem: A Biography of Attlee* (London, 2016), 361.
2. Paul Addison, *The Road to 1945: British Politics and the Second World War* (London, 1975), 261 a 272.
3. Bew, *ibid.*, 362.
4. Jack and Bessie Braddock, *The Braddocks* (London, 1963), 130.
5. *Ibid.*, 133.
6. *Ibid.*, 143.
7. *Ibid.*
8. Seiliedig ar brofiad plentyn yng nghefn gwlad Ceredigion 1945–1948.
9. Andy Misell, 'Iechyd Da! 1948' yn *Llyfr y Ganrif*, goln. Gwyn Jenkins a Tegwyn Jones (Talybont, 1999), 201. 'Gwasanaeth Iechyd mab y glöwr o Charles Street, Tredegar. Ef oedd wedi dyfeisio cynllun a fyddai yn brif atyniad y Wladwriaeth Les. Ac fe erys y Gwasanaeth Iechyd Cenedlaethol yn gofgolofn i'r amryddawn Aneurin.'
10. Michael Foot, *Aneurin Bevan 1897–1945, vol. 1* (London, 1962), 108.
11. Keith William Lowe, *The State and Medical Care in Britain: Political Processes and the Structuring of the National Health Service*, Traethawd D. Phil. Prifysgol Rhydychen, 1981.
12. *Ibid.*, 5.
13. *Ibid.*, 6.
14. *Ibid.*, 8.
15. Y mae nifer fawr o enwau y gellid sôn amdanynt, fel Thomas Kilner yn Rhydychen, Frances Avery Jones a apwyntiwyd yn 1940 i Ysbyty Canolog Middlesex, Henry Cohen a'r llawfeddygon Cymreig yn ninas Lerpwl. Rhoddodd William R. Williams, Edgar Parry a John Howell Hughes wasanaeth nodedig. Chwaraeodd Dr Emyr Wyn Jones ran bwysig yn y gwaith o sefydlu'r gwasanaeth cardiolegol yn Lerpwl, a gwyddom am y meddyg esgyrn Dr Goronwy Thomas a'r Athro Robert Owen.
16. Lowe, *ibid.,* 15.
17. *Ibid.*, 16.
18. *Ibid.*, 17–18.
19. Ffrind Coleg Aneurin oedd Bryn Roberts oedd yng ngofal undeb llafur pennaf y Gwasanaeth Iechyd, NUPE. Ef a adeiladodd yr Undeb Gweithwyr Cyhoeddus. Pan benodwyd ef yn ysgrifennydd yr oedd yr Undeb yn wan, bron darfod. Gwnaeth wyrthiau. Deallodd Bryn Roberts fod y Gwasanaeth Iechyd yn mynd i ddibynnu ar y rhai oedd yn gwasanaethu ac yn gweithio o fewn yr ysbytai, y cyflogau a delid iddynt, yr arian y disgwylid iddynt weithio amdano, a'r rhyddid a'r cyfleon ar eu cyfer. Gofalodd fod peirianwaith i drafod ac i ddod i ddealltwriaeth ar fater cyflogau a gofynion pob swydd. Daeth Cyngor Whitley i fod. Gw. W. W. Craik, *Bryn Roberts and the National Union of Public Employees* (London, 1955), 23–8.
20. Lowe, *ibid.,* 27.
21. Julian Tudor Hurt, 'The National Health Service in England and Wales: a Marxist Evaluation', Part 1, *Marxism Today* (November 1971), 327–332; Part 2, *Marxism Today* (December 1971), 368–375.
22. Lowe, *ibid.,* 28.
23. Dedfryd Bryn Roberts ar y cynllun oedd: 'It was certainly the most humane measure of all time – and the most socialistic'. Gw. W. W. Craik, *ibid.*, 149.
24. Rivett, 28.
25. Thomas-Symonds, Nicklaus, *Nye: The Political Life f Aneurin Bevan* (London, 2015), 136.
26. Hansard HCB (series 5), Vol. 449, 7 April 1948, col. 166
27. Thomas-Symonds, Nicklaus, *Nye*, 147.

28. *Ibid.*, 147.
29. Thomas-Symonds, Nicklaus, *Nye, Ibid.,* 146.
30. Webster, Charles, *The National Health Service: A Political History* (Oxford, 1998), 3.
31. Thomas-Symonds, Nicklaus, *Ibid*, 148.
32. *Ibid.*, 146.
33. *Ibid.*
34. *Ibid.*, 147.
35. *Ibid.*
36. *Ibid.*, 338.
37. *Times*, 5 Gorffennaf, 1948, 1.
38. Ar 4 Gorffennaf 1948 tyrrodd y miloedd i wrando ar areithydd godidocaf ei gyfnod yn annerch ym Manceinion. Cafodd hwyl aruthrol ond llithrodd gydag un gair. I Harold Laski, un o ddeallusion y chwith, yr oedd y gair 'vermin' yn werth dwy filiwn o bleidleisiau i'r Ceidwadwyr pan ddeuai'r Etholiad Cyffredinol. Gw. Andy Misell, 'Iechyd Da! 1948' yn *Llyfr y Ganrif, ibid.*, 202; Clare Beckett and Frances Beckett, *Bevan* (London, 2004), 94.
39. Winston Churchill, *Observer*, 11 Gorffennaf 1948.
40. Lord Attlee, 'Bevan as Hero', *Observer*, 21 Hydref 1962.
41. Kenneth Harris, *Attlee* (London, 1982), 425.
42. Lord Attlee, 'Bevan as Hero', *ibid.*
43. Bew, *ibid.*, 468.
44. Dadl Seneddol y Tŷ Cyffredin, 30 Ebrill 1948, *Hansard*, cyfrol 422, cc 43–142.
45. Charles Webster, *The National Health Service: A Political History* (Oxford, second ed. 2002), 96, 148, 208, 214, 253, 258.
46. *Ibid.*, 214.
47. Donald Sassoon, *One Hundred Years of Socialism: The West European Left in the Twentieth Century* (London, 1996), 141. Dywedodd Sassoon yn ei glasur am y Blaid Geidwadol o dan Churchill: 'They would not have accepted the principle of a citizen's universal right of access to services of an equal standard regardless of income.'
48. *Ibid.*, 142.
49. Cabinet Conclusions, 9 Ebrill 1951, Prem 8/1480.
50. *Ibid.*
51. Bew, *ibid.*, 500.
52. *Ibid.*
53. Frances Williams, *A Prime Minister Remembers* (London, 1961), 248. Anfonodd Attlee lythyr at Bevan ar 21 Ebrill 1951.
54. Ben Pimlott (gol.), *The Political Diary of Hugh Dalton, 1918–40, 1945–60* (London, 1986), cofnod am 23 Ebrill 1950, 537.
55. Bew, *ibid.*, 501–2.
56. *Ibid.*, 502.
57. *Ibid.*, 502–3.
58. *Ibid.*, 505–6.
59. Ben Pimlott (gol.), *ibid.*, cofnod 4 Medi 1951, 533.
60. Kenneth Harris, *Attlee*, 543.
61. Dywedodd yr Arglwydd Elwyn-Jones am Bevan, 'There he was a determined champion of Parliament as an institution and as the means by which democratic socialism could be achieved. The Health Service will remain his finest and lasting achievement.' Gw. Lord Elwyn-Jones, *In My Time: An Autobiography* (London, 1983), 152.
62. Dangosodd Bevan fawrfrydigrwydd yn ei wrogaeth i Clement Attlee ar ei ymddeoliad fel arweinydd. Gweler Aneurin Bevan, 'Clement Attlee', *Tribune*, 16 Rhagfyr 1955.
63. Somerville Hastings, *Aneurin Bevan:an appreciation of his services to the Health of the People* (London, 1960) 25

64. *Western Morning News*, 27 June 1945.

65. Sgyrsiau pan fyddwn yn cyfarfod yn gyson gyda Cledwyn Hughes ym Mhorthaethwy yn 1974.

66. Anerchiad i Bwyllgor Gwaith y Mudiad Sosialaeth Gristnogol yng nghapel Kingsway, Holborn, rywdro yn 1963. Yr oeddwn yn aelod o'r Pwyllgor Gwaith

THE NEW

NATIONAL

HEALTH

SERVICE

Your new National Health Service begins on 5th July. What is it? How do you get it?

It will provide you with all medical, dental, and nursing care. Everyone—rich or poor, man, woman or child—can use it or any part of it. There are no charges, except for a few special items. There are no insurance qualifications. But it is not a "charity". You are all paying for it, mainly as taxpayers, and it will relieve your money worries in time of illness.

Tredegar heddiw

Aneurin Bevan yn cefnogi Eirene White ar lannau Dyfrdwy a Jennie, Aneurin
gyda Huw T. Edwards yn y cefndir

Aneurin a'i huodledd

Eirene White, Huw T. Edwards ac Aneurin Bevan gyda'r cefnogwyr

Alun Davies, Aelod dros Blaenau Gwent yn Senedd y Bae yng Nghaerdydd

Pennod 10

Gweinidog Tai ac Awdurdodau Lleol

Gosodwyd baich anhygoel ar ysgwyddau Aneurin Bevan yn 1945, sef gofalu am y weinyddiaeth dai a chreu gwasanaeth iechyd. Cafodd ei weithgarwch radical, uchelgeisiol, poblogaidd o greu Gwasanaeth Iechyd Cenedlaethol ei gydnabod gan y wasg a haneswyr yn gyffredinol ond, bu wrthi hefyd yn ysgogi ac ysbrydoli dinasoedd a ddioddefodd gymaint i fynd ati i adeiladu tai ar ôl dinistr y Rhyfel.[1]

Yr Angen am Dai i'r boblogaeth

Yr oedd bron un rhan o dair o dai angen adnewyddiad. Dinistriwyd 208,000 o dai yn gyfan gwbl yn y Rhyfel, cafodd 250,000 eu taro gan fomiau'r gelyn fel nad oedd modd byw ynddynt, a chafodd yr un nifer, chwarter miliwn arall, eu darnio yn ddifrifol. Yr oedd poblogaeth Prydain yn 1945 yn gorfod byw ag oddeutu 700,000 yn llai o dai nag oedd ar gael yn 1939. Yn ychwanegol at y tai a ddinistriwyd ac a wnaed yn ddiwerth, yr oedd o leiaf hanner miliwn o gartrefi mewn cyflwr trist ac yn cael eu galw yn slymiau. Ond y gwir plaen oedd bod angen o leiaf 750,000 o dai newydd yn 1945 ar gyfer y boblogaeth ym Mhrydain. Yr oedd Churchill, mewn darllediad radio ym mis Mawrth 1944, wedi sôn am gynlluniau, dan arweiniad y Gweinidog Gwaith (Ministry of Works) i adeiladu tai *prefab*, yr hyn a elwid yn dŷ Portal (ar ôl cyfenw'r Gweinidog). Bu'n rhaid anghofio'r cynllun gan fod y tŷ Portal yn dibynnu ar ddur ac ni ellid fforddio defnyddio hwnnw, pan oedd ei angen ar gynlluniau eraill. Cynlluniwyd *prefab* o ddeunydd gwahanol ac aethpwyd ati i'w adeiladu er mawr siom i'r Gweinidog.

Wheatley yn esiampl i'r Gweinidog Tai

Yr oedd Bevan am gael ei gofio yn hanes Prydain fel y Gweinidog a oedd yn gyfrifol am drefnu i adeiladu tai digonol i'r dosbarth gweithiol. Cofiai am un o arwyr ei dad, John Wheatley: hyd yn oed ar ei wely angau bu David Bevan yn galw am weld copi o'r *Daily Herald* er mwyn darllen am areithiau a gwaith y Sgotyn hwn fel Gweinidog Tai yn Llywodraeth y Blaid Lafur. Bu ei Ddeddf Tai yn gaffaeliad mawr i Lywodraeth gyntaf MacDonald. Felly, yn y blynyddoedd rhwng y ddau ryfel, er gwaethaf diweithdra a'r dirwasgiad, aeth rhai cynghorau trefol fel Lerpwl a Chasnewydd a Wrecsam yng Nghymru, ati o ddifrif i godi tai, gan fod cynghorwyr goleuedig ar y cynghorau hyn. Ni ddigwyddodd hynny yng nghefn gwlad Cymru. Bu Cynghorau Dosbarth Gwledig yn esgeulus a sylweddolwyd bod y diciáu yn ymledu yn y fro Gymraeg oherwydd cyflwr gwael cartrefi'r Cymry. Yn 1939 daeth adroddiad pwysig allan dan gadeiryddiaeth Aelod Seneddol Maldwyn, Clement Davies. Yr oedd hwn yn adroddiad beirniadol o'r awdurdodau lleol, o gyflwr tai a'r meddylfryd a geid ymhlith y Cymry fod y clefyd diciáu yn anochel.[3] Deallai Bevan hyn i gyd a dyna pam fod adeiladu tai o safon â digon o le i deulu yn un o'i flaenoriaethau pennaf. Paratôdd Richard Titmus, cymdeithasegydd goleuedig, adroddiad pwysig yn 1945 ar gais tref Luton.[4] Yn ei adroddiad, galwodd am i'r Wladwriaeth a'r awdurdodau lleol adeiladu ar raddfa eang. Y ddelfryd i Titmus oedd yr hyn y daeth i'w galw yn 'dai cyngor', sef tai wedi eu hadeiladu yn benodol gan y cynghorau lleol ar gyfer pobl gyffredin na allent fforddio prynu eu tai eu hunain. Byddai'r teulu yn y tŷ cyngor yn talu rhent wythnosol i'r Cyngor lleol. Y ddelfryd fawr oedd cael yr un cyfleusterau yn y tai cyngor ag a geid yn y rhai preifat ac mewn aml i ddinas yr oedd y tai cyngor yn mynd yn ôl i weledigaeth John Wheatley. Dyna'r union weledigaeth a oedd gan Aneurin Bevan. Ei bolisi ef oedd peidio â rhoddi gormod o amser na phwyslais ar adeiladu tai preifat, ond cefnogi a chynyddu'n ddirfawr y nifer o dai cyngor i'w hadeiladu gan yr awdurdodau lleol. Cynyddodd Bevan yr adeiladu nes bod un rhan o dair o dai Prydain yn nwylo awdurdodau lleol erbyn chwedegau'r ugeinfed ganrif.

Gofidio ond yn benderfynol o baratoi tai i'w trysori

Mae'n debyg mai'r feirniadaeth bennaf ar gynllun Bevan fel Gweinidog Tai oedd yr hyn a ddywedodd Alison Ravetz.[5] Gofidiai fod llywodraeth leol wedi dod yn awdurdod tai ar raddfa mor fawr. Cynghorau lleol oedd yn cynllunio, datblygu, gweinyddu ac yn berchen ar yr ystadau tai ar raddfa fawr ran amlaf ac wedi dod yn landlordiaid na ellid eu herio ac, yn aml, yn ddifater i gŵynion y tenantiaid. Gofidiai fod Bevan a'r Blaid Lafur heb feddwl am sefydlu asiantaethau fel cymdeithasau tai, grwpiau o gymdeithasau tai cydweithredol a chymdeithasau adeiladu tai. Ond nid oedd perchen eich tŷ eich hunan ar agenda Aneurin Bevan. Hanfod ei weledigaeth oedd safon yr adeiladau yn hytrach na'r nifer oedd i'w hadeiladu. Iddo ef y peth pwysig angenrheidiol oedd ansawdd y tai. Nid oedd ganddo feddwl mawr o gwbl o dai *prefab*: galwai hwy yn 'gytiau cwningod'.[6] Ei ddelfryd oedd tai solet o'r safon uchaf posibl, yn cynnwys dau doiled ym mhob tŷ, un yn y llofft ar gyfer yr ystafelloedd cysgu ac un i lawr, fel na fyddai rheidrwydd mynd i fyny ac i lawr y grisiau yn ystod y dydd na'r nos.[7] Hefyd, pleidiai ehangu ystafelloedd byw o 750 i 900 troedfedd sgwâr. Sylweddolai y byddai ei gynlluniau am y ddwy flynedd gyntaf yn cael eu pwyso a'u mesur yn ôl nifer y tai a adeiledid; ond ymhen deng mlynedd, y peth pwysig fyddai'r math o dai y bu ef yn gyfrifol amdanynt.

Pwysigrwydd y trefedigaethau

Delfryd arall bwysig iddo oedd yr hyn a brofodd yn ei ieuenctid yn Nhredegar, sef cael cymuned o dai a fyddai'n apelio at bobl o wahanol alwedigaethau, fel bod aelodau o'r dosbarth gweithiol yn medru byw ymhlith pobl o'r dosbarth canol. Defnyddiodd y gair trefedigaethau i'w disgrifio. Ceid trefedigaeth o bobl yn derbyn incwm isel yn byw mewn tai sylweddol a baratowyd gan awdurdodau lleol ac yna filltir neu ddwy i ffwrdd ceid pobl o incwm uchel yn byw yn eu trefedigaeth eu hunain. Dyna oedd ei ofid yn Hydref 1945. Nid oedd o blaid sefyllfa felly o gwbl. Gwrthwynebai hyn yn fawr a dywedodd:

> This is a wholly evil thing, from a civilised point of view … It is a monstrous infliction upon the essential psychological and biological oneness of the community.[8]

Iddo ef, y gymuned ddelfrydol oedd tref ei enedigaeth, lle'r oedd pobl o wahanol grwpiau incwm yn byw yn yr un stryd ac yn cymysgu fel brodyr a chwiorydd â'i gilydd. Roedd hyn yn wir am bentrefi glofaol a chwarelyddol yng Nghymru. Cafwyd yr un peth mewn pentrefi yn Lloegr, lle yr oedd 'tyddynnod y llafurwyr yn ymyl siop y cigydd a'r meddyg yn byw gyda'i gleifion yn yr un stryd.'[9]

Anodd taro'r targed

Darlun rhamantus oedd gan yr artist geiriau ac mae'n ddigon anodd deall beth oedd ganddo mewn golwg bob amser oherwydd dymuniad y dosbarth gweithiol ran amlaf yw cael pobl o'r un haen o gymdeithas yn gymdogion iddynt yn hytrach na phobl o ddosbarth uwch. A oedd ef am berswadio meddyg teulu i fyw mewn tŷ cyngor neu adeiladu tai cyngor cyfyngedig o ran nifer mewn ardal lle mae'r mwyafrif o'r trigolion yn berchen ar eu tai eu hunain? Ond gwelodd yn fuan fod ganddo dasg aruthrol i'w chyflawni. Anodd oedd cael yr awdurdodau i fynd ati o ddifrif. Anodd credu mai dinas Hull oedd yr un a adeiladodd y mwyaf o dai yn ystod ei dymor cyntaf fel Gweinidog. Mewn ychydig fisoedd, adeiladwyd 179 o dai yno a dim ond 35 yn Birmingham. Yr oedd hi'n ddigon i dorri ei galon. Gwerthodd y Llywodraeth lawer iawn o fuddsoddiadau yn ystod yr Ail Ryfel Byd, gan ei bod yn barod i waredu popeth er mwyn cael buddugoliaeth yn y Rhyfel.[10] Ond nid un i ildio oedd Bevan na chilio o'r frwydr. Y nod oedd ganddo yn 1945 oedd tŷ ar gyfer pob teulu sydd yn dymuno cael cartref iddo ei hun. Ni lwyddodd Prydain i wneud hynny erioed ac felly gobaith gwan oedd ei wireddu pan oedd sefyllfa economaidd yn anffafriol. Ond erbyn 1950 yr oedd record Aneurin Bevan yn un i'w chanmol. Adeiladwyd 623,347 o dai, 157,145 dros dro, ac adnewyddwyd 420,000 gan eu bod wedi ei dinistrio yn y *blitz*.[11] Siaradodd Bevan yn gryf gerbron Cyngor Cyngres y Diwydiannau Adeiladu yn niwedd Hydref 1945.[12] Gwelai'r diwydiant adeiladu fel claf a oedd yn byw heb foddion i'w wella. Yr oedd y diwydiant wedi bod mewn trafferthion a heb y deunydd i gyflawni'r dasg enfawr o'i flaen. Soniodd fod ganddo y nod o weld tai cefn gwlad yn cael eu hadnewyddu fel eu bod yn debycach i dai'r dinasoedd.[13] Ond yr oedd y Gweinidog dan y lach yn gyson am nad oedd yn medru plesio pawb ac am fod ei dasg mor aruthrol o fawr. Yr oedd wedi seinio nodyn pwysig ym Manceinion ychydig wythnosau cyn hynny. Sylweddolai fod digon o bobl a oedd yn meddu ar wybodaeth dechnegol yn cael eu rhyddhau o'r Lluoedd Arfog. Yr oedd pob Tom, Dic a Harri yn galw am adeiladu tai newydd ond neb yn barod i'w hadeiladu a gwir angen cefnogaeth awdurdodau lleol i gyflogi digon o weithwyr dibynadwy a deallus. Gofidiai hefyd fod cymaint o'r cwmnïau adeiladu tai yn rhoddi amcangyfrif llawer rhy uchel. Rhaid i bawb gael elw ond yn gymedrol, ac ofnai fod aml un ohonynt yn paratoi eu hamcangyfrifon yn y tywyllwch heb wybod y prisiau cywir, y deunydd crai oedd ei angen a beth oedd cost cyflogau teg i'r gweithwyr, yn seiri coed a maen. Sylweddolai Bevan fod adeiladu'r tai yn gofyn am ymroddiad tymor hir, a llwyddai'n well fel yr âi'r amser heibio. Erbyn Medi 1948, a'r Gwasanaeth Iechyd Cenedlaethol yn llwyddiant anhygoel, gallai yntau gyhoeddi i'r byd a'r betws fod ei Adran wedi llwyddo i baratoi 750,000 o dai er diwedd yr Ail Ryfel Byd. Yr oedd hyn yn cynnwys tai newydd parhaol (tua hanner y nifer), rhai dros dro (yn anffodus llawer ohonynt yn *prefabs* yr oedd y Gweinidog yn eu casáu) a thai wedi eu hatgyweirio mewn dinasoedd fel Lerpwl ar ôl difrod y Rhyfel. Cofier hefyd iddynt addasu adeiladau i fod yn fflatiau addas. Er yr holl adeiladu, nid oedd yn ddigonol o bell ffordd.

Yr Angen am Dai yn aruthrol

Yr oedd y galw mor fawr ag erioed. Yr oedd angen miliynau o dai erbyn canol y pedwardegau ac yr oedd hynny cyn mynd ati i glirio ardaloedd lle y ceid slymiau ar raddfa eang fel yn ninasoedd Glasgow, Lerpwl a Llundain. Ym maestref Willesden yn Llundain aethpwyd ati i wneud astudiaeth gymdeithasegol yn 1946 ac 1947.[14] Sylweddolwyd bod carfan uchel o'r boblogaeth, 61%, yn anhapus â'r tai teras a oedd yn dirywio'n enbyd ac yn llawn i'r ymylon: golygai hynny ddiffyg enfawr o ran preifatrwydd. Yr oedd hynny yn poeni'r bobl fel yr oedd yr amodau cyntefig ar eu cyfer. Yn wir, yr oedd mwyafrif y bobl a gafodd eu cyfweld yn awyddus iawn i adael Llundain neu i gael eu symud i un o'r maestrefi mwy derbyniol ar gyrion y ddinas.[15]

Yr oedd bywyd yn anodd i gynifer o deuluoedd a oedd yn rhentu neu'n rhannu eu cartrefi. Bachgen saith oed oedd Harry Webb (a newidiodd ei enw i Cliff Richard yn nyddiau ei lwyddiant fel canwr) pan adawodd India gyda'i rieni a'i dair chwaer yn 1948 i fyw yn Carshalton. Yr oedd hi'n gyfyng arnynt fel teulu. Disgwylid iddynt fyw mewn un ystafell ac yn honno y paratoid y bwyd a'i fwyta, yno y byddent yn sgwrsio a gwrando ar y radio ac yno, yn yr un ystafell, y byddai'r rhieni a'r pedwar plentyn yn cysgu'r nos. Ar ôl blwyddyn symudwyd at fodryb i'r plant ond, yn y diwedd, cafwyd un o dai cyngor Aneurin Bevan yn Cheshunt.[16] Y nod oedd ganddo mewn golwg oedd 300,000 o dai y flwyddyn ond ni lwyddodd i gyrraedd hynny am nad oedd adnoddau ar gael a'i fod yn mynnu safon uchel. Nid oedd o blaid adeiladu tai fel bocsys matsys.

Y Mewnfudwyr ag angen cartrefi

Yr oedd yna boblogaeth symudol fel teulu Cliff Richard, a symudodd o India i Loegr, ac oherwydd yr angen am weithwyr, perswadiwyd miloedd o bobl o'r Caribî a gwledydd eraill y Gymanwlad i ymfudo i Brydain. Golygai hyn fwy o bwysau ar y byd adeiladu. Yn ystod y Rhyfel symudodd llawer o bobl allan o dai annheilwng yng nghanol y dinasoedd gan eu bod yn amharod i dalu rhent. Gwelodd Bevan hyn fel rheswm digonol i gynyddu ei raglen uchelgeisiol o dai cyhoeddus. Yr oedd anghenion Llundain yn pwyso'n drwm arno. Pleidiodd adeiladu trefi newydd ac yn ei gyfnod ef cynlluniwyd pedair ar ddeg ohonynt. Yr oedd mwy na hanner y trefi newydd o fewn cyrraedd i Lundain. Dyna'r rheswm dros adeiladu Stevenage, Crawley, Hemel Hempstead, Harlow, Hatfield, Welwyn Garden City, Basildon a Bracknell. Y trefi eraill oedd Corby yn Swydd Northampton a Newton Aycliffe a Peterlee yng ngogledd-ddwyrain Lloegr.[17] Yr oedd tref newydd Peterlee yn bennaf ar gyfer glowyr a'u teuluoedd o faes glo Durham, a galwyd hi ar ôl un o arweinwyr lliwgar y glowyr, Peter Lee. Trefnwyd i adeiladu dwy dref newydd yn yr Alban, sef East Kilbride a Glenrothes.[18] Dim ond un dref newydd a gynlluniwyd yng Nghymru, a honno yn Sir Fynwy, nid nepell o Dredegar, sef Cwmbrân. Golygodd y cyfan hyn dipyn o newid, a sefydlwyd Adran Gweinidog Cynllunio Gwlad a Thref (Town and Country Planning); gwahoddwyd Lewis Silkin yn Weinidog a fyddai'n cydweithio â Bevan o fewn y Llywodraeth Lafur.[18]

Rhaglen Waith y Gweinidog Tai

Ond yr oedd y disgwyliadau ar Bevan fel Gweinidog Tai yn aruthrol. Yr oedd confensiwn yn ei orfodi i grwydro'r wlad i weld yr ystadau mawr o dai. Daeth adref at ei briod mewn galar, gan fod y gŵr a yrrai'r car iddo wedi cael trawiad ar y galon. Bu farw ynghanol ei ddyddiau. Gofynnodd Jennie Lee gwestiwn call: 'Has he worked too hard?' [19] Cafodd un o'i swyddogion pwysicaf yn yr Adran Tai salwch nerfol a bu Aneurin ei hun yn ddifrifol wael. Daliodd ffliw a drodd yn niwmonia.[20] Cafodd ofal anghyffredin ei feddyg, Syr Daniel Davies, a byddai John Buchan a mam Jennie yn gofalu amdano yn ystod y dydd a'i briod yn ystod oriau'r nos. Pryderai Jennie amdano, yn arbennig wrth ei glywed yn anadlu yn drwm ofidus yn oriau mân y bore. Ond daeth drwyddi ac ailgydio yn ei ddyletswyddau.[21] Disgyblodd ei hun i fod wrth ei ddesg bob bore erbyn naw o'r gloch.

Cyfrifoldebau Bevan dros saith gweinyddiaeth

Yr oedd ei gyfrifoldeb i'w ganfod dros saith gweinyddiaeth. Byddai'n gorfod cadw llygad ar Adran Gwlad a Thref, y Bwrdd Masnach, y Weinyddiaeth Lafur, Ysgrifennydd Gwladol yr Alban, yr Adran Iechyd a Thai a'r Weinyddiaeth Gyflenwi. Yr oedd hyn yn gofyn llawer oddi wrtho ac nid oedd Attlee na neb arall am ddileu Gweinyddiaeth Tai o'i gyfrifoldeb. Gellir gweld athroniaeth Aneurin yn ei gyfrol, *Why Not Trust the Tories?*, lle y mae'n neilltuo pennod gyfan i fyd tai a chartrefi. Pennawd y bumed bennod, a luniwyd cyn Etholiad Cyffredinol 1945, yw 'Will you get that house?'[22] Mae hi'n bennod sy'n llawn manylion a chyfeiriadau at yr hyn a gyflawnwyd gan y Llywodraethau rhwng y ddau Ryfel Byd. Gofidiai fod gweithgarwch adeiladwyr preifat wedi creu sefyllfa enbydus. Dyma a ddywed:

> Between the two wars, private enterprise produced a shocking state of affairs. The population was distributed in a most lop-sided fashion ... [23]

Yr hyn oedd o'i le oedd diffyg cynllunio, a'r wladwriaeth heb wladoli'r tir ar gyfer yr adeiladu. Ond nid dyna fel yr edrychai'r Torïaid ar y sefyllfa. Iddynt hwy, adeiladau preifat a ddeuai'n gyntaf a hynny ymhell o flaen anghenion y gymuned. A phan ddaeth yr awdurdodau lleol i bwyso am weithredu, tacteg y Llywodraeth Geidwadol oedd sefydlu Comisiwn Brenhinol a dau Bwyllgor i drin yr angen. Ar ôl cyhoeddi'r adroddiadau hyn, gofalodd y Torïaid anghofio'u holl argymhellion. Ac yn ystod y Rhyfel cafwyd adroddiad Pwyllgor Uthwatt, y bu aml i Aelod Seneddol yn gofyn cwestiynau arno, fel Ronw Moelwyn-Hughes, Aelod Seneddol Llafur Caerfyrddin.[24] Yn wir, ar 21 Hydref 1943 ysgrifennodd arweinwyr dinasoedd a ddioddefodd y *blitz*, tri ar ddeg ohonynt, lythyr at y *Times* yn galw am gynlluniau ac yn gofidio bod yr awdurdodau lleol yn methu gwneud penderfyniadau oherwydd hwyrfrydigrwydd Llywodraeth y Glymblaid.[25] Ond yr oedd Pwyllgor Uthwatt yn ffafrio gwladoli'r tir, rhyw fath o dreth, awgrym a wrthodwyd gan y Llywodraeth. Yr oedd y bennod yn bropaganda o'r radd flaenaf dros Lafur ac yn tanlinellu awch y Torïaid am wneud elw:

> Os wnewch chwi bleidleisio i'r Torïaid yn yr etholiad nesaf, yr ydych mewn gwirionedd, yn pleidleisio yn erbyn eich gobaith o gael tŷ yn y lle y dymunech ei gael ac am bris rhesymol. Cofiwch hyn y tro nesaf y byddwch chwi a'r teulu yn siarad am eich tŷ delfrydol.[26]

Yr oedd Bevan yn gwybod yn iawn i ba fath o raglen adeiladu tai yr oedd ef yn gefnogol. Ond i lwyddo gyda'i raglen uchelgeisiol yr oedd hi'n ofynnol cyflwyno cryn dipyn o ddeddfwriaeth. Pwysodd Arthur Greenwood arno i wneud cymaint fyth ag y medrai cyn Nadolig 1945. Ond, fel yn hanes y Gwasanaeth Iechyd, bu'n rhaid i Bevan sefyll i fyny i Herbert Morrison ar fater o ryddid yr awdurdodau lleol i adeiladu. Yr oedd anawsterau yn wynebu'r rhaglen, yn bennaf diffyg coed ac argyfwng ariannu. Ni chafwyd y coed a ddisgwylid o Sweden na chwaith o'r Almaen.[27] I gael y coed o Sweden, yr oedd hi'n bwysig allforio glo, fel y soniodd Bevan wrth y Cabinet ar 23 Ionawr 1946. Ond, er y trafodaethau mynych, yr oedd y broblem yn parhau yn fwgan i'r Cabinet ac i Bevan. Yr oedd Stafford Cripps wedi paratoi memorandwm pwysig yn tanlinellu'r angen am bren gyda'r posibilrwydd o'i gael o'r Almaen.[28] Awgrymodd Bevan wrth Cripps fel Llywydd y Bwrdd Masnach, y dylai gysylltu â Dirprwy Brif Weinidog Iwgoslafia, Edvard Kardell, gan fod posibilrwydd sefydlu melin lifio coed yn y wlad honno. Soniwyd am Romania a hefyd y Ffindir a Rwsia. Ond araf yr oedd y rhod yn troi, fel y soniodd Bevan wrth y Cabinet ar 6 Mai 1946. Hyd 31 Mawrth y flwyddyn honno, yr oedd yr awdurdodau lleol wedi gosod 741 o dai parhaol newydd; wedi cwblhau adeiladu 2,570 o rai newydd a 791 wedi'u hadeiladu dan drwydded. Ond yr oedd miloedd o dai yn cael eu hadeiladu, ac adnewyddwyd 78,224 a dderbyniodd niwed yn ystod y Rhyfel.[29] Yr oedd Stafford Cripps wedi eu camarwain gyda'r holl siarad am gael pren addas o'r Almaen, yn arbennig o'r sector goresgynedig Prydeinig. Yr oedd y rhanbarth honno yn brin iawn o goed. Ni allai Bevan ddal heb ffrwydro a pharatôdd ei femorandwm ei hun i'r Cabinet ar gyfer cyfarfyddiad 17 Gorffennaf 1946. Gofidiai fod y prisiau wedi codi a'r pren mor brin, ond nid oedd modd adeiladu tai hebddo. Yr oedd hi'n anobeithiol disgwyl ymwared o'r Almaen, a byddai'n well ystyried Rwsia.

Yr hyn a wnaeth Bevan oedd rhoi rhagor o danwydd ar y tân. Mentrodd dau aelod o'r Cabinet baratoi eu dogfennau eu hunain. Yr oedd Cripps yn uchel ei gloch ac yn crwydro o un wlad i'r llall lle y ceid coed. Soniodd am Ganada, yna Rwsia, gan symud oddi yno i'r Almaen, Sweden a'r Ffindir, ond nid oedd ganddo ddim byd cadarnhaol. Y llall oedd John Hynd, gŵr a fu'n Glerc i Undeb y Rheilffyrdd, ac er ei fod ef yn fwy positif, nid oedd yntau yn gweld drws ar agor yn Awstria mwy nag yn yr Almaen.[30] Ond yr oedd Bevan yn dal i ddadlau o un cyfarfyddiad o'r Cabinet i'r llall. Siaradodd yn rymus ar 25 Gorffennaf 1946 ac ar 8 Tachwedd yr un flwyddyn. Gwelai fod problem diffyg coed i'r diwydiant adeiladu y tu allan i'w afael ef a bu'n rhaid iddo gymrodeddu yn wyneb yr angen. Nid ateb oedd hyn ond ffordd ymwared dros dro. Dyhead pennaf Bevan oedd gweld adeiladu tai digonol ac nid oedd yn ei natur i laesu dwylo. Rhoddodd yn darged ar gyfer 1947 adeiladu 240,000 o dai a phwysleisiodd hyn wrth y Cabinet ar 10 Rhagfyr 1946. Ond daliai'r diffyg coed ei boeni.

Agwedd Bevan tuag at y bwriad o sefydlu gwladwriaeth Israel

Er yr holl gyfrifoldebau hyn, yr oedd Bevan yn mynegi diddordeb mawr yn nhynged Palesteina a'r ymfudo yno gan Iddewon a arbedwyd o ffwrneisiau nwy gwersylloedd Hitler. Yr oedd pump o'r Cabinet yn gefnogol iawn i'r bwriad o sefydlu gwladwriaeth Israel, sef Stafford Cripps, Herbert Morrison, Hugh Dalton, Aneurin Bevan a Hugh Gaitskell. Rhennid y pum hyn i ddau grŵp – y cyntaf dan arweiniad Herbert Morrison yn cefnogi gwladwriaeth yn cynnwys Iddewon a Phalestiniaid gyda milwyr o wahanol wledydd i gadw heddwch rhyngddynt, a'r ail dan arweiniad Aneurin Bevan yn dadlau y dylid rhannu Palesteina yn ddwy wlad ar wahân.[31] Ni chredai Bevan fod gobaith i'r Iddewon a'r Palestiniad fyw'n gytûn â'i gilydd. Gwyddai Ben-Gurion gystal â neb mai Aneurin Bevan oedd un o'r cefnogwyr pennaf oedd ganddo yn Llywodraeth Prydain. Yn nhyb y Gweinidog Tramor, Ernest Bevin, dylai'r Unol Daleithiau roddi arweiniad yn lle eistedd ar y ffens. Ar ôl trafodaeth, cytunodd Harry Truman, Arlywydd yr Unol Daleithiau, y dylid caniatáu tystysgrifau i gan mil o Iddewon a drigai ar gyfandir Ewrop i ymfudo i Balesteina, y cam cyntaf yn 1946 tuag at greu gwladwriaeth i'r Iddewon. Ond i Ben-Gurion, nid oedd Ernest Bevin yn ŵr sensitif ei agwedd at yr Iddewon mwy nag yr oedd Clement Attlee.[32] Ym mis Mawrth 1946 aeth nifer o Americanwyr a Phrydeinwyr i Balesteina a chyhoeddi adroddiad yn awgrymu y dylid caniatáu i ffoaduriaid ymfudo ar unwaith i'r wlad. Yr oeddynt yn gytûn yn eu hargymhellion ond trodd Bevan ei gefn arnynt. Aeth Ben-Gurion yn wyllt, gan alw am ragor o frwydro, chwythu pontydd a ffyrdd.[33] Ac ar ôl dioddefaint a lladd daeth dyddiau gwell a chynllun a oedd wrth fodd Aneurin Bevan: dwy wladwriaeth, a'r Cenhedloedd Unedig yn cadw llygad. Byddai baner yr Iddewon i'w chanfod yn Negev, dwyrain Galilea, ac i'r gogledd o Haifa i lain Gaza. Byddai Palesteina yn medru chwifio'r faner dros ochr orllewinol afon Iorddonen, gorllewin Galilea, llain Gaza a rhanbarth y ffin rhwng yr Aifft a Sinai. Ond ni chafwyd y cynllun a blesiai Bevan, a daliwn o hyd i ddisgwyl heddwch rhwng yr Iddewon a'r Palestiniaid.

Dawn Bevan i drin ei weision sifil

Cafodd Aneurin berthynas dda â'i Ysgrifennydd Parhaol, Syr William Douglas, yn ogystal â gwas sifil arall, Syr John Wrigley, Dirprwy Ysgrifennydd, a'r gŵr a oedd yng ngofal y rhaglen dai dan gyfarwyddyd y Gweinidog.[34] Yr oedd y ddau ohonynt yn gwbl fodlon â datblygiad y rhaglen a llawenydd mawr iddynt oedd clywed bod 284,230 o dai parhaol a thros dro wedi eu hadeiladu. Yr oeddynt yn ffyddiog y gellid cyrraedd y nod yn 1948 o adeiladu 300,000 o dai fel y disgwyliai'r Torïaid. Ond yn anffodus, daeth y newydd trist o'r Cabinet fod rhaid lleihau rhaglen adeiladu tai cyngor; yn lle 300,000 yn 1948 bu'n rhaid setlo ar 217,000. Yr oedd hynny yn ormod i'r Trysorlys a'r Prif Weinidog.[35] Cafwyd gorchymyn i beidio ag adeiladu mwy na 200,000 o dai. Yr oedd Aneurin Bevan, fel y gellid disgwyl, yn flin ac yn anhapus: bu'n bygwth ymddiswyddo oherwydd yr oedd ei gyfnod yn y Cabinet wedi bod yn boendod cyson iddo. Ar hyd y blynyddoedd bu'n rhaid iddo frwydro ar bron bob cwestiwn ac awgrym o'i eiddo. Ni wyddai'r cyhoedd ddim byd am ei rwystredigaeth. Dywedodd Syr John Wrigley wrtho:

> Minister, if we build more than 200,000 houses, I'll be sacked by the Chancellor, and if we build less I'll be sacked by you.[36]

Yr oedd hi'n argyfwng economaidd a gwyddai Aneurin fod yn rhaid cwtogi mewn aml i adran, ond dadleuai ef fod blaenoriaethau ei gyd-weinidogion yn gyfeiliornus. Iddo ef yr oedd Iechyd a Thai yn faterion holl bwysig i fwyafrif teuluoedd y dosbarth gweithiol.

Bevan a'r Awdurdodau lleol.

Rhaid cofio hefyd fod gan Aneurin Bevan gyfrifoldeb am awdurdodau lleol ac yr oedd ganddo gryn edmygedd o gynghorwyr ac arweinwyr y gwahanol gynghorau. Yn 1945 apwyntiodd Llywodraeth y Glymblaid fargyfreithiwr adnabyddus, Syr Malcolm Trustram Eve, i gadeirio Comisiwn i ystyried strwythur llywodraeth leol.[37] Ddwy flynedd yn ddiweddarach, cyhoeddwyd Adroddiad y Comisiwn Ffiniau Awdurdod Lleol (Local Government Boundary Commission). Argymhellodd y Comisiwn fod y Llywodraeth yn creu bwrdeistrefi sirol newydd â 200,000 o bobl o fewn yr awdurdod.[38] Nid oedd y Gweinidog yn cytuno o gwbl â'r argymhelliad hwn: gwelai'r uned yn llawer rhy fawr.[39] Ni allai weld uned o'r fath yn creu cymdeithas fwy cymdogol. Dywed yn ei gyfrol *In Place of Fear*:

> These would not be local government units in any proper sense of the word.[40]

Iddo ef pwrpas yr awdurdodau lleol oedd bod yn agos at y bobl ac ehangu eu diddordeb yn yr hyn a ddigwyddai yn y gymuned: ysgrifennodd erthygl ar y pwnc dadleuol hwn.[41] Yng ngwanwyn 1949 ceisiodd Bevan berswadio ei gyd-weinidogion i gefnogi ei fwriad i apwyntio Comisiwn Brenhinol ar ddiwygio awdurdodau lleol. Gofalodd Morrison yn ei ddull dihafal na fyddai Bevan yn cael ei ffordd a chladdwyd y bwriad yn ddiseremoni. Dilewyd y Comisiwn trwy Ddeddf arbennig yn 1949 ac aeth Bevan ati i baratoi ei gynllun ei hun ar gyfer yr awdurdodau lleol. Gan gofio adroddiad 1947, awgrymodd y dylid sefydlu 300 o awdurdodau lleol a fyddai'n amrywio yn fawr. Gallai rhai o'r awdurdodau ofalu am ryw 50,000 o bobl tra byddai awdurdod arall yn gwasanaethu miliwn o bobl. Y tro hwn, gwrthwynebwyd y cynllun gan James Chuter Ede.[42] Nid oedd Chuter Ede yn barod o gwbl i droi cefn ar batrwm llywodraeth leol lle ceid gwahanol gynghorau yn gofalu am blwyfi, trefi dosbarth, siroedd a bwrdeistrefi. Yr oedd mwyafrif pobl Lloegr beth bynnag yn gwerthfawrogi'r system ac yn barod iawn i bleidleisio yn ôl y galw. Yr oedd Ede yn gweld na ellid gweithredu cynllun Bevan gan y byddai'n ofynnol i'r Blaid Lafur ymladd etholiad yn fuan.

Gair am y Clybiau Bawiach, Vermin yn Saesneg.

Erbyn Etholiad Cyffredinol 1950 yr oedd Bevan yn un o atyniadau mawr y Blaid Lafur, ond yr oedd ei anerchiad adeg lansio'r Gwasanaeth Iechyd Cenedlaethol yn dal yn fyw yng nghof ymgeiswyr ac arweinwyr y Blaid Geidwadol. Yr oedd ugeiniau o Glybiau Vermin wedi eu sefydlu a deuai'r rhain i'r cyfarfodydd cyhoeddus gan floeddio adeg anerchiadau Bevan y gair 'vermin, vermin'. Rhydd Michael Foot dudalennau lawer yn ei gofiant i sôn am hyn, y ffordd y byddid yn ymosod arno a phostio bawiach mewn amlenni i'w gartref yn Cliveden Place.[43] Crwydrodd Aneurin y wlad i gyfarfodydd, bu'n annerch rhai yn etholaeth ei briod yn Cannock, yn Devonport, lle y safai Michael Foot, ac yn wir ym mhob etholaeth y medrai. Ef a Winston Churchill oedd ar ben rhestr y llefarwyr. Yn niwedd yr ymgyrch ymlwybrodd i blith ei bobl ei hun gan annerch cyfarfod mawr yn yr awyr agored yn Waunpound ar y mynydd rhwng Glynebwy a Thredegar. Yno gallai ddweud ei feddwl heb falio ffeuen. Un ymgeisydd oedd yn ei erbyn, Graeme Finlay, yn enedigol o Fynwy, a bargyfreithiwr oddi ar y flwyddyn 1946, yn cynrychioli'r Blaid Dorïaidd. Credai Bevan yn gydwybodol fod Llafur yn sicr o ennill â mwyafrif da ond cafodd siom fawr ar 2 Chwefror 1950, pryd y disgynnodd mwyafrif y Blaid Lafur o 152 i 6. Dyna'r diolch a gafodd y Llywodraeth Lafur ar ôl creu Gwasanaeth Iechyd Cenedlaethol unigryw. Gwnaeth waith canmoladwy hefyd fel Gweinidog Tai. Fel y dywed ei gofiannydd diweddaraf :

> But until his resignation from the Attlee government in April 1951, Bevan channelled his energies into becoming one of the outstanding Cabinet ministers of the twentieth century.[43]

Meddai ar allu gweinyddol anghyffredin, a daeth yn agos iawn at gyrraedd ei dargedau; byddai bob amser yn cynllunio'n dda er bod cyfran dda o'i waith yn cael ei wrthwynebu yn y Cabinet. Yr oedd ganddo weledigaeth i'w hedmygu ac roedd cynhysgaeth sosialaidd ei briod ac yntau yn ddigonol i wynebu beirniadaeth hallt.

Yr oedd ei briod yn atyniadol dros ben yn ei gwisg a'i safbwynt, ac yn ei gefnogi hyd eithaf ei gallu. Ef er hynny oedd y tu ôl i'r cynllunio ar y drefn newydd ac am bum mlynedd bu'n fwy llwyddiannus na neb o'i gymrodyr yn y Cabinet. Llwyddodd bron bob tro i gael y gair olaf yn y dadleuon y bu'n rhan ohonynt yn y Senedd. Adeiladodd ddigon o dai ar gyfer eu rhentu a chefnogodd bob ymdrech gan awdurdodau lleol i adeiladu rhai i'w gwerthu hefyd. Yr oedd yn awyddus, fel Margaret Thatcher, i adeiladu tai i'w gwerthu. Nid oedd dim o'i le yn ei athroniaeth ef fod unigolyn a theulu yn berchennog ar eu cartref. Yn sicr, nid oedd hynny yn wrth-sosialaidd.

Llongyfarch Bevan fel Gweinidog Tai a Iechyd ac am ennill yn yr Etholiad 1950

Cafodd Bevan ei longyfarch yn 1950 yng Nghynhadledd Flynyddol y Blaid Lafur Brydeinig am ei gampau ym myd tai ac iechyd. Yr oedd Prydain wedi adeiladu mwy o dai mewn pum mlynedd nag a adeiladwyd mewn unrhyw wlad arall ar gyfandir Ewrop, ac eto gwrthwynebwyd y syniad o wladoli'r diwydiant adeiladu. Mae hynny yn anodd ei ddeall gan fod record cwmnïau adeiladu preifat mor wan o'i chymharu ag ymdrechion adeiladu dan nawdd yr awdurdodau lleol. Dim ond 27,863 o dai a adeiladodd cwmnïau preifat o 1945 i 1947 ym Mhrydain. A thalodd Aneurin Bevan deyrnged uchel i'r awdurdodau lleol, llu ohonynt yn nwylo ei elynion, y Ceidwadwyr, am y cydweithrediad a gafwyd yn y dasg o adeiladu tai newydd ac ailadeiladu ac adnewyddu'r rhai a ddifrodwyd. Gofalodd Aneurin fod y tai hynny yn dod yn gartrefi cysurus ar ôl y dyddiau blin. Dyna'i waith arloesol fel Gweinidog Tai.

Ni fu'n rhaid iddo ofidio am ganlyniad etholiad 1950 yn etholaeth Glynebwy.[44] Dyma'r canlyniad:

		%	+ / -
Aneurin Bevan (Llafur)	28,245	80.7	+0.6
Graeme Finlay (Ceidwadwyr)	6,745	19.3	-0.6
Mwyafrif	21,500	61.4	+12

Trodd 34,990 allan i bleidleisio, sef 86.7% o'r boblogaeth, 4.1% yn fwy nag yn 1945. Yr oedd dros 80% o'r rhain yn ei gefnogi, record oedd yn cynhesu ei galon ac yn tystio bod ei waith graenus fel Gweinidog y Goron yn hynod dderbyniol i'w bobl ei hun ym Mlaenau Gwent.

Nodiadau a Chyfeiriadau

1. Dywedodd y newyddiadurwr, Hannen Swaffer, a ddeuai i bob Eisteddfod Genedlaethol pan oeddwn i yn ifanc, y geiriau hyn ar ôl araith Bevan ar 17 Hydref 1945: 'If he now builds the houses he is in direct line for the Premiership. If he does not, he is for the high jump.' Gw. Michael Foot, *Aneurin Bevan, 1897–1960*, gol. Brian Brivate (London, 1999), 259.
2. Gw. Ernest Watkins, *The Cautious Revolution* (New York, 1950), 190–194.
3. 'Twbercwlosis neu y Ddarfodedigaeth neu y Diciáu', *Gwyddoniadur Cymru*, 923–924.
4. Dyma ddiweddglo adroddiad Titmuss: 'There is evidence that the country is moving towards a wide acceptance of the principle that services provided by the people for themselves through the medium of central and local government, shall compare in standard with those provided by private enterprise. As it is with hospitals and clinics, so should it be with schools and houses. The council house should in the future provide the amenities, space and surroundings which hitherto have often been the monopoly of private building.' Gw. David Kynaston, *Austerity Britain 1945–1951* (London, Berlin and New York, 2007), 154; Fred Grundy a Richard M. Titmuss, *Report on Luton* (Luton, 1945), 66.
5. *Ibid.*, 155. Gw. Alison Ravetz, 'Housing the People' yn Jim Fyrth (gol.), *Labour's Promised Land* (London, 1995), 160–165.
6. *Ibid.*
7. *Ibid.* Dywedodd: 'We shall be judged for a year or two by the *number* of houses we build. We shall be judged in ten years' time by the *type* of houses we build.'
8. *Ibid.*, 156.
9. Brian Lund, *Housing Problems and Housing Policy* (Harlow, 1996), 41; Nicholas Timmins, *Five Giants* (London, 2001), 145; Kynaston, *ibid.*, 165; Steven Fielding, *England Arise!* (Manchester, 1995), 103–104.
10. Aneurin Bevan, 'Cinemas or Houses?', *Coventry Evening Telegraph,* 10 Chwefror 1950, 6.
11. *Ibid.* Gw. Nicklaus Thomas-Symonds, *Nye: The Political Life of Aneurin Bevan* (London and New York, 2015), 158–159.
12. 'Aneurin Bevan Won't be Orthodox', *Gloucester Citizen*, 1 Tachwedd 1949, 8.
13. 'Aneurin Bevan, Housing Need for 100,000 Extra Farm Workers', *Coventry Evening Telegraph*, 3 Mawrth 1946, 1. Bu'n feirniadol o'r dosbarth canol yn Lloegr: 'The middle class in England had always been the source of social ugliness, inflicting on us appalling architecture so that many of our housing estates looked like railway sidings. In future they must try to arrange their homes in groups of 4, 6 or 10, where they suit each other.'
14. Bertram Hutchinson, 'Willesden and the New Towns' (1947), rhannau III a VII; *The Times*, 7 Mawrth 1946; Patrick Dunleavy, *The Politics of Mass Housing in Britain, 1945–1975* (Oxford, 1981), 229.
15. Kynaston, ibid. 157.
16. *Ibid.*, 330–1.
17. Gw. Gary Phillipson, *Aycliffe and Peterlee New Towns 1946–88* (Cambridge, 1988).
18. Meryl Aldridge, *The British New Towns* (London, 1979).
19. Jennie Lee, *My Life with Nye* (London, 1980), 158.
20. *Western Daily Press*, 4 Mawrth 1947, 4. Dywed y papur hwn ei fod yn canslo pob ymrwymiad am gyfnod. Sonia papur tref Derby am ei salwch ym mis Mawrth 1949. Yr oedd yn ei wely a'i wres yn beryglus o uchel ond cododd ar 19 Mawrth. Gw. *Derby Daily Telegraph*, 19 Mawrth 1949, 5.
21. Jennie Lee, *ibid.*, 158–9.
22. Celticus (Aneurin Bevan, MP), *Why Not Trust the Tories* (London, 1944), 1–89.
23. *Ibid.*, 66
24. *Ibid.*, 68

25. *Ibid.*, 69. Dyma'r dinasoedd a ddinistriwyd ar raddfa fawr yng Nghymru, sef Abertawe a Chaerdydd; ond yn Lloegr, Plymouth, Sheffield, Norwich, Southampton, Portsmouth, Penbedw, Bootle, Lerpwl, Wallasey, Caerwysg, Coventry, Salford, Bryste a Llundain.

26. *Ibid.*, 78.

27. Nicklaus Thomas-Symonds, *Nye, ibid.*, 154.

28. *Ibid.*, 154–5.

29. *Ibid.*, 155 seiliedig ar Prem 8/226, CP (46), 417, 'Timber for Housing: Memorandum by the Minister of Health', 8 Tachwedd 1946.

30. *Ibid.*, 156: 'John Hynd, Chancellor of the Duchy of Lancaster, pointed out that the British Zone was the least forested of the German occupation zones in any event.'

31. Joseph Gorny, *The British Labour Movement and Zionism, 1917–1948* (London, 1983), 214–221. Dywed Marcia Falkender fod Harold Wilson wedi dod o dan ddylanwad Aneurin Bevan ar fater Israel. 'Harold Wilson's attachment to the State of Israel dates from the days of Nye Bevan and their early friendship with Yigal Allon in the 1950's.' Gw. Marcia Falkender, *Downing Street in Perspective* (London, 1983), 176.

32. Dan Kurzman, *Ben-Gurion: Prophet of Fire* (New York, 1983), 264.

33. *Ibid.*, 265. Mae'r gyfrol hon yn rhoddi darlun hynod o gofiadwy o'r tensiwn a'r gwrthdaro.

34. Jennie Lee, *ibid.*, 158.

35. *Ibid.*

36. *Ibid.*, 159–60.

37. Nicklaus Thomas-Symonds, *Nye, ibid.*, 160.

38. Ken Young a Nirmala Rao, *Local Government since 1945* (Oxford, 1997), 91.

39. 39. Nicklaus Thomas-Symonds, *ibid.*, 160; Young a Rao, *Local Government since 1945*, 96–101.

40. Aneurin Bevan, *In Place of Fear* (London, 1952), 121.

41. Aneurin Bevan, ' Local government management of the hospitals', *Municipal Journal*, 12 March 1954 yn Charles Webster (gol.), *Aneurin Bevan and the National Health Service* (Oxford, 1991), 195–201.

42. Nicklaus Thomas-Symonds, *Nye, ibid.*, 160.

43. Mae gan Foot bennod gyfan dan y teitl 'Vermin'. Gw. Michael Foot, *Aneurin Bevan* (1999), 362–376.

44. Beti Jones, *Etholiadau Seneddol yng Nghymru, 1900–1975* (Talybont, 1977), 65.

Pennod 11

Safiad Dewr a Syniadau Sosialaidd

Yr oedd Aneurin Bevan yn falch o'r hyn a gyflawnwyd o 1945 i 1950, ond erbyn hynny yr oedd ef a'i gyd-weinidogion yn teimlo'r straen. Gellid dweud bod ei ddadansoddiad ef yn agos ati ac nad oedd y Llywodraeth Lafur yn gyffordus o gario ymlaen â'r weledigaeth.[1] Bu gwrthdaro yng Nghynhadledd Blackpool ar 6 Mehefin 1949. Yr oedd y brif gynnen rhwng Morrison a Bevan – y Llundeiniwr am orffwys ar y rhwyfau a chanolbwyntio ar y diwygiadau a gyflawnwyd a'r Cymro am fentro ymlaen ar lwybr mwy o wladoli. Yr oedd Bevan yn absennol o'r Cabinet cyntaf ar ôl Etholiad 1950, ar 25 Chwefror, oherwydd salwch. Penderfynodd y gweddill nad oedd modd ceisio gweithredu dim o'r ddeddfwriaeth y cytunwyd arni os oedd perygl codi gwrychyn yr wrthblaid. Bevan oedd y gwleidydd allweddol. Pan ddychwelodd o'i salwch, dadleuodd yn rymus yn y Cabinet eu bod yn colli cyfle euraid ac fe'u perswadiodd o leiaf i ystyried gwladoli'r diwydiant dur oedd yn bwysig i lawer iawn o'i etholwyr ef yng Nglynebwy. Nid oedd gan Attlee a'i Lywodraeth ddim byd uchelgeisiol yn Araith y Brenin ac yr oedd Bevan yn reit anghyffordus. Fe'i disgrifiwyd gan John Campbell, golygydd y *Daily Worker*, papur dyddiol y Comiwnyddion, fel un oedd 'yn rymblan fel llosgfynydd'.[2]

Bevan wedi alaru ar y 'Chwith Caled ' ac yn ddrwgdybus o'r 'Chwith Meddal'

Er hynny, yr oedd wedi blino ar ei gyd-weinidogion ceidwadol yn y Cabinet ac yn feirniadol iawn ar y llaw arall o aelodau'r chwith caled. Nid oedd am rannu cyfrinachau na chysylltu â'r rhain, yn bennaf Konni Zilliacus (A. S. Gateshead), J. F. Platts Mills (A. S. Finsbury), Leslie Solley (A. S. Thurnock), Leslie Hutchinson (A. S. Rusholme, Manceinion) a Geoffrey Bing (A. S. Hornchurch).[3] Cafodd y rhan fwyaf ohonynt, gyda bendith Bevan, eu diswyddo o'r Blaid Lafur yn 1949 gan greu Grŵp Llafur Annibynnol. Daeth nifer o grwpiau i fod yr adeg honno o fewn y Blaid Lafur: un arall ohonynt oedd Cadwch i'r Chwith (*Keep Left*). Ffrindiau Bevan oedd y rhain, rhyw bymtheg ohonynt yn Aelodau Seneddol ac yn hyrwyddo safbwynt y chwith traddodiadol.

Yr oedd pob un o'r rhain yn hanner addoli Bevan, yn ei gyfrif fel y deallusyn mwyaf diddorol o'r holl ddeallusion Llafur. Cyfrifid gwleidydd fel Richard Crossman yn un o bobl alluog mudiad *Keep Left*. Pobl y dde oedd Anthony Crosland, a fu'n trafod syniadau sosialaidd mwy addas i'r pumdegau, Evan Durbin a Hugh Gaitskell, dau a ddisgleiriodd fel myfyrwyr ym Mhrifysgol Rhydychen: pob un yn ddeallusion y Blaid Lafur, yn gogwyddo naill ai i'r dde neu i'r chwith yn wleidyddol. Yr oedd Aneurin yn disgleirio yn eu plith yn ôl ei allu a'i athrylith. Bevan oedd yr unig un o'r deallusion hyn na fu ym Mhrifysgol Rhydychen. Casglodd ei gefnogwyr oherwydd ei garisma: byddai ei bersonoliaeth yn eu mesmereiddio.[4] Credai Richard Crossman yn ddistaw bach mai brolio'r oedd a'i fod yn amlygu naïfrwydd gwleidyddol yn ogystal ag anallu i gadw cyfrinachau pwysig; ond ni feiddiai ddweud dim byd yng ngŵydd Bevan. Gwelid o amgylch Bevan gylch o ddeallusion Llafur a'i cefnogai'n gyson ac y daethpwyd i'w galw'n Befaniaid. Fel yntau yr oeddynt at ei gilydd yn rhagfarnllyd iawn eu hagwedd at adain dde y Blaid Lafur. Nid ildiodd Bevan na'i gefnogwyr safbwynt y chwith. Gosododd Andrew Thorpe ef yn ei gefndir:

> Bevan was not anti-intellectual: far from it. In the sense of having a questioning and open mind, looking for new solutions and being receptive to new ideas, he was more of an intellectual than Gaitskell himself.[5]

Beth felly oedd safbwynt dilynwyr Aneurin a elwid yn Befaniaid? Aelodau Seneddol a oedd yn edmygwyr mawr o Aneurin Bevan oeddynt i gyd, yn credu mewn sosialaeth a gwladoli yn hanfod eu hathroniaeth. Credai Bevan fod gwladoli nid yn unig yn arf i 'greu cymdeithas fwy cyfartal', ond yn angenrheidiol. Dadleuai fod y sosialydd yn sylweddoli bod grym seneddol i'w ddefnyddio er mwyn cynnydd, fel bod yr holl adnoddau economaidd yn dod o dan reolaeth gyhoeddus.[6] Yr oedd Evan Durbin, a fu farw yn gynamserol, ran amlaf o blaid safbwynt Bevan, ond byddai Anthony Crosland y tu allan i'r cylch cyfrin am ei fod yn gwrthwynebu gwladoli ar bob diwydiant.[7] Un o'r Befaniaid amlycaf oedd Harold Wilson. Nid oedd ganddo bersonoliaeth mor fagnetig â Bevan o bell ffordd, ond yr oedd yn ymhyfrdu yn ei safbwynt fel rebel a dilynydd iddo. Credai cofiannydd Richard Crossman fod Wilson wedi troi allan yn llawer gwell arweinydd nag y byddai Bevan wedi bod.[8] A chafodd Wilson ei brofi fel Prif Weinidog yn ei allu prin i drin unigolion anodd o fewn y Cabinet fel George Brown a Willie Ross.[9]

Attlee yn simsanu gyda'r angen o roddi swydd arall i Bevan

Ni feddyliodd Attlee symud Bevan hyd Chwefror 1950. Y bwriad oedd cynnig iddo y swydd a gafodd James Griffiths, sef Gweinidog y Trefedigaethau.[10] Newidiodd y Prif Weinidog ei fcddwl, gan ei fod yn credu y byddai Bevan yn ormod o risg. Ofnai y byddai'n ochri â'r arweinwyr brodorol, gan ei fod yn adnabod cymaint ohonynt a hwythau yn ei edmygu yntau. Gwyddai fod gan Bevan fwy i'w ddweud wrth genedlaetholdeb gwleidyddol yng Nghenia nag yng Nghymru ei hun. Cydnabuwyd bod Attlee wedi cael ei ysbrydoli i wahodd Bevan i fod yn Weinidog Iechyd a Thai, ond diflannodd y ddawn honno erbyn 1950. Rhoddodd iddo y cyfle a'r cyfrifoldeb o fod yn Weinidog Llafur, lle yr oedd ganddo wybodaeth gystal ag unrhyw un a diddordeb mawr yn y byd a'i broblemau. Swyddfa Dramor oedd ei wir ddymuniad ond ni chafodd y cyfle. Yr oedd y dyn bach call o'r enw Attlee wedi creu anhrefn ac nid oedd y llew Aneurin Bevan yn gyfforddus o gwbl yn ei feddwl na'i groen. Ni allai ddeall y fath ymddygiad diystyr. Bevan, cofier, oedd yr arwr o fewn y Blaid Lafur yn yr etholaethau, a dibynnai gryn lawer ar yr wythnosolyn *Tribune* fel llais cydwybod. Yr oedd yn byrlymu o syniadau a chred mewn sosialaeth a chlywid ei lais ym mhob cynhadledd, mewn cyfarfodydd torfol, ar y radio ac o fewn y Cabinet. Beirniadodd agwedd y Llywodraeth Lafur ar y Rhyfel Oer ac ar fater Palesteina. Daeth yn wrthwynebydd i'r Undeb Sofietaidd wedi Cynhadledd Malta. Mynegodd i sawl un ei siom am y syniad o sefydlu NATO. Aelodau'r corff hwn oedd America, Prydain, Ffrainc, yr Iseldiroedd, Gwlad Belg, Lwcsembwrg, Norwy, Denmarc, Gwlad yr Iâ, yr Eidal, Portiwgal a Chanada. Daeth Twrci a Gwlad Groeg yn aelodau yn 1952 ac yn 1955 ymunodd Gorllewin yr Almaen â'r corff milwrol. Pwrpas y North Atlantic Treaty Organisation (NATO) oedd i'r gwledydd a enwyd sefydlu lluoedd arfog ar y cyd i warchod y Gorllewin rhag bygythiadau'r Undeb Sofietaidd a grymusterau Comiwnyddiaeth.[11]

Bevan yn drwgdybio Joseph Stalin

Erbyn 1955 yr oedd Bevan yn fwy o eryr nag ydoedd o golomen. Yr oedd yn ddigon parod i weld tanciau o Brydain yn araf symud trwy ranbarth Rwsia i ryddhau gorllewin Berlin a'i weinyddiaeth Sosialaidd. Cofiwn fod Joseph Stalin wedi torri pob cysylltiad rhwng Berlin a'r Rhanbarthau Gorllewinol drwy gau pob ffordd a rheilffordd i mewn i'r ddinas. Gwnaethpwyd hyn ar 24 Mehefin 1948, wythnos dda cyn awr fawr Bevan. Yr oedd canlyniadau peryglus i weithred Stalin. Methai'r gorllewinwyr gludo nwyddau pwysig, anghenrheidiol i drigolion gorllewin Berlin. Ni allai perthnasau a oedd yn byw yn y gorllewin deithio i ranbarth Rwsia o

Berlin. Bu bron â throi'n gweryl arall. Cytunai Bevan â gweithred America a'r gorllewin o hedfan nwyddau o'r Rhanbarthau Gorllewinol – Prydain, Ffrainc ac America – i Berlin. CD-3 Dakota oedd yr awyrennau cludo nwyddau ac am naw mis bu'r peilotiaid wrth eu gwaith ddydd a nos.[12] Llwyddodd yr awyrgludiad a bu'n rhaid i Stalin, am unwaith, roddi'r gorau i'w gynlluniau. Er mwyn diogelu'r Almaen rhag gorffwylltra Stalin, penderfynodd Llywodraeth Attlee gydweithio â Ffrainc ac America i uno eu rhanbarthau yn wlad newydd. Dyna sut y crëwyd yn 1949 wladwriaeth Gorllewin yr Almaen. Rhoddwyd arni yr enw Gweriniaeth Ffederal Gorllewin yr Almaen gyda Dr. Konrad Adenauer yn Ganghellor. Ymatebodd Stalin, fel y gellid disgwyl, drwy sefydlu Gweriniaeth Ddemocrataidd y Gweithwyr Almaenig a phenodi Comiwnydd di-fflach o'r enw Walter Ulbricht yn arweinydd Dwyrain yr Almaen.

Yn ei ragair i gyfrol Denis Healey,[13] *The Curtain Falls*, yn 1951, ymosododd Aneurin Bevan ar weithgaredd Sofietaidd oedd yn difa'r hyn oedd yn weddill o ddemocratiaeth yn Nwyrain Ewrop. Dyna pam y maentumia aml i hanesydd y byddai Aneurin Bevan, pe byddai Attlee wedi ei ddewis yn Weinidog Tramor (swydd a haeddai), wedi synnu pawb. Yn sicr byddai wedi sefyll yn solet fel gwrth-gomiwnydd ac wedi plesio'r adain dde yn y wasg a'r Senedd.[14] Mae'n anodd credu hynny yng ngoleuni ei safiad yn aml yn y pumdegau ond gellir deall ergyd y sylwadau. Dilynodd Bevan, fwy neu lai, agwedd yr Americanwr George Kennan ac eraill o arbenigwyr Prydain mewn materion tramor tuag at yr Undeb Sofietaidd.

Y Cydweithiwr tanllyd

Ond yn y blynyddoedd hyn, 1949, 1950 ac 1951, yr oedd Aneurin yn dal yn gydweithiwr tanllyd. Ymladdodd hyd eithaf ei allu dros wladoli'r diwydiant dur fel arwydd o'i sêl sosialaidd, a synnai weld Hugh Dalton, a ddeuai o gefndir eglwysig moethus, yn ei gefnogi. Protestiodd yn uwch na neb am doriadau yn rhaglen adeiladu tai ac am y bwriad i godi arian ar agweddau o'r Gwasanaeth Iechyd a olygai gymaint iddo. Rhybuddiodd ei gyd-weinidogion fwy nag unwaith y byddai'n barod i ymddiswyddo fel Gweinidog ar fater o egwyddor os ceid ymyrraeth anffafriol yn y Gwasanaeth Iechyd. Ond erbyn haf a hydref 1950, er bod y Llywodraeth yn llusgo byw am fod ganddi fwyafrif mor fach, a'i fod yntau wedi cael ei fychanu trwy fethu â'i ddewis i ofalu am un o swyddi pwysicaf y Llywodraeth, meddyliai am fod yn Ganghellor y Trysorlys neu'n Ysgrifennydd Cartref neu'n Weinidog Tramor. Er ei siom bersonol, daliodd i gefnogi polisïau Llafur mewn cyfarfod yn Dorking ym mis Mai 1950. Derbyniodd, dan bwysau cynyddol y Trysorlys, economi gymysg a chanolbwyntio ar wella delwedd y diwydiannau a wladolwyd. Yr oedd Bevan yn falch o'r record a gychwynnodd yn 1946, pan ddaeth y pyllau glo yn eiddo'r Wladwriaeth a phan ffurfiwyd y Bwrdd Glo Cenedlaethol.[15] Yr un flwyddyn, gwladolwyd rhagor ar y diwydiant awyrennau teithio a hefyd weddill y diwydiant trafnidiol. Gwladolwyd y rheilffyrdd, y camlesi a'r lorïau trymion. Wedyn, yn 1948 ac 1949, gwladolwyd y Gwasanaeth Iechyd a'r diwydiant trydan drwy sefydlu'r Bwrdd Trydan Canolog ac Awdurdodau Rhanbarthol, un i Lannau Mersi a Gogledd Cymru, a elwid yn MANWEB, a'r llall i'r De, SWEB. A soniwyd am y frwydr galed i wladoli'r diwydiant dur, eithr nid heb wrthwynebiad y Torïaid, cynghorau busnes, a'r wasg wrth-Lafurol.

Y Cymro o Dredegar yn cael ei ddadrithio gan Hugh Gaitskell

Gwrthododd Bevan gefnogi'r gwleidyddion a oedd am gael gwared ag Attlee, hyd yn oed pan oedd Stafford Cripps yn cefnogi'r cynllwyn. Ond yn anffodus, ni fedrai ddygymod o gwbl â Hugh Gaitskell, yn bennaf am ei fod yn gynnyrch teulu Torïaidd ac yn llanc a gafodd ei drwytho mewn ysgol fonedd, er yr hyfforddiant a gafodd yn nosbarth magu arweinwyr Llafur yn Rhydychen o dan arweiniad G. D. H. Cole. Siomwyd ef fod y Prif Weinidog a'i ddirprwy Herbert Morrison a mwyafrif y Cabinet yn hynod barod i gefnogi Gaitskell. Agorwyd gagendor helaeth erbyn gaeaf 1950–1951 heb unrhyw reswm amlwg. Ar ryw ystyr bu'r anghydfod hwn yn gyfrifol am flynyddoedd yr anialwch yn hanes y Blaid Lafur. Gellir deall siomedigaeth flin Bevan yn cael ei anwybyddu ar ôl iddo greu Gwasanaeth Iechyd diguro. Yr oedd yn well gan Attlee roddi ffafr i Gaitskell na gwobrwyo Bevan am y gwyrthiau a gyflawnodd fel Gweinidog Iechyd a Thai. Yng ngolwg Bevan nid oedd Gaitskell yn haeddu'r dyrchafiad am nad oedd, yn ei eiriau ef, 'yn ddim, yn ddim, yn ddim'.[16]

Cyfnod diflas fel Gwenidog Llafur ag yntau yn aeddfed i fod yn Weinidog Tramor

Ac am dri mis yn y swydd o Weinidog Llafur bu'n croesi cleddyfau ag arweinwyr yr Undebau Llafur. Dyma swydd a fu yn llythrennol yn 'wely o hoelion' iddo. Ac nid ymddiswyddo o'r Cabinet am resymau personol yn unig a wnaeth ond am fod ei Lywodraeth mor ffôl â gwario'n anfoesol ar raglen arfogi a oedd yn fwyd a diod i Hugh Gaitskell. Mor gynnar â'r diwrnod cyntaf ym mis Awst 1950, gwnaeth yn gwbl glir ei fod yn erbyn rhaglen amddiffyn a fyddai'n costio £360,000,000 er mwyn plesio'r Americanwyr, yn arbennig yn y Rhyfel yng Nghorea yn 1950 ac 1951. Bu brwydro ffyrnig rhwng Gogledd Corea, a gefnogid gan Rwsia a Tseina, a'r De a amddiffynwyd gan America, Prydain a'r Cenhedloedd Unedig. Ni lwyddodd neb ar ôl y brwydro ffyrnig hwn ac nid oes amheuaeth na ddylai'r Llywodraeth Lafur fod wedi ailfeddwl ar linellau dadleuon Aneurin Bevan. Dyna pam y gellir dod i'r casgliad fod Attlee, Morrison a Gaitskell yn benderfynol o weld y Cymro huawdl a dewr yn y diffeithwch gwleidyddol. A buan y gwelwyd bod Emanuel Shinwell, Patrick Gordon Walker, Hugh Dalton ac eraill yn barod i gamliwio'r sefyllfa. Mynegodd Aneurin Bevan ei agwedd di-flewyn-ar-dafod ym Mhwyllgor Gwariant y Gwasanaeth Iechyd a'r Cabinet llawn. Sylweddolodd Ernest Bevin yn ei afiechyd angheuol, ac Addison yn ei henaint, eu bod fel Cabinet ar fin colli'r gwleidydd mwyaf carismatig o'u plith.[17] Ac ar 22 Ebrill fe'i collwyd, gan i'r Canghellor Hugh Gaitskell ofyn am dâl am ddannedd gosod a sbectol dan y Gwasanaeth Iechyd er mwyn talu am arfogi. Gwrthwynebodd Bevan yn ffyrnig ond gwrthodai Gaitskell ildio o gwbl.[18] Ni wnaeth y Cabinet yr hyn a ddylai, sef ymorol ar i Bevan aros, a gwrthod awgrym y Canghellor.

Ffrae fawr Bevan gyda A.P Wadsworth, Golygydd y Guardian

Un o'r rhai yn y Cabinet a gytunai â safbwynt Bevan oedd Jim Griffiths, er na theimlai fod polisi'r Canghellor yn galw am ymddiswyddiad neb o'r Llywodraeth.[19] Ond ar 22 Ebrill 1951 ymddiswyddodd dau arall o gefnogwyr Bevan, sef Harold Wilson (Llywydd y Bwrdd Masnach) a John Freeman (Gweinidog y Weinyddiaeth Gyflenwi). Cwyn mawr Bevan oedd bod rhaglen arfogi Prydain a'r Unol Daleithiau yn mynd i danseilio economi Prydain, creu diweithdra a gostwng safonau byw y dosbarth gweithiol. Ymosododd hefyd ar y Canghellor, gan ddweud bod ganddo fwy o ddiddordeb mewn arfogi nag mewn cynnal Gwasanaeth Iechyd Gwladol uchel ei safon. Yn y cyfnod hwn bu ffrae fawr hefyd rhwng Aneurin Bevan ac A. P. Wadsworth, golygydd dylanwadol *y Manchester Guardian* o 1944 hyd 1956.[20] Yr oedd y ddau yn meddu ar deimladau cryfion. Ni allai Wadsworth faddau i Bevan am iddo ysgyrnygu ei ddannedd yn gyson. Nid Tori ydoedd ond eto ni allai ddygymod â geiriau Bevan ym Manceinion yn galw'r Torïaid yn fawiach.[21] Bawiach o ddynion oedd y Torïaid iddo am iddynt ddibrisio cenhedlaeth ei rieni ac yntau yn ŵr ifanc. Yr oedd surni o'r fath yn deillio, fel y ceisiodd Bevan egluro, o'r blynyddoedd y bu'r Torïaid yn trin hil Bevan fel bawiach. Ond ni ellid ei esgusodi am ei iaith liwgar. Yr oedd gwrthodiad Wadsworth o'r

Befaniaid yn amlwg: "And behind their facade of unity there is Mr. Bevan and the hate-gospellers of his entourage ..."[22] I Wadsworth, 'Bevan and the hate-gospellers' oedd y rheswm am ddiflastod y Blaid Lafur yn y pumdegau, yn rhwygo'u hunain yn ddarnau ac yn methu ennill Etholiad 1951.[23]

Gwrthododd Wadsworth y Befaniaid yn ddeallusol ond yn achos Bevan ei hun yr oedd y gwrthodiad hefyd yn emosiynol. Am y blynyddoedd nesaf, ni fu cymod rhwng y *Guardian* ac Aneurin, a bu aml i wrthdaro. Ar ôl yr ymddiswyddo cyhoeddodd Wilson a Bevan eu syniadau mewn pamffled dan y teitl *One Way Only* yn haf 1951. Erbyn Cynhadledd y Blaid Lafur yn Scarborough yn ystod wythnos gyntaf Hydref 1951 yr oedd Bevan yn eilun carfan fawr o aelodau'r Blaid. Ymunodd y tri a ymddiswyddodd â grŵp *Keep Left* o fewn tri diwrnod a galw am eraill i'w dilyn

Ymddiswyddiad Bevan, Wilson a Freeman

Erbyn 1951 yr oedd o leiaf 57 o wleidyddion seneddol Llafur yn perthyn. Ac yr oedd hi'n amlwg fod Etholiad Cyffredinol wrth y drws. Trwy 1951 bu *Keep Left* yn closio at ei gilydd, gan sefydlu cynllun lle y disgwylid i Aelodau Seneddol mewn seddau diogel fel Glynebwy gynorthwyo aelodau a oedd yn ymladd y seddau ymylol. Galwodd Attlee yr Etholiad yn Hydref 1951. Yr oedd yr Undebau Llafur yn anniddig am fod y Llywodraeth yn cadw'r cyflogau i lawr ac yr oedd y gost o ymladd yn Rhyfel Corea yn cynyddu'n gyson. Yr oedd ymddiswyddiad Bevan, Wilson a Freeman wedi gwanhau'r Llywodraeth, a cheryddwyd Bevan gan Syr Norman Angell, y Gweinidog Llafur, am fethiant Llafur i ennill Etholiad Cyffredinol 1951:

> It is no secret that a great many of the Labour Party, especially on the trade union side, regard Mr. Aneurin Bevan a far greater menace than Mr. Churchill in the world of the British workers' desires.[24]

Er i'r Blaid Lafur barhau yn blaid boblogaidd gyda 48.8% o'r bleidlais o gymharu â 48% i'r Blaid Geidwadol, ni chafodd Attlee ond 295 o seddau o gymharu â 302 i'r Ceidwadwyr. Yr oedd dyddiau Attlee fel Prif Weinidog ar ben. Enillodd Aneurin â mwyafrif mawr yng Nglynebwy fel y gwnaeth Jim Griffiths yn Llanelli.[25] Yn argyfwng 1951, trodd Morgan Phillips, Ysgrifennydd dylanwadol y Blaid Lafur Brydeinig, yn erbyn ei gyfaill Aneurin Bevan.[26] O ran personoliaeth, syniadaeth a chefndir, yr oedd Phillips yn llawer tebycach i Bevan nag i Gaitskell. Yn Aberdâr y ganwyd Morgan Phillips yn 1902 i deulu o lowyr a siaradai'r Gymraeg. Aeth yn llencyn i weithio i byllau glo Cwm Rhymni a dod yn weithgar yn y Blaid Lafur Annibynnol ac yna'r Blaid Lafur. Yr oedd Morgan Phillips fel Aneurin Bevan yn ymhyfrydu yn ei Gymreictod nodweddiadol o'r cymunedau glo: corau meibion, emynau, capeli, clybiau, rygbi ac Undeb y Glowyr. Yn wahanol i Bevan, siaradai Morgan Phillips y Gymraeg yn rhugl a byddai Phillips a Jim Griffiths bob amser yn sgwrsio yn Gymraeg. Byddai'n well o lawer gan Morgan Phillips weld Bevan yn arwain y Blaid Lafur na Gaitskell. Dywedodd am Gaitskell ym mis Mai 1960, 'What an impossible man he is.'[27] Ond gwaetha'r modd, gallai ddweud yr un peth am Aneurin Bevan yn 1951.

Beth am berthynas Bevan a Harold Wilson yn 1951? Wilson oedd y cefnogwr pennaf iddo yn ôl y cyfryngau. Ond ffrind dros dro oedd Wilson ar y gorau. Gwyddom iddo ryw bedair blynedd yn ddiweddarach ganfasio dros Hugh Gaitskell yn hytrach na Bevan yn yr etholiad am yr arweinyddiaeth.[28] Pleidleisiodd dros Gaitskell nes synnu Befaniaid solet fel Stephen Swingler, gŵr a gredai nad oedd gwell ardal i aros ynddi am wyliau na thiriogaeth Hywel

Teifi Edwards, y darn gwlad o Lannon i Aberaeron. Ond yn 1951 yr oedd arweinyddiaeth y grŵp *Keep Left* yn nwylo Richard Crossman, Ian Mikardo a Harold Wilson.

Canlyniadau Etholiad Cyffredinol arall.

Yr oedd y Llywodraeth Lafur yn wynebu llu o broblemau erbyn dechrau'r pumdegau. Dibynnai gryn lawer ar yr Unol Daleithiau, a wynebai ar anniddigrwydd ymhlith yr Undebau.[29] Ac eto, rhaid cofio iddi fel Llywodraeth adeiladu'r Wladwriaeth Les a bod yn gyfrifol am chwyldro a aeth yn llawer pellach nag Adroddiad Beveridge yn 1942. Llwyddwyd, y tu hwnt i bob disgwyl, yn arbennig wrth greu Gwasanaeth Iechyd Cenedlaethol. Ac eto bu etholiad 1951 yn garreg filltir drist, gan ddangos nad oedd Llywodraeth Lafur, er ei holl lwyddiannau, wedi cadw'r gefnogaeth yr oedd Bevan yn ffyddiog a fyddai'n dod iddi am chwarter canrif.[30] Llwyddodd Attlee dros un o'r llywodraethau mwyaf effeithiol a bywiog yn nhermau cyflwyno a phasio mesurau pwysig i wella ansawdd bywyd y boblogaeth: nid rhan o'r boblogaeth ond pawb yn ddiwahân, o'r baban yn ei grud i'r henwr ar ddiwedd ei oes. Ond y gwir oedd nad oedd Attlee a'i Weinidogion blaenaf am gyffwrdd â'r sefydliadau a ddaliai yn y dirgel i fwynhau pob rhyddid. Yr oedd Attlee, Morrison a'r lleill am gadw mewn bodolaeth yr Eglwys Sefydledig a'r Teulu Brenhinol, yr ysgolion bonedd (yr oedd Attlee yn gynnyrch un ohonynt) a'r holl seremonïau a'r anrhydeddau, gan gynnwys Tŷ'r Arglwyddi. Fel y Rhyddfrydwyr Lloyd George, a ddaeth agosaf at newid y drefn, a'r Ceidwadwyr, nid oeddynt am newid dim byd ar yr hyn a gynhaliai'r Sefydliad. Fel y dywedodd ei gofiannydd diweddaraf, 'The serious point is that Attlee never intended a cultural revolution nor a purging of the establishment.[31]

Hynny oedd yn gwylltio Bevan yn fwy na dim ac yr oedd ef yn y lleiafrif o fewn Llywodraeth 1945–1951. Sosialaeth Ddemocrataidd oedd safbwynt gwleidyddol Aneurin. Cafodd Vincent Brome (ymchwilydd yn Adran Ymchwil y Blaid Lafur) gyfle i gael sgwrs hir â Bevan ar yr hyn yr oedd y Llywodraeth a'r Blaid Lafur yn amcanu ato.[32] I Bevan yr oedd sosialaeth ddemocrataidd yn gyfrwng ardderchog i roddi ar waith y gydwybod gymdeithasol.

Gwerthfawrogiad o Sosialaeth Ddemocrataidd a'r gydwybod Ymneilltuol

Gwelai'r gydwybod gymdeithasol yn ei mynegi ei hun mewn miloedd o deuluoedd lle yr oedd y plant ar yr aelwyd ac yn yr ysgol yn cael eu dysgu am rinweddau tosturi, caredigrwydd a meddwl am eraill. Mae'r gred yn cael ei chryfhau gan ddysgeidiaeth Gristnogol sydd yn clymu'r cyfan mewn traddodiad o wasanaeth ac yn gwneud y person yn falch o'i fagwraeth werinol. Ond pan fydd y llanc neu'r llances yn gadael cylch y teulu a'r gymuned, gwêl yn fuan fod y byd materol o'i amgylch yn ymddwyn yn hollol ddifater ar yr agweddau a ddysgodd ef yn blentyn ar yr aelwyd ddiwylliedig. Mae anghenion economaidd yn fuan yn troi'n rhwystr amlwg i'w safonau a'i ddyheadau moesol. Gwelai a diolchai Bevan fod yna agweddau ar raglen y Blaid Lafur a oedd yn amlwg ar linellau'r 'gydwybod Ymneilltuol'. Rhydd enghreifftiau o'r trafferthion a wynebai sosialydd sydd yn cofleidio grym at ei wasanaeth. Ceir llawer o bobl yn cydymdeimlo'n ddiffuant â'r un sydd yn sâl ac mae pawb o blaid y fam dlawd sydd ar restr aros am gael tŷ cymwys i'w phlant.[33] Ond yn anffodus mae'r bobl dda hyn sydd yn cydymdeimlo ac yn cyd-ddyheu yn credu bod y ffordd i oresgyn yr anawsterau yn nwylo'r unigolion hyn. Dan gyfalafiaeth mae'r tlodion yn cael eu hunain mewn sefyllfa enbyd. Disgwylir iddynt oresgyn eu trybini trwy eu hymdrechion hwy eu hunain. Ond yr hyn a wnaeth y Llywodraeth Lafur 1945 i 1950 oedd trawsffurfio miloedd ar filoedd o unigolion oedd yn dioddef cur pen personol, i dderbyn cymorth ymarferol o'r pwrs cyhoeddus. Medrwn weld canlyniadau derbyniol, a hynny mewn amser byr. Yn ôl

Bevan, mae pregethu sosialaeth heb ei gweithredu, bod yn oblygedig i strwythur cymdeithas a gweithredu'n annigonol neu ddim o gwbl, yn arwain o reidrwydd at gloffni moesol. Mae hyn yn ein llesteirio yn hytrach na gosod ar waith ein cydwybod foesol ynghanol gofynion ein bywydau. Cafodd Vincent Brome ei lwyr argyhoeddi; yn wir, arweiniodd y cyfweliad ef i lunio un o'r cofiannau cynharaf am Bevan. Am ddeugain munud deuai'r ymadroddion a'r syniadau allan o enau'r gwleidydd, ymadroddion a oedd yn llawn ystyr ac yn gyfoethog, fel petai wedi cael cyfle i baratoi'n fanwl ar gyfer y cyfweliad. Daliodd ati heb dynnu anadl fel petai, ac yna'n sydyn cododd o'i gadair, gan sôn am yr ymrwymiadau a oedd ganddo weddill y dydd.[34] Hebryngodd y gŵr ifanc at y drws a daeth sylwebydd deallus arall i werthfawrogi'r hyn a gyflawnodd Aneurin Bevan. Fel y dywedodd Richard Crossman, llwyddodd Aneurin Bevan, er na chyrhaeddodd ei botensial, i gyflawni diwrnod da o waith fel Gweinidog y Goron.[35] Bu'n Weinidog Iechyd rhagorol ac yn arweinydd ysbrydoledig yr adain chwith ar hyd y blynyddoedd.[36]

Cafodd weledigaeth a nerth corfforol, emosiynol a meddyliol i gwblhau'r gamp o greu Gwasanaeth Iechyd Gwladol. Gwireddwyd ei eiriau ei hun: 'No society can legitimately call itself civilised if a sick person is denied medical aid because of lack of means.'[37]

Nodiadau a Chyfeiriadau

1. Disgrifiodd David Marquand Bevan fel hyn: 'If we want to understand Bevan we should see him, not as a philosophical Marxist, but as a wonderfully articulate, though distinctly opportunistic, dissenting radical dressed sporadically and unconvincingly in Marxist clothes.' Gw. David Marquand, *The Progressive Dilemma: From Lloyd George to Kinnock* (London, 1991), 121.

2. Bu John Ross Campbell (1894–1969) yn amlwg fel golygydd y *Daily Worker* yn 1939 ac o 1949 i 1959. Safodd dros y Blaid Gomiwnyddol yn etholaeth Ogwr yn Etholiad Cyffredinol 1929 ac 1931 ac yn Is-etholiad 1931.

3. Martin Shipton, *Political Chameleon: In Search of George Thomas* (Caerdydd, 2017), 40–43. Mae'n amlwg fod George Thomas wedi bod ar gyrion cylch y chwith caled a gysylltid â Konni Zilliacus. Ymysg papurau Huw T. Edwards yn Llyfrgell Genedlaethol Cymru ceir ffeil A1/18 sy'n delio â gohebiaeth rhwng Konni Zilliacus ac Aneurin Bevan.

4. Victoria Honeyman, *Richard Crossman: A Reforming Radical of the Labour Party* (London, 2007), 2.

5. Andrew Thorpe, *A History of the British Labour Party* (Basingstoke, 2001), 122.

6. Aneurin Bevan, *In Place of Fear* (London, 1952), 31.

7. Victoria Honeyman, *ibid.*, 50.

8. *Ibid.*, 42.

9. Richard Crossman, *The Diaries of a Cabinet Minister*, vol. 3 (London, 1975). Cofnod am Sul, 17 Mawrth 1968, 715.

10. Ceir pennod ar James Griffiths fel Gweinidog yn y Trefedigaethau yn D. Ben Rees, *Cofiant Jim Griffiths: Arwr Glew y Werin* (Talybont, 2014), 162–174.

11. Emyr Price, *Cymru a'r Byd Modern ers 1918* (Caerdydd, 1979), 85.

12. *Ibid.*, 84.

13. Ceir astudiaeth bwysig ar Healey yn Bruce Reed a Geoffrey Williams, *Denis Healey and the Policies of Power* (London, 1971).

14. Kenneth O. Morgan, *Labour People: Leaders and Lieutenants, Hardie to Kinnock* (Oxford, 1987), 212.

15. Gellir gweld sut y derbyniwyd gwladoli'r diwydiant glo yn Ne Cymru yn ymateb Emlyn Williams (1921–1995), arweinydd glowyr De Cymru, a gŵr a gysylltir â'r gymuned yn Aberdâr a'r cyffiniau. Dyma a ddywed Ben Curtis: 'In 1947 the coal industry was nationalised. Williams was sceptical from the beginning about the extent to which the mines really were now 'owned by the people', remaining so all his life. He later commented that 'I would rather have seen socialisation than nationalisation ... But if you ask me truthfully if I regretted nationalisation – no, never; nationalisation did bring the miners together and the betterment of the mines was a result of the pressure of the unions within the nationalised industry.' Gweler Ben Curtis, 'Emlyn Williams (1921–1995), Miners' Leader' yn *Dictionary of Labour Biography*, vol. XIV (London, 2018), 289–296; gwelir y dyfyniad ar dud. 290.

16. Kenneth O. Morgan, *Labour People, ibid.*, 213.

17. *Ibid.*, 214.

18. Dywed Ralph Miliband, *Parliamentary Socialism* (London, 1964), 296 mai'r weithred hon oedd yr ysgogiad a ddygodd i fodolaeth garfan o wleidyddion y chwith a gafodd ddisgyblaeth a threfn; cyn hynny 'a fairly loose group of MP's without any hard centre' oeddynt ac yn arddel y teitl 'Keep Left'.

19. 'But only two Ministers shared Bevan's views that charges breached the principle of a free service – Jim Griffiths and Harold Wilson; and of these Griffiths reluctantly accepted them.' Gw. John Campbell, *Nye Bevan and the Mirage of British Socialism* (London, 1987), 233; Philip Williams, *Hugh Gaitskell: A Political Biography* (London, 1979), 250.

20. Mynegodd Wadsworth ei lawenydd fod Bevan wedi ymddiswyddo yn y *Manchester Guardian*, 10 Gorffennaf 1951.

21. *Manchester Guardian*, 5 Gorffennaf 1948.

22. David Ayerst, *'Guardian': Biography of a Newspaper* (London, 1974), 606.

23. *Manchester Guardian*, 18 Mai 1955.

24. Martin Ceadel, 'Sir Ralph Norman Angell (1872–1967)', *Oxford Dictionary of National Biography* (Rhydychen, 2004), 150–153.

25. Dyma ganlyniadau etholaeth Glynebwy yn 1951:
Aneurin Bevan (Llafur)   28,283   80.7%
James E. Bowen (Ceidwadwyr) 6,754   19.3%
Mwyafrif   21,529   61.4%
Trodd 35,037 o'r etholwyr allan, sef 87% ohonynt, ymateb rhagorol. Ymladdodd James Elscombe Bowen ddwywaith yng Nglynebwy, sef yn 1951 ac 1955. Yr oedd yn Ysgrifennydd Undeb Gweithwyr y Banc (National Union of Bank Employees). Cefnogai dîm rygbi Sir Fynwy. Cafwyd yr wybodaeth o Wicipedia Etholaeth Glynebwy.

26. Kenneth O. Morgan, *Labour People*, *ibid.*, 235.

27. *Ibid.*, 236.

28. *Ibid.*, 250.

29. Yr oedd yr Undebau yn enwog am gadw pethau fel yr oeddynt. Yr oedd arweinwyr yr Undebau yn brin o syniadau gwleidyddol, a lleiafrif ohonynt a oedd yn barod i goleddu ideoleg. Cofir geiriau beiddgar Paul Johnson, 'The British Trade Union movement does not have sinister ideas. The trouble is that it has no ideas at all.' Gw. Paul Johnson, 'A Brotherhood of National Misery', *New Statesman*, 16 Mai 1975, 655.

30. Keith Laybourn*, A Century of Labour: A History of the Labour Party 1900–2000* (Stroud, 2001), 101.

31. John Bew, *Citizen Clem: A Biography of Attlee* (London, 2016), 389.

32. Vincent Brome, *Aneurin Bevan* (London, New York, Toronto, 1953), 1.

33. *Ibid.*, 2.

34. *Ibid.*, 3–4: 'I had witnessed one of Aneurin Bevan's "performances", which quite possibly was turned out for my benefit. The Bevan interested in philosophy, man of ideas, fascinated by "intellectual" explorations, had broken out into what one close friend describes as "his turgid period" and another as "eloquence" ... There was no doubting a brilliant gift for words.'

35. Victoria Honeyman, *Richard Crossman*, *ibid.*, 7.

36. Kenneth O. Morgan, *Labour People*, 218. Dedfryd yr hanesydd yn 1987 oedd hyn: 'He remains, perhaps, the most attractive figure that the British socialist movement has produced in its eighty-odd years of fitful life.'

37 Aneurin Bevan, *In Place of Fear* (London, 1952), 100.

Pennod 12

Aneurin Bevan a Chymru

Mae'n bwysig tanlinellu Cymreictod a chefndir Cymreig Aneurin Bevan. Ac yn y cofiant diweddaraf iddo, gan Nicklaus Thomas-Symonds, Aelod Seneddol Torfaen, ceir darlun ardderchog ohono fel Cymro. Mae ganddo frawddeg sydd yn crynhoi'r cyfan: 'For Bevan was a proud Welshman.'[1]

Cefndir Cymreig Aneurin yn Sir Fynwy

Trwy ymchwil Kenneth O. Morgan a Dai Smith yr ydym yn fwy ffyddiog yn ein dadl dros Bevan y Cymro. Cafodd enw bedydd Cymraeg, gwelodd Gymreictod ym mywyd ei dad ac yn y cymdeithasau o'i amgylch yn Nhredegar. Mae Emyr Humphreys yn ei gymharu â bachgen talentog arall a anwyd dros y mynydd o Dredegar, sef Idris Davies, Rhymni.[2] Fel Aneurin bu yntau yn gweithio dan ddaear yn y lofa ond llwyddodd i ddianc, trwy ei allu, i fyd Coleg Hyfforddi Loughborough. Gallai fod yn llefaru ar ran Aneurin pan ddywed:

> I lost my native language
> for the one the Saxon spoke
> by going to school by order
> for education's sake.[3]

Gellid galw hanner can mlynedd cyntaf yr ugeinfed ganrif yn gyfnod bradychu'r iaith Gymraeg a hynny yn bennaf gan athrawon yr ysgolion ac arweinwyr crefyddol a chymdeithasol. Gweinidog anghofensiynol, y Parchedig Kilsby Jones (1813–1889) a lefarodd eiriau y byddai naw deg y cant o'i gyd-weinidogion yn cytuno â hwy:

> Glynwch ar y Sul wrth yr iaith Gymraeg ... ond pan ddêl bore Llun, cynghoraf chwi i ddysgu Saesneg, canys hi yw iaith masnach ac iaith y genedl fwyaf anturiaethus ar wyneb y ddaear.[4]

Yr oedd Tredegar, erbyn cyfnod plentyndod Aneurin, yn meddu ar lu o ymfudwyr. Ceid cymuned o Iddewon a synagog yn y dref. Bu gwrthdaro rhwng y Cymry, y Gwyddelod a'r Iddewon, a chefnogodd rhai o'r Saeson y Cymry yn erbyn y dieithriaid. Rhoddodd y llenor Eingl-Gymreig, Gwyn Thomas (1913–1991) o'r Rhondda, y bai ar yr iaith ac mae ei sylw ef yn fwy ymfflamychol nag eiddo Kilsby hyd yn oed:

> The Welsh Language stood in the way of our fuller union and we made ruthless haste to destroy it. We nearly did.[5]

Byddai Gwyn Thomas yn ddigon parod i weld yr iaith yn diflannu ond nid oedd Aneurin yn teimlo felly. Cafodd ei fagu yn awyrgylch y capeli Cymraeg a'r cymanfaoedd, yr eisteddfodau a'r Cymmrodorion. Ac fel Idris Davies, daeth yn ddarllenwr mawr a gweithio o blaid Llyfrgell Neuadd y Glowyr.

Credai Bevan fod ei holl fywyd wedi cael ei fowldio gan haearn, dur, glo, llyfrau, iaith a diwylliant Cymru, a thirwedd Tredegar. Fe'i magwyd mewn cartref a roddodd deyrngarwch i'r Blaid Ryddfrydol ar y dechrau ac yna i'r Blaid Lafur, oedd yn araf, araf ennill tir. Ar ôl iddo gael gwaith yn y pwll glo, sylweddolodd y llanc ifanc fod gobaith newid y sefyllfa yn chwyldroadol trwy gael ei gyfeillion o'r lofa i gefnogi gweithgarwch y Blaid Lafur ar ei thyfiant. Bu'n rhaid iddo fentro am ragor o addysg a defnyddio'r hyn a ddysgodd i berswadio eraill fod y Rhyddfrydwyr Llafurol oedd wedi gwreiddio yn y fro yn llyffethair rhag ennill teyrngarwch y trigolion. Bu'r blynyddoedd hyn, y dauddegau, yn flynyddoedd tyngedfennol i'r Cymro a ddioddefai o atal dweud. Ef oedd un o'r llefarwyr pennaf ac eto byddai ar dro yn methu cael ei eiriau allan. Sut medrai'r Blaid Lafur, a oedd wedi ei ennill ei serch, yn fwy felly na'r Blaid Lafur Annibynnol, wreiddio mewn cymdeithas lofaol a oedd yn ystyfnig o geidwadol? Dyna'r cwestiwn a flinai'r Cymro ifanc. Darllenai yn awchus, helaeth a di-baid. Cefnogodd gynllun Ymddiriedolaeth Carnegie yn ei ail flwyddyn yn y Senedd i gael setiau radio mewn pedair canolfan ar ddeg yn y maes glo, lle y gellid gwrando ar y newyddion a chwaraeon ac aml i drafodaeth. Gallwn weld pam y gwnaeth Bevan darfu ar yr Ymneilltuwyr yn 1928 fel Cynghorydd Sir trwy ddadlau y byddai'n dda o beth i'r sinema leol agor ar y Sul. Beirniadwyd ef yn llym gan Gyngor Eglwysi Rhyddion y cylch am awgrymu y gellid 'sarnu'r Sul Cymreig'.[6]

Gweld y Blaid Lafur fel cefndir i'w gyfoeswyr ag yntau

Gwyddai Bevan ei fod yn gwasanaethu tref lofaol oedd mewn enbydrwydd. Hawdd oedd canfod y drychineb oedd ar y gorwel. Yr oedd y diwydiant haearn wedi chwythu'i blwc. Beth a fedrai Aneurin ei gyflawni? Derbyniodd yr her, ef a'i gyfeillion, gan sylweddoli nad oedd munud i'w golli. Rhaid oedd cryfhau'r cwlwm a'i clymai ef â phobl o'r un weledigaeth sosialaidd. Yr oedd angen bod yn Gymry uchelgeisiol a pheidio â gadael i'r hen bobl oedd yn dal dan hudoliaeth Lloyd George a'r Blaid Ryddfrydol dagu eu gweledigaeth o fyd gwell yn seiliedig ar egwyddorion sosialaidd. Y Blaid Lafur oedd canolbwynt ei holl weithgaredd cymdeithasol, gwleidyddol a diwylliannol. Teimlai fod angen ehangu'r gweithgarwch. Sylweddolai nad oedd pob glöwr yn Sirhowy na Rhymni, na phob gweithiwr dur yng Nglynebwy, am dreulio pob munud yn darllen cyfrolau ar themâu hanfodol sosialaeth na chwaith am ddadlau fel ef, o fore tan nos. Yr oedd rhai ohonynt yn hoff o ddawnsio, chwarae a gwrando ar y bandiau pres a jazz, cymryd rhan yn y mabolgampau a manteisio ar y cyfle i ganu mewn corau meibion neu gorau cymysg. Trwy'r gweithgareddau hyn, disgwyliai Bevan iddynt gryfhau eu perthynas â'r Blaid Lafur. Gobeithiai y byddent yn ehangu'r gorwelion a chefnogi a gweithio o blaid pob ymgeisydd am y Cyngor a'r Senedd.

Yr oedd Aneurin yn cefnogi'r sinema leol ac amrywiaeth o ffilmiau; cefnogwyr y Blaid Lafur hefyd fel arweinwyr y bywyd newydd oedd yn cynnal nosweithiau chwarae cardiau, yn creu seindorf ac yn cefnogi'r bandiau pres a'r eisteddfodau. Erbyn misoedd gaeaf 1924–1925, cynhelid ar nosweithiau Sul raglen lawn o ddarlithiau ar thema diwylliant sosialaidd. Gallai Aneurin ymffrostio fel hyn:

> In Tredegar they could congratulate themselves upon organizing a Labour movement
> second to none in South Wales and that had every phase of the movement provided
> for, even to an orchestra, which was promising to become a very fine one.[8]

Nid ar gyrion y gymdeithas Gymreig oedd y Blaid Lafur bellach ond yn ei chanol ac yn ennill o'r newydd ugeiniau lawer o aelodau gweithgar a oedd yn barod i fyw eu bywydau i'r mudiad a dilyn ei esiampl ef. Yr oedd ynghanol y gweithgareddau yn enw ei Blaid. Erbyn 1929 yr oedd wedi dangos esiampl odidog. Y flwyddyn honno, ef oedd Cadeirydd Pwyllgor Lles y Glowyr a Phwyllgor Llyfrgell y Gweithwyr, Pwyllgor Omnibus y Sir, Pwyllgor y Di-waith, ac yn Is-gadeirydd Pwyllgor yr Ysbyty, cyn eistedd yng nghadair y Cadeirydd.

Cynrychiolodd Dredegar ar lu o fudiadau fel Bwrdd Carthffosiaeth y Cymoedd Gorllewinol (Western Valleys Sewerage Board), Cymdeithas Cynghorau Dosbarth Sir Fynwy (Monmouthshire Association of UDC's), a Llys Llywodraethwyr Coleg Prifysgol Cymru Caerdydd. Llywyddai nid yn unig gyfarfodydd gwleidyddol, ond hefyd gyngherddau a digwyddiadau diwylliannol. Pan lwyfannwyd cyfres o ddramâu cyfoes, ef fyddai wrth y llyw, a phan ddaeth feiolinydd dawnus o Rwsia i roddi perfformiad, ef oedd ar y llwyfan i'w gyflwyno a mynegi diolch. Nid oedd terfyn ar ei weithgareddau. Byddai'n annerch plant y fro. Cafodd hwyl yn siarad â mil a mwy o blant y di-waith yn Nhredegar ar ôl iddo ef a'i dîm drefnu te parti iddynt. Byddai'n barod i feirniadu ym mabolgampau glowyr Cwm Sirhowy a siaradodd yn raenus wrth agor Sefydliad Gweithwyr treflan Dukestown.

Amddiffyn y di-waith a chydweithio gyda'r Comiwnyddion

Ac ar bob un o'r amgylchiadau hyn byddai Bevan yn bresennol, nid er mwyn ei ddangos ei hun ond yn enw'r Blaid Lafur. Yr oedd yn llythrennol yn byw i'r di-waith a'r Blaid Lafur. Y di-waith oedd yr achos mawr cyntaf iddo ymgodymu ag ef, a hynny o'i gartref yn Nhredegar. Yr oedd deg ar hugain y cant o weithwyr maes glo De Cymru heb waith yn y cyfnod hwn, y dau- a'r tridegau. Daeth Mudiad y Gweithwyr Di-waith (Unemployed Workers Movement) allan o drafodaethau'r Blaid Gomiwinyddol. Y Comiwnyddion Cymreig oedd yn arwain, y llenor a'r glöwr, Lewis Jones, ac arweinwyr yn y lofa, Arthur Horner a Will Paynter. Dyma'r bobl a roddodd her i Bevan a'r adain chwith, sef y berthynas rhwng dadleuon o fewn a phrotestiadau tu allan i fyd y Senedd. Emyr Humphreys a grisialodd y sefyllfa yn gofiadwy, gan awgrymu bod y berthynas dda rhwng Bevan a phobl fel Horner wedi ei rwystro rhag derbyn mwy o gyfrifoldeb fel gwleidydd. Aiff ymlaen i ddweud:

> Like Lloyd George and Churchill he was deeply distrusted by the apparatchiks of his own party. As an individualist and a Welshman, he was built on a heroic scale ... Indeed, Bevan's state of open rebellion and unstinting honesty made him a more sympathetic product of the Welsh Non-conformist conscience than Lloyd George. He was not so narrowly concerned with the pursuit of power for its own sake. His generosity of spirit and the manner of his giving are sufficient in themselves to ensure his Arthurian status among his own people.[9]

Gosododd Emyr Humphreys ei fys ar y gwirionedd canolog – ganddo ef a'i gyfaill Jim Griffiths y ceid ymneilltuaeth glasurol a'r gydwybod gymdeithasol ar eu gorau.

Bevan yn etifeddu gweithgarwch y gweinidogion ymneilltuol

Yr oedd Bevan yn etifedd gweithgarwch ugeiniau o weinidogion ymneilltuol yng Ngwent a fu'n braenaru'r tir iddo ef o ddyddiau Ieuan Gwynedd yn Nhredegar i safiad Leon Atkin yn nhref Bargoed.[10] Ni chollodd olwg ar yr ymneilltuaeth ymosodol hon, dyma oedd yn ei ysgogi a dyma oedd cyfrinach ei allu anhygoel i argyhoeddi pobl o'r un cefndir o'i safbwynt unigryw. Tri o'r arloeswyr a ddaeth yn enwau pwysig ar aelwyd David Bevan oedd Keir Hardie, a ddysgodd 'Hen Wlad fy Nhadau' gystal â Chymry gorau ei etholaeth; y Parchedig Silyn Roberts, y bardd swynol o Danygrisiau; a thad sosialaeth Gymraeg yn ei alltudiaeth ymysg Cymry Manceinion, Robert Jones Derfel (1824–1905).[11] Daliodd ef am hanner can mlynedd fel lladmerydd sosialaeth ymhlith y Cymry. Hyd yn oed yn nechrau'r ugeinfed ganrif, gallai David Bevan ddarllen erthygl o'i eiddo yn ceisio cysoni Cristnogaeth, Sosialaeth a Chenedlaetholdeb mewn cyd-destun Cymreig.[11] Nid cenedlaetholwr o sosialydd mohono, ac eto yr oedd Aneurin Bevan yn wladgarwr. A dyma un o drychinebau gwleidyddiaeth Gymreig, sef methiant cyson rhaglen y Blaid Lafur i osod daliadau sosialaidd a hawliau'r genedl Gymreig gyda'i gilydd fel pecyn pwysig.

Bevan yn ansicr gyda datganoli a dydd y Cymry

Yn ystod yr Ail Ryfel Byd gwelir enw Bevan ymhlith Cymry amlwg a oedd yn swyddogion y Blaid Seneddol Gymreig. Ef oedd yr Is-gadeirydd gyda Megan Lloyd George, y ddau wedi eu hethol i'r Senedd yn Etholiad 1929. Jim Griffiths oedd yr Ysgrifennydd oddi ar 1938 a bu yn y swydd tan Etholiad Cyffredinol 1945. Ym mis Gorffennaf 1943 ysgrifennwyd at Winston Churchill i'w hysbysu bod Is-bwyllgor wedi ei ffurfio i drafod problemau llywodraeth yng Nghymru ac, yn arbennig, y priodoldeb o sefydlu Swyddfa Gymreig ac Ysgrifennydd Gwladol i Gymru. Gwyddai Jim Griffiths ac eraill fod Aneurin yn llugoer ar ddatganoli gweinyddol ond mae'r ffaith fod ei lofnod ar y llythyr yn awgrymu nad oedd yntau mor bell â hynny o agwedd ei gyfaill at ddatganoli. Credai Bevan y dylai Cymru gael ychydig o leiaf o ddatganoli, fel Adran Addysg yng Nghymru a hefyd Bwrdd Iechyd Cymru, oedd wedi gweithredu am flynyddoedd.

Diddorol yw sylwi ar ymateb Aneurin Bevan i sefydlu'r hyn a alwyd yn Ddydd y Cymry, a hynny ar 17 Hydref 1944.[12] Dyma'r diwrnod Cymreig cyntaf yn holl hanes San Steffan. Yr oedd Megan Lloyd George uwchben ei digon; dyma'r achlysur cyntaf mewn pedwar can mlynedd i Aelodau Seneddol Cymreig gael cyfle neilltuol i drafod materion pwysig Cymreig. Gorfoleddai Syr Arthur Evans, Aelod y Ceidwadwyr dros Dde Caerdydd, a hefyd Jim Griffiths. Mynnodd Aneurin Bevan daflu dŵr oer ar y cynllun. Iddo ef, gwell o lawer fyddai trafod diwydiant glo Cymru ar y diwrnod arbennig a drefnwyd i edrych ar y diwydiant ym mhob rhan o Brydain, felly hefyd amaethyddiaeth: trafod y pwnc ar y diwrnod a neilltuwyd i edrych ar y diwydiant yn gyffredinol yn hytrach na gwasgu'r cyfan i un diwrnod.[13] Ac wedyn gwnaeth y gymhariaeth a fu'n boendod ar hyd y degawdau, sef nad oedd defaid Cymru fymryn yn wahanol mewn pryd na gwedd i'r rhai a welid ar fryniau Lloegr, Gogledd Iwerddon a'r Alban.[14]

Cefnogaeth Bevan i'r heddychwr Iorwerth Cyfeiliog Peate

Un o weithredoedd gorau Aneurin Bevan yn ystod yr Ail Ryfel Byd oedd ei gefnogaeth ddi-ildio i'r Cymro a'r heddychwr, Iorwerth Cyfeiliog Peate. Yr oedd Peate yn ffrind i Jim Griffiths ac yn ddarllenydd brwd o *Tribune,* y papur a gychwynnwyd gan Aneurin Bevan. Penderfynodd awdurdodau lleol fel Caerdydd ac Abertawe roddi rhybudd i'w gweithwyr y disgwylid iddynt fod yn cefnogi'r Rhyfel o 'lwyrfryd calon'.[15] Daliwyd Peate yn y rhwyd. Ymddangosodd o flaen tribiwnlys fel gwrthwynebydd cydwybodol a'r canlyniad fu iddo ymddiswyddo o'r Amgueddfa Genedlaethol, lle yr oedd ei weledigaeth ar ran diwylliant gwerin mor hanfodol. Yr oedd cyfeillion niferus Peate yn ystyried y weithred yn gwbl orffwyll ac y dylid ar unwaith ei adfer i'w swydd allweddol. Trefnwyd cyfarfod yng Nghaerdydd i wyntyllu'r cyfan a dyna ddigwyddodd yng nghyfarfod Llys yr Amgueddfa Genedlaethol ar 24 Hydref 1941.[16] Ar y llwyfan gwelid y Llywydd, Iarll Plymouth, y Cyfarwyddwr, Cyril Fox, a'r Ysgrifennydd, Archie Lee. Ymysg aelodau'r Llys yr oedd Aelodau Seneddol ac yn eu plith ceid tri Aelod Seneddol o'r Blaid Lafur, pob un yn edmygydd mawr o'r bardd, er y gwyddent ei fod yn amlwg iawn yn y Blaid Genedlaethol. Tystiolaeth Thomas Parry am gyfraniad Aneurin Bevan a'i gymrodyr, Jim Griffiths a Ronw Moelwyn Hughes, oedd:

A chawsant gyfle digyffelyb i berfformio yn eu ffordd arbennig hwy eu hunain. Ymosodasant yn gwbl ddidostur ar y gwŷr oedd ar y llwyfan ac ni welais neb erioed yn cael eu crasu mor ddeifiol.[17]

Ar ddiwedd y ddadl pasiodd y Llys o fwyafrif mawr fod Iorwerth C. Peate yn adennill ei swydd fel Ceidwad yn yr Adran Diwylliant Gwerin. Yr oedd Aneurin Bevan wedi llefaru ag awdurdod i unioni'r cam ar un o wŷr diwylliedig cenedl y Cymry. Trueni na fuasai wedi cymryd i ystyriaeth hefyd y cam-drin o du Awdurdod Addysg dinas Caerdydd ar yr athro a'r llenor Eingl-Gymreig Glyndwr (' Glyn') Jones (1905–1995) a ddiswyddwyd o Ysgol Allensbank am ei fod yn wrthwynebydd cydwybol. Bu am fisoedd lawer heb swydd, yn sosialydd a ddaliodd yn deyrngar i'r Blaid Lafur ar hyd ei oes; ond nid oes gennyf dystiolaeth fod unrhyw un o ffrindiau Glyn Jones wedi cysylltu gydag Aneurin am yr anghyfiawnder dybryd.

Bevan yn brif lais Cymru yng Nghabinet 1945-1951

Prif lais Cymru yng Nghabinet Clement Attlee o 1945 i 1951 oedd Aneurin Bevan, gan ei fod yn llawer mwy ymosodol na neb arall a chan na chafodd Jim Griffiths le yng Nghabinet 1945–1950. Dadleuai Bevan bob amser na fyddai diben sefydlu swydd Ysgrifennydd Gwladol i Gymru gan na fyddai hynny yn ateb y 'problemau economaidd'. Cefnogid ei safbwynt gan un o'i ffrindiau pennaf, Huw T. Edwards, a gwelir hyn yn ei femorandwm, *The Problem of Wales*, a luniodd yn 1946 a'i anfon at Morgan Phillips, Ysgrifennydd Cyffredinol y Blaid Lafur.[18] Iddo ef byddai'n well o lawer penodi Comisiynydd dros Gymru a phwyllgor ymgynghorol at ei wasanaeth. Byddai'r Comisiynydd yn medru mynd ar ei union at Ysgrifennydd y Cabinet heb orfod cysylltu â'r gwasanaeth sifil. Cythruddwyd Huw T. Edwards pan glywodd am y bwriad o sefydlu pwyllgor o brif weision adrannau'r llywodraeth yng Nghymru. Iddo ef nid oedd pwyllgor o weision sifil yn dderbyniol o gwbl; gwell o lawer fyddai cael gwleidyddion i ymdrin ag addysg ac iechyd yng Nghymru.[19]

Trychineb Cymru oedd methiant Bevan i arwain cenedl y Cymry

Un o drychinebau pennaf gwleidyddiaeth Cymru yr ugeinfed ganrif oedd methiant Aneurin Bevan i weithredu fel arweinydd y Cymry o fewn gwleidyddiaeth Prydain yn hytrach na gosod ei hun yn arweinydd y chwith. Gallai fod wedi arwain Aelodau Seneddol Llafur fel Goronwy Roberts, Jim Griffiths, Llywelyn Williams, D. Emlyn Thomas ac eraill, gan gynnwys rhai a gynrychiolai seddau y tu allan i Gymru. Cydnabu yn ei ddatganiad i'r cylchgrawn Eingl-Gymreig *Wales* yn 1947 mai Cymro ydoedd yn gyntaf ac yn bennaf. Gwyddai fod Lloegr wedi cam-drin Cymru dros y canrifoedd, gwyddai gystal â neb safbwynt y Siartwyr a chelwyddau erchyll Brad y Llyfrau Gleision. Ond ychydig iawn o Aelodau Seneddol Cymru sydd wedi bod yn Gymry cadarn; ac mae'n bosibl na fyddai'r nifer a'i dilynai fel arweinydd Cymreig ddim wedi bod llawer mwy na deg i ddwsin o wleidyddion. Byr fu cyfnod yr Athro W. J. Gruffydd yn Senedd San Steffan, sef o 1943 i 1950 pan oedd yn aelod dros Brifysgol Cymru, ac yr oedd ef yn barod iawn i fynegi ei farn.[20] Wrth drafod Deddf Addysg R. A. Butler ar 3 Gorffennaf 1944 datganodd W. J. Gruffydd ei safbwynt clir, diamwys:

> It is as much the duty of this house to safeguard the nationhood of Wales as it is to safeguard the nationhood of England or of Scotland. We are not a subject nation, to be dragooned into assimilation; we regard ourselves as a full partner with Britain.[21]

Yn anffodus, gwelodd Bevan ei gyfraniad yn nhermau dosbarth ran amlaf ac nid yn nhermau cenedl. Y gwir yw ein bod ni yn perthyn i ddosbarth, ond hefyd i genedl. Geiriau eraill o eiddo W. J. Gruffydd sydd yn fwy cydnaws â Bevan yw'r frawddeg:

> Self-government cannot be given by one stroke of the pen. We must grow to be worthy of it, to learn it; we must grow into self-government.[22]

Byddai Bevan yn cytuno a chymerodd amser hir iddo ddeall goblygiadau datganoli. Ni chymerodd ddiddordeb o gwbl yn yr Ymgyrch Senedd i Gymru ar wahân i'w benderfyniad na fyddai yn cytuno i weld ei ffrindiau yn cael eu diswyddo. Yr oedd ef a Cledwyn Hughes yn meddwl yn fawr o'i gilydd fel gwleidyddion, ond ar gwestiwn Mesur Preifat ei gymydog, S. O. Davies, nid oedd Aneurin yn frwdfrydig o gwbl.

Colli cyfle ar fater Tryweryn

Ar fater Tryweryn bu Aneurin Bevan yn llwfrddyn a hynny am un o'r ychydig droeon yn ei oes. Bu cysgod brwydr Tryweryn ar wleidyddiaeth Cymru byth oddi ar foddi Capel Celyn ac yn arbennig ar fater parhad y genedl Gymreig. Ymddengys i mi na sylweddolodd pobl o faintioli Aneurin Bevan a James Griffiths yr arweiniad dewr a phenderfynol yr oedd ei angen bryd hynny a gallent fod wedi bod yn genedlgarwyr yn ystyr berffeithiaf y gair. Collwyd y cyfle ond dylanwadodd Tryweryn arnynt, yn arbennig ar Hugh Gaitskell. Heb unrhyw amheuaeth bu cyflwr Cymru yn ysgogiad i drafodaeth breifat a phwysig rhwng Gaitskell a Griffiths cyn argyfwng Tryweryn. Ar ôl ymweld â nifer o etholaethau yng Nghymru daeth Hugh Gaitskell[23] i weld fod y mater cyfansoddiadol, er mor gymhleth ydoedd, yn haeddu ystyriaeth lawer mwy difrifol a llai rhagfarnllyd. Mewn llythyr cynhwysfawr at Ysgrifennydd y Pencadlys, Morgan Phillips, dywedodd fod angen ystyried polisi a fyddai'n gwneud cyfiawnder â Chymru ac y dylid cysylltu â chroestoriad o'r mudiad Llafur.

Bevan yn croesawu yr Eisteddfod Genedaethol ynghyd a Paul Robeson i Glyn Ebwy

Dyna sut y sefydlwyd Is-bwyllgor Seneddol i gynrychioli'r canlynol: y Pwyllgor Gwaith Cenedlaethol, Grŵp Cymreig y Blaid Lafur Seneddol a'r Cyngor Rhanbarthol Cymreig, i ystyried rhoddi arweiniad ar y cwestiwn cyfansoddiadol anodd a gyflwynwyd gan Gaitskell ei hun. Daeth Jim Griffiths yn Gadeirydd a chafwyd ymateb gwrthwynebus gan Aneurin Bevan, er iddo golli'r rhan fwyaf o'r cyfarfodydd. Ond cyn dod i benderfyniad, cafodd Bevan gyfle i groesawu'r Eisteddfod Genedlaethol i ganol ei etholaeth, sef i dref Glynebwy. Cafodd ei hunan mewn dilema; gan nad oedd yn medru annerch yn y Gymraeg, yr unig ffordd i'r Cymry glywed ei lais oedd yn y Gymanfa Ganu. Derbyniai Aneurin y rheol Gymraeg a ddaeth i weithrediad yn Eisteddfod Genedlaethol Caerffili yn 1950, yn wahanol i'r Aelod Seneddol lleol, Ness Edwards. Heb amheuaeth, Dr Huw T. Edwards a ddeallodd sefyllfa y cawr o Gymro yn well na neb arall o arweinwyr y Blaid Lafur yng Nghymru mewn paragraff eneiniedig o'i ysgrif goffa yn y cylchgrawn *Aneurin*:

> I recall how he apologised to a small Welsh girl because he would not reply to her in the language in which she had greeted him, the language of his fathers and his forefathers. I would give much to hear him inspiring an audience in the tongue spoken by the little girl, and I feel certain that Aneurin would also pay clearly for the privilege of being able to achieve this feat. Like many of his generation, geography had decided his linguistic fate, but although he has been cut off from his heritage, we

may take it as a certainty that he would love the Welsh Language to become the heritage of the young people in the future.[24]

Yr oedd y rheol Gymraeg yn ei warafun rhag annerch, fel yr arferai Lloyd George bob dydd Iau, o lwyfan y Brifwyl. Ond, yn ffodus i Bevan a swyddogion yr Ŵyl, gwahoddwyd hefyd Paul Robeson, ei ffrind, ac eicon Cymry'r cymoedd glofaol i gymryd rhan yn y Brifwyl. A chaniatawyd i'r ddau ryddid i ddefnyddio'r Saesneg yn y Gymanfa Ganu ar y nos Sul.[25] Yr oedd perthynas arbennig ac annwyl rhwng y canwr carismatig a glowyr Cymru, ar ôl iddo gyfarfod yn y dauddegau â glowyr di-waith o Gymru yn canu am gardod yn Oxford Street, Llundain. Yr oedd y Dirwasgiad wedi eu gwasgaru o'u cartrefi llwm mewn ymchwil am ymborth iddynt hwy a'u teuluoedd ac am sylw'r wasg a'r byd mawr. Teimlai arweinwyr y glowyr a gwleidyddion fel Aneurin Bevan yn agos ato pan fu Llywodraeth yr Unol Daleithiau yn ei erlid am ei gydymdeimlad diffuant â gwerin gwledydd yr Undeb Sofietaidd. Aethpwyd â'i basport oddi arno am wyth mlynedd. Llawenydd felly i lawer un ohonom, Gymry llengar, a'i clywodd yn canu ag arddeliad yng Nglynebwy ar nos Sul Eisteddfod Genedlaethol 1958, ar ôl i'w ffrind, Aneurin Bevan, ei gyflwyno i'r dorf fawr a lanwai'r babell.[26] Un o bobl Sir Fynwy oedd yr Aelod Seneddol, y sir lle yr oedd y mwyafrif helaeth yn siarad Saesneg yn unig. Yr oedd Mynwy wedi cael ei thrin fel sir Seisnig o ddyddiau Harri'r Wythfed a Deddf Uno Cymru â Lloegr yn 1536: byddid yn gyson yn cyfeirio at Gymru a Mynwy.[27] Deliodd Bevan â hyn, gan weld y ffaith fod yr Eisteddfod yng Nglynebwy yn symbol pwysig. Galwodd am ddiwedd ar yr arferiad o alw Cymru yn Gymru a Mynwy. Un wlad ydoedd ac yr oedd ef a phobl Mynwy yn perthyn nid i Loegr, ond i Gymru. Yr oedd Bevan wedi ei gweld hi a'i deall hi, a bu'r profiad hwn yn help iddo ym nghyfarfod olaf yr Is-bwyllgor yn 1959, oherwydd yn y pwyllgor cyntaf yr oedd wedi siarad yn erbyn yr argymhellion. Ef oedd un o'r gwrthwynebwyr mwyaf llafar, ond yr oedd eraill fel Ness Edwards a Iorwerth Thomas.[28]

Bevan yn newid ei feddwl ar Ddatganoli er cysur i Jim Griffiths

Rhydd Cliff Prothero ddarlun byw fel llygad-dyst o'r hyn a ddigwyddodd dan gadeiryddiaeth Hugh Gaitskell:

> After several meetings of protracted and heated discussion and now what turned out to be the final meeting and right in the middle of a very heated debate to everyone's surprise, Mr. Aneurin Bevan proposed 'That we include in our policy statement that a Secretary of State for Wales will be appointed.'[29]

Heb ragor o ddadlau, daeth y Pwyllgor i ben y daith. Wrth adael yr ystafell trodd Cliff Prothero at Ness Edwards a dweud:

> I cannot understand the complete change of attitude by Aneurin. Ness replied, 'If you were a member of this house Cliff, you would not be surprised at what has taken place this afternoon.'[30]

Bu'n rhaid aros nes cyhoeddi Maniffesto'r Blaid Lafur yn 1959. Aneurin oedd un o'r gwrthwynebwyr mwyaf llafar ond meddalodd, a chefnogodd ei ffrind, Jim Griffiths.[31] Yr oedd Bevan, o bawb, yn awgrymu hefyd wrth ei gyd-Aelodau Seneddol Llafur o Gymru y dylid creu Senedd neu Gynulliad ar gyfer Cymru a'r Alban, gan sefydlu Comisiwn Brenhinol i ystyried y ffordd orau o weithredu. Ni chroesawyd syniad Bevan gan bobl fel Ness Edwards, ond daliodd y cawr gwleidyddol i gorddi'r dyfroedd, yn arbennig yn ei erthygl a welodd olau dydd yn y papur Sul, yr *Empire News*, ar 1 Chwefror 1959.[32]

Tyndra rhwng Ness Edwards a'i gymydog Aneurin Bevan

Ni allai Ness Edwards deimlo'n gysurus yng nghwmni Aneurin. Gwelid gagendor mawr rhwng y ddau, ac nid oedd Jennie Lee yn help o gwbl. Credai Ness Edwards fod Aneurin wedi gwneud camgymeriad wrth ymddiswyddo ar fater codi tâl y presgripsiwn: safbwynt Aelod Senedol Caerffili oedd y dylai Bevan barchu dyfarniad y Cabinet. Ni allai Edwards deimlo'n gyfforddus chwaith yng nghwmni'r deallusion a gefnogai Bevan, fel Michael Foot, Richard Crossman ac Ian Mikardo. Gweithiodd yn galed yn erbyn cefnogwyr Aneurin yn ei etholaeth.[33] Condemniodd y *Tribune* fel 'plaid o fewn plaid'. Cafodd Ness wrthwynebiad chwyrn yn Ward De Caerffilli, lle'r oedd 89% o'r aelodau o blaid Bevan.

Ond erbyn diwedd y pumdegau daeth y ddau sosialydd yn agosach at ei gilydd. Cynhaliwyd Cynhadledd Cwm Rhymni yn 1958 i drafod dyfodol y Cwm ar awgrym Ness Edwards a than nawdd Cyngor Dinesig Gelli-gaer. Y tri a wahoddwyd i annerch oedd tri Aelod Seneddol y diriogaeth o dan sylw, sef Aneurin Bevan, Harold Finch a Ness Edwards. Daeth y Gynhadledd i'r penderfyniad fod angen denu diwydiannau newydd i Gwm Rhymni a'u bod yn mynd ati heb ddisgwyl dim gwaredigaeth o Lundain. Yr oeddynt yn gweld bod y symudiad am ddod o'r awdurdod lleol ac awgrymwyd sefydlu tair ystad ddiwydiannol, un yn y rhan ddeheuol, un arall ynghanol y Cwm a'r llall yn y rhan ogleddol.[34] Llwyddodd Caerffili yn rhyfeddol ag ystadau Tir-y-Berth a Phontygwindy, ond ni ddaeth ymwared i Flaenau Gwent ac yr oedd Bevan ei hun yn graddol golli'r dydd; yn 1960 daeth y Cymro carismatig i ben ei rawd.

Bevan yn ymuno ar ddiwedd ei oes gyda chriw Llafur Cymreig oedd o blaid Cymru

O leiaf cyn i'r dydd hwnnw wawrio yr oedd Aneurin Bevan wedi ymuno â Chymry twymgalon yn y Blaid Lafur Gymreig, sef Jim Griffiths, Cledwyn Hughes, Goronwy Roberts, Tudor Watkins a Megan Lloyd George. Yr oedd yn gyfforddus yn eu plith, er mor fyr fu'r cyfnod. Onid ef a ddadleuodd fod Cymru yn wlad wahanol i bob gwlad arall yn y Deyrnas Unedig? Yr iaith Gymraeg, celfyddyd a gwaith artistiaid, a'r diwylliant Cymreig oedd yn ei ddenu i feddwl felly, a gwelai yn glir pa mor wahanol oedd ei gefndir ef, fel mab David Bevan y Cymro gwlatgar, i gefndir y gweddill o feibion dosbarth canol a gweithiol Cabinet Attlee. Yng ngwanwyn 1947 gwnaeth ddatganiad pwysig dros ben am Gymru sydd yn haeddu ei gerfio ar ei gofgolofn ynghanol dinas Caerdydd:

> She is different in that she has a language of her own, and an art and a culture, and an education system and an excitement for the things of the mind and the spirit, which are wholly different from England and English ways. It is in the commonality of this difference that Wales has a claim for special recognition and where she should seek new forms of national life.[35]

Nodiadau a Chyfeiriadau

1. Nicklaus Thomas-Symonds, *Nye: The Political Life of Aneurin Bevan* (London, 2015), 50.
2. Emyr Humpheys, *The Taliesin Tradition: A Quest for the Welsh Identity* (London, 1983), 211– 12.
3. *Ibid.*, 212.
4. *Gwyddoniadur Cymru*, 231.
5. *Ibid.*
6. Gw. Dai Smith, 'Bevan and Wales' yn *The State of the Nation: The Political Legacy of Aneurin Bevan*, gol. Geoffrey Goodman (London, 1997), 68–69.
7. *Ibid.*, 70–71.
8. *Ibid.*, 81.
9. Emyr Humphreys, *ibid.*, 213.
10. Un o'r ysgrifau gorau arno yn y Gymraeg yw erthygl Arthur Meirion Roberts, 'R. J. Derfel (1824–1905)', *Y Traethodydd*, clxv, Ionawr 2010, 458–476.
11. Byddai David Bevan wedi darllen erthyglau R. J. Derfel ar Sosialaeth a hefyd erthygl arloesol T. E. Nicholas, 'R. J. Derfel: Y Gwrthryfelwr Cymreig', *Y Geninen*, xxxii, Gŵyl Ddewi 1912, 59–62. Erthygl bwysig arall yn Gymraeg yw R. Silyn Roberts, ' James Keir Hardie', *Y Geninen*, xxxvi, Ionawr 1916, 11. Byddwn yn disgwyl iddo gyfeirio at yr erthyglau hyn y cafodd ef gymaint o flas o'i darllen wrth siarad â'i fab athrylithgar.
12. Andy Misell, 'Dydd Cymru 1944' yn *Llyfr y Ganrif*, goln. Gwyn Jenkins a Tegwyn Jones (Talybont, 1999), 188.
13. *Ibid.*
14. *Hansard*, H.C./5, cyfrol 403, colofnau 2311–2312, 17 Hydref 1944; Nicklaus Thomas-Symonds, *Nye*, *ibid.*, 49: 'There are sheep on the Welsh mountains, and there are sheep on the mountains of Westmorland and in Scotland, but I do not know the difference between a Welsh sheep, a Westmorland sheep and a Scottish sheep'. Nid yw Prif Weinidog Cymru, Carwyn Jones, AC, yn hapus o gwbl â'r gymhariaeth, gw. Carwyn Jones, *The Future of Welsh Labour* (Cardiff, 2004), 8: 'He [Aneurin Bevan] failed to see the difference between English sheep and Welsh sheep.'
15. Dywedodd James Griffiths iddo dderbyn mwy o lythyrau ar fater diswyddiad Dr. Iorwerth C. Peate nag ar unrhyw bwnc arall ers misoedd, gw. *Y Cymro*, 1 Tachwedd 1941, 1 a 12. Rhoddwyd cefnogaeth gref i Iorwerth C. Peate yn ei achos (24 Hydref 1941) yng Nghaerdydd gan yr Aelodau Seneddol Syr William Jenkins, D. O. Evans, R. Moelwyn Hughes, Evan Evans, S. O. Davies, Aneurin Bevan, James Griffiths, Will John a Robert Richards.
16. D. Ben Rees, *Cofiant Jim Griffiths: Arwr Glew Erwau'r Glo* (Talybont, 2014), 127–128.
17. Thomas Parry, *Amryw Bethau* (Dinbych, 1996), 321–324.
18. Gwyn Jenkins, *Prif Weinidog Answyddogol Cymru: Cofiant Huw T. Edwards* (Talybont, 2007), 110. Ceir copi o *The Problems of Wales* yn archif Huw T. Edwards, Ll.G.C., A4/1. Nid rhyfedd i wyres David Thomas, Angharad Tomos, ddweud yn ei llyfr gwych amdano ef fel arloesydd y Mudiad Llafur Cymreig: 'Ymdrech lafurus fu'r un dros gael Ysgrifennydd Gwladol i Gymru.' Gw. Angharad Tomos, *Hiraeth am Yfory: David Thomas* (Llandysul, 2002), 218.
19. *Y Cymro*, 27 Rhagfyr 1946.
20. Coleddai W. J. Gruffydd y gred fod Lloegr wedi cam-drin Cymru, a cheisiodd wneud Cymru yn ddealladwy i'r Saeson a'r Albanwyr yn y Senedd. Gw. T. Robin Chapman, *Dawn Dweud: W. J. Gruffydd* (Caerdydd, 1993), 191. Dywedodd David Thomas wrth Eirene White, AS ar ôl i Lywodraeth Attlee roddi Cyngor i Gymru: 'I am bitterly disappointed with Labour's attitude towards Welsh Home Rule and its repudiation of the party's pledge over the matter.' Gw. Angharad Tomos, *Hiraeth am Yfory, ibid.*, 224.
21. T. Robin Chapman, *W. J. Gruffydd, ibid.*, 189.
22. *Ibid.*, 8.
23. D. Ben Rees, *Cofiant Jim Griffiths, ibid.*, 201.

24. Huw T. Edwards, 'A pen-portrait of the late Aneurin Bevan', *Aneurin: A Welsh Student Socialist magazine*, vol 1, no. 2, 5.

25. 'Paul Robeson (1898–1976)', *Gwyddoniadur Cymru*, 787–788.

26. *Ibid.*

27. Fred J. Hando, *The Pleasant Land of Gwent* (Newport, 1944), sydd yn rhoi'r cefndir yn gryno.

28. Gwilym Prys Davies, *Cynhaeaf Hanner Canrif: Gwleidyddieth Gymreig 1945–2005* (Llandysul, 2008), 45. 'Roeddent yn awyddus i ladd yr argymhelliad a'i ladd yn gelain yn yr Is-bwyllgor.'

29. Ll.G.C., Papurau Cliff Prothero, Nodiadau Bywgraffyddol, 137.

30. *Ibid.*

31. R. Griffiths, 'The Other Aneurin Bevan', *Planet*, 41, 1978, 26–28. Gwelodd cymaint o Gymry amlwg fawredd Aneurin Bevan ar fater datganoli.

32. Aneurin Bevan, *Empire News*, 1 Chwefror 1959. Gw. Gwyn Jenkins, 'Keep up with the Macs: the Devolution Debate of 1957–1959', *Planet*, 82, 1990, 84–89. Croesawodd Huw T. Edwards ei safbwynt: *Liverpool Daily Post*, 11 Rhagfyr 1958.

33. Wayne David, *Remaining True: a Biography of Ness Edwards* (Caerphilly, 2006), 66.

34. *Ibid.*, 93.

35. Aneurin Bevan, 'The Claim of Wales: a Statement', *Wales*, 25, Spring 1947, 13.

Pennod 13

Aneurin a'r Befaniaid 1951–1955

Dyddiau diflas oedd dyddiau'r Befaniaid i Aneurin Bevan, er mai ef oedd yr ysbrydoliaeth tu ôl i'r mudiad a dyfodd rhwng 1951 ac 1955. Wedi'r cyfan, ef oedd seren ddisgleiriaf y Llywodraeth Llafur o 1945 i 1951. Nid oedd neb i gystadlu ag ef o fewn y Cabinet. Creodd y Gwasanaeth Iechyd Cenedlaethol sydd yn un o flaenoriaethau pob Llywodraeth byth oddi ar 1948. Yr oedd ganddo weledigaeth ysbrydoledig o gymdeithas lle'r oedd ysbryd yr unigolyn yn bwysicach o lawer na chyfalaf.[1] Ac er ei bod hi'n siom iddo golli grym a chael ei frifo gan y Canghellor a'i orfodi i ymddiswyddo, yr oedd ganddo gymaint i'w gyfrannu o hyd i'r Blaid Lafur, a hoffai drafod gwleidyddiaeth yng ngoleuni ei syniadau sosialaidd. Yr oedd ganddo garisma a gorfoledd yn ei gyflwyniadau o lwyfan ac yn ei ddadleuon yn San Steffan. Ceid digon o ddychymyg a gwybodaeth ac argyhoeddiad ym mhob anerchiad ond, er y cwbl i gyd, nid oedd yn gwbl gysurus fel arweinydd y Befaniaid. Fel y dywedodd un o'i edmygwyr pennaf, Ian Mikardo:

> To anyone who knew him and worked with him, the idea of Bevan as a power-hungry conspirator was a belly-laugh.[2]

Ond yr hyn a ddigwyddodd oedd fod y grŵp dethol a alwai ei hun yn *Keep Left* wedi newid yr enw a mabwysiadu'r term Befaniaid, a hynny ar ymddiswyddiad y tri arwr, Bevan, Wilson a Freeman.

Dadansoddi a mesur a phwyso y Befaniaid.

Wrth ddadansoddi'r Befaniaid ar ddechrau eu siwrnai yn 1951, gwelwn fod yna 32 o Aelodau Seneddol Llafur, a dyfodd mewn blynyddoedd i 47, gyda dau Arglwydd o Dŷ'r Arglwyddi.[3] Yr oedd y Befaniaid yn gymdeithas bwerus, gan fod yn eu plith bump o gyn-Weinidogion y Goron, dau a ddaeth yn arweinwyr y Blaid Lafur Brydeinig, 14 a ddaeth yn Weinidogion yn y chwedegau, naw a welwyd ymhlith y Pwyllgor Gwaith a naw a ddaeth yn Arglwyddi.[4] Ceid chwech ohonynt a ddaeth yn awduron o bwys a naw ymhlith y dadleuwyr o'r radd flaenaf yn Nhŷ'r Cyffredin. Ond nid oedd neb ohonynt yn dod yn agos at ddisgleirdeb Aneurin fel areithydd. Y dasg o flaen y Befaniaid oedd ymchwilio'n ofalus, paratoi memorandwm i'w drafod a darparu ysgrifau i *Tribune* a phapurau trafod ar gyfer y grŵp cyfan.[5]

Yr oedd Fenner Brockway yn eu plith, un o wroniaid y Blaid Lafur Annibynnol ac awdurdod ar y trefedigaethau. Ysgrifennodd ar Sudan ac Uganda, dwy wlad ar gyfandir Affrica y gwyddai'n dda amdanynt. Deallusyn a fedrai fod yn ysbrydoledig ar brydiau oedd Richard Crossman ac yr oedd ef yn barod i drafod y problemau a ddeilliai o arfogi'r Almaen. Bodlonodd Richard Acland, a sefydlodd yn ystod yr Ail Ryfel Byd blaid wleidyddol o'r enw *Commonwealth*, ystyried bywyd ym Mhrydain heb gymorth cynllun Marshall a'r doleri a ddaeth o'r Amerig. Merch dalentog, fywiog oedd Barbara Castle ac yr oedd hi yn barod i osod ger bron yn ddestlus y rhesymau a orfododd Aneurin a'i ddau gefnogydd i ymddiswyddo o swyddi pwysig yn y Llywodraeth.

Aeth dau o'r tri a ymddiswyddodd, Bevan a Wilson, ati i gyhoeddi pamffledyn dan yr enw *One Way Only*. Dyma oedd y pamffledyn cyntaf dan nawdd *Tribune* a chan fod dau enw amlwg, y pwysicaf ohonynt i gyd, y tu ôl iddo, cafodd dderbyniad teilwng. Cyhoeddwyd can mil o gopïau a oedd yn gryn galondid.[6] Dadleuodd *One Way Only* fod problemau Prydain a'r byd yn rhai y gellid eu hwynebu o fewn fframwaith egwyddorion sosialaidd a thrafodwyd hefyd y ffiloreg fod yr Undeb Sofietaidd yn disgwyl yn eiddgar am y foment i ymosod ar y Gorllewin; yr unig reswm eu bod yn oedi oedd bod ym meddiant Prydain, Ffrainc a'r Unol Daleithiau arfau dinistriol a bomiau a godai ofn ar y gelyn. Dyna un o'r dadleuon a ddefnyddid dros ail-arfogi'r Almaen. Gwyddai'r Rwsiaid a Stalin gystal â neb nad oedd sail i'r fath honiad ac ni feddai'r Undeb Sofietaidd ddigon o adnoddau i gynnal ymosodiad llwyddiannus ar y gorllewin cyfalafol. Dilynwyd y pamffledyn *One Way Only* gan un arall, *Going Our Way*? Cafodd pamffledyn Geoffrey Bing, *John Bull's Other Ireland*, gylchrediad helaethach na *One Way Only*. Yr oedd cryn ddiddordeb yn sefyllfa'r Ynys Werdd. Ysgrifennodd Woodrow Wyatt astudiaeth o Israel, *The Jews at Home*.[7]

Yr oedd yr undebau llafur a'u harweinyddion yn ddrwgdybus o'r Befaniaid. Tuedd naturiol yr undebau llafur bob amser oedd pledio'r *status quo* ar wahân i Undeb y Glowyr a oedd yn aml yn cael eu hysgogi gan Gomiwnyddion. Ni allai Arthur Deakin, un â chysylltiadau agos â Chymru, gytuno ran amlaf ag Aneurin Bevan.[8] Byddai'r Comiwnyddion yn ei wylltio, hyd yn oed lladmeryddion yr adain chwith, fel ei gyd-swyddog Huw T. Edwards. Adlewyrchir y pryder am y bygythiadau ar arweinyddiaeth y Blaid Lafur Brydeinig yng nghylchgronau'r undebau yn bennaf. Yr oedd Thomas Williamson, arweinydd Undeb NUGMW (National Union of General and Municipal Workers), yn finiog ei feirniadaeth o'r Befaniaid.[9] Felly hefyd Syr William Lowther, arweinydd y glowyr a fu'n cefnogi Bevan a'r chwith am flynyddoedd, ond a oedd bellach yn brif ladmerydd a gwrthwynebydd iddo ar yr adain dde. Y gŵr oedd yn haeddu ac yn derbyn cefnogaeth gadarn gan yr undebwyr hyn oedd Hugh Gaitskell.[10] Cawsant gefnogaeth gyson y wasg Dorïaidd a fyddai'n ymosod yn ffiaidd ar Aneurin Bevan a'i ddilynwyr. Gellid deall agwedd y wasg a oedd yn llawn cynddaredd at y Blaid Lafur. Byddai rhai o'r papurau fel y *Daily Mail* yn falch o ddileu'r Blaid Lafur a'r Befaniaid oddi ar wyneb y ddaear ond ceid Llafurwyr ymroddgar yn coleddu yr un atgasedd.

Gwrthwynebiad Bessie Braddock i Bevan

Un o'r rhain oedd Bessie Braddock, Aelod Seneddol Llafur etholaeth Exchange yng nghanol dinas Lerpwl. Credai hi mai'r gwleidydd a wnaeth fwyaf o ddrwg i'r Blaid Lafur yn y tridegau, adeg yr Ail Ryfel Byd ac yn y pumdegau cynnar oedd Aneurin Bevan.[11] Y drafferth, meddai Bessie Braddock, oedd fod iddo bedair personoliaeth wahanol. Yn gyntaf, yr oedd ysfa Aneurin am ei fynegi ei hun yn gwbl anghyffredin. Daeth y glöwr a'r actifydd yn Nhredegar yn siaradwr gorau Tŷ'r Cyffredin. Yn ail, yr oedd yn ei chael hi'n anodd i gydweithio â'i gyd-Lafurwyr oddi mewn i San Steffan. Unigolyn eithafol ydoedd, fel llawer iawn o'r Befaniaid, er enghraifft y bargyfreithiwr o Lerpwl Sydney Silverman a'r Cymro alltud Emrys Hughes, ffrind pennaf Gwynfor Evans pan aeth ef i'r senedd am y tro cyntaf yn 1966. Yn drydydd, datganai frawddegau a pharagraffau cwbl gyfeiliornus, yn arbennig pan oedd yn annerch cyfarfodydd cyhoeddus. Dywedodd yn 1941 fod y 'Blaid Lafur yn marw a bydd wedi marw yn fuan', gosodiad i gythruddo Bessie Braddock ynghanol y bomio ar ddinas Lerpwl.[12] Gosodiad di-sail oedd hwn yng ngolwg gwraig oedd yn peryglu ei bywyd i yrru ambiwlans ynghanol gwres y fflamau a'r bomio a ddinistriodd ran helaeth o'r etholaeth y byddai hi maes o law yn ei chynrychioli dros Lafur. Beirniadai ei gyd-Lafurwyr yn ddidrugaredd. Llwyddodd i feirniadu Syr Walter Citrine, brodor o Wallasey ac Ysgrifennydd Cyffredinol Cyngres yr Undebau Llafur, a'i alw, yn anhrugarog o annheg, yn 'wleidyddol anllythrennog'.[13] Bu dylanwad Citrine ar bolisïau tramor y Blaid Lafur yn aruthrol, cymaint mwy na Bevan yn y tridegau, fel y ceisiodd nifer ohonom, gan gynnwys awdur y gyfrol hon, ei danlinellu mewn erthyglau a chyfrolau.[14] Ernest Bevin oedd un arall a feirniadwyd ganddo yn annheg, ac oddi wrth Citrine y cafodd ef yr arfogaeth ddeallusol i lywio agwedd y Blaid Lafur tuag at beryglon Rhyfel Byd arall yn y tridegau. Yr oedd Bevin yn ŵr hynod o eiddigeddus ond nid oedd mor wyllt yn emosiynol ag Aneurin Bevan. Ynghyd â'r gosodiadau ymfflamychol byddai'n tueddu'n gyson i addo gormod, yn arbennig pan oedd yn Weinidog y Goron. Dywedodd Aneurin wrth lowyr a selogion y Blaid Lafur yn Durham ar 20 Orffennaf 1946 y byddai ei lywodraeth, erbyn yr Etholiad Cyffredinol nesaf, wedi adeiladu digon o dai i gwrdd â'r galw. Ni fyddai prinder ym Mhrydain a byddai'r dosbarth gweithiol â chartrefi clyd ar eu cyfer. Methodd gyrraedd y nod, ac yn wir gwyddai hynny ei hun. Haerodd Herbert Morrison fod siarad gwag Bevan wedi costio deg sedd ar hugain o leiaf i'r Blaid Lafur yn Etholiad Cyffredinol 1950.[15] Wedi'r cyfan bu Bevan yn ymosod ar Undebau Llafur am ugain mlynedd a mwy nes creu diflastod cyson ymhlith barwniaid yr Undebau pwerus. Galwodd Bessie Braddock ef yn 'Aneurin Gwyllt' ac 'Aneurin Difeddwl'.[16] Bu'r Gwasanaeth Iechyd yn destun cynnen rhwng y ddau, a hwythau wedi bod yn gryn ffrindiau am flynyddoedd.[17]

Un o'r gweithgareddau a gychwynnwyd gan y Befaniaid oedd yr hyn a elwid yn *Brains Trust* ar batrwm rhaglen a fu'n boblogaidd ar donfedd y BBC adeg yr Ail Ryfel Byd. Ceid panel o bedwar a gwahoddid pobl i anfon cwestiynau i'w hateb gan y panelwyr dan gadeiryddiaeth person amlwg. Ian Mikardo oedd y Cadeirydd ran amlaf a byddent yn teithio o un etholaeth i'r llall. Byddai'r panelwyr yn bobl hynod ddiddorol a cheid o leiaf bump ohonynt weithiau oedd yn barod i ateb y cwestiynau yn gyson. Yr oedd Jennie Lee a Barbara Castle yn barod i ymateb, ynghyd â Julius Silverman, Leslie Hale a Konni Zilliacus, a feddai ar wybodaeth eithriadol ar faterion tramor. Ond y seren lachar oedd y Cymro o Bontypridd yn wreiddiol, Harold Davies.[18] Yr oedd yn Aelod Seneddol dros etholaeth Leek ym maes glo Swydd Stafford. Meddai ar chwerthiniad iachus a mynegai ei hun mewn iaith flodeuog ag acen Gymreig a felysai glustiau'r tyrfaoedd a ddeuai ynghyd. Byddai'r neuaddau lle y cynhelid y cyfarfodydd dan eu sang, a chofier iddynt gynnal 150 o'r cyfarfyddiadau hyn. Byddai modd hysbysebu'r cyfarfodydd yn wythnosol yn y *Tribune* a'r *New Statesman*, a deuai deiliaid y Blaid Lafur yn selog i wrando a chwifio dwylo. Cynyddodd aelodaeth y Blaid Lafur yn 1952 ac 1953 i'r uchafbwynt o dros filiwn o aelodau, yn bennaf trwy Bevan a'i ddilynwyr, hyd yn oed yn fwy nag y llwyddodd Jeremy Corbyn eu sicrhau o 2016 i 2019. Braf oedd gweld cylchrediad y *Tribune* yn cynyddu yn wythnosol i ddeunaw mil o gopïau.[19]

Ac eto, nid oedd gan y Befaniaid unrhyw raglen wefreiddiol i'w rhannu â'r etholwyr. Dadleuodd Nicklaus Thomas-Symonds yn ddigon teg fod y ddau wersyll, y Befaniaid ar un llaw a dilynwyr Gaitskell ar y llaw arall yn reit agos at ei gilydd o ran ideoleg ac agwedd wleidyddol:

> There is, in fact, a deeper explanation that neither Gaitskellites nor Bevanites would care to admit: Gaitskell and Bevan were not that far apart on domestic policy. Both identified themselves as socialist. While their adherence to the main political actors, Bevan and Gaitskell, divided their followers, beyond that it was not so easy to identify Bevanites as 'left' and Gaitskellites as 'right'.[20]

Nid materion yn ymwneud â'r gymdeithas ym Mhrydain oedd yn rhannu'r Aelodau Seneddol ac eraill ond eu hagwedd at faterion tramor. Hyd haf 1950 yr oedd Bevan wedi cefnogi polisi Attlee a Bevin ar y berthynas â'r Unol Daleithiau trwy flynyddoedd y Llywodraeth, yn arbennig o'r flwyddyn 1945. Yn 1950 cafwyd Rhyfel yng Nghorea a newidiodd agwedd yr Unol Daleithiau yn gyfan gwbl, o gyflwyno cymorth economaidd i wario ar arfau rhyfel. Derbyniodd y Llywodraeth Lafur yr angen am ddefnyddio adnoddau ar arfau ond yr oedd yr adain chwith yn anfodlon a daeth hynny'n fwy amlwg ar ôl i Aneurin ymddiswyddo.

Cynyddodd y gagendor rhwng y Befaniaid a'r Blaid Lafur Seneddol ac roedd yn un o'r rhesymau pam y methodd Llafur adennill llywodraeth yn 1955.

Befaniaid yn feirniadol ar faterion amrywiol

Yr oedd y Befaniaid yn feirniadol o bolisi tramor America ar yr holl faterion pwysig, ar gwestiwn cydweithio â llywodraeth y Cadfridog Franco yn Sbaen, ar ailarfogi'r Almaen ac, yn bennaf, ar y modd yr ymleddid yng Nghorea a'r methiant i gydnabod Tseina.[21] Nid oedd ganddynt gydymdeimlad â'r Gweriniaethwyr a ddaeth i rym yn yr Unol Daleithiau yn 1952 ac, yn fwy na dim, â chrwsâd McCarthy yn y blynyddoedd 1953–1954 yn erlid pobl fel Paul Robeson a goleddai syniadaeth y chwith.[22] Erbyn canol y pumdegau yr oedd cefnogaeth y chwith i'r Unol Daleithiau wedi diflannu bron yn llwyr. Ni fu neb yn fwy brwdfrydig dros yr Amerig na Jennie Lee. Croesodd hi Fôr yr Iwerydd yn gyson yn y tridegau, ac nid hi yn unig; mae rhestr hir o gefnogwyr yr adain chwith[23] a deithiai i'r Amerig ar gael. Gan nad oedd Bevan mewn llywodraeth nac eraill o'i gefnogwyr, teimlid rhyddid i ymosod ar bolisi yr Unol Daleithiau. Ni allai Bevan weld synnwyr o gwbl yn agwedd America at Tseina. Teimlai fod angen dod i gytundeb ym mherthynas Prydain â'r byd Comiwnyddol. Yr oedd y sefyllfa a'r methiant i godi pontydd yn peryglu sefyllfa Prydain yn Ewrop fel yn y Dwyrain Canol. Heb ddod i gytundeb â'r gwledydd Comiwnyddol yr oedd Prydain yn gadael i Gomiwnyddiaeth ymledu yn ei dylanwad.[24]

Ond yr oedd gan Aneurin ei feirniaid o fewn cylch y Befaniaid, yn bennaf Harold Wilson a Richard Crossman. Teimlai'r ddau fod Aneurin yn aml yn penderfynu gweithredu heb ymgynghori o gwbl â hwy na neb arall. Ac ar ben hynny, disgwyliai iddynt roddi cefnogaeth ddi-ildio iddo yn yr hyn a ddywedwyd neu a weithredwyd. Dyna fan gwan yn ei gymeriad. Rhoddodd Ian Mikardo ei fys ar hyn:

> The trouble with Nye was that he wasn't a team player: that was a defect which often worried me and occasionally irritated me though sometimes I wondered whether it was too much to expect a man of this incomparable political genius, of his stature head and shoulders above the rest of us and of everyone around him, to have the patience, the restraint, the self-obligation that team working demands.[25]

Sylweddolai pob un ohonynt fod Bevan yn anhepgorol. Hebddo ef nid oedd mudiad yn bodoli er bod doniau amlwg yn eu plith. Ceid gwleidyddion hynod o alluog, pobl a fedrai fargeinio, llefaru ac ysgrifennu'n raenus, ac eto nid oeddent yn meddu ar bersonoliaeth Aneurin. Yr oedd Richard Crossman wrth ei fodd yn gwasgaru clecs, yn cynllwynio a hel straeon wrth y bwrdd bwyd.[26] Yr oedd Harold Wilson mor wahanol. Ei unig nod oedd cyrraedd y brig a bod yn arweinydd ac, os yn bosibl, yn Brif Weinidog. Dangosodd ei dad ddrws rhif 10 Stryd Downing iddo pan oedd yn wyth oed a thrwy hwnnw y dymunai ef gerdded yn y pen draw. Nid oedd Aneurin yn meddu yr uchelgais honno. Dywedodd yn ddigon onest:

> I started my political life with no clearly formed personal ambition as to what I wanted to be, or where I wanted to go. I leave that nonsense to the writers of romantic biographies. A young miner in a South Wales colliery, my concern was with the one practical question: where does power lie in this particular state of Great Britain and how can it be attained by the workers?[27]

Mor wahanol oeddynt. Am y gweddill o'r mawrion, meddylier am Jennie Lee. Yr oedd hi, fel y dywedodd Mikardo a Tom Driberg, wedi aberthu ei gyrfa wleidyddol i gefnogi ei gŵr. Gwnaeth y gorau a fedrai i'w amddiffyn rhag y bleiddiaid beirniadol ond nid oedd yn ddall i'w ffaeleddau. Byddai'n barod, ar dro, i anghytuno'n llwyr pan gredai fod Nye, fel y'i galwai, yn cyfeiliorni. Ar ôl ei farwolaeth y cafodd hi ei chyfle, pan ofynnodd Wilson iddi fod yn Weinidog y Celfyddydau.[28] Un o'i gweithredoedd mawr oedd sefydlu'r Brifysgol Agored, cofadail cywir i'w doniau diamheuol. Yr oedd Michael Foot yn hanner addoli Aneurin o'r diwrnod cyntaf y'i gwelodd ef yng nghwmni Stafford Cripps, ac yr oedd hynny yn wir am newyddiadurwr galluog arall, J. P. W. Mallalieu, a addysgwyd ym Mhrifysgol Rhydychen ac a ddaeth yn ddiweddarach yn Aelod Seneddol Llafur Dwyrain Huddersfield.[29] Yr oedd Jennie, Michael a Mallalieu yn aelodau o Fwrdd Golygyddol *Tribune*. Newyddiadurwr arall a fu'n agos at Aneurin oedd Tom Driberg, anwadal ac anfoesol yn aml er yn ymhyfrydu yn ei Gristnogaeth, a byddai ganddo ef golofn ddifyr bob Sul yn *Reynold's News*.

Bevan yn gorfod cadw llygad ar y rhai o'i gefnowyr galluocaf

Daeth yn ddydd o brysur bwyso ym mis Ebrill 1954, pan benderfynodd Eisenhower yn Washington drefnu bloc milwrol yn Ne-ddwyrain Asia. Rhoddodd Anthony Eden, yr Ysgrifennydd Tramor a fyddai'n dilyn Churchill fel Prif Weinidog, ei gefnogaeth lwyr a mynnodd Attlee gefnogi o hirbell. Yr oedd hi'n anodd arno, gan y gwyddai y byddai Bevan yn sicr o wrthwynebu. Cerddodd Bevan ymlaen yn dalog gan ddweud na allai ef gefnogi Clement Attlee. Y diwrnod canlynol, heb ymgynghori â neb o'r Befaniaid, ymddiswyddodd y rebel o Gabinet yr Wrthblaid. Dan reolau'r Blaid Lafur Seneddol yr oedd lle gwag yng Nghabinet yr Wrthblaid a chynigid lle i'r gwleidydd a gafodd y bleidlais fwyaf yn yr etholiad diweddaraf. Harold Wilson oedd hwnnw. Neidiodd y brawd uchelgeisiol at y cyfle, er syndod i Mikardo, gan iddo gefnogi safbwynt Bevan ar bolisi De-ddwyrain Asia.[30] Yr unig un yr oedd Wilson wedi ymgynghori ag ef oedd Richard Crossman. Credai Wilson i Bevan wneud y dewis iawn, gan na chysylltodd â'i gyd-aelodau cyn ymddiswyddo. Yr oedd hi yn gryn dipyn o argyfwng, ond sylweddolodd Bevan fod rhai o'r gwleidyddion oedd yn agos ato yn barod iawn i'w fradychu, yn arbennig Wilson a Crossman. A gwyddai hefyd beth oedd agwedd arweinwyr yr Undebau. Yr oedd barwniaid yr Undebau yn benderfynol o gadw Bevan a'r Befaniaid mor fud ag y gallent o fewn y cynadleddau blynyddol. Digwyddodd hynny yng Nghynhadledd Flynyddol y Blaid Lafur ym Morecambe ym mis Hydref 1952, cynhadledd hynod o gecrus. Cadwyd Ian Mikardo a Barbara Castle o'r llwyfan yn gyfan gwbl a hynny yn bwrpasol, ac ni chafodd Aneurin Bevan, eilun y cynadleddau hyn ers y tridegau, gyfle i gymryd rhan ond mewn un ddadl yn unig.[31] Ar yr ochr arall, cafodd Hugh Gaitskell a'i gefnogwyr lawer mwy o gyfle i siarad a dadlau.[32] Uchafbwynt y gynhadledd oedd yr etholiadau i Bwyllgor Gwaith y Blaid Lafur ac o blith y rhai a etholwyd y byddai'r arweinydd yn dewis aelodau Cabinet yr Wrthblaid. Bu'r Befaniaid yn cenhadu'n galed ymhlith cynrychiolwyr yr etholaethau dros enwau gwleidyddion y chwith i fod ar y Pwyllgor Gwaith. A chafwyd buddugoliaeth eithriadol. Cafodd Aneurin Bevan fwy o bleidleisiau na neb arall o'i ddilynwyr. Daeth Barbara Castle yn ail ac enillodd Ian Mikardo a Tom Driberg eu lle ac, am y tro cyntaf, etholwyd Harold Wilson a Richard Crossman, tra collodd Herbert Morrison a Hugh Dalton eu lle.[33] Yr unig un tu allan i'r Befaniaid a gadwodd ei le oedd Jim Griffiths, a bu ef ar frig yr etholiad hwn o 1951 i 1955.[34]

Pan benderfynodd Attlee roddi'r gorau iddi fel arweinydd, talodd Bevan wrogaeth iddo yn y *Tribune*, arwydd o fawrfrydigrwydd y Cymro tanbaid.[35] Rhoddodd iddo wrogaeth am ofalu bod aelodau'r Blaid Lafur yn teimlo yn ddiogel gydag ef wrth y llyw. Yr oedd Attlee yn meddu ar ddawn anhygoel, yr hyn a alwodd Aneurin yn 'unique gift of intuition'.[36] Yr oedd hynny yn rhan o'i gymeriad a bu'n hyfrydwch gweithio oddi tano, er gwaethaf aml i ffrae a diffyg cytundeb. Pe bai Jim Griffiths ddeng mlynedd yn ieuengach mae'n amlwg y byddai ef wedi dilyn Clement Attlee fel arweinydd y Blaid Lafur Brydeinig. Penderfynodd Bevan sefyll a hefyd Herbert Morrison, a oedd wedi llygadu'r swydd ers ugain mlynedd. Ond ar 14 Rhagfyr 1955 etholwyd Hugh Gaitskell yn arweinydd, gan guro Aneurin Bevan a Herbert Morrison.[37] Cafodd 157 pleidlais, Bevan 70 a Morrison 40. Cafodd Morrison siom ei fywyd, nid am ei fod wedi colli ond am iddo dderbyn cyn lleied â deugain pleidlais. Gadawodd yr ystafell â'i ben i lawr a cherddodd allan, a cheisiodd George Wigg, un a oedd â'i fys ymhob briw, a Mikardo ei gysuro.[38] Sylweddolodd Bevan ei fod yn bell iawn ohoni ac mai'r peth gorau y gallai ef ei wneud oedd mynd ati i gydweithio â Gaitskell er budd y Blaid Lafur. Rhaid cofio bod Aneurin a Hugh yn bobl reit emosiynol ond Aneurin oedd yr un mwyaf emosiynol. Pan oedd y ddau gyda'i gilydd, nid oedd yn hawdd cael y gair olaf. Dangosodd adain dde y Blaid Lafur yn glir i Bevan nad oedd yn dderbyniol o gwbl. Yr oedd y Blaid Lafur Seneddol am gael gwared â'r Befaniaid ar ôl Cynhadledd Margate, a phleidleisiwyd o 188 i 51 i gael gwared o'r grŵp. Safodd Aneurin Bevan yn erbyn Morrison ym mis Tachwedd 1952 a gwelodd ei fod yn bell ohoni.[39] Collodd o 194 pleidlais i 82. Y mis nesaf, Rhagfyr 1952, cytunodd y Befaniaid 'gau drws y siop' a bu bygythiad hefyd i'r *Tribune* a'r *Brains Trust* ond cafodd yr olaf ei arbed, gan ei fod yn creu cymaint o ddiddordeb yn yr etholaethau.

Perthynas Bevan gyda arweinwyr y gwledydd

Sylweddolodd Bevan fod ei safiad yn peri trafferth ddiangen iddo ac nid oedd ganddo gymaint o ffrindiau dibynadwy o fewn y grŵp. Yr oedd gwleidyddiaeth bob dydd yn ei wneud yn swp sâl a chododd ei olygon i'r byd mawr agored. Teithiodd i India, Pacistan, Burma ac Israel. Mewn anerchiad yn Delhi ar 28 Chwefror 1953 i Gyngor Materion y Byd, amlinellodd fraslun o'i weledigaeth ar bynciau'r dydd. Yr oedd o blaid y 'drydedd ffrwd', a rhybuddiodd India rhag ei huniaethu ei hun â'r pwerau mawr, naill ai Rwsia neu'r Unol Daleithiau. Ym mis Awst y flwyddyn honno bu ef a'i briod yn Iwgoslafia ac ym mis Rhagfyr yn yr Aifft. Yr oedd edmygedd mawr ohono yn y gwledydd hyn, mwy nag ym Mhrydain. Dros y blynyddoedd yr oedd wedi dod yn gyfeillgar iawn â gwladweinwyr y gwledydd. Daeth yn bennaf ffrindiau â Pandit Nehru, Marshal Tito, Pierre Mendès-France, Pietro Nenni, Ben-Gurion a Yigal Allon.

Tro i Israel

Ar ei ffordd adref o'r Dwyrain Pell arhosodd yn Israel, yr oedd ganddo feddwl mawr ohoni fel gwlad a phobl oddi ar ddyddiau'r Ysgol Sul. Ac yr oedd llond dwrn o Iddewon ym Mhrydain yn dra charedig tuag ato fel y gwelwyd yn y cofiant hwn. Yn Israel, cyfarfu Bevan â'r ddirprwyaeth a oedd yno o'r Senedd, sef Ian Mikardo, Elwyn Jones, brodor o Lanelli ac Aelod Seneddol West Ham, a George Thomas, Cymro arall.[40] Tri Chymro ac Iddew yn cyfeillachu â'i gilydd yng Ngwlad yr Addewid. Cyfarfu'r pedwar yn Llysgenhadaeth Prydain yn Tel Aviv.[41] Gwyddai Bevan am y cynrychiolwyr o'r Blaid Lafur Seneddol trwy ei briod. Bu chwerthin braf ymhlith y Cymry fod Morrison, o bawb, wedi cael ei drechu gan George Thomas. Cyflwynodd Aneurin adroddiad iddynt o'i ymweliadau ac yn arbennig y sefyllfa ar is-gyfandir India. Yr oedd India yn cynyddu yn ei dylanwad ar lwyfan y byd, Burma ar ôl rhyfel cartref gwaedlyd yn troi ei golygon at yr Undeb Sofietaidd ac yr oedd Pacistan, fel gwlad Islamaidd, yn dioddef o ddiffyg rhyddid yr unigolyn.[42] Dysgodd pob un ohonynt oddi wrth Bevan; hyn oedd un o'i ragoriaethau.

Dyddiau'r Fferm yn rhoddi ysbrydiaeth newydd i'r ddau ohonynt

Bu prynu'r fferm yn Asheridge yn haf 1954 yn bwysig i Jennie a Nye ac fel y gwelsom, bu'r cyfnod fel ffermwr yn flynyddoedd o hapusrwydd mawr y tu allan i'r byd gwleidyddol lle'r oedd dan y chwyddwydr yn barhaus. Dangosodd y Blaid Lafur ddiffyg parch iddo, ac erbyn 1955 yr oedd clic o bobl fel Arthur Deakin, Hugh Gaitskell a Tom Williamson yn grediniol y dylid cael gwared ohono unwaith ac am byth. Ar 7 Mawrth 1955 cyfarfu Pwyllgor Seneddol y Blaid Lafur i drafod Aneurin Bevan.[43] Y bwriad oedd tynnu'r Chwip oddi arno ynghyd â'r holl fendithion o fod yn aelod o'i Blaid. Dim ond pedwar oedd o'i blaid, sef ei gyfaill ffyddlon Jim Griffiths, Harold Wilson, Hugh Dalton ac Alf Robens.[44] Gan fod Bevan yn sâl, gohiriwyd y dewis ac ni chyfarfu'r Blaid Lafur Seneddol cyn 16 Mawrth. Yn y cyfarfyddiad hwnnw ceisiodd Fred Lee, Aelod Seneddol Llafur Newton le-Willows, liniaru'r sefyllfa trwy gynnig gwelliant. Nid oedd y mwyafrif o'r Llafurwyr am arbed Aneurin a phleidleisiwyd o 141 i 112 i ddwyn y Chwip oddi arno.[45] Symudodd y ddrama i'r Pwyllgor Gwaith, er mwyn trafod ei ddiswyddo'n gyfan gwbl. Anfonodd aml i Bwyllgor Gwaith y Blaid Lafur yn yr etholaethau lythyron yn eiriol am drugaredd ond yr oedd ganddo elynion digymrodedd yn yr Undebau Llafur, fel y gwelsom. Mewn gwirionedd anfonodd un o'r rhain, Syr Vincent Tewson, Ysgrifennydd Cyffredinol yr Undebau Llafur, lythyr digon cas at Gaitskell lle y dywed:

> Somewhere along the road ... Nye ceased to be of use to democratic socialism and became a rogue elephant – a menace to the movement.[46]

Ni ellid dweud dim gwaeth. Pwrpas gwleidyddiaeth i Bevan oedd hyrwyddo sosialaeth ddemocrataidd ac ni fynnai fod yn faich nac yn berygl i'r mudiad a garai mor angerddol o'i lencyndod; yn sicr ni ddymunai fod yn eliffant!

Attlee yn gofalu am ddyfodol Bevan o fewn y blaid

Ond ni chaniataodd Attlee i'r Blaid Lafur Seneddol ddarnio na diswyddo Bevan. Dywedodd yn y cyfarfod tyngedfennol ar 23 Mawrth 1955 ei fod yn golygu i Bevan baratoi datganiad i'r Pwyllgor Gwaith a chael ei groesholi gan Is-bwyllgor a fyddai'n ateb yn ôl i'r Pwyllgor llawn.[47] Cytunwyd ar hyn o drwch blewyn, o 14 i 13 pleidlais. Cymerodd Attlee y sefyllfa i'w ddwylo ei hun a chyfarfu â'r rebel, gan awgrymu iddo ymddiheuro mewn sachliain a lludw. Ac erbyn i'r Is-bwyllgor gyfarfod ar 29 Mawrth a'r Pwyllgor Gwaith y diwrnod canlynol, yr oedd Atlee wedi llwyddo i dawelu'r storm. Derbyniwyd ymddiheuriad Bevan o ugain pleidlais i chwech. Mae'n amlwg mai Attlee oedd yr un a gafodd y gair olaf, er bod rhesymau eraill o blaid cadw Bevan o fewn y rhengoedd, a hwythau'n sicr o wynebu Etholiad Cyffredinol.[48] Yn wir, yr oedd yr etholiad wrth y drws. Gwyddai Attlee pe byddai Tewson a Williamson a'r gweddill wedi llwyddo i ddiarddel Aneurin Bevan, y byddai'r Blaid Lafur wedi ei chlwyfo am byth. Manteisiodd Anthony Eden ar sefyllfa ddyrys y Blaid Lafur, a'i herlid ar Bevan, i alw Etholiad ar 15 Ebrill, a'r dydd pleidleisio ar 26 Mai. Gwnaeth Bevan ei orau glas i ymddwyn fel plentyn wedi cael y gansen. Ond yr oedd ei iaith yr un mor lliwgar hyd yn oed yn ei awr wan. Cymharodd y Torïaid â chenfaint moch yng ngeiriau'r Testament Newydd, yn rhuthro dros y creigiau i foddi yn y môr. Ond gwnaeth y Torïaid fôr a mynydd o'r gyffelybiaeth, a olygai lawer yr adeg honno mewn oes pan oedd y capeli yn dal yn gysurus lawn. Mynegodd y sylwebydd craff David Butler hyn yn gofiadwy:

It was only an innocent biblical metaphor but it was eagerly seized on by Conservative speakers and journalists as evidence that the man who had once called them vermin was now calling them swine.[49]

Gosodwyd enw a dywediadau Bevan yn llenyddiaeth yr ymgeiswyr Torïaidd, o leiaf ddeg y cant a mwy ohonynt, a soniodd Winston Churchill ei hun yn ei etholaeth yn Woodford am y dyn drwg a greai ofid ar hyd a lled y byd. Dyma union eiriau y cyn-Brif Weinidog:

The politician who causes most anxiety to every friend and ally of Britain all over the world. Undoubtedly his influence in the Socialist Party is great and growing. This is the man, this valuable careerist, who has called at least half his countrymen all sorts of names which have been helpful on our party platform.[50]

Nid oedd rhaid i Bevan boeni am y Torïaid yng Nglynebwy. Safodd yr un ymgeisydd yn ei erbyn yn 1955 ag a safodd yn 1951 a chafodd Bevan fwyafrif mawr fel y disgwylid.[51] Ond ym Mhrydain yn gyffredinol enillodd y Torïaid y dydd â 344 o seddau, a Llafur ymhell ar ei hôl hi â 277.[52]

Beiwyd Bevan gan aml un am fethiant Llafur i ennill y dydd. Nid oedd y cyhuddiad yn deg, oherwydd collir etholiad am amryw o resymau.[53] Ond yr oedd newyddiadurwyr y wasg yn agos ati wrth gyfeirio at y rhyfel cartref yn rhengoedd y Blaid Lafur ar ôl i Bevan golli'r Drysoryddiaeth yng Ngynhadledd Flynyddol 1954. Cythruddwyd Bevan gymaint fel y dywedodd ar lwyfan rali y *Tribune* yn y Gynhadledd honno fod peiriant ei Blaid o dan Gaitskell yn 'desiccated calculating machine'.[54.] Rhaid cofio, erbyn Etholiad Cyffredinol 1955, fod dyddiau'r Befaniaid ar ben, a phan ddaeth hi yn frwydr am arweinyddiaeth y Blaid Lafur rhwng Gaitskell a Bevan fod yna rai Befaniaid wedi pledleisio yn ôl pob si i Gaitskell. Gwyddom hefyd mai Etholiad Cyffredinol 1955 oedd y tro cyntaf i'r teledu chwarae rhan allweddol yn yr ornest ddemocrataidd. Nid oedd cymhariaeth rhwng y ddau arweinydd, Clement Attlee ac Anthony Eden. Yn eu rhaglen etholiadol, galwai'r Blaid Lafur am ailwladoli trafnidiaeth, cludiant ffordd, haearn a dur ac ailystyried gorfodi gwasanaeth milwrol. Teithiodd Aneurin Bevan ar hyd a lled y wlad, gan annerch cyfarfodydd mawr ym mhob man. Ond teimlai ef ac eraill o'r prif gyfathrebwyr fod yna ddifaterwch mawr ymysg yr etholwyr, a gellid cydnabod ar ben hynny fod apêl polisïau Llafur yn ddigon cyfyng mewn oes oedd yn gwella ei byd. Ni fu'r rhyfel cartref rhwng y Befaniaid a gweddill y Blaid Lafur yn gymorth etholiadol. Yn nedfryd yr Etholiad mynegodd y *Sunday Dispatch* y canlyniad mewn brawddeg sydd yn dweud llawer o wir:

Apart from their own impressive record as a government, the Conservative Party's greatest asset was undoubtedly Mr. Aneurin Bevan.[54]

Mwynhad pur oedd cael Anthony Eden fel y cocyn hitio, gan fod Bevan wedi dweud amdano ddeunaw mlynedd yn gynt:

Beneath the sophistication of his appearance and manner he has all the unplumable stupidities and unawareness of his class and type.[55]

Nodiadau a Chyfeiriadau

1. Nicklaus Thomas-Symonds, *Nye: The Political Life of Aneurin Bevan* (London, 2015), 205. 'He had a vision of society – to be given expression in his book *In Place of Fear* – in which human spirit meant more than material wealth.'

2. Ian Mikardo, *Back-bencher* (London, 1988), 169.

3. *Ibid.*, 120. Ceffylau blaen y Befaniaid oedd y rhain: Aneurin, Harold Wilson, John Freeman, Richard Acland, Harold Davies, Leslie Hale, Barbara Castle, Jennie Lee, Jo Richardson (ysgrifennydd y cofnodion), Richard Crossman, Hugh Delargy, Ian Mikardo, Will Griffiths, Kim Mackay, Tom Driberg, Emrys Hughes a J. P. W. Mallalieu. Tri Chymro a phob un yn cynrychioli etholaethau yn Lloegr a'r Alban. Ciliodd y Befaniaid Cymreig i'r cysgodion yn weddol fuan, yn arbennig Cledwyn Hughes, George Thomas a Tudor Watkins. Ni fu S. O. Davies (Merthyr) yn gefnogwr ond ar achlysuron arbennig.

4. *Ibid.* Yr hyn a unai'r Befaniaid oedd teyrngarwch personol i Aneurin Bevan fel meddyliwr, dyn a gwleidydd carismatig.

5. Yr oedd gwladoli yn un o'r blaenoriaethau pennaf.

6. Mikardo, *ibid.*, 121.

7. *Ibid.*, 122.

8. Gw. astudiaeth ohono gan un o haneswyr y chwith, V. L. Allen, *Trade Union Leadership, based on a Study of Arthur Deakin* (London, 1957). Ystyriai Deakin mai Cei Conna oedd ei gartref ac ar ôl symud i'r pencadlys yn Llundain, dychwelai'n gyson i Lannau Dyfrdwy. Gw. Gwyn Jenkins, *Prif Weinidog Answyddogol Cymru* (Talybont, 2007), 78.

9. Gw. T. Williamson, 'Disloyalty within the Labour Party', *NUCMW Journal*, cyf. 15, rhif 11, Tachwedd 1952, 336. Paratowyd maniffesto'r Blaid Lafur Brydeinig ar gyfer Etholiad Cyffredinol 1951 gan Aneurin Bevan, Hugh Dalton, Sam Watson (Ysgrifennydd Undeb Glowyr Durham) a Morgan Phillips.

10. Yn ystod Cynhadledd Flynyddol y Blaid Lafur yn Scarborough yn Hydref 1951 y gwnaed y penderfyniad gan arweinwyr pwysicaf yr Undebau i rwystro Aneurin Bevan rhag bod yn arweinydd y Blaid Lafur. Cyfarfu Will Lowther, Llywydd Undeb Glowyr Prydain, yr NUM, Tom Williamson, Ysgrifennydd Cyffredinol y General and Municipal Workers' Union, ac Arthur Deakin, olynydd Bevin fel Ysgrifennydd y T&GWU, â'i gilydd yng Ngwesty Sant Nicholas i gladdu'r syniad o gael Bevan yn olynydd i Attlee. Gaitskell oedd y dewis ddyn y diwrnod hwnnw ac yn y blynyddoedd i ddod. Gw. Nicklaus Thomas-Symonds, *Nye, ibid.*, 199.

11. Jack and Bessie Braddock, *The Braddocks* (London, 1963), 203.

12. *Ibid.*, 204.

13. *Ibid.*, 205.

14. Gw. Neil Riddell, 'Walter Citrine and the British Labour Movement 1925–1935', *History*, 85/278 (2000), 285–306. Am astudiaeth o'r hyn a ysgrifennwyd am Citrine, gw. D. Ben Rees, 'Citrine, Walter (Llechennan), 1st Baron Citrine (1887–1983)' yn *Reader's Guide to British History*, cyf. 1, A to L, gol. David Loades (New York and London, 2003), 263–264.

15. Jack and Bessie Braddock, *The Braddocks*, 207. Ceir astudiaeth drylwyr o Morrison yn Bernard Donoughue and G. W. Jones, *Herbert Morrison : A Potrait of a Politician* (London, 1973).

16. Jack and Bessie Braddock,*The Braddocks*, 207.

17. *Ibid.*, 210.

18. Mikardo, *ibid.*, 124.

19. Kenneth O. Morgan, *Michael Foot* (London, 2007), 160; David Butler and Gareth Butler, *Twentieth Century British Political Facts 1900–2000* (London, 2000), 158–159.

20. Nicklaus Thomas-Symonds, *Nye, ibid.*, 206–207.

21. Henry Pelling, *America and The British Left: From Bright to Bevan* (London, 1956), 152.

22. Dywed Pelling: 'Just as in the period of the Marshall Plan, the Labour Left had found ideological reasons for its friendship with America by emphasizing the significance of the Fair Deal and Truman's Fourth Point, and exaggerating the political importance of the

American Labour Movement, so now the Bevanites justified their attention by stressing the instability of American capitalism, the likelihood of an early economic depression in the United States, the influence of "big business" in the councils of the Republican Party (which returned to power in 1952) and finally the irresponsible character of the Anti-Communist "witch-hunt" which reached its climax under Senator McCarthy's leadership in 1953–1954.' Gw. *ibid.*, 152.

23. Rhydd Henry Pelling restr hir o'r radicaliaid a'r sosialwyr oedd yn gefnogol i'r Unol Daleithiau. Ymwelodd Attlee â'r wlad fawr yn 1907, 1941, 1945, 1950; Aneurin Bevan yn 1934; Ernest Bevin yn 1915, 1922, 1926, 1939, 1946, 1949 ac 1950. Un arall o'r sosialwyr a ymwelodd â'r Amerig yn gyson oedd Margaret Bondfield, a hynny yn 1910, 1919, 1933, 1938–1939 ac 1941–1943. Ymwelodd Jennie Lee yn 1932, 1933, 1934, 1935 ac 1937 i ddarlithio ac annerch. Gw. Pelling, *ibid.*, 163 a 166. Gweler y rhestr gyfan ar dudalennau 163 i 167 yn *America and the British Left: From Bright to Bevan*.

24. Gweler ysgrif bwysig Aneurin Bevan, 'Britain and America at Loggerheads', *Foreign Affairs*, Hydref 1957, 60–67.

25. Ian Mikardo, *ibid.*, 151.

26. *Ibid.*, 152.

27. Aneurin Bevan, *In Place of Fear* (London, 1997), 21. Ysgrifennodd person o'r enw Ada, 5 Gladstone Place, Tredegar at Aneurin Bevan ar 12 Medi 1945 i ddweud ei bod yn ei edmygu am fod yn rhydd o'r awydd uchelgeisiol i ddod ymlaen yn y byd gwleidyddol. Gall mai gwraig Archie Lush oedd hi, gw. Ll.G.C. Facs 881.

28. Darllener ei chyfrol, *My Life with Nye* (London, 1980), sydd yn ddifyr odiaeth.

29. Nicklaus Thomas-Symonds, *Nye*, *ibid.*, 206.

30. Mikardo, *ibid.*, 153.

31. Lisa Martineau, *Politics and Power: Barbara Castle, A Biography* (London, 2000), 117. Geilw Ralph Miliband Bevan yn un o'r 'old guard'. Gw. Ralph Miliband, *Parliamentary Socialism: A Study in the Politics of Labour* (London, ailargr. 1979), 326.

32. Stephen Haseler, *The Gaitskellites* (London, 1969), 62–63.

33. Lisa Martineau, *ibid.*, 118.

34. James Griffiths, *Pages from Memory* (London, 1969), 133.

35. Aneurin Bevan, 'Clement Attlee', *Tribune*, 16 Rhagfyr 1955.

36. *Ibid.*

37. Haseler, *The Gaitskellites*, 41: 'The new leader (Hugh Gaitskell) gave revisionism and the revisionists the important and decisive role which they had hitherto lacked.' Yr oedd Jim Griffiths yn edmygydd mawr o Gaitskell a chredai fod tacteg Nye Bevan o dynnu ei enw yn ôl os gwnâi Gaitskell hynny wedi tarfu ar rai o'i gefnogwyr. Dywed Jim, 'It was altogether too Machiavellian and created cynicism and finally decided many to turn and vote for Hugh Gaitskell, who won easily with 157 votes to Nye's 70 and Herbert's 40.' Gw. *Pages from Memory*, 145.

38. Mikardo, *ibid.*, 155.

39. Nicklaus Thomas-Symonds, *ibid.*, 219.

40. Marcia Falkender, *Downing Street in Perspective* (London, 1983), 176. Sonia Falkender fod Wilson ynghyd â Bevan ar delerau da gydag Iddewon adnabyddus fel Golda Meir, Yitzhak Rabin, Abba Eban, Shimon Peres a'r diplomyddion Gideon Rafael ac Eppie Evron; E. H. Robertson, *George: A Biography of Viscount Tonypandy* (London, 1993), 138.

41. *Ibid.*, 139.

42. *Ibid.*

43. Nicklaus Thomas-Symonds, *ibid.*, 219.

44. *Ibid.*

45. *Ibid.*

46. Llythyr at Hugh Gaitskell, 20 Mawrth 1955. Fe'i gwelir ymhlith papurau Cyngor yr Undebau Llafur, Modern Records Centre, Prifysgol Warwick (MSS 292/752/2). Gan fod y llythyr ymhlith papurau Syr Vincent Tewson, maentumia'r ysgolheigion mai ef yw awdur y llythyr sy'n condemnio Aneurin.

47. Kenneth Harris, *Attlee* (London, 1984), 530–531.

48. Eric Shaw, *Discipline and Discord in the Labour Party: The Politics of Managerial Control in the Labour Party, 1951–1987* (Manchester, 1988), 43.

49. D. E. Butler, *The British General Election of 1955* (London, 1955), 60.

50. *Ibid.*, 78.

51. Enillodd Bevan 26,058 o bleidleisiau yn erbyn James E. Bowen y Ceidwadwr, a gafodd 6,822; mwyafrif o 19,236 i Bevan. Pleidleisiodd 32,880, sef 83.7% o'r etholwyr.

52. Nicklaus Thomas-Symonds, *Nye*, 220.

53. Gosododd hyd yn oed Jim Griffiths dipyn o'r bai ar Bevan a'r Befaniaid. Dywed am etholiad 1955: 'We were caught rather unprepared. The 'Nye' row earlier in the year – indeed the trouble ever since 1951 and, in particular, since the Morecambe Conference in '52 – had split us badly. We did not have the appearance of an alternative government.' *Pages from Memory*, 141.

54. Kenneth O. Morgan, *Michael Foot, ibid.*, 158.

55. Nicklaus Thomas-Symonds, *Nye*, 220; Aneurin Bevan, 'Anthony Eden', *Tribune*, 12 Tachwedd 1937, 4.

Pennod 14

Yr Aneurin Newydd

Yr oedd Aneurin mewn cyfyng gyngor ar ôl canlyniad Etholiad Cyffredinol 1955. Nid oedd yn gwbl gyfforddus gyda'i gefnogwyr, ac yr oedd yn rhwystredig ei fod yn methu cael y cyfleon a ddymunai gan y Blaid Lafur Brydeinig. O ran poblogrwydd nid oedd problem, oherwydd enillai bob blwyddyn ddigon o bleidleisiau gan bwyllgorau gwaith Llafur yn yr etholaethau i gael lle ar y Pwyllgor Gwaith Canolog, ond gwyddai fod tasg anoddach ganddo i ennill cefnogaeth barwniaid yr undebau Llafur.

Bevan o'r diwedd yn cael llwyddiant am swydd Trysorydd y Blaid Lafur

Pan ddaeth yn adeg dewis Trysorydd y Blaid Lafur yng Nghynhadledd Flynyddol y Blaid Lafur Brydeinig yn 1954, penderfynodd Bevan y byddai'n rhoddi ei enw ar y papur pleidleisio er mai swydd oedd hi heb ddim cyfrifoldeb na gwaith i'w gyflawni, swydd ar bapur a dyddiadur yn unig. Gwyddai y byddai ei wrthwynebydd pennaf, Hugh Gaitskell, yn sicr o roddi ei enw gerbron, ac felly y bu. Mewn erthygl yn egluro pam yr oedd yn sefyll, dywedodd Bevan ei fod am wneud hynny gan y credai i'r Blaid Lafur golli'r etholiad am nad oedd ganddi bolisïau sosialaidd ar faterion tramor yn ogystal â materion cartref.[1]

Cydnabu nad oedd ganddo ddim siawns i gael y gorau ar Gaitskell oherwydd ceidwadaeth y Blaid Lafur, ond yr oedd y sialens yn bwysig, gan na lwyddai'r Blaid i adennill ei nerth hyd y deuai'n rhydd o'r fiwrocratiaeth oedd yn rheoli ei gweinyddiad.[2] Colli a wnaeth. Gwelodd Aneurin y byddai'n rhaid iddo gymrodeddu, fel y gwnaeth fel Gweinidog Iechyd, os oedd am gael dringo'r ysgol a chael ei dderbyn gan ei gyfoedion yng Nghabinet yr Wrthblaid. Yr oedd yn awr yn 58 mlwydd oed a gwelai fod Gaitskell, oedd yn ieuengach dyn, yn ennill tir arno gyda chymorth arweinwyr yr undebau Llafur. Yr oedd Bevan yn dal yn heini ac yn brysur ac yn cael boddhad mawr o'r fferm, yn magu moch ac yn tyfu blodau ar raddfa eang. Ond ei uchelgais oedd bod o leiaf yn Weinidog Tramor mewn Llywodraeth Lafur. Yn gynnar yn Rhagfyr 1955 cafodd gyfle i ymgeisio eto am yr arweinyddiaeth. Fore Mercher, 7 Rhagfyr 1955, ymddiswyddodd Clement Attlee ar ôl ugain mlynedd fel arweinydd y Blaid Lafur. Y Dirprwy Arweinydd oedd Herbert Morrison, gwleidydd profiadol a fethodd ennill y dydd, mwy nag a wnaeth Aneurin Bevan, yn y frwydr am yr arweinyddiaeth. Taflodd Aneurin ei het i'r cylch yn syth, ond gwyddai yn ddistaw bach fod y gobaith o ennill wedi diflannu ers hydoedd. A dyna'r gwir. Enillodd Gaitskell gyda mwyafrif llethol dros Aneurin Bevan a Herbert Morrison.[3] Yr oedd Morrison wedi ei gythruddo ac ymddiswyddodd fel Dirprwy Arweinydd ar 14 Rhagfyr. Heb oedi digon i ystyried, dyma Bevan yn dweud 'ie' i'r swydd o Ddirprwy Arweinydd. Ei wrthwynebydd y tro hwn oedd ei gyfaill a'i gyd-Gymro, Jim Griffiths. Bu hi'n ornest gofiadwy. Etholwyd Jim Griffiths gyda 141 o bleidleisiau yn erbyn 111 i Aneurin Bevan.[4] Siom oedd gweld cymdogion i Bevan, fel Harold Finch a Ness Edwards, yn methu pleidleisio iddo, na rhan helaeth o ddeallusion y Blaid Lafur, er ei fod yn un o ddeallusion pennaf y blaid.

Gwylltiodd Bevan gyda'r methiant yr eildro, a dau ddiwrnod ar ôl y bleidlais siaradodd ym Manceinion yn ei ddicter yn erbyn arweinwyr oedd yn pledio sosialaeth o'u hastudiaethau academaidd ac nid o foesoldeb a solidariti'r dosbarth gweithiol. Gaitskell oedd ganddo mewn golwg. Ychwanegodd:

Rwy'n gwybod y byddaf mewn trybini gyda'r geiriau a lefarais, ond nid wyf yn Gomiwnydd. Sosialydd democrataidd ydwyf. Y drafferth gyda'r mudiad yw fod y penderfyniadau yn cael eu penderfynu gan y rhai sydd yn rheoli a'u gweithredu i'r rhai sydd yn cario'r dystiolaeth yn y filltir sgwâr.[5]

Ond ni pharodd y gyffes onest hon drafferth o gwbl iddo. Mewn ychydig amser hysbyswyd ef gan Gaitskell ei fod am iddo weithredu fel Ysgrifennydd Trefedigaethau yr Wrthblaid.

Gaitskell yn cynnig swydd iddo

Yr oedd nifer o resymau am hyn. Sylweddolodd Gaitskell fod arno angen y Cymro, er eu bod yn cweryla'n gyson, er mwyn cryfhau ei arweinyddiaeth a chael cefnogaeth carfan y chwith. Yn ychwanegol yr oedd gan Aneurin ddawn lefaru anhygoel a byddai cael ei gefnogaeth yn fonws i bawb. Nid oedd gobaith ennill etholiad os oedd aelodau'r Mudiad yn mynd i barhau i feirniadu ei gilydd. Ac er na sylweddolai Gaitskell hynny, yr oedd Bevan ei hun yn aeddfed bellach i gael cytundeb o fewn y rhengoedd. Er ei fod yn gwybod fod ganddo lawer mwy o ddoniau arwain na Gaitskell, ni allai ddianc rhag y ffaith nad oedd y mwyafrif o'i gyd-aelodau yn derbyn hynny. Iddynt hwy, Gaitskell oedd y dewis. Ac yr oedd undeb yn bosibl bellach, gan fod angau wedi distewi llais Arthur Deakin, undebwr llafur oedd yn casáu Aneurin. Golygai hyn newid yn hanes Undeb y Gweithwyr Trafnidiaeth (Transport and General Workers Union, T&GWU) yn niwedd 1955 pan ddaeth Frank Cousins yn Ysgrifennydd Cyffredinol. Yr oedd Frank Cousins yn ffrind i Aneurin, ac yn pledio'r adain chwith. Yr oedd tebygrwydd mawr rhyngddynt. Ganwyd Cousins i deulu tlawd, a threuliodd ei lencyndod yn Doncaster. Gadawodd yr ysgol yn un ar ddeg oed i weithio fel glôwr. Nid oedd Deakin yn gwcrthfawrogi Cousins mwy na Bevan. Ond credai Cousins fod angen uno'r chwith a'r dde, ac iddo ef yr oedd hi'n adeg i gefnogi Bevan a Gaitskell. Fel y dywed Mark M. Krug:

> The new triumvirate of Gaitskell, Cousins and Bevan was ready to lead the Labour
> Party to an election victory, but Bevan had still to show that he would not get out of
> step with his new allies.[6]

Daeth y wasg i'w alw'n 'Bevan ar ei newydd wedd', neu 'Nye newydd', a daeth ysbryd mwy rhadlon drosto.[7] Mewn dadl yn Chwefror 1956 ar sefyllfa adeiladu tai, maes y gwyddai gryn lawer amdano, bu'n gymedrol yn ei araith. Ni welwyd yr ysbryd meddylgar hwn ers ei gyfnod fel Gweinidog Iechyd a Thai. Diolchwyd iddo gan y Gweinidog Tai a Llywodraeth Leol, Duncan Sandys, am fod mor gadarnhaol.[8] Gwelid yr un anian yn ei areithiau fel Ysgrifennydd Trefedigaethau yr Wrthblaid. Saernïwyd yr anerchiadau hyn yn effeithiol a gwelid ôl darllen a myfyrio wrth iddo ddadlennu cyflwr y trefedigaethau. Siaradai fel un oedd yn awdurdod ar ei bwnc. Gwelodd y gweision sifil ochr arall iddo, ac o fewn amser byr, derbyniodd gymeradwyaeth Ysgrifennydd y Trefedigaethau, Alan Lennox-Boyd.

Teithio yn ei swydd dros y Trefedigaethau

Ym mis Mawrth 1956 yr oedd Aneurin Bevan ar ran y Blaid Lafur yn pwyso a mesur sefyllfa Ynys Cyprus.[9] Rhoddodd ddadansoddiad manwl o'r sefyllfa nes rhyfeddu pawb a'i clywodd. Y drafferth fwyaf oedd fod y Llywodraeth heb ddod i benderfyniad ar ddyfodol yr ynys a pherthynas Prydain gyda Chyprus. Plediai hunanlywodraeth i boblogaeth gynhenid yr ynys, y Groegiaid, gyda'r ddealltwriaeth y byddai Prydain yn cadw safle milwrol yno. Coleddai Bevan y safbwynt fod angen y safle yng Nghyprus ar Brydain er mwyn cyflawni goblygiadau

NATO i amddiffyn yr olew a lifai o'r Dwyrain canol i Brydain a Gorllewin Ewrop. Dyma un o'r disgwyliadau pennaf, a chredai fod angen i bwerau mawr y byd ddeall hyn. Rhaid oedd i'r Undeb Sofietaidd ac America ddeall ei bod hi'n rheidrwydd arnynt hwy fel Prydain i gael mynediad agored i olew y Dwyrain Canol.[10] Nid oedd Bevan yn cytuno gyda'r Llywodraeth yn ei hagwedd at Archesgob Makarios, am ei bod yn ei gysylltu gyda therfysgwyr Cypriaidd. Wedi'r cyfan yr oeddynt wedi trafod yn y gorffennol gyda Nehru yn India a Kwame Nkrumah o'r Traeth Aur, arweinwyr oedd yn gysylltiedig â mudiadau tanddaearol oedd yn hybu trais.

Ym mis Chwefror apwyntiwyd Aneurin Bevan gan yr Arglwydd Ganghellor i fod yn aelod o Gynhadledd y Bwrdd Crwn i drafod statws Malta.[11] Cydweithiodd gydag aelodau'r gynhadledd o'r gwahanol bleidiau, a siaradodd yn gadarnhaol, gan gydymdeimlo â'r Llywodraeth ac ychwanegu nad oedd ef am gymhlethu'r sefyllfa. Ond un peth a wyddai oedd hyn: yr oedd Malta yn meddu ar safle morwrol pwysig i Brydain, ac awgrymodd y dylai Malta gael ei hintegreiddio i'r Deyrnas Unedig fel y gallai poblogaeth Malta gael cynrychiolaeth yn San Steffan.[12]

Hyd yn oed pan ddeuai dadleuon tanllyd, emosiynol gerbron, gofalodd yr huawdl Aneurin gadw ei deimladau o dan ddisgyblaeth. Ef bellach oedd llais y gwleidydd cymedrol yn nhraddodiad ei gyfaill Jim Griffiths. Pan gafwyd dadl ar Cenia a gweithredoedd y gwrthryfel o dan arweiniad llwyth Mau Mau, gwnaeth ei waith cartref yn drwyadl. Gwyddai gystal ag unrhyw arbenigwr o Swyddfa'r Trefedigaethau am broblemau gwleidyddol, cymdeithasol ac amaethyddol Cenia, a gofalai atgoffa'r Senedd fod Prydain yn wynebu ar amseroedd enbyd yn y trefedigaethau, gan gynnwys Aden, Cyprus, Cenia, Malta a Singapôr.[13] Gwnaeth yn eglur nad oedd ganddo unrhyw feddyginiaeth radical, ac ni thaflai'r bai ar Weinidog y Llywodraeth fel yr arferai wneud pan oedd yn wrthwynebydd i'r Torïaid ar bob cwestiwn a ddeuai ger bron y Senedd. Mynegodd y gofid pennaf am y creulonderau a gyflawnodd treiswyr Mau Mau, gan erfyn am i'r awdurdodau ofalu bod cyfraith a threfn yn cael y llaw drechaf.

Yn Awst 1956 mynegodd Bevan ei anghymeradwyaeth ar ran carfan uchel o'r etholwyr, gan gynnwys Torïaid, o'r modd yr arestiwyd Archesgob Makarios a'i alltudio. Yn ei dyb ef yr oedd gweithred o'r fath yn rhodd i Mao Tse-Tung, Khrushchev a'r Cyrnol Nasser a phawb arall oedd yn ymosod ar imperialaeth Prydain. Ac mewn fflach gwelwyd yn glir yr hen Bevan anghydffurfiol, pan lefarodd frawddeg nodweddiadol o'i yrfa dymhestlog:

> Good heavens, look at the Front Bench opposite. A bigger collection of guileless ignoramuses I have never seen in my life.[14]

Ond yr oedd perfformiadau cofiadwy Bevan yn San Steffan yn rhoddi hyder i Gaitskell ac i Bevan ei hun, cymaint felly fel y safodd yr eildro am swydd gwbl ddi-werth, Trysorydd y Blaid Lafur.

Sefyll eto am swydd digon di-fudd

Swydd mewn enw ydoedd, ond yr oedd yn awtomatig yn cael bod yn aelod o'r Pwyllgor Gwaith Canolog, yr NEC. Credai'r sylwebyddion na fyddai neb yn dod allan yn ei erbyn ond yr oedd rhai o arweinwyr yr undebau Llafur heb anghofio'n llwyr iddo am ei wrthryfela. Yr oedd Undeb y Glowyr ac Undeb Gweithwyr y Rheilffordd yn mynd i'w gefnogi, ond fel arall oedd ymateb Undeb y Peirianwyr (Amalgamated Engineering Union, AEU). Yr oeddynt hwy am gefnogi Charles Parnell, gwleidydd oedd yn cynrychioli un o etholaethau dinas Leeds, ac un o edmygwyr pennaf Jim Griffiths.

I gymhlethu'r sefyllfa enwebwyd George Brown yn wrthwynebydd i Bevan gan Undeb y Gweithwyr Trafnidiaeth a Chyffredinol (T&GWU). Pe bai Cousins wedi cytuno gyda'i Undeb byddai ar ben ar Bevan. Gwelwyd y chwith a'r dde yn ymgiprys drachefn, a'r undebau, am y tro cyntaf ers blynyddoedd, wedi eu rhannu. Yr oedd Bevan wedi llwyddo i'w rhannu. Fe'i hetholwyd gyda 3,029,000 o bleidleisiau, gyda Brown yn derbyn 2,755,000 a Charles Parnell ymhell ar ei hôl hi gyda 644,000.[15] Pan ddatgelwyd y canlyniad cafodd Bevan gymeradwyaeth fyddarol gan gynhadledd y Blaid Lafur yn Blackpool. Dyma foment fawr iddo, a hynny ond blwyddyn er pan oedd mewn perygl o gael ei ddiswyddo o'r Blaid Lafur Seneddol. Yr oedd aelodau'r Blaid Lafur wedi sylweddoli ei werth. Yr etholaethau oedd o'i blaid a hefyd miliwn a mwy o gynrychiolwyr cymedrol oedd wedi gwrando ar apêl Bevan a Gaitskell am undeb a chyfle i ymgryfhau yn y wlad. Yr oedd cyfraniad Frank Cousins yn arwyddocaol; ef oedd yr arweinydd cyntaf o un o'r undebau mawr, ar wahân i'r glowyr, i gefnogi Bevan ac roedd yn ymfalchïo yn y cyfeillgarwch. Yn ôl Barbara Castle byddai ei ragflaenydd Arthur Deakin wedi atal cefnogaeth i Bevan.[16] Croesawodd un o gylchgronau syber yr oes, yr *Economist*, y canlyniad gan ddweud: 'It is a party that urgently needs Mr Bevan as a lieutenant.'[17]

Argyfwng Suez a Hwngari

Yr oedd y Gynhadledd yn cael ei chynnal yn Hydref 1956 mewn awyrgylch o densiwn oherwydd ymddygiad y cenedlaetholwr sosialaidd, y Cyrnol Nasser yn yr Aifft, a ddaethai'n arweinydd y wlad yn 1955. Breuddwyd o'i eiddo oedd dyfrhau'r anialwch a chael arian i gyflawni'r dasg trwy feddiannu Camlas Suez. Dechreuodd ar ei gynllun yn 1956 trwy godi Argae Aswan, ond ni fedrai godi digon o arian i'r fenter, fel iddo benderfynu ym mis Gorffennaf feddiannu Camlas Suez. Ymatebodd Ffrainc a Phrydain, fel y disgwylid, yn filwrol. Ond yr oedd y Blaid Lafur yn anghytuno, gan ddadlau y dylid gweithredu trwy'r Cenhedloedd Unedig a gweithredu hefyd yn ôl arweiniad yr Unol Daleithiau. Siaradodd Hugh Gaitskell yn wefreiddiol yn y Gynhadledd. Yr oedd ganddo dasg i'w chyflawni. Nid oedd am gefnogi yr Arlywydd Nasser a'i drais na chwaith gefnogi'r defnydd o filwyr Prydain ar dir yr Aifft. Ar ôl y Gynhadledd bu galw mawr ar Bevan i gynrychioli'r Blaid Lafur ar fater Suez. Daeth ei anerchiadau yn y Senedd yn hynod o dderbyniol i'r holl seneddwyr.[18] Dangosodd ei fod yn medru siarad ac ymddwyn fel gwladweinydd, gan fynegi i'r Tŷ ei ofid fod yn rhaid iddo wrthwynebu polisi'r Llywodraeth yn yr Aifft. Nid oedd lle iddo feio'r Llywodraeth, a theimlai Eden a'i gymrodyr yn ddiolchgar iddo am ei ddealltwriaeth a'i gydymdeimlad.[19] Yr oedd yr 'Aneurin newydd' mor wahanol i'r Aneurin a fu, yn dweud y drefn bron ar bob amgylchiad. Ond nid oedd Aneurin yn darllen arwyddion yr amserau yn gywir. Yr oedd yr Undeb Sofietaidd yn ei gamarwain yn gyson. Ym mis Tachwedd soniai fod yr Undeb Sofietaidd wedi dysgu'r wers na ellid cadw poblogaeth y dydd mewn ofn gan yr heddlu cudd.[20] Ar 4 Tachwedd, bedwar diwrnod ar ôl iddo dalu gwrogaeth i Rwsia, daeth y newydd fod y Fyddin Goch wedi ymosod ar brotestwyr yn Budapest, ac wedi meddiannu Hwngari.[21] Yr oedd Bevan yn agosach i'w le ar Camlas Suez, ac ar bob amgylchiad ceisiodd fabwysiadu agwedd gymedrol. Hyd yn oed pan yn annerch y protestwyr ar Sgwâr Trafalgar ni adawodd i'w huodledd gael y gorau arno. Siaradodd fel yr 'Aneurin newydd', cymaint felly fel fod newyddiadurwr di-enw ar dudalennau yr *Economist* yn ei ganmol am anerchiad gwych.[22]

Yr oedd ei agwedd at yr Undeb Sofietaidd yn gymhleth. Ni lwyddodd yn ei anerchiad yn y Tŷ Cyffredin ar 8 Tachwedd i gondemnio, fel y dylasai, weithred gïaidd yr Undeb Sofietaidd.[23] Rhoddodd beth o'r bai ar Brydain am iddynt ddefnyddio trais yn yr Aifft a thrwy hynny galonogi a chryfhau'r elfen filwrol yn Rwsia. I arweinwyr Rwsia yr oedd gweithredu ffyrnig Prydain yn erbyn Nasser yn gyfrifol am yr hyn a ddaeth i fod yn Hwngari. Ni allai cydwybod Aneurin adael iddo gondemnio ymyrraeth Rwsia. Aeth mor bell â chyfiawnhau ymosodiad Rwsia ar ddau beth arall, sef ailarfogi Gorllewin yr Almaen a'r 'Baghdad Pact', sef cynghrair filwrol yn cynnwys Prydain a rhai o wledydd y Dwyrain Canol a sefydlwyd yn 1955. Ei ateb ef i Hwngari oedd ystyried cynhadledd o wleidyddion y Gorllewin gydag arweinwyr Rwsia, er mwyn sefydlu cynllun ar gyfer gwledydd a ddylai fod yn barod yn filwrol. Y gwir yw fod Bevan yn gwbl gyfeiliornus ar fater trist Hwngari, ond yr oedd y cyfryngau, fel arweinwyr Llafur, yn dod i'w gefnogi gyda dwylo agored. I'r *Economist* ef oedd un o'r dynion mwyaf o fewn i'r Blaid Lafur ac yn haeddu'r swydd bennaf a ellid ei rhoi iddo mewn Llywodraeth Lafur.[24] Ar fater Suez yr oedd Bevan wedi bod yn berthnasol dros ben. Yr oedd Aneurin a'r Undeb Sofietaidd yn flin iawn am yr hyn a wnaeth Prydain a Ffrainc. O ganlyniad i Argyfwng Suez torrodd iechyd Anthony Eden i lawr a bu'n rhaid iddo ymddiswyddo. Dilynwyd ef gan ŵr hynod o glyfar, Harold Macmillan, a ffrind calon i Bevan ers y tridegau. Ond y mae Argyfwng Suez yn arwyddocaol, fel y dangosodd Aneurin. Ciliodd dylanwad Prydain fel gwlad imperialaidd, ac ar ôl 1956 tynnodd y Ceidwadwyr ei milwyr o'r gwledydd i'r dwyrain o Suez. Yr oedd Nasser wedi cael yr oruchafiaeth, yn arwr yn ei wlad, a Phrydain wedi dysgu gwers i gadw draw o ryfela diangen.

Yn argyfwng mawr 1956 yr oedd Bevan wedi dangos sgiliau ac ymateb arbennig ar fater Suez ond wedi bod yn sigledig iawn yn ei agwedd at yr Undeb Sofietaidd a'i gweithredoedd treisiol yn Hwngari. Cydnabyddai Aelodau Seneddol Llafur ei ddoniau ond eu dymuniad hwy oedd iddo fod nid yn arweinydd ond yn ddirprwy i Gaitskell. Gwelwyd yn yr etholiad i Gabinet yr Wrthblaid ar 29 Tachwedd 1956 fod Bevan yn gorfod ildio' lle blaenaf i Harold Wilson; deuai Alfred Robens yn ail, o flaen Aneurin.[25] Sylweddolodd Gaitskell nad oedd Bevan yn debygol o gwbl o fod yn arweinydd, ac fel gwobr am ei safiad ar Suez, gwahoddodd ef i fod yn Ysgrifennydd Tramor yr Wrthblaid. Yr oedd Gaitskell wedi bod yn ddoeth. Yr oedd carfan dda o arweinwyr Llafur yn credu bod Bevan wedi newid ei agwedd. Yr oedd golygyddion yr *Economist* yn dadlau bod Bevan yn y gorffennol wedi bod yn uchelgeisiol dros ben, ond bellach yr oedd yn barotach i gydweithredu mewn tîm. Yng nghylchgrawn bydeang *Time* (un o gylchgronau'r Unol Daleithiau) soniwyd yn gyson amdano a chanmolwyd ei sgiliau seneddol a'r potensial oedd yn perthyn iddo.[26] Ef oedd y llefarydd gorau ar Suez o blith arweinwyr Llafur. Yr oedd y rebel yn cael ei faldodi gan y rhai a fu yn ei boenydio. Cofia John Mackie, un o ffrindiau agosaf Bevan, am y gwewyr a olygodd argyfwng Suez iddo. Yr oedd wedi gwahodd Jennie ac Aneurin a ffrindiau eraill i ginio yn ystod yr argyfwng: gwrthwynebai Jennie, Ian Mikardo a Leslie Hale ei safbwynt ond nid ildiodd. Yr oedd yn dadlau ar ei orau ac yn gwerthfawrogi'r rhai oedd yn anghytuno. Cryfder Bevan oedd ei fod bob amser yn ystyried dadleuon y rhai a'i gwrthwynebai yn ddadleuon derbyniol, ac fel canlyniad byddai'n ailystyried ei safbwynt yn gyson ac yn talu sylw dyladwy i'r hyn a ddywedwyd wrtho.

Canlyniadau gweithredu Rwsia yn Hwngari a ffolineb Prydain yn Suez

Yr oedd y Rhyfel Oer yn ei boeni a sylweddolai fod gan yr Undeb Sofietaidd arfau niwclear erbyn 1955, gan gynnwys y bom atomig a'r bom hydrogen. Dangosodd Rwsia i'r Gorllewin nad oeddynt am ganiatáu dim annibyniaeth i un o wledydd dwyrain Ewrop. Lladdwyd nifer o Hwngariaid a ffodd 190,000 ohonynt i'r Gorllewin, llawer i Brydain.[27] Achosodd hyn rwyg yn y Blaid Gomiwnyddol gyda chymaint o'i deallusion ym Mhrydain yn gadael ac yn derbyn croeso o fewn y Blaid Lafur. Credai Aneurin y gallai ddelio'n dda gyda'r Rwsiaid a dyna pam yr oedd mor annelwig ar weithred hagr Hwngari. Iddo ef yr oedd gan Brydain gymaint o hawl i roddi arweiniad i'r byd ag a oedd gan yr Unol Daleithiau. Credai yn ei galon y dylid dileu arfau niwclear ond nid cyn i bawb arall a feddai'r arfau wneud hynny. Ond yr oedd ei gyfeillion i gyd bron, fel y bu yntau gynt, yn gefnogwyr i'r mudiad diarfogi niwclear. Yr eglwysi a charfan y chwith yn y Blaid Lafur oedd yr ysgogwyr cyntaf ac adeiladwyd ar hynny gydag erthyglau, cyfrolau a gorymdeithiau yn erbyn gweithred ddifeddwl Prydain yn ffrwydro bom hydrogen yn 1952. Lansiwyd yr Ymgyrch Diarfogi Niwclear (Campaign for Nuclear Disarmament, CND) a ddaeth yn derm cyfarwydd yn Saesneg ac yn Gymraeg. Syllodd y Blaid Lafur ar lwyddiant ysgubol y mudiad, a daeth y slogan 'Ban the Bomb' yn un hynod o gyfarwydd. Yr oedd hi'n ddyddiau o efengylu dros ddileu arfau, er i'r Befaniaid eistedd ar y ffens ar 3 Mawrth 1955 yn y bleidlais ar y defnydd o arfau niwclear. Yr oedd Megan Lloyd George am ymuno yn y gwrthwynebiad i'r arfau ac yn y llythyr a dderbyniodd oddi wrth Clement Attlee ceir y frawddeg:

> You will, I am sure, realise that for the last week or so we have been rather taken up over the activities of your volatile compatriot from Ebbw Vale.[28]

Dywed y cyfan, a gwelir y dilema oedd yn wynebu Bevan. Ond erbyn dadl fawr Suez ar 5 Rhagfyr dangosodd unwaith yn rhagor ei fod, pan fyddai galw, yn medru cyrraedd yr uchelfannau. Un o'r rhai oedd yn gwrando arno yn y galeri oedd y Fonesig Megan Lloyd George. Anfonodd lythyr ato i'w longyfarch ar araith odidog.[29] Pan ymladdodd Megan is-etholiad Caerfyrddin ym mis Chwefror 1957 y prif fater ar agenda'r Blaid Lafur oedd trychineb Suez a'i chanlyniadau blinderus. Heddwch oedd y flaenoriaeth i Megan Lloyd George. Dangosai Suez, meddai, yr agendor oedd rhwng agwedd Llafur a'r Torïaid. Yr oedd y Fonesig Megan yn cytuno gydag Aneurin Bevan yn y ddadl a'i plesiodd hi gymaint. Ofnai Bevan ar y llaw arall ei bod hi yn mentro'n ormodol i wneud Suez yn brif fater yr is-etholiad mewn etholaeth Gymreig yng Ngorllewin Cymru.[30] Ond yr oedd y Cymry'n barod iawn i gytuno â hi, a gwyddai y byddai ymgeisydd Plaid Cymru, Jennie Eirian Davies, yn sicr o ganolbwyntio ar bolisïau imperialaidd llywodraeth Dorïaidd adweithiol. Galwodd yr ymgeisydd Rhyddfrydol, Morgan Davies, Megan Lloyd George yn 'ymgeisydd Suez' a dyna ydoedd.[31]

Is-Etholiad Caerfyrddin

Cafwyd cyfarfod mawr yn Neuadd y Farchnad, Caerfyrddin ar 18 Chwefror 1957 gyda Cledwyn Hughes, Aneurin Bevan a Megan Lloyd George yn denu pedair mil o bobl i'w clywed ac i dalu swllt y tocyn.[32] Nid oedd Bevan na Hughes erioed wedi siarad yng Nghaerfyrddin. Y noson honno yr oedd Bevan wedi'i ysbrydoli, ac yn ei berorasiwn rhoddodd ddarlun graffig o Eden yn gadael Downing Street.[33] Yr oedd y Torïaid yn barod i'w aberthu, a dyna ddigwyddodd. Enillodd Megan Lloyd George yr is-etholiad yn hawdd er bod tri ymgeisydd yn ei herbyn.

Diflastod Cynhadledd Flynyddol 1957 i Bevan

Bu 1957 yn flwydd ddigon anodd i Bevan, blwyddyn colli gymaint o ffrindiau a fu'n cefnogi y ddau ohonynt ers y tri degau. Daeth anhrefn i wersyll Bevan pan benderfynodd Aneurin yng Nghynhadledd Flynyddol y Blaid Lafur yn Brighton ei fod ar ran y Blaid Lafur yn barod i ddadlau yn erbyn polisi diarfogi niwclear. Ond bu hi'n anodd arno. Ni allai ddod i benderfyniad am hydoedd. Yr oedd Gaitskell yn bendant yn erbyn unrhyw lastwreiddio. Ar y Sadwrn bu Bevan mewn ymgynghoriad gyda Sam Watson, arweinydd glowyr maes glo Durham a gŵr dylanwadol ar y Pwyllgor Gwaith Canolog. Er ei fod ef yn arwr adain dde y Blaid Lafur, yr oedd ganddo feddwl uchel o Aneurin. Yr oedd y ddau yn hoff o gwmni ei gilydd ac yn ymfalchïo yn eu cefndir glofaol. Unig eiriau Watson y Sadwrn hwnnw oedd: 'We need you as a Foreign Secretary in a Labour Government.'[34] Yn ddiweddarach yn y dydd aeth am dro gydag Ian Mikardo, un arall o'i gefnogwyr cynharaf, gan egluro wrtho ei fod am siarad ar ran y Pwyllgor Gwaith Canolog , a gwrthod yr alwad am ddiarfogi unochrog. Credai'n gydwybodol y gallai ddod â'r Rhyfel Oer i ben, er na fyddai un Gweinidog Tramor arall yn barod i ystyried hynny. Credai Mikardo fod dylanwad Sam Watson yn amlwg iawn arno.[35]

Bu'r ddadl yn y Gynhadledd yn un emosiynol ac o safon uchel. Gosododd y ferch hardd o'r Alban, Judith Hart, y bai ar lywodraeth Lafur Attlee am greu bom atomig yn y lle cyntaf. Aeth y Cymro alltud Harold Davies i hwyl Gymreig gan ddweud, os methwn, bydd y plentyn olaf i farw o lwch y ffrwydrad yn galw'r mudiad hwn yn bopeth dan haul y nen, am iddo fethu cael digon o ddewrder i roddi arweiniad moesol a gwleidyddol i'r byd gwareiddiedig. Pan siaradodd Frank Cousins cafwyd didwylledd yn ei eiriau ac awgrym pendant y byddai'r T&GWU yn pleidleisio o blaid diarfogi niwclear. Daeth tro Aneurin i annerch y Gynhadledd, ac yn ôl rhai oedd yno, dyma un o'r anerchiadau gwaelaf a draddododd yn ei fywyd. Gellir deall hynny; wedi'r cyfan yr oedd yn gwadu ei ddelfrydau fel arweinydd answyddogol y Befaniaid.[36] Yr oedd Meseia'r chwith yn dod i ben ei dennyn. Geiriau cofiadwy yr hanesydd Keith Laybourn yw'r rhain:

> Bevan effectively divested himself of the title 'Leader of the Left' at the 1957 Labour Party Conference by attacking the idea of unilateral disarmament, claiming to be unwilling to send a British Foreign Secretary 'naked into the conference chamber'.[37]

Crynhodd hanesydd arall, Donald Sassoon, safbwynt Bevan i ddwy frawddeg sy'n cyfleu ei awr wan fel gwleidydd:

> Bevan's renunciation of unilateralism was almost certainly due to his belief that his post as Shadow Foreign Secretary would never otherwise be translated into its equivalent in a Labour government. If such was his thinking, he was certainly correct since the unilateralist position was always seen by friends and foes alike as an 'oppositional' posture and, at best, as a symbolic gesture of the party's commitment to a 'third way' in foreign affairs.[38]

Yr oedd dau reswm arall am y newid a ddigwyddodd i Bevan, yn gyntaf argyfwng Suez a'r ail ei gyfarfyddiad gydag arweinydd yr Undeb Sofietaidd, Nikita Khrushchev. Sylweddolodd Bevan adeg Suez fod Prydain yn dibynnu am ei hamddiffyn yn ormodol ar yr Unol Daleithiau. Fel y dywed ei gofiannydd diweddaraf:

> While the H-bomb had superseded the A-bomb (Britain exploded an A-bomb in April 1957) that had not changed. If anything, Suez had reinforced Britain's junior position. To have a measure of independence from American foreign policy, and standing on the world stage, Britain needed its own H-bomb. Without it, Bevan could not even try to set about his idea of using non-aligned countries to break the deadlock of the Cold War.[39]

Ym mis Medi 1957 bu Bevan yn Fienna yng Nghynhadledd y Sosialwyr Rhyngwladol, lle y cytunwyd ar bolisi amlochroldeb (*multilateralism*) ac ym mis Medi cafodd Bevan gyfle i gymdeithasu gyda Khruschev yn Rwsia. Teimlai Richard Crossman fod Khrushchev wedi argyhoeddi Bevan nad oedd yr Undeb Sofietaidd am i Brydain ddilyn llwybr diarfogi unochrog.[40] Dylai pob un o'r pwerau mawr ddiarfogi yr un pryd, a dyna ergyd y cymal 'yn noeth i siambr cynadleddau'r byd'. Ond mewn llythyr at ei gyfaill Huw T. Edwards ym mis Hydref 1957 rhoddodd Bevan eglurhad arall sydd yn haeddu ei gofnodi:

> When I spoke of Britain going naked into conferences, I was not thinking of the bomb at all. I had in mind the fact that without substituting anything for them in the meantime, we should have made a shambles of all our treaties, commitments, obligations and rejected our friends, and this without consulting them and especially without consulting members of the Commonwealth.[41]

Dyma ddarlun o'r Aneurin oedd yn ymwybodol o'r perygl o fod yn fyrbwyll ar lwyfan y byd, yr angen i fod yn gyfrifol ac i gydweithio heb anghofio'r Gymanwlad. Aiff ymlaen yn ei lythyr at Huw T. Edwards i egluro ymhellach y rhaglen oedd ganddo mewn golwg:

> I am convinced that we must so conduct our affairs as to bring about the abolition, not only of the British bomb, but the American and Russian as well, and behind them that catastrophe could come. If we could not modify American policy, then repudiation is always available to us in the last resort. It is not something with which we should bargain, but something with which we should end if no other course is left open to us.[42]

Ystyriaeth arall a oedd ym meddwl Bevan yn y ddadl honno oedd dyfodol y Blaid Lafur fel plaid i lywodraethu'r Deyrnas Unedig. Dywed yn onest y byddai cadarnhau cenadwri Rhif 24 wedi bod yn drasiedi:

> We could say goodbye to any Labour Government being elected again in Britain. The Tories would not have attacked us for repudiating the bomb, but for taking Great Britain into an international purdah, turning her back on the rest of the world and indulging in exhibitionism and not taking her proper position against tests.[43]

Ni allai adael i gyfaill teyngar o sosialydd fod yn y tywyllwch. Ei gyfrifoldeb ef oedd ei oleuo, ac yntau yn bwriadu talu ymweliad buan â'r Unol Daleithiau. Ac felly yr oedd Bevan yn sylweddoli nad oedd ganddo ddewis ond newid ei feddwl mor fuan ag yr oedd modd. Ac yr oedd hi yn ddiwedd cyfnod pan gyhoeddwyd y canlyniad: 5,836,000 o bleidleisiau o blaid amlochroldeb a 781,000 o blaid diarfogi niwclear.[44] Cafodd ffrindiau Bevan eu siomi. O blith pobl y wasg yr oedd Victor Weisz, a adnabyddid fel Vicky, yn flin a lluniodd gartŵn o Gandhi gyda'r capsiwn: 'I went naked into the conference chamber.' Yr oedd Michael Foot, ei ddisgybl pennaf, wedi ei frifo fel pe bai gwenyn wedi ei bigo.[45] Yr oedd yr adain chwith wedi ei dinistrio'n llwyr, a daeth yr holl rwystredigaeth i'r golwg yn y gwesty lle yr arhosai carfan o gefnogwyr Aneurin. Gwyddai pob un ohonynt fod Bevan wedi bradychu pob un ohonynt, ar ôl oes hir o ymgyrchu. Cafwyd galw enwau annheg: ef oedd y rhagrithiwr, y bradwr ac yn ôl Foot, gwnaeth ddewis diflas a chamgymeriad mwyaf ei fywyd.

Y cylchgrawn Tribune yn dioddef am fod Bevan wedi bradychu ei gefnogwyr gorau.

Yr wythnos ganlynol cyhoeddodd y *Tribune*, oedd mewn dyfroedd dyfnion yn ariannol, lythyron yn mynegi siom. Yn y llythyron hyn gwelir brawddegau byr, agos at y gwir. Dyma un:

> Nye Bevan, our stormy petrel, has turned out to be a very tame duck indeed.[46]

Ac o dref ei febyd y frawddeg hon:

> We are naked, without H-bombs, but fully clothed in morality.[47]

Ond y darllenydd sydd yn crynhoi teimladau ac edmygedd cymaint ohonom oedd yn ei edmygu yw'r frawddeg hon:

> Our trust in Aneurin Bevan will never be displaced, with his unequalled courage, sagacity, and brilliant thought.[48]

Sut y teimlai ei ffrind pennaf, Jennie Lee? Daeth i dderbyn ei agwedd, gan weld bod yr anerchiad dewr yn ffordd ymlaen i Lafur ennill yr Etholiad Cyffredinol nesaf. Nid oedd hi am weld ei phriod yn y diffeithwch, lle y bu mor aml.[49]

Pan gyfarfu Michael Foot, Jennie ac Aneurin yn swyddfa'r *Tribune* ar y dydd Llun ar ôl y Gynhadledd, cafwyd ffrae filain. Teimlai Bevan y dylai golygydd a staff y *Tribune* gadw allan o'r anghytuno a bod yn niwtral. Nid oedd angen cymryd ei ochr ef nac ochr Michael. Nid papur felly y bu o dan ddylanwad Aneurin. Pe bai Michael Foot wedi cytuno â dymuniad Aneurin, byddai'r staff wedi gadael a'r darllenwyr wedi canslo eu tanysgrifiadau. Gwelodd Foot fod Aneurin Bevan yn fwy unig nag y bu trwy ei holl yrfa. Bellach yr oedd yn gocyn hitio i'r chwith a'r dde. Gwyddom fod gwleidyddiaeth yn medru bod yn greulon, angharedig a diddiolch, ond ni theimlodd neb y creulondeb a'r unigrwydd yn Hydref 1957 yn fwy na Bevan ei hun.[50] Lluniodd Foot erthygl i *Tribune* o dan y teitl 'Bevan and the H-Bomb', lle y ceir ei gyfaill yn gosod y ddadl yn glir ac yn dderbyniol gyda pharch i'r arwr.[51] Allan o'r siom cafodd CND fywyd newydd ac yr oedd *Tribune* a'i olygydd Dick Clements o blaid diarfogi unochrog. Nid oedd y berthynas rhwng Jennie Lee a Michael Foot yn rhy dda. I Foot, ef a'i staff a ddylai benderfynu diwyg a chynnwys y papur, ond credai Jennie fod ganddi hi a Howard Samuel, fel cyfarwyddwr haelionus, yr un hawl. Yn hynny o beth byddai'n rhaid cytuno â'u safbwynt. Gallai Jennie a Howard Samuel ennill y dydd bob tro dros y cyfaill Michael Foot. Awgrymodd Jennie i Samuel atal ei gymhorthdal a lladd y papur.[51] Ni ddatgelodd Foot hyn yn ei gofiant i Bevan, ond nid oedd Jennie am guddio ei rhwystredigaeth.[52] Nid oedd Aneurin yn barod o gwbl i hynny ddigwydd. Er ei fod yn anhapus gydag ymddygiad *Tribune* nid oedd am ddwyn llwyfan pwysig y chwith o fewn y Blaid Lafur i ben.

Yr oedd gwraig Foot, Jill Craigie, yn barod iawn i greu trybini, a mynegodd ei theimladau i Arglwydd Beaverbrook o bawb, o gofio pa mor rhagfarnllyd y medrai'r *Daily Express* fod tuag at fudiad CND. Iddi hi yr oedd Aneurin Bevan wedi rhoddi ffarwél i'r chwith ac i'w gŵr Michael, er ei fod ef yn gwrthod cydnabod hynny. Ond ar 29 Rhagfyr 1957 lluniodd lythyr nodweddiadol ohoni a'i anfon at Beaverbrook:

Nye is just bloody. His soulmate's Howard Samuel. And Howard has two topics of conversation: what he can do with his money and Law, as opposed to Michael, is a real socialist. This wears thin.[53]

Yr oedd mudiad CND yn ennill tir yng Nghymru, yr Alban a Lloegr ymysg pobl ieuainc a phobl y chwith. Gellid dibynnu ar *Tribune* yn yr ymgyrchu, a methai'r Blaid Lafur gynnal cyfarfodydd i gystadlu â'r tyrfaoedd oedd yn troi allan i wrando ar y Parchedig Ddr Donald Soper, y Parchedig D. R. Thomas, Merthyr, y Prifathro Gwilym Bowyer a Michael Foot.[54] Pan geisiodd Bevan annerch cyfarfod o Lafurwyr yn un o etholaethau Llundain, gan gyffwrdd yn ei anerchiad â'r ddadl diarfogi niwclear, synhwyrodd a phrofodd ddicter. Gwaeddai carfan dda o'r gwrandawyr, 'Ni yw'r mwyafrif'. Nid un i ofni brwydr oedd Aneurin, ac atebodd, 'Dyma ni. Dyma'r moesolwyr. Dyma'r saint yn eu purdeb.'[55]

Diflastod rhwng Michael Foot a'i arwr, Aneurin Bevan

Rhwng Michael ac Aneurin yr oedd hi'n berthynas anodd, y ddau yn dadlau'n ffyrnig, yn colli tymer weithiau, ond bob tro yr oedd y ddau wedi'u cythruddo. Aneurin ran amlaf oedd yn galw allan am ddadl, a'r anghytuno a ddeilliai yn naturiol o hynny. Credai nad oedd hi'n amhosibl iddo, ar ôl yr holl flynyddoedd o gyfeillgarwch, argyhoeddi Michael o'i ffordd ef o edrych ar bethau, ac yr oedd ganddo bob rheswm i gredu hynny ar sail erthygl Foot yn y *Tribune* yn dilyn y Gynhadledd.[56] Bob tro y gwelai'r ddau ei gilydd byddai Aneurin yn ymosod yn eiriol arno. Byddai'n gadael y swyddfa yn ei dymer gan ofalu bod pawb yn clywed y drysau'n diasbedain. Ond ym mis Gorffennaf 1958 y digwyddodd yr anghydfod pennaf, ar ôl iddynt gyfarfod mewn derbyniad yn llysgenhadaeth gwlad Pwyl yn Llundain. Aeth y pedwar ohonynt, Aneurin, Jennie, Jill a Michael, ar y diwedd am gartref Jill a Michael. Ar ôl cyrraedd a chael sgwrs gall, fe drodd y cyfan yn rhyfel cartref. Cynhyrfwyd Aneurin; y mae'n amlwg nad oedd y gwin a gafodd yn y llysgenhadaeth o gymorth iddo, nes ei fod ef yn greadur ynfyd a dilywodraeth, a chlywyd o'i enau eiriau na chlywodd Jennie na'r ddau arall erioed o'r blaen. Defnyddiodd eiriau sathredig, budr a rhegfeydd carlamus na chlywsai ef ei hun, mae'n debyg, ond wedi amser cau tafarnau Tredegar yn y dauddegau. Dychrynodd Jennie a Jill pan gydiodd Aneurin mewn cadair Sheraton. Fe'i cododd i fyny i'r awyr a'i throi a'i throsi ac yna ei bwrw i'r llawr gyda chymaint o ergyd nes bod coesau'r gadair yn deilchion. Bu'n rhaid ymadael yn ddiymdroi.[57] Llwyddodd Jill wedyn i gymodi'r ddau dros dro, ond daliai Aneurin i gredu mai ef oedd yn ei le ar gwestiwn amlochroldeb yn hytrach na diarfogi unochrog. Yr oedd Michael Foot, fodd bynnag, yn benderfynol o gadw *Tribune* i hyrwyddo diarfogi unochrog. Y slogan a welid ar *Tribune* oedd 'y papur sy'n arwain yr ymgyrch yn erbyn y bom'. Plediai Jennie y dylid atal yr arian a roddai Howard Samuel i gynnal y papur, a chychwyn wythnosolyn arall. Ond nid oedd Aneurin am weld hynny. Mynnodd fod *Tribune* yn parhau fel yr oedd, er gwaethaf y siom a gafodd. Llwyddodd i dawelu ei bartner, oedd yn filain dros ben tuag at ei wrthwynebwyr. Ond i'r teuluoedd a ffrindiau agos Aneurin Bevan a Michael Foot yr oedd y ffrae yn un drist. Craidd y gwrthdaro oedd arfau niwclear ac nid oedd un o'r ddau yn barod i geisio cymodi ac i ddwyn y ffrae i ben er lles pawb o'r hen ffrindiau. Fel y dywedodd Nicklaus Thomas-Symonds:

> Both were unquestionably objective enough to understand the arguments of the other, but neither could appreciate why the other took the view he did. The problem was that the bomb, and what to do about it, laid bare the differences between Bevan and Foot.[58]

Yr oedd Bevan wedi sylweddoli bod yn rhaid iddo ddeall a chymodi gyda Gaitskell er mwyn y Blaid Lafur a'i le yntau o fewn yr arweinyddiaeth. Yr oedd llawer o faterion yn uno'r ddau: gwladoli a pherchenogaeth gyhoeddus oedd un mater y cytunent arno. Yr oedd yr 'Aneurin newydd' yn llawer mwy cyfeillgar tuag at Gaitskell nag y gallai Foot fod. Ni allai ef ddioddef eistedd yn yr un stiwdio deledu â Gaitskell.[59] Pragmatydd ac nid protestiwr oedd Bevan yn y bôn erbyn hyn. Daliai Foot i brotestio, tra ystyriai Bevan ei hun ar ddechrau cyfnod newydd, pan fyddai ef yn cymysgu gyda Phrif Weinidogion a Gweinidogion Tramor y gwledydd fel Gweinidog Tramor Prydain. Hynny oedd o flaen ei lygaid. Fel y dywed ei gofiannydd diweddaraf:

> Bevan was most comfortable as a man of power. Foot was most comfortable as a man of dissent.[60]

Dyna grynodeb o'r ddau ffrind a gafodd ffrae go iawn ar ôl Cynhadledd Brighton. Yr oedd 1957 yn flwyddyn bwysig i Aneurin fel gwleidydd, gan iddo newid ei feddwl ynglŷn â diarfogi a dod yn gyfeillgar â Gaitskell a chroesi cleddyfau gyda Foot.

Rhagor o deithio byd yn plesio Bevan

Yr oedd Bevan wedi dod i werthfawrogi'r teithio a ddaeth i'w ran. Cyfrifai India yn wlad oedd yn haeddu ei gefnogaeth, a bu'n ffrind cefnogol iawn i'r is-gyfandir, gan ddadlau dros annibyniaeth lwyr iddynt hwy a hefyd i'r Iddewon ym Mhalesteina. Cyfarfu Jennie â Mahatma Gandhi yn ystod ei ymweliad â Lloegr yn 1929, a thrwy'r tridegau bu Bevan yn un o'r ymgyrchwyr pennaf dros annibyniaeth i India. Lleolir swyddfa Cynghrair yr India ar draws y ffordd i swyddfa'r *Tribune*, a galwai Bevan yn gyson i weld Ysgrifennydd y Gynghrair, Krishna Menon. Yr oedd Aneurin a Jennie wedi adnabod Pandit Nehru ers blynyddoedd.[61] Ymwelodd Bevan ag India yn 1953 a diolchodd i'r seneddwyr am eu hymdrechion i sicrhau heddwch yng Nghorea. Dychwelodd yn 1957 er mwyn gofalu bod India yn parhau yn y Gymanwlad ar ôl y straen aruthrol a ddeilliodd o sgarmes Suez, a'r tensiwn gyda Phacistan. Daeth Jennie i adnabod Indira Gandhi yn dda ar ôl y mis a dreuliodd ar yr is-gyfandir yn Ionawr 1956.[62]

Taith arall y cyfeiriwyd ati yn fyr yn y bennod hon oedd yr un yn haf 1957 i Rwsia, Pwyl a'r Almaen, lle y treuliwyd diwrnod cyfan yn ail gartref Khrushchev yn y Crimea. Cafodd Jennie syndod o'r mwyaf o sylweddoli bod Khrushchev wedi ymserchu yn areithiau Aneurin a'i fod yn medru dyfynnu darnau ohonynt ar ei gof.[63] Gan y Rwsiaid y clywodd Aneurin nad oedd yr Undeb Sofietaidd am i Brydain waredu arfau niwclear. Dysgodd Aneurin gryn lawer yng nghwmni Nikita Khrushchev, olynydd Stalin, a oedd wedi brwydro'n ffyrnig am y swydd, gan gystadlu yn erbyn Malenkov am rai blynyddoedd. Cafodd Khrushchev gyfle i drafod gyda Bevan bolisi tramor Rwsia o gyd-fyw heddychlon. Ar ôl iddo ddod yn arweinydd yn 1958 ceisiodd Khrushchev weithredu polisi o ddad-Staliniaeth a chaniatáu i ymwelwyr tramor ddod i Rwsia.[64] Yr oedd ymweliad Bevan â Khrushchev yn dangos pa mor hyderus ydoedd fel gwleidydd, o gofio am y diflastod a brofwyd yn Ebrill 1956 yn Chequers, pan ymwelodd Khrushchev a Bulgarin â Lloegr.[65] Trefnwyd cinio yn Chequers ac eisteddai Jim Griffiths ac Aneurin Bevan wrth ochr Khrushchev. Buan y trodd y sgwrs i'r diwydiant glo, gan fod y ddau ohonynt yn hen lowyr. Yn yr ail gyfarfod ar 23 Ebrill collodd Khrushchev ei dymer ar ôl i Gaitskell godi cwestiwn sefyllfa'r Iddewon yn Nwyrain a Chanol Ewrop gyda George Brown yn brif gymeriad yn y ddrama, yn ôl sawl un.[66] Cafwyd cryn ddadlau rhwng Aneurin, Sam Watson a'r arweinwyr o Rwsia, a thrannoeth bu Morgan Phillips a llysgennad Rwsia ym Mhrydain yn rhoddi eli ar y briw, fel y medrai'r ddau ddychwelyd i Rwsia yn fwy cynnes eu hysbryd nag y'u gwelwyd y noson gynt. Hwn oedd y tro cyntaf i Marcia Falkender, a ddaeth yn Ysgrifenyddes uchel ei chloch i Harold Wilson, gael y cyfle i fod yn llygad-dyst o ddadl gecrus rhwng gwleidyddion amlwg. Rhoddodd hi y bai yn ei hatgofion nid ar George Brown ond ar Bevan:

> But it was left-wing Party leaders too who fell out with the Russians, Nye Bevan in particular becoming incensed when neither Soviet supremo would answer questions about the imprisonment of Democratic Socialists in Russia.[67]

Derbyniodd Aneurin groeso mawr ar ei ddychweliad o'r India gan y Blaid Lafur Seneddol. Yr oedd hi'n gwbl amlwg fod angen dirprwy o faintioli Bevan ar Gaitskell, a dewisodd ef yn llefarydd ar faterion tramor yn lle Alf Robens. Nid oedd yn ddigon o arweinydd heb Bevan. Dyna ergyd R. A. Butler : 'Anything Hugh can do, Nye can do better.'[68]

Disgwyliai'r wasg gymedrol, fel yr *Economist*, y byddai Bevan yn disodli Gaitskell yn weddol fuan, ond ni ddangosodd Aneurin ddiddordeb ym mhroffwydoliaethau'r wasg.[69] Ychydig wythnosau ar ôl Cynhadledd Brighton manteisiodd ar ei swydd, a'r sylw a dderbyniai fel arweinydd ar lwyfan y byd, i ymweld â'r Unol Daleithiau ar y llong *Queen Mary*. Yr oedd y wasg yn y wlad fawr honno yn pwysleisio mai'r 'Aneurin Newydd' fyddai yn dod atynt, yr un oedd wedi newid ei agwedd yn gyfan gwbl, ac nid oedd angen i wleidyddion ceidwadol Washington ei ofni o gwbl. Tynnwyd cannoedd o luniau ohono yng nghwmni John Foster Dulles a'r Arlywydd Eisenhower.[70] Bwriad Bevan oedd darlithio ar faterion cyfoes, a chyflwynodd wyth darlith. Byddai'r daith dros gyfnod o 19 o ddyddiau, bron i dair wythnos. Cafodd gyfle i fynegi ei syniadau ar y teledu, mewn cyfarfyddiadau o'r wasg, ac yn y cyfarfodydd cyhoeddus. Cythruddodd newyddiaduron drwy ganmol Rwsia a Tsieina, a chanmol Khrushchev o bawb, a mentro dweud hyd yn oed y byddai'r Llywodraeth Lafur nesaf yn amharod i gynnal arbrofion ar fom hydrogen. Derbyniodd feirniadaeth gyson, gan iddo fynnu annerch y sefydliadau mwyaf eithafol, fel Clwb Economaidd Efrog Newydd a'r 'New York Commerce and Industry Association'.[71] Mae'n amlwg fod yr 'Aneurin Newydd' wedi aros gartref, ac yn ei le daeth yr 'Aneurin Gwrthryfelgar'. Anodd dweud a fu'r ymweliad yn llwyddiant neu'n fethiant. Methiant oedd yng ngolwg y cyfryngau a llawer o wleidyddion.[72] Ac eto yn ei gyfweliadau ar y teledu daeth ei allu a'i bersonoliaeth drosodd; yr oedd yn effeithiol ac yn ei fynegi ei hunan gydag argyhoeddiad.[73] Ym Mhrydain dywedid bod Bevan wedi cael taith dda, a phan siaradodd yn y Senedd yn y ddadl am Gynhadledd NATO ym Mharis cafodd dderbyniad anghyffredin, curo dwylo a bloeddio o'i blaid.[74] America oedd i'w chondemmnio am hedfan awyrennau yn cario bomiau hydrogen dros Brydain ac nid oedd am golli sofraniaeth y wlad er mwyn llochesu awyrennau America ym Mhrydain.[75] Pan eisteddodd i lawr derbyniodd gymeradwyaeth fyddarol a gwnaeth gohebydd y *Manchester Guardian* o bawb ei ganmol am ei ddewrder.[76]

Bevan wedi ennill ei le ymysg arweinyddiaeth y Blaid Lafur

Trwy gydol 1958 yr oedd CND yn ennill mwy a mwy o aelodau a chythruddwyd Jennie ac Aneurin gan y penawdau a welid ar dudalennau'r *Tribune*. Yr oedd hyn yn diflasu'r ddau gan fod y papur bywiog yn byw ar gardod dau o ffrindiau cywir Aneurin, sef Howard Samuel a Jack Hylton. Gwahoddwyd Aneurin i annerch y Gynhadledd Flynyddol yn Scarborough ac i gadw gofal am ei bortffolio yn y Senedd. Ef oedd ar ben rhestr Cabinet yr Wrthblaid, a chlywyd cryn siarad am yr etholiad a fyddai'n cael ei gynnal yn ystod y misoedd dilynol. Yn hyn o beth yr oedd wedi ennill ei le ymysg arweinwyr seneddol y Blaid Lafur. Gwireddodd ddyhead pennaf Jim Griffiths o fedru plesio arweinwyr Cyngres yr Undebau Llafur ynghyd ag arweinwyr y Blaid Lafur seneddol a selogion y Cynadleddau. Dyna oedd yn poeni Jim Griffiths ddwy flynedd ynghynt, fel yr ysgrifennodd yn Gymraeg at Huw T. Edwards:

> Teimlaf mai seiliau llwyddiant yn ein Plaid ydyw cadw yr uniad rhwng yr Undebau a'r Conferences. Nid haws y gorchwyl hyn ond mae yn hanfodol angenrheidiol i'n llwyddiant. Mae angen groesdoriad – ac y mae'n brin iawn yn y ddwy ran.[77]

Ni wyddai Jim Griffiths yr hyn a wyddai Jennie a'i ffrindiau, sef bod Aneurin yn dioddef yn gyson gyda'i iechyd yng ngwanwyn a haf 1959, ac yn wir cafodd byliau o'r fogfa yn y Gynhadledd yn Scarborough. Ofnent ei fod yn dioddef yn ei ysgyfaint afiechyd y glöwr, niwmoconiosis, y clefyd y bu ei dad farw ohono. Teimlai hefyd yn ddigon unig, gan fod y cyfeillion ar y chwith, yn arbennig Michael Foot, yn flin tuag ato, ac yntau yn ei chael hi'n anodd i gyfathrebu'n gyfeillgar gyda'r rhai o'r adain dde a fu'n ei feirniadu. Cyfaddefodd wrth Richard Crossman ei fod yn ofni'n fawr beth ddigwyddai pan ddeuai Gaitskell yn Brif Weinidog. Dyma atgof Crossman:

> Straightaway he began to discuss the hoplessness of Gaitskell's leadership, his lack of instinct, his tendency to look over his shoulder and to hold up his finger to see which way the wind was blowing.[78]

Erbyn hyn cefnogai Aneurin gadw arfau niwclear a syniadaeth oedd yn perthyn nid i'r chwith ond i'r dde o fewn y Blaid Lafur. Sylwodd Harold Macmillan ar unigrwydd ei gyfaill o'r tridegau, gan ei gymharu ag un o gewri cyhyrog yr Hen Destament, 'a shorn Samson, surrounded there by a bevy of prim and ageing Delilahs.'[79] Y mae mwy i'r gymhariaeth nag a sylweddolodd Macmillan wrth ei thraddodi.

Nodiadau a Chyfeiriadau

1. Aneurin Bevan, 'Why I Am Standing for Treasurer', *Tribune*, 7 Hydref 1955.

2. *Ibid.*, 2. Collodd y bleidlais am swydd Trysorydd. Roedd o'i go' a phrofwyd hynny yn yr hyn a ddywedodd mewn rali o dan nawdd *Tribune* ar ôl clywed y canlyniad, sef bod hierarchi'r Blaid Lafur, yn arbennig Attlee a Gaitskell, yn 'desiccated calculating machines'. Gw. Kenneth O. Morgan, *Michael Foot* (London, 2008), 158. 'Dyfal donc a dyr y garreg' meddai'r ddihareb Gymraeg ac felly y bu yn hanes y gwron. Enillodd yn y diwedd yn 1956 mewn pleidlais i fod yn Drysorydd y Blaid Lafur Brydeinig.

3. Derbyniodd Gaitskell 157 o bleidleisiau, Bevan 20 a Morrison 4. Yr oedd Bevan wedi sefyll am swydd Dirprwy Arweinydd yn Nhachwedd 1951 pan gafodd 82 o bleidleisiau. Etholwyd Morrison yr adeg honno. Gw. Nicklaus Thomas-Symonds, *Nye: The Political Life of Aneurin Bevan* (London, 2015), 222.

4. Mark M. Krug, *Aneurin Bevan: Cautious Rebel* (Efrog Newydd a Llundain), 1961, 232: 'Aneurin Bevan was stung and angered by this second humiliating defeat suffered in a short period of time. He bitterly resisted the implacable opposition of the trade union leaders, which continued in spite of Bevan's acknowledged effort to mend his ways and to comply with Party regularity.'

5. 'Mr Bevan's Broadside', *New Statesman and Nation*, 11 Chwefror 1956, 140.

6. Krug, *ibid.*, 235.

7. *Ibid.* Galwodd Krug bennod XIV o'i gofiant difyr yn 'The New Nye', 231–250.

8. *Hansard*, Cyfrol DXLVIII (1956), colofn 2745.

9. *Ibid.*, Cyfrol DL (1956), colofn 387.

10. *Ibid.*, colofn 400.

11. Krug, *ibid.*, 238.

12. *Ibid.*

13. *Ibid.*

14. *Hansard*, Cyfrol DLVII (1956), colofn 1474.

15. Krug, *ibid.*, 242.

16. Barbara Castle, 'It Could Not Have Happened in Arthur's Day', *New Statesman and Nation*, 13 Hydref 1956, 441. Cyfeirio yr oedd hi at agwedd wrth-Befanaidd Arthur Deakin. Cymerwyd lle Deakin yn yr Undeb gan Frank Cousins ac yn ôl ei gofiannydd mentrodd Cousins: '[he] stuck his neck out and invited Bevan and the Bevanites to forget the old differences and work together for a united Party.' Gw. Geoffrey Goodman, *The Awkard Warrior: Frank Cousins, His Life and Times* (London, 1979), 109.

17. *Economist,* 6 Hydref 1956, 20.

18. *Hansard*, Cyfrol DLVII (1956), colofn 1454.

19. *Ibid.*, colofn 1707–1708.

20. *Ibid.*, colofn 1709.

21. Krug, *ibid.*, 245–6. Gwir y dywedodd yr ysgolhaig o Brifysgol Chicago, 'Bevan had shown his complete misunderstanding of Soviet aggressive ruthlessness.'

22. *Economist*, 10 Tachwedd 1956, 493.

23. *Hansard*, Cyfrol DLVII (1956), colofnau 1715–1716.

24. Dyma folawd a rhybudd yr *Economist*: 'First he is so clearly one of the biggest men in the Labour movement that he ought to be given one of the biggest jobs in any Labour Government. Secondly, however, any Labour MP who thinks that Mr Bevan will not some day re-open his personal feud with Mr Gaitskell is almost certainly living in a fool's paradise.' Gw. *Economist*, 17 Tachwedd 1956, 580.

25. Krug, *ibid.*, 249.

26. Dyma'r wrogaeth a gafodd Bevan yn y cylchgrawn Americanaidd *Time*, 10 Rhagfyr 1956, t. 27: 'He handled the assignment with humanity, indefatigable curiosity and parliamentary skill, demonstrating what his able mind can do when he checks his flamboyant gift for invective and extravagant statements … Many in the House believe that Bevan handled the Suez case against Eden more effectively than Gaitskell himself.'

27. Gw. 'Hungarian Revolution (1956)' yn *Oxford Encyclopedia of World History* (Oxford, 1997), 314. Parhaodd y gwrthdaro yn erbyn teyrnasiad y Comiwnyddion o 23 Hydref hyd 4 Tachwedd 1956. Daeth Imre Nagy yn Brif Weinidog ond newidiodd yr Undeb Sofietaidd ei addewid a chafodd Nagy ac arweinwyr amlwg eraill eu dienyddio yn y dirgel. Ceir crynodeb hwylus am Hwngari fel gwlad ar dudalennau 314–15.

28. Mervyn Jones, *A Radical Life: The Biography of Megan Lloyd George* (London, 1991), 247.

29. Michael Foot, *Aneurin Bevan*, cyf. 2 (Llundain, 1972), 533; Mervyn Jones, *A Radical Life*, 277: 'You can judge of its revolutionary character and effect by the fact that it brought Violet Bonham-Carter and me together in almost glowing unity in the gallery. A thousand congratulations!'

30. Mervyn Jones, *A Radical Life*, ibid., 282.

31. *Ibid.*, 283.

32. D. Ben Rees, *Cofiant Cledwyn Hughes: Un o Wŷr Mawr Môn a Chymru* (Talybont, 2017), 271; Mervyn Jones, *A Radical Life*, ibid., 287.

33. 'And so the Prime Minister was sacrificed. But don't imagine that the lamb was dragged willingly to the sacrificial stone. He had to be hauled there'. Gw. Foot, cyf. 2, 536.

34. Mervyn Jones, *Michael Foot* (London, 1994), 221.

35. *Ibid.*, 222.

36. *Ibid.*

37. Keith Laybourn, *A Century of Labour: A History of the Labour Party* (Stroud, 2001), 104.

38. Donald Sassoon, *One Hundred Years of Socialism: The West European Left in the Twentieth Century* (London, 1996), 224.

39. Nicklaus Thomas-Symonds, *Nye: The Political Life of Aneurin Bevan* (London, 2015), 229.

40. Janet Morgan (gol.), *The Backbench Diaries of Richard Crossman* (London, 1981), 609.

41. Ll.G.C. Papurau Huw T. Edwards A1/365, Llythyr Aneurin Bevan at Huw T. Edwards, dyddiedig 23 Hydref 1957

42. Ibid.

43. Ibid.

44. Nicklaus Thomas-Symonds, Nye, ibid., 233. Dywedodd Bevan wrth ei hen gymrodyr ar y chwith: 'you have not realised that the consequence of passing that resolution [rhif 24] would be to drive Great Britain into a diplomatic purdah.' Gw. hefyd Geoffrey Goodman, From Bevan to Blair: Fifty Years of Reporting from the Political Front Line (Brighton, 2010), 75–6.

45. Mervyn Jones, Michael Foot, ibid., 222.

46. Ibid.

47. Ibid., 223.

48. Ibid.

49. Jennie Lee, My Life with Nye (London, 1980), 235.

50. Michael Foot, Bevan, cyf. 2, ibid., 583–4.

51. Michael Foot, 'Bevan and the H-Bomb', Tribune, 11 Hydref 1957, 1. Yn wir roedd yna anghydffurfwyr amlwg fel y Parchedig Iorwerth Jones yn Y Faner dair blynyedd cyn hynny yn galw sylw ato ar gwestiwn y bomiau niwclear fel Sioni-pob-ochr. Dyma'r darn: 'Eithr, fel y gwelodd Aneurin Bevan, y mae gofynion ail-arfogi yn prysur beryglu pob bendith dymhorol a enillodd y gweithiwr o dan nawdd y Blaid Lafur, ond Shoni-pob-ochr yw ef hefyd. Os oes raid ail-arfogi (fel y cred ef o hyd) dylid ail-arfogi'n iawn'. Gw. Iorwerth Jones, 'Cwrs y Byd', Y Faner, 3 Chwefror 1954, 8.

52. Mervyn Jones, ibid., 228; Jennie Lee, My Life with Nye (London, 1980), 239.

53. Leslie Hunter, The Road to Brighton Pier (London, 1959), 47.

54. Mervyn Jones, ibid., 228–9.

55. Yr oeddwn i yn rhan o'r mudiad, gw. D. Ben Rees, Hunangofiant Di-Ben-Draw (Talybont, 2015), lle y soniaf am y mudiad yng Nghymru.

56. Mervyn Jones, Michael Foot, 229.

57. Mervyn Jones, ibid., 229–30.

58. Mervyn Jones, ibid., 230.

59. Michael Foot, Aneurin Bevan, cyf. 2, 578 a 602; Patricia Hollis, Jennie Lee: A Life, (Oxford, 1997), 181.

60. Nicklaus Thomas-Symonds, Nye: The Political Life of Aneurin Bevan, ibid., 236.

61. Nicklaus Thomas-Symonds, Nye, ibid., 237.

62. Ibid.

63. Michael Foot, Aneurin Bevan, cyf. 2, ibid., 391.

64. Patricia Hollis, Jennie Lee: A Life, ibid., 226.

65. 'We were able to talk together at length and in perfect privacy, Nye, Khrushchev, myself and a superb interpreter sat together in a shady corner of the garden overlooking the Black Sea.' Gw. Jennie Lee, My Life with Nye, ibid., 221.

66. Yn 1956 dywedodd Khrushchev: 'Y mae'r syniad o gyd-fyw heddychlon yn ennill tir yn gyd-wladol … Ac y mae hyn yn ddigon naturiol oherwydd o dan yr amgylchiadau presennol nid oes gennym fawr o ddewis. Yn wir, nid oes ond dau ddewis: naill ai cyd-fyw heddychlon neu y rhyfel mwyaf dinistriol mewn hanes.' Gw. Emyr Price, Cymru a'r Byd Modern ers 1918 (Caerdydd, 1979), 189.

67. Ceir yr hanes gan lygad-dyst sef Jim Griffiths. Gw. James Griffiths, Pages From Memory (London, 1969), 146–51.

68. Marcia Falkender, Downing Street in Perspective (London, 1983), 201; Janet Morgan (gol.), The Backbench Diaries of Richard Crossman, ibid., 458. Yn bresennol yn y trydydd cyfarfod ceid Marshal Bulgarin, Nikita Khrushchev a'i fab Malik a chyfieithydd, Hugh Gaitskell, James Griffiths, Edwin Gooch a Morgan Phillips. Gofalwyd peidio ag estyn gwahoddiad i'r ddau oedd yn medru tarfu ar y cyfarfodydd, sef Aneurin Bevan a George Brown. Gw. Pages From Memory, 149–51.

69. John Campbell, Nye Bevan: Mirage of Socialism (London, 1987), 322. Cyfraniad cyntaf Bevan fel Gweinidog yr Wrthblaid ar faterion tramor oedd ar 5 Rhagfyr. Am araith Bevan gw. Hansard, cyf. 561, col. 1268–83 ac ymateb Butler, col. 1471, 1570.

70. 'Bevan was to denounce the capitalist press as "the most prostituted in the world".' Gw. Kenneth O. Morgan, Michael Foot, 128.

71. Nicklaus Thomas-Symonds, Nye, ibid., 240. Cyfarfu â'r Arlywydd Eisenhower yn y Tŷ Gwyn ar 12 Tachwedd. Yr oedd wedi cyfarfod gyda Foster Dulles a'r Barnwr o'r Llys Uwch, Justice Felix Frankfurter.

72. Ibid. 'He met with some hostility, particularly at the Economic Club in New York, where he rather unwisely compared the Chinese Revolution with the American War of Independence.'

73. Cymysg iawn oedd yr ymateb. Aeth Victor Riesel, newyddiadurwr amlwg iawn yn yr Unol Daleithiau yr adeg hynny, mor bell â'i ddilorni yn ffiaidd: 'That British Socialist, 'Nye' Bevan, who hopes soon will be Britain's next Prime Minister, is a gentleman farmer who fancies pigs and Khrushchev. But he doesn't like President Eisenhower.' Gw. Victor Riesel, 'Likes Pigs and Reds', The Cincinnati Post, 9 Tachwedd 1957, 8. Beirniadwyd ef yn llym gan rai o gyfalafwyr amlycaf y diwydiant olew. Dywedodd Gordon W. Reed, cadeirydd cwmni cynhyrchu Olew Texas (Texas Gulf Producing Company) wrth y colofnydd Inez Robb: 'He is ruthless in his Socialist bias, and he cannot forgive the United States for being a living contradiction of everything in which he believes.' Gw. Inez Robb, 'Bevan Sings Old Song', The Cincinnati Post, 9 Tachwedd 1957, 12. Cofier agwedd Bevan a Michael Foot at yr Unol Daleithiau dros y blynyddoedd. Dyma a ddywed Kenneth O. Morgan: 'Both Bevan and Foot had ideological suspicion of American capitalism and endorsement of the visionary Marshall Plan and the military necessity for Nato.' Gw. Kenneth O. Morgan, Michael Foot, 126–7.

74. 'Bevan arrived back at Southampton on 19 November having not only delivered his message, but also displayed his personal magnetism'. Gw. Nicklaus Thomas-Symonds, Nye, ibid., 240.

75. Krug, Aneurin Bevan, ibid., 264–5.

76. The Manchester Guardian Weekly, 26 Rhagfyr 1957, 62.

77. Janet Morgan (gol.), The Backbench Diaries of Richard Crossman (London, 1981), 726.

78. Ll.G.C., Papurau Huw T. Edwards. Llythyr Jim Griffiths at Huw T. Edwards dyddiedig 9 Ebrill 1957.

79.   'As he sat down, he received the greatest ovation of his long Parliamentary career. He was well on his way to become Britain's next Foreign Secretary.' Gw. Krug, Aneurin Bevan, ibid., 265.

80.   Niklaus Thomas-Symonds, Nye, ibid., 242; Michael Foot (gol. Brian Brivati), Aneurin Bevan (London, 1997), 572.

Pennod 15

Diwedd Einioes y Cawr o Gymro

Yng ngwanwyn 1959 methodd Aneurin Bevan fynychu cyfarfyddiad ym Mharis â Mendès-France a Pietro Nenni, dau o sosialwyr enwocaf Ffrainc a'r Eidal, gan ei fod yn dioddef unwaith yn rhagor o annwyd blin. Ar awgrym ei briod, ad-drefnwyd y cyfarfod ar ei fferm, Asheridge, lle y cafwyd cyfle i drafod y cwestiwn, 'pam fod y chwith ar hyd a lled cyfandir Ewrop mewn trafferthion i ennill y werin bobl?' Bevan a wnaeth y siarad.[1] Yr oedd mewn hwyl â'i ddadansoddiad, gan ddadlau hefyd fod yr adain dde yn methu cyflawni'r hyn a ddylid yn wleidyddol ac yn economaidd. Yn ystod y cyfarfyddiad hwn tynnodd y ffotograffydd Henri Cartier-Bresson luniau o Bevan a'i ffrindiau. Pan ddatblygwyd y lluniau sylwodd fod corff cadarn, hardd Aneurin yn araf ddadfeilio. Roedd Jennie hefyd mewn cyfyng gyngor. Am y tro cyntaf yn ei bywyd priodasol sylweddolodd fod Aneurin yn graddol golli tir yn gorfforol, a daeth i'w meddwl y posibilrwydd fod rhywbeth mawr o'i le arno.[2]

Yr Arwr yn colli tir o ran cryfder corff

Ar ôl i'r gwahoddedigion o'r cyfandir adael, aeth Aneurin allan trwy ddrws y ffermdy â gwydraid o win yn ei law a safodd gerbron ei hoff goeden geirios a oedd wedi ei siafio'n ormodol. Cododd y gwydryn a chlywodd ei briod ef yn dweud, 'Dim llawer o wanwyn ar ôl'.[3] Prynodd Jennie wely llawer mwy o faint iddo, gan ei fod yn cael trafferth i gysgu gyda'r nos. Byddai'n troi a throsi'n ddi-baid ac yn gwrando am oriau lawer ar raglenni radio newyddion y byd. Gofynnodd Aneurin yn chwareus wrthi, tybed a oedd hi am gysgu yn y gwely newydd, a theimlai hi ei fod yn ymwybodol iawn bod amser yn werthfawr, yn brin ac yn prysur ddarfod, ac na fyddent yn hir gyda'i gilydd ar ôl yr holl frwydro dros y gredo sosialaidd.[4] Nid dau berson ifanc oeddynt bellach ond yn diweddu blynyddoedd canol oed. Ni chafodd Aneurin yr hyfrydwch a gafodd ei fam o fyw yn hen; yn wir, ni chafodd yr un nifer o flynyddoedd ag a gafodd ei dad, ac yntau'n pesychu'n gyson oherwydd llwch y lofa.

Dal er y cwbl yn y tresi

Ond buan yr oedd Aneurin yn ôl yn y tresi, yn herio cefnogwyr y CND, yn cadw at ei safbwynt er gwaethaf yr anghytuno difrifol ymysg y staff a ofalai am yr wythnosolyn *Tribune*. Ei ddelfryd ef bob amser oedd creu cymdeithas wareiddiedig, ofalus, a chydymdeimlai â phawb na allai ddelio â galwadau bywyd. Daeth sioncrwydd i'w gerddediad pan glywodd ei fod yn aelod o ddirprwyaeth i Rwsia.[5] Gwelsom fel y daeth Bevan dan ddylanwad Nikita Khrushchev. Yr oedd wedi ei ryfeddu â'i wybodaeth a'i feistrolaeth o faterion y byd. I Bevan, yr oedd yn ŵr nodedig am ei fod yn ceisio newid dull gormesol Joseff Stalin o lywodraethu Rwsia a phwysleisio na allai'r wlad honno droi ei chefn ar y byd. Dyna i Khrushchev a Bevan oedd ystyr diarfogi niwclear unochrog, a byddai hynny'n gamgymeriad mawr. Nid oedd modd derbyn atebion syml, a'r rheiny'n anghyfrifol. Y peth mawr i Bevan oedd yr hyn a ddysgodd yn ei sgwrs â Khrushchev. Dywedodd ffrind cywir i Bevan am 1958 ac 1959:

> Bevan's great anxiety was that he needed negotiating strength to deal with the Americans – not the Russians.[6]

Nid cwestiwn moesol yn unig oedd cadw neu gael gwared â'r bomiau ond un yn delio â'r grym a berthynai i'r wlad arbennig honno.

Credai Bevan fod Prydain yn wlad bwysig ar lwyfan y byd ac y gallai roddi arweiniad i'r byd. Gwnaeth hynny ar fater y Gwasanaeth Iechyd Cenedlaethol, ac roedd yn awyddus bellach i wneud hynny ar fater heddwch byd. Ond yr oedd hi'n anodd. Yn 1959 penderfynodd y *Daily Herald*, llais Llafur ymhlith y papurau dyddiol, gefnogi Ymgyrch Diarfogi Niwclear ac yr oedd hyn yn ofid pellach i Bevan.

Yr oedd hi'n anodd ar y ddau gariad, Jennie ac Aneurin; er gwaethaf aml i storm, yr oedd y ddau yn caru ei gilydd yn angerddol. Tueddai Jennie fod yn fabi yn awr ac yn y man, yn poeni am ei mam ac ymddygiad ei brawd a'i methiant i fwynhau cwmnïaeth teulu ei gŵr. Aneurin gan amlaf fyddai'n gwneud y siopa, yn coginio ac yn nyrsio Ma Lee a chario poteli dŵr tonig a thabledi fitaminau i'w hystafell wely. Nid rhyfedd fod Jennie, fel Ma Lee, yn ei alw'n sant.[7]

Cymro Cymraeg o Feddyg yn gofalu amdano

Er bod Aneurin ar hyd ei oes wedi bod yn anghyffredin o gryf yn feddyliol, yn emosiynol ac yn ysbrydol, ac mor benderfynol ei agwedd a didwyll ei ymroddiad, gwelid bellach fod y cawr yn araf ddadfeilio. Yr oedd ei gyfraniad fel Gweinidog Iechyd a Thai, y Gweinidog mwyaf anghyffredin a welodd Llywodraeth Lafur 1945–1950, wedi ei wanhau yn aruthrol. Dyna'r adeg y daeth pwysau gwaed uchel i'w flino. Dioddefai ers dyddiau'r lofa yn ei lygaid a'i ysgyfaint yn ddrylliedig a byddai byth a beunydd yn dioddef o annwyd pen, anwydon trwy ei gorff, broncitis a'r ffliw. Ofnai Jennie y deuai niwmonia neu hyd yn oed y ddarfodedigaeth i'w ran.[8] Yr oedd yr yfed trwm, dwy i dair potel o win rhyngddynt bob nos gyda'u cinio yn y ffermdy, yn straen ar ei afu a'i gorff. Gweddïai Jennie yn gyson ar ei gliniau dros iechyd a dyfodol ei phriod, er nad oedd hi'n gredinwraig! Bu ei dad farw yn ei freichiau o lwch y lofa ac yr oedd blynyddoedd Tredegar wedi dod yn rhan o'u sgwrs beunyddiol. Bu'n ffodus o'i feddyg, y Cymro, Dr. Dan Davies – Syr Dan Davies ar ôl 1951 – a fu'n hynod ofalus ohono. Soniodd y meddyg annwyl wrtho y dylai adael y brifddinas er mwyn estyn ei einioes, a dyna pam y symudodd i'r wlad i ffermio.

Etholiad Cyffredinol 1959

Yr oedd Aneurin Bevan ym Moscow pan gyhoeddodd Harold Macmillan fod Etholiad Cyffredinol ar y gorwel yn Hydref 1959. Rhuthrodd yn ôl er mwyn paratoi rhaglen o siarad trwy'r wlad a bod yn un o brif siaradwyr yr ymgyrch dros Lywodraeth Lafur. Yr oedd y *Daily Herald* wedi bod yn garedig iawn trwy gynnig un o'i newyddiadurwyr gorau, Geoffrey Goodman, i dreulio'r holl ymgyrch gydag Aneurin. Cawsant gyfarfod i drafod y cyfan a sylwodd Goodman nad oedd y gwleidydd carismatig mor egnïol a brwdfrydig ag yr arferai fod: nid oedd yr ysbryd ymladdgar arferol yn ei enaid. Yr oedd hi'n amlwg nad oedd yn hapus ag arweinyddiaeth Hugh Gaitskell. Ar ben hynny teimlai'n unig ymysg arweinwyr y mudiad Llafur. Daliai i gredu mewn gwerthoedd sosialaidd ond sylweddolai na fyddai'n eu gweld ar waith fel y gwelodd yn y Gwasanaeth Iechyd Cenedlaethol. Edrychodd ar yr amserlen a gwelai fod disgwyl iddo annerch cyfarfodydd yn Llundain, ond dyna un ddinas nad oedd yn hapus i'w hannerch. Edrychodd trwy weddill y rhaglen a baratowyd gan staff Transport House, pencadlys y Blaid Lafur Brydeinig. Llawenydd oedd gweld ei fod i annerch yn Cannock, etholaeth ei briod Jennie, ac yna i'r gogledd orllewin a'r gogledd ddwyrain, yr

Alban a Chymru. Llyncodd y wisgi a chrychodd ei dalcen a dweud wrth Goodman: "Ocê boi, dere i ni gwrdd wythnos nesaf i orffen cynllunio'r daith os yw'n iawn gyda thi."[9]

Synhwyrai Goodman nad oedd iechyd ei ffrind yr hyn a ddylai fod. Ni allai roddi ei fys ar ddim byd pendant: edrychai Aneurin yn ddigon da ac yr oedd digon o fywyd yn y corff cadarn. Ond pan ddaeth hi'n fater o ymgyrchu, cafodd annwyd hanner ffordd trwy'r rhaglen. Ymwelodd ag etholaeth Cannock a siarad yn odidog mewn neuadd orlawn, a hyd yn oed yr ystafelloedd nesaf ati dan eu sang. Yn wir, bu pob cyfarfod yn Llundain felly. Ond y noson honno, dan bwysau Jennie, cytunodd i ddychwelyd i fferm Asheridge. Gyrrodd Goodman ef yno yn ei fodur, hen Rover, a dyna'r gymwynas wedi ei chyflawni; nid oedd Aneurin yn hwylus o gwbl, ac ar ôl cyrraedd y fferm aeth yn syth i'w wely. Fore trannoeth yr oedd yn hynod sâl a'i wres dros gan gradd. Teimlai'n wan fel pluen ac wedi blino'n lân. Galwyd Syr Daniel Davies, ei gyfaill ffyddlon, a dywedodd hwnnw fod y ffliw arno a bod angen iddo orffwys am rai dyddiau.

Golygai hyn newid y cynllun: byddai'n rhaid canslo cyfarfodydd. Y cyntaf i glywed hynny oedd etholaeth Plymouth Devonport lle yr oedd Aneurin i annerch ar ran Michael Foot. Ond yr oedd am fynd er mwyn Michael. Gofynnodd am arweiniad Goodman a chafodd ateb yn ddiymdroi: ddim o gwbl. Anfonodd deligram at Michael yn egluro'r sefyllfa. Ysgrifennodd nodyn i'r *Daily Herald* ac wrth iddo ysgrifennu'r ymddiheuriad, daeth i feddwl Geoffrey Goodman yr ofn fod Aneurin yn waeth o lawer nag yr oedd ef a Jennie ac eraill yn ei feddwl. Yr oedd hi'n ymddangos eu bod ar drothwy dyddiau o ofid a phoen meddwl.[10]

Yn ystod y cyfarfodydd a gafwyd – cyfarfodydd diwygiadol megis – y thema oedd dyfodol y ddynoliaeth. Trefnid tri chyfarfod bob nos iddo ac un yn y pnawn wrth fynedfa un o ffatrïoedd pennaf y cylch. Byddai Goodman ac yntau yn aros mewn gwesty cyfagos a mwynhau cwmni ei gilydd, ac ychydig o wisgi yr Alban i'w cynhesu. Byddai'r ddawn areithyddol i'w chlywed ar ei gorau. Yn ddistaw bach, ofnai Aneurin y byddai'r Blaid Lafur yn colli yr Etholiad eto am nad oedd yn trafod problemau pwysicaf Prydain. Yr oedd Llafur yn methu cynnig dim byd adeiladol yn feddyginiaeth, a phroblem feunyddiol Aneurin oedd sut y medrai barhau i weithio gyda Gaitskell pe enillid yr etholiad. Er y cymodi a fu, daliai yn ddrwgdybus iawn ohono. Pobl oedd yn hanu o wahanol gefndiroedd oeddynt, yn wir credai Bevan y byddai Gaitskell yn fwy cyfforddus o fewn y Blaid Geidwadol: yno roedd ei le mewn gwirionedd. Gwelai Aneurin fod y Torïaid yr un fath ag arfer ac nid oedd maniffesto, peirianwaith na phropaganda Llafur yn ei ysbrydoli chwaith.

Yr oedd ei anerchiadau yn raenus ar ddwy ffrynt: yn gyntaf, materion tramor lle yr oedd ei wybodaeth yn anhygoel am Ynys Cyprus, cyfandir Affrica (yn arbennig Cenia a Nyasaland) a'r Dwyrain Canol; yn ail, economi Prydain a'r angen i ddefnyddio'r sector cyhoeddus i hyrwyddo cyflogaeth lawn. Un noson, ar ôl annerch yn ninas Cofentri, aeth Bevan a Goodman yn ôl i'r gwesty. Dyma Goodman yn gofyn yn ddigon naturiol sut roedd yr ymgyrch yn dod yn ei blaen. Mae'n amlwg fod y cwestiwn wedi taro Bevan fel mellten ac yntau wedi blino'n lân: ffrwydrodd â'r dicter hwnnw a fu'n ei nodweddu ar hyd ei oes. Yr oedd ei lygaid yn serennu, yn hanner gwyrdd am eiliad a'r nesaf yn hanner glas, ond ar dân. Yr oedd ar fin gorffwylledd neu, yn ôl Goodman, fel 'teigr mewn cawell'.[11] Nid oedd Goodman wedi ei weld fel hyn erioed, ac mae'n amlwg fod tri chyfarfod y nos, un ar ôl y llall, yn boen enaid ac yn faich corfforol trwm. Yr oedd Bevan fel petai yn noethlymun, yn gwbl afreolus, o'i go' ac yn casáu hyd yr eithaf. Dyma esboniad Goodman ei hun:

The tiger was wounded, tired, perhaps self-pitying at the moment of absolute stress. It was not an attractive picture. But as psychologists will always explain, it was a far from unusual condition in men of great power or, to put it the other way round, in powerful men of great sensitivity. [12]

Yr oedd Aneurin fel petai yn llwyr sylweddoli bod y diwedd yn prysur ddod yn ei hanes; rihyrsal ar gyfer hynny oedd ei daith o amgylch y wlad, ac yntau wedi ei daro'n wael yng nghanol yr ornest.[13]

Bevan ar ei uchelfannau yng Nghorwen a Llangollen

Ni allai Goodman anghofio'r amser a gafodd gyda Bevan yng Nghymru. Brwydrodd yn galed, a chynhaliwyd y cyfarfod olaf ym Mhafiliwn Corwen. Bu'n uchafbwynt o gyfarfod ac yna teithiwyd i'r gwesty yn Llangollen i fwynhau ymlacio uwchben potel wisgi ddrud. Yfai Aneurin yn araf bach, a hynny hyd oriau mân y bore. Cadwyd y ffenestr ar agor, gan ei bod hi'n noson gynnes, ond hefyd er mwyn gwrando ar afon Dyfrdwy yn canu ei chân ar ei thaith i'r môr. Yr oedd Aneurin gartref yn ei wlad ei hun ac ar ei uchelfannau. Soniodd am y posibilrwydd, pe bai Llafur yn ennill, o gael ei osod yn y Swyddfa Dramor a gweithio gyda Hugh Gaitskell. Baich anodd fyddai hynny, un trwm i'w gario ar unrhyw adeg. Mynegodd ei farn yn onest nad oedd yn meddwl y medrai gario'r fath gyfrifoldebau. Byddai ei radicaliaeth Gymreig yn cyffroi pobl os nad oedd Gaitskell yn ei gefnogi. Yr oedd am weld Llywodraeth Lafur yn barotach i ymateb ac edrych yn ofalus ar sefyllfa byd oedd yn newid gymaint o flaen eu llygaid.

Cyrhaeddodd ei uchelfannau ym Mhafiliwn Corwen y noson honno. Cynulleidfa o Lafurwyr siroedd Meirionnydd a Dinbych oedd yno yn bennaf, y rhan helaethaf ohonynt yn Gymry Cymraeg ac Aneurin yn meddu ar ryw gant a hanner o eiriau'r iaith ar ei dafodleferydd. Ond nid ataliwyd ef y noson honno rhag atgoffa'r Cymry Cymraeg o'i werthoedd sosialaidd a sylfeini cadarn ei grefydd wleidyddol. Siaradodd yn huawdl ar Brydain yn bodoli mewn byd oedd yn lleihau, cyfraniad technoleg a gwyddoniaeth a'r angen i wleidyddion weithio yn egnïol yng nghanol y byd newydd. A'i ddiweddglo ysgytwol ond gwir:

We are moving into a world in which smaller and smaller men are strutting against narrower and narrower stages. [14]

Yr oedd y byd ar y dibyn ond diolchai fod yna o hyd arweinwyr o faintioli, a'i arwyr ef yn Llangollen a Chorwen oedd Pandit Nehru, Marshal Tito a Mendès-France. Yna drannoeth, yn ôl i Lynebwy, lle'r addolid ef gan y mwyafrif mawr, dros 80%, er bod rhai beirniaid fel y gellid disgwyl. Cafodd gyfarfod mawr nos Sul, noson olaf yr ymgyrch, ac un o'r prif siaradwyr o blaid Aneurin yn Nhredegar a Glynebwy oedd y cyfreithiwr galluog, Gwilym Prys Davies.[15] Yr oedd Gwilym yn uchel ei barch gan Ron Evans, asiant Aneurin ac un a gyflawnai gymaint drosto. Byddai Evans hefyd yn ateb y cwynion, gan fod yna elfen a oedd yn flin fod Aneurin erbyn 1959 wedi anghofio'i etholaeth fwy neu lai, heblaw am noson olaf yr ymgyrch. Ond yr oedd hynny'n anorfod yn hanes arweinwyr y pleidiau, a dyna'r baich a osodwyd ar Aelod Seneddol Glynebwy.

Noson y pleidleisio

Ar noson y pleidleisio, 7 Hydref 1959, noson bwysig i wleidyddion, eisteddai Aneurin yng nghartref ei chwaer annwyl, Arianwen. Sylweddolodd nad oedd yn hwylus o gwbl a meddyliai am Jennie, yn Cannock y noson honno yn disgwyl ei thynged. Edrychent oll ar y teledu i weld yr arweinwyr a'r dadansoddi. A gwelwyd Macmillan yn cael ei gyfweld. Yr oedd ef ar ei orau, yn actio allan ar gynfas y byd, gan roi'r argraff y medrai ddelio â'r byd a'r degawd newydd gystal â neb. Ni allai Geoffrey ddioddef ei ragrith, a mynegodd ei farn. Torrodd Aneurin ar ei draws am fentro baeddu enw da Macmillan ac fe'i hamddiffynnodd fel gwleidydd ac arweinydd plaid. Siaradodd yn annwyl amdano, gan gydnabod ei fod yn llwyddo i wasanaethu ei blaid a'i ddosbarth gyda graen. Yr oedd Bevan yn un o edmygwyr Macmillan: yr oedd ar bedestal ganddo o flaen Churchill ac yn arbennig Eden.[16] A'r munud nesaf clywodd beth ddywedodd ei arweinydd yn Leeds, lle'r oedd ei etholaeth. Addawodd Gaitskell y byddai Llywodraeth Lafur yn gostwng lefel treth incwm ac yn cadw ac ehangu'r Wladwriaeth Les. Yr oedd Bevan yn grac a throdd at Goodman a dweud ei fod ef yn ofni fod datganiad difeddwl Gaitskell yn arwydd fod yr etholiad wedi ei golli. Ffolineb yn ei dyb ef oedd i Gaitskell ddweud hyn ar y teledu, a gwyddai y byddai etholwyr Llafur yn sylweddoli fel yntau ynfydrwydd siarad heb ddisgyblaeth. Roedd Bevan yn sylweddoli ei fod yntau yn y gorffennol wedi bod yn euog ei hun o'r math o ddatganiadau oedd yn ddi-fudd yn y frwydr ennill pledleisiau. [17]

Yr oedd hi'n glir iawn fod gan Bevan fwy o gydymdeimlad â Macmillan nag â Gaitskell, a'i fod yn gweld bod gobaith ennill yr Etholiad wedi diflannu. Ni wyddai Bevan druan fod y diwedd gerllaw yn ei hanes yntau; efallai fod yna ofidiau yn ei feddwl a gwyddai fod gweld sosialaeth ar agenda Llywodraeth Lafur ym Mhrydain yn freuddwyd bell. Yr oedd y cawr wedi blino'n lân, ond yr oedd yn llygad ei le. Enillodd yn hawdd yng Nglynebwy,[18] ond cafodd y Torïaid fuddugoliaeth ar draws Prydain â 49.4% yn pleidleisio iddynt yn erbyn 43.8% i Lafur.[19] Golygai hynny fod gan y Torïaid 365 sedd a dim ond 258 gan Lafur. Ar ôl y colli, awgrymodd Gaitskell y dylai Bevan wasanaethu fel Dirprwy Arweinydd y Blaid Lafur Brydeinig, yn olynydd i Jim Griffiths. Ond ni chafodd Bevan yr iechyd i wneud unrhyw argraff fel Dirprwy Arweinydd; daeth y cyfle yn rhy hwyr. Symudwyd y Gynhadledd Flynyddol i benwythnos 28–29 Tachwedd a chafodd Bevan ddigon o nerth i deithio iddi. Nid Bevan a rannodd y Blaid Lafur yn ddwy yno, ond Gaitskell. Bevan oedd yn rhannol gyfrifol am hynny rhwng 1951 ac 1958, nid heb gymorth Gaitskell. Ond yn y Gynhadledd Gaitskell oedd y gwleidydd anodd. Cymal Pedwar o'r Cyfansoddiad oedd y bwgan: dymuniad yr arweinydd oedd ei ddileu, gan y credai fod hynny wedi bod yn un rheswm mawr am y methiant i ennill yr Etholiad. Yr oedd y Llafurwyr yn enbyd o drist ac nid y Gynhadledd hon oedd y man gorau i wyntyllu mater dadleuol a oedd yn bwysig dros ben i ladmeryddion yr adain chwith.

Areithydd godidocaf Cynhadledd Llafur

Areithydd gorau'r Gynhadledd, yn ôl ei arfer, oedd Aneurin. Llefarodd un o areithiau mwyaf eneiniedig ei fywyd, yn ôl Goodman:

> It stands in the records as one of the finest pieces of oratory in Labour's long history. It was, as in retrospect, I now realise, his last will and testament to his codex of socialist beliefs. The end indeed was Nye.[20]

Yn sicr, ni chlywyd dim byd gwell yn unman na'i alwad am undeb ymhlith y sosialwyr. Teimlodd Aneurin yn hapus ar ddiwedd y Gynhadledd: yn ei wendid, yr oedd wedi bod yn orchyfgwr. Braf oedd dychwelyd gyda Jennie i Asheridge i ymlonyddu a chael seibiant, gan ei bod hi'n amlwg ddigon fod ganddo glwyf yn ei stumog. Nid oedd ganddo archwaeth at fwyta a chollai bwysau o'i gorff. Yn y Senedd yr oedd wrth ei fodd yn sgwrsio a mwynhau'r ystafell ysmygu gyda'i gymrodyr o'r un anian. Yr oedd poen y stumog yn llethol ar brydiau, ond cymerai ddarnau bach o iâ i leddfu ei gyflwr. Cynghorodd Syr Dan Davies ef i ystyried triniaeth lawfeddygol.[21] Yr oedd hynny ddau ddiwrnod cyn y Nadolig, ac fe ddaeth i'r Royal Free Hospital yn Gray's Inn Road, Llundain ychydig ddyddiau ar ôl Gŵyl y Geni.

Gwynebu triniaeth lawfeddygol fawr

I Lundain yr aeth ar 27 Rhagfyr 1959 a chael gwybod bod rhaid tynnu bron y cyfan o'i stumog. Daeth ei gyflwr adfydus yn hysbys i'r cyhoedd dros nos, fel y cofia rhai ohonom a'i hedmygai yn fawr. Bu'n rhaid i'r claf aros yn yr ysbyty am chwe wythnos, a blodau hardd yn llenwi'r ystafell, rhywbeth na chaniateid heddiw hyd yn oed i grëwr y Gwasanaeth Iechyd Cenedlaethol. Deuai ei gyfeillion pennaf i'w weld yn gyson. Awgrymodd Jennie mai'r cyntaf o'u plith a ddylai alw oedd Michael Foot, gan eu bod ar delerau gwael â'i gilydd ers 1957, pan newidiodd Aneurin ei farn ar arfau niwclear. Cynghorwyd ef i gofio mai ei gyfrifoldeb oedd gwneud i'r claf deimlo'n well a mwy normal. Yr oedd Michael Foot wedi colli ei sedd yn Plymouth a chafodd sioc ei fywyd pan ddywedodd Aneurin wrtho ynghanol sgwrs y cymodi, am ystyried sedd Glynebwy fel sedd i'w chynrychioli pan ddeuai honno yn wag yn weddol fuan. Rhaid cofio'r geiriau a lefarodd Marcia Falkender am Foot pan alwodd ef yn 'Jekyll a Hyde' y gwleidyddion Llafur. Eglurodd hyn yn eglur ddigon:

> In private, and as a politician working among colleagues, Michael Foot is a soft-voiced, a courteous, easy, light-hearted moderate, whose restrained manner makes him eminently likeable. But on a platform or in a similar public context it is a different story. He rants, he raves, he shouts; in short, he seems not so much transformed as possessed.[22]

Ni ddywedodd Michael air ymhellach am awgrym Bevan ar ôl y cymodi, gan na ddisgwyliai glywed y fath awgrym fyth eto. Yn ddiweddarach y diwrnod hwnnw, wrth iddo fyfyrio ar ei ymweliad, sylweddolodd fod Aneurin yn gwybod cystal â neb ei fod yn marw. Y diwrnod cyn iddo adael yr ysbyty dywedodd ei ffrind mynwesol, Syr Dan Davies, wrth Jennie fod yr C fawr arno, sef cancr; clefyd mwyaf erchyll a blinderus yr ugeinfed ganrif. Pwysodd Jennie arno i beidio â dweud gair am hyn wrth ei gyfaill hoff ac yn wir gwnaeth y ddau addewid i'w gilydd i gadw'r newydd yn gyfrinach oddi wrth Aneurin. Nid oedd neb i wybod, dim gair wrth Arianwen na neb o'i frodyr a'i chwiorydd, dim gair wrth ei gyfaill oes, Archie Lush na'i asiant, Ron Evans. Ofnai Jennie, pe bai Aneurin yn cael y newydd am y cancr, y byddai'n torri ei galon yn ddiymdroi ac yn rhoddi'r gorau iddi yn ei iselder ysbryd. Sylweddolodd fod un person yr oedd yn rhaid iddi ddatgelu'r gyfrinach wrtho, a Howard Samuel oedd hwnnw. Yr oedd ganddi reswm ymarferol am dorri'r newydd iddo. Byddai Samuel yn medru dod o hyd i ddigon o dabledi cysgu pe bai poenau Aneurin yn annioddefol. Addawodd Samuel wneud hynny, ond wedi ailfeddwl teimlodd y byddai hynny yn anghysur mawr iddo. Nid oedd y rhagolygon yn ôl Syr Daniel Davies yn dda o gwbl, rhwng naw a deunaw mis ar y mwyaf o fywyd oedd ar ôl. Fel y trodd pethau allan, yr oedd meddyg y Frenhines a'r arbenigwyr eraill yn rhy optimistaidd o lawer, gan mai ychydig dros chwe mis a gafodd Aneurin yn y ffermdy a oedd yn ddinas noddfa iddo.

Misoedd o aeddfedu ar gyfer y ffarwel terfynol

Cyhoeddai Syr Daniel Davies fwletin cyson, a phob tro y clywai'r cyhoedd am ei gyflwr, byddai'r llythyrgludydd yn cario sacheidiau o lythyron yn dymuno'n dda a chardiau yn dweud 'brysiwch wella'. Anfonodd croestoriad o boblogaeth y Deyrnas Unedig eu dymuniadau gorau. Deuai'r dymuniadau hyn o blith chwarelwyr siroedd Caernarfon a Meirionnydd, glowyr maes glo De Cymru a meysydd glo Prydain i gyd, pobl o dref Tredegar a'i gefnogwyr yn yr etholaeth, myfyrwyr Prifysgolion Cymru, Lloegr a'r Alban, meddygon, nyrsys, gweithwyr y diwydiant adeiladu, y werin bobl a ffermwyr a'i hedmygai fel ffermwr o ddifrif ei hun. Yr oedd rhai o'r llythyron gan gefnogwyr ac edmygwyr a ymylai ar fod yn anllythrennog, eraill o'r plasau a'r llysgenadaethau, rhai bron yn methu gweld, a chyfeillion da oedd wedi elwa'n fawr ar y gwasanaeth iechyd ers 1948 ac wedi byw'n llawer hirach oherwydd gweithredu ymarferol yr athrylithgar Aneurin. Clywid ei enw yng ngweddïau rhai o weinidogion capeli Morgannwg a Mynwy a myfyrwyr am y weinidogaeth ar dir Cymru: yr oeddwn i yn un ohonynt. Cofiai Archie Lush alw mewn siop yn Gray's Inn Road, y stryd lle y lleolid yr ysbyty, i brynu owns o faco. Rhuthrodd gwraig i mewn o'r stryd a dweud wrth y wraig tu ôl i'r cownter ei bod hi newydd weld 'Miss Jennie Lee yn gadael yr Ysbyty' ac iddi sylwi nad oedd mor drist â'r tro olaf y gwelodd hi. Y tro hwn gwelid gwên ar ei hwyneb. Ymateb gwraig y siop oedd diolch i Dduw am lygedyn o obaith, gan 'obeithio y byddai'n gwella'n fuan'.

Bevan y claf dioddefus ond diolchgar

Roedd y cyhoedd a'r gweinyddesau a ofalai amdano yn hoff iawn ohono. Dywedodd un o'r nyrsys a weinai arno wrth Hugh Delargy, Aelod Seneddol a ffrind cywir i Aneurin, 'Mr. Bevan is a most wonderful patient.' Ateb Delargy oedd, 'He must be because he is a most wonderful man.'[24] Ysgrifennodd un hen ŵr lythyr dwys rhyfeddol ato:

> Plîs ymladdwch ac enillwch y frwydr Mr. Bevan. Rwyf newydd ddod o'r ysbyty fy hun ac wedi cael fy synnu yn ostyngedig â'r Gwasanaeth Iechyd Cenedlaethol a grëwyd gennych. Rwyf yn erfyn arnoch i fyw. Rwy'n gweddïo ar Dduw os na ellir dinistrio eich aflwydd y medrwn ei ddioddef drosoch chwi. Bendithied yr Arglwydd chwi, Syr. Plîs, byddwch fyw. Mae llawer yn gweddïo drosoch.[25]

Daeth negeseuon o blith pobl a'u galwai eu hunain yn 'Doris o'r Torïaid'. Anfonodd glanhäwr ffenestri carchar Wormwood Scrubs ei ddymuniadau gorau.[26] Bu'r llythyron a'r negeseuon yn godiad calon ac erbyn dechrau mis Mawrth yr oedd sôn y byddai yn ôl yn y Senedd yn fuan: yno yr oedd ei galon. Ond ni ddaeth hynny i fod; yr oedd Aneurin yn llythrennol ar ei wely angau.

Yr oedd ganddo ei lyfrau wrth ei wely; dau a gafodd flas arnynt ac y bu'n eu trafod yng nghwmni Foot oedd gwaith J. B. Priestley, *Literature and the Western Man*, a llyfr H. L. Mencken, *Treatise on the Gods*. Dau lyfr safonol; dyna'r llyfrau a arddelai gan amlaf yn ei gystudd.[27] Deuai Archie Lush i'w weld yn ei dro a byddai'r sgwrs yn troi yn ôl at dref ei febyd. Un diwrnod gofynnodd Aneurin iddo, 'Ydyn nhw wedi blino arna i yn Nhredegar?' Gwyddai Archie fod y cwlwm rhwng Aneurin a phobl y dref honno yn dynn. Carai Dredegar. Ei ddymuniad mawr oedd gosod y dref ar y map ac yn sicr yr oedd yn falch iddo wneud hynny. Ac yn falch, hefyd, fod nai iddo wedi cael yr un enw ag yntau ar ôl ei eni yn y dref.

Daeth rhyddhad iddo o'r ysbyty ar 16 Chwefror 1960 ond cyn dychwelyd i'r ffermdy, trefnwyd iddo deithio o Lundain mewn car i Brighton i fwynhau awyr y môr a chri'r gwylanod. Byr fu hynny. Bu'n rhaid troi am fferm Asheridge gan y boen a ddaeth i'w stumog. Ar y ffordd o Brighton i Asheridge, bu'n rhaid aros am chwarter awr ym Mharc Windsor er mwyn iddo gael dod allan o'r modur cyfforddus. Trodd at y gyrrwr, Cymro fel yntau, ac meddai wrtho â thristwch yn ei lais, 'Wyddost ti, Griff, cyn i mi eich gadael, mae'n rhaid i mi droi am adref i weld y mynyddoedd.' Trodd at Jennie â direidi yn ei lygaid blinderus a thynnu ei choes hi gan awgrymu yn gellweirus nad oedd hi yn gwybod dim am fynyddoedd cyn gweld mynyddoedd bendigedig Cymru. Nid oedd mynyddoedd yr Alban yn yr un byd â mynyddoeddd Cymru. [28]

Agwedd Jennie yn ei gofid

Beirniadwyd Jennie gan lawer un o'i chylch am gadw'r newydd am ei gyflwr meddygol a'i ddyfodol oddi wrthynt; golygai straen aruthrol arni hi ac arweiniodd hyn iddi yfed llawer gormod o win gyda'r nos, mwy nag oedd o les iddi. Ond ar y llaw arall, mae'r feirniadaeth yn annheg, gan ei bod hi'n adnabod Aneurin yn well na neb arall. Gwnaeth yr hyn y gredai ei fod yn dderbyniol iddo. Dywedodd wrth Archie Lush ar ôl ei farwolaeth y byddai derbyn y gwir wedi dinistrio'r berthynas, gan fod Aneurin yn meddwl amdani bob eiliad o'r dydd: hi oedd ei unig obaith. Lluniodd Jennie gyfrol, *My Life With Nye*, yn 1980 sydd yn dadlennu ei hagwedd hi a hefyd un ei feddyg, Syr Dan Davies. Dyma a ddywed amdano:

> There was a close bond of friendship between these two highly emotional Welshmen. Why did Dan act as he did? Was it because he could not bear to pronounce the death sentence on his friend? How can any of us ever know just how and why we behave as we do in times of uncertainty and stress? All I do know is that his only concern from first to last was to help his friend in every way he could.[29]

Cytunai'r llawfeddyg George Quist, a fu wrth y driniaeth, a gwyddai yn dda am agwedd Dr. Dan a Jennie. Caniataodd hi i un o newyddiadurwyr y *Guardian* ddod i ymweld ag ef a chyhoeddwyd y cyfweliad ar 29 Mawrth. Nodyn o ddiolch sydd yn yr erthygl am y gofal a dderbyniodd gan bawb yn Ysbyty'r Royal Free, o George Quist i'r gweinyddesau a'r gweinyddwyr. Yr oedd y llythyron a'r blodau wedi ei gyffwrdd a byddai'n derbyn pob cysur yn ei gartref cysurus. Codai ganol y bore a gwisgo ac yna mynd i'r gwely tua deg i un ar ddeg o'r gloch y nos, tipyn yn gynharach nag yr aferai. Cyfrol J. B. Priestley ar lenyddiaeth Saesneg oedd un o'i gysuron, gan ei fod yn benderfynol o beidio â darllen cofiannau gwleidyddion na chael ei demtio i lunio hunangofiant. Dywedodd wrth y newyddiadurwr:

> I strongly disapprove of people in active public life writing their memoirs. They do nothing but mischief. If they tell the truth, it is hurtful but usually they don't tell the truth.[30]

Ni dderbyniai fawr o gysur o raglenni teledu ar wahân i'r hyn a welai o Tony Hancock yn nhraddodiad gwan theatrau cerdd Lloegr. Dywedodd fwy nag unwaith ei fod yn ysu am gydio yn yr awenau ond mynnai Jennie fod angen mwy o amser i ymgryfhau. Dyna pam y derbyniodd gynnig hael Kathleen a Graham Sutherland iddynt fynd i Ffrainc. Ni sonia Jennie ddim byd am y cyfle hwnnw ar wahân i sôn mai Sutherland oedd yr un a baentiodd y portread o Winston Churchill y gwrthododd ei wraig ei dderbyn. Aeth si ar led mai Aneurin oedd wedi perswadio Sutherland i wneud portread diflas o Churchill ar ei ben-blwydd yn bedwar ugain oed, ond dyna un peth na fyddai Aneurin wedi ei awgrymu, gan fod ganddo gryn feddwl o Churchill.[31]

Cysur yn ei wendid yn y ffermdy braf

Yr unig le cysurus iddo bellach oedd ei gartref ei hun. Ar ôl y daith i Ffrainc, dirywiodd y cawr. Chwyddodd ei goes dde ac yr oedd yn garcharor yn ei ystafell yng ngwir ystyr y gair.

Awgrymodd y meddygon y dylai fynd yn ôl i'r ysbyty yn Llundain, ond gwrthododd a bu'n rhaid trefnu gofal ddydd a nos. Daeth un o'i ffrindiau, Jack Buchan, i'r adwy; roedd ef yn ffisiotherapydd ac yn dra chyfarwydd â'r gwleidydd. Bodlonai Aneurin i Jack Buchan ei nyrsio a rhoddi pigiad iddo fel y medrai gysgu, a derbyniai gymorth gan sosialydd ifanc o Awstralia, Trude, a arhosai gyda Jennie. Hwy eu dau oedd yng ngofal Aneurin yn ystod y dydd a Jennie yn ystod y nos.[32] Bob yn eilddydd byddai Syr Dan neu George Quist yn dod o Lundain ac weithiau y ddau gyda'i gilydd i godi ei galon. Byddai Jennie yn paratoi coffi a brandi neu de a wisgi a chlywid clebran a chwerthin braf o'r ystafell wely. Rhoddai'r ddau feddyg galluog arian i Aneurin, gan wybod na welid ef bellach yn 10 Downing Street nac ychwaith yn Weinidog Tramor. Ond mewn gwirionedd yr oedd ei fyd yn hynod o gyfforddus yn faterol. Mater o amser oedd hi ac ni allai holl dechneg a galluoedd y rhain ei arbed rhag y gelyn olaf. Unig ddymuniad y pump ohonynt oedd ei gadw rhag poen annioddefol. Ond cynllunio wnâi Aneurin, fel y dywed ei briod hoff:

> Until almost the last days of his life, Nye would sit up in bed or in an armchair by the window planning ahead.[33]

Un o'r ymwelwyr olaf a ddaeth heibio oedd Pandit Nehru, ac yntau yn mynychu Cynhadledd y Trefedigaethau.

Diwedd y Daith fuddugoliaethus ar 6 Gorffennaf 1960.

Yr oedd Dr. Jack Buchan a hefyd Jack Norris, gŵr Arianwen, yn cynrychioli'r teulu yng Nghymru, yn bresennol yn y cartref pan ddaeth yr alwad olaf ar 6 Gorffennaf 1960. Cafwyd yr holl fanylion yn y *Daily Express*. Cyrhaeddodd Dr. Tom Wise, y meddyg lleol, wedi un ar ddeg y bore yn ei gerbyd Morris, gan aros gydag Aneurin am dros hanner awr. Bu farw y pnawn hwnnw am ddeng munud wedi pedwar cyn i Dr. Wise ddychwelyd am 4.35 o'r gloch. Gadawodd yn ei ewyllys y swm o £23,481, sy'n gyfystyr ag o leiaf hanner miliwn o bunnoedd heddiw. Yn ychwanegol yr oedd ganddo fferm yn meddu ar dir da yn swydd Buckingham a gostiodd bymtheng mil iddo pan brynodd hi yn y pumdegau. Yr oedd Aneurin wedi gwella ei fyd yn fwy na'r rhelyw o'i gymrodyr ar feinciau cefn y Blaid Lafur.

Cysurwyd Jennie gan wraig y tŷ, Mrs. McGhee, Jack Norris, Dr. Wise a Dr. Buchan a Trude, a chychwynnwyd yn ddiymdroi ar y dasg o hysbysu'r teulu agosaf. Ffoniodd Jack Norris ei briod, Arianwen, yn Nhredegar a ffoniodd hithau ei chwaer, Blodwen, a'i frodyr, William a Iorwerth. Jack Norris a roddodd wybod i Myfanwy a chafodd Archie Lush y newydd gyda'r cyntaf. Ef oedd Arolygydd Ysgolion Sir Fynwy y dyddiau hynny a theithiodd y bore trannoeth i Asheridge.[34] Bu'r newydd am farwolaeth Nye yn ergyd i gymaint o'i edmygwyr, yn deulu, cyfeillion a chydweithwyr. Rhuthrodd Michael Foot i Asheridge, gan ei fod bellach wedi ei lwyr gymodi ag Aneurin, a gadawodd Hugh Delargy y Senedd am na fedrai ddygymod â chymdeithasu â neb o'i gyd-aelodau.[35] I Tom Driberg, ffordd ymwared yn ei hiraeth dirdynnol oedd yfed hanner dwsin o wydrau o wisgi, ef a chriw o edmygwyr Bevan.[36] Anfonodd y Frenhines ei chydymdeimlad didwyll ac felly hefyd J. P. W. Mallalieu, un a addysgwyd ym Mhrifysgol Rhydychen, ac a ddaeth yn edmygydd di-ben-draw o Aneurin Bevan fel Aelod Seneddol Llafur.[37] Roedd Barbara Castle yn ddryll" diedig: fel y dywedodd un hanesydd bu perthynas glos rhyngddynt ar hyd y blynyddoedd: '[Bevan] ... made frequent passes at Barbara which she did not obviously discourage.'[38]

Colled i fywyd y byd, Prydain a Chymru a etholaeth Glyn Ebwy

Gwleidydd arall a deimlodd y golled oedd y Prif Weinidog, Harold Macmillan:

> He was a colleague with me on the back benches in the House of Commons for many years before the War and a real personal friend.[39]

Cofiai Hugh Gaitskell ef am byth, ac yn gwbl gywir, fel pensaer y Gwasanaeth Iechyd Cenedlaethol.[40] I Iarll Attlee yr oedd Aneurin yn gwbl unigryw ac yn un o'r gweinyddwyr pennaf a gafodd y Llywodraeth Lafur.[41] Meddai edmygedd mawr ohono a pharch at ei alluoedd. Trefnwyd cyfarfyddiad yng nghartref Arianwen Norris yn Nhredegar i rannu atgofion amdano. Fe'i cadeiriwyd gan y Cynghorydd Ron Evans a daeth ynghyd ddeg ar hugain o'r rhai o'i blaid a weithiai yn agos gydag ef i gofio'r gwleidydd a'r cymeriad anghyffredin. Yn ôl y Cynghorydd Idris Williams, Ysgrifennydd yr Etholaeth, yr oedd hi'n ddiwrnod tywyll yn ei hanes.[42] Tystiai Tom Rees, aelod o Bwyllgor Gwaith Etholaeth Glynebwy, nad oedd 'gwladweinydd yn y byd o'i faintioli'. Yr oedd yn gyfochrog â Pandit Nehru.

Ceid chwithdod mewn mannau annisgwyl. Ei dafarn yn ei etholaeth oedd y Quarryman's Arms, hen dafarn ar ochr y mynydd yn Nhrefil, bedair milltir o Dredegar. Yno y bu Mrs. Margaret Evans yng ngofal y dafarn am wyth mlynedd ar hugain. Byddai Aneurin a Jennie yn hoffi crwydro'r bryniau ac ymlacio yn y Quarryman's Arms. Cofiai Mrs Evans yn dda iddi estyn hanner peint o gwrw iddo un tro. Protestiodd a dweud, 'Dewch i mi gael un mawr a dolen iddo fel y bechgyn eraill yma.'[43] Bodlonodd hi'n llawen.

Bu rhai o'i edmygwyr pennaf, gan gynnwys Jennie Lee, yn hynod feirniadol o'r BBC am iddynt wahodd pobl na fu'n ffyddlon i Aneurin i hel atgofion amdano. Yr oedd aml un yn ddig fod y cyfryngau yn gofyn i Hugh Gaitskell a Harold Wilson yn hytrach na Barbara Castle ac Ian Mikardo. Yng Nghymru, aeth y cyfryngau ar ôl Jim Griffiths, dewis da gan fod cefndir y ddau mor debyg; ond nid oedd hynny'n wir am Gaitskell na Wilson.

Y Gwasanaethau Angladdol

Trefnodd Jennie wasanaeth yn Amlosgfa Croesyceiliog yng nghwmni ei deulu a hithau. Anfonodd air at y ddau weinidog yr oedd hi am iddynt ofalu am y cyfan: Dr. Donald Soper, gweinidog yn yr Eglwys Fethodistaidd ac un o golofnwyr *Tribune,* a'r Esgob Mervyn Stockwood, un arall a berthynai i'r adain chwith o'i ddyddiau ym Mryste cyn dod i ofal Esgobaeth Southwark. Dywedodd wrthynt:

> He was a great humanist whose religion lay in loving his fellow-men and trying to serve them. He could kneel reverently in Chapel, Synagogue, Eastern Mosque, Catholic Cathedral on occasions when friends called him there for marriage or dedication or burial services.[44]

Yr oedd wedi ei wreiddio yn y ffydd Gristnogol fel plentyn a gwyddom y golygai hanfodion y grefydd honno lawer iddo, yn arbennig gweddi. Cofiai Hugh Delargy ef ac Aneurin yn cerdded gyda'i gilydd un prynhawn yn Regent Street, Llundain. Daeth dwy leian Gatholig heibio a'i gyfarch, gan ddiolch iddo am y cyfraniad a wnaeth dros eu hysbyty, ac ychwanegu, 'Yr ydym bob amser yn eich cofio chwi yn ein gweddïau beunyddiol fel lleianod.' Cafodd y dyneiddiwr, un a fagwyd ymhlith y Bedyddwyr, gryn sioc. Diolchodd iddynt, gan ychwanegu:

> Diolch yn fawr iawn i chwi, chwiorydd, a daliwch ati, os gwelwch yn dda, i weddïo drosof. Nid oes neb â mwy o angen gweddi arno.[45]

Dyna ei fawredd, parchu'r ffydd a derbyn cysur fod rhywrai yn eiriol drosto o ddydd i ddydd.

Gwaasanath Coffa o dan arweiniad ei ffrind Donald Soper

Wythnos ar ôl y gwasanaeth yn Amlosgfa Croesyceiliog, trefnwyd gwasanaeth coffa awyr agored dan arweiniad y Parchedig Ddr. Donald Soper, Kingsway Hall, Llundain, un o weinidogion amlycaf Prydain. Yr oedd llwch Aneurin i'w wasgaru ar ochr y bryniau yr oedd mor hoff ohonynt a than goeden onnen lle y tyfai clychau'r gog. Rhoddwyd y cyfrifoldeb am gasglu'r blwch a gynhwysai'r llwch o'r amlosgfa ar ei ffrind Archie Lush, ac yntau ar ei ffordd i bwyllgor addysg yn Neuadd y Dref, Casnewydd.[46] Yr oedd yr amser yn brin ac ar ôl cyrraedd y maes parcio ger y Neuadd, yn ei frys anghofiodd gloi ei gar. Pan ddaeth allan o'r cyfarfod yr oedd y car wedi diflannu, a'r blwch yn ogystal. Rhedodd yn ôl i'r Neuadd am help a chysylltwyd â'r heddlu drwy'r sir. Yr oeddynt yn chwilio am y car yn ddiymdroi, gan fod gweddillion y cawr o Dredegar ynddo. Yn y cyfamser, yr oedd arweinwyr y Blaid Lafur yng Nghymru yn teithio i Flaenau Gwent, a llawer ohonynt wedi cyrraedd mewn da bryd ond heb sylweddoli'r sefyllfa anffodus a ddaeth i ran Lush. Yn wyrthiol, darganfu'r heddlu y car yng Nghaerloyw (Gloucester), ddeugain milltir i ffwrdd, a'r blwch yn ddiogel. Rhuthrodd Heddlu Sir Gaerloyw â'r car yn ôl am y ffin rhwng Sir Fynwy a Swydd Henffordd. Gwelodd y miloedd, bum mil a mwy, a ymgasglodd i'r gwasanaeth, gar heddlu yn y pellter yn torri pob record, a'r hyn oedd yn farwol o Aneurin yn ei feddiant. Dywedodd un a oedd yno, Gordon Parry (a ddaeth, yn ddiweddarach, yn Arglwydd Parry) eiriau cofiadwy, er nad nodweddiadol ohono fel mab y Mans: 'Nye was a restless bugger in life and a restless bugger in death.'[47] Arhosodd y dyrfa fawr o weithwyr y Blaid Lafur yn amyneddgar, o dan eu hanadl yn dweud y drefn am amryfusedd Archie Lush ond hefyd yn ddiolchgar o gael aros ar y tir a olygai gymaint i'r ymadawedig. Ar y tir hwn y bu'n creu aml i anerchiad a chynllun. Sylweddolai Jennie fod amryfusedd ei ffrind bore oes, Archie Lush, a oedd yn rhan o'r sefydliad bellach, wedi peri argyfwng emosiynol ac anodd. Yn ei gwendid a'i galar mawr, llwyddodd i daro nodyn haeddiannol, yn crisialu'r gwirionedd: 'In all the great battles of his life, Nye came home to you. He never left you. He never will.'[48]

Gwasanaeth Coffa y Sefydliad o dan ofal Esgob Southwark

Trefnodd Jennie a'r Esgob wasanaeth coffa ar gyfer y sefydliad yn Abaty Westminster ar 26 Gorffennaf 1960.[49] Esgob Southwark, Mervyn Stockwood, a lywiai'r oedfa o ddiolchgarwch. Yr oedd yr Eglwys dan ei sang, a gwleidyddion o bob plaid wleidyddol, diplomatyddion y llysgenadaethau, gwŷr busnes, artistiaid, newyddiadurwyr, teulu, ffrindiau a gŵr y dafarn leol a llu o gymoedd de Cymru. Cododd yr Esgob ei destun, nid o'r Ysgrythur fel y dylai, ond o gyfrol Bevan, *In Place of Fear*:

> The frontiers of understanding are reached when our spirit fully identifies itself with the awful loneliness and finality of personal grief.[50]

Mervyn Stockwood a fynnodd fod y gwasanaeth i'w gynnal nid yn Eglwys Sant Margaret, Westminster ond yn yr Abaty, gan fod Bevan yn ffigwr cenedlaethol. Arweinwyr Plaid neu

Brif Weinidogion fyddai'n cael gwasanaeth yn yr Abaty fel arfer. Yr oedd Jennie Lee am i'r gwasanaeth fod allan o ddwylo'r Blaid Lafur, a gwyddai y cytunai Bevan â hi. Bu dadl o fewn y Llywodraeth ar y mater ond roedd Macmillan, fel edmygydd Bevan, yn cytuno'n llwyr â dadl Mervyn Stockwood.

Galar Jennie a'i dewrder i ddal ati i wasanaethu fel y gwnaeth ei chydmaith caredig

Ychydig ddyddiau yn ddiweddarach, clywyd bod Jennie Lee wedi syrthio a'i bod mewn clinig yng Nghaeredin. Yr oedd bywyd priodasol ar ben yn ei hanes ac yr oeddynt wedi bod yn bennaf ffrindiau er mor wahanol, ac eto â chymaint yn gyffredin rhwng y ddau ohonynt. Dymunai Jennie farw ei hun; ni allai feddwl am fyw hebddo. Yr oedd ganddi ddigon o dabledi cysgu a dwy botel wisgi yn ei hymyl, ond pa ddiben fyddai hynny i wraig mor alluog a gweithgar â hi?[50] Yr oedd yn rhaid iddi ddal ati er mwyn ei mam a ddibynnai arni yn gyfan gwbl, y fferm a'i chyfrifoldebau, y Senedd a'i galwadau, ac yn wir, er mwyn Aneurin a'r weledigaeth sosialaidd a daniodd y ddau yn bobl ifanc – un yn yr Alban a'r llall yng Nghymru – ac a fu'n ysbrydoliaeth i'r ddau hyd ganol y pumdegau. Daeth Jennie yn ôl i'r maes gwleidyddol â brwdfrydedd ond ni chawsom ganddi ddadansoddiad personol o'r blynyddoedd pryd yr ymwadodd ei phriod â'i ideoleg sosialaidd di-gymrodedd.[51]

Nodiadau a Chyfeiriadau

1. Jennie Lee, *My Life With Nye* (London, 1980), 240; am bortread o Pierre Mendès-France, gw. Kingsley Martin, 'Good? Odd Man in: Pierre Mendès-France' [yn] *New Statesman Profiles* (London, 1958), 92–95.

2. *ibid.*

3. Michael Foot, *Aneurin Bevan*, cyf. 2 (London, 1972), 616; Patricia Hollis, *Jennie Lee: A Life* (Oxford, 1997), 226.

4. Hollis, *ibid.*, 227.

5. Anwybyddodd Gaitskell Bevan er ei fod yn Ddirprwy Arweinydd. Yn ôl Gaitskell yr oedd Denis Healey ac Edna, Aneurin a Jennie ac yntau a Dora Gaitskell i deithio i Rwsia. Nid oedd Jennie am fynd ar y daith a rhoddodd gyfle i Karol Kewes fynd yn ei lle. Dywed am Kewes, 'As he spoke Russian he was not only a congenial companion for Nye but he was also most helpful.' Gw. Jennie Lee, *ibid.*, 241.

6. Geoffrey Goodman, *From Bevan to Blair: Fifty Years of Reporting from the Political Front Line* (Brighton, 2010), 77.

7. Hollis, *Jennie Lee*, 228.

8. *Ibid.*

9. Geoffrey Goodman, *From Bevan to Blair: ibid.*, 228.

10. *Ibid.*, 81.

11. *Ibid.*, 82.

12. *Ibid.*

13. *Ibid.*, 82–83.

14. *Ibid.*, 84.

15. Ll.G.C., Papurau Ron Evans, Waunlwyd, Glynebwy. Ysgrifennodd Ron Evans lythyr dyddiedig 28 Medi 1959 at Gwilym Prys Davies i'w wahodd i siarad am wyth o'r gloch yn y Cyfarfod Cyhoeddus yn Nhredegar. Ef oedd i agor y cyfarfod a pharatoi'r ffordd i Aneurin a fyddai'n dod yno o gyfarfod etholiadol yn Rhymni. Awgrymodd Gwilym fod un siaradwr yn ddigon a byddai yntau yn cael yr hyfrydwch o wrando ar Bevan cyn troi am adref i'r Rhondda. Diolchodd Gwilym Prys Davies iddo o 79 Hannah Street, Porth, am y cyfle i annerch. Gw. Papurau Ron Evans, Ffeil 7. Anfonodd Ron at Gwilym Prys Davies, Bryn Awel, Penygraig, yn ei wahodd eildro i ddod i'r cyfarfod cyn y pleidleisio (nos Fercher) yng Nglynebwy. Byddai i annerch o 7.30 o'r gloch ymlaen, gan obeithio croesawu Aneurin am wyth o'r gloch.

16. Geoffrey Goodman, *From Bevan to Blair*, *ibid.*, 84. Dywedodd Kingsley Martin am Macmillan yn y tridegau, 'During the nightmare of the Depression he was a Tory Bevan – but without Bevan's glamour and without the following.' Gw. Kingsley Martin, 'Keeper of Their Conscience: Rt. Hon. Harold Macmillan' [yn] *New Statesman Profiles*, *ibid.*, 173–178.

17. *Ibid.*

18. Credai Gaitskell ei fod yn mynd i ennill. Gw. Philip Williams, *Hugh Gaitskell* (London, 1979), 531.

19. Nicklaus Thomas-Symonds, *Nye: The Political Life of Aneurin Bevan* (London, 2015), 244.

20. Geoffrey Goodman, *ibid.*, 85.

21. Jennie Lee, *My Life with Nye* (London, 1980), 246.

22. Marcia Falkender, *Downing Street in Perspective* (London, 1983), 215 ; Jennie Lee, *My Life with Nye*, *ibid.*, 254. Heuwyd yr hedyn, er i Foot ddweud wrtho am beidio â siarad yn ofer, ond Foot a gafodd y sedd ar ôl hir ymboeni a llawer o frwydro gyda'r pencadlys, Transport House, yn Llundain. Nid Foot oedd dewis 'Sefydliad' y Blaid Lafur i gynrychioli etholaeth Glynebwy yn 1960. Roedd barn Marcia Falkender yng ngolwg aml un o fiwrocratiaid Llafur yn agos ati.

23. Hollis, *ibid.*, 229.

24. Hugh Delargy, 'Most Wonderful Man I have Ever Known', *Reynold's News*, 10 Gorffennaf 1960, 6.

25. Hollis, *ibid.*, 229.

26. *Ibid.*, 230.
27. Cyfweliad y *Guardian*, 29 Mawrth 1960 a ddyfynnir gan Lee, *My Life With Nye*, *ibid.*, 248–249.
28. Ceir yr hanes yn y *Daily Express*, 7 Gorffennaf 1960.
29. Jennie Lee, *My Life With Nye*, 247.
30. *Ibid.*, 249.
31. *Ibid.*, 250.
32. *Ibid.*, 251–252.
33. *Ibid.*, 252.
34. Ceir y manylion hyn yng nghyfrol Nicklaus Thomas-Symonds, *Nye*, *ibid.*, 246.
35. I Delargy yr oedd Bevan ar ben y rhestr: 'The wonder of him has not passed. Nor will it ever pass. May God rest his great soul.' Gw. Hugh Delargy, *ibid.*, 6.
36. Dywedodd Tom Driberg, 'No man, it is said is indispensable. Aneurin Bevan was as nearly an indispensable man as any I have ever known.' Gw. Tom Driberg, 'Nye Would Have Shrugged it All Off', *Reynold's News and Sunday Citizen*, 10 Gorffennaf 1960, 6.
37. Kenneth O. Morgan, *Michael Foot* (London, 2007), 110.
38. *Ibid.*, 59.
39. Kingsley Martin, *New Statesman Profiles* (London, 1958), 175.
40. Hugh Gaitskell, 'Nye, The Big Man', *Daily Express*, 7 Gorffennaf 1960, 1.
41. Lord Attlee, 'We disagreed often, but ... ', *Daily Herald*, 7 Gorffennaf 1960, 5. I Attlee, nid oedd ei farn bob amser yn deg a bu anghytuno dybryd rhyngddynt.
42. George Viner, 'Sorrow at Every Street Corner', *Daily Herald*, 7 Gorffennaf 1960, 1.
43. Basil Morgan, 'The Boy Who Spoke in Anger', *Daily Herald*, 7 Gorffennaf 1960, 5.
44. Jennie Lee, *My Life With Nye*, *ibid.*, 255.
45. Delargy, *ibid.*, 6.
46. Ceir yr hanes yn Patricia Hollis, *Jennie Lee: A Life* (Oxford, 1997), 233.
47. *Ibid.*
48. *Ibid.*
49. Ll.G.C., Papurau Desmond Donnelly, Aelod Seneddol Penfro, B15 (1960). Ymhlith ei bapurau cadwodd gopi o daflen y Gwasanaeth Coffa ar 26 Gorffennaf 1960 a cheir manylion na cheir yn un o'r cofiannau amdano. Darllenwyd o'r Ysgrythur o Efengyl Mathew, Pennod 25, Dameg y Defaid a'r Geifr, a Salm 90. Canwyd tri emyn. Un Cymreig o ran yr emynwyr, 'Guide Me O Thou Great Reedemer' gan William Williams, Pantycelyn; emyn Philip Doddridge, 'O God of Bethel by Whose Hand' ac emyn William Blake, 'And Did Those Feet in Ancient Time'.
50. Bevan, Aneurin, *In Place of Fear* (London, 1952), 64; Patricia Hollis, *Jennie Lee: A Life*, *ibid.*, 233. Dywedodd yn ei galar dwys, 'I wanted to die too. I had no strength left, no will to go on living.'
51. Ond rhaid cofio bod Bevan wedi cymroddedu yn fawr yn ei weledigaeth sosialaidd a'i fod yn niwedd ei oes yn ddigon parod i fod yn Ddirprwy i Hugh Gaitskell a chyd-fyw ag arweinwyr a deallusion y dde. Gw. Ralph Miliband, *Parliamentary Socialism: A Study in the Politics of Labour* (London, 3ydd argraffiad 1979), 337: 'With his speech at the 1957 Conference, Bevan unambiguously removed himself from the leadership of the Labour Left and appeared to accept as final his position as Hugh Gaitskell's second in command.

Pennod 16

Cloriannu'r Gwleidydd

Yn ei ragair i'w gofiant gwerthfawr ar Gwynfor Evans dywed Rhys Evans:

> Tair ideoleg a thri dyn sy'n bennaf gyfrifol am fowldio Cymru a'r hyn oedd hi yn ail
> hanner yr ugeinfed ganrif: y Rhyddfrydwr, Lloyd George; y Llafurwr, Aneurin
> Bevan, a'r Cenedlaetholwr, Gwynfor Evans. Nhw oedd penseiri gwleidyddol y
> genedl; nhw leisiodd ddyheadau a siomedigaethau eu pobl. Hebddyn nhw, ni fyddai
> Cymru yr hyn yw hi heddiw.[1]

Ar un olwg, cytunaf â'r gosodiad ond nid wyf o bell ffordd yn gysurus heb enwi tri arall, sef
Saunders Lewis a'i ddarlith eneiniedig, a Jim Griffiths a'i olynydd Cledwyn Hughes,
hyrwyddwyr datganoli a Chymreictod ymarferol. Yn wir, dywed Rhys Evans am Cledwyn,
'sy'n haeddu cael ei gyfrif bron cyn bwysiced â Gwynfor.'[2] A chytunaf yn naturiol, gan fy
mod bellach yn gofiannydd Jim Griffiths a Cledwyn Hughes.

Cloriannu Aneurin Bevan fel ffigur gwleidyddol

Ond medrwn fynd ymhellach yn ein cloriannu: i lawer un yr oedd Aneurin Bevan yn un o
ffigyrau gwleidyddol pwysicaf Prydain yn yr ugeinfed ganrif. Cymherir ef yn gyson â dau
wleidydd arall, y ddau wedi bod yn arwyr fel Prif Weinidogion dau Ryfel Byd, sef David
Lloyd George a Winston Churchill. Tri gŵr cwbl anghyffredin ac yn perthyn i dair plaid
wleidyddol wahanol, er i Churchill berthyn ar adegau yn ei fywyd llawn i'r Rhyddfrydwyr a'r
Ceidwadwyr. O holl fawrion y Blaid Lafur Brydeinig, y mae'n anhygoel fod cymaint yn
cyfeirio at y drindod wleidyddol Bevan, Churchill a Lloyd George.[3] Ni chafodd Bevan y
cyfle hyd yn oed i fod yn arweinydd plaid, ac eto cyflawnodd, yn y cyfle a gafodd, un o'r
gwyrthiau pennaf o fewn llywodraeth y Deyrnas Unedig. Dywedodd Dora Gaitskell, gweddw
Hugh Gaitskell, mewn sgwrs â'r newyddiadurwr Geoffrey Goodman, mai Bevan oedd yr un a
ddylai fod wedi ei ethol yn arweinydd y Blaid Lafur ac nid ei gŵr. Byddai'n gwneud
synnwyr, meddai'r Iddewes, 'am ei fod ef yn arweinydd naturiol plaid Sosialaidd.'[4]

Yr oedd popeth o'i blaid i fod yn arweinydd plaid ac, yn wir, yn Brif Weinidog pe bai'r cyfle
hwnnw wedi dod i'w ran. Yr oedd ganddo'r cefndir i arwain plaid y gweithwyr, ac eto nid yw
hynny wedi bod yn bwysig o gwbl i Undebwyr Llafur na Llafurwyr y dde na'r chwith ar hyd
y cenedlaethau. Ar wahân i Keir Hardie a Ramsay MacDonald, ni chafwyd arweinydd o'r
dosbarth gweithiol ar hyd yr ugeinfed ganrif. Daeth yr arweinwyr o blith y dosbarth canol[5] a
llwyddiannus, cysurus eu byd a lwyddodd i dderbyn addysg ysgolion bonedd neu ramadeg[5] a
phrifysgolion fel Rhydychen a Chaergrawnt gan amlaf. Nid cynnyrch amgylchedd tlodaidd
oeddynt. Nid dyna oedd Aneurin Bevan chwaith.[6] Un o Dredegar ydoedd, tref nodweddiadol
lofaol. Ganwyd ef i gartref clyd glöwr, ond un diwylliedig a oedd yn Gymro naturiol, yn hoff
o eisteddfodau a barddoniaeth Gymraeg ac un a ofalodd berswadio ei briod, na siaradai'r
iaith, o leiaf i gytuno i roddi enwau Cymraeg ar eu plant. Yr oedd enwi'r ail fab yn Aneurin
yn dyst o Gymreictod David a Phoebe Bevan fel yr oedd galw un o'r merched yn Arianwen.
Ond ni allai David Bevan newid y sefyllfa faterol yn 32 Charles Street; byddai Aneurin a dau
o'i frodyr ac un chwaer yn gorfod cysgu yn yr un ystafell, weithiau yn wir yn yr un gwely,

rhywbeth nad anghofiodd weddill ei ddyddiau.[7] Ni welodd neb ddim byd ynddo chwaith yn yr ysgol gynradd; cynnyrch yr Ysgol Sul ydoedd yn gyfan gwbl.[8] Cafodd ei gam-drin yn ddybryd yn yr ysgol gynradd a byddai'r gansen ar ei law a'i gefn yn feunyddiol. Gwnaeth yr ysgol ddyddiol ef yn filwr, yn baffiwr, yn rebel, ond oherwydd yr Ysgol Sul a'i dad yn bennaf, cynyddodd ei awch i ddarllen comics ac yn fuan gyfrolau mwy sylweddol ar gyfer sosialwyr a dderbyniai ymborth deallusol. Darllenai bopeth a ddeuai i'w gartref ac yn wir benthyciai restr hir o lyfrau o Lyfrgell y Glowyr. Gwelwyd ef yn y lofa yn dair ar ddeg oed ac ar ei ffordd adref byddai'n cael ei blesio'n fawr o wrando ar lowyr dipyn yn hŷn nag ef yn sefyll ar focs sebon ar gorneli'r strydoedd yn darogan barn ar y cyfalafwyr.

Cyfalafiaeth yn newid ac yn addasu o oes i oes

Gwrandawodd yn astud ar yr achos yn erbyn cyfalafiaeth.[9] Nid yw cyfalafiaeth heddiw yr hyn ydoedd yn ieuenctid Aneurin Bevan yn Nhredegar, nac yn wir yr hyn ydoedd yn 1867, pan gyhoeddwyd cyfrolau Karl Marx, *Das Kapital*. Er 1867 ac 1910 y mae cyfalafiaeth wedi ymateb ac ymaddasu yn rhyfeddol. Ni allai Marx ddychmygu'r newid a fyddai'n digwydd yn oes Aneurin, o 1897 hyd 1960. Oddi ar flwyddyn geni Aneurin y mae gwleidyddiaeth y torfeydd a thwf aruthrol y mudiad Llafur wedi gorfodi llywodraeth gwlad, o ba liw bynnag y bo, i ymateb i ddyheadau arweinwyr galluog y dosbarth gweithiol, gan ddarparu hawliau ar gyfer y di-waith, yr hen, y claf a'r anabl. Gweithredodd y gwledydd cyfalafol yn wahanol i'w gilydd, a gwelir hyn yn amlwg yng ngwleidyddiaeth yr Unol Daleithiau, gwledydd Ewrop a'r Deyrnas Unedig. Ond ym mhob gwlad bron elwodd y gweithwyr a'u teuluoedd yn fawr o arweinwyr Undebau a'r Mudiad Llafur. Bu'r Blaid Gomiwnyddol yn bwerus ym maes glo De Cymru, Ffrainc a'r Eidal, a'r Blaid Lafur yn ennill tir yn ystod gyrfa Aneurin Bevan yng Nghymru; yr oedd ef ymhlith yr arweinwyr pennaf eu dylanwad.[10]

Ac felly bu Aneurin yng nghanol y frwydr fawr ideolegol yn ymwneud â Sosialaeth o fewn gwlad gyfalafol. Ef oedd y llais cryfaf yn ei ddydd ac felly, yng ngoleuni'r gwelliannau yn ymwneud ag iechyd a thai, a bywyd yn gyffredinol, cododd y cwestiwn naturiol, a oedd pwrpas ceisio cael gwared o gyfalafiaeth? Gwelai'r mwyafrif o arweinwyr yr Undebau Llafur ac adain dde y Blaid Lafur mai'r peth pwysig oedd fod cyfalafiaeth yn meddu ar wyneb dynol.[11] Ond nid felly yr oedd hi ym mlynyddoedd cynnar Aneurin fel glöwr nac ychwaith pan enillodd ysgoloriaeth i astudio Marcsiaeth ac Athroniaethau Sosialaidd yn y Coleg Llafur Canolog yn Llundain. Yr oedd wedi mentro i'r llwyfan cyn mynd i'r coleg, ond dioddefai'n enbyd o atal dweud. Anodd iddo, ar ben y bocs sebon, oedd cael y geiriau allan a dyna'r adeg yr aeth ati i ddysgu darnau hir o ddramâu Shakespeare, barddoniaeth John Milton a William Wordsworth a chyfieithiad gorchestol Syr John Morris-Jones o Omar Khayyam, er mwyn goresgyn yr aflwydd. Yn y Coleg Llafur Canolog daeth ymwared trwy gyfarwyddyd yr athrawes llais, Miss Clara Dunn. Byddai hi wrth ei bodd yn cynorthwyo'r myfyrwyr i daflu llais, fel y gallai'r holl gynulleidfa eu clywed. Gwnaeth gamp anhygoel ag Aneurin Bevan a rhoddi mwy o hyder iddo fel areithydd.[12] Diolchai Aneurin iddi am ei chyfarwyddyd, er ei fod yntau'n sylweddoli hefyd y ddyled oedd arno i bregethwyr a ddeuai i gapel y Bedyddwyr a fynychai gyda'i dad, ac i'r Ysgol Sul lle y cafodd berffaith ryddid i'w fynegi ei hun yn y dosbarthiadau. Aeth Aneurin ati i annerch cyfarfodydd yn y gymuned ac i wleidydda; a dyna fu'r stori am weddill ei oes.

Cyfle yn y Coleg i astudio Marcsiaeth

Yn y coleg cafodd gyfle i astudio a deall Marcsiaeth, athroniaeth hanfodol ar faes llafur y coleg. Yna, ar ôl dod yn ôl i Dredegar o'r coleg, aeth ati i osod seiliau cadarn i'r Blaid Lafur ym mro ei febyd. Casglodd o'i amgylch nifer o fechgyn fel yntau i drin a thrafod yn nhradoddiad yr Ysgol Sul a dylanwadu ar bob agwedd o fywyd y dreflan.[13] Daeth yn Gynghorydd ac, er bod y meistri gwaith yn mynnu ei gadw i gicio'i sodlau, gofalodd y mwyafrif o'r glowyr a'i hedmygai yn fawr, drefnu cynhaliaeth byw iddo, fel y medrai ganolbwyntio ar y gwaith ymarferol pwysig o gynrychioli'r glowyr a bod yn llais iddynt ar y Cyngor Dinesig. Gwelai'r glowyr fod ganddynt ŵr ifanc athrylithgar a feddai ar argyhoeddiadau sosialaidd nad oedd modd eu glastwreiddio. Ef oedd y llais a'r llefarydd huawdl dros y glowyr a'r mudiad Llafur Cymreig erbyn Streic Fawr 1926. Cyn hynny bu dan ddylanwad syndicaliaeth a syniadaeth Noah Ablett, ond ar ôl y Streic rhoddodd y gorau i weithredu uniongyrchol a gweld ei le o fewn strwythur gwleidyddol confensiynol fel Cyngor Dosbarth a Sir, Undeb Glowyr De Cymru a siambr y Senedd.

Cyfle i gynrychiolu y werin bobl yn San Steffan

Gweithiodd ef a'i gyfaill mawr, Archie Lush, o fewn etholaeth Glynebwy a sylweddoli bod yr Aelod Seneddol, Evan Davies, yn gwbl ddiffygiol fel llefarydd dros y cymunedau a'u hanghenion. Cafwyd chwyldro ar lwybr cyfiawnder a chafodd Evan Davies ei gyfle i gadw'i le, ond nid heb gystadleuaeth sosialwyr ifanc o ddifrif, yn arbennig Bryn Roberts ac Aneurin Bevan. Byddai llawer o'r Llafurwyr o draddodiad a chefndir Rhyddfrydol yn barod iawn i gadw Evan Davies yn gynrychiolydd ond yr oedd y gwŷr ifanc, a fu mor weithgar yn creu teyrnas lafur o fewn bywyd cymdeithasol Tredegar, yn anfodlon iawn â'r sefyllfa honno. Cafodd Aneurin ei ddewis, a Bryn yn ail iddo, ac Evan Davies ymhell ar ei hôl hi.[14]

Gwelodd y glowyr, yn y flwyddyn yr etholwyd Aneurin Bevan yn Aelod Seneddol, ddull ac ymroddiad y gŵr ifanc yn ymosod yn ddidrugaredd ar Fesur Glo 1929 a Lloyd George a'r slogan gofiadwy, 'gwell glo drutach na glowyr rhatach'.[15] Yr oedd Bevan wedi dangos i seneddwyr Prydain ei fod ef yn wleidydd Llafur anghyffredin. Gwelodd fod gan Syr Oswald Mosley neges danbaid a syniadaeth oedd yn denu cefnogaeth, ond buan y sylweddolodd fod Mosley ar ddisberod.[16]

Bevan yn cyfarfod gyda gwleidyddion anghyffredin o ddawnus

Sobrodd Bevan, ond nid cyn canmol Mosley a'i araith gynhwysfawr yng Nghynhadledd y Blaid Lafur Brydeinig yn Llandudno ym mis Hydref 1930. Erbyn hynny yr oedd Aneurin Bevan wedi cyfarfod â dau ŵr anghyffredin o'r dosbarth gweithiol, sef Ramsay MacDonald ac Ernest Bevin. Hwy eu dau a Bevan oedd tri gwleidydd mwyaf deallus y Mudiad Llafur yn nechrau'r tridegau. O'r tri yr un mwyaf galluog a'r mwyaf atyniadol oedd Aneurin Bevan.[17] Ac eto nid amlygodd yn llawn yr hyn a fedrai ei gyflawni ar wahân i'r pum mlynedd y bu yn Weinidog Iechyd a Thai. Methodd mor gyson â chael y maen i'r wal. Collodd y ddadl yn amlach na'i hennill, fel ar fater arfogi'r Almaen a'i ymgais dro ar ôl tro i fod yn Drysorydd, yn Arweinydd a hyd yn oed yn Ddirprwy Arweinydd y Blaid Lafur. Rhaid gwrando ar eiriau Herbert Morrison, a fu'n croesi cleddyfau yn gyson ag ef, wrth ei ysgrifenyddes, i sylweddoli dyfnder y gwrthwynebiad iddo o fewn ei blaid wleidyddol ei hun: 'Never trust in that man.

He is a bad one.'[18] Ar ôl i Bevan ymddiswyddo o'r Cabinet yn 1951, pasiodd Hugh Dalton ddarn o bapur ar draws y bwrdd i Morrison ac arno y geiriau, 'He's like Oswald Mosley'.[19] Nid oedd gan Dalton amynedd tuag ato fel arfer, a chwynodd yn ei ddyddiadur am 'his evil and bad face when he's quiet or when he is addressing audiences'.[20] Gwelai Hugh Gaitskell, yn ôl Richard Crossman, debygrwydd mawr rhyngddo ac Adolf Hitler o bawb: 'They are demagogues of exactly the same sort.'[21]

Ond pobl gyfnewidiol eu barn oedd y rhai a enwyd ac yr oedd hynny yn arbennig o wir am Hugh Dalton a Richard Crossman. Pan fyddai'r ddau yn mesur a phwyso Aneurin Bevan, cydnabyddent ei fod yn codi gwrychyn cymaint o bobl bwysig a phobl gyffredin. Nid rhywbeth 'nawr ac yn y man oedd hyn ond rhywbeth a welid ar hyd y blynyddoedd. Yn archif ei asiant Ron Evans yn y Llyfrgell Genedlaethol ceir llythyr cas o Preston, Sir Gaerhirfryn, ar 11 Hydref 1954 gan aelod o'r Blaid Lafur o'r enw, E. West. Dyma enghraifft berffaith o'r llysnafedd diflas y bu'n rhaid i Bevan ei ddioddef:

> Your party [yng Nglynebwy] may have given a note of confidence to Nye Bevan but we in Lancashire would not. Bevan will never be Prime Minister as Churchill said at Blackpool.[22]

Yna ceir yr elfen wrth-Gymreig yn amlwg pan ddywed un o drigolion Preston :

> It is evident Bevan is a rank Communist and should stay in Wales. England can well do without him. It is evident he would let Germany be overrun by Russia – which it would ... but for America.[23]

Ond toddai galonnau hyd yn oed y gwrthwynebwyr rhagfarnllyd yn gyson, pan glywid ef ar lwyfan y Gynhadledd Flynyddol neu mewn dadl yn Nhŷ'r Cyffredin. Yr oedd clywed Aneurin Bevan ym Mhafiliwn Corwen neu Gaernarfon, yn Nhredegar neu Nottingham yn brofiad na fyddai neb yn ei anghofio. Yn 1955 ac yntau yn ymgeisydd y Blaid Lafur yn etholaeth Dinbych aeth y cyfreithiwr gonest Robyn Lewis i wrando ar Aneurin Bevan yng Nghorwen. Dyma'i atgof yn ei hunangofiant:

> Ar un achlysur, euthum i Bafiliwn Corwen i wrando ar Aneurin Bevan yn areithio. A minnau'n ddarpar-ymgeisydd, cefais ei gyfarfod, a sedd ar y llwyfan. Dyma'r unig dro erioed i mi ei weld yn y cnawd. Wrth gwrs, roedd hi'n araith ysgubol. Eithr dim ond un peth a ddywedodd a lynodd yn y cof. Yr oedd newydd ddychwelyd o'r Unol Daleithiau, ac meddai amdani: 'A country of technological brilliance'. Petrusodd am eiliadau, cyn rhoi'r swaden 'ffernol: 'but a land of no social purpose'. Mewn blynyddoedd i ddod, cawsom weld mor gysact-broffwydol oedd ei eiriau.[24]

Ef oedd y gorau o lafurwyr Llafur i gyd; nid oedd gwleidydd arall yn dod yn agos ato, yn ei huodledd, ar wahân i bregethwyr mawr Cymru fel Jiwbili Young a Howell Elvet Lewis Elfed).[25] Yr oedd Aneurin yn gymeriad annwyl ac yn ddigon gostyngedig ei hun o ran uchelgais wleidyddol.

Bevan yn medru dylanwadu ar wleidyddion eraill

Ond rhaid cofio mai ychydig iawn sydd yn cofleidio'r byd gwleidyddol heb unrhyw fath o uchelgais bersonol. Yr unig eithriad mae'n debyg ymhlith y Cymry fyddai George Maitland

Lloyd Davies (1880–1949) a etholwyd yn Heddychwr Cristnogol yn 1923 fel Aelod Seneddol dros Brifysgol Cymru. Cymerodd y Chwip Llafur yn ddiweddarach, ond collodd ei sedd o fewn blwyddyn, ac unwaith yn unig y clywyd ei lais yn y Tŷ Cyffredin. Yr oedd yn llinach Evan Davies ac mor wahanol i Bevan. Aeth Bevan i mewn i wleidyddiaeth leol a sirol a chenedlaethol er mwyn dod o hyd i rymusterau a fyddai'n gwella amgylchedd cymdeithasol pobl Blaenau Gwent. Yr oedd yn awyddus i gael y swyddi pwysicaf, ond nid cyn llefaru am yr egwyddorion oedd yn berthnasol i Sosialydd.

Yn y Senedd dylanwadodd Aneurin ar lu o bobl, rhai ohonynt yn gyfoethog iawn fel Stafford Cripps, a dylanwadodd ar eraill y tu allan i'r Senedd fel y newyddiadurwr deallus, Michael Foot.[26] I Foot, ni allai wneud dim o'i le ac yn y cofiant a luniodd y mae'n annheg iawn â Clement Attlee, Ernest Bevin, Herbert Morrison a Hugh Dalton. Y pump a enwyd oedd ffigyrau pwysicaf y Mudiad Llafur o 1930 hyd 1955.[27] Yr oedd y rhain yn gewri gwleidyddol ond ni chafodd un ohonynt ei arbed rhag llymder iaith Bevan na chwaith yr asesiad annheg ar brydiau o eiddo Michael Foot. Ni fu'n garedig o gwbl wrth yr arweinydd Clement Attlee ac eto oni bai am hwnnw, ni fyddai wedi cael y swydd o Weinidog Iechyd a Thai. Galwodd enwau amharchus ar Attlee a'i feirniadu o wythnos i wythnos yn y tridegau ac yn ystod yr Ail Ryfel Byd. Bu Bevan, Laski a Cripps yn niwsans llwyr i'r arweinydd. Gallai fod wedi delio â hwy yn ddidrugaredd ond gwell oedd ganddo ddioddef a chario'r llysnafedd er budd y Blaid a olygai cymaint iddo. Nid oedd yr un amynedd gan Bevin na Morrison. Clement Attlee oedd y gwleidydd a gadwai'r Blaid Lafur yn weddol unedig ac a'i cadwodd i weithio yn y Glymblaid trwy argyfwng yr Ail Ryfel Byd – camp a dalodd ar ei chanfed iddo pan enillwyd Etholiad Cyffredinol 1945.

Perthynas Bevan gyda Syr Stafford Cripps

Yn y tridegau cefnogai Bevan y Gynghrair Sosialaidd a safbwynt Stafford Cripps. Ond nid oedd arweinwyr yr Undebau Llafur yn cymeradwyo'r alwad i gydweithio gyda'r chwith eithafol. Galwai Bevan a Cripps am bolisi croesawgar i'r Comiwnyddion a ffordd wahanol o edrych ar faterion tramor. Tyfai hyn allan o'r syniad o undeb eang o fewn yr adain chwith yng ngwleidyddiaeth Prydain i wrthwynebu ffasgiaeth a oedd yn rym bellach yn yr Almaen a'r Eidal. Yn lle disgwyl gan Gynghrair y Cenhedloedd, doethach yn ôl Bevan a Cripps fyddai i Lywodraeth Lafur bontio'r gagendor neu ddod i ddealltwriaeth â'r Undeb Sofietaidd mewn ffrynt rhyngwladol. Dyna oedd yr ateb iddynt hwy eu dau:

> Methodd y ddau weld nad oedd angen y Comiwnyddion yn y Ffrynt Unedig fel y'i gelwid gan fod y mwyafrif o'r dosbarth gweithiol naill ai yn y Blaid Lafur neu'r Blaid Lafur Annibynnol neu'r Blaid Geidwadol. I gefnogwyr yr Adain Dde yr oedd safbwynt ac anerchiadau Cripps a Bevan yn bradychu undod (solidariti) y Mudiad Llafur a chododd gwrthwynebiad parhaus a galwad gyson i ddiswyddo Stafford Cripps a'i gefnogydd, Aneurin Bevan.[28]

Gellir gofyn cwestiwn rhesymol, sef pam yr oedd yr adain chwith o'r tridegau i ganol y pumdegau yn colli bron pob crwsâd ac ymgyrch, yn arbennig o fewn y Tŷ Cyffredin? Yn ei hanfod, anghytundeb ydoedd rhwng arweinwyr y Blaid Lafur a llond dwrn o'r adain chwith, ac Aneurin Bevan yn un o'r amlycaf ohonynt. I'r arweinwyr a goleddai safbwynt y dde yr oedd y cyfan yn gwbl glir. Etifeddion y Blaid Ryddfrydol oedd y Blaid Lafur; felly y bu hi yn Nhredegar a phob cwmwd arall.[29] Pan enillodd Aneurin sedd Glynebwy yn 1929 bu bron i'r

Blaid Lafur ennill mwyafrif digonol i lywodraethu, ond erbyn 1931 yr oedd Ramsay MacDonald a'i lywodraeth yn gwegian a hynny oherwydd amgylchiadau ariannol a ddaeth o ganlyniad i ddymchweliad y cwmnïau a ddeliai ag arian ar Wall Street yn Efrog Newydd. Yr oedd yr argyfwng hwnnw i beri poen a dioddefaint yn 7 Charles Street, Tredegar ac i filiynau o bobl eraill, yn arbennig y dosbarth gweithiol yn ardaloedd diwydiannol Prydain. Yr ardaloedd yr effeithiwyd fwyaf arnynt oedd etholaethau fel Glynebwy lle y ceid y diwydiannau trwm, hen ffasiwn megis glo a dur. Yr oedd hi'n sefyllfa a seriodd ei hun ar enaid Aneurin weddill ei ddyddiau. Gwelodd hefyd lwfrdra ar ran yr arweinwyr a'r duedd i blesio'r Sefydliad oedd mor nodweddiadol o Ramsay MacDonald, yr un a eisteddai ar y dde iddo, y Canghellor Philip Snowden, a'r Cymro digon didalent o Gasnewydd, J. H. Thomas. Yr oedd y drindod o arweinwyr Llafur yn gocyn hitio yng ngolwg Aneurin, yn arweinwyr anffodus i'w Blaid, ac erbyn 1931 yr oeddynt yn llythrennol yng nghors anobaith.[30] Y cwestiwn a boenai Aneurin oedd hwn: a oedd MacDonald yn fradwr i sosialaeth neu a oedd ar hyd ei yrfa, ar wahân i'r cyfnod pan gafodd gyfle yn 1923/1924 i fod yn Brif Weinidog, yn wleidydd cwbl anghyfrifol? Ac os oedd hynny'n wir, sut medrai dwyllo ei gydarweinwyr a'i cyfrifai fel Meseia y dosbarth gweithiol?[31]

Trwy'r dauddegau cafwyd strategaeth MacDonald-Snowden a oedd mor debyg i'r hyn a gythruddodd Bevan gymaint yn y tridegau, sef strategaeth Morrison-Dalton. Methodd Llafur yn echrydus yn Etholiadau Cyffredinol 1931 ac 1935 a bu'r adain chwith yn bur weithgar dan gyfaredd Marcsiaeth a Sosialaeth Gristnogol, ac yn llusern gobaith i filoedd ar filoedd o deuluoedd.[32] Sefydlwyd y ceginau cawl gan gapeli a chyfrinfeydd y pyllau glo er mwyn cadw'r plant a'u mamau rhag trengi. Erbyn 1933 yr oedd 2.95 miliwn yn ddi-waith ym Mhrydain fel y gwelir yn y tabl:[33]

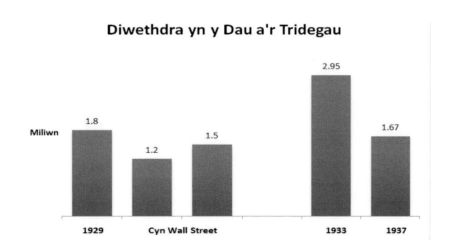

Diweithdra yn y Dau- a'r Tridegau wedi'r Storm

Yn 1934 sefydlodd y Ddeddf Diweithdra gomisiwn statudol Bwrdd Cymorth y Di-waith. Pwrpas hwn oedd cael cysondeb a gofalu nad oedd dynion iach yn derbyn cymorth y wladwriaeth ond yn dibynnu ar enillion aelodau'r teuluoedd mewn gwaith. Gwyddai Bevan o brofiad byw beth a olygai diweithdra a dioddefaint teuluol felly, cyn dod yn Aelod Seneddol. Cyffrodd y Ddeddf ei holl allu a'i egni, ac eiddo ei gefnogwyr yn y Senedd, a threfnwyd gorymdeithiau y deil sôn amdanynt yng nghof cymoedd De Cymru. Ar 3 Chwefror 1935, gwrthdystiodd dros dri chan mil o bobl yn y Rhondda, Aberdâr, Pontypŵl a Thredegar. Cafwyd canlyniadau pellgyrhaeddol i hyn pan etholwyd Llywodraeth Lafur ddeng mlynedd yn ddiweddarach a sefydlu'r Wladwriaeth Les, gan wireddu'r egwyddor y dylid talu budd-daliadau yn ôl un gyfradd.

Yng nghanol ei gyfnod fel protestiwr o'r iawn ryw, cyfarfu Aneurin Bevan â merch o'r un anian ag yntau, Jennie Lee, ac fe'u priodwyd yn 1934, ac o'r briodas honno cafwyd partneriaeth unigryw yng ngwleidyddiaeth y chwith.[34] Yr oedd hyn yn draddodiad yn y Blaid Lafur ond y tu allan i'r Senedd: cafwyd partneriaeth Beatrice a Sidney Webb ac ar ôl hynny, Margaret a G. D. H. Cole, pob un yn perthyn i'r deallusion. Ond yn awr cafwyd dau yn cytuno ar bob cwestiwn bron o fewn Senedd Prydain am gyfnodau ac yn boblogaidd iawn ymhlith deallusion y Blaid Gomiwnyddol yng nghymoedd y De. Yr oedd Arthur Horner yn cyfrif Aneurin yn ffrind mynwesol ac felly hefyd Idris Cox, a fu'n olygydd y *Daily Worker* o 1935 i 1937; y flwyddyn honno cyhoeddwyd llyfryn o'i waith, *The People can save South Wales*, a oedd yn un o gyhoeddiadau'r Ffrynt Poblogaidd.[35] Gwerthwyd ugain mil o gopïau a daeth y llyfryn i'w ganmol a'i anwylo gan ffrindiau Bevan.[36] Ni allai Bevan feddwl amdano'i hun ond yn nhermau Sosialydd a gynrychiolai sosialaeth Gymreig y maes glo. Sosialydd ydoedd a feddai ar ddychymyg bardd ac argyhoeddiad cenhedlaeth David Bevan, gan gynnwys emosiwn ei arwr, a chynhyrfwr y meysydd glo, A. J. Cook. Ni weithiai Aneurin o fewn ffrâm unrhyw ffiloreg oedd yn bychanu'r unigolyn ac yn ddrwgdybus o unrhyw grŵp a oedd yn benthyg ei syniadau a'i gynlluniau iddo.[37]

Ceisiodd un o ddeallusion y chwith, Richard Crossman, ei orau glas i'w gondemnio i'r bobl a ddeuai yn wythnosol i'w gartref i hel clecs sosialaidd. Ond llithrodd Bevan rhwng ei ddwylo fel y gwnaeth yn y ciniawau a drefnwyd ar ei gyfer gan y cyfalafwr, yr Arglwydd Beaverbrook. Mwynhaodd Bevan y gwin a'r bwyd da, gan sôn am ei hoff ddinasoedd, fel Rhydychen, Stratford-on-Avon, a'r gorau oll – y digymar Fenis yn yr Eidal. Gofalodd yn ychwanegol na fyddai propaganda'r cyfalafwyr o amgylch y bwrdd bwyd yn cael ei gyflwyno heb sialens oddi wrtho. Ymateb Crossman yn y diwedd oedd dweud nad oedd ef am fod yn un o'r Befaniaid wedi'r cwbl, a'i fod ymhell ar y blaen i bob un ohonynt o ran deallusrwydd.[38]

Drwgdybiaeth Bevan o Rwsia

Ffieiddiai Bevan rai o'i gefnogwyr a welai'r Undeb Sofietaidd fel gwlad yr addewid. Iddo ef anghenfil o wlad oedd yr Undeb Sofietaidd yn nwylo Joseph Stalin. Sylweddolodd hynny pan aeth gydag E. J. Strachey a George Strauss i Rwsia, a chrisialwyd eu hargraffiadau yn *What we saw in Russia* a gyhoeddwyd mewn llyfryn yn 1931. Bu'r tri yn gweld yr argae a'r orsaf ynni yn Dniepostroi, yn treulio amser ym maes glo Schacti ac i lawr y pyllau glo, yn gweld ffermydd cydweithredol yn Verbluid ger Rostov ac yn gweld trysorau dinas nodedig Leningrad. Ni allai neb guddio rhag trafferthion y wlad, y prinder bwyd a dillad oherwydd prinder cotwm a hefyd prinder sgidiau am fod mwy o bobl yn eu gwisgo. Trist oedd sylwi ym Mosco ar brinder tai i'r trigolion, ond llawenydd i Bevan oedd sylwi ar y ddarpariaeth a geid mewn cerddoriaeth a chwaraeon ar gyfer plant. Balch ydoedd o weld y plant ar y strydoedd yn edrych yn iach ac roedd yn dda ganddo fod y dinasoedd yn medru cadw'r tlawd rhag begera ar y strydoedd. Rhoddwyd canmoliaeth fawr i gyflwr llewyrchus y theatrau a'r amgueddfeydd. Gofidiai Bevan mai'r unig system a heriai gyfalafiaeth oedd

Comiwnyddiaeth, a chlywodd hyd at syrffed yn y cymoedd a'r coleg fod diwedd Comiwnyddiaeth yn esgor ar Sosialaeth. Byddai'n dadlau, fel y gwnâi Ralph Miliband yn ddiweddarach, nad oedd hynny yn ddewis o gwbl gan fod Comiwnyddiaeth, a sefydlwyd o ganlyniad i'r Chwyldro yn 1917, wedi methu mewn amser byr.[39] System gwbl fonolithig a chaethiwus ydoedd gyda'r heddlu a'r Fyddin Goch yn gonglfaen y cyfan.[40] Nid oedd lle i anghydffurfiwr fel Bevan yn y Blaid Gomiwnyddol. Byddai Marcsiaeth-Leniniaeth wedi gofalu ei anfon fil o filltiroedd o Fosco i ganol Siberia. Aeth rhai o'r gwledydd Comiwnyddol i roddi sylw annaturiol i'r arweinydd a'i ddyrchafu uwchlaw pawb arall fel pe bai'n fod goruwchnaturiol. Dyna'r drefn yn yr Undeb Sofietaidd, Tseina, Gogledd Corea a Rwmania.Erbyn y tridegau yr oedd Aneurin Bevan yn un o'r areithwyr huotlaf ar faterion tramor a glywid yn San Steffan.

Aneurin Bevan fel areithydd unigryw

Ac o 1929 i 1960 cafwyd gwledd o areithyddiaeth o enau Aelod Seneddol Glynebwy yn y Tŷ Cyffredin, y cyfarfodydd cyhoeddus a'r cynadleddau; deuai ei bersonoliaeth drwodd â gwerthoedd anghydffurfiol ei gartref a'r athroniaeth a ddysgodd o lyfrau Llyfrgell Neuadd y Gweithwyr yn Nhredegar. Yn ôl un gwleidydd a fu'n amlwg yn y Cynulliad, dangosodd gefnogaeth gref i Gymru, yr iaith Gymraeg, diwylliant Cymreig a hunaniaeth Gymreig.[41] Yr oedd ei werthoedd wedi eu sylfaenu ar Sosialaeth foesol a chyfiawnder cymdeithasol a hyn yn ei alluogi i herio'r sefydliad Ceidwadol heb ofn. Yr oedd Cymru ar wahân am fod ganddi ei 'hiaith ei hun', iaith a ddeallai ond yr oedd yn swil o'i siarad; ond byddai ei feddyg, Syr Dan Davies, yn ei orfodi yn gyson i ynganu aml i frawddeg yn Gymraeg. Geiriau Leighton Andrews yw y rhain:

> He drew from this conception of Welsh identity to frame his oratory, whilst also using it as a means of promoting those hard working values his father taught him.[42]

Ei hunaniaeth o Dredegar a ffurfiodd ei gymeriad gwleidyddol, y darlun o ddioddefaint y glowyr a phobl dlawd Wyrcws Bedwellte, a'i galluogodd i ddadlau, er gwaethaf ei atal dweud, yn benderfynol o ddidwyll ac yn onest a di-dderbyn-wyneb. A gwnaeth hynny mewn dull a oedd yn gydnaws â huodledd Mabon, A. J. Cook, Jim Griffiths, Neil Kinnock a David Lloyd George. Yr oedd yn feddiannol ar yr hwyl Gymreig ar ei gorau. O ble daeth hwn? A'r ateb yn syml, o bulpudau Ymneilltuaeth Gymreig. Clywodd y cewri, fel y gwnaeth Jim Griffiths, Goronwy Roberts a Cledwyn Hughes. Yr oedd ganddo acen Gymreig amlwg a'i gwnâi yn wahanol i bob areithiwr Llafur enwog yn ei gyfnod. Byddai hyn yn tynnu sylw ei elynion a'i gefnogwyr fel ei gilydd. Da y dywedodd dau hanesydd a fu'n astudio ei ddawn fel areithydd huawdl:

> Across the arenas Bevan's Welshness textured his orations, enhanced his credibility as a speaker, providing his arguments with a forceful delivery that either enlivened or enraged his audiences.[43]

Ef oedd llefarydd huotlaf meinciau cefn y Tŷ Cyffredin trwy'r tridegau.[44] Cadwodd ei enw da fel dadleuydd ac areithydd o rebel o flwyddyn i flwyddyn, gan lambastio'r Torïaid amlwg fel Stanley Baldwin a Neville Chamberlain a'r Llafurwyr colledig fel Ramsay MacDonald a Philip Snowden. Cadwodd yr un proffil trwy'r Ail Ryfel Byd, gan ddal i ymosod ar arweinwyr y Blaid Lafur fel y Blaid Geidwadol. Yr oedd ganddo gryn lawer o barch i Winston Churchill fel yr oedd gan Churchill iddo ef. Bu Bevan yn barod iawn i'w gydnabod fel arweinydd digyffelyb a llefarydd dros anghenion pobl Prydain. Ond teimlai ar hyd yr Ail Ryfel Byd fod angen i'r Blaid Lafur fod yn wrthblaid, a chanddo ef y cafwyd y feirniadaeth lymaf, er bod eraill fel Jim Griffiths yn barod i arwain yn gyson. Llwyddodd Aneurin i feirniadu'r llywodraeth fel un a oedd o'r tu allan i'r deuddeg a enwyd gan Attlee i fod yn arweinwyr yr wrthblaid swyddogol. Yr oedd y Cymro cadarn o'r cymoedd yn cadw llygad ar yr wrthblaid swyddogol ac yn barod i fod yn feirniadol o'i gyd-Lafurwyr o'i mewn. Yn hynny o beth yr oedd yn gwbl unigryw.

Ei berthynas gyda Winston Churchill a Chlement Attlee

Ei brif gyhuddiad oedd fod y Prif Weinidog, Winston Churchill, yn aneffeithiol fel arweinydd grymus, ond yn llawer mwy effeithiol fel propagandydd.[45] Dyma fyddai swm a sylwedd ei erthyglau yn *Tribune*, y bu ef yn gyfrifol amdano o'i ddechreuad yn 1937. Ceid pennawd fel 'The Problem of Mr. Churchill' yn *Tribune*, gan awgrymu bod Churchill yn credu bod ei areithiau mawreddog yn mynd i ennill y Rhyfel. Yr oedd Bevan yn un o'r ychydig a fedrai wneud Churchill yn flin dros ben; ond nid oedd Aelodau Seneddol yn gyfforddus o gwbl gyda'i ymosodiadau ar y Prif Weinidog. Ymosododd Eleanor Rathbone, un o ferched dawnus dinas Lerpwl, arno am feiddio bod mor amharchus.[46] I eraill, gŵr cwbl hunanol a beiddgar oedd Bevan ar ei draed. Defnyddiai ei rymusterau fel gwleidydd Cymreig, anghydffurfiol gan ychwanegu at ei ddawn i fygwth a beirniadu Llywodraeth y Glymblaid nes cythruddo nid yn unig Churchill ond Attlee, Bevin a Morrison yn ogystal. Meddylier am ei anerchiad yn y Tŷ Cyffredin ar 2 Gorffennaf 1942, lle y mae'n disgrifio'n fanwl y diffyg adnoddau oedd at wasanaeth y Lluoedd Arfog. Hoeliodd ei neges ar dri phwynt: fod strategaeth y Rhyfel o gyfeiriad Prydain yn anghywir; ei bod ar ben hynny yn defnyddio'r arfau anghywir ac yn olaf, yn cyflwyno'r arfau hyn i ddwylo pobl na chafodd hyfforddiant sut i'w defnyddio ac a oedd yn amlwg heb dderbyn arweiniad trwyadl ar arfau modern.[47] A dyma'r ergyd farwol:

> As I understand it, it is strategy that dictates the weapon and tactics that dictate the use of the weapon. The Government has conceived the war wrongly from the very beginning and no one has more misconceived it than the Prime Minister himself.[48]

Ni allai Churchill ddianc o'r fath ymosodiad heb ei glwyfo'n bersonol. Ef oedd yn aneffeithiol ac nid y Lluoedd Arfog. Galwai Bevan ar y Prif Weinidog o bawb i newid ei bolisi. Ac fel dadleuwr grymus, gofalodd atgoffa pawb o'i gyd-seneddwyr ei fod yn gwbl bleidiol i'r Rhyfel ond yn hynod feirniadol o'r rhai oedd wrth y llyw. Ac er iddo fod yn llawdrwm ar Attlee fel Dirprwy Brif Weinidog, dangosodd ei anghymeradwyaeth pan gyhoeddodd *Tribune* benillion ar 30 Mawrth 1945 am Clement Attlee fel y 'Dyn Anweledig', am iddo fodloni mynd i Galiffornia yn ddirprwy i Anthony Eden. Dyma un pennill o saith:

> There is no doubt whatever that Attlee exists
> (Once Head of H. M. Opposition),
> But in Government circles the rumour persists
> That Attlee's a mere apparition.[49]

Yr oedd Aneurin Bevan o'i go', a mynegodd hynny ar dudalennau *Tribune*: i Bevan, y Golygydd Cyffredinol, ni fuasai'r papur mor ddi-chwaeth o ran diffyg parch i arweinydd y Blaid Lafur mewn cyfnod o ddeng mlynedd.[50] Bu ei gefnogaeth i Attlee yn help mawr i Bevan pan enillodd Llafur yr Etholiad Cyffredinol ychydig fisoedd yn ddiweddarach.[51] Daeth hi'n adeg dewis aelodau i'r Cabinet, ac er gwaethaf natur rebelaidd Bevan nid oedd Attlee am ei amddifadu o'r cyfle i fod yn Weinidog â lle yn y Cabinet.[52] Yr oedd gan Bevan gymaint i'w gynnig i lywodraeth Lafur, a chafodd ei wahodd i fod yn Weinidog Iechyd a Thai a Llywodraeth Leol. Dyma un o'r apwyntiadau pwysicaf o eiddo unrhyw Brif Weinidog, canys magwyd Bevan mewn tref lle y lluniodd glowyr a gweithwyr haearn Gymdeithas Cymorth Meddygol Tredegar, a hynny adeg geni'r gwleidydd. Bodlonai glowyr a gweithwyr dur dalu dwy geiniog ymhob punt o'u cyflog at y ddarpariaeth, tra oedd y dinasyddion nad oeddynt yn gweithio yn y gwaith dur a glo yn talu deunaw swllt y flwyddyn.[53] Erbyn yr Ail Ryfel Byd gwyddai Bevan fod y Gymdeithas yn gofalu am anghenion 22,800 o bobl y dref.[54] Dim ond deuddeg cant oedd y tu allan i'r cynllun. Erbyn y dauddegau ceid ysbyty (a adeiladwyd yn 1904), pum meddyg, llawfeddyg, dau fferyllydd, ffisiotherapydd, deintydd a nyrs gymunedol yng ngofal y ddarpariaeth feddygol.[55] Am bedair ceiniog yr wythnos yn ychwanegol ceid gofal am driniaeth ysbyty, naill ai yn yr ysbyty lleol neu yn un o'r ysbytai mwy, fel Henffordd, Llundain, Bryste, Casnewydd a Chaerdydd. Trefnid car i gludo'r claf i'r orsaf a cheid tocyn dosbarth cyntaf ar gyfer y sawl a dderbyniai ofal yr ysbyty. Yn ddiweddarach, trefnid gofal ychwanegol i'r cleifion gael adnewyddiad mewn cartref gofal neu yn un o drefi'r ffynhonnau yng Nghanolbarth Cymru. Gallai gwragedd fynychu cartrefi mamolaeth a cheid sbectol am ddau swllt a chwe cheiniog, dannedd gosod, cadeiriau, a defnyddiau at anghenion y claf am bris y farchnad. I Bevan, hwn oedd y cynllun a roddai wasanaeth iechyd i'r trigolion. Ond nid Tredegar oedd yr unig le y gellid ei ganmol. Yn y tridegau ceid gwasanaeth meddygol yn Llanelli a'r cyffiniau hefyd. Tredegar, fodd bynnag, oedd ysbrydoliaeth y Gweinidog Iechyd, fel yr awgrymodd y *Picture Post* dan y teitl 'Where Bevan got his National Health Plan' a'i ddisgrifio fel un o'r arbrofion mwyaf nodedig a welodd Prydain yn y gwasanaeth iechyd.[56] Bevan oedd gwleidydd y weledigaeth. Galwodd Adroddiad Beveridge yn 1942 am wasanaeth iechyd am ddim, ond nid awgrymwyd pa ffordd y dylid mynd ati i greu gwasanaeth cenedlaethol. Bu Llywodraeth y Glymblaid yn ystyried yr angen ond eto yn niwlog a heb roddi sylw teg i gymhlethdod unrhyw gynllun llwyddiannus. Daeth y cwbl yn amlwg ym mis Ionawr 1946, pan ddaeth cynrychiolwyr o gymdeithasau cymorth meddygol at ei gilydd i gyfarfod â'r Gweinidog. Mynegodd Bevan, fel un a fu'n chwarae rhan amlwg yn y ddarpariaeth, fod ganddo edmygedd di-ben-draw o'r cymdeithasau hyn:'You have shown us the way and by your very efficiency you have brought about your own cessation.'[57]

Y Gwasanaeth Iechyd Cenedlaethol fel ei gampwaith

Ei ateb oedd gwladoli'r holl ysbytai a chynllunio'n effeithiol i'w cynnal a'u gweithredu er budd y claf. Dyma wasanaeth felly o'r crud i'r bedd. I Bevan yr oedd y sefyllfa yn amlwg, fel y gwelir yn ei anerchiadau pan drafodwyd y Mesur yn y Tŷ Cyffredin. Gwyddai fel yr oedd cymaint o sefydliadau meddygol pwysig wedi ymddangos ym maes glo Mynwy fel Cymdeithasau Cymorth Meddygol Glynebwy, Blaenafon a Thredegar, i gynorthwyo glowyr a anafwyd yn ddifrifol yn y pyllau glo. Rhwng 1916 a 1948 gwariodd Cymdeithas Tredegar £61,809-16-8½ (tua £2,060 y flwyddyn) ar offer meddygol, swm hynod o haelionus.[58] O

1936 ymlaen bu aelodau anabl yn Nhredegar yn derbyn buddiannau llawn y gymdeithas feddygol. Sylweddolai Bevan fod ei etholaeth ef, er yn dlawd, eto yn gyfoethog yn ei darpariaeth ar gyfer y claf, yr anabl, y cloff, y dall a'r byddar. Yn ei araith wrth rannu ei weledigaeth yn y Senedd, dangosodd y diffyg gofal i'r rhai a ddioddefai o iselder ysbryd a phroblemau meddyliol a'r rhai a gâi eu blino gan ddallineb a diffyg clyw. Yr oedd angen dod â phawb at ei gilydd o fewn y Gwasanaeth Iechyd Cenedlaethol ac ni ddylid cyfyngu ar y math o wasanaeth oedd i'w gyflwyno.[59] Yr oedd yr holl wasanaeth i fod am ddim. Ei ddadl gref oedd fod y cyfan o ofal iechyd i fod dan awdurdod gweinyddol y Wladwriaeth Les.[60] Yr oedd hi'n bosibl i Bevan gyflwyno'r ddadl hon oherwydd fod cymaint o bobl wedi profi sosialaeth ar waith yn eu bywydau adeg yr Ail Ryfel Byd. Wedi'r cyfan, yr oedd Prydain wedi ennill o'r diwedd y disgwyliad am fyd gwell i'r milwyr a fu drwy'r drin. Yn awr yr oedd y brwydro caled wedi esgor ar lwybrau gwelliannau mewn cymdeithas.

Anghywir fyddai cyfleu'r syniad fod Bevan wedi cael cefnogaeth unedig ar ei gynllun godidog ar draws y Tŷ Cyffredin ac o fewn y Cabinet. Nid oedd Herbert Morrison er enghraifft yn barod o gwbl i gytuno â'i fwriad i wladoli'r ysbytai a oedd yn nwylo yr awdurdodau lleol, ac ymladdodd ar bob cyfle. Ceid Aelodau Seneddol fel Bessie Braddock yn anghytuno. Anghytunai hi â Bevan ar y math o wely a ddylai fod yn y ward. Credai y dylid cael dim ond un math o wely i'r claf: plediai hi y gwely cyffredin yn hytrach na'r un y derbynnid tâl amdano, ac yna byddai'r un cwbl gyfforddus ar gael i berson a oedd yn wirioneddol sâl.[61] Bu Bessie yn ffyrnig wrtho y blynyddoedd hynny ac yntau wrthi hi. Yn aml anghytunai ynglŷn â'r gynrychiolaeth ar Bwyllgor Rheoli Byrddau Ysbytai Rhanbarthol. Yn hyn o beth cofiai Bessie am yr holl bobl, fel hi ei hun, a gyflawnai waith gwirfoddol yn yr ysbytai.[62] Dyma'r bobl a fu'n pwyso am well gwasanaeth iechyd fel sosialwyr didwyll. Ofnai Bessie fod Aneurin yn barod i adael i'r fyddin fawr honno o wirfoddolwyr golli'r cyfle i gael parhau, gan fod ymrwymiad yr awdurdodau lleol i reoli ysbytai yn mynd i ddod i ben. Cyn i'r Ddeddf Gwasanaeth Iechyd Cenedlaethol ddod i rym, cynhaliwyd cynhadledd ar gyfer gwragedd gweithgar y Blaid Lafur, a hynny yn Weston-super-Mare. Eisteddai Bessie Braddock ymhlith y cannoedd a oedd yno i wrando ar y Gweinidog Iechyd. Pwysodd y gwragedd arno am gynrychiolaeth i weinyddu'r gwasanaeth newydd. Ymatebodd Bevan yn ddiamynedd: 'I'm not going to be dictated to by a lot of frustrated females.'[63] Collodd swyddogion y gynhadledd eu hamynedd ag ef. Daeth llu ohonynt at Bessie Braddock a gofyn iddi fynegi eu teimladau wrtho. Gwrthododd Bessie wneud hynny y diwrnod hwnnw am ei bod yn gwybod y byddai'r wasg yn gwneud môr a mynydd o'r rhwystredigaeth. Y diwrnod canlynol, anfonodd nodyn at y Gweinidog a gofyn am gael ei weld yn adeiladau'r Weinyddiaeth Iechyd a Thai a safai ar draws y ffordd o'r Tŷ Cyffredin. Byddai ef barod i'w gweld rywdro ar ôl 9.30 yn y bore. Rhoddodd Bessie lond ceg o'i gwrthwynebiad iddo, gan ddweud wrtho mai prin a fyddai ef yn y Senedd o gwbl oni bai am y 'gwragedd rhwystredig', fel y galwodd selogion yr etholaethau. Fore trannoeth daeth Jennie Lee i weld Bessie gan ofyn iddi beth oedd y geiriau a ddefnyddiodd hi wrth siarad â Nye. Ychwanegodd nad oedd hi erioed wedi ei weld ef wedi cael ei flino gymaint. Ateb Bessie i Jennie oedd, os oedd hi am wybod, y byddai'n rhaid iddi hi ei hun ofyn iddo.[64]

Bu'r Mesur gerbron y Senedd yn destun cynnen rhwng Aneurin a Bessie, dau a fu'n gryn ffrindiau cyn hynny. Ffromodd Bevan yn fawr wrthi pan wnaeth hi, fel eraill, bleidleisio i godi tâl am ddannedd gosod a sbectol. Pleidleisiodd 262 o blaid hynny â thri yn erbyn. Ni fu siarad rhyngddynt o 1951 hyd Rali Fawr Glowyr Durham yn 1958.[65] Mynnodd Bevan ddod i sefyll yn ei hymyl i wylio'r glowyr a'u teuluoedd yn gorymdeithio heibio a mynegodd wrthi y diwrnod hwnnw pam y bu'n rhaid iddo dderbyn system y tri math o wely o fewn ysbytai. Y gwir reswm oedd agwedd y meddygon:

> If I had stuck out for it, we would never have had a National Health Service. I daren't make this known at the time because it would have caused such a row.[66]

Gwleidydd arall a anghytunai ag Aneurin yn y Senedd oedd y Ceidwadwr Richard Kidston Law, mab Bonar Law a fu'n Brif Weinidog y Deyrnas Unedig. Nid oedd Law yn barod o gwbl i'w ganmol am ei weledigaeth, gan fod gweithgarwch gwirfoddol pobl gyffredin yn cael ei anwybyddu yn ei gynllun.[67] Yr oedd carfan fawr yn y sector gwirfoddol yn meddu ar gariad a chefnogaeth i'w hysbytai, yn barod i godi arian a chynnal yr ysbytai gwirfoddol a wnâi gymaint o ddaioni. Nid oedd Law ac eraill tebyg iddo am weld y gwaith daionus hwn yn darfod. Ond nid oedd mwyafrif aelodau'r Tŷ Cyffredin na'r wlad ychwaith yn ffafrio safbwynt Law. Hawdd iawn oedd ei dawelu ef; stori arall oedd hi yn achos y meddygon, a'r BMA yn arbennig.

Eto i gyd, llwyddodd Aneurin Bevan i wneud cyfraniad cwbl chwyldroadol. Ei gyfnod fel Gweinidog Iechyd a Thai a Llywodraeth Leol oedd y cyfnod gorau a gafodd fel gwleidydd. Rhoddodd ei stamp ei hun, stamp Tredegar os mynner, ar y Weinyddiaeth Iechyd. Dyna'i ymffrost yn 1947:

> All I am doing is extending to the entire population of Britain the benefits we had in Tredegar for a generation or more. We are going to Tredegar-ise you.[68]

Ar ben hynny bu'n syfrdanol o effeithiol fel Gweinidog Tai ac Awdurdodau lleol. Yr oedd y Gymdeithas Sosialaidd Feddygol (SMA) wedi paratoi cryn lawer o lenyddiaeth ar gyfer Gwasanaeth Iechyd Cenedlaethol yn y tridegau. Ond cynigiodd Aneurin gynllun gwreiddiol ag argyhoeddiadau sosialaidd, cynllun llawer mwy radical nag a gynigiwyd gan neb o'i flaen.

Asesiad Tom Jones (Rhymni) ag eraill ohono

Fel Gweinidog Tai mae'n ennyn edmygedd am yr hyn a gyflawnodd mewn cyfnod anodd, ar ôl rhyfel a ddinistriodd filoedd ar filoedd o dai yn y dinasoedd a'r porthladdoedd yn enwedig. Nid oedd digon o ddeunydd crai ar gyfer adeiladu ar gael, na digon o bobl i weithio yn y diwydiant adeiladu. Yr oedd galwad cyson am dai a fflatiau, siopau, ysbytai, ysgolion a ffatrïoedd. Bu llwyddiant Aneurin Bevan a'i Weinyddiaeth yn adeiladu dros filiwn o dai parhaol yn y chwe blynedd o 1945 i 1951, ac eithrio yng Ngogledd Iwerddon, yn drawiadol. Yr oedd safon y tai a adeiladwyd yn uchel: dyna ei bwyslais cyson. Gwelid ym myd tai ac ym myd iechyd fod Bevan yn Weinidog ysbrydoledig ac yn destun rhyfeddod i bob un a'i clywodd o fewn y Cabinet. Fel y dywed Thomas Jones mewn llythyr at gyfaill:

> Aneurin Bevan has made a very good Minister of Health and has taken a very firm stance on the nationalisation of steel. He has 'Welsh' outbursts in Cabinet and says things with more heat than light, sometimes.[69]

Yr oedd Thomas Jones, brodor o Rymni, yn gwybod yn well na neb sut y gweithredai'r Cabinet. Yn 1916 daeth yn Ysgrifennydd Cynorthwyol y Cabinet, gan wasanaethu dan bedwar Prif Weinidog, sef David Lloyd George, Bonar Law, Ramsay MacDonald a Stanley Baldwin. Credai ei gofiannydd gofalus, E. L. Ellis o Brifysgol Cymru Aberystwyth, mai'r tri Chymro mwyaf ym mywyd cyhoeddus Cymru yn yr ugeinfed ganrif oedd David Lloyd George, Aneurin Bevan a Thomas Jones. Pan benodwyd Bevan yn Weinidog Iechyd yn 1945, ei sylw cyntaf oedd, 'I'll go to see that old bugger from Rhymney.'[70] Os talodd Bevan ymweliad ag ef, yn sicr cafodd ddigon o glecs gwleidyddol. Yn ei lythyr y dyfynnwyd ohono uchod tynnodd Thomas Jones sylw at elfen bwysig iawn yng nghyfansoddiad y Gweinidog gwych a'r gwleidydd carismatig, sef ei Gymreictod. Gofalodd y wasg Seisnig y derbyniai Bevan, a Neil Kinnock ar ôl hynny (y ddau wedi eu geni yn yr un dref), holl ragfarnau a llysnafedd y Saeson llengar am y Cymry. Defnyddiwyd am Kinnock labeli fel 'Welsh Windbag', 'Taff the Lad', 'Teflon Taff' a 'Wild Mayor of the Valleys' sy'n ein hatgoffa o'r driniaeth a gafodd Bevan ddeugain mlynedd ynghynt.[71]

Neil Kinnock o'r un dref a'i arwr Bevan

Jon Snow, yr hanesydd a gor-ŵyr Lloyd George, a ddywedodd am y ddau o blant Tredegar:

> Neither Kinnock or his advisers were able to alter what he symbolised: a traditional Welsh working-class Cwmardy ethos of community and care for the less fortunate very much out of place in the Thatcherite eighties ... This was an ethos very much linked in with a Welsh culture of solidarity and community which Kinnock, like his political hero, Aneurin Bevan, very clearly represented.[72]

A'r gwir yw na fu'r huodledd na'r areithio gogoneddus na'r hwyl Gymreig o help o gwbl i Aneurin Bevan ei gael ei hun yn arweinydd y Blaid Lafur ar ôl dyddiau Attlee, nac ychwaith i Kinnock ddod yn Brif Weinidog Prydain. Er mor wych yw Kinnock fel llefarydd, nid oedd hynny'n ddigon i ennill buddugoliaeth iddo yn Etholiad Cyffredinol 1987 nac ychwaith – fel y disgwyliai y mwyafrif o'r sylwebyddion – yn Etholiad 1992.

Nid Prif Weinidog o Gymru yr oedd y Saeson am ei gael yn hanes Aneurin Bevan na Neil Kinnock. Wedi'r cyfan ni fu problem i James Callaghan a eisteddai dros sedd Gymreig i ddod yn Brif Weinidog. Ond y drafferth oedd fod y ddau gawr areithyddol yn dod o ran arbennig o Gymru, o'r Gymru filwriaethus, a dyna'r Cymry a gafodd eu dwrdio hefyd, nid gan y Saeson ond gan y Cymry Cymraeg yn ogystal. Nid oedd areithyddiaeth Bevan, erbyn dyddiau Kinnock, mor addas i'r cyfryngau torfol a rhaglenni gwleidyddol y radio a'r teledu. Kinnock yw'r areithiwr gorau ers dyddiau Bevan; ei ddawn fel llefarydd oedd ei gryfder yn y cynadleddau, ac roedd y ddau yn ddyledus i'r hwyl Gymreig ar ei gorau. Ond, ychwanega David S. Moon:

> Kinnock's *hwyl* made him a specific kind of Labour orator – one based within the movement – and like the passionate moralism of his fellow 'Bevanites', Castle, Foot (and of course Bevan himself) it is an oratory which has been rarely glimpsed since the 'New Labour' era.[73]

Y Cymry ran amlaf sydd yn gorfoleddu yn y ddawn eithriadol a welwyd ymysg gwleidyddion o bob plaid, gan fod y cefndir yn tarddu o Ymneilltuaeth. Dywedodd W. J. Gruffydd, ar ôl cyrraedd San Steffan fel Aelod Seneddol dros Brifysgol Cymru:

... a phob tro y byddaf yn gwrando ar Gymro'n siarad, byddaf yn falch o'r diwylliant llafar parablus a fagwyd gan draddodiadau Cymru yn ystod y ddwy ganrif ddiwethaf.[74]

I Gruffydd yr oedd tri yn sefyll allan yn oriel yr anfarwolion – David Lloyd George, James Griffiths ac Aneurin Bevan. Ond erbyn 1943 Bevan oedd ar ben y bryn ac fel y dywed T. Robin Chapman:

Edmygai yn arbennig 'rwyddineb geiriau a beiddgarwch meddwl' Aneurin Bevan a gwnaeth ei orau i'w efelychu.[75]

Ond ni allai neb gystadlu ag ef ar lwyfannau'r Blaid Lafur mwy nag yn y Senedd lle yr oedd yn hynod o gyfforddus. Gall y Cymry lawenhau yn ei ddoniau areithyddol fel y gellir llawenhau yn ei gyfraniad arloesol i'r Gwasanaeth Iechyd. Cyn gorchest Bevan yn 1948, bratiog a brau oedd y gwasanaeth iechyd.[76] Ceid galw cyson am well darpariaeth, a chlywid hyn ymhob rhan o'r Deyrnas Unedig. Yr oedd llawer o'r adeiladau yn anaddas, wedi eu codi yn Oes Fictoria. Ceid amrywiaeth anhygoel, yn ysbytai i lowyr a chwarelwyr yng Nghymru a rhai wedi eu hadeiladu gan awdurdodau lleol goleuedig fel Ysbyty Llandochau ger Caerdydd ac Ysbyty Llanilltud Faerdref ger Pontypridd.[77] Ond y gri dragwyddol oedd arian, y tlawd a'r anghenus yn methu talu am unrhyw fath o driniaeth, a'r ddarpariaeth yn druenus o aneffeithiol.[78]

Y ddau wleidydd pennaf yn y dasg o lunio rhaglen gynhwysfawr gwerth sôn amdani yn Llywodraeth Attlee oedd James Griffiths ac Aneurin Bevan. Dywedodd James Griffiths yn glir fod ei Ddeddfau Yswiriant Cenedlaethol (1946) ac Anafiadau Diwydiannol (1948) wedi 'eu hysbrydoli'n uniongyrchol gan brofiad Ffederasiwn Glowyr De Cymru'.[79] Ac yr oedd gan Bevan ddyled gyffelyb i'r glowyr, y tro hwn y rhai a adnabu ei dad ac yntau yn Nyffryn Sirhowy a oedd yn gyfrifol am Gymdeithas Cymorth Meddygol Tredegar. Iddo ef, heb unrhyw amheuaeth, y peth pwysig a sylfaenol oedd 'gwasanaeth lles a fyddai'n darparu gwasanaeth rhad ac am ddim i holl drigolion y deyrnas'.[80]

Gwell cefnogaeth i weledigaeth Bevan yng Nghymru nag yn unman arall

Gwyddai Aneurin fod gwell cefnogaeth i'w weledigaeth yng Nghymru nag yn unman arall, yn arbennig ymysg y meddygon teulu ac ysbyty. Peth arall oedd yn amlwg ddigon oedd bod yr angen am wasanaeth iechyd a'r galw am driniaethau yn uwch o lawer yng Nghymru nag yng ngweddill y Deyrnas Unedig.[81] Yr oedd digon o resymau am hyn: cyflwr cartrefi llawer o'r trigolion yn y siroedd Cymreiciaf, fel Môn, Arfon, Meirionnydd ac Aberteifi, a hynny'n esgor ar y ddarfodedigaeth; diwydiannau trymion fel y pyllau glo yn ne a gogledd-ddwyrain Cymru yn wynebu ar afiechyd yr ysgyfaint a damweiniau cyson o fewn y boblogaeth, a hyd yn oed yn y tri- a'r pedwardegau, cymunedau gyda'r mwyafrif a drigai yno yn heneiddio. Felly, yr oedd gwariant ar iechyd 30% y pen yn uwch na'r hyn ydoedd ym Mhrydain gyfan.[82] Deallwn fod y Cynulliad Cenedlaethol o 1999 i 2021 yn gwario mwy ar y gwasanaeth iechyd nag ar unrhyw adran arall o fywyd y genedl a'i fod dan ofal y Prif Weinidogion Rhodri Morgan, Carwyn Jones a Mark Drakeford: cynheiliaid gweledigaeth David Lloyd George, James Griffiths ac Aneurin Bevan. Bu ailgyflwyno presgripsiwn am ddim gan Lywodraeth y Cynulliad yn 2007 yn 'weithred Aneurin' os bu un erioed.

Wrth gyflwyno'r Gwasanaeth Iechyd ym mis Gorffennaf 1948 rhoddodd Aneurin Bevan bwyslais arbennig ar y ddarpariaeth, sef cynorthwyo unigolion i weld a darllen yn well, cael gwell blas ar fwyd trwy'r dannedd gosod a chlywed yn well trwy declyn clust. Mynegodd fod cyflwr dannedd y werin Brydeinig yn ofid o'r mwyaf. Gwyddai Bevan fod Canghellor y Trysorlys yn ddigon parod i wyrdroi yr holl deithi meddwl a oedd y tu ôl i'r arbrawf, yn arbennig yr egwyddor fod y Gwasanaeth Iechyd i fod yn rhad i'r rhai a haeddai fywyd gwell, sef pob un a drigai yn y Deyrnas Unedig.[83] Bu'n rhaid i Bevan amddiffyn y gwasanaeth yn barhaus ond pan alwodd Attlee arno i fod yn Weinidog Llafur a Gwasanaeth Cenedlaethol gwyddai fod storm ar y gorwel.[84] Gofalodd ei gyfaill Stafford Cripps mai Hugh Gaitskell, yn hytrach nag Aneurin a fyddai yn ei ddilyn fel Canghellor y Trysorlys. Nid oedd gan Bevan lawer o barch at Gaitskell oherwydd nad oedd o'r dosbarth gweithiol, a dyma ddechrau gwrthdaro a wnaeth niwed mawr i obaith Llafur o ennill grym. Ymddiswyddodd Bevan ar ôl i Gaitskell godi tâl ar bresgripsiwn am sbectol a dannedd gosod, ef a dau arall, a rhwygo'r blaid.[84] Yn y pumdegau cafwyd brwydro cyson rhwng y ddau arweinydd, a Gaitskell yn dod i'r brig bob tro. Methodd Bevan ennill yn erbyn Gaitskell hyd yn oed am y swydd ddiwerth o fod yn Drysorydd y Blaid Lafur. Cydnabu mewn llythyr pwysig at ei asiant Ron Evans, mai diwerth oedd y swydd honno:

> For your information, my own view is that the treasurership of the Party should be allowed to lapse. It is an out-moded institution with practically no work at all to do.[85]

Gwelai Bevan fod yna garfan gref o arweinwyr yn benderfynol o'i gadw allan o gylch pwysig yr arweinyddiaeth a chefnogi Gaitskell fel y dewis ddyn. Dywed wrth ei asiant:

> This is just another squalid conspiracy similar to the one that was hatched last year, designed to get Morrison on the Executive, after he had been defeated by the Constituency parties.[86]

Y rheswm pennaf na allai Bevan wrthod y demtasiwn i sefyll am y swydd o Drysorydd neu unrhyw swydd debyg oedd ei atgasedd at Hugh Gaitskell. Nid oedd am ganiatáu i gynnyrch ysgol fonedd gynrychioli gweithwyr diwydiannol Prydain, y glowyr a gweithwyr y diwydiant dur, docwyr a physgotwyr y môr mawr. Yr oedd yna reidrwydd arno i wrthwynebu, er y gwyddai y byddai'n colli'r frwydr gan fod 'biwrocratiaid yr Undebau Llafur' fel y galwai hwy wedi mabwysiadu Gaitskell fel yr etifedd. I Bevan yr oedd hi'n amlwg fod Thomas Williamson ac Arthur Deakin heb ystyried y Blaid Lafur o gwbl, ac yn awyddus i wneud dim ond dysgu gwers iddo am herio eu safbwynt. Yr unig gysur a gafodd Bevan oedd bod Plaid Lafur dinas Leeds wedi ei enwebu ef yn hytrach na Gaitskell am y swydd o Drysorydd a'u bod hefyd yn cytuno â'i safbwynt o wrthwynebu ailarfogi Gorllewin yr Almaen. Dywedodd wrth Ron Evans:

> As you know, this City is represented by a group of the most reactionary members in the Labour Party, including Gaitskell himself.[87]

I Bevan yr oedd y ddau Undeb mawr, y GMWU a'r T&GWU, yn llythrennol yn lladd y Blaid Lafur trwy fod mor adweithiol geidwadol, a dyna pam yr oedd yn gwbl benderfynol o'u gwrthwynebu.

Gwleidydd adnabyddus ar lwyfan y byd

Yn y pumdegau daeth Bevan yn wleidydd adnabyddus ar lwyfan y byd. Bu galw arno i ymweld â'r Dwyrain Pell, y Dwyrain Canol, yr Unol Daleithiau a Rwsia. Soniodd wrth Ron Evans yn haf 1954 amdano yn gadael i fynd i Tseina a'i fod wedi ei wahodd hefyd i Seland Newydd ac yna Siapan.[88] Ni allai dderbyn y tri gwahoddiad a bwriadai adael Seland Newydd allan o'i raglen, ond yr oeddynt yn awyddus iawn i'w weld yn ei etholaeth.[89] Bu'n hynod ffodus o Ron Evans ac Archie Lush cyn hynny, y ddau yn ei amddiffyn bob amser, yn barod iawn i'w esgusodi pan oedd angen a'i gynrychioli hyd yr eithaf. Pan gollwyd yn yr angau Lafurwr eithriadol o selog, ni welid Aneurin byth yn mynychu'r angladd. Un o'r selogion hyn oedd Gomer Jones, Rhymni, a threfnwyd i Dai Moseley, gweithiwr dygn arall, i gynrychioli'r Aelod Seneddol yn y cynhebrwng.[90] Byddai'n gorfod ymddiheuro byth a beunydd am fethu cadw ei gyhoeddiadau yn ei etholaeth, diffyg nas sonnir amdano yn y cofiannau a luniwyd am ei yrfa. Ond erbyn gaeaf 1955 yr oedd cryn dipyn o feirniadu, fel y soniodd Ron Evans wrtho:

> The couple of critics present had a very hot time and we were able to pull one out who had been sitting on the fence.[91]

Bevan yn anghofio ei etholaeth yn reit aml

Gofidiai Ron Evans fod Aelodau Seneddol mor anwadal yn eu cefnogaeth i'w harwr Aneurin, a dywedodd ar ôl buddugoliaeth Hugh Gaitskell:

> I am sure Mr. Gaitskell must be feeling pleased with himself, his friends inside and outside of the Party canvassed well for him. It seems to me that some of the MP's voted in this ballot like they vote in the Parliamentary Labour Party completely disregarding the wishes of the Constituency Labour Parties. It's a secret, and they take advantage of it.[92]

Cyfeirio a wnâi at yr Aelodau Seneddol dauwynebog a roddai'r argraff eu bod o blaid Bevan ond pan ddeuai'r bleidlais gudd, byddent yn ei rhoi i Gaitskell. Yr oedd problem arall yn poeni Aneurin a honno yn un anodd. Sylweddolai fod mwy o bobl yn dod i wrando arno mewn cyfarfodydd cyhoeddus y tu allan i'w etholaeth nag yn ei etholaeth ei hun. Byddai'r wasg yn cyfeirio at hynny yn gyson: gwelid rhes neu ddwy o gadeiriau gwag yn rhai o gyfarfodydd cyhoeddus etholaeth Glynebwy.[93] Yn niwedd 1957 cafodd gynulleidfa o bedwar cant yng Nglynebwy, ond gwelid seddau gwag yn y cyfarfod llwyddiannus hwnnw ac yr oedd hynny yn ei wylltio. Dywedodd, heb gelu dim o'i deimladau, wrth ei asiant:

> My meetings elsewhere are invariably crowded and the propaganda effect of having empty seats at an Ebbw Vale meeting is a serious disadvantage.[94]

Teimlai ei ddau ffrind cywir yn yr etholaeth, Archie Lush a Ron Evans, nad oedd y cyfarfodydd cyhoeddus yn yr etholaeth mor llwyddiannus ag y disgwylid iddynt fod, ac yr oedd digon o alwadau am help llaw yn dod iddo oddi wrth ymgeiswyr yr adain chwith. Profodd Ronald Haines, ymgeisydd y Blaid Lafur yng ngogledd Bolton, drafferthion ymhlith y Llafurwyr yn y dref. Yr ateb iddo ef oedd cael Aneurin yno i annerch a llwyddo drwy hynny i uno'r ddwy garfan oedd mewn rhyfel cartref.[95]

Mudiad Di-arfogi niwclear heb gymorth Bervan o bawb

A phan ddaeth y newid cyfeiriad yn hanes Aneurin yng Nghynhadledd Llafur 1957, pan gefnogodd y rebel yr arweinyddiaeth a Gaitskell ar fater arfogi a diarfogi, ffrydiodd y gwahoddiadau yn fwy fyth. Dadl Sam Watson o blith glowyr Durham a'i hargyhoeddodd yn y pen draw. Neges Watson oedd pwyso'n drwm arno i gredu bod nid yn unig Prydain ond y byd i gyd angen Aneurin Bevan fel Gweinidog Tramor mewn Llywodraeth Lafur, ac ni allai hynny ddigwydd o gwbl os na fyddai'r gwleidydd yn troi ei gefn ar ddiarfogi niwclear unochrog.[96] Canlyniad newid barn Bevan oedd gweld y Mudiad Diarfogi Niwclear yn cynyddu dros nos yn ei effeithiolrwydd a'i aelodaeth. Ymunodd bron pob un o'r Befaniaid amlwg â'r mudiad. Ni chododd rhwyg rhwng Aneurin a'i etholaeth gan fod ei ddatganiad hi i'r Gynhadledd yn un y medrai'r Aelod Seneddol gytuno â hi.[97] Gwelwyd rhwyg, fodd bynnag, â'i ddisgyblion fel Donald Soper a Michael Foot. Ond ar yr un pryd, cryfhawyd y berthynas rhwng Gaitskell a Bevan. Bu'r ddau mewn rhyfel cartref ers saith mlynedd. Fel y dywedodd Chris Mullin am Bevan:

> He developed a visceral loathing of Hugh Gaitskell, whom he saw as a usurper and openly undermined Attlee despite being a member of the Shadow Cabinet.[98]

Daeth o fewn un bleidlais yn Chwefror 1955 i'w daflu allan yn ddiseremoni o'r Blaid Lafur ond fe'i harbedwyd gan aberth Ian Mikardo. Ond yn awr yr oedd Bevan yn barod i gymrodeddu a chefnogi'r gelyn mawr. Trodd y gelyn yn ffrind dros dro. Partneriaeth a oedd yn seiliedig ar dywod ac nid ar y graig. Yr oedd y ddau yn ddistaw bach yn ddrwgdybus o'i gilydd, ond ar yr wyneb, yn gryn gydweithwyr. Credai Aneurin fod Hugh yn rhy bendant a gwantan i wneud arweinydd deinamig a fedrai guro'r Torïaid. Sonia Ian Mikardo amdanynt fel gŵr a gwraig a oedd yn casáu ei gilydd, ond yn dal i gyd-fyw â'i gilydd er mwyn y plant.[99] Ni allai Pwyllgor Gwaith Glynebwy na darllenwyr *Tribune* faddau i Gaitskell am dri pheth: yn gyntaf, ei ymdrech aflwyddiannus i gael gwared ag Aneurin Bevan o rengoedd y Blaid Lafur; yn ail, yr hyn a wnaeth yn Etholiad Cyffredinol 1959 wrth gyhoeddi na fyddai Llywodraeth Lafur yn codi treth, a hynny heb drafod hyn â'i gyd-arweinydd Bevan;[100] ac yn drydydd, ei ymateb i Etholiad Cyffredinol 1959, pan roddodd y bai am y canlyniad nid arno ef ei hun, ond ar y Blaid Lafur am fod yn rhy sosialaidd. Agorodd ddadl arall, gan ddadlau bod rhaid dileu Cymal Pedwar o'r Cyfansoddiad, y cymal a alwai am wladoli'r diwydiannau a hyrwyddo sosialaeth. Pan ddaeth y Blaid Lafur i'r Gynhadledd yn Blackpool, yr oedd Gaitskell mewn dyfroedd dyfnion, ond arbedwyd ef rhag llid y cynrychiolwyr gan Bevan o bawb. Dyma'r olaf o'i areithiau cofiadwy, ac un o'r goreuon a draddododd y Cymro o Dredegar. Yn ei gartŵn, dangosodd Vicky Gaitskell yn ei daflu ei hun o ben tŵr Blackpool a chael ei arbed rhag angau gan Aneurin. Gwaeddai Hugh yn ei banic, 'Help! Help! He is saving me.'[101]

Credai Ian Mikardo, pe bai Bevan heb ei daro i lawr gan y cancr, na fyddai Gaitskell wedi llwyddo i ddod yn arweinydd yn ei le. Mae ganddo ddadl gref:

The contrast between Gaitskell's inept performances over the previous three months and Nye's cool, confident mastery of the situation was too glaring to be missed by even the right-wing majority in the Parliamentary Labour Party and I'm convinced that if Nye had been available in 1960 and had been willing to offer himself as Party Leader they would have elected him.[102]

Y cwestiwn y dylid ei ofyn yw, sut y llwyddodd Hugh Gaitskell yn y lle cyntaf i gael yr arweinyddiaeth i'w ddwylo?

Sut y llwyddodd Gaitskell i gael yr arweinyddiaeth o flaen Bevan

Credwn ein bod wedi rhoddi'r ateb. Ond dyna oedd y drychineb, oherwydd nid oedd cymhariaeth rhwng y ddau ar unrhyw ffrynt, o ran personoliaeth, cefndir, argyhoeddiad, gallu gweinyddol, cyfraniad a gweledigaeth.[103] Damwain hanes oedd fod Gaitskell yn aelod o'r Blaid Lafur yn y lle cyntaf, ond yr oedd Aneurin Bevan wedi ei eni i'r Blaid Lafur fel ag y mae Neil Kinnock yn ei deulu o lowyr a gweinyddesau, a'r ddau wedi arloesi'n llwyddiannus dros y Blaid Lafur.[104] Gofalodd yn fwy na dim am ei chadw yn driw i'w gefndir Cymreig, gwerinol, diwylleidig ef: radical anghydffurfiol oedd, na allai ddianc rhag hudoliaeth nid Marcsiaeth, ond sosialaeth. I Sais o hanesydd fel John Cambpell, bu Aneurin farw yn ei fethiant am fod sosialaeth Farcsaidd wedi methu. Rhan o'r gwirionedd oedd hynny, oherwydd gwelwn yn ei gyfrol ddifyr, *In Place of Fear*, nad oedd yn feddyliwr Marcsaidd o bell ffordd. Mae yn gyson anghydffurfiol, a'i ddarnau gorau yn cyfeirio at ei bererindod ef ei hun yn Nyffryn Sirhowy. Ni allai Bevan ddeall y Llafurwyr a ddaeth i'r mudiad ar ôl blynyddoedd o lwyau aur yn eu cegau. Dyna iddo ef oedd Hugh Gaitskell, Tony Crossland, Roy Jenkins, Richard Crossman a Douglas Jay a llu o rai eraill tebyg iddynt.[105] Cymhlethodd Bevan y darlun yn ei atgasedd o'r ysgolion bonedd. Cynnyrch ysgol enwog Wykeham oedd Hugh Gaitskell. Yr oedd bron pawb o'i gyfoeswyr yng Nghabinet Attlee wedi cael gwell addysg nag a gafodd Aneurin. Gellir gweld y berthynas rhwng Bevan a Gaitskell fel brwydr bersonol rhwng argyhoeddiad ar yr un llaw ac uchelgais i ddringo'r ysgol ar y llaw arall. Nid oedd ac ni fu Bevan yn gwbl gyfforddus â'i gefnogwyr da eu byd, fel y daeth yntau yn nyddiau fferm Asheridge. Yr oedd Ian Mikardo a Michael Foot yn Befaniaid llwyr a llawn ond, yn wahanol iddynt, nid oedd Bevan ei hun. Er ei fod yn llym ei dafod ar yr adolygwyr fel Tony Crossland a'r cylchgrawn *Socialist Commentary*, eto daeth yn un ohonynt. Yr oedd ganddo droed yn y ddau wersyll; arhosodd yn driw i *Tribune* ond bellach, gallai ddygymod â llenyddiaeth a hefyd arweinwyr yr adain dde.

Anodd portreadu Bevan yn deg ac yn ddi-duedd

Mae'n rhaid cyfaddef ei bod hi'n anodd dros ben portreadu Aneurin Bevan yn deg. Gwnaeth Michael Foot ef yn sant yn ei gofiant, tra portreadodd John Campbell ef yn ŵr a feddai ar fwy o wendidau na rhinweddau, proffwyd aflwyddiannus a orfodwyd i dalu pris uchel a thaflu ei fantell sosialaidd dros y dibyn. Gŵr hynod o ffaeledig, ffôl, a fethodd gyflawni ei botensial, yw'r darlun a gawn mor gyson. I bobl fel Campbell, Bevan oedd i'w feio am y gwrthdaro enbyd â Gaitskell. Ond a yw honno yn farn deg? Nac ydyw o gwbl. Hugh Gaitskell a fynnodd osod tâl am bresgripsiwn dannedd a sbectol, gan ei fod ef yn ddigon o wleidydd y dde i wybod y byddai hynny yn cythruddo Aneurin. Yr oedd yr arian a lwyddodd i'w gasglu i'r Trysorlys yn bitw wyneb yn wyneb â'r hyn yr oedd ei angen. Sylweddolodd Aneurin erbyn

1957 na ddeuai byd gwell i Brydain trwy'r Befaniaid, grŵp dan ei gyfaredd yn fwy na'i arweiniad, a fu'n cyfarth a chnoi a chwythu mwy o fygythion di-sail. Meddai ar gryn lawer yn gyffredin â'r rhai a ddwrdiai o'r adain dde. Credai Bevan a Gaitskell mewn economeg gymysg, ac ni allent stumogi yr hyn a welwyd yn yr Undeb Sofietaidd. Iddo ef yr hyn a ddysgodd yng nghymoedd glo De Cymru ac a ddylanwadodd arno fel Gweinidog Iechyd oedd y ffordd ymlaen, sef cymunedau yn cydweithio, yn gofalu am ei gilydd, yn amddiffyn y gwerthoedd a ddeilliodd o'i gynefin a chynhaliaeth gwladoli yn sylfaen i'r cyfan.

Dylanwadodd yn helaeth. Ef a ysbrydolodd Neil Kinnock i ymuno â'r frwydr, fel y cydnabu:

> There was also the inspiration of Aneurin Bevan who was our Member of Parliament and who I saw performing compellingly in public several times, even if I only met him a couple of times. That's the way I became political and that's why I joined the Labour Party.[106]

Bu ei farwolaeth yn ŵr cymharol ifanc yn 1960 yn golled i'r byd, i Brydain, i Gymru, i Sir Fynwy ac etholaeth Glynebwy ac i'r Blaid Lafur. Crisialwyd y golled yn llythyrau ei ffrind mynwesol, Syr Eugene Cross, a ofalai am Waith Mawr Dur Glynebwy, a Henry F. Spencer, Cyfarwyddwr Gweithredol Gwaith Dur Richard Thomas a Baldwin. Teimlai Spencer dros Eugene Cross, ffrind cywir i Aneurin am flynyddoedd lawer.[107] Meddylai y byd ohono ac roedd yn barod i wneud rhywbeth drosto. Credai Henry Spencer yr un fath. Edrychai ymlaen at groesawu Aneurin i bencadlys y cwmni yn 47 Park Street, Llundain. Yr oedd Aneurin, meddai un o brif ddynion y cwmni, Henry F. Spencer, yn feddyliwr ac yn gofalu am y broydd a garai:

> I have known and admired him for many years as a thinker, a prophet and an irresistible impulse on reform, life, politics and the great events of the times, and only over a comparatively short time in a more intimate personal way in which I have felt his tremendous realness, warmth, sympathy and genius.[108]

I Gymry cymoedd yr etholaeth, fel Eugene Cross, Ron Evans, Bill Harry ac Archie Lush, ef oedd y tywysog, a'i awdurdod yn derfynol. Yr oedd H. F. Spencer ac Eugene Cross yn benderfynol erbyn dydd ei farwolaeth y dylid cael cofeb iddo. A bu Cross, Ron Evans a Michael Foot a'r pwyllgor yn cynllunio i gael tri chlogfaen o wenithfaen yn Waunypond i gynrychioli ei etholaeth – Glynebwy, Tredegar a Rhymni. Yno y bu rhai o'r cyfarfodydd cofiadwy yn ystod ei yrfa wleidyddol, a gosodwyd clogfaen arall yn symbol i'r ffaith ei fod yn siarad ar ran y byd mawr crwn. Dyna'r gofeb, ond cafwyd cofebau eraill: cynhaliwyd gwasanaeth i'w goffáu ar 26 Tachwedd 1964 yn Llyfrgell Gyhoeddus Tredegar a daeth ei weddw, Jennie Lee, yno.[107] Bu'n anodd arni yn 1972 adeg dadorchuddio'r cofebau, a mynegodd hynny wrth Ron Evans:

> I think you know why I cannot walk over the hills Nye and I walked over together so often. But this is a speech and different occasion.[109]

Ni allai gadw draw. Yr oedd yn ddiwrnod arbennig iawn. Dymuniad Ymddiriedolwyr Cofio Aneurin Bevan oedd cael Mrs. Indira Gandhi, Prif Weinidog India, neu U Thant, Ysgrifennydd Cyffredinol y Cenhedloedd Unedig, i ddod i ddadorchuddio'r clogfeini ithfaen. Methodd y ddau â dod a rhoddwyd y cyfrifoldeb ar ei gofiannydd cyntaf a'i olynydd, Michael

Foot. Gwych oedd clywed y côr o fil o leisiau yn moli a chynhesu calonnau'r dorf a ddaeth ynghyd.

Barn llenorion,actorion, haneswyr ac arweinwyr y gwledydd o Aneurin

Ysgrifennodd y llenor Eingl-Gymreig, Gwyn Thomas, ddrama, *Return and End*, sy'n delio â pherthynas Aneurin â'i dref enedigol. Llwyddodd Thomas i gael trafodaeth â'r actor o Gymro, Richard Burton.[110] Portreadwyd Bevan gan Burton; yr oedd yn uchelgais ganddo gael portreadu Aneurin. Dywedodd amdano:

> He was one of the most eloquent of men I have met and my admiration for him was immeasurable.[110]

Yr oedd Burton yn llygad ei le. Yn y pumdegau Aneurin oedd yr unig wleidydd a fedrai ddenu pum mil, deng mil o bobl yn gyson i wrando arno.[111] Sonia Fred Mafdalany am ei glywed yn Margate. Disgrifiodd ei lygaid glas a'i wyneb wedi crychu, wyneb ifanc, yn amlygu ei deimladau i'r dim.[112] Siaradodd am bymtheg munud ar hugain. Yr oedd yn falch o'i glywed ac yn gofidio pan oedd y cyfan drosodd. Gwelai Michael Foot yn dra gwahanol fel siaradwr, tueddai ef weiddi, ond roedd Aneurin yn artist geiriau. A'i eiriau olaf yw: 'But what a charmer! And what a performance!'[113]

A gellir meddwl amdano mewn llawer ffordd. Y rebel naturiol oedd yn herio pob awdurdod o ddyddiau ysgol hyd ddiwedd oes.[114] Yna Bevan y meddyliwr dwfn, craff, cyffrous. Saif *In Place of Fear* i'n hatgoffa o'r meddyliwr. Bevan y Seneddwr oedd yn medru cornelu'r cewri, David Lloyd George, Clement Attlee, Neville Chamberlain a Winston Churchill.[115] Ni ddihangodd yr un ohonynt rhag ei rethreg. Ac yna Bevan y gweinyddwr a'r Gweinidog ysbrydoledig ar Dai a'r Gwasanaeth Iechyd Cenedlaethol.[116] Bu'n ffodus yn ei briod, Jennie. Cafodd hi lawer siom ac yn arbennig pan gefnogodd yr adain dde ar fater arfogi. Fel y dywedodd un newyddiadurwr:

> Nobody will ever know what turmoil it must have caused Jennie when Nye deserted the Left over the H-bomb issue.[117]

Aeth Jennie i'r cysgodion ac yna bu'n ofynnol iddi ei nyrsio yn ei waeledd. Gwelwyd dagrau yn gyson ar ei gruddiau. Hebddi hi ni fyddai wedi cyflawni'r hyn a wnaeth. Jennie oedd ei graig pan gyflawnodd waith mawr ei fywyd fel Gweinidog y Gwasanaeth Iechyd a Thai. Byddai wrthi ddydd ar ôl dydd am un awr ar bymtheg y dydd a chreodd wasanaeth unigryw. Ond wrth gloriannu'r gwleidydd ni allwn anghofio am ei gyfraniad rhyngwladol. Dechreuodd cyfeillgarwch rhwng Bevan a phobl a ddaeth yn arweinwyr eu gwledydd yn ôl yn y tridegau. Mewn cynadleddau, cyfarfodydd, ysgolion haf tyfodd y berthynas rhyngddo a Pandit Nehru, Krishna Menon, Jomo Kenyatta, Keneth Kaunda, i enwi ond ychydig ohonynt. O 1951 bu Iwgoslafia yn wlad i ymweld â hi a threuliodd ef a Jennie fis o wyliau gyda'r bardd a'r gwleidydd, Milovan Djilas. Bu Djilas mewn trafferthion mawr rhwng 1954 ac 1957 am ei feiddgarwch yn beirniadu Tito a'i lywodraeth.[118] Nid oedd pawb ar y chwith ym Mhrydain mor bleidiol iddo ag yr oedd Jennie ac Aneurin. Ond yn 1951 yr oedd y trafferthion ymhell i ffwrdd a chawsant groeso Marshal Tito a'r fraint o nofio gydag ef a'i gyfaill Djilas, Dirprwy Brif Weinidog Iwgoslafia. Defnyddiodd Aneurin rai o'r dyddiau diog, diddig i gwblhau ei ddrafft cyntaf o *In Place of Fear*. Meddai ar ffydd fawr yn hynt a helynt Iwgoslafia a gobeithiai y byddai fel India yn ymwrthod â chefnogi'r pwerau mawr, yr Unol Daleithiau a'r Undeb Sofietaidd. Yr oedd Tito yn barchus iawn o Aneurin a Jennie. Gwelai Aneurin Tito fel cydwybod gwledydd tlawd y byd, arweinydd y gwledydd niwtral. Gwelir molawd i Tito gan Jennie yn *Tribune* yn gynnar yn 1953.

Pan garcharwyd Djilas, gweithiodd Aneurin yn galed drosto ef a'i gyfaill Vladimir Dedifer o fewn y 'Socialist International' a theithiodd Jennie i Belgrade i helpu'r teuluoedd ac eiriol ar eu rhan â'r awdurdodau clustfyddar. Ysgrifennodd at Tito a gwahodd teuluoedd Ðjilas a Dedifer i Brydain am wyliau. Yn y cyfarfod a gafwyd yn Nhŷ'r Cyffredin ar Ionawr 1959, talodd Milovan Djilas deyrnged glodwiw i'r ddau ohonynt am eu caredigrwydd a'u gofal bugeiliol. Ni allai dalu yn ôl ond meddai nad oedd angen, gan nad oedd dyledwyr na dyledion yn y frwydr am ryddid.[119]

Teithiwr byd-eang ond Cymro cadarn wedi'r cyfan

Teithiodd Aneurin a Jennie hefyd i wledydd trist y Dwyrain Canol dros Nadolig 1953, yn gyntaf i'r Aifft ac yna i Israel, gan aros gyda theulu eu ffrindiau, Sieffs. Yr oedd Aneurin wedi cythruddo'r Torïaid (ei ddawn fawr) mewn erthygl, gan ddadlau nad oedd pwrpas yn y byd mewn gosod byddin yn enw grym imperialaidd ynghanol pobl a wrthodai eu croesawu, a chan ddadlau mai'r ffordd gall fyddai galw'r milwyr adref. Ailgyhoeddwyd yr erthygl ym mhapurau dyddiol yr Aifft a chythruddwyd Downing Street. Bu dadlau ffyrnig yn y Senedd. Cyhuddwyd Bevan o fod yn wrthryfelwr a heriai yr Eifftiaid i ymosod ar filwyr Prydeinig. Yng ngolwg y Blaid Dorïaidd, nid oedd yn wladgarwr. Er gwaethaf hyn i gyd teithiodd y ddau i'r Aifft fel y disgwylid. Treuliasant rai dyddiau yn Neguib. Yn anffodus, bu'n rhaid i Aneurin aros yn y gwely â'r ffliw (a ddeuai i'w gaethiwo yn reit gyson). Ar ôl hynny, cafwyd cyfle i ymweld â'r Sphinx a'r mannau hanesyddol, cyn gweld y gamlas yng nghwmni swyddogion y fyddin Brydeinig. Ar ôl cyrraedd Israel ni allod Bevan fod yn dawel, gan ddweud wrth newyddiadurwr o'r *Daily Express* fod Prydain wedi treisio sofraniaeth yr Aifft. Nid oedd modd ei wareiddio yn wladweinydd gofalus ei eiriau; rebel ydoedd yn ei hanfod hyd y diwedd.

Yn y pumdegau eto cafodd ef a Jennie gyfle i deithio i'r India.[120] Bu'r daith gyntaf yn 1953 a'r ail yn 1957, er mwyn sicrhau bod India yn parhau yn y Gymanwlad ar ôl ffiasco Suez a'r tensiwn a grëwyd. Soniwyd uchod am y daith trwy Wlad Pwyl i Rwsia a'i gyfeillgarwch â Khrushchev ac fel y daeth dan ei ddylanwad ar fater arfau niwclear. Gan Khrushchev y clywodd Aneurin nad oedd yr Undeb Sofietaidd am i Brydain gael gwared â'r bomiau, gan y byddai eu cadw hwy yn cyfyngu ar yr Americanwyr. I Jennie, bu safiad Aneurin yng Nghynhadledd 1957 yn ddechrau gofidiau yn eu hanes. Mynnai ddweud fod yr ysbryd adwythig a ddioddefodd ar law ei ffrindiau agosaf, gan gynnwys Michael Foot ac Ian Mikardo, yn gyfrifol am dorri ei galon a phrysuro ei ofid dwys a'i afiechyd blin.

Daeth Bevan yn symbol o Gymro a oedd yn dderbyniol yng ngwledydd y Trydydd Byd, y gwledydd niwtral, ac o fewn yr Undeb Sofietaidd.[121] Mwynhaodd yn fawr y byd braf a gafodd ymysg cyfoethogion, artistiaid, Iddewon a Chymry dawnus, meddygon a pherchenogion papurau a thai bwyta dinas Llundain. Gwahoddwyd ef ymysg y mawrion, ond unwaith yn unig y cafodd ei groesawu i Balas Buckingham. Yr oedd George Thomas a Cledwyn Hughes yn llawer mwy derbyniol gan y teulu brenhinol nag Aneurin Bevan, ac y mae hynny yn adrodd stori fawr. Mentrodd rhai ddweud i Bevan fradychu Cymru, ond yn fy myw ni fedraf weld tystiolaeth o hynny o gwbl. Wedi'r cyfan, ef oedd yn gyfrifol fod Gaitskell a Jim Griffiths wedi cael eu ffordd ar ddatganoli. Gwelai hynny fel y ffordd ymlaen ond, fel mwyafrif gwleidyddion Cymreig ei ddydd, gwelai Gymru yn nhermau y Deyrnas Unedig, er ei gyfrif yn 'llanc o Gymro'.[122]

Gwariodd BBC Cymru £800,000 ar gynhyrchu rhaglen werth ei gweld o dan y teitl *Food for Ravens.*[123] Trevor Griffiths a luniodd y ddrama, ac wrth ymchwilio darganfu nad oedd y rhan fwyaf o bobl dan ddeugain oed wedi clywed sôn am Aneurin Bevan ac nad oedd pawb o'r rhai a glywodd ei enw yn sylweddoli ei fod yn Gymro twymgalon. I Cledwyn Hughes dyna ydoedd bob amser, Cymro glân gloyw.[124] Er gwaethaf y cyfan, collodd yr iaith a chollodd gyfle ar fater Tryweryn, fel y gwnaeth cymaint o'i gyfoedion, cyfle i greu cynnwrf i fyddaru'r Sefydliad Seisnig. Ar fater yr iaith, cofiwn eiriau Dyfnallt Morgan, 'Nid peth hawdd iawn oedd magu plentyn yn Gymro Cymraeg trwyadl ym Merthyr Tudful wedi'r Rhyfel Byd Cyntaf.'[125]

Yr oedd hynny yr un mor wir, ac os rhywbeth ychydig yn anoddach, mewn tref fel Tredegar yn hanes Aneurin.[126] Cafodd ei fagu gan un a fu'n ffyddlon i'r Cymmrodorion yn Nhredegar, teip o ddyn a gredai 'nad ar fara yn unig y bydd byw dyn'. A gofalodd R. Williams Parry lunio englyn iddo, ac yntau wedi derbyn swydd yn y Cabinet:

> Ymosod uwch law mesur – wna Dafydd
>   Diedifar Llafur ;
>   Â ffon dafl ac â phin dur
>   Poenydia grib henadur.[127]

Awr fawr y llanc o Dredegar

Ond awr fawr Aneurin Bevan oedd haf 1945, pan dderbyniodd y cyfrifoldeb o osod y Gwasanaeth Iechyd Cenedlaethol yn un o flaenoriaethau Prydain. Daeth yn weinyddwr creadigol. Cyfrifir y Gwasanaeth Iechyd Cenedlaethol gan lawer ohonom yn gofeb iddo.[128] Meddai ar allu anhygoel i ddwyn y maen i'r wal â sgiliau trafod na cheid eu gwell. Nid rhyfedd i Gymro dienw ddweud amdano: 'O edrych yn ôl fe'i gwelir fel y dehonglwr disgleiriaf o Sosialaeth ddemocrataidd a gynhyrchodd Cymru erioed.'[129]

Mervyn Jones, un a'i hadwaenai pan fu'n newyddiadurwr ar *Tribune*, sy'n crynhoi ei gyfraniad arhosol:

> The Health Service was ours, the new social services built on the wreckage of charity and the Poor Law was ours, the well planned Council Estates and the New Town were ours.[130]

Ac yn ôl Buzzfeed y mae Cymru wedi'i henwogi ei hun am iddi trwy Aneurin Bevan ddyfeisio un o'r pethau pwysicaf sydd gennym, sef y Gwasanaeth Iechyd Cenedlaethol.[131]

Nodiadau a Chyfeiriadau

1. Rhys Evans, *Gwynfor: Rhag Pob Brad* (Talybont, 2005), 19.
2. *Ibid.*
3. Richard Toye, *Lloyd George and Churchill: Rivals for Greatness* (London, 2007), 9.
4. Geoffrey Goodman, 'The Soul of Socialism' yn *The State of the Nation: The Political Legacy of Aneurin Bevan*, gol. Geoffrey Goodman (London, 1997), 35.
5. Gwelir hynny'n glir iawn yn y gyfrol, *British Labour Leaders*, goln. Charles Clarke a Toby S. James (London, 2015), yn arbennig yr ail adran, 'Assess'.
6. Ni chafodd Aneurin Bevan ei eni mewn tlodi yr un fath â mil o blant Tredegar ei gyfnod. Gw. D. J. Davies, *Ninety Years of Endeavour: The Tredegar Workmen's Hall 1861–1951* (Tredegar, 1952), 62.
7. Ll.G.C., Papurau Desmond Donnelly, 'Teyrnged', B15 (1960).
8. Y mudiad dylanwadol yng nghymoedd y De i fowldio cymeriadau glowyr pan oeddynt yn blant a rhoddi awch iddynt geisio mwy o addysg a darllen yn eang oedd yr Ysgol Sul. Yr oedd presenoldeb llyfrgelloedd yn Neuaddau'r Glowyr o werth aruthrol. Yn 1925, cafodd 53,000 o lyfrau eu benthyg o'r Llyfrgell yn Nhredegar. Gw. D. J. Davies, *ibid.*, 71.
9. Ll.G.C., gw. nodyn 7.
10. Ralph Miliband, *Socialism for a Sceptical Age* (Cambridge, 1994), 7–8.
11. *Ibid.,)*9.
12. D. Ben Rees, *Cofiant Jim Griffiths* (Talybont, 2015), 76.
13. Yr oedd addysg i'r ifanc a'r oedolion yn rhan o fywyd Tredegar ym mhlentyndod Aneurin. Sefydlwyd Cymdeithas Lenyddol a Chymdeithasol lle y cynhelid darlithiau ac etholiadau ffug a byddai'r gwleidydd, Tom Richards, ac L. D. Whitehead, Rheolwr Gwaith Whitehead, yn gefnogol. Ceid yn 1909 230 o aelodau a'r Iddew, S. Louis Harris, yn Ysgrifennydd. Gw. D. J. Davies, *ibid.*, 58.
14. J. Graham Jones, 'Evan Davies and Ebbw Vale: A Note', *Llafur*, Cyfrol 3, Rhif 3, 97.
15. Bevan oedd yr Aelod Seneddol mwyaf enigmatig a ddaeth i'r Tŷ Cyffredin o ganlyniad i Etholiad 1929 ac ymosododd yn ddiymdroi ar Lloyd George a Winston Churchill. Defnyddiodd wawd. Gwawdiodd y ddau am eu bod yn edrych ar y broblem o wahanol safbwyntiau. Ei gyhuddiad mwyaf oedd bod y ddau, fel ei gilydd, yn dioddef o ddiffyg cyfrifoldeb a difrifoldeb. Gw. Richard Toye, *Lloyd George and Churchill, ibid.*, 276.
16. Gwrthododd Aneurin Bevan ddilyn Oswald Mosley fel y gobeithiai hwnnw, am na allai weld lle yr oedd yn mynd i ddod o hyd i arian a chan broffwydo yn gywir y byddai yn y diwedd yn arwain plaid Ffasgaidd. Ond llwyddodd Mosley i gael cefnogaeth ddistaw Tywysog Cymru, gwneuthurwr moduron yn Rhydychen, William Morris, a Phennaeth y BBC, y Sgotyn sych-dduwiol John Reith. Gw. Andrew Marr, *The Making of Modern Britain* (London, 2009), 299.
17. David Marquand, *The Progressive Dilemma: From Lloyd George to Kinnock* (London, 1991), 109. Mae gan Marquand bennod oludog ar Bevan, 'Aneurin Bevan: The Progressive as Socialist', 109–122.
18. Bernard Donoughue a G. W. Jones, *Herbert Morrison: Portrait of a Politician* (London, 1973), 518.
19. Marquand, *ibid.*, 109.
20. *Ibid.* Cofier hefyd eiriau Ernest Bevin, 'Told that Bevan was his own worst enemy, Ernest Bevin gave the immortal reply, "Not while I'm alive he ain't".' Gw. Alan Bullock, *Ernest Bevin: Foreign Secretary 1945–1951* (London, 1983), 77.
21. Ben Pimlott, *Political Diary of Hugh Dalton, 1918–1940, 1945–1960* (London, 1986), 539 a 650.
22. Ll.G.C., Papurau Ron Evans, llythyr oddi wrth E. West, Preston, at Ron Evans, dyddiedig 1954.

23. *Ibid.*

24. Robyn Léwis, *Bwystfilod Rheibus: Hunangofiant* (Caernarfon, 2008), 97.

25. Am y Parchedigion James Jubilee Young (1887–1962) a Howell Elvet Lewis (Elfed, 1860–1953) gw. *Gwyddoniadur Cymru*, 500 a 994.

26. Yr oedd perthynas dda rhwng Bevan a Cripps. Gyda'i allu cyfreithiol anhygoel, daeth Syr Stafford Cripps yn hanfodol i gael yr holl ddeddfau trwy'r Senedd yn ystod Llywodraeth Lafur 1945–1950, fel Lwfans Teulu, Yswiriant Cenedlaethol a Deddf y Gwasanaeth Iechyd Cenedlaethol, a hynny un ar ôl y llall. Bellach ceir astudiaeth sylweddol ohono gan Peter Clarke, *The Cripps Version: The Life of Sir Stafford Cripps* (London, 2002). Am Foot mae astudiaeth Kenneth O. Morgan, *Michael Foot* (London, 2008) yn gynhwysfawr.

27. Yr oedd Bevan yn *Tribune* yn cadw llygad barcud yn arbennig ar Morrison, Attlee a Bevin. Condemniwyd y tri ohonynt yn *Tribune* ar 7 Ebrill 1944 am fod fel 'Tair Llygoden Ddall'. Yn gynnar ym mis Mai 1944 bu Bevan bron â chael ei daflu allan o'r Blaid Lafur Seneddol am ei anghytundeb ag Ernest Bevin ac Arthur Greenwood. Pleidleisiodd yr Aelodau Seneddol Llafur o 71 i 60 o blaid ei gadw yn y gorlan. Gweler *Tribune*, 12 Mai 1944 a John Bew, *Citizen Clem: A Biography of Attlee* (London, 2016), 312.

28. Darlith yr awdur ar 'Cyfeillgarwch Stafford Cripps gyda'r Cymro, Aneurin Bevan'. Ar hyn o bryd yn ei bapurau preifat.

29. David Marquand, *ibid.*, 113.

30. *Ibid.* Dyma feirniadaeth ddeifiol Marquand: 'In 1931, it was true, most of its parliamentary strength had been swept away – but that was solely due to the incompetence, cowardice and wickedness of Ramsay MacDonald, Philip Snowden and Jimmy Thomas.'

31. Disgrifiodd Andrew Marr Ramsay MacDonald fel yr arwr, y plentyn anghyfreithlon a oresgynnodd ei amgylchiadau a dod yn un o sylfaenwyr y Blaid Lafur Brydeinig. Daeth hefyd yn areithydd penigamp. 'As an orator, though no film exists of his great days, he was clearly a spellbinder.' Galwyd ef yn Feseia pan oedd yn Aelod Seneddol Aberafan, gw. Andrew Marr, *The Making of Modern Britain*, *ibid.*, 261–262.

32. Sonia Edna Healey am hyn yn ei hunangofiant difyr a darllenadwy am ddylanwad Ymneilltuaeth grefyddol: 'Nonconformist religion was the foundation of my own political belief and was the background of many Labour leaders and their wives, Harold and Mary Wilson, James and Audrey Callaghan, Tony Crosland.' Gw. Edna Healey, *Part of the Pattern: Memoirs of a Wife at Westminster* (London, 2006), 134.

33. Daw tabl Diweithdra yn y dauddegau a'r tridegau o Emyr Price, *Cymru a'r Byd Modern* (Caerdydd, 1979), 27.

34. Gwnaeth Patricia Hollis gyfiawnder â'r bartneriaeth ac yr wyf yn ddyledus iddi am aml eglurhad. Gw. Patricia Hollis, *Jennie Lee: A Life* (Oxford, 1997). Dylid darllen hefyd gyfrolau Jennie Lee, *Tomorrow is a New Day* (London, 1939); *Our Ally Russia: The Truth* (London, 1941); *The Great Journey: A Volume of Autobiography 1904–1945* (London, 1963); *My Life With Nye* (London, 1980).

35. Gwyn A. Williams, *When Was Wales? A History of the Welsh* (London, 1985), 274.

36. *Ibid.*

37. Ni welodd y Mudiad Llafur Cymreig arweinydd mwy ymroddedig nag A. J. Cook. Gw. Paul Davies, *A. J. Cook* (Manchester 1987), 223.

38. Daeth Aneurin Bevan yn y diwedd yn ddrwgdybus o Richard Crossman, gŵr a fu yn fwli wrth Cledwyn Hughes, cyfaill mawr Bevan. Gŵr hunanol, pwysig oedd Crossman ac yn grediniol nad oedd neb tebyg iddo. Ysgrifennodd yn ei ddyddiadur, 31 Hydref 1958: 'I have never felt such a strong sense of personal superiority as I have had this week, looking at Mr. Gaitskell or even poor soft Nye.' Gw. Ian Mikardo, *Back-Bencher* (London, 1988), 114.

39. Ralph Miliband, *Socialism for a Sceptical Age, ibid.*, 45.

40. *Ibid.*, 46.

41. Leighton Andrews (2008), Bevan Assembly Act, 21 Mai 2008 ar gael
     www.leightonandrews.com/2008/**02**) **brown**-assembly-art-html – darllenwyd 27 Tachwedd
     2017.

42. *Ibid.*, 15.

43. Andrew S. Crines and Keith Laybourn, 'The Oratory of Aneurin Bevan' yn *Labour Orators
     from Bevan to Miliband*, goln. Andrew S. Crines a Richard Hayton (Manchester, 2015), 15.

44. O Etholiad 1931 i 1935 nid oedd fawr o gystadleuaeth; daeth y sefyllfa yn fwy boddhaol yn
     Etholiad 1935.

45. Fel y soniodd Andrew Marr, yr oedd Aneurin Bevan yn unig iawn, gan yr ofnai ei gyd-
     aelodau Llafur, ar wahân i Sydney Silverman ac un neu ddau arall, ei gefnogi yn ei
     feirniadaeth lem ar y Prif Weinidog. Gw. Andrew Marr, *The Making of Modern Britain*, *ibid.*,
     404.

46. Ar 23 Mawrth 1943 cododd Eleanor Rathbone ar ei thraed yn y Tŷ Cyffredin, ar ôl i Aneurin
     Bevan ymosod yn annheg ar y Prif Weinidog. Cafwyd storm o brotest o enau yr Aelod
     Seneddol a fagwyd yn Lerpwl, lle y bu'n arwres Rhyddfrydwyr o blith Cymry Lerpwl.
     Dywed ei chofiannydd: 'It was a brief storm, and Eleanor found the prominence accorded to
     it by the Press a little embarrassing. She had been very angry with Mr. Bevan, as she thought
     rightly. But, she was left with the feeling that he might, in consequence, regard himself as
     being very angry with her. She was both surprised and relieved, therefore, at a subsequent
     encounter to observe that he bore her no malice.' Gw. Mary D. Stocks, *Eleanor Rathbone: A
     Biography* (London, 1949), 302.

47. Andrew S. Crines a Richard Hayton yn *Labour Orators from Bevan to Miliband*, *ibid.*, 16.

48. *Ibid.*, 17.

49. 'Invisible Man', *Tribune*, 30 Mawrth 1945.

50. Bevan, *Tribune*, 30 Mawrth 1945; John Bew, *ibid.*, 328.

51. *Tribune*, 20 Ebrill 1945.

52. Arglwydd Attlee, 'Bevan as Hero', *The Observer*, 21 Hydref 1962.

53. Steven Thompson, 'Tredegar, Birth Place of the NHS', *Wales Online*, 9 Ebrill 2012.

54. *Ibid.*

55. *Ibid.*

56. *Ibid.*

57. *Ibid.*

58. Ben Curtis, Steven Thompson, 'A Plentiful Crop of Cripples Made by All This Progress:
     Disability, Artificial Limbs and Working-Class Mutualism in the South Wales Coalfield
     1890–1948', *Social History of Medicine*, Vol. 27, No. 4, 2014, 708–727.

59. Mesur NHS, *Hansard*, Ebrill 30ain, 1946. Ar gael ar
     http:/hansard.millbankssystems.com/commons/1946/ap/30/national-health-servicebill;
     darllenwyd 31 Mawrth 2018.

60. John M. Lancaster, 'Gwrthryfelwr, Realydd a Phoendod Aflan: Hanner Canmlwyddiant
     Gwasanaeth Iechyd Cenedlaethol: Rhodd Aneurin Bevan', *Cennad,* 1998, 102.

61. Jack a Bessie Braddock, *The Braddocks* (London, 1963), 210.

62. *Ibid.*

63. *Ibid.*, 213.

64. *Ibid.*

65. *Ibid.*, 214.

66. *ibid.*, 215.

67. Bu Richard Kidston Law (1901–1980) yn wleidydd yn San Steffan dros y Blaid Geidwadol a
     gwnaed ef yn Aelod o Dŷ'r Arglwyddi yn 1954 o dan y teitl Barwn Coleraine o Haltemprice.
     Lluniodd gyfrol, *Return from Utopia* (London, 1950). Dywed ar dudalen 9, 'Freedom is the
     first condition of human virtue and Utopia is incompatible with freedom.'

68. Jonathan Cox, 'A 'Modern Mecca' for the World', *The Welsh Agenda*, Issue 61, Autumn/Winter 2018, 35.

69. Ll.G.C., Papurau Thomas Jones, Dosbarth 1, Cyfrol 8, Rhif 62, llythyr o eiddo Thomas Jones at Markham, dyddiedig 28 Awst 1945. Roedd Richard Law yn bychanu'r syniad o Wtopia bob cyfle a ddeuai i'w ran – gweler nodyn 67. Am Thomas Jones (1870–1955) gw. *Gwyddoniadur Cymru*, 493–494.

70. *Ibid.*, 494.

71. C. M. F. Dower, *Neil Kinnock: The Path to Leadership* (London, 1984), 87; Andrew S. Crines a Richard A. Hayton (goln.), *Labour Orators From Bevan to Miliband* (Manchester, 2005), 87.

72. Dyfynnir yn Simon Westlake, *Neil Kinnock* (London, 2001), 716.

73. David S. Moon, 'The Oratory of Neil Kinnock', *Labour Orators From Bevan to Miliband*, goln. Andrew S. Crines a Richard Hayton (Manchester, 2005), 140.

74. T. Robin Chapman, *Dawn Dweud: W. J. Gruffydd* (Caerdydd, 1993), 186–187.

75. *Ibid.*, 187.

76. Aneurin Bevan oedd pensaer y Gwasanaeth Iechyd Cenedlaethol a'i eiriau ef oedd 'dyma weithred wareiddiedig y Llywodraeth'. Gw. Charles Webster, *The National Health Service: A Political History* (Oxford, ail argraffiad 2002), 1.

77. *Ibid.*, 5. Yn Ne Cymru yr oedd 93 ysbyty dan ofal 46 o Awdurdodau Lleol. Ac yn hollol annibynnol ar yr Awdurdodau Lleol ceid 48 ysbyty gwirfoddol. Yr oedd pob Tom, Dic a Harri yn gweld y byddai uno'r holl ysbytai hyn yn dod â manteision amlwg ond nid oedd y BMA na chorff y meddygon yn cytuno â hwy nac â Bevan chwaith.

78. *Ibid.*, 5.

79. D. Ben Rees, *Cofiant Jim Griffiths: Arwr Glew y Werin* (Talybont, 2014), 152.

80. 'Gwladwriaeth Les' yn *Gwyddoniadur Cymru, ibid.*, 409.

81. *Ibid.*

82. *Ibid.*

83. K. O. Morgan, *The People's Peace: British History Since 1945* (Oxford, 1992), 102.

84. Yr oedd Bevan wedi llefaru yn gyson am ei gefnogaeth i'r Gwasanaeth Iechyd a greodd. Mewn Rali Llafur yn Swydd Stafford ar 25 Medi 1949 dywedodd nad oedd o blaid lleihau'r gwariant: 'I have made up my mind that the National Health Service is not going to be touched and there is no disposition by the Government to touch it ... the health service is sacrosanct.' Gw. Keith Laybourn, *A Century of Labour: A History of the Labour Party* (Stroud, 2001), 80.

85. Ll.G.C., Papurau Ron Evans, Glynebwy, llythyr Aneurin Bevan at Ron Evans, dyddiedig 16 Mehefin 1954.

86. *Ibid.*

87. Ll.G.C., Papurau Ron Evans, llythyr Aneurin Bevan at Ron Evans, 26 Gorffennaf 1954.

88. *Ibid.* Llythyr Aneurin Bevan at Ron Evans, dyddiedig 6 Gorffennaf 1954.

89. *Ibid.* Llythyr Aneurin Bevan at Ron Evans, dyddiedig 23 Medi 1954. Yr oedd yn edrych ymlaen at y cyfarfod cyhoeddus a oedd i'w gynnal yn Nhredegar ac yn mawr obeithio y byddid yn hysbysebu'r cyfarfod yn helaeth. Anfonodd Ron Evans lythyr ato ar ôl y cyfarfod, sef llythyr Ron Evans at Aneurin Bevan dyddiedig 17 Hydref 1954, gan ddweud ei fod yn edrych wedi blino ond yn ei ganmol am ei araith wych. Beirniadodd Ron Evans ŵr lleol o'r enw Evan Rees am sôn bod seddau gwag yn y neuadd. Dim ond dwy sedd oedd yn wag, ond credai y dylent fel Pwyllgor yr Etholaeth y tro nesaf argraffu tocynnau ac agor y Neuadd mewn da bryd.

90. *Ibid.*, llythyr Ron Evans at Aneurin Bevan yn 1954. Tybiaf mai ar ddechrau mis Tachwedd yr ysgrifennwyd hwn, gan ei fod yn sôn am y cinio i anrhydeddu Aneurin Bevan am chwarter canrif o wasanaeth fel Aelod Seneddol a'r bwriad i anrhydeddu un o weithwyr yr etholaeth, Ossie Harris, yn y cinio. Anfonodd Ron Evans lythyr at Bevan dyddiedig 18 Medi 1954 am y

cinio anrhydeddu ar y nos Sadwrn. Wythnos yn ddiweddarach, ddydd Sadwrn, 4 Rhagfyr 1954, bwriadai Bevan roddi adroddiad o'i ymweliad â Rwsia a Tseina. Trefnwyd cyfarfodydd iddo ar ddechrau 1955. Pedwar cyfarfod mewn pedwar mis, ond yr oedd Bevan yn y blynyddoedd hyn yn ymwybodol ei fod yn esgeuluso'r etholaeth. Mewn llythyr at Ronnie, fel y galwai Ron Evans, o Westy Ritz Carlton, Boston, UDA, ar 1 Tachwedd 1957 y mae'n cydnabod amynedd Pwyllgor Gwaith Etholaeth Glynebwy. Gweler llythyr Nye at Ron Evans dyddiedig 1 Tachwedd 1957 lle y dywed, 'However, you have all been very patient and I am conscious of my obligations to paying a number of visits to constituents during the winter.' Ni allai weld mai ei ddyletswydd gyntaf oedd i'w etholaeth ei hun ac nid i'r rhai eraill, ond yr oedd ei fwyafrif mawr ym mhob etholiad yn ei ddallu i'w gyfrifoldeb lleol.

91. Ll.G.C., Papurau Ron Evans, llythyr Ron Evans at Aneurin Bevan, dyddiedig 17 Rhagfyr 1955.

92. *Ibid.*

93. *Ibid.*, llythyr Aneurin Bevan at Ron Evans, dyddiedig 17 Rhagfyr 1957.

94. *Ibid.*

95. *Ibid.*, llythyr Ronald Haines, Bury, at Ron Evans, dyddiedig 29 Ionawr 1957.

96. Ceid perthynas dda rhwng Sam Watson ac Aneurin Bevan. Gw. D. Ben Rees, *Cofiant Jim Griffiths, ibid.*, 193.

97. Ll.G.C., Papurau Ron Evans, Ffeil 17, 1956–1978. Penderfyniad Cyfarfod Blynyddol Etholaeth Glynebwy, Ebrill 1957: 'This Divisional Labour Party calls upon the NEC to press for the complete abolition of the Hydrogen Bomb Tests. We believe in the event of a Nuclear War this island would be the most vulnerable and if we are to accept the evidence of our scientists, generations unborn will be affected by the letting off of these bombs.
We urge the Party to make a clear call to the people of this country on this vital issue to mankind and suggest that the offer made by the Soviet Union recently should be accepted and the abolition of such tests would be the first step towards general disarmament between the great powers.'
Anfonodd Ron Evans y penderfyniad mewn llythyr at Morgan Phillips, Ysgrifennydd Cyffredinol y Blaid Lafur, dyddiedig 28 Ebrill 1957.

98. Chris Mullin, 'Nye: The Political Life of Aneurin Bevan – Lucid Account of a Flawed Hero', *The Observer*, 28 Rhagfyr 2014: adolygiad o gyfrol Nicklaus Thomas-Symonds, *Nye: The Political Life of Aneurin Bevan.*

99. Ian Mikardo, *Back-Bencher* (London, 1988), 161.

100. *Ibid.*, 162.

101. *Ibid.*, 163.

102. *Ibid.*

103. Rhaid cofio barn newyddiadurwyr profiadol fel Geoffrey Goodman a David G. Rosser o'r *Western Mail*. Dywed Rosser: 'As a politician he ranked with the foremost as an administrator. Those who served under him had only the highest praise for his ability. He was a tough and resolute ally and in most ways a true symbol of the Left.' Gw. David G. Rosser, 'Death of a Rebel', *Western Mail*, 7 Gorffennaf 1960, 1.

104. 'Neil Kinnock on Leadership, the Labour Party and Statecraft Theory' yn *British Labour Leaders, ibid.*, 336.

105. Nicklaus Thomas-Symonds, *Nye: The Political Life of Aneurin Bevan* (London, 2015), 158.

106. Gweler nodyn 104.

107. Ll.G.C., Papurau Ron Evans, Gohebiaeth, llythyr Henry F. Spencer, Cyfarwyddwr Gweithredol Cwmni Richard Thomas a Baldwin, Llundain, at Eugene Cross, Glynebwy, dyddiedig 18 Gorffennaf 1960.

108. *Ibid.*

109. *Ibid.*, llythyr Jennie Lee at Ron Evans, dyddiedig 29 Hydref 1964.

110. Ibid., llythyr Jennie Lee, 67 Chester Row, Llundain, dyddiedig 20 Medi 1972.

111. Ll.G.C., Papurau Gwyn Thomas, K8–10.
112. Fred Mafdalany, 'Nye Banter, Owl of the Remove', *Daily Mail*, 14 Hydref 1955.
113. *Ibid.*
114. Dyma agwedd Mark Krug, yr Americanwr, a luniodd gofiant iddo dan y teitl, *Cautious Rebel* (New York, 1961), 54. Sonia'r newyddiadurwr David G. Rosser am bobl yn teithio hanner can milltir un ffordd i wrando arno: 'No politician since the turn of the century attracted so many enemies and admirers. With amazing fluctuation.' Gw. David G. Rosser, 'Death of a Rebel', *Western Mail*, 7 Gorffennaf 1960, 1.
115. Yr oedd ganddo barch mawr at Lloyd George a Winston Churchill. Credai Bevan fod Lloyd George yn fwy o wleidydd na gwladweinydd a chytunai Kingsley Martin, golygydd enwog *New Statesman and Nation*, â'i osodiad. Rhan amlaf dywedai Bevan mai 'Lloyd George oedd y gwleidydd galluocaf a Churchill yn fwy o wleidydd nag ef.' Gw. Richard Toye, *Lloyd George and Churchill, ibid.*, 405.
116. Llongyfarchwyd Bevan yn y Gynhadledd Flynyddol yn 1951 am ei gampau ym myd tai ac iechyd. Yr oedd Prydain wedi sefydlu Gwasanaeth Iechyd o'r radd flaenaf ac wedi adeiladu mwy o dai mewn pum mlynedd nag a adeiladwyd mewn unrhyw wlad arall yn Ewrop ac eto, gwrthwynebodd Bevan y syniad o wladoli'r diwydiant adeiladu, er iddo fabwysiadu gwladoli yr ysbytai. Gw. Mark M. Krug, *Aneurin Bevan:Cautious Rebel*, 97.
117. Arthur H. Booth, 'Nye and the Loving Tigress', *Daily Herald*, 7 Gorffennaf 1960, 5; George Viner, 'Sorrow at Every Street Corner', *Daily Herald*, 7 Gorffennaf 1960; Ian Smith, *Western Mail*, 17 Gorffennaf 1970, 7.
118. Prifysgol Abertawe, Archif Richard Burton, Bocs 4, Aneurin Bevan at Tito, 1 Chwefror 1954. Yr oedd Tito ac eraill yn arweinyddiaeth Iwgoslafia yn ffrindiau â Bevan.
119. Nicklaus Thomas-Symonds, *Nye: The Political Life of Aneurin Bevan*, 199. Plediodd Bevan ar Tito i ryddhau Milovan Djilas a hefyd Vladimir Dedijer. Gw. Bevan at Marshal Tito, 1 Chwefror 1954, wedi ei gadw yn Bocs 4 o Archif Richard Burton ym Mhrifysgol Abertawe, SWCC/ MND/ 13.
120. Cymro a fu'n garedig i Nehru yn y tridegau oedd D. R. Grenfell, Aelod Seneddol Gŵyr, gw. Partha Sarathi Cupta, *Imperialism and the British Labour Movement, 1914–1964* (London, 1975), 257–258. Sonia Cupta gryn lawer am Bevan a'r parch oedd iddo ar is-gyfandir India. Ceir portreadau hyfryd o'r ddau gan Kingsley Martin: gw. 'Heir to Two Worlds: Jawaharlal Nehru' a 'Camden Town to Delhi: Krishna Mennon' [yn] Kingsley Martin, *New Statesman Profiles, ibid.*, 106–111 a 132–137.
121. *Ibid.*, 343. Pan symudwyd Bevan o fod yn Weinidog Iechyd a Thai i fod yn Weinidog Llafur, ei ddymuniad oedd cael bod yn Weinidog y Trefedigaethau ond ofnai Attlee roddi'r cyfrifoldeb hwnnw iddo am ei fod mor adnabyddus ar lwyfan y byd.
122. Dywedodd y *Daily Herald* amdano ar ôl ei farwolaeth, 'He was a Welsh Boy' ac felly yr adwaenai cymaint ef. Kevin Williams, 'The End is Not Nye', *Planet,* 127, Chwefror/Mawrth 1998, 318–342, yw'r un sydd yn sôn am Bevan yn bradychu Cymru (t. 39).
123. Drama deledu yw *Food for Ravens* ar gyfer BBC Wales, a ddangoswyd yn 1997. Ysgrifennwyd a chynhyrchwyd y cyfan gan Trevor Griffiths. Cafwyd portread cofiadwy o Aneurin gan Brian Cox, ac o Jennie Lee gan Sinéad Cusack. Enillodd y ddrama wobr y Royal Television Society am raglen orau'r flwyddyn o'r rhanbarthau a Gwobr Gwyn A. Williams yn Bafta Cymru yn 1997. Cyhoeddwyd y ddrama ar ôl hynny mewn cyfrol clawr papur 80 tudalen gan Lyfrau Oberon ar 9 Chwefror 1998.
124. Yr oedd Cledwyn Hughes, Aelod Seneddol Môn, yn cyfrif Aneurin Bevan yn un o'i arwyr pennaf, gw. D. Ben Rees, *Cofiant Cledwyn Hughes: Un o Ŵyr Mawr Môn a Chymru* (Talybont, 2017), 44; Kevin Williams, 'The End is Not Nye', *Planet*, 127, Chwefror/Mawrth 1998, 41. Y gwir yw fod pobl yn gwybod ei enw pan aiff rhywun ati i sôn am gychwyniad y Gwasanaeth Iechyd Cenedlaethol.
125. Dyfnallt Morgan, 'Cymreigyddion Merthyr 1902– 910', *Taliesin*, 16, Gorffennaf 1968, 17.

126. Y methiant mawr yn hanes pob gwleidydd o Gymro yw pan yw'n caniatáu i Brydeindod fynd â'i fryd yn hytrach na Chymreictod. Gweler cyfrolau yr athronydd a'r gwladgarwr, Yr Athro John Robert Jones (1911–1970). Ei brif gyfrol yw *Gwaedd yng Nghymru* a gyhoeddwyd yn 1970 gan Gyhoeddiadau Modern Cymraeg Cyf., Lerpwl. Gweler hefyd J. R. Jones, 'Need The Language Divide Us?, *Planet*, Rhif 49/50, Ionawr 1980, 23–33.

127. Benthyciais ymadrodd Dyfnallt Morgan, gw. Dyfnallt Morgan, 'Cymreigyddion Merthyr 1902–1910', *ibid.*, 25; gellir gweld yr englyn yn *Cerddi R. Williams Parry: Y Casgliad Cyflawn*, gol. Alan Llwyd (Dinbych, 1998), 14.

128. Wrth wasgaru ei lwch ar y mynydd garw uwchben Tredegar, dywedodd ei briod, Jennie Lee, y gwir wrth y dyrfa Gymreig, 'He gave blows, he took them, and he didn't whine. Don't think, because he held his head high, that he didn't feel the blows and insults.' Gw. Jennie Lee, 'Nye', *Tribune*, 22 Gorffennaf 1960. Wrth gwrs y teimlai'r beirniadu pan oedd yn creu un o drysorau pennaf y Wladwriaeth Les. Daeth teyrngedau i Bevan oddi wrth ei wrthwynebwyr am ei areithyddiaeth gwbl nodedig. Dywedodd y Ceidwadwr, yr Arglwydd Bill Deedes o Aldington, am ei ddull yn Nhŷ'r Cyffredin, yn cyflwyno ei areithiau heb nodiadau gan amlaf. Dyma'i eiriau: 'I remember thinking, while I sat on the benches opposite and listened to it and enjoyed it, what a great parliamentary gift it was to be able to make such a provocative speech, yet one with serious content and also one that held the attention of both sides of the House. That was Nye Bevan's gift – to make you want to listen to what he was saying, no matter how rude it was; and to do it almost invariably with the minimum of notes in front of him. It was because I think he was the outstanding parliamentary debater of his time – and this was an example of him at his best – that I have selected it.' Gw. Ian Church, *Official Record (Hansard), House of Commons, Centenary Volume 1909–2009* (London, 2009), 189 a 193.

129. 'Aneurin Bevan (1897–1960)', *Cydymaith i Lenyddiaeth Cymru*, gol. Meic Stephens (Caerdydd, 1986), 42.

130. Mervyn Jones, *Chances: An Autobiography* (London, 1987), 220.

131. Ailbhe Malone and Tom Morris, '33 Reasons to be Proud to be Welsh' ar wefan Buzzfeed, darllenwyd ar y rhyngrwyd 9 Rhagfyr, 2018. Dywed yn syml ond yn glir : 'The NHS was devised by Tredegar's very own Aneurin Bevan.'

LLYFRYDDIAETH

Ffynonellau o Lyfrgell Genedlaethol Cymru a chanolfannau eraill:

Adroddiadau o'r Wasg
Archifau'r BBC yng Nghymru
Archif y Blaid Lafur, Manceinion
Archif Richard Burton, Prifysgol Abertawe
Yr Archifdy Gwladol, Kew, Llundain

YN Y LLYFRGELL GENEDLAETHOL

Papurau:

Leo Abse
Aneurin Bevan, gohebiaeth 1951–1961; gohebiaeth gyffredinol 1956–1961; ffeiliau yr etholaeth a gohebiaeth gyffredinol 1954–1961
Etholaeth Blaenau Gwent, Papurau y Blaid Lafur, 1951–1961
Desmond Donnelly
Idris Cox
Cynghorydd Ron Evans (1944–1987); 23 o focsys)
Iorwerth Cyfeiliog Peate
Alwyn D. Rees
Yr Arglwydd Cledwyn Hughes
Yr Arglwydd Goronwy Roberts
Yr Arglwydd Gwilym Prys-Davies
Yr Arglwydd Tudor Watkins
Y Blaid Lafur yng Nghymru
Y Blaid Lafur Glynebwy
Clement Davies
Brinley Richards
Ceinwen Thomas
Gwyn Thomas, y llenor Eingl-Gymreig
Gwynfor Evans
James Griffiths
Cassie Davies
Cliff Prothero
David Lloyd George
David Rees Griffiths, 'Amanwy'
D. Caradog Jones
Yr Athro Syr Deian Hopkin
Eirene White
E. T. John
George Thomas, Arglwydd Tonypandy
Huw T. Edwards
Ithel Davies
John Morris
Kate Roberts
Lewis Valentine

Syr Goronwy Daniel
T. E. Nicholas
W. J. Gruffydd
W. H. Mainwaring
Plaid Cymru
John Tripp ('Homage to Aneurin Bevan')
Emlyn Williams
Cartwnau Illingworth yn y Llyfrgell Genedlaethol, rhif 003381773 lle portreadir Bevan fel Tylluan.

Papurau Newyddion, Wythnosolion a Chylchgronau

Aberdeen Press and Journal
Aneurin
Baner ac Amserau Cymru
Barn
Belfast News Letter
British Medical Journal
Blaenau Gwent Heritage Forum Journal
Cymro, Y
Daily Express
Daily Herald
Daily Mail
Daily Mirror
Daily News
Daily Sketch
Daily Telegraph
Economist, The
Goleuad, Y
Guardian
Gwent Local History
History Today
Independent
Jewish Chronicle
Journal of Medical Biography
Lancet
Labour Monthly
Llafur
Marxism Today
Merthyr Express
Municipal Journal
New Statesman and Nation
New Welsh Review
News Chronicle and Daily Despatch
Oberserver
Planet
Reynold's News
Socialist Commentary
South Wales Argus
South Wales Daily News

South Wales Echo
Sunday Times
Spectator
Traethodydd, Y
Time and Tide
Times
Tredegar Valley District Monthly Report
Tribune
Tribune Weekly
Welsh History Review / Cylchgrawn Hanes Cymru
Western Daily Press
Western Mail

COFIANNAU A CHYFROLAU AR ANEURIN BEVAN

Beckett, Clare a Beckett, Francis, *Bevan* (London, 2004).

Brome, Vincent, *Aneurin Bevan* (London, 1953).

Campbell, John, *Nye Bevan and The Mirage of British Socialism* (London, 1987).

Foot, Michael, *Aneurin Bevan*, Vol. 1: 1897–1945 (London, 1962); Vol. 2: 1945–1960 (London, 1973).

Goodman, Geoffrey, *From Bevan to Blair: Fifty Years of Reporting from the Political Front Line* (argraffiad diwygiedig) (Brighton, 2010).

Goodman, Geoffrey (gol.), *The State of The Nation: The Political Legacy of Aneurin Bevan* (London, 1997).

Hollis, Patricia, *Jennie Lee: A Life* (Oxford, 1997).

Jenkins, Mark, *Bevanism: Labour's High Tide, The Cold War and The Democratic Mass Movement* (London, 1977).

Krug, Mark M., *Aneurin Bevan: Cautious Rebel* (New York, 1961).

Laugharne, Peter J. (gol.); *Aneurin Bevan: A Parliamentary Odyssey*, Vol. 2, 1945–1960 (Liverpool, 2000).

Lee, Jennie, *This Great Journey: A Volume of Autobiography 1904–1945* (London, 1963).

Lee, Jennie, *My Life with Nye* (London, 1980).

Morgan, Kenneth O., *The Red Dragon and The Red Flag: The Cases of James Griffiths and Aneurin Bevan*, Darlith yr Archif Wleidyddol Gymreig 1988, 4 Tachwedd 1988 (Aberystwyth, Llyfrgell Genedlaethol Cymru, 1989).

Smith, Dai, *Aneurin Bevan and The World of South Wales* (Cardiff, 1993).

Thomas-Symonds, Nicklaus, *Nye: The Political Life of Aneurin Bevan* (London, 2015).

PETH O GYNNYRCH YSGRIFENEDIG ANEURIN BEVAN

Bevan, Aneurin, Strachey, E. J., Strauss, George, *What we saw in Russia* (London,1931), 30 tt.

Bevan, Aneurin, 'Plan for Work' yn *Plan for Britain: A Collection of Essays*, prepared for the Fabian Society, gol. G. D. H. Cole (London, 1943), tt. 34–52.

Idem, (Celticus), *Why Not Trust the Tories?* (London,1944), 89 tt.

Idem, *In Place of Fear* (London, 1952; ailargraffiad 1978).

Idem, Democratic Values (Llundain, Y Ffabiaid, 1950), 15 tt.

Idem, 'Angers Long Ashton', *Western Daily Press*, 18 Hydref 1950, 6.

Bevan, Aneurin, *et al.*, 'One Way Only', *Tribune* (London, 1951).

Bevan, Aneurin, *et al.*, 'It Need Not Happen: The Alternative to German Rearmament', *Tribune* (Llundain, 1954).

Bevan, Aneurin, 'Labour Must Take the Offensive', *Times*, 27 Hydref 1952, 2.

Idem, 'Labour Must Stay in Government', *Tribune*, 5 Mawrth 1943, 6–7.

Idem, 'Labour Has Been Tricked', *Tribune* (268); 13 Chwefror 1942, 1–2.

Idem, 'What Churchill Must Do', *Tribune* (269), 20 Chwefror 1942, 1–2.

Idem, 'Consider Coal', *Tribune* (279), 20 Mawrth 1942, 1.

Idem, 'The Movement Away from the Party', *Tribune,* 2 Ebrill 1942, 1–2.

Idem, 'The Claim of Wales: A Statement' *Wales*, No. 25 (Spring, 1942), 153 and 155.

Bevan, Aneurin, 'The Palace Revolt Against Churchill', *Tribune* (278), 24 Ebrill 1942, 1–2.

Idem, 'Labour Must Lead Now', *Tribune* (282), 22 Mai 1942, 6–7.

Idem, 'Labour and The Coalition', *Tribune* (311), 11 Rhagfyr 1942, 6–7.

Idem, 'How do we Keep Germany Disarmed?', *Tribune* (420), 12 Ionawr 1945, 6–7.

Healey, Denis (gol.), *The Curtain Falls: The Story of the Socialists in Eastern Europe*, Rhagair gan Aneurin Bevan (London, 1951), 100 tt.

BYWGRAFFIADAU BYRION O ANEURIN BEVAN YN SAESNEG

'Aneurin Bevan' yn *Dictionary of British History* (Aylesbury, 1981), 65.

Anonymous, 'A Pen- Portrait' (Bala, 1960), 2t/2page.

Breverton, Tony, 'Aneurin Bevan,' yn *100 Great Welshmen*, Vol. 1 (St Athan, 2001), 41–44.

Edwards, Huw T., 'A Pen-Portrait of the late Aneurin Bevan', *Aneurin*, A Welsh Student Socialist Magazine, Vol. 1, No. 2 (1961), 5.

Laybourn, Keith, 'Aneurin Bevan (1897–1960)' yn *Encyclopaedia in the Age of War and Reconstruction*, goln. John Merriman a Jay Winter, Vol. 1 (Detroit, 2006), 361–362.

Llewellyn, David, *Nye: The Beloved Patrician* (Cardiff, 1960), 1–31.

Magee, Bryan, *Confessions of a Philosopher* (London, 1997), 266, 271–278.

Mafdalany, Fred, 'Nye Bunter', *Daily Mail*, 4 Hydref 1955.

Marquand, David, 'Aneurin Bevan, stormy petrel of the Labour Left', *New Statesman*, 19 Mawrth 2015.

Moran, Arglwydd, Obituary: 'Aneurin Bevan', *The British Medical Journal*, Vol. 2, No. 5193 (16 Gorffennaf 1960), 236.

Morgan, Kenneth O., 'Aneurin Bevan 1897–1960' yn *Founders of the Welfare State* (London and Portsmouth, 1963), 105–13.

O'Neill, Dan, 'Great Orator who would have changed our lives', *South Wales Echo*, 11 Tachwedd 1997, 23.

Portillo, Michael, 'The Bevan Legacy', *British Medical Journal*, Vol. 37, No. 7150 (4 Gorffennaf 1998), 37–40.

Rees, Ivor Thomas, 'Aneurin Bevan PC 1945, JP 1928' yn *Welsh Hustings 1885–2004* (Llandybïe, 2005), 25–26; llun o Bevan ar y clawr ac ar dudalen 26.

Sheen, Michael, 'Aneurin Bevan : The Man who made the NHS', BBC World Service, 11 Gorffennaf 2018 (rhaglen radio a glywais).

Speed, Nick, 'Legend Recalled', *South Wales Echo*, 14 Tachwedd 1997, 29.

Idem, 'Political hero for a young Kinnock', *South Wales Echo*, 15 Tachweedd 1997, 27.

Williams, Chris, 'Aneurin Bevan and the World of South Wales', *History Workshop Journal*, No. 41 (Spring 1996), 266–276.

Viner, George, 'Nye Bevan: the man between two worlds,' *The Miner*, Medi/Hydref 1960.

CYFROLAU AC ERTHYGLAU AR DREDEGAR, TREF, BRO MEBYD A LLECYNDOD ANEURIN BEVAN

Alderman, Geoffrey, 'The Anti-Jewish Riots of August 1911 in South Wales: A Response', *Cylchgrawn Hanes Cymru*, Cyfrol 20, Rhif 1 (June 2001), 565–571.

Idem, 'The Jew as Scapegoat? The Settlement and Reception of Jews in South Wales Before 1914', *Transaction of the Jewish Historical Society of England*, XXVI (1974–1978), 62–70.

Jones, Oliver, *The Early Days of Sirhowy and Tredegar* (Risca, Pedwerydd Argraffiad, 1975); Ysgrifennwyd Rhagymadrodd gan Michael Foot. Roedd Oliver Jones yn un o ffrindiau pennaf Aneurin Bevan. Bu'r ddau gyda'i gilydd o'u plentyndod hyd ddiwedd y dauddegau.

Jones, Peter Morgan, 'An Unruly Pupil', *Blaenau Gwent Heritage Forum Journal*, Issue 6 (Rhagfyr/December 2009), 28–31.

Hanes y Gweinidog Gwleidyddol yn Nhredegar: Y Parchedig J. J. Harrison, *Merthyr Express*, 7 Mai 1921.

Holmes, C., 'The Tredegar Riots of 1911: Anti-Jewish Disturbances in South Wales', *Cylchgrawn Hanes Cymru*, Cyfrol 11 (1982), 214–225.

Parry, Jon, 'The Tredegar Anti-Jewish Riots of 1882', *Llafur*, Cyfrol 3, Rhif 8, 20–23.

Prosser, Philip, *A Look at Old Tredegar in Photographs* (Swansea, 1990).

Idem, *A Look at Old Tredegar in Photographs*, Vol. 2 (Swansea, 1998); gwelir lluniau o Aneurin Bevan ar dudalen 70.

Powell, Evan, *The History of Tredegar* (Tredegar, dim dyddiad); gwaith gorchestol.

Rubinstein, W. D., 'The Anti-Jewish Riots of 1911 in South Wales: A Re-examination'; *Cylchgrawn Hanes Cymru*, Cyfrol 18 (1997), 667–699.

Scandnett, W. *Old Tredegar*, Cyfrol 1 (Rogerstone, 1990).

Yates, F. E. A. (gol.) W. C. Smith, *Tredegar, My Town* (Risca, 1976). Diddorol sylwi ar yr holl focswyr a fodolai yn Nhredegar yn y tridegau fel Kid Harris, Tommy Price, Tommy Dowlais, Jack Phillips.

ERTHYGLAU AR ANEURIN BEVAN YN Y GYMRAEG

Davies, John, 'Cymreictod Cymhleth Aneurin Bevan', *Barn*, 570/ 571, Gorffennaf–Awst 2010, 38–9.

Gwyddoniadur Cymru yr Academi Gymreig (Caerdydd, 2008): cyfeiriadau at Aneurin Bevan ar y tudalennau canlynol: 71, 76–7,182, 226, 295, 384, 409, 462, 494, 725, 746, 788, 841, 862, 909 a 997.

'Hiraeth yn Nhredegar ar ôl marwolaeth Aneurin Bevan', 14 Gorffennaf 1960: Llyfrgell Genedlaethol Cymru Rhif 003366279.

Lancaster, John M., 'Gwrthryfelwr, realydd, a 'phoendod aflan'', *Cennad* (Y Gymdeithas Feddygol), Rhif 17 (1998), 95–106.

Lewis, Saunders, 'Aneurin Bevan', *Barn* , Rhif 2, Rhagfyr 1962, 35.

Rees, D. Ben, 'Aneurin Bevan (1897–1960) yn *Cymry Adnabyddus 1952–1972*, (Lerpwl a Phontypridd, 1978), 22–24.

Idem, 'Casglu Aneurin Bevan', *Y Casglwr*, Rhif 62 (1998), 15.

Idem, 'Fy Arwr Gwleidyddol', *Cristion*, 124, Mai/Mehefin 2010, 8–9.

Idem, 'Gwasanaeth Iechyd Aneurin yn 70', *Barn*, Rhif 666/667, Gorffennaf/Awst 2018, 24–5.

Idem, 'Aneurin Bevan a'r Gwasanaeth Iechyd Cenedlaethol', *Y Goleuad*, Cyf. CXLVI, Rhif 30, Gorffennaf 2018, 8.

Stephens, Meic (gol.), 'Aneurin Bevan, 1897–1960', *Cydymaith i Lenyddiaeth Cymru* (Caerdydd, 1986), 41–2.

Stevenson, John, 'Arwr yn y Glorian' (Aneurin Bevan), *Barn*, 418, Tachwedd 1997, 18–19.

Smith, Beverley, 'Pan alwodd Bevan a Robeson heibio', *Barn*, 572, Medi 2010, 30–1.

Smith, Dai, 'Bevan a'r Bobl', *Golwg*, Cyf. 6, Rhif 5, 30 Medi 1993, 12–13.

Symonds-Thomas, Nicklaus, 'Golwg ar Aneurin Bevan', *Maniffesto* 48 (Llyfrgell Genedlaethol Cymru, Aberystwyth, 2017), 13–16.

Taith treftadaeth Aneurin Bevan, Blaenau Gwent County Borough Council, 1999, 1 tudalen.

Williams, David G., *Aneurin Bevan a Paul Robeson* (Caerdydd, 2010), 22 tt.

TEYRNGEDAU I ANEURIN BEVAN AR EI FARWOLAETH, GORFFENNAF 1960

Attlee, Iarll Clement, 'We Disagreed Often but … ', *Daily Herald*, 7 Gorffennaf 1960, 5.

Booth, Arthur H., 'Nye and the Loving Tigress', *Daily Herald*, 7 Gorffennaf 1960, 5.

Delargy, Hugh, 'Most Wonderful Man I Have Ever Known', *Reynold's News and Sunday Citizen*, 10 Gorffennaf 1960, 6.

Di-enw, 'The Man They Idolised', *Western Mail*, 7 Gorffennaf 1960, 4.

Di-enw, 'Salute to Bevan', *News Chronicle and Daily Despatch*, 7 Gorffennaf 1960, 1.

Di-enw, 'Nye: We Lose a Giant in an Age of Pygmies', *Daily Sketch*, 7 Gorffennaf 1960, 2.

Driberg, Tom, 'Nye Would Have Shrugged It All Off', *Reynold's News and Sunday Citizen*, 10 Gorffennaf 1960, 6.

Eden, Guy, 'So Near to No. 10', *Daily Sketch*, 7 Gorffennaf 1960, 6.

Eaton, Edward, 'Tredegar', *Western Mail*, 7 Gorffennaf 1960.

Evans, Trevor, 'Bevan's Secret', *Daily Express*, 7 Gorffennaf 1960, 1.

Fairlie, Henry, 'Why I Class Him with Winston Churchill', *Daily Mail*, 7 Gorffennaf 1960.

Foot, Dingle, 'The Constant Rebel', *Observer*, 10 Gorffennaf 1960, 10.

Fagence, 'Rebel With a Dream', *Daily Herald*, 7 Gorffennaf 1960, 4.

Gaitskell, Hugh, 'Nye, The Big Man', *Daily Express*, 7 Gorffennaf 1960, 1.

Griffiths, James, 'World Figure Still Remained a True Son of the Valley', *Western Mail*, 7/8 Gorffennaf 1960.

Hanes Bevan yn ystod y Rhyfel Byd Cyntaf o flaen yr Ynadon, gw. *Merthyr Express*, 22 Mehefin a 20 Gorffennaf 1918; *Western Mail*, 19 Mehefin a 16 Gorffennaf 1918.

Hastings, Somerville, *Aneurin Bevan: an appreciation of his services to the Health of the People* (Socialist Medical Association, 1960).

Llewellyn, David, 'Nye – The Beloved Patrician', *Western Mail*, 8 Gorffennaf 1960, 6.

Levy, Benn W., 'Aneurin', *Observer*, 10 Gorffennaf 1960, 3.

Marks, Derek, 'Bevan: The Man Destiny Passed By', *South Wales Echo*, 8 Gorffennaf 1960.

Morgan, Basil, 'The Boy Who Spoke in Anger', *Daily Herald*, 7 Gorffennaf 1960, 5.

McLeare, Hugh a Bennett, Stanley, 'Bevan Dead', *Daily Mail*, 7 Gorffennaf 1960, 1.

Owen, Frank, 'When I Lived with Nye in Cromwell Road', *Daily Mail*, 7 Gorffennaf 1960, 6.

Phillips, Peter, 'Tredegar: A Town in Mourning', *South Wales Echo*, 7 Gorffennaf 1960, 7.

Rosser, David, 'Death of a Rebel', *Western Mail*, 7 Gorffennaf 1960, 4.

Smith, Jan, 'Jennie', *Western Mail*, 7 Gorffennaf 1960, 7.

Terry, Walter, 'Power: That was What Fascinated Aneurin Bevan', *Western Mail*, 7 Gorffennaf 1960, 7.

Viner, George, 'Sorrow at Every Street Corner', *Daily Herald*, 7 Gorffennaf 1960, 1.

'Westgate', 'Wales and the World', *Western Mail*, 7 Gorffennaf 1960, 8.

Wyatt, Woodrow, 'A Magic Personality', *Sunday Times*, 10 Gorffennaf 1960, 4.

TRAETHODAU YMCHWIL

Barclay, M., 'Aberdare 1880–1914: Class and Community' (Traethawd M.A., Prifysgol Cymru, 1985).

Demont, Susan E., 'Tredegar and Aneurin Bevan: A Society and its Political Articulation 1890–1929' (Traethawd Ph.D. Prifysgol Cymru, Mawrth 1990). Astudiaeth hynod werthfawr.

Lowe, Keith William, 'The State and Medical Care in Britain: Political Process and the Structuring of the National Health Service' (Traethawd D.Phil. Prifysgol Rhydychen, 1981).

LLYFRAU, ERTHYGLAU A PHAMFFLEDI

Abse, Leo, *Margaret, Daughter of Beatrice: A Politician's Psycho-biography of Margaret Thatcher* (London, 1989).

Acland, Richard, *The Next Step* (Exeter, 1974).

Addison, Paul, *The Road to 1945: British Politics and The Second World War* (London, 1994).

Andrews, Leighton, 'Written Out of History', *Bevan Foundation Review*, Rhif 4, Gwanwyn/Haf 2004, 33–37.

Allen, V. L., *Trade Union Leadership: Based on a Study of Arthur Deakin* (London, 1957).

Arnot, R. Page, *South Wales Miners, Glowyr De Cymru: A History of the South Wales Miners' Federation 1914–1926* (Cardiff, 1975).

Idem, The Miners, One Union, One Industry: A History of the National Union of Mineworkers 1939– 46 (London, 1979).

Attlee, Clement R., *The Labour Party in Perspective* (London, 1937).

Idem, As It Happened (London, 1954).

Bassett, Reginald, *Nineteen Thirty-one: Political Crisis* (London / New York, 1958).

Beers, Laura, *Your Britain: Media and the Making of the Labour Party* (Boston, 2010).

Bellamy, Joyce and John Saville, 'Sir John (Jack) (1896–1969)', in *Dictionary of Labour Biography*, Vol. 2, ed. Joyce M. Bellamy and John Saville (London and Basingstoke, 1974), 25–30.

Beveridge, Syr William, *Social Insurance and Allied Services*, (London, 1942).

Bew, John, *Citizen Clem: A Biography of Attlee* (London, 2016).

Ballard, Paul H., 'The Changing Chapels', *Planet,* Mehefin 1978, 54–59.

Brivati, Brian, *Hugh Gaitskell* (London, 1996).

Brookes, P., *Women at Westminster: An Account of Women in the British Parliament 1918– 1966* (London, 1967).

Bullock, Alan, *The Life and Times of Ernest Bevin: Trade Union Leader:1881–1940*, Vol. 1 (London, 1960).

Bullock, Alan, *The Life and Times of Ernest Bevin: Minister of Labour 1940–1945*, Vol. 2 (London, 1967).

Butler, D. E., *The British General Election of 1955* (London, 1955).

Burgess, Simon, *Stafford Cripps: A Political Life* (London, 1999).

Braddock, Jack a Bessie, *The Braddocks* (London, 1963).

Bryant, Chris, *Possible Dreams: A Personal History of the British Christian Socialists* (London, 1996).

Callaghan, James, *Time and Chance* (London, 2006).

Chapman, T. Robin, *Dawn Dweud: W. J. Gruffydd* (Caerdydd, 1993).

Campbell, John, *Roy Jenkins: A Well-rounded Life* (London, 2014).

Idem, 'Demythologising Nye Bevan', *History Today*, Cyfrol 37, Ebrill, 1987, 13–18 .

Idem, *Pistols at Dawn* (Liverpool, 2009) 195–243.

Castle, Barbara, *Fighting All The Way* (London, 1994).

Catterall, P., 'Morality and Politics: The Free Churches and the Labour Party Between the Wars', *Historical Journal* 3, 3 (1993), 677–679.

Citrine, Walter, *Men and Work: The Autobiography of Lord Citrine* (London,1964).

Church, Ian (gol.), *Official Record* (*Hansard*) *House of Commons Centenary*, Volume 1909–2009 (London, 2009).

Crines, Andrew S. a Hayton, Richard, *Labour Orators From Bevan to Miliband* (Manchester, 2015).

Cronin, A. J., *Adventure in Two Worlds: Autobiography of a Doctor and Writer* (London, 1952).

Crossman, R. H. S., 'Aneurin Bevan 1897–1960', *Guardian*, 22 Hydref 1962, 8.

Cole, M., *The Life of G .D. H. Cole* (London, 1971).

Cole, G. D. H., *Great Britain in the Post-War World* (London, 1942).

Cox, Jonathan, 'A Modern Mecca', *Welsh Agenda*, 61, Autumn/Winter 2018, 34–37.

Craik, W. W., *Bryn Roberts and The National Union of Public Employees* (London, 1955). Ceir Rhagair i'r gyfrol gan Aneurin Bevan.

Idem, *The Central Labour College 1909–1929* (London, 1964).

Idem, *Sydney Hill and the National Union of Public Employees* (London, 1968).

Crosland, Anthony, *The Future of Socialism* (London, 1956).

Cule, Cyril P., *Cymro ar Grwydr* (Llandysul, 1941).

Davies, A. J., *We, The Nation: The Conservative Party and the Pursuit of Power* (London, 1995).

Davies, D. Hywel, *The Welsh Nationalist Party 1925–1945* (Cardiff, 1983).

Davies, D. J., *Ninety Years of Endeavour: The Tredegar Workmen's Hall 1861–1951* (Tredegar, 1952).

Davies, E. Hudson, 'Welsh Nationalism', *Political Quarterly*, 39, 1968, 322–332.

Davies, Geraint Talfan, 'Cofio Leo Abse,' *Barn*, Rhif 548, Medi 2008, 17–18.

Davies, John, 'Cymreictod cymhleth Aneurin Bevan', *Barn* 570/571, Gorffennaf/Awst 2010, 38–9.

Davies, Paul, *A. J. Cook* (Manchester, 1987).

Dalton, Hugh, *The Fateful Years: Memoirs 1931–1945* (London, 1957).

Idem, *High Tide and After: Memoirs 1945–1960* (London, 1962).

David, Wayne, *Remaining True: A Biography of Ness Edwards* (Caerphilly, 2006).

Davidson, Peter (gol.), *George Orwell: A Patriot After All, 1940–1941* (London, 2000).

Donoughue, Bernard and Jones, G. W., *Herbert Morrison: Portrait of a Politician* (London, 1973).

Djilas, Milovan, *The New Class: An Analysis of the Communist System* (New York and London, 1957).

Edwards, Andrew, 'Aneurin: Reinventing Labour, The Voices of a new Generation', *Llafur*, Cyfrol 9, Rhif 1, 2004, 71– 84.

Idem, Labour's Crisis: Plaid Cymru, The Conservatives and the Decline of the Labour Party in North-West Wales, 1960–1974 (Cardiff, 2011).

Edwards, Wil John, *From the Valley I Came* (London, 1956).

Dutt, Rafani Palme, *India Today and Tomorrow* (Bombay and London, 1955).

Eagleton, Terry, *Why Marx Was Right* (New Haven and London, 2011).

Eckstein, Harry, *Pressure Group Politics: The Case of the British Medical Association* (London, 1960).

Edwards, Ness, *History of the South Wales Miners' Federation*, vol. 1 (London, 1938).

Edwards, Hywel Teifi, *Arwr Glew Erwau'r Glo: Delwedd y Glöwr yn Llenyddiaeth y Gymraeg 1850–1950* (Llandysul, 1994).

Evans, E. W., *Miners of South Wales* (Cardiff, 1961).

Evans, John Gilbert, *Devolution in Wales: Claims and Responses 1937–1979* (Cardiff, 2006).

Evans, Gwynfor, *Aros Mae* (Abertawe, 1971).

Evans, Rhys, *Gwynfor: Rhag Pob Brad* (Talybont, 2005).

Ellis, T. I., *Crwydro Mynwy* (Llandybïe, 1958).

Falkender, Marcia, *Downing Street in Perspective* (London, 1983).

Finch, Harold, *Memoirs of a Bedwellty MP* (Risca, 1972).

Fishman, Nina, *Arthur Horner: A Political Biography, vol. 1: 1894–1944* (London, 2010).

Foot, Michael, *Debts of Honour* (London, 1980).

Idem, Loyalists and Loners (London, 2011).

Idem, Parliament in Danger (London, 1959).

Foot, Michael; Crossman, Richard; Mikardo, Ian, *Keep Left* (London, 1947).

Fox, Alan, 'Aneurin Bevan', *Gwent Local History*, No. 83, 1997, 51–56.

Francis, Hywel and Smith, Dai, *The Fed: A History of the South Wales Miners in the Twentieth Century* (Cardiff, 1980; second edition, 1998).

Grant, John, *Member of Parliament* (London, 1974).

Goodman, Geoffrey, 'What would Nye Think ?', *Bevan Foundation Review*, 5, Hydref/Gaeaf 2004, 23–4.

Gorsky, Martin, *Public Health in Interwar England and Wales* (Manchester, 2008).

Grigg, John, *Lloyd George: The People's Champion 1902–1911* (London, 2002).

Hancock, W. C., 'No Compromise: Nonconformity and Politics 1893–1914', *Baptists' Quarterly*, 36 (2), 1995, 56–69.

Hardie, Keir, *The ILP and All About It* (London, Independent Labour Party, 1909).

Idem, The Red Dragon and The Red Flag (Merthyr, Independent Labour Party, 1912).

Harris, Kenneth, *Attlee* (London, 1984).

Harris, William, 'Labour and Home Rule for Wales', *Welsh Outlook*, Mehefin 1919, 145–147.

Hutchinson, George, 'Near-socialist Macmillan', *The Spectator,* 25 Chwefror 1978, 10.

Hawkings, Stephen, 'How to Solve the NHS Crisis – Significantly', *Guardian,* 19 Awst 2013, 35

Hattersley, Roy, *David Lloyd George: The Great Outsider* (London, 2010).

Heffer, Eric S., *The Class Struggle in Parliament* (London, 1973).

Hill, D. (gol.), *Tribune 40: The First Forty Years of a Socialist Newspaper* (London, 1977).

Honingsbaum, F., *The Division of British Medicine: A History of the Separation of General Practice from Hospital Care 1911–1968* (London, 1979).

Idem, Health, Happiness and Security: The Creation of the National Health Service (London, 1989).

Hodges, Frank, *My Adventures as a Labour Leader* (London, 1925).

Honeyman, Victoria, *Richard Crossman: A Reforming Radical of the Labour Party* (London, 2007).

Horder, M., *The Little Genius: A Memoir of the First Lord Horder* (London, 1966).

Howell, David, *The Rise and Fall of Bevanism* (Leeds, 1978), 43.

Hughes, Lord Cledwyn, *The Referendum: The End of an Era* (Cardiff, 1981).

Humphreys, Emyr, *The Taliesin Tradition: A Quest for the Welsh Identity* (London, 1983).

Hunt, Allen, *The Post-War History of the British Working Class* (London, 1937).

Jeffreys, K., *The Labour Party since 1945* (London, 1993).

Jenkins, Gwyn, *Prif Weinidog Answyddogol Cymru: Cofiant Huw T. Edwards* (Talybont, 2003).

Jenkins, Mark, *Bevanism* (Nottingham, 2012).

Jones, Jack, *Unfinished Journey* (London, 1938).

Jones, J. Graham, 'Evan Davies and Ebbw Vale: A Note', *Llafur*, Cyfrol 3, Rhif 3, 93–99.

Idem, 'Welsh Politics Between the Wars: The Personnel of Labour', *Trafodion Anrhydeddus Gymdeithas y Cymmrodorion*, 1983, 164–183.

Idem, 'Rift and conflict within the Labour Party in the 1950's, *Llafur*, Cyfrol 7, Rhif 2, (1997), 31–40.

Idem, 'Aneurin Bevan and the Establishment of the National Health Service' in *Healthcare in Wales, an Historical Miscellany*, edited by Colin Baker and John Lancaster (London, dim dyddiad), 127–41.

Jones, Mervyn, *Chances: An Autiobiography* (London, 1987).

Kantanka, Michael (gol.), *Radicals Reformers and Socialists from the Fabian Biographical Series* (London, 1974).

Kennan, George F., *Soviet Foreign Policy 1917–1941* (New York and London, 1960).

Kennedy, Thomas, *The Hound of Commerce: A History of No Conscription Fellowship 1914–1919* (Arkansas, 1981).

Klugman, James, *History of the Communist Party of Great Britain*, Vol. 1 (London, 1938).

Koss, S., *Nonconformity in Modern British Politics* (London, 1975).

Khrushchev, Nikita, *For Victory in a Peaceful Competition with Capitalism* (New York, 1960).

Idem, *Khrushchev Remembers* (London, 1971).

Lee, Jennie, *Tomorrow is a New Day* (London, 1939).

Idem, *Our Ally Russia: The Truth* (London, 1941).

Lewis, John, *The Left Book Club: An Historical Record* (London, 1970).

Léwis, Robyn, *Bwystfilod Rheibus: Hunangofiant* (Caernarfon, 2008).

Liddell Hart, Basil H., *The Other Side of the Hill: Germany's Generals, Their Rise and Fall with Their Own Account of Military Events 1939–1945* (London, 1948, new edition, 1951).

Idem, *Defence of the West* (London, and New York, 1950).

Lovell, R., *Churchill's Doctor: A Biography of Lord Moran* (London, 1992).

Matthews, Ioan, 'Hen Arwr Maes y Glo Carreg: John James 1869–1942' yn *Cwm Aman*, gol. Hywel Teifi Edwards (Llandysul, 1996), 320–349.

Manning, Robert, 'The Member for Ebbw Vale', *The American Scholar*, Vol. 33, No. 1 (Gaeaf 1963–64), 132, 134.

May, Timothy C., *Trade Unions and Pressure Group Politics* (Westmead, Hants, 1975).

Miles, Gareth a Griffiths, Robert, *Cymru, Marcsiaeth a'r Cwestiwn Cenedlaethol* (Caerdydd, 1988).

Moran, James, *NATSOPA: Seventy Five Years* (London, 1965).

Morgan, Austen, *Harold Wilson* (London, 1992).

Morgan, Kenneth O., *Labour in Power 1945–1951* (Oxford, 1984).

Idem, *Labour People: Leaders and Lieutenants, Hardie to Kinnock* (Oxford, 1987).

Idem, *The Red Dragon and The Red Flag: The Case of James Griffiths and Aneurin Bevan* (Aberystwyth, 1989).

Idem, *Michael Foot: A Life* (London, 2007).

Idem, *Wales in British Politics 1868–1922* (Cardiff, 1980).

Idem, *Ages of Reform* (London, 2011).

Marr, Andrew, *The Making of Modern Britain* (London, 2009).

Martineau, Lisa, *Politics and Power: Barbara Castle: A Biography* (London, 2000).

Marwick,W. H., *A Short History of Labour in Scotland* (Edinburgh, 1967).

McLaine,W., 'Fifty Years in the Labour Movement', *Plebs*, Cyfrol 49, Rhif 6, Mehefin 1957, 132–34.

McKibbin, Ross, 'Why Was There No Marxism in Great Britain?', *English Historical Review* 99 (391), 1984, 297–331.

Macfarlane, L. J., *The British Communist Party: its origins and development until 1929* (Llundain, 1960).

Mikardo, Ian, *Back-bencher* (London, 1988).

Miliband, Ralph, *Parliamentary Socialism: A Study in the Politics of Labour* (London, 1972).

Morgan, Janet (gol.), *The Back Bench Diaries of Richard Crossman* (London, 1981).

Morris, Jan, *Wales: Epic Views of a Small Country* (London, 1998; first edition, Oxford University Press, 1984).

Morris-Jones, H., *Doctor in the Whips' Room* (London, 1955).

Morrison, Herbert, *Herbert Morrison: An Autobiography* (London, 1960).

Newman, Michael, 'Democracy versus Dictatorship: Labour's Role in the Struggle Against British Fascism 1933–1936', *History Workshop*, Rhif 5, Gwanwyn 1978, 69–88.

Passey, Edith, 'Memories of Aneurin Bevan – my Uncle', *Blaenau Gwent Heritage Forum Journal*, Issue 6, Rhagfyr 2009, 28–31.

Pearce, Brian, *The Communist Party and The Labour Left 1925–1929*; cyflwyniad gan John Saville (Hull, 1957).

Pelling, Henry, *The British Communist Party: A Historical Profile* (London and New York, 1958).

Idem, 'The 1945 General Election Reconsidered', *Historical Journal*, 23, 2 (1980), 413–423.

Perry, Matt, *'Red Ellen' Wilkinson: Her Ideas, Movements and World* (Manchester and New York, 2014).

Peter, J., *The Making of the National Health Service* (London, 1981).

Porter, R., *The Greatest Benefit to Mankind: A Medical History of Humanity* (New York, 1998).

Pimlott, Ben, *Labour and The Left in the 1930s* (Cambridge, 1977).

Idem, *Harold Wilson* (London, 1992).

Idem (gol.), *The Political Diary of Hugh Dalton 1918–1940, 1945–1960* (London, 1980).

Idem (gol.), *The Political Diary of Hugh Dalton 1940–1945* (London, 1986).

Pikoulis, John, *Alun Lewis: A Life* (Bridgend, 1984).

Price, Emyr, *Cymru a'r Byd Modern ers 1918* (Caerdydd, 1979).

Idem, *Yr Arglwydd Cledwyn o Benrhos* (Penygroes, 1990).

Pugh, Martin, *Speak for Britain: A New History of the Labour Party* (London, 2011).

Idem, 'The Daily Mirror and the Revival of Labour 1935–1945', *Twentieth Century British History*, 9 (3), 1998, 420–438.

Prys-Davies, Gwilym, *Llafur y Blynyddoedd* (Dinbych, 1990).

Idem, *Cynhaeaf Hanner Canrif: Gwleidyddiaeth Gymreig 1945–2005* (Llandysul, 2008).

Rees, D. Ben, *Wales: The Cultural Heritage* (Ormskirk, 1981).

Idem, 'David Thomas 1880–1967, Labour Pioneer in Wales' yn Keith Gildart and David Howell (goln.), *Dictionary of Labour Biography*, Volume X111 (Basingstoke, 2010), 362–72.

Idem, 'Thomas Evan Nicholas (Niclas y Glais) 1879–1971', *ibid.*, 182–192.

Idem, *Cofiant Jim Griffiths: Arwr Glew y Werin* (Talybont, 2014).

Idem, *Cofiant Cledwyn Hughes: Un o Wŷr Mawr Môn a Chymru* (Talybont, 2017).

Rees, Dylan, 'Morgan Jones, Educationist and Labour Politician', *Morgannwg*, Cyfrol XXXI, 1987, 66–83.

Roadhouse, Mark, 'Nye Bevan, black marketeer,' *History Today*, Cyfrol 55, Gorffennaf 2005, 2–3.

Roberts of Conwy, Lord, *Right From the Start: The Memoirs of Syr Wyn Roberts* (Cardiff, 2006).

Rogers, W. a Donoughue, B., *The People Into Parliament: A Concise History of the Labour Movement in Britain* (New York, 1966).

Rintala, Marvin, *Creating the National Health Service* (London, 2003).

Samuel, Stuart, 'The Left Book Club', *Journal of Contemporary History*,1, Rhif 2, 1966, 65–86.

Samuel, Ralph, 'North and South: A Year in a Mining Village', *London Review of Books*, 17 (12), 22 Mehefin 1995, 3–6.

Sassoon, Donald, *One Hundred Years of Socialism: The West European Left in The Twentieth Century* (London, 1996).

Stewart, John , 'The back-room boys of state medicine', *Journal of Medical Biography*, Cyfrol 4, Rhif 4 (Tachwedd, 1996), 279–335.

Sissons, M. and French, P. (eds.), *Age of Austerity 1945–1951* (Harmondsworth, 1984).

Smart, Nick, 'Four Days in May: The Norway Debate and the Downfall of Neville Chamberlain', *Parliamentary History* 17 (2), 1998, 215–243.

Smith, Dai, 'Bevan: the cutting edge of inexperience', *The New Statesman*, 19 Ebrill 1987.

Idem, 'Michael Foot on Aneurin Bevan', *Llafur*, Vol 1 No 3, May 1974, 16–26.

Idem, 'Speaking the Word', *New Welsh Review,* 4/2, 1991, 31–43.

Smith, J. Beverley (gol.), *James Griffiths and His Times* (Ferndale, 1979).

Tanner, Duncan, 'The Development of British Socialism 1900–1918', *Parliamentary History* 16 (1), 1997, 48–66.

Taylor, A. J. P., *Beaverbrook* (New York, 1972).

Tomos, Angharad, *Hiraeth am Yfory: David Thomas* (Llandysul, 2002).

Thomas, David, 'Y Blaid Lafur a Radicaliaeth Gymreig', *Y Geninen*, Tachwedd 1924, 287–291.

Idem, *Diolch am gael Byw* (Lerpwl a Phontypridd), 1968.

Thomas, Colin, 'Storming the Citadel', *Welsh Agenda*, 61, Autumn/Winter 2018, 38–39.

Thompson, Steven, *Unemployment, Poverty and Health in Interwar South Wales* (Cardiff, 2006).

Toye, Richard, *The Labour Party and the Planned Economy* (Woodbridge, 2003).

Idem, *Lloyd George and Churchill: Rivals for Greatness* (London, 2007).

Webster, Charles, *The Health Services since the War, Volume 1: Problems of Health Care: The National Health Service Before 1957* (London, 1988).

Idem, *The Health Services Since the War, Volume 2: Govermnent and Health Care: The British National Health Service 1958–1979* (London, 1996).

Idem, *The National Health Service: A Political History* (1998).

Idem, 'Birth of the Dream: Bevan and the Architecture of the National Health Service' [yn] *The State of the Nation: The Political Legacy of Aneurin Bevan*, gol. Geoffrey Goodman (London, 1997), 106–129.

Idem, 'Healthy or Hungry Thirties?', *History Workshop: A Journal of Socialist and Feminist Historians*, Rhif 13, Gwanwyn 1982, 116–129.

Watkin, B., *The National Health Service: The First Phase 1948–1974 and After* (London, 1978).

Wertheimer, Egon, *Portrait of the Labour Party* (London and New York, 1929).

Williams, Frances, *A Prime Minister Remembers: The War and Post-War Memoris of the Rt. Hon. Earl Attlee* (London, 1961).

Idem, *Ernest Bevin* (London, 1953).

Williams, P. M., *Hugh Gaitskell: A Political Biography* (London, 1979).

Williams, Kevin, 'The End is not Nye', *Planet*, 127, 1998, 38–42.

Wilson, Harold, *A Prime Minister on Prime Ministers* (New York, 1977).

Witts, L., 'Thomas Jeeves Horder' [yn] E. Williams and H. Palmer (eds.), *The Dictionary of National Biography 1951–1960* (Oxford, 1971).

Wood, Ian, *John Wheatley* (Manchester and New York, 1990).

Woolton, Earl of, *The Memoirs of the Rt. Hon. The Earl of Woolton* (London, 1959).

Wyatt, Woodrow, *The Peril in Our Midst* (London, 1956).

Young, James D., *Socialism and The English Working Class: A History of English Labour 1883–1939* (New York, 1989).

Idem, 'Daniel de Leon and Anglo-American Socialism', *Labour History*, Cyfrol 17, Rhif 3, 1976, 329–350.

RHAGLENNI RADIO A THELEDU YN YR ARCHIF SGRIN A SAIN, LLYFRGELL GENEDLAETHOL CYMRU, ABERYSTWYTH

Rhif 443: Peter Stead, 'The Bevan Legacy', BBC RADIO WALES, 20 Gorffennaf 2004.

Rhif 286: 'Hanes y Blaid Lafur/ History of the Labour Party', BBC.

Rhif 478: 'Cewri'r Ganrif: Bevan', TELEDU HTV, 8 Mawrth 1963.

Rhif 490: 'Welsh Greats': John Humphreys ar Bevan, BBC ONE WALES, 18 Rhagfyr 2012.

Rhif 510: 'Bevan's Tredegar', GREEN VALLEY FILM PRODUCTIONS (DVD).

AR Y RHYNGRWYD

Malone, Ailbe a Morris, Tom, '33 Reasons to be Proud to be Welsh': 'We Invented the NHS', **Buzzfeed**, darllenwyd 9 Rhagfyr 2018.

Canolfan Sgyrsiau Ysgrifenedig y BBC / BBC Written Archives Centre yn Llyfrgell Genedlaethol Cymru:

Sgyrsiau BBC H–Z yn 1940 trwy gyfrwng y Gymraeg

A):

1) James Griffiths, 'O'r Senedd', 21 Mawrth 1940. Soniodd am brofiad chwerw Prawf Moddion Teuluol, profiad a wynebwyd gan yr holl Aelodau Seneddol Cymreig. Cofiai am Lloyd George yn annerch y Tŷ am awr o amser ar Bwnc y Tir. Siaradodd gyda'i lygaid yn fflam dân a'i lais yn gymysgedd o wawd a thrydan.

2) James Griffiths, 'O'r Senedd', 4 Ebrill 1940. Dywedodd: 'Pechod anfaddeuol yw methu ateb llythyr a hynny heb oedi.' Gofidiai am weithred y Llywodraeth yn difrodi'r gymdeithas ar fynydd Epynt, 'diwylliant gwlad ar ei orau'. Soniodd amdano yn gosod ger bron R. A. Butler achos y Cymro o löwr o Rhosllannerchgrugog, Tom Jones, a garcharwyd gan y ffasgwyr yn Sbaen. Gweithredodd Butler yn ddiymdroi: 'diolch i Mr Butler am ei barodrwydd a'i garedigrwydd'. Hefyd i Aelodau Seneddol Cymreig fel Robert Richards, Aneurin Bevan ac eraill.

3) James Griffiths, 'O'r Senedd', 18 Ebrill 1940. Gofidiai fel Syr William Jenkins, Aelod Seneddol Llafur Castell Nedd, fod pyllau y glo carreg yn cael eu cau i lawr, a channoedd o weithwyr yn colli eu bywoliaeth. A hyn oll yn digwydd, meddai cyn-

lywydd y glowyr, pan mae dinsaoedd Lloegr a'r cyfandir yn galw allan am lo gwerth ei losgi.

   4) T. Huws Davies, 'O'r Senedd', 25 Ionawr 1940. Cyflwynodd ef dair sgwrs arall, a hynny ar 8 Chwefror, 22 Chwefror a 7 Mawrth 1940.

B) Sgyrsiau M–Z yn 1946

1) James Griffiths, 'Y Mesur Yswiriant Cenedlaethol', 2 Awst 1946. Trafoda JG Fesur Taliadau'r Teulu, Deddf Newidiadau Diwydiannol a Deddf Yswiriant Cenedlaethol. Yr oedd Cymru a Phrydain ar drothwy cyfnod newydd. Eglurodd yn fanwl gan gloi ei neges gyda'r frawddeg hon, 'Rwyf yn hyderus y bydd pobl Prydain Fawr a phobl Cymru yn enwedig i wneud eu rhan i droi'r cynllun hwn yn garreg filltir ar y ffordd at wella'r byd i Walia wen.'

2) Goronwy O. Roberts, 'Mis yn y Senedd', 5 Mawrth 1946. Pasiwyd i ailddarllen Mesur Yswiriant Cenedlaethol Mr Jim Griffiths ynghanol chwerthin a chymeradwyaeth.

3) Syr Henry Morris–Jones, 'Y Mis yn y Senedd', 26 Mawrth 26 1946. Cawn drafodaeth dda ar y Mesur Yswiriant gan feddyg o ran ei alwedigaeth cyn iddo ennill etholaeth Sir Ddinbych i'r Rhyddfrydwyr Cenedlaethol.

4) Will John, AS Gorllewin Rhondda, 'Y Mis yn y Senedd', 21 Mai 1946. Cyfeiriodd at Aneurin Bevan a Jim Griffiths 'fel dau sydd yn cyflym ddringo enwogrwydd yn Senedd Prydain'.

5) Robert Richards, AS Llafur Wrecsam, 'Mis yn y Senedd', 18 Mehefin 1946. Ceir molawd i Lloyd George a Jim Griffiths ganddo, ac fel y disgrifiodd y *Times* y Mesur Yswiriant Cenedlaethol fel un o 'fesurau mawr y ganrif'.

6) W. J. Gruffydd, AS Prifysgol Cymru, 'Y Mis yn y Senedd', 16 Awst 1946. Mynega'r gwleidydd a gynrychiola'r Rhyddfrydwyr dros raddedigion Colegau Prifysgol Cymru ei siom ar fater Ysgrifennydd Gwladol i Gymru. Dywed: 'Y mae'r Prif Weinidog [Clement Attlee] unwaith eto wedi anfon llythyr at Gadeirydd y Blaid [Seneddol] Gymreig yn gwrthod yn bendant ganiatáu yr hyn a ofynnir.' Diddymwyd y sedd cyn Etholiad Cyffredinol 1950.

(C) Sgyrsiau O-Z yn 1953

1) Parchedig Llywelyn Williams, Aelod Seneddol Llafur Abertyleri, 'Mis yn y Senedd', 23 Mawrth 1953. Rhydd deyrnged i T. W. Jones (AS Llafur Meirionnydd) fel areithiwr o fewn y Senedd sydd yn meddu ar yr 'hwyl Gymreig'.

2) Goronwy Roberts, AS Llafur Arfon, 'Mis yn y Senedd', 29 Ebrill 1953.

3) D. Emlyn Thomas, AS Llafur Aberdâr, 'Mis yn y Senedd', 1 Gorffennaf 1953.

4) James Griffiths, AS Llafur Llanelli, 'Mis yn y Senedd', 31 Gorffennaf 1953. Sonia fod David Lloyd George wedi eu gwahodd fel Aelodau Seneddol o'i ddewisiad personol yn 1940 i'w ystafell yn y Tŷ Cyffredin gan ei fod yn dathlu 50 mlynedd fel Aelod Seneddol dros etholaeth Bwrdeistrefi Arfon. Cafodd Jim Griffiths, Aneurin Bevan ac eraill awr fythgofiadwy yn ei gwmni. Yr oedd Lloyd George yn cofio W. E. Gladstone yn y Senedd, un a etholwyd yn Aelod Seneddol mor bell yn ol â'r flwyddyn 1832.

5) W. H. Mainwaring, AS Dwyrain Rhondda, 'Mis yn y Senedd', 1 Rhagfyr 1953.

MYNEGAI

173-4; cefnogaeth iddo yng Nghymru 232-3; cefnogi gorymdeithiau y di-waith 121-2; cloriannu yr athrylith fel gwleidydd 229-257; colli cyfle i arwain ar Dryweryn 210; colli ei dad David Bevan yn yr angau 57-8; creu Gwasanaeth Iechyd Cenedlaethol 160-9; croesawu y Brifwyl ynghyd â Paul Robeson i Glynebwy 210-11; cyfeillgarwch mawr gyda Michael Foot 128; cyflwr y tlodion yn ei flino 56-7; cyfraniadau Cymry llengar i'r *Tribune* 133-4; cyhoeddi ei gyfrol ar y Ceidwadwyr 132-3; cymwynas Attlee iddo 220; cythruddo Undebwyr Llafur 85-6; dechrau gweithio 33-4; deifiol yn y senedd 124-5; dicter a gweledigaeth Bevan 86-7; diflastod pleidlais ar arfau niwclear (1957) 231-3; disodli Evan Davies yr Aelod Seneddol 72-4; diwedd y daith gofiadwy 251; drwgdybus o Joseph Stalin 197-8; dyddiau'r ysgol 31-2; dylanwad yr Ysgol Sul 35-7; edmygedd Winston Churchill ohono 173; ei allu fel Gwenidog y Goron 180-2; ei apwyntio yn asiant 58-9; ei arwyr gwleidyddol 35-6; ei athroniaeth 126-8; ei berthynas dda gyda'i 'elyn pennaf' Winston Churchill a Clement Attlee 264-6; ei berthynas gyda Rwsia 236-7; ei briodas gyda Jennie Lee 104-117; ei enedigaeth 22-3, ei dad 24; ei dro bedol ar arfau niwlclear 272-3; ei ddadrithio gan Gaitskell 198-9; ei ethol yn Drysorydd y Blaid Lafur Brydeinig 226-7; ei etholaeth ac yntau 271-2; ei fam, Phoebe Bevan 25-7; ei fethiant i ddeall Hugh Gaitskell 14; ei gampwaith yn y Gwasanaeth Iechyd 266-8; ei gariad at Gymru a'i phobl 215-9; ei gefndir 8-9; ei gefnogaeth i wladwriaeth newydd Israel 195; ei gefnogwyr 196-7; ei gydwybod Ymneilltuol a'i Sosialaeth ddemocrataidd 201-2; ei gyfnod byr fel Gweinidog Llafur 199; ei gyfraniad ar y meinciau cefn 91-2; ei gymharu gyda gwleidyddion eraill 10-14; ei ymddiswyddiad gyda dau arall 200; ei ymgyrch seneddol (1929) 74; ennill ei le fel arweinydd 237-8; ennill statws yn ei etholaeth 69-71; ennill ysgoloriaeth i Goleg Llafur Canolog 47-56; etholiad (1935) 135; Etholiad Cyffredinol (1959) 244-7; fel amaethwr yn Chesham 221; fel areithydd diguro 263-4; fel Gweinidog Tai ac Awdurdodau Lleol 185-193; fel glöwr 38-9; fel pragmatydd 87-8; ffrae gas gyda Michael Foot 234-6; Gaitskell yn ei swcro 227-8; galar anodd ei briod a'i deulu 254; gofal Mab y Mans, Syr Daniel Davies, amdano 244; gofid a phryder Jennie Lee 250; gweinidog llwyddiannus yn Llywodraeth 1945-51, 140-154; gwrthod dilyn Oswald Moseley 84-5; gwrthod ymfudo i Awstralia a Seland Newydd 53-4; heddlu cudd yn cadw llygad arno 135; newid ei feddwl ar ddatganoli 211; ofn Ffasgaeth arno 121; sefydlu cylchoedd i gynorthwyo y Mudiad Llafur 54-5; magu profiad fel dyn cyhoeddus 60-2; marwolaeth Ellen Wilkinson yn ei ofidio 156-7; Moseley yn ceisio ei ddenu 82; pleidiol i'r Ffrynt Unedig ac yn cael ei gosbi gan y gefnogaeth 125-6; portread o Bevan yn deg 235; prif lais Cymru yn y Cabinet 209; rhoddi Tredeger ar y map 63-4; Rhyfel Cartref yn Sbaen 126; San Steffan 77, 80-1; saith mis olaf ei oes fel claf yn Asheridge 249-50; sefydlu yr wythnosolyn *Tribune* yn 1937, 122-3; Streic Fawr (1926) 59-60; taith i Rwsia 82-3; teithiwr byd-eang ond Cymro cadarn 233, 237; teyrngedau i'r cawr o sosialydd Cymreg 252-2; trafferthion y Rhyfel Byd Cyntaf 41-3; tro i Israel 220-1; tyndra rhyngddo ef a chyfaill bore oes Ness Edwards 212; wynebu ar driniaeth lawfeddygol fawr 248